Zu diesem Buch

Wenn der Begriff «Recht» fällt, denkt man spontan an das Bürgerliche Gesetzbuch. Und tatsächlich können die Gesetze des fünfbändigen BGB als «Hit» unseres Sozialwesens verstanden werden. Sie regulieren den gesellschaftlichen Verkehr auf allen Ebenen: vom Verbraucherschutz über das Familien-, Vertrags- und Erbrecht bis hin zum Schadensrecht. Die Literatur zu dieser Grundlage unseres Zusammenlebens ist zweigeteilt: Fachliteratur, die einen breiten Überblick bietet, wendet sich in der Regel an juristische Profis und solche, die es werden wollen, und ist für ein breites Publikum oft nicht recht verständlich. Ratgeberliteratur wendet sich immer nur Ausschnitten zu und reicht oft für den Fachmann oder Studenten nicht aus. Wolfgang Däubler hat es unternommen, beide Bedürfnisse zugleich zu befriedigen.

«Zivilrecht 2» baut auf «Zivilrecht 1» auf und behandelt die für die Praxis wichtigsten Teile des BGB.

– Welche Vertragstypen kennt das Gesetz? Wie sind die Rechte eines Käufers, eines Mieters oder eines Bankkunden beschaffen?

– Wie sichern sich Kreditgeber ab? Eigentumsvorbehalt, Bürgschaft, Grundschuld und Sicherungsübereignung werden eingehend skizziert.

– Was passiert, wenn der eine fahrlässig die Rechtsgüter eines anderen verletzt, z. B. einen Verkehrsunfall verursacht? Wann wird auch ohne Verschulden gehaftet?

– Wie behandelt das geltende Recht Umweltschäden? Und so weiter:
– Welche Rechtswirkungen hat eine Eheschließung?
– Was bedeutet elterliche Sorge?
– Gesetzliche Erbfolge und Testament.
– Wem steht ein Pflichtteilanspruch zu?

Die in «Zivilrecht 2» enthaltenen Materien werden üblicherweise in den Lehrbüchern des Besonderen Schuldrechts, zum Teil im Sachenrecht, im Familienrecht und im Erbrecht behandelt.

Hinweise auf den Inhalt von «Das Zivilrecht 1» finden sich auf Seite 41.

Wolfgang Däubler, geb. 1939; Professor für deutsches und europäisches Arbeitsrecht, Bürgerliches Recht und Wirtschaftsrecht an der Universität Bremen. Weitere Veröffentlichungen u. a. Das Arbeitsrecht 1 (rororo aktuell 13673), Das Arbeitsrecht 2 (rororo aktuell 13674), Ratgeber Arbeitsrecht (rororo aktuell 13957); Gewerkschaftsrechte im Betrieb, 8. Aufl. 1994; Tarifvertragsrecht, 3. Aufl. 1993; Haftung für gefährliche Technologien, 1988; Gläserne Belegschaften? Datenschutz für Arbeiter, Angestellte und Beamte, 3. Aufl. 1993; Kommentar zum BDSG, 1996 (mit anderen); Kommentar zum BetrVG, 5. Aufl. 1996 (mit anderen); Rechtsexport 1996.

WOLFGANG DÄUBLER

DAS ZIVILRECHT 2

Ein Leitfaden durch das BGB

Rowohlt

rororo

rororo aktuell

Herausgegeben von Frank Strickstrock

Originalausgabe

Veröffentlicht im Rowohlt Taschenbuch Verlag GmbH,
Reinbek bei Hamburg, März 1997

Umschlaggestaltung Susanne Heeder / Philipp Starke
(Foto: Benser / ZEFA)
Satz aus der Bembo und Futura (Linotronic 500)
Gesamtherstellung Clausen & Bosse, Leck
Printed in Germany
2690-ISBN 3 499 22174 8

Inhaltsübersicht

Inhalt

Kap. 5: Risiko als Vertragsgegenstand

Kap. 6: Zuwendung von Vorteilen, insbesondere Schenkung und Geschäftsführung ohne Auftrag

TEIL II: RECHT DER UNERLAUBTEN HANDLUNG

Kap. 7: Grundprobleme des Rechtsgüterschutzes

Kap. 11: Sonderregeln zur Produkthaftung

Kap. 12: Was bedeutet «Schadensersatz»?

Kap. 13: Mitwirkendes Verschulden, Handeln auf eigene Gefahr, vertragliche Beschränkung der Haftung

Kap. 14: Verantwortlichkeit mehrerer Schädiger

Kap. 15: Schutz bei rechtswidrigen Eingriffen: Beseitigungs- und Unterlassungsanspruch, Herausgabe des Erlangten

TEIL III: FAMILIENRECHT

Kap. 17: Überblick

Kap. 19: Kindschaftsrecht

TEIL IV: ERBRECHT

Kap. 22: Gegenstand und Grundprinzipien des Erbrechts

Kap. 23: Gesetzliche Erbfolge und Rechtsstellung des Erben

Kap. 26: Rechtsgeschäfte unter Lebenden mit quasi-erbrechtlichen Wirkungen

Inhaltsübersicht von Band 1

Abkürzungsverzeichnis

a. A.	anderer Ansicht
a. a. O.	am angegebenen Ort
ABl	Amtsblatt
AcP	Archiv für die civilistische Praxis (Band, Jahr und Seite)
a. E.	am Ende
a. F.	alter Fassung
AG	Amtsgericht
AG	Aktiengesellschaft
AGB	Allgemeine Geschäftsbedingungen
AGBG	Gesetz über Allgemeine Geschäftsbedingungen
AiB	Arbeitsrecht im Betrieb (Jahr und Seite)
AktG	Aktiengesetz
AK	Alternativkommentar (s. Literaturverzeichnis)
ALR	Allgemeines Landrecht für die preußischen Staaten
AMG	Arzneimittelgesetz
Anm.	Anmerkung
AP	Arbeitsgerichtliche Praxis (Entscheidungssammlung)
Art.	Artikel
AtomG	Atomgesetz
AuR	Arbeit und Recht (Jahr und Seite)
BAG	Bundesarbeitsgericht
BayObLG	Bayerisches Oberstes Landesgericht
BayObLGZ	Entscheidungen des Bayerischen Oberstenlandesgerichts in Zivilsachen
BB	Betriebs-Berater (Jahr und Seite)
Bd.	Band
BDSG	Bundesdatenschutzgesetz
BetrVG	Betriebsverfassungsgesetz
BGBl	Bundesgesetzblatt

BGH	Bundesgerichtshof
BGHSt	Entscheidungen des Bundesgerichtshofs in Strafsachen (Band und Seite)
BGHZ	Entscheidungen des Bundesgerichtshofs in Zivilsachen (Band und Seite)
BImSchG	Bundesimmissionsschutzgesetz
BörsG	Börsengesetz
BRAGO	Bundesrechtsanwaltsgebührenordnung
BRAO	Bundesrechtsanwaltsordnung
BSG	Bundessozialgericht
BT-Dr.	Bundestags-Drucksache
BVerfGE	Entscheidungen des Bundesverfassungsgerichts (Band und Seite)
BVerwGE	Entscheidungen des Bundesverwaltungsgerichts (Band und Seite)
CR	Computer und Recht (Jahr und Seite)
DB	Der Betrieb (Jahr und Seite)
Dig.	Digesten
DJT	Verhandlungen des Deutschen Juristentags
DRiG	Deutsches Richtergesetz
DuR	Demokratie und Recht (Jahr und Seite)
EFZG	Entgeltfortzahlungsgesetz
EG	Europäische Gemeinschaft
EGBGB	Einführungsgesetz zum BGB
EGV	EG-Vertrag
EMRK	Europäische Menschenrechtskonvention
EU	Europäische Union
EuGH	Gerichtshof der Europäischen Gemeinschaften
EuGRZ	Europäische Grundrechte-Zeitschrift (Jahr und Seite)
FamRZ	Ehe und Familie im privaten und öffentlichen Recht. Zeitschrift für das gesamte Familienrecht (Jahr und Seite)
Fn	Fußnote
FS	Festschrift
GewO	Gewerbeordnung
GG	Grundgesetz
GmbH	Gesellschaft mit beschränkter Haftung
GmbHG	Gesetz betreffend die Gesellschaften mit beschränkter Haftung
GVG	Gerichtsverfassungsgesetz

GWB	Gesetz gegen Wettbewerbsbeschränkungen
HGB	Handelsgesetzbuch
hM	herrschende Meinung
HPflG	Haftpflichtgesetz
Hrsg.	Herausgeber
idF	in der Fassung
JA	Juristische Arbeitsblätter (Jahr und Seite)
JMBlNRW	Justizministerialblatt Nordrhein-Westfalen (Jahr und Seite)
JR	Juristische Rundschau (Jahr und Seite)
Jura	Juristische Ausbildung (Jahr und Seite)
JuS	Juristische Schulung (Jahr und Seite)
JW	Juristische Wochenschrift (Jahr und Seite)
JZ	Juristen-Zeitung (Jahr und Seite)
Kap.	Kapitel
KG	Kammergericht
KG	Kommanditgesellschaft
KJ	Kritische Justiz (Jahr und Seite)
KritV	Kritische Vierteljahresschrift für Gesetzgebung und Rechtsprechung (Jahr und Seite)
LG	Landgericht
LM	Lindenmeier-Möhring (Entscheidungssammlung des BGH)
LS	Leitsatz
LuftVG	Luftverkehrsgesetz
MDR	Monatsschrift für Deutsches Recht (Jahr und Seite)
Mot.	Motive zum BGB (Band und Seite)
MüKo	Münchener Kommentar (s. Literaturverzeichnis)
mwN	mit weiteren Nachweisen
n. F.	Neuer Fassung
NJW	Neue Juristische Wochenschrift (Jahr und Seite)
NJW-RR	Neue Juristische Wochenschrift-Rechtsprechungsreport
NVwZ	Neue Zeitschrift für Verwaltungsrecht (Jahr und Seite)
NZA	Neue Zeitschrift für Arbeitsrecht (Jahr und Seite)
OHG	Offene Handelsgesellschaft
OLG	Oberlandesgericht
OVG	Oberverwaltungsgericht
ProdHG	Produkthaftungsgesetz
RabelsZ	Rabels Zeitschrift für ausländisches und internationales Privatrecht (Band, Jahr und Seite)

RdA	Recht der Arbeit (Jahr und Seite)
RG	Reichsgericht
RGBl	Reichsgesetzblatt
RGZ	Entscheidungen des Reichsgerichts in Zivilsachen (Band und Seite)
RIW	Recht der Internationalen Wirtschaft (Jahr und Seite)
Rn	Randnummer
Rspr	Rechtsprechung
RVO	Reichsversicherungsordnung
SGB	Sozialgesetzbuch
StGB	Strafgesetzbuch
StAZ	Das Standesamt (Jahr und Seite)
StV	Der Strafverteidiger (Jahr und Seite)
StVG	Straßenverkehrsgesetz
StVollzG	Strafvollzugsgesetz
UmweltHG	Umwelthaftungsgesetz
UmwG	Umwandlungsgesetz
UWG	Gesetz gegen den unlauteren Wettbewerb
VerbrKrG	Verbraucherkreditgesetz
VersR	Versicherungsrecht (Jahr und Seite)
VG	Verwaltungsgericht
VO	Verordnung
Vorbem	Vorbemerkung
VVG	Gesetz über den Versicherungsvertrag
WEG	Wohnungseigentumsgesetz
WHG	Wasserhaushaltsgesetz
WM	Wertpapier-Mitteilungen (Jahr und Seite)
WuM	Wohnungswirtschaft und Mietrecht (Jahr und Seite)
ZEV	Zeitschrift für Erbrecht und Vermögensnachfolge (Jahr und Seite)
ZfA	Zeitschrift für Arbeitsrecht (Jahr und Seite)
ZHR	Zeitschrift für das gesamte Handelsrecht (Jahr, Band und Seite)
ZIP	Zeitschrift für Wirtschaftsrecht und Insolvenzpraxis (Jahr und Seite)
ZMR	Zeitschrift für Miet- und Raumrecht (Jahr und Seite)
ZPO	Zivilprozeßordnung
ZRP	Zeitschrift für Rechtspolitik (Jahr und Seite)
ZRSoz	Zeitschrift für Rechtssoziologie (Jahr und Seite)
ZZP	Zeitschrift für Zivilprozeß (Band, Jahr und Seite)

Literaturverzeichnis

Alternativkommentar zum BGB, bearb. von Gert Brüggemeier, Reinhard Damm u. a., Band 1 Allgemeiner Teil, Neuwied 1987; Band 2, Allgemeines Schuldrecht, Neuwied 1980; Band 3, Besonderes Schuldrecht, Neuwied 1979; Band 4 Sachenrecht, Neuwied 1983; Band 5 Familienrecht, Neuwied 1981; Band 6 Erbrecht, Neuwied 1990. Zitierweise: AK-BGB-Bearbeiter

Baumbach, Adolf, und Hopt, Klaus J.: Handelsgesetzbuch, Kommentar, 29. Aufl., München 1995

Baur, Fritz; Baur, Jürgen F., und Stürner, Rolf: Lehrbuch des Sachenrechts, 16. Aufl., München 1992 (Zitierweise: Baur-Stürner)

Brox, Hans: Allgemeiner Teil des Bürgerlichen Gesetzbuchs, 20. Aufl., Köln-Berlin u. a. 1996

Brox, Hans: Allgemeines Schuldrecht, 21. Aufl., München 1993

Brox, Hans: Besonderes Schuldrecht, 20. Aufl., München 1995

Brüggemeier, Gert: Deliktsrecht. Ein Hand- und Lehrbuch, Baden-Baden 1986

Bülow, Peter: Recht der Kreditsicherheiten. Sachen und Rechte, Personen. Ein Lehrbuch, 3. Aufl., Heidelberg 1993

Däubler, Wolfgang: Das Arbeitsrecht 1, 14. Aufl., Reinbek 1995; Das Arbeitsrecht 2, 10. Aufl., Reinbek 1995

Däubler, Wolfgang: Haftung für gefährliche Technologien. Das Beispiel Atomrecht, Heidelberg 1988

Däubler, Wolfgang; Klebe, Thomas; Wedde, Peter: Kommentar zum BDSG, Köln 1996

Deutsch, Erwin: Unerlaubte Handlungen, Schadensersatz und Schmerzensgeld, 3. Aufl., Köln–Berlin u. a. 1995

Enneccerus, Ludwig, und Nipperdey, Hans Carl: Allgemeiner Teil des Bürgerlichen Rechts, 2 Bände, 15. Aufl., Tübingen 1959/1960

Erman: Handkommentar zum BGB, 2 Bände, 9. Aufl., Münster 1993

Esser, Josef, und Schmidt, Eike: Schuldrecht Band I Allgemeiner Teil,

Teilband 1, 8. Aufl., Heidelberg 1995, Teilband 2, 7. Aufl., Heidelberg 1993

Esser, Josef, und Weyers, Hans-Leo: Schuldrecht Band II Besonderer Teil, 7. Aufl., Heidelberg 1991

Fastrich, Lorenz: Richterliche Inhaltskontrolle im Privatrecht, München 1992

Flume, Werner: Allgemeiner Teil des Bürgerlichen Rechts, Band I/1, Berlin–Heidelberg u. a. 1977; Band I/2, Berlin–Heidelberg u. a. 1985; Band II, 4. Aufl., Berlin–Heidelberg u. a. 1992

Fuchs, Maximilian: Deliktsrecht, Berlin–Heidelberg u. a. 1995

Gerlach, Johann W.: Privatrecht und Umweltschutz im System des Umweltrechts, Berlin 1989

Gerlach, Johann W.: Radikalenfrage und Privatrecht. Zur politischen Freiheit in der Gesellschaft, Tübingen 1978

Giesen, Dieter: Familienrecht, Tübingen 1994

Habersack, Mathias: Vertragsfreiheit und Drittinteressen. Eine Untersuchung zu den Schranken der Privatautonomie unter besonderer Berücksichtigung der Fälle typischerweise gestörter Vertragsparität, Berlin 1992

Henssler, Martin: Risiko als Vertragsgegenstand, Tübingen 1994

Hesse, Konrad: Grundzüge des Verfassungsrechts der Bundesrepublik Deutschland, 20. Aufl., Heidelberg 1995

Hübner, Heinz: Allgemeiner Teil des Bürgerlichen Gesetzbuchs, 2. Aufl., Berlin–New York 1996

Joerges, Christian (Ed.): Das Recht des Franchising. Konzeptionelle, rechtsvergleichende und europarechtliche Analysen, Baden-Baden 1991

Klunzinger, Eugen: Einführung in das Bürgerliche Recht, 6. Aufl., München 1995

Knieper, Rolf: Gesetz und Geschichte. Ein Beitrag zu Bestand und Veränderung des Bürgerlichen Gesetzbuchs, Baden-Baden 1996

Köhler, Helmut: BGB, Allgemeiner Teil, 18. Aufl., München 1995

Kötz, Hein: Deliktsrecht, 7. Aufl., Neuwied–Kriftel–Berlin 1996

Larenz, Karl: Allgemeiner Teil des deutschen Bürgerlichen Rechts, 7. Aufl., München 1989

Larenz, Karl: Lehrbuch des Schuldrechts, Zweiter Band Besonderer Teil, 1. Halbband, 13. Aufl., München 1986

Larenz, Karl, und Canaris, Claus-Wilhelm: Lehrbuch des Schuldrechts, Zweiter Band Besonderer Teil, 2. Halbband, 13. Aufl., München 1994

Lytras, Theodor: Zivilrechtliche Haftung für Umweltschäden, Berlin 1995

Martinek, Michael: Moderne Vertragstypen. Band I: Leasing und Factoring, München 1991; Band II: Franchising, Know-how-Verträge, Management- und Consultingverträge, München 1992; Band III: Computerverträge, Kreditkartenverträge sowie sonstige moderne Vertragstypen, München 1993

Medicus, Dieter: Allgemeiner Teil des BGB. Ein Lehrbuch, 6. Aufl., Heidelberg 1994

Medicus, Dieter: Bürgerliches Recht, 17. Aufl., Köln–Berlin u. a. 1996

Medicus, Dieter: Grundwissen zum Bürgerlichen Recht, Köln–Berlin u. a., 2. Aufl., Köln–Berlin u. a., 1995

Münchener Kommentar zum BGB, herausgegeben von Säcker, Franz-Jürgen, und Rebmann, Kurt, Allgemeiner Teil, 3. Aufl., München 1993; Schuldrecht Allgemeiner Teil, 3. Aufl., München 1994; Schuldrecht Besonderer Teil Band 1, 3. Aufl., München 1995; Besonderer Teil Band 2, 2. Aufl., München 1986; Sachenrecht, 2. Aufl., München 1986; Familienrecht, Band I, 3. Aufl., München 1993; Familienrecht Band II, 3. Aufl., München 1992; Erbrecht, 2. Aufl., München 1989

Nagel, Bernhard: Wirtschaftsrecht I. Grundrechte und Einführung in das Bürgerliche Recht, München–Wien 1987; Wirtschaftsrecht II. Eigentum, Delikt, Vertrag, mit einer Einführung in die ökonomische Analyse des Rechts, 2. Aufl., München–Wien 1993; Wirtschaftsrecht III Unternehmens- und Konzernrecht, München–Wien 1994

Oetker, Hartmut: Das Dauerschuldverhältnis und seine Beendigung, Tübingen 1992

Palandt, Otto (Begründer): BGB, Kommentar, 55. Aufl., München 1996

Prümm, Hans Paul: Umweltschutzrecht, Frankfurt/Main 1989

Raiser, Ludwig: Die Aufgabe des Privatrechts. Aufsätze zum Privat- und Wirtschaftsrecht aus drei Jahrzehnten, Kronberg/Ts. 1977

Raiser, Thomas: Das lebende Recht. Rechtssoziologie in Deutschland, 2. Aufl., Baden-Baden 1995

Reich, Norbert: Markt und Recht. Theorie und Praxis des Wirtschaftsrechts in der Bundesrepublik Deutschland, Neuwied und Darmstadt 1977

Rosenberg, Leo; Schwab, Karl Heinz; Gottwald, Peter: Zivilprozeßrecht, 15. Aufl., München 1993

Rüthers, Bernd: Allgemeiner Teil des BGB, 9. Aufl., München 1993

Rüthers, Bernd: Die unbegrenzte Auslegung. Zum Wandel der Privatrechtsordnung im Nationalsozialismus, 4. Aufl., Heidelberg 1991

Salje, Peter: Bürgerliches Vermögensrecht. Ein Grundkurs im Bürgerlichen Recht, Göttingen 1992

Schmidt, Eike, und Brüggemeier, Gert: Zivilrechtlicher Grundkurs, 4. Aufl., Neuwied u. a. 1991

Schmidt, Karsten: Gesellschaftsrecht, 2. Aufl., Köln–Berlin u. a. 1991

Schwab, Dieter: Einführung in das Zivilrecht. Einschließlich BGB-Allgemeiner Teil, 12. Aufl., Heidelberg 1995

Schwark, Eberhard: Börsengesetz. Kommentar, 2. Aufl., München 1994

Singer, Reinhard: Selbstbestimmung und Verkehrsschutz im Recht der Willenserklärungen, München 1995

Soergel, Theodor, und Siebert, Wolfgang (Begründer): Kommentar zum BGB, 12. Aufl., Allgemeiner Teil, Stuttgart u. a. 1988; Schuldrecht I, Stuttgart u. a. 1990; Schuldrecht II, Stuttgart u. a. 1991; Sachenrecht, Stuttgart u. a. 1989; Erbrecht, Stuttgart u. a. 1992

Staudinger, Julius v. (Begründer): Kommentar zum BGB mit Einführungsgesetz und Nebengesetzen, 13. Aufl., Berlin, Allgemeiner Teil §§ 1–12 (1995), §§ 21–103 (1995), 134–163 (1996), 164–240 (1995); Recht der Schuldverhältnisse, Einl. und §§ 241–243 (1995), §§ 255–292 (1995), §§ 293–327 (1995), §§ 328–361 (1995), §§ 326–396 (1995), §§ 433–534 (1995), §§ 535–563 (1995), §§ 581–606 (1995); §§ 620–630 (1995); §§ 631–651 (1994), §§ 652–704 (1995), §§ 812–822 (1994); Sachenrecht §§ 854–882 (1995), §§ 883–902 (1996), §§ 903–924 (1996), §§ 925–984 (1995), §§ 985–1011 (1994); Familienrecht §§ 1363–1563 (1994); Erbrecht §§ 1922–1966 (1994), §§ 1967–2086 (1996), §§ 2197–2264 (1994); EG Internationales Privatrecht (1993)

Walter, Gerhard: Kaufrecht, Tübingen 1987

Wernecke, Frauke: Die Gesamtschuld – ihre Befreiung von irrationalen Merkmalen und ihre Rückführung in die Gesetzessystematik, Berlin 1990

Wesel, Uwe: Fast alles, was Recht ist. Jura für Nicht-Juristen, Frankfurt/Main 1992

Westermann, Harm Peter; Eickmann, Dieter; Gursky, Karl-Heinz; Pinger, Winfried: Sachenrecht. Ein Lehrbuch, begründet von Harry

Westermann, Band I Grundlagen und Recht der beweglichen Sachen, 6. Aufl., Heidelberg 1990, Band II Immobiliarsachenrecht, 6. Aufl., Heidelberg 1988

Weyers, Hans-Leo: Versicherungsvertragsrecht, 2. Aufl., Neuwied–Kriftel–Berlin 1995

Wieacker, Franz: Industriegesellschaft und Privatrechtsordnung, Frankfurt / Main 1974

Wieacker, Franz: Privatrechtsgeschichte der Neuzeit, 2. Aufl., Göttingen 1967

Wieling, Hans-Josef: Bereicherungsrecht, Berlin–Heidelberg u. a. 1993

Wieling, Hans Josef: Sachenrecht. Band I: Sachen, Besitz und Rechte an beweglichen Sachen, Berlin–Heidelberg u. a. 1990

Wiethölter, Rudolf: Rechtswissenschaft. Unter Mitarbeit von Rudolf Bernhardt und Erhard Denninger, Frankfurt / Main 1968

Wilhelm, Jan: Sachenrecht, Berlin–New York 1993

Wolf, Manfred: Sachenrecht, 13. Aufl., München 1996

Wolff, Hans J.; Bachof, Otto; Stober, Rolf: Verwaltungsrecht I, 10. Aufl., München 1994

Wolff, Martin, und Raiser, Ludwig: Lehrbuch des Bürgerlichen Rechts, III. Band: Sachenrecht, 10. Bearb. Tübingen 1957

Zweigert, Konrad, und Kötz, Hein: Einführung in die Rechtsvergleichung, 3. Aufl., Tübingen 1996

Vorwort

«Zivilrecht 2» baut auf «Zivilrecht 1» auf. Dort war es zunächst um die Grundlegung gegangen – was unterscheidet das Recht von anderen Ordnungen, wie gestaltet es unser Leben, welche Rolle kommt speziell dem Zivilrecht zu? Im folgenden wurden Elementarbegriffe wie «Rechtssubjekt» und «Schuldverhältnis» erläutert – abstrakte Größen, hinter denen sich wichtige gesellschaftspolitische Entscheidungen verbergen. Den größten Teil nahm dann das Vertragsrecht ein – wie kommen Verträge zustande, wann sind sie z. B. wegen Übervorteilung einer Seite unwirksam, was geschieht, wenn sich bei ihrer Durchführung Hindernisse ergeben?

«Zivilrecht 2» setzt dies in seinem ersten Teil mit der Darstellung der wesentlichsten Vertragstypen fort: Kauf, Miete und Leasing, Bürgschaft, Hypothek und Grundschuld, Dienst- und Werkverträge, Versicherungsverträge und andere risikobezogene Geschäfte sowie schließlich unentgeltliche Zuwendungen wie insbesondere die Schenkung.

Der zweite Teil ist dem Schutz der Rechtsgüter des einzelnen gewidmet – was geschieht, wenn jemand bei einem Unfall verletzt oder wenn sein Privatleben in der Presse breitgetreten wird? Was bedeutet «Schadensersatz» im einzelnen, wie geht die Rechtsordnung mit Umweltschäden um?

Der dritte Teil behandelt das Familienrecht: Wie sind die Beziehungen zwischen Ehegatten beschaffen, wie die zwischen Eltern und Kindern? Welche Rechtsgrundsätze gelten für Paare, die ohne Trauschein zusammenleben? Wie reagiert die Rechtsordnung auf die neuen Möglichkeiten der Fortpflanzungsmedizin?

Im Erbrecht als dem vierten und letzten Teil geht es um die gesetzliche Erbfolge wie auch um ihren Ausschluß durch Testament und Erbvertrag. Dem Pflichtteilsrecht der übergangenen Angehörigen ist ein Extrakapitel gewidmet.

Wie Band 1 ist auch Band 2 «probegelesen» worden, was die Verständlichkeit des Textes erhöhen soll. Will man das Buch nicht primär als Nachschlagewerk, sondern zum systematischen Studium verwenden, sollte man es nicht ohne Band 1 erwerben.

Für Kritik und Anregungen bin ich dankbar. Dies ist keine Floskel, sondern ernst gemeint: Über einen Brief an die Adresse Universität Bremen, Fachbereich 6, 28334 Bremen würde ich mich freuen.

Bremen, September 1996 Wolfgang Däubler

TEIL I EINZELNE VERTRAGSTYPEN

KAPITEL 1: Der Kaufvertrag

1 Überblick

Der Kauf ist im Alltag des Einzelnen wie auch in der Gesamtwirtschaft der wichtigste Vertragstyp. Das BGB hat ihm in den §§ 433 bis 514 eine recht umfangreiche Regelung gewidmet, die allerdings viele Gegenwartsprobleme auch nicht andeutungsweise aufgreift.[1] 1

Die gesetzliche Regelung konzentriert sich auf den Kauf einer konkreten Sache und eines konkreten Rechts. Damit tritt von vornherein eine aus den Verhältnissen des Jahres 1896 heraus verständliche **Verengung** ein: 2

Nicht im einzelnen geregelt ist der **Gattungskauf**, der für viele Massengüter der industriellen Produktion charakteristisch ist: Man bestellt ein Auto oder einen Kühlschrank eines bestimmten Typs, ein etwa in Augenschein genommenes Exemplar soll nur zeigen, wie Gegenstände dieser Art funktionieren. Dieser Form des Kaufvertrags ist jedoch nur eine einzige Bestimmung (§ 480) gewidmet.[2] 3

Für **atypische Kaufgegenstände**, die weder «Sache» noch «Recht» sind, gibt es keine ausdrücklichen Regeln. Der Gesetzestext läßt uns deshalb im Stich, wenn ein ganzes Unternehmen einschließlich seiner Firma und seines «goodwill» verkauft wird. Wie ist ein Softwarekauf zu behandeln, wie die Überlassung von Informationen (etwa über ein geheimes Herstellungsverfahren)? Auch hier besteht Unsicherheit. Statt dessen findet sich in den §§ 481 bis 492 eine einge- 4

1 Dazu insbesondere Esser-Weyers § 2 I (S. 4 ff.). Im folgenden zitierte Paragraphen sind solche des BGB.

2 Zur Unterscheidung von Stückschuld und Gattungsschuld s. Bd. 1 Kap. 14 unter 3.1 (Rn 1123 ff.)

hende Regelung des Viehkaufs, die durch eine noch heute geltende kaiserliche Verordnung ergänzt wird.[3]

5 Auch dort, wo es um einen «**Stückkauf**» geht, **entspricht die Realität eher selten den gesetzlichen Bestimmungen**. Sobald es sich um Gegenstände von einigem Wert handelt und auf wenigstens einer Seite ein Gewerbetreibender beteiligt ist, werden **AGB** zugrunde gelegt, die die gesetzlichen Regeln erheblich modifizieren. Bei Barkäufen des täglichen Lebens werden zwar häufig keine AGB herangezogen, doch werden Konflikte hier wiederum oft im «gesetzesfreien Raum» bewältigt.[4]

Kauft man immer beim selben Bäcker und tauchen plötzlich im Brot Spuren eines Mäuseschwanzes auf, hat man alle Aussicht, daß er sich entschuldigt und einem ganz ohne Rechtsanspruch ein Zusatzbrot gibt.

Soweit mit AGB gearbeitet wird, sind die **gesetzlichen Regelungen** wenigstens **Maßstab** für das, was noch zulässig ist, sofern nicht spezielle Klauselverbote eingreifen.[5]

6 Die praktisch wichtige Frage, was zu geschehen hat, wenn durch die gekaufte Sache andere Rechtsgüter des Käufers zu Schaden kommen (**Mangelfolgeschäden**), ist im Gesetz nicht angesprochen.

Beispiel: Das gelieferte Pferd ist nicht nur krank und deshalb im Rechtssinne «mangelhaft», sondern steckt auch weitere Pferde des Käufers an.

Die deliktische Haftung des Verkäufers ist häufig unbefriedigend, da er sich für Handlungen von Gehilfen weitgehend entlasten kann und außerdem reine Vermögensschäden nicht ersatzfähig sind. Diese «Lücke» wurde durch die Gewährung von Schadensersatzansprüchen aus pVV gefüllt, deren Voraussetzungen im Zusammenhang mit der Verletzung von Nebenpflichten bereits erläutert wurden.[6] In welchem Verhältnis sie zu den Gewährleistungsansprüchen wegen Sachmängeln sowie zum Deliktsrecht stehen, ist bis heute umstritten.

7 Im folgenden soll zunächst dem gesetzlichen «Normalmodell» folgend der **Inhalt eines Kaufvertrags** über eine einzelne Sache skizziert werden. Dabei ergeben sich insbes. bei der Gefahrtragung Abweichungen von den allgemeinen Grundsätzen (unten 2).

---

3 VO betreffend Hauptmängel und Gewährfristen beim Viehhandel vom 27. 3. 1899, RGBl S. 219

4 Esser-Weyers § 2 I (S. 4)

5 Näher dazu Bd. 1 Kap. 15 unter 4.2 (Rn 1396ff.) und 4.3 (Rn 1401ff.)

6 Zur positiven Vertragsverletzung s. Bd. 1 Kap. 17 unter 5 (Rn 1562ff.)

Der Reihenfolge der gesetzlichen Regelung nach folgen dann die Ausführungen über sog. **Rechtsmängel**, die dann vorliegen, wenn der Verkäufer dem Käufer nicht die ihm zugedachte Rechtsposition verschafft (unten 3). 8

Einen großen und wichtigen Bereich betrifft die Haftung für **Sachmängel**. Wann liegt ein «Sachmangel» vor? Welche Rechtsbehelfe stehen dem Käufer zur Verfügung, wie sind sie beim Stückkauf, wie beim Gattungskauf ausgestaltet? Wie ist das Verhältnis zu den allgemeinen Vorschriften – etwa zur Anfechtung nach § 119 Abs. 2 oder zu Schadensersatzansprüchen aus pVV – beschaffen? Inwieweit kann von den Rechten des Käufers durch individuelle Abrede oder in AGB abgewichen werden (unten 4)? 9

In der Praxis **behält sich der Verkäufer** meist **das Eigentum vor**, bis der Kaufpreis bezahlt ist. Hauptanwendungsfall ist der Kauf mit Ratenzahlungen. Dabei ergeben sich nicht nur einige Sonderprobleme in bezug auf Rechte und Pflichten der Kaufvertragsparteien; vielmehr ist die Position des Käufers von der Rechtsprechung zu einem **«Anwartschaftsrecht»** ausgebaut worden, das in weitem Umfang (aber eben doch nicht völlig) wie das Sacheigentum behandelt wird. Seine Ausgestaltung verdient nähere Aufmerksamkeit (unten 5). 10

Zum Abschluß sollen noch Kaufverträge über atypische Gegenstände (unten 6) behandelt und ein Hinweis auf die Sonderregeln zum grenzüberschreitenden Kauf angefügt werden (unten 7). 11

2 Der Inhalt des Kaufvertrags

2.1 Die Hauptpflichten

Nach § 433 Abs. 1 Satz 1 ist der **Verkäufer** einer Sache **verpflichtet**, sie **dem Käufer zu übergeben und ihm das Eigentum daran zu verschaffen**. Nach § 433 Abs. 2 ist der Käufer verpflichtet, den vereinbarten Preis zu bezahlen und die gekaufte Sache abzunehmen. 12

Der **Kaufvertrag** ist seiner Natur nach ein beiderseitiges **Verpflichtungsgeschäft**. Zu seiner Erfüllung sind Verfügungen (Übereignung der Sache, Bezahlung des Kaufpreises) erforderlich. Beide sind auch beim Bargeschäft rechtlich getrennt; dem **Abstraktions-** 13

prinzip entsprechend hängt die Gültigkeit des Verfügungsgeschäfts (auch «Erfüllungsgeschäft» genannt) nicht davon ab, ob das Verpflichtungsgeschäft gültig ist.[7] Wird aufgrund eines unwirksamen Kaufvertrags übereignet, muß dies nach den Vorschriften über die ungerechtfertigte Bereicherung «rückabgewickelt» werden.[8]

14 Die Verkäuferpflichten – Übergabe der Sache und Übereignung – müssen **nicht gleichzeitig** erfüllt werden. Getrennt sind beide etwa beim sog. **Eigentumsvorbehalt**: Die Kaufsache wird zwar übergeben, jedoch nur aufschiebend bedingt (§ 158 Abs. 1) für den Fall übereignet, daß der Käufer den vollen Kaufpreis bezahlt.

15 Der Käufer hat als Hauptpflicht nur **den vereinbarten Preis zu entrichten**. Die im Gesetz vorgesehene **Abnahme** der Ware ist typischerweise eine **Nebenpflicht**, es sei denn, Gegenteiliges sei ausdrücklich oder konkludent vereinbart worden.

V will sein Warenlager auflösen und hat deshalb die Bestände an K («Lieferung am 14. 3.») verkauft. Hier ist die Abnahme wegen des dem K bekannten Zwecks des Verkaufs Hauptpflicht mit der Folge, daß bei einem Verstoß der Verkäufer ggfs. Schadensersatz wegen Nichterfüllung verlangen oder vom Vertrag zurücktreten kann.[9]

2.2 Leistungsstörungen und Besonderheiten bei der Gefahrtragung

2.2.1 Die allgemeinen Regeln über Leistungsstörungen auf seiten des Verkäufers

16 Ist die **Leistung des Verkäufers unmöglich** geworden oder gerät er in Verzug, so treten die allgemeinen Rechtsfolgen ein. Hat der Verkäufer das Leistungshindernis zu vertreten, ist er schadensersatzpflichtig. Der Käufer kann – da es sich beim Kauf um einen gegenseitigen Vertrag handelt – nach den §§ 325, 326 vorgehen.[10] Ausnahmsweise bleibt

7 Dazu eingehend bereits Bd. 1 Kap. 14 unter 2.3 (Rn 1106ff.)

8 Dazu Bd. 1 Kap. 18 unter 2 (Rn 1612ff.)

9 Dazu näher 2.2.1 (Rn 16)

10 Zu den Regeln über Unmöglichkeit und Verzug s. Bd. 1 Kap. 17 unter 2, und 3 (Rn 1534ff.)

er im Falle der Unmöglichkeit zur Zahlung des Kaufpreises nach § 324 verpflichtet, wenn er selbst die Unmöglichkeit zu vertreten hat oder wenn er sich in Annahmeverzug befand.[11]

2.2.2 Besonderheiten im Kaufrecht

Von dieser Regelung weichen die Gefahrtragungsvorschriften der §§ 446, 447 zugunsten des Verkäufers ab. 17

Nach § 446 Abs. 1 Satz 1 geht die «**Gefahr des zufälligen Untergangs** oder einer zufälligen Verschlechterung» der verkauften Sache mit ihrer **Übergabe** auf den Käufer über. Gemeint ist damit die sog. Gegenleistungs- oder **Preisgefahr**: Der Käufer muß den Kaufpreis daher auch dann bezahlen, wenn die Sache ohne sein Zutun untergeht. Maßgebend für diese durchaus sinnvolle Entscheidung des Gesetzgebers ist, daß sich die Sache im Macht- und Kontrollbereich des Käufers befindet und daß es deshalb ungerecht wäre, würde sich ein zufälliges Ereignis wirtschaftlich zu Lasten des Verkäufers auswirken.[12] 18

Beispiel: K kauft einen Fernsehapparat, der ihm auch in die Wohnung geliefert wird. Da er aber erst die Hälfte des Kaufpreises bezahlt hat, hat sich der Verkäufer das Eigentum vorbehalten. Zerschlägt nun ein leicht ausrastender Besucher das Fernsehgerät, so kann dies der V mit einem Achselzucken quittieren; der restliche Kaufpreis ist ihm sicher. Anders wäre es nach der Regel des § 323: Da die eine Seite nicht mehr erfüllen, d. h. das Eigentum übertragen kann, wäre die andere Seite (hier: K) von jeder Leistungspflicht frei und könnte nach § 323 Abs. 3 sogar die bisher bezahlten Beträge zurückverlangen (d. h. nach § 323 trägt der Schuldner der Leistung auch die Preisgefahr).

Der Käufer kann lediglich das sog. stellvertretende Commodum nach § 281 Abs. 1 verlangen, also beispielsweise Abtretung des Anspruchs, den der Verkäufer gegen seine Kaskoversicherung hat.

Hat der Verkäufer die Sache nicht nur übergeben, sondern auch übereignet, hat er seine Hauptpflichten voll erfüllt. Daß er hier den (restlichen) Kaufpreis verlangen kann, ist selbstverständlich und wird auch durch § 323 nicht in Frage gestellt; als neuer Eigentümer muß der Käufer das Risiko tragen, daß seine Sache zu Bruch geht oder gestohlen wird. 19

Beim **Versendungskauf** wird der Zeitpunkt des Gefahrübergangs nach § 447 noch ein Stückchen vorverlegt. Vorausgesetzt ist eine sog. **Schickschuld**: 20

---

11 Einzelheiten Bd. 1 Kap. 17 unter 4.2 (Rn 1558 ff.)
12 Schmidt-Brüggemeier S. 216

Der Verkäufer muß die verkaufte Sache **auf Verlangen des Käufers** nach einem anderen Ort als dem Leistungsort versenden. Dies kann auch von einem «Lagerort» aus geschehen, der nicht mit dem Leistungsort identisch ist.

Beispiel:[13] Ein Düsseldorfer Händler verkauft Heizöl, das in Duisburg gelagert ist, an einen Kunden in Köln.

21 Ist der Verkäufer zur Übergabe der Sache in der Wohnung oder der gewerblichen Niederlassung des Käufers verpflichtet, liegt eine sog. **Bringschuld** vor, auf die **§ 447 nicht anwendbar** ist.[14] Ohne Bedeutung ist, ob ein sog. **Platzgeschäft** vorliegt, also Verkäufer und Käufer in derselben Gemeinde wohnen; § 447 greift ein[15]. Allerdings ist hier immer zu fragen, ob die Beteiligten nicht doch eine Bringschuld vereinbart haben.

22 Geht bei einer Schickschuld die Ware auf dem Transport unter, muß der **Käufer** den Preis in gleicher Weise bezahlen, wie wenn er die Sache erhalten hätte. Er **trägt** auch hier die **Preisgefahr**. Der Verkäufer ist von seiner Leistungspflicht frei geworden. Für ein Verschulden des Transporteurs haftet er nicht, da der Transport als solcher nicht mehr zur geschuldeten Leistung gehört, so daß § 278 nicht anwendbar ist.[16] Entgegen einer in der Literatur vertretenen Meinung ändert sich daran nichts, wenn der Verkäufer die **Versendung** nicht mit Hilfe eines selbständigen Spediteurs, sondern **durch eigene Leute** bewerkstelligt: Soweit keine speziellen Abmachungen getroffen sind, hat der Pflichtenkreis des Verkäufers in beiden Fällen den gleichen Umfang.[17]

23 Was geschieht, wenn die Ware auf dem Transport untergeht, weil sie nicht richtig verpackt war? Insoweit liegt ein **Verschulden des Verkäufers** und keine «Gefahr» vor, der Verkäufer hat die Erfüllung schuldhaft unmöglich gemacht.[18] Erst recht haftet er, wenn die Sache wegen eines ihr schon bei Übergabe an die Transportperson anhaftenden Mangels untergeht.[19]

---

13 BGH NJW 1991, 915

14 Zur Unterscheidung von Schick- und Bringschuld s. Bd. 1 Kap. 16 unter 2.1 (Rn 1426ff.)

15 Palandt-Putzo § 447 Rn 8 sowie Bd. 1 Kap. 16 unter 2.1 (Rn 1426ff.)

16 BGHZ 50, 32, 35

17 Faust DB 1991, 1556, 1557 mN, auch für die Gegenmeinung (Fn 14); Hüffer JuS 1988, 123, 130

18 Larenz, Schuldrecht, Bd. II/1 § 42 II c; Soergel-Huber § 447 Rn 42ff.

19 BGH NJW 1968, 1929

Der Käufer kommt auch dann mit einem blauen Auge davon, wenn die Sache versichert war oder wenn der Verkäufer einen Ersatzanspruch gegen einen dritten Schädiger hat: Zwar ist dem Verkäufer in einem solchen Fall kein eigener Schaden entstanden – er behält ja seinen Kaufpreisanspruch –, aber er kann den wirtschaftlich beim Käufer eintretenden Schaden im Wege der sog. **Schadensliquidation im Drittinteresse** geltend machen.[20] 24

Beispiel: Das gekaufte Porzellanservice wird bei einem Unfall durch Verschulden eines anderen Verkehrsteilnehmers zerstört. V kann diesen auf Schadensersatz in Anspruch nehmen; dem K gegenüber ist er dazu oder jedenfalls zur Abtretung seines Anspruchs verpflichtet.

2.2.3 Leistungsstörungen auf seiten des Käufers

Kommt der Käufer mit seiner Zahlungspflicht in Verzug, stehen dem Verkäufer die Rechte aus §§ 286 ff., 326 zur Seite.[21] Besonderheiten ergeben sich insoweit nicht. 25

2.3 Nebenpflichten

Den **Verkäufer** treffen je nach dem verkauften Gegenstand unterschiedlich intensive Nebenpflichten. § 444 konkretisiert sie insbes. im Hinblick auf verkaufte Grundstücke. Weiter muß der Käufer ggfs. auf Gefahren hingewiesen werden, die ihm unbekannt sind. Bei nicht ganz unkomplizierten Geräten ist eine Bedienungsanleitung mitzuliefern. Besonders intensive Informationspflichten bestehen dann, wenn der Verkäufer eine bestimmte Sachkunde für sich in Anspruch nahm, auf die der Käufer den Umständen nach vertrauen konnte. Ist der Käufer mehrwertsteuerpflichtig, muß der Verkäufer ihm eine Rechnung ausstellen, die die Mehrwertsteuer getrennt ausweist, so daß ein Vorsteuerabzug möglich ist.[22] 26

Auch den **Käufer** treffen Nebenpflichten; insbes. muß er die Sache abnehmen. Er muß jedoch grundsätzlich dem Verkäufer nicht mittei- 27

20 BGHZ 40, 91, 100 ff. Dazu unten Kap. 12 unter 5 (Rn 1348 ff.)

21 Dazu Bd. 1 Kap. 17 unter 3.2 (Rn 1542 ff.)

22 Palandt-Putzo § 433 Rn 23. Zur Erläuterung: Der mehrwertsteuerpflichtige Selbständige muß auf alle seine Umsätze 15 % MWSt bezahlen, kann jedoch die von ihm an andere entrichtete Mehrwertsteuer in Abzug bringen. Bestimmte Berufe (z. B. Buchautoren und Taxiunternehmer) unterliegen einem ermäßigten MWSt-Satz von 7 %

len, ob er den Gegenstand weiterveräußern, behalten oder zu einem anderen Zweck verwenden will.

Beispiel:[23] BMW-Händler waren vertraglich verpflichtet worden, ihre Autos nur an Endverbraucher zu verkaufen. Ein Interessent, der einen Weiterkauf beabsichtigt, muß dies dem Händler auch dann nicht mitteilen, wenn er über das Vertriebssystem bei BMW im Bilde ist. Dabei geht es allerdings um eine – gleichgelagerte – Pflicht aus Vertragsverhandlungen.

28 **Wer eine Nebenpflicht verletzt**, ist dem anderen Teil zum Schadensersatz verpflichtet. Konkurrenzprobleme mit Ansprüchen wegen Sachmängeln werden nur ganz ausnahmsweise auftreten; auf sie ist an späterer Stelle einzugehen.[24]

2.4 Der Gattungskauf

29 Bezieht sich der Kaufvertrag auf eine nur der Gattung nach bestimmte Sache,

Beim Versandhaus Q bestellt man unter Angabe der Katalognummer ein Bücherregal

so kommt es entscheidend darauf an, ob eine **«Konkretisierung»** durch Aussonderung eines bestimmten Stücks stattgefunden hat.[25] Von diesem Augenblick an hat sich der Gattungs- in einen Stückkauf verwandelt, und es finden die Vorschriften über den Stückkauf Anwendung. Ist dies nicht der Fall,

die bereitgestellte Sache war beispielsweise nicht von «mittlerer Art und Güte» im Sinne des § 243 Abs. 1

so besteht der Erfüllungsanspruch weiter; es tritt Verzug ein, was dem Käufer die Rechte aus § 326 eröffnet.[26] Unmöglichkeit läge nur dann vor, wenn die ganze Gattung nicht mehr bestehen würde.

23 BGH NJW 1992, 1222
24 Dazu unten 4.4.3 (Rn 116ff.)
25 Bd. 1 Kap. 14 unter 3.1.2 (Rn 1126ff.)
26 Bd. 1 Kap. 17 unter 3.2.4 (Rn 1548ff.)

3 Rechtskauf und Rechtsmängel

3.1 Der Kauf von Rechten

Wurde keine Sache, sondern ein Recht verkauft, ist dieses nach § 433 Abs. 1 S. 2 auf den Käufer zu übertragen. Dabei gelten grundsätzlich die allgemeinen Grundsätze über Vertragserfüllung und Leistungsstörungen, doch bestehen zwei Sonderregeln. 30

Zum einen: Nach § 437 Abs. 1 **haftet der Verkäufer einer Forderung** oder eines sonstigen Rechtes **für deren rechtlichen Bestand**. Damit ist eine Ausnahme vom Grundsatz des § 306 gemacht:[27] Existiert das Recht in Wahrheit nicht, kann der Verkäufer nicht geltend machen, der Kaufvertrag sei von Anfang an auf eine unmögliche Leistung gerichtet und deshalb unwirksam gewesen. Die in § 437 Abs. 1 festgelegte Haftung ist außerdem unabhängig vom Verschulden.[28] 31

Die zweite Besonderheit liegt darin, daß bei Forderungen nur für den Bestand, **nicht** aber für die **Bonität des Schuldners** gehaftet wird. Übernimmt der Verkäufer ausnahmsweise die Haftung für dessen Zahlungsfähigkeit, so bezieht sich dies nach der Auslegungsregel des § 438 nur auf die Zahlungsfähigkeit zur Zeit der Forderungsabtretung. 32

Das Unternehmen U verkauft alle Forderungen an F und erhält dafür sofort «cash». Besteht eine Forderung gar nicht, muß U den dafür erhaltenen Betrag zurückerstatten; ist lediglich ein Kunde in Zahlungsschwierigkeiten geraten, hat F die Folgen zu tragen. Bei einem Forderungskauf der beschriebenen Art (sog. **Factoring**) wird daher nicht der Nennwert der Forderung, sondern ein um einen Risikoabschlag (und die Gewinnspanne des F) verminderter Preis bezahlt.

27 Zu diesem s. Bd. 1 Kap. 17 unter 2.3.1 (Rn 1505 ff.)
28 Palandt-Putzo § 437 Rn 7

3.2 Das Vorliegen von Rechtsmängeln

33 Sowohl beim Sach- wie auch beim Rechtskauf kann es vorkommen, daß der Verkäufer nicht in der Lage ist, dem Käufer den verkauften Gegenstand frei von Rechten Dritter zu verschaffen.

Beispiel: Die verkaufte Sache gehört noch einem Dritten, dem sie gestohlen wurde oder der sie dem Verkäufer nur unter Eigentumsvorbehalt verkauft hatte.

Die verkaufte Forderung ist verpfändet oder an einen anderen zur Sicherheit abgetreten.

34 Wird ein Grundstück verkauft und ist im Grundbuch eine Belastung eingetragen, die in Wirklichkeit gar nicht besteht, so muß der Verkäufer nach § 435 Abs. 1 für deren Löschung sorgen: Zwar liegt keine rechtliche Beeinträchtigung im eigentlichen Sinne vor, doch besteht angesichts der Möglichkeit des gutgläubigen Erwerbs[29] jederzeit die Gefahr, daß der fälschlicherweise als Rechtsinhaber Eingetragene sein Recht an einen Gutgläubigen veräußert und so der Käufer dann doch eine effektive Belastung hinnehmen müßte.

3.3 Rechtsfolgen

35 Ist der Verkäufer V nicht in der Lage, die Sache zu übereignen oder das Recht abzutreten, oder kann er den verkauften Gegenstand nicht frei von Rechten Dritter übertragen, so haftet er nach § 440 Abs. 1 nach den allgemeinen Grundsätzen. Dies bedeutet, daß der Käufer insbes. nach § 325 vom Vertrag zurücktreten oder Schadensersatz wegen Nichterfüllung verlangen kann, weil der V die ursprünglich, d. h. schon bei Vertragsabschluß bestehende Unmöglichkeit zu vertreten hat.[30] Ist der Rechtsmangel behebbar, sind die Verzugsregeln anzuwenden, so daß zunächst noch eine Nachfrist nach § 326 Abs. 1 gesetzt werden muß.[31]

Beispiel:[32] Das verkaufte Grundstück ist verpachtet, obwohl der Käufer entgegen § 444 davon nicht informiert wurde. Nach den §§ 571, 581 Abs. 2 setzt sich das Pachtverhältnis automatisch mit dem Käufer fort, so daß kein «volles» unbelastetes

29 Dazu Bd. 1 Kap. 14 unter 4.6.2 (Rn 1274 ff.)
30 S. Bd. 1 Kap. 17 unter 2.4.2 (Rn 1530)
31 BGH NJW 1991, 2700
32 Nach BGH NJW 1992, 906

Eigentum übergehen kann. Besteht eine Kündigungsmöglichkeit oder ist der Pächter zu einem Aufhebungsvertrag bereit, liegt ein Fall des Verzugs vor, der zur Anwendung des § 326 führt. Andernfalls liegt insoweit subjektive Unmöglichkeit (= Unvermögen) vor, und der Käufer kann nach §§ 325 Abs. 1 S. 2, 280 Abs. 2 vom Vertrag zurücktreten oder Schadensersatz wegen Nichterfüllung verlangen, wenn das Grundstück wegen des unkündbaren Pachtvertrags für ihn ohne Interesse ist.

Beim Verkauf beweglicher Sachen ist die Schadensersatzpflicht des Verkäufers nach Maßgabe des § 440 Abs. 2 bis 4 beschränkt. Besteht der Mangel darin, daß ein Dritter ein Recht zum Besitz der Sache hat, so kann Schadensersatz wegen Nichterfüllung erst verlangt werden, wenn die Sache dem Dritten herausgegeben, wenn sie dem Verkäufer zurückgewährt oder wenn sie untergegangen ist. 36

Der Hintergrund dieser etwas überraschenden Regelung ist ein historischer: Im römischen Recht hatte der Verkäufer keine Gegenansprüche des Käufers zu gewärtigen, wenn er ihm nicht das Eigentum übertragen konnte: Er hatte seine Pflichten schon damit erfüllt, daß er dem Käufer den ungestörten Besitz verschaffte. Erst wenn dieser verloren ging, weil der Dritte seine Rechte erfolgreich wahrnahm, änderte sich die Situation. Obwohl der rechtliche Ausgangspunkt heute ein anderer ist, hat man diese sog. **Eviktionshaftung** (von «evincere» = herausverlangen) beibehalten.[33]

Was geschieht, wenn der Käufer die Sache **an einen Dritten weiterveräußert** hat? Solange er das Entgelt besitzt, ist ihm kein Schaden entstanden, und er kann deshalb auch keinen Ersatzanspruch gegen den Verkäufer geltend machen. Mußte er jedoch den erhaltenen Preis nach § 816 Abs. 1 S. 1 an den wahren Berechtigten herausgeben, ist § 440 Abs. 2 entsprechend anwendbar[34], d. h. es kann Schadensersatz wegen Nichterfüllung verlangt werden. 37

Kennt der Käufer den Rechtsmangel, entfällt nach § 439 Abs. 1 jede Haftung des Verkäufers. Bloßes Kennenmüssen ist unerheblich und führt auch nicht entsprechend § 254 zu einer Haftungsminderung.[35] 38

Was geschieht, wenn der Käufer zwar gutgläubig erworben hat, dieses aber als wenig «gentlemanlike» empfindet und deshalb dem ursprünglichen Berechtigten die Sache wieder herausgibt? Kann er in einem solchen Fall die Rechte aus § 325 geltend machen? Wäre der gutgläubige Erwerb nur im Hinblick auf sein individuelles Interesse vorgesehen, müßte man die Berufung darauf wohl als verzichtbar ansehen, so

33 Zum historischen Kontext s. Esser-Weyers § 4 III 3 (S. 20ff.)
34 Erman-Weitnauer § 440 Rn 27; Staudinger-Köhler § 440 Rn 14
35 BGH NJW 1990, 1106

daß durch «Zurückweisung» der Sache eine Rechtsmängelhaftung ausgelöst werden könnte. In Wirklichkeit dient der gutgläubige Erwerb aber auch allgemeinen Verkehrsinteressen[36]; das so erworbene Eigentum ist nicht «schlechter», als wenn auf der anderen Seite der Berechtigte gestanden hätte. Deshalb entstehen durch Rückgabe an den ursprünglichen Berechtigten keine Ansprüche wegen Rechtsmangels.[37]

4 Haftung für Sachmängel

4.1 Was ist ein Sachmangel?

39 Der Gesetzgeber hat eine eingehende Regelung für den Fall getroffen, daß die konkrete gekaufte Sache «fehlerhaft» ist oder ihr eine zugesicherte Eigenschaft fehlt. Der **Verkäufer muß** insoweit **«Gewähr leisten»**, ohne daß es auf sein Verschulden ankommt; man spricht deshalb auch von Gewährleistungsansprüchen. Allerdings hat er den Vorteil, daß die **Ansprüche des Käufers** bei beweglichen Sachen **schon sechs Monate nach Ablieferung**, bei Grundstücken ein Jahr nach Übergabe **verjährt** sind.

4.1.1 Was ist ein «Fehler»?

40 Nach § 459 Abs. 1 Satz 1 haftet der Verkäufer einer Sache dafür, «daß sie zu der Zeit, zu welcher die Gefahr auf den Käufer übergeht, nicht mit Fehlern behaftet ist, die den Wert oder die Tauglichkeit zu dem gewöhnlichen oder dem nach dem Vertrage vorausgesetzten Gebrauch aufheben oder mindern». Nach Satz 2 derselben Bestimmung soll eine «unerhebliche» Minderung des Wertes oder der Tauglichkeit keine Bedeutung haben.

41 Nach heute ganz herrschender Auffassung gilt der sog. **subjektive Fehlerbegriff**.[38] Danach kommt es entscheidend darauf an, ob die «Ist-Beschaffenheit» der Sache von der «Soll-Beschaffenheit» abweicht. Worauf diese Abweichung beruht, ist ohne Bedeutung; sie

36 Dazu Bd. 1 Kap. 14 unter 4.6.1.5 (Rn 1266ff.)
37 Ebenso Esser-Weyers § 4 III 4 b (S. 23)
38 Erstmals anerkannt im RGZ 135, 339; aus der neueren Rechtsprechung s. etwa BGHZ 90, 198, 202

kann in der physikalischen Beschaffenheit der Sache selbst liegen (der Motor ist kaputt), aber auch in bestimmten Beziehungen zur «Umwelt», wofür als Beispiel die Bebaubarkeit eines Grundstücks stehen mag. Auch eine sehr weitgehende Abweichung, die aus der Sache eigentlich «eine andere» macht, wird über die Alltagssprache hinaus noch als «Fehler» qualifiziert.[39]

Wird ein goldener Ring verkauft, ist dieser in Wirklichkeit aber nur vergoldet, ist dies im Rechtssinne ein «Fehler». Dasselbe gilt, wenn sich der echte Picasso nachträglich als Produkt eines Schmierfinken herausstellt, der sich als Imitator betätigt hat.

Das Faktum, daß die Sache eigentlich zu einer ganz anderen «Gattung» gehört, spielt keine Rolle, da ja «dieser konkrete Ring» bzw. «dieses konkrete Gemälde» Vertragsgegenstand geworden ist. 42

Im Gegensatz dazu hatte die **ursprünglich** vom Reichsgericht vertretene sog. **objektive Fehlertheorie**[40] allein auf die äußere («objektive») Beschaffenheit des Gegenstands abgestellt und damit den Anwendungsbereich der §§ 459 ff. sehr viel enger bestimmt. Dies ist in aller Regel für den Käufer günstiger, da für die allgemeinen Rechtsbehelfe (Anfechtung nach § 119, Ansprüche wegen Teil-Unmöglichkeit usw.) nicht die kurzen Verjährungsfristen des § 477 gelten.

Daß die §§ 459 ff. innerhalb ihres Anwendungsbereichs eine abschließende Sonderregelung sind, ist unbestritten.[41] Eine Rückkehr zum objektiven Fehlerbegriff wäre wünschenswert, ist aber angesichts jahrzehntelanger Rechtsprechung und festgezimmerter herrschender Meinung außerordentlich schwierig. 43

Die «Soll-Beschaffenheit» der Sache ergibt sich primär aus den (ausdrücklichen oder konkludenten) **Vereinbarungen der Kaufvertragsparteien, notfalls** daraus, daß man nach der Verkehrsanschauung eine «**Normalbeschaffenheit**» erwarten kann. 44

Das Grundstück wird zu dem Zweck verkauft, daß der Käufer ein dreistöckiges Gebäude errichtet. Der Bebauungsplan läßt jedoch nur Bungalows zu.

Der Gebrauchtwagen ist drei Jahre alt, doch fällt alle zwei Wochen eine neue Reparatur an. Grund ist, daß er drei Jahre lang als Fahrschulwagen benutzt wurde. Obwohl darüber nicht gesprochen wurde, war die «Normalbeschaffenheit» eines drei Jahre alten Fahrzeugs mit bestimmter Kilometerleistung vorausgesetzt.

---

39 Schmidt-Brüggemeier S. 232 mwN

40 RGZ 67, 86, 88; 97, 351, 352. Ebenso in der neueren Literatur insbesondere Knöpfle NJW 1987, 807

41 Einzelheiten unten 4.4 (Rn 107 ff.)

45 Zur «Soll-Beschaffenheit» gehört insbesondere bei **Lebensmitteln** auch, daß sie nicht im Verdacht stehen, gesundheitsschädliche Nebenwirkungen zu haben. Dies gilt jedenfalls dann, wenn der Verdacht nicht ausräumbar ist.

Das aus England stammende Rindfleisch ist mangelhaft, wenn nicht mit absoluter Sicherheit ausgeschlossen werden kann, daß es BSE-verseucht ist.[42]

46 Die Beziehungen einer Sache zu ihrer «Umwelt» sind auch dann betroffen, wenn es um die **Bebaubarkeit des Nachbargrundstücks** geht: Die Tatsache, daß dort kein Haus errichtet werden darf, das die Aussicht auf die freie Landschaft beeinträchtigen könnte, gehört bei entsprechender Vereinbarung zur «Soll-Beschaffenheit» des gekauften Grundstücks. Darf dann – etwa wegen einer Änderung des Bebauungsplans – doch gebaut werden, und hat dies zur Folge, daß der Blick nicht mehr auf Flur und Wald, sondern nur noch auf eine weiße Mauer geht, so liegt ein Fehler vor.[43]

Wie verhält es sich, wenn der Nachbar lediglich ein die Aussicht nicht behinderndes einstöckiges Gebäude errichtet hat, aber unschwer «höher hinaus» könnte? Die Tatsache, daß er von seinen Möglichkeiten eventuell auch in Zukunft keinen Gebrauch macht, stellt keine «Eigenschaft» des gekauften Grundstücks dar.[44]

4.1.2 Die zugesicherte Eigenschaft

47 Nach § 459 Abs. 2 liegt ein «Sachmangel» auch dann vor, wenn der verkauften Sache eine zugesicherte Eigenschaft fehlt. Dabei kommt es anders als beim «Fehler» **nicht** darauf an, inwieweit dadurch der Wert oder die **Gebrauchstauglichkeit vermindert** wird.

Der Käufer läßt sich zusichern, daß das gekaufte Kruzifix an seinem oberbayerischen Ferienort hergestellt wurde. Stammt es vom Nachbarort, ist seine «Gebrauchstauglichkeit» nicht beeinträchtigt, doch fehlt ihm eine zugesicherte Eigenschaft.

48 Wann liegt eine «Zusicherung» vor? Die Rechtsprechung ist hier sehr zurückhaltend und verlangt, daß «der Verkäufer – aus der Sicht des Käufers – die Gewähr für das Vorhandensein der Eigenschaft über-

---

42 Ebenso für argentinisches Hasenfleisch, das möglicherweise salmonellenbefallen war, BGH NJW 1972, 1462, 1463. Anders, wenn der Verdacht ausgeräumt werden kann: Der aus Österreich stammende Wein enthielt kein Glykol (BGH NJW 1989, 218, 220)

43 RGZ 161, 330, 333

44 BGH NJW 1993, 1323, 1324

nimmt und damit seine **Bereitschaft zu erkennen gibt, für alle Folgen einzustehen**, wenn diese Eigenschaft fehlt, insbesondere ohne Verschulden und ohne Rücksicht auf die Voraussehbarkeit, den Schaden... zu ersetzen».[45] Bloße **Warenbeschreibungen reichen nicht** aus, und zwar auch dann nicht, wenn sie in einem Auktionskatalog[46] enthalten sind oder wenn auf bestimmte technische Normen (DIN, VDE) verwiesen wird.[47] Insbesondere beim Kauf neu hergestellter beweglicher Sachen sei die Annahme einer stillschweigenden Zusicherung grundsätzlich die Ausnahme.[48]

Die Rechtsprechung kommt hier ebenso wie beim Fehlerbegriff der Verkäuferseite sehr stark entgegen. Dies ist wenig «verbraucherfreundlich» und wird dann auf recht komplizierte Weise dadurch teilweise wieder ausgeglichen, daß man Ansprüche aus culpa in contrahendo oder aus positiver Vertragsverletzung gewährt.[49] Warum soll man (vielleicht ein wenig übertreibende) Angaben zur Qualität der Sache nicht als bindende Garantie behandeln? Dies würde zu einer Versachlichung der Werbung beitragen, ohne den Anbietern Unzumutbares abzuverlangen.

Eine gewisse «Auflockerung» hat sich dadurch ergeben, daß eine Zusicherung dann angenommen wird, wenn der **Verkäufer** – etwa als Gebrauchtwagenhändler – eine **besondere Sachkunde** für sich in Anspruch genommen hat.[50] 49

Wird etwa der **Gebrauchtwagen** als «fahrbereit» übergeben, übernimmt der Verkäufer die Gewähr dafür, daß das Fahrzeug nicht mit verkehrsgefährdenden Mängeln behaftet ist, aufgrund deren es bei einer TÜV-Untersuchung als verkehrsunsicher eingestuft werden müßte.[51] Auch die Angabe des Baujahres, der km-Leistung und der Existenz eines fabrikneuen Austauschmotors gilt als «zugesicherte Eigenschaft».[52]

Brachte der Käufer zum Ausdruck, daß es ihm auf bestimmte Eigenschaften, wie z. B. das Vorhandensein von ABS, besonders ankam, und bot daraufhin der Verkäufer ein bestimmtes Fahrzeug an, so liegt darin eine stillschweigende Zusicherung.[53] Bei einem privaten Verkäufer ist man mit der Annahme einer Zusicherung sehr viel zurückhaltender. 50

45 So BGH NJW 1981, 1501
46 BGH NJW 1980, 1619
47 BGH NJW 1981, 1501
48 BGH NJW 1995, 518, 519
49 Dazu unten 4.4.3 (Rn 116ff.)
50 BGH NJW-RR 1991, 1401
51 BGH NJW 1993, 1854
52 Nachweise bei Palandt-Putzo § 459 Rn 29, 30
53 BGH NJW 1995, 518

51 Die **Rechtsprechung überzeugt nur wenig**. Sachkunde nimmt auch in Anspruch, wer in einem Auktionskatalog ein Gemälde als echt bezeichnet oder wer seine Produkte als DIN-konform anpreist. Manchmal könnte man den Eindruck haben, daß die Maßstäbe sich ändern, weil vielleicht auch Bundesrichter und ihre Angehörigen hin und wieder schlechte Erfahrungen mit Gebrauchtwagenhändlern gemacht haben...

4.2 Die Gewährleistungsansprüche beim Stückkauf

52 Liegt ein Sachmangel in dem beschriebenen Sinne vor, kann der Käufer nach § 462 **wandeln oder mindern**. Fehlt eine zugesicherte Eigenschaft oder ist auf Verkäuferseite Arglist im Spiel, kann auch **Schadensersatz** nach § 463 verlangt werden. Voraussetzung ist in allen Fällen, daß im **Zeitpunkt des Gefahrüberganges** der Fehler vorliegt bzw. die zugesicherte Eigenschaft fehlt. Was später geschieht, gehört in die Sphäre des Käufers.

4.2.1 Die Wandelung

53 Nach § 462 kann der Käufer «wandeln», d. h. den Kauf rückgängig machen. An sich sollte man erwarten, daß ähnlich wie bei den §§ 325, 326 dem Käufer ein Rücktrittsrecht eingeräumt ist, das dann zur Rückgewähr der erhaltenen Leistungen nach §§ 347ff. führt. Leider ist dem nicht so: **Nach § 465 ist die Wandelung erst vollzogen**, «wenn sich der Verkäufer auf Verlangen des Käufers mit ihr einverstanden erklärt». Erst nach einem solchen Vollzug finden dann gemäß § 467 die meisten Rücktrittsvorschriften entsprechende Anwendung. Stellt sich der Verkäufer auf die Hinterbeine, müßte er zuerst auf Einverständnis mit der Wandelung verklagt werden; erst danach könnte man zur praktischen Umsetzung, d. h. zur Rückgewähr der empfangenen Leistungen, schreiten. Dies wird allgemein als unbefriedigend empfunden, weshalb die dem Gesetzeswortlaut entsprechende sog. **Vertragstheorie** auch nicht mehr vertreten wird.[54] Die Rechtsprechung geht vielmehr davon aus, daß der Käufer **sofort Rückzahlung des Kaufpreises** verlangen kann (sog. **Herstellungstheorie**)[55]. Wird seiner

54 Palandt-Putzo § 465 Rn 3 ff.; dort auch ein Überblick über die weiteren Ansätze
55 BGHZ 29, 148, 152

Klage stattgegeben, liegt darin zugleich eine Umgestaltung des Schuldverhältnisses der Art, daß das Einverständnis des Verkäufers mit der Wandelung durch die gerichtliche Entscheidung ersetzt wird.[56] Allerdings bleibt die Besonderheit, daß vor dem Erlaß eines entsprechenden (rechtskräftigen) Urteils noch kein fälliger Zahlungsanspruch besteht, so daß der Verkäufer auch nicht mit Gegenansprüchen aufrechnen kann.[57] Ist eine Verurteilung erfolgt oder hat sich der Verkäufer freiwillig mit einer Wandelung einverstanden erklärt, ist ein **Übergang zu anderen Rechtsbehelfen**, insbesondere zur Minderung, nicht mehr möglich; das Wahlrecht ist verbraucht.

Bei der Durchführung der Wandelung sind die **Rücktrittsvorschriften entsprechend** anwendbar.[58] Der Verkäufer muß die Sache dort wieder abholen, wo sie sich aufgrund des Kaufvertrags befindet; im Regelfall ist dies die Wohnung bzw. der Betrieb des Käufers.[59] § 467 Satz 2 ergänzt die Rücktrittsregeln um die Pflicht des Verkäufers, dem Käufer die Vertragskosten (z. B. die Gebühren für den Notar) zu ersetzen. 54

4.2.2 Die Minderung

Statt der Wandelung kann der Käufer bei Vorliegen eines Sachmangels den Kaufpreis mindern. Auch hier ist nach § 465 das «Einverständnis» des Verkäufers erforderlich. 55

Nach § 472 Abs. 1 ist bei der Minderung der **Kaufpreis in dem Verhältnis herabzusetzen**, «in welchem zur Zeit des Verkaufs der Wert der Sache in mangelfreiem Zustande zu dem wirklichen Werte gestanden haben würde». Anders ausgedrückt: Die durch den Mangel bewirkte Wertminderung muß sich in einer entsprechenden Minderung des Kaufpreises niederschlagen. 56

Der Wert des mangelfreien Fahrzeugs betrage 20000 DM, der des mangelhaften nur 10000 DM. Betrug der Kaufpreis 22000 DM (der Vertrag war für den Verkäufer ein gutes Geschäft), so ist eine Minderung auf die Hälfte, d. h. auf 11000 DM vorzunehmen.

Hat der Käufer bereits **den vollen Kaufpreis bezahlt**, kann er die Differenz zurückverlangen. Dabei kann er sich auf § 812 Abs. 1 Satz 1 57

56 Larenz, Schuldrecht, Bd. II/1 § 41 II a (S. 55)
57 BGH WM 1983, 1391
58 Dazu Bd. 1 Kap. 18 unter 3 (Rn 1656ff.). Eine Ausnahme gilt für §§ 349, 355
59 BGH NJW 1983, 1479, 1480

berufen, da insoweit der rechtliche Grund fehlt. Der Verkäufer kann allerdings **keinen Wegfall der Bereicherung** nach § 818 Abs. 3 geltend machen[60] – dies verstieße gegen die den § 459 ff. zugrundeliegende Wertung, wonach der Verkäufer für Sachmängel auch ohne Verschulden einzustehen hat, und zwar auch dann, wenn er sie gar nicht erkennen konnte. Selbst als gutgläubig Bereicherter hat er daher das zuviel Erhaltene wieder zurückzugewähren. Das Urteil auf Rückgewähr des zuviel Bezahlten ersetzt im übrigen das Einverständnis des Verkäufers mit der Minderung; wie bei der Wandelung gilt auch hier die **Herstellungstheorie**.

4.2.3 Schadensersatz wegen Nichterfüllung

58 Nach § 463 kann der Käufer Schadensersatz wegen Nichterfüllung verlangen, wenn

- der Sache eine **zugesicherte Eigenschaft fehlt**, oder wenn
- der Verkäufer einen **Fehler arglistig verschwiegen** hat. Dies setzt allerdings eine entsprechende Aufklärungspflicht voraus.

V weiß, daß das verkaufte Haus von Schwamm befallen ist, hütet sich jedoch, das Thema anzusprechen.

59 Nach der Rechtsprechung genügt es, wenn der Verkäufer die **Existenz des Fehlers billigend in Kauf** nahm und damit rechnete, der Käufer würde bei Kenntnis der Dinge den Vertrag nicht oder zu anderen Bedingungen abschließen.[61] Gleichgestellt ist der Fall, daß eine **Eigenschaft oder** die **Abwesenheit von Fehlern vorgespiegelt** werden.[62]

Was geschieht, wenn der Verkäufer von dem Gegenstand «keine Ahnung» hat, gleichwohl jedoch ins Blaue hinein Qualitäten behauptet, die in Wirklichkeit nicht vorhanden sind? Auch hier liegt bedingter Vorsatz vor, der für die Annahme von Arglist ausreicht.[63]

60 Der Käufer kann seinen **Schaden auf zweierlei Weise berechnen**. Zum einen kann er die **Sache behalten** und dem Verkäufer alle diejenigen Nachteile in Rechnung stellen, die wegen des Mangels entste-

60 Dazu Bd. 1 Kap. 18 unter 2.2 (Rn 1615 ff.) und 2.5 (Rn 1637 ff.)
61 Vgl. BGH NJW 1985, 1769, 1770
62 Palandt-Putzo § 463 Rn 12, 13; Walter § 5 II 4 b
63 Vgl. BGH NJW 1980, 1769, 1770

hen. Dazu gehören beispielsweise die Reparaturkosten[64], das Honorar eines Sachverständigen, der die Mängel feststellen soll[65], sowie der entgangene Gewinn wegen der entfallenden Möglichkeit zur Weiterveräußerung.

Statt dieses «**kleinen**» kann der Käufer **auch den sog. großen Schadensersatz** geltend machen: Er gibt die Sache zurück und verlangt, so gestellt zu werden, als wäre ihm eine mangelfreie Sache geliefert worden.[66] 61

Sonderprobleme ergeben sich, wenn Schäden an anderen Rechtsgütern des Käufers entstanden sind. Über diese sog. Mangelfolgeschäden ist an späterer Stelle zu sprechen.[67] 62

4.2.4 Die kurze Verjährungsfrist des § 477

Die Ansprüche auf Wandelung, Minderung und Schadensersatz wegen Fehlens einer zugesicherten Eigenschaft verjähren nach § 477 Abs. 1 **bei beweglichen Sachen nach sechs Monaten**, bei Grundstücken nach einem Jahr. 63

Die Frist beginnt bei beweglichen Sachen mit der «**Ablieferung**»: Sie liegt vor, sobald der Käufer in der Lage ist, die Sache auf etwaige Mängel hin zu untersuchen.[68] Bei der Bringschuld muß sie dem Käufer ausgehändigt, bei der Holschuld von ihm abgeholt sein.[69] Beim Versendungskauf, d. h. bei der Schickschuld muß die Sache dem Käufer zur Verfügung gestellt, d. h. am Bestimmungsort angekommen und der Käufer informiert sein.[70] 64

Bei Grundstücken beginnt die Frist mit der «Übergabe»; auf die Eintragung ins Grundbuch kommt es nicht an.[71] 65

Die – kurzen – Fristen laufen **unabhängig** davon, **ob der Mangel** für den Käufer **erkennbar** war oder nicht.[72] Durch diese rigorose Regelung sollen im Interesse des «Rechtsfriedens» Streitigkeiten vermieden werden. Inhaltlich wird die Verkäuferseite deutlich begünstigt, 66

64 BGH NJW 1983, 1424, 1425
65 BGH NJW 1978, 2241, 2242
66 Vgl. BGHZ 96, 283, 287
67 Unten 4.4.3 (Rn 116ff.)
68 BGHZ 93, 338, 345
69 Tiedtke NJW 1988, 2578
70 BGH NJW 1988, 2608
71 Zum Begriff der Übergabe s. Bd. 1 Kap. 14 unter 4.2.2.2 (Rn 1184ff.)
72 BGHZ 70, 215, 222f.

zumal ihre Zahlungsansprüche nach § 196 Abs. 1 Nr. 1 in der Regel in zwei Jahren verjähren.[73]

Hier muß also der Streit weniger schnell begraben werden, der Rechtsfrieden scheint hier nicht ganz so dringend zu sein (?).

67 Nach § 478 Abs. 1 steht dem Käufer allerdings das Recht zu, wegen eines Mangels die **Zahlung ganz oder teilweise zu verweigern**, sofern er diesen noch während des Laufs der Verjährungsfrist dem Verkäufer angezeigt oder eine entsprechende Anzeige zumindest abgesandt hat. Ihm steht eine «**Mängeleinrede**» zu.

68 Die Frist des § 477 Abs. 1 ist nur dann gewahrt, wenn sich der Verkäufer innerhalb dieser Zeit mit der Wandelung oder Minderung einverstanden erklärt, wenn er seine Verpflichtung anerkannt oder wenn der Käufer Klage erhoben hat. **Ansprüche aus vollzogener Wandelung** oder Minderung verjähren in 30 Jahren. Es handelt sich um neu entstandene, nicht unter § 477 fallende Rechte, die von der allgemeinen Vorschrift des § 195 erfaßt sind.[74]

69 **Ausnahmen von § 477 Abs. 1** sind dünn gesät. Er greift nicht ein in allen Fällen von Arglist des Verkäufers; hier gilt die 30jährige Verjährungsfrist des § 195. Praktisch bedeutsam ist weiter, daß der Lauf der Frist gehemmt ist, solange der Verkäufer im Einvernehmen mit dem Käufer versucht, den einmal entdeckten Mangel zu beseitigen; insoweit findet die für das Nachbesserungsrecht beim Werkvertrag geltende Vorschrift des § 639 Abs. 2 entsprechende Anwendung.[75]

K hat bei V einen PC gekauft, der nach zwei Stunden Gebrauch immer «abstürzt». Nach einer Woche bringt er ihn dem V zurück, der ihn in Ordnung bringen will. Nach drei Wochen kann ihn K wieder abholen, doch zeigt sich fünf Monate später dieselbe Krankheit. Will K nun wandeln, werden die drei Wochen Reparaturzeit bei den sechs Monaten nicht mitgerechnet; die Verjährung war insoweit im Sinne des § 205 gehemmt.

---

73 Zur Verjährung im allgemeinen und zum Fall des § 196 im besonderen s. Bd. 1 Kap. 6 unter 8 (Rn 448ff.)

74 BGH NJW 1958, 418 zur Wandelung. Bei der Minderung beruht der Anspruch auf Rückgewähr des zuviel bezahlten Kaufpreises auf § 812, so daß gleichfalls die 30jährige Verjährungsfrist des § 195 eingreift

75 BGH NJW 1984, 1525, 1526

4.2.5 Besonderheiten beim Handelskauf

Sind Verkäufer und Käufer Kaufleute, so gelten die §§ 377, 378 HGB. 70
Danach hat der Käufer die Ware unverzüglich nach der Ablieferung zu untersuchen und, wenn sich ein Mangel zeigt, **dem Verkäufer unverzüglich Anzeige zu machen** (§ 377 Abs. 1 HGB)[76]. Unterläßt er dies, verliert er seine Gewährleistungsansprüche, sofern der Mangel erkennbar war (§ 377 Abs. 2 HGB). Wird ein Mangel später deutlich, muß gleichfalls unverzüglich der Verkäufer in Kenntnis gesetzt werden (§ 377 Abs. 3 HGB). Genau wie im Rahmen des § 478 Abs. 1 reicht nach § 377 Abs. 4 HGB die rechtzeitige Absendung der Anzeige.

§ 378 HGB erstreckt diese Grundsätze auf den Fall, daß **eine andere** 71
als die vereinbarte Ware oder eine andere Menge geliefert wurde und macht nur für den Fall eine Ausnahme, daß die gelieferte Ware offensichtlich von der Bestellung so erheblich abweicht, daß der Verkäufer eine Genehmigung durch den Käufer als ausgeschlossen ansehen mußte.[77]

Die **«Rügepflicht»** entfällt nur bei arglistigem Verhalten des Ver- 72
käufers (§ 377 Abs. 5 HGB).

4.2.6 Gesetzlicher und vertraglicher Ausschluß der Gewährleistungsansprüche

4.2.6.1 Gesetzlicher Ausschluß

Nach § 460 Satz 1 haftet der Verkäufer nicht, wenn dem Käufer der 73
Sachmangel im Sinne des § 459 Abs. 1 oder 2 **beim Abschluß des Kaufvertrags bekannt** war. Der Käufer ist in diesem Fall nicht schutzwürdig.

Auch **grob fahrlässige Unkenntnis** kann den Ansprüchen entge- 74
genstehen, soweit sie sich auf einen Fehler im Sinne des § 459 Abs. 1 beziehen. Den Käufer trifft allerdings keine allgemeine Untersuchungs- und Nachforschungspflicht[78]. Auf zugesicherte Eigenschaf-

76 Zum Begriff «unverzüglich» s. Bd. 1 Kap. 10 unter 3.6.1 (Rn 665 ff.)

77 Zu einer ähnlichen Grenze beim Schweigen auf ein kaufmännisches Bestätigungsschreiben s. Bd. 1 Kap. 9 unter 3.3 (Rn 615)

78 RGZ 133, 343, 353; BGH WM 1985, 230, 231. Eine Ausnahme gilt nur, wenn besondere Umstände zur Vorsicht mahnen oder der Käufer eine Sachkunde besitzt, die dem Verkäufer fehlt.

ten nach § 459 Abs. 2 kann man sich demgegenüber immer verlassen. Auch im Falle des § 459 Abs. 1 bleibt es bei der Haftung des Verkäufers, wenn er die Abwesenheit des Fehlers zugesichert oder ihn arglistig verschwiegen hat.

75 Während § 460 auf die Kenntnis bei Vertragsabschluß abstellt, betrifft § 464 den **Zeitpunkt der Annahme der Sache**: Kennt der Käufer in diesem Augenblick den Mangel, muß er sich seine Rechte aus §§ 462, 463 ausdrücklich vorbehalten; andernfalls werden sie hinfällig.

76 Keine Gewährleistungsansprüche bestehen nach § 461 auch dann, wenn eine verpfändete Sache in öffentlicher Versteigerung verwertet oder dort erworben wird.

4.2.6.2 Vertraglicher Ausschluß

77 Durch Individualvertrag können die Gewährleistungsansprüche abbedungen werden; § 476 sieht lediglich dann eine Ausnahme vor, wenn der Verkäufer einen **Mangel arglistig verschwiegen** hat. Gleichgestellt sind die Fälle, daß eine Eigenschaft arglistig vorgespiegelt oder die Abwesenheit von Fehlern versichert wird.

Der K kauft auf dem Flohmarkt eine alte Standuhr und akzeptiert, daß er «wie besehen» kaufe. Die Gewährleistungsansprüche sind ausgeschlossen. Dies gilt nur dann nicht, wenn der Verkäufer beispielsweise wußte, daß es sich nur um eine Attrappe ohne Uhrwerk handelte.

Im Einzelfall kann der Haftungsausschluß auch nach §§ 138, 242 unwirksam sein.[79]

78 Trifft eine Abmachung «Gewährleistung ausgeschlossen» mit der Zusicherung einer Eigenschaft zusammen, so hat letztere im Regelfall den Vorrang; der Ausschluß der Mängelhaftung bezieht sich dann nur auf sonstige Fehler.

Werden **AGB** verwandt, so ist zu differenzieren.

79 Bei neuwertigen Sachen greift § 11 Nr. 10 b AGBG ein. Danach kann zwar der Käufer auf ein Nachbesserungsrecht beschränkt werden, doch müssen die gesetzlichen Rechte «wiederaufleben», wenn im Einzelfall die Nachbesserung fehlschlägt.

Dabei ist allerdings zu berücksichtigen, daß der Käufer eine solche Klausel auch verstehen muß. Da die Begriffe «Wandelung» und «Minderung» außerhalb des

79 Dazu Bd. 1 Kap. 14 unter 3.2 (Rn 1338 ff.)

kaufmännischen Rechtsverkehrs «weithin unbekannt» seien, habe das Gesetz von «Rückgängigmachung des Vertrages» und «Herabsetzung der Vergütung» gesprochen.[80] Entsprechendes müßten auch AGB tun.[81]

Zu beachten ist weiter § 11 Nr. 10 e AGBG, wonach dem Käufer für die Anzeige nicht offensichtlicher Mängel keine Ausschlußfrist gesetzt werden darf, die kürzer als die Frist nach § 477 Abs. 1 ist. 80

Schließlich kann nach § 11 Nr. 11 der Anspruch aus § 463 weder ausgeschlossen noch eingeschränkt werden. 81

Von diesem zuletzt genannten Grundsatz abgesehen, sind **bei gebrauchten Sachen ein Ausschluß der Gewährleistungsansprüche** sowie die Einführung von Rügefristen auch in AGB zulässig.[82] Dies rechtfertigt man damit, der Verkäufer könne sich bei gebrauchten Sachen oft selbst kein umfassendes Bild verschaffen; außerdem hätte der Käufer die Möglichkeit, sich in Zweifelsfällen eine Zusicherung geben zu lassen oder auf den Kaufabschluß zu verzichten. Dies mag zutreffen, wenn zwischen beiden Vertragsparteien ein annäherndes Gleichgewicht besteht und der Käufer auf den verkauften Gegenstand nicht kurzfristig angewiesen ist. Liegt jedoch eine solche Situation vor, ist ggfs. unter Rückgriff auf § 9 Abs. 2 AGBG («unangemessene Benachteiligung») eine Korrektur vorzunehmen.[83] 82

4.2.7 Garantieversprechen

Keine Einschränkung, sondern eine Erweiterung der Käuferrechte liegt dann vor, wenn eine «Garantie» gewährt wird. Was sie inhaltlich bedeutet, ist ein oft schwer zu lösendes Problem der Auslegung. 83

Am weitesten reicht ein sog. **selbständiges Garantieversprechen**: Es verpflichtet den Verkäufer, über die Mangelfreiheit hinaus für einen weitergehenden Erfolg einzustehen.[84] 84

Der Verkäufer eines Grundstücks «garantiert», daß spätestens in zwei Jahren eine Baugenehmigung erteilt wird.

80 BGH NJW 1982, 331, 333
81 Zum Transparenzgebot s. Bd. 1 Kap. 15 unter 4.1 (Rn 1394)
82 Für Ausschluß aller Gewährleistungsansprüche auch für «Schwerstmängel» wie die Verkehrssicherheit eines Fahrzeugs BGH NJW 1986, 2319 re. Sp. mwN
83 Dazu Bd. 1 Kap. 15 unter 4.4 (Rn 1404 ff.)
84 BGH NJW 1979, 465; Palandt-Putzo § 477 Rn 20

Eine solche Abmachung ist nicht zu vermuten, zumal sich der Verkäufer in einem solchen Fall der 30jährigen Verjährung nach § 195 aussetzt.[85]

85 **Im Regelfall** liegt daher eine sog. **unselbständige Garantie** vor (auch «Haltbarkeitsgarantie» genannt), die die Mangelfreiheit während einer bestimmten Zeit zum Gegenstand hat. Auch hier ist wiederum zu differenzieren.

86 – Ist die **«Garantiezeit» mit der Verjährungsfrist des § 477 Abs. 1 identisch**, so liegt die Wirkung einer derartigen Abrede nur darin, daß jeder innerhalb der sechs Monate auftauchende Mangel die üblichen Ansprüche des Käufers auslöst. Anders als nach der gesetzlichen Regelung muß dieser nicht beweisen, daß der Mangel den Umständen nach schon bei Gefahrübergang vorhanden war.[86] An der Verjährungsfrist als solcher soll sich jedoch mangels entgegenstehender Anhaltspunkte nichts ändern.[87]

87 – Ist die **Garantiezeit länger als die in § 477 vorgesehene Frist**, so ergibt sich eine entscheidende Änderung: Die Verjährungsfrist beginnt in einem solchen Falle erst mit der Entdeckung des Mangels.[88]

Dem Käufer eines Kühlschranks wurde eine Garantiefrist von einem Jahr eingeräumt. Nach neun Monaten zeigt sich ein Mangel; von diesem Zeitpunkt an läuft die 6-Monats-Frist des § 477. Auch 14 Monate nach dem Kauf kann daher noch gewandelt oder gemindert werden.

88 In vielen Fällen wird dem Kunden beim Kauf eine «Garantiekarte» oder «Garantieurkunde» des Herstellers ausgehändigt. Damit ist zwischen Hersteller und Kunde ein sog. **Haftungsvertrag** zustande gekommen, wonach der erstere für die Mangelfreiheit in dem angegebenen Umfang einzustehen hat.[89] Soweit nichts anderes vereinbart ist, kann der Käufer seine Rechte nach §§ 459 ff. gegen den Hersteller geltend machen, der in der Praxis dabei typischerweise seine Vertragswerkstätten und Vertragshändler einschaltet.

Die Garantiekarte für den Fotoapparat kann bei jedem Händler eingelöst werden, der die entsprechende Marke führt.

---

85 BGHZ 65, 107, 110

86 BGH NJW 1961, 730; Palandt-Putzo § 477 Rn 21

87 S. Fn 86

88 BGH NJW 1979, 645

89 BGH NJW 1981, 2248; Esser-Weyers § 7 III 3; MüKo-H.-P. Westermann § 459 Rn 98; Mischke BB 1995, 1093, 1095

Ansprüche gegen den Hersteller verjähren normalerweise innerhalb von sechs Monaten nach Entdeckung des Mangels.[90]

Die **Herstellergarantie** schließt Ansprüche gegen den Verkäufer nicht aus.[91] Allerdings kann vereinbart sein, daß dieser nur subsidiär in Anspruch genommen werden darf.[92] Wird in der vorgedruckten Garantiekarte zu Unrecht die Vorstellung erweckt, es bestehe kein Anspruch gegen den Verkäufer, liegt ein Verstoß gegen § 9 Abs. 1 AGBG vor.[93] 89

4.3 Die Gewährleistungsansprüche beim Gattungskauf

4.3.1 Erfüllungsanspruch oder Sachmängelhaftung

Ist der Vertragsgegenstand nur der Gattung nach bestimmt, 90

20 Flaschen roten Bordeaux Jahrgang 1993, ein VW Polo Baujahr 1996

so muß der Verkäufer nach § 243 Abs. 1 eine Sache «mittlerer Art und Güte» liefern.[94] Entspricht das gelieferte Objekt diesen Anforderungen nicht, so tritt keine Konkretisierung ein; **der Erfüllungsanspruch des Käufers bleibt grundsätzlich bestehen**. Nimmt dieser jedoch die Sache an, verändert sich nach § 480 die Situation. Auf der einen Seite ist der Käufer nicht mehr allein darauf beschränkt, Lieferung einer qualitätsgerechten Sache zu verlangen. Vielmehr stehen ihm außerdem die Rechte auf Wandelung und Minderung sowie unter bestimmten Voraussetzungen auf Schadensersatz zu.

Schadensersatz kann also bei Zusicherung und bei arglistigem Verhalten des Verkäufers verlangt werden[95], doch stellt § 480 Abs. 2 nicht auf den Zeitpunkt des Vertragsabschlusses, sondern den des Gefahrübergangs ab: Bei Vertragsabschluß war die fragliche Sache ja noch gar nicht konkretisiert!

---

90 BGH NJW 1981, 2248; MüKo-H.-P. Westermann § 477 Rn 22
91 BGHZ 78, 369
92 Esser-Weyers § 7 III 3 (S. 87)
93 BGH NJW 1988, 1726
94 Näher dazu Bd. 1 Kap. 14 unter 3.1.5 (Rn 1133)
95 Oben 4.2.3 (Rn 58 ff.)

Auf der anderen Seite wird der Käufer in seinen Rechten dadurch beschränkt, daß über die Verweisung des § 480 Abs. 1 Satz 2 auf § 477 auch die kurzen Gewährleistungsfristen Anwendung finden.

91 Umstritten ist, ob diese «Umwandlung» der Rechtsstellung des Käufers auch dann eintritt, wenn die **gelieferte Sache einer anderen als der im Vertrag vorgesehenen Gattung** angehört.

Anstelle des Polo wird ein Golf, oder: Statt des Schreibtischstuhles wird ein Sessel geliefert.

Im einzelnen ist zu differenzieren:

4.3.2 Rechte des Käufers bei Ablehnung der Sache

92 Lehnt der Käufer die ihm «angediente» Sache ab, weil sie nicht von mittlerer Art und Güte ist oder einer anderen Gattung angehört, so stehen ihm die allgemeinen Rechtsbehelfe bei Nichterfüllung zu.[96] Er kann daher dem Verkäufer eine Nachfrist setzen und anschließend nach § 326 entweder vom Vertrag zurücktreten oder Schadensersatz wegen Nichterfüllung verlangen. Insoweit ergeben sich **keine kaufrechtlichen Besonderheiten**.[97]

93 Der Nichtannahme der angelieferten Sache steht der Fall gleich, daß sie der Käufer aus praktischen Gründen zwar in Besitz nimmt, daß er jedoch eindeutig zu erkennen gibt, dies sei keine vertragsgemäße Leistung.

Als der Sessel angeliefert wird, schickt K ihn nicht zurück, weil der Fahrer meint, er hätte nun Feierabend und werde die Sache in einigen Tagen abholen.

4.3.3 Rechte des Käufers bei Annahme der aus der Gattung stammenden Sache

94 Nimmt der Käufer die Ware an, ohne den Fehler zu kennen, richten sich seine **Ansprüche nach § 480**.

Ist ihm der Mangel bekannt oder infolge grober Fahrlässigkeit unbekannt, so greift auch hier § 460 ein, so daß ihm keine Rechte zustehen. Wer etwa bei einem Food-Service vier Stück Pizza bestellt und bei Anlieferung merkt, daß diese gottsjämmerlich stinken, und sie gleichwohl annimmt, kann nicht mehr Nachliefe-

---

96 Esser-Weyers § 5 IV 3 b

97 Zu den Rechten aus § 326 s. im einzelnen Bd. 1, Kap. 17 unter 3.2.4 (Rn 1548)

rung, Wandelung usw. verlangen. § 480 Abs. 1 Satz 2 verweist insoweit auf § 464.[98]

4.3.3.1 Wahl zwischen Wandelung, Minderung, Nachlieferung und evtl. Schadensersatz

Der Käufer hat nunmehr die Wahl zwischen Wandelung, Minderung, ggfs. Schadensersatz und **Nachlieferung einer mangelfreien Sache**. Dieses Wahlrecht kann grundsätzlich auch nicht dadurch unterlaufen werden, daß der Verkäufer unverzüglich eine mangelfreie Sache anbietet: Für den Käufer kann die Vertrauensgrundlage zerstört sein.[99] Das **Wahlrecht** besteht **so lange**, bis entweder eine Einigung über einen bestimmten Rechtsbehelf zwischen Verkäufer und Käufer zustande kommt oder eines der Rechte praktisch umgesetzt ist. 95

Die Sache ist zurückgegeben, die Anzahlung zurücküberwiesen (Wandelung); gegen Rückgabe der fehlerhaften ist eine fehlerfreie Sache geliefert worden (Nachlieferung).[100]

4.3.3.2 Besonderheiten des Nachlieferungsanspruchs

Während sich die Rechte auf Wandelung, Minderung und Schadensersatz nach denselben Grundsätzen wie beim Stückkauf bestimmen[101], ergeben sich beim **Nachlieferungsanspruch einige Besonderheiten**. Seiner Natur nach ist er eine «Fortsetzung» des ursprünglichen Erfüllungsanspruchs[102], allerdings beschränkt durch die Verjährungsfrist des § 477.[103] Der Käufer hat deshalb die Möglichkeit, den Verkäufer zu mahnen, ihn so in Verzug zu setzen und nach § 286 Schadensersatz zu verlangen. Er kann damit auch eine Nachfrist verbinden und bei deren fruchtlosem Ablauf die Rechte nach § 326 geltend machen.[104] Mit Rücksicht auf § 477 muß er sich allerdings beeilen, doch gilt die 30jährige Verjährungsfrist des § 195, wenn sich der Verkäufer mit der 96

98 Dazu oben 4.2.6.1 (Rn 73 ff.). § 460 wird angewandt, wenn die ganze Gattung fehlerhaft war: MüKo-H.-P. Westermann § 460 Rn 3

99 BGH NJW 1967, 33; MüKo-H.-P. Westermann § 480 Rn 4. Ausnahmsweise kann die Ablehnung der Ersatzlieferung gegen Treu und Glauben verstoßen

100 Vgl. zur entsprechenden Problematik beim Stückkauf oben 4.2.1 (Rn 53)

101 Oben 4.2 (Rn 52 ff.)

102 BGH NJW 1985, 2526

103 MüKo-H.-P. Westermann § 480 Rn 11

104 MüKo-H.-P. Westermann § 480 Rn 6; Palandt-Putzo § 480 Rn 6

Nachlieferung einverstanden erklärt hat.[105] Insoweit ist die Situation ähnlich wie nach vollzogener Wandelung.

97 Da § 480 Abs. 1 Satz 2 auf § 467 Satz 1, dieser jedoch auf das Rücktrittsrecht verweist, sind erhaltene Leistungen zurückzugewähren; die **Nachlieferung** kann deshalb nach § 346 nur **Zug um Zug gegen Herausgabe der mangelhaften Sache** verlangt werden.[106]

Klausurverdächtiges Problem für Studenten: Was geschieht, wenn die mangelhafte Sache beim Käufer K untergegangen ist? Traf den K kein Verschulden, wird das Nachlieferungsrecht nach § 350, auf den § 467 Satz 1 verweist, nicht berührt. Wertersatz scheidet nach § 347 Satz 1 in Verbindung mit § 989 gleichfalls aus. Anders verhält es sich, wenn der Käufer den Untergang zu vertreten hatte: § 351, auf den § 467 Satz 1 gleichfalls verweist, läßt hier schon das Recht auf Nachlieferung entfallen.[107]

98 War auch die «**nachgelieferte» Sache mangelhaft**, stehen dem Käufer erneut alle Ansprüche nach § 480 zu.[108]

99 Das Recht auf Nachlieferung kann in AGB ausgeschlossen werden, soweit das Recht auf Wandelung erhalten bleibt.[109]

4.3.4 Rechte des Käufers bei Lieferung einer nicht zur Gattung gehörenden Sache

100 Wird eine nicht zur Gattung gehörende Sache geliefert (üblicherweise spricht man von **«aliud»**, was auf lateinisch «etwas anderes» bedeutet)

statt eines koreanischen wird ein indischer PC geliefert

so ist zu unterscheiden.

101 Liegt ein **Handelskauf** vor, so findet § 378 HGB Anwendung. Der Käufer muß die **Abweichung unverzüglich rügen**, andernfalls verliert er seine Rechte. Dies gilt nur dann nicht, wenn die Abweichung so erheblich ist, «daß der Verkäufer die Genehmigung des Käufers als ausgeschlossen betrachten mußte». War die Ware «genehmigungsfähig», so wird sie wie ein mangelhafter, aus der Gattung stammender Gegenstand behandelt: Es gelten die allgemeinen Rechte aus § 480.[110]

---

105 BGH NJW 1958, 418
106 MüKo-H.-P. Westermann § 480 Rn 9; Palandt-Putzo § 480 Rn 6
107 Müko-H.-P. Westermann § 480 Rn 9
108 BGH NJW 1983, 1495
109 BGH NJW 1994, 1661
110 BGH NJW 1986, 316, 317; MüKo-H.-P. Westermann § 459 Rn 20ff.

Dies hat den Vorteil, daß man bei wenig klarer Bestimmung der Gattung um schwierige Abgrenzungsprobleme herumkommt.

Beispiel: Bestellt war ein Schreibtischstuhl mit Rollen, geliefert wurde ein Exemplar ohne Rollen. Mangelhaftes Stück oder Lieferung aus einer falschen Gattung?

Auf der anderen Seite führt die Anwendung des § 480 dazu, daß die Rechte des Käufers durch die kurze Verjährungsfrist des § 477 beschränkt sind.

Ist die **Sache nicht genehmigungsfähig**, bleibt es bei den allge- 102
meinen Ansprüchen: Der Käufer kann Erfüllung verlangen und notfalls die Rechte aus § 326 geltend machen.

Zweifelhaft ist, ob dieselben Grundsätze auch dann gelten, wenn es 103
sich um einen nicht dem HGB, sondern **dem BGB unterliegenden Kauf** handelt.[111] M. E. findet sich in den §§ 433 ff. nirgends der geringste Anhaltspunkt dafür, um die Lieferung der aus einer anderen Gattung stammenden Sache («**Falschlieferung**») wie ein mangelhaftes Stück aus der vereinbarten Gattung («**Schlechtlieferung**») zu behandeln.[112] Die in § 378 HGB festgelegte partielle Gleichbehandlung von mangelhafter Lieferung und (genehmigungsfähiger) Falschlieferung auf den BGB-Kauf zu übertragen, erscheint auch deshalb höchst fragwürdig, weil der zweite dort geregelte Fall – die Lieferung einer anderen als der vereinbarten Menge – unstreitig nicht «analogiefähig» ist und auf den Handelskauf beschränkt bleibt.

Wer statt der fünf beim Versandhaus bestellten Hemden zehn Stück erhält, muß nicht etwa den Kaufpreis für alle bezahlen, sondern kann die überzähligen Stücke zurückgeben. In der Zwischenzeit haftet er nach den Regeln über die ungerechtfertigte Bereicherung.

Abgrenzungsprobleme sind unbestreitbar vorhanden, rechtfertigen 104
für sich allein aber keine entsprechende Anwendung des § 377 HGB.

Werden Kaltwasser- statt Warmwasserrohre geliefert, liegt eine «Schlechtlieferung» vor[113]; die Ersetzung von rumänischem durch jugoslawisches Buchenparkett führt demgegenüber zu einer Falschlieferung.[114] Dies ist jedenfalls nicht auf den ersten Blick einsichtig.

---

111 Überblick über den Diskussionsstand bei Medicus, Bürgerliches Recht, Rn 336ff.
112 Wie hier BGH NJW 1989, 218; s. weiter Knöpfle NJW 1989, 871
113 BGH NJW 1969, 787
114 BGH LM § 477 BGB Nr. 5

Als unvermeidbare Begleiterscheinung der Rechtsanwendung sind sie in Kauf zu nehmen und treten im übrigen auch im Rahmen des § 377 HGB auf, wenn es um die Abgrenzung zwischen «genehmigungsfähigen» und «nicht genehmigungsfähigen» Falschlieferungen geht. Auch könnte man sie ggfs. durch eine Vermutungsregel des Inhalts reduzieren, daß eine vom Käufer angenommene Sache im Zweifel zu der vertragsgemäßen Gattung gehört.

Im Beispiel des Schreibtischstuhles müßte der Käufer beweisen, daß er auf der Grundlage einer bestimmten Katalognummer bestellt hatte.

105 Schließlich dehnt die Gegenposition die in vielerlei Hinsicht unglückliche kurze Verjährungsfrist des § 477 Abs. 1 BGB auf Fälle aus, die sie jedenfalls von ihrem Wortlaut her nicht erfaßt.

106 Weicht die Gebrauchstauglichkeit der gelieferten Sache erheblich von den im Vertrag niedergelegten Vorstellungen des Käufers ab, fehlt es an der «Genehmigungsfähigkeit»; in einem solchen Fall kommen beide Theorien zum selben Ergebnis.

Wird statt eines Polo ein Golf geliefert, kann der Verkäufer nicht mit einer Genehmigung rechnen. Dem Käufer stehen die allgemeinen Rechte zu; die Rückgewähr des gelieferten Fahrzeugs bestimmt sich nach §§ 812 ff.

4.4 Konkurrenzprobleme

107 Soweit ein Sachmangel vorliegt und die §§ 459 ff. eingreifen, kommen häufig auch andere Rechtsbehelfe in Betracht: Fehlvorstellungen über die Beschaffenheit der Sache könnten eine Anfechtung wegen Irrtums oder arglistiger Täuschung rechtfertigen, im Zusammenhang mit dem Mangel kann eine vorvertragliche Aufklärungspflicht verletzt worden, aufgrund des Mangels kann dem Käufer ein Schaden an sonstigen Rechtsgütern entstanden sein. In allen diesen Fällen stellt sich das Problem, **ob die §§ 459 ff. eine abschließende Sonderregelung darstellen oder nicht**.

108 Unproblematisch sind demgegenüber jene Fälle, in denen die Vorschriften über die Sachmängelhaftung **schon von ihren Tatbestandsvoraussetzungen her nicht** eingreifen: Es liegt z. B. ein Erklärungsirrtum vor[115], die verletzte Pflicht betrifft den Umgang mit der fehlerfreien Sache, bei der Anlieferung der Möbelgarnitur geht die Glastür kaputt: In diesen Fällen gelten die allgemeinen Grundsätze, also An-

115 Dazu Bd. 1 Kap. 11 unter 3.1 (Rn 716 ff.)

fechtung nach § 119 Abs. 1, Schadensersatz aus culpa in contrahendo, Ansprüche aus positiver Vertragsverletzung.

Greifen die §§ 459 ff. von ihren Voraussetzungen her ein, so ist zu unterscheiden:

4.4.1 Anfechtungsrechte wegen Irrtums oder Täuschung

Bezog sich die Fehlvorstellung des Käufers auf die Beschaffenheit der Sache, so gehen die §§ 459 ff. dem Anfechtungsrecht nach § 119 Abs. 2 als Sonderregeln vor.[116] Andernfalls könnte die 6-Monats-Frist des § 477 «ausgehebelt» werden, da die Anfechtung nach § 121 unverzüglich «nach Entdeckung des Irrtums» erfolgen muß: Dieser Zeitpunkt kann ein oder zwei Jahre nach Abschluß des Kaufvertrags liegen. Außerdem wäre der Ausschluß der Mängelhaftung bei grob fahrlässiger Unkenntnis des Käufers nach § 460 Satz 2 weithin gegenstandslos: Statt die Sache zu behalten, würde der Käufer nach § 119 Abs. 2 anfechten. 109

Beim **Gattungskauf** können sich Fehlvorstellungen immer nur auf die im Vertrag beschriebene Gattung beziehen; ein diesen Vereinbarungen entsprechendes geliefertes Exemplar ist nicht «fehlerhaft». Von daher besteht hier kein Konkurrenzverhältnis, so daß die Anfechtung nach § 119 Abs. 2 möglich ist.[117] 110

Der Besteller eines im Katalog ausgesuchten PC meint, dieser habe bestimmte Eigenschaften. Wird ein dem Katalog entsprechendes Gerät geliefert, erweist sich die Annahme aber als unrichtig, ist unter den Voraussetzungen des § 119 Abs. 2 («Verkehrswesentlichkeit») eine Anfechtung möglich.

Vor Gefahrübergang greifen die Sachmängelansprüche über den Wortlaut der gesetzlichen Regelung hinaus dann ein, wenn der Mangel nicht zu beheben ist oder der Verkäufer entsprechende Aktivitäten verweigert. Insoweit muß dann auch die Anfechtung wegen Irrtums zurücktreten, zumal sich sonst der Käufer auch bei grob fahrlässiger Unkenntnis aus dem Vertrag «davonstehlen» könnte.[118] 111

Auch dem **Verkäufer** ist es nicht möglich, den Kauf über eine man- 112

116 BGH NJW 1979, 161, allgemeine Meinung

117 Esser-Weyers § 6 I 2

118 Medicus, Bürgerliches Recht, Rn 344, 345; MüKo-H.-P. Westermann § 459 Rn 83; Palandt-Putzo, Vorbem. vor § 459 Rn 3

gelhafte Sache mit dem Argument **anzufechten**, er hätte sich eine bessere Qualität vorgestellt.[119] Andernfalls könnte er insbesondere Schadensersatzansprüche des Käufers nach § 463 dadurch «loswerden», daß er anficht und dann nach § 122 lediglich auf das negative Interesse haftet.[120]

Kein Fall der §§ 459 ff. liegt vor, wenn der Verkäufer nicht wußte, daß die Sache sehr viel bessere Eigenschaften hatte als im Vertrag vorausgesetzt (das Gemälde war von einem viel prominenteren Maler). Hier bleibt die Möglichkeit zur Anfechtung bestehen.[121]

113 Das **Anfechtungsrecht nach § 123** wird nach allgemeiner Auffassung nicht durch die §§ 459 ff. verdrängt.[122]

4.4.2 Rechte nach §§ 320 ff.

114 Ist die Kaufsache noch nicht übergeben, erkennt jedoch der Käufer den Mangel, so kann er die **Abnahme verweigern**. In bezug auf den Kaufpreis steht ihm die Einrede des nichterfüllten Vertrages nach § 320 zu.[123] Zum selben Ergebnis führt es, wenn der Käufer seine Befugnis zur Wandelung oder Minderung einredeweise geltend macht.[124] Dem Verkäufer wird so die Möglichkeit eröffnet, die zur Vertragserfüllung notwendigen Maßnahmen nachzuholen.

115 **Ansprüche des Käufers aus den §§ 323, 325 und 326** scheiden aus, sobald die Sache übergeben wurde, da dann eine (wenn auch mangelhafte) Erfüllung vorliegt. Beim Gattungskauf stellt § 480 eine Sonderregelung dar.[125]

---

119 BGH NJW 1988, 2597, 2598

120 Zur Haftung aus § 122 s. Bd. 1 Kap. 10 unter 3.6.3 (Rn 670); zur Haftung aus § 463 s. oben 4.2.3 (Rn 58 ff.)

121 So schon RGZ 124, 115; s. weiter Medicus, Bürgerliches Recht, Rn 342

122 RGZ 104, 3; Medicus, Bürgerliches Recht, Rn 342; MüKo-H.-P. Westermann § 459 Rn 86; Palandt-Putzo, Vorbem. vor § 459 Rn 8

123 Medicus, Bürgerliches Recht, Rn 346, sofern kein Fall des § 460 vorliegt

124 BGHZ 113, 232, 235

125 Dazu oben 4.3 (Rn 90 ff.)

4.4.3 Schadensersatzansprüche aus Verschulden beim Vertragsschluß und aus pVV

Verletzt der Verkäufer vorvertragliche oder vertragliche Nebenpflich- 116
ten[126], die sich auf die Beschaffenheit der Sache beziehen, so haben die **Ansprüche nach den §§ 459ff. den Vorrang**.[127] Der Verkäufer soll nicht über die Fälle des § 463 hinaus wegen Mangelhaftigkeit der Sache Schadensersatz leisten müssen. Der im Mangel liegende Nachteil – einschließlich des entgangenen Gewinns[128] – soll ausschließlich über die §§ 462, 463, 480 ausgeglichen werden. **Anders** wird für den sog. **Mangelfolgeschaden** entschieden, der an anderen Rechtsgütern des Käufers entsteht: Insoweit wird dem Kaufrecht zu Recht keine exklusive Wirkung beigemessen, so daß der Käufer Schadensersatz verlangen kann.

Klassisches Beispiel: Das gekaufte kranke Tier steckt die ganze Herde an. Oder aktueller: Wegen kontaminierten Fischfutters dürfen die Forellen des Käufers nicht mehr verkauft werden.[129]

Für den Käufer ist damit in jenen Fällen etwas gewonnen, in denen er 117
mangels zugesicherter Eigenschaft und mangels arglistigen Verhaltens des Verkäufers keinen Schadensersatz verlangen kann. Sehr weit reicht sein Recht allerdings nicht: «Im Interesse des Rechtsfriedens», der eine rasche Beilegung von Streitigkeiten aus Kauf verlange, wird **§ 477 entsprechend angewandt**.[130] Sechs Monate nach Ablieferung der Sache sind daher auch diese Ansprüche verjährt; der Versuch der Literatur, entsprechend § 852 die Verjährungsfrist erst mit Kenntnis des Mangels beginnen zu lassen, ist von der Rechtsprechung bisher nicht akzeptiert worden.[131]

---

126 Zur Abgrenzung s. oben Kap. 17 unter 5.1.2 (Rn 1566ff.)

127 BGHZ 77, 215, 219; 88, 130, 136; BGH NJW-RR 1986, 52, 54, ständige Rechtsprechung

128 BGH NJW 1978, 2291; BGH NJW 1980, 1950

129 Nach BGH NJW 1989, 707

130 BGHZ 77, 215, 219; 88, 130, 136

131 BGHZ 88, 130, 140

Wann ein «Mangelfolgeschaden» vorliegt, ist nicht abschließend geklärt; fest steht, daß er auch in reinen Vermögensnachteilen liegen kann.[132]

4.4.4 Haftung aus Delikt

118 Im Einzelfall können die Voraussetzungen des § 823 Abs. 1 dadurch erfüllt sein, daß der Verkäufer fahrlässig nicht erkannte, daß mit der Lieferung der mangelhaften Sache dem Käufer ein Schaden an seinen durch § 823 Abs. 1 geschützten Rechten und Rechtsgütern entstehen könnte.

Die mangelhafte Bremse im Fahrzeug führt zu einem Unfall, bei dem der Käufer verletzt wird.

Ansprüche dieser Art verjähren nach § 852 in drei Jahren von der Kenntnis des Schadens und des Ersatzpflichtigen an; **§ 477 wird hier nicht entsprechend angewandt.**[133] Gerade deshalb ist es von großer Bedeutung, wie der im reinen Mangel liegende Schaden von dem an «sonstigen Rechtsgütern» eintretenden Mangelfolgeschaden abzugrenzen ist. Die Rechtsprechung ist dem Käufer wenigstens hier entgegengekommen und nimmt einen «Mangelfolgeschaden» bereits dann an, wenn das ursprünglich mangelhafte funktionell begrenzte **Einzelteil zu einer Schädigung der gesamten Kaufsache** führte.[134]

Wegen der schadhaften Bremsen kommt es zu einem Unfall, bei dem das gekaufte Fahrzeug beschädigt wird. Auch dies ist ein «Mangelfolgeschaden», da die Bremsen ein funktionell begrenztes Einzelteil sind.

119 In der Literatur ist bildhaft von **«Weiterfresserschäden»** die Rede.[135] Oft sagt man auch, wenn **Mangel und Schaden «stoffgleich»** seien, würde eine Haftung aus Delikt ausscheiden, bei fehlender Stoffgleichheit würde sie jedoch eingreifen.[136]

In der Tat wäre es wenig einsichtig, wollte man dem Käufer eines Fahrzeugs mit mangelhaften Bremsen einen deliktischen Schadensersatzanspruch nach § 823 Abs. 1 schon allein wegen dieses Mangels einräumen: Er hat ja nie vollwertiges Eigentum besessen. Anders dann, wenn die mangelhaften Bremsen dazu führten, daß das ganze Auto zu Schrott wurde.

---

132 BGH NJW 1980, 1950
133 BGHZ 66, 315, 317; BGH NJW 1988, 52, 53
134 BGHZ 77, 359 = NJW 1977, 379; BGH NJW 1983, 812; BGH NJW 1989, 702
135 MüKo-H.-P. Westermann § 459 Rn 93
136 BGH NJW 1983, 812

4.4.5 Alternativen

Während die Behandlung des Verhältnisses von Gewährleistungsansprüchen und Irrtumsanfechtung[137] volle Zustimmung verdient, fällt es schwer, den übrigen Aussagen der Rechtsprechung zu folgen. 120

Die §§ 459 ff. nehmen den **Verkäufer** insoweit in die Pflicht, als er auch **ohne Verschulden haftet**. Dies rechtfertigt es – ähnlich wie dies bei der Gefährdungshaftung im Deliktsrecht der Fall ist[138] –, ihm auf der anderen Seite gewisse Privilegien einzuräumen, ihn insbesondere durch die kurze Verjährungsfrist des § 477 zu schützen. 121

Ganz anders verhält es sich bei den Ansprüchen aus culpa in contrahendo und positiver Vertragsverletzung: Sie beruhen auf einer vorwerfbaren Pflichtverletzung, so daß kein Grund besteht, gerade beim Kauf von den allgemeinen Regeln abzuweichen. Dies wird besonders deutlich, wenn man sich vor Augen führt, daß die Rechtsprechung keinerlei Bedenken gegen die 30jährige Verjährungsfrist des § 195 hat, wenn **andere als sachmängelbezogene Pflichten verletzt** werden: Warum soll eine Nachlässigkeit, die die Sachqualität betrifft, nach sechs Monaten ohne Sanktion bleiben, während etwa die Verletzung einer Informationspflicht im Extremfall noch nach über 29 Jahren zu einer gerichtlichen Auseinandersetzung führen kann? Warum soll der Rechtsfrieden nur bei Auseinandersetzungen um Sachmängel, nicht bei solchen um andere kaufrechtliche Verpflichtungen besonderen Schutz verdienen? 122

Die für **deliktische Ansprüche** gemachte Ausnahme verhindert zwar in vielen Fällen grob unbillige Ergebnisse, ist aber gerade vom Ansatz der Rechtsprechung her **wenig konsequent**: Dieselben schwierigen Auseinandersetzungen um die Qualität der gekauften Sache ergeben sich auch hier. Zusätzlich handelt man sich das Problem ein, den reinen Mangel- vom Mangelfolgeschaden abgrenzen zu müssen. Vorzuziehen wäre deshalb eine Lösung, die bei schuldhafter Pflichtverletzung generell die allgemeinen Regeln anwendet und insbesondere **§ 477 auf die verschuldungsunabhängige Gewährleistung beschränkt**. 123

137 Oben 4.4.1. (Rn 109 ff.)

138 Dazu unten Kap. 10 unter 1.1.3 (Rn 1152)

5 Der Kauf unter Eigentumsvorbehalt und auf Raten

5.1 Bedeutung

124 In vielen Fällen ist es dem Käufer nicht möglich, den Kaufpreis sofort zu bezahlen. Dies gilt nicht nur für den sprichwörtlichen Verbraucher, der einen Konsumgegenstand auf Abzahlung kauft. Erfaßt sind vielmehr auch zahlreiche Händler, die erst durch Weiterveräußerung in die Lage gebracht werden, dem Hersteller die geschuldete Vergütung zu bezahlen. **Trotz «Zahlungsaufschubs» Kaufverträge** abzuschließen, **kommt nicht nur den Käuferinteressen entgegen**; auch für die Verkäuferseite ergeben sich Vorteile durch die sehr viel schnellere Vermarktung ihrer Produkte.

125 Ein Verkäufer, der den Kaufpreis nicht sofort erhält, benötigt eine Sicherung. Sie besteht typischerweise in einem «Eigentumsvorbehalt»: Wie die Auslegungsregel des § 455 deutlich macht, wird dabei vereinbart, daß die **Übertragung des Eigentums unter der aufschiebenden Bedingung** erfolgt, daß der **Kaufpreis bezahlt** wird.[139] Solange sie nicht eingetreten ist, bleibt der Verkäufer Eigentümer.

126 Beim Kauf beweglicher Sachen ist der Eigentumsvorbehalt in der Praxis von überragender Bedeutung. Allerdings hat er auch dann, wenn der Kaufpreis nicht sofort bezahlt wird, noch **keine «gewohnheitsrechtliche» Bedeutung**: Er muß vertraglich vereinbart sein, was auch konkludent geschehen kann.[140]

Was geschieht, wenn K bei V mündlich einen PC gekauft und dieser drei Tage später «unter Vorbehalt des Eigentums» geliefert wird? Zunächst ist ein normaler Kaufvertrag zustande gekommen; gerade wenn keine AGB benutzt werden, kann man nicht von der stillschweigenden Vereinbarung eines Eigentumsvorbehalts ausgehen. An sich bestand daher eine Verpflichtung zur unbedingten Übereignung. Dem hat V jedoch nicht Rechnung getragen, da er dem K nur eine aufschiebend bedingte Übereignung angeboten hat. Nahm dieser den PC widerspruchslos entgegen, hat er nachträglich sein Einverständnis mit dem Eigentumsvorbehalt erklärt.[141]

---

139 Zur aufschiebenden Bedingung s. Bd. 1 Kap. 14 unter 5.1 (Rn 1292 ff.)
140 Esser-Weyers § 9 I 2 a
141 Vgl. BGHZ 64, 395

Nach § 925 Abs. 2 kann die Übereignung eines Grundstücks nicht von einer Bedingung abhängig gemacht werden. Beim Grundstückskauf muß daher nach anderen Wegen gesucht werden; dem Verkäufer wird beispielsweise eine «Restkaufgeldhypothek» eingeräumt.[142] 127

Im folgenden soll zunächst der «einfache» Eigentumsvorbehalt abgehandelt werden, der die Übereignung lediglich von der Zahlung des vollen Kaufpreises abhängig macht. Daneben bestehen Sonderformen, die weitergehende Bindungen enthalten oder die im Interesse der Weiterveräußerung und der Weiterverarbeitung der gelieferten Sache «Ersatzsicherheiten» vorsehen. Schließlich existieren Sonderregeln für den Ratenkauf von Verbrauchern. 128

5.2 Der sog. einfache Eigentumsvorbehalt

5.2.1 Die Rechtsstellung des Vorbehaltsverkäufers

Der Vorbehaltsverkäufer ist nur noch so lange Eigentümer, bis der Kaufpreis bezahlt ist. Er kann daher auch nur noch über dieses **«Eigentum auf Abruf»** verfügen (§ 161). Allerdings finden zugunsten Dritter die Vorschriften über den gutgläubigen Erwerb entsprechende Anwendung (§ 161 Abs. 3). 129

V hat an K ein Klavier im Wert von 5000 DM verkauft und sich gleichzeitig das Eigentum vorbehalten. Das Klavier wurde nach Zahlung der ersten Rate dem K übergeben. V braucht Geld und übereignet das Klavier nach § 931 durch Abtretung des Herausgabeanspruchs an den gutgläubigen G. Dieser könnte an sich nach § 934 1. Alternative Eigentum erwerben[143], doch wird in diesem Fall § 936 Abs. 3 entsprechend angewandt.[144] Ein Rechtsverlust droht dem K daher nur dann, wenn V wieder unmittelbaren Besitz an dem Klavier erhält, was dann denkbar ist, wenn es zur Behebung eines Mangels vorübergehend wieder an V zurückgegeben wird.

Gerät der **Käufer** in **Verzug**, kann der **Verkäufer** nach § 455 **vom Vertrag zurücktreten**, ohne daß es einer Nachfristsetzung nach § 326 bedarf.[145] In diesem Fall kann er die Sache vom Käufer nach § 346 her- 130

---

142 Zur Hypothek s. unten Kap. 3 unter 3.2 (Rn 419ff.)
143 Zu § 934 s. Bd. 1 Kap. 14 unter 4.6.1.1 (Rn 1244ff.)
144 Medicus, Bürgerliches Recht, Rn 462
145 BGH NJW-RR 1995, 365; a. A. Esser-Weyers § 9 I 2a; P. Bydlinsky JZ 1986, 1028

ausverlangen.[146] Außerdem steht ihm ein Anspruch aus § 985 zu, da er ja die ganze Zeit über Eigentümer geblieben ist.

131 Bei **Teilzahlungsgeschäften** gelten Sonderregeln nach dem VerbrKrG.[147]

132 Was geschieht, wenn V und K sich wenig um die Zahlungen gekümmert haben und deshalb der **Kaufpreisanspruch verjährt** ist? Kann K dann die Sache behalten, obwohl er nicht Eigentümer ist? Die Rechtsprechung wendet § 223 entsprechend an: Danach hindert die Verjährung eines Anspruchs den Gläubiger nicht, die zur Sicherung eingeräumten Rechte auszuüben. Dies bedeutet hier, daß V die Sache zurückverlangen kann, sofern K nicht doch noch bezahlt. Damit wird überdies vermieden, daß Eigentum und Besitz auf Dauer auseinanderfallen.[148]

5.2.2 Die Rechtsstellung des Vorbehaltskäufers – das Anwartschaftsrecht

133 Die Tatsache, daß der Verkäufer nur noch eingeschränkt über sein Eigentum verfügen kann, rechtfertigt es, die Position des Käufers als ein «rechtlich verfestigtes Anrecht», eben als ein **«Anwartschaftsrecht»** zu qualifizieren: Mit der Bezahlung der letzten Kaufpreisrate erstarkt es automatisch zum Volleigentum. Der BGH spricht davon, das Anwartschaftsrecht sei im Vergleich zum Eigentum ein «wesensgleiches Minus»[149], was für sich allein wenig sagt[150], jedoch den Gedanken nahelegt, den Käufer ähnlich wie einen Inhaber eines beschränkten dinglichen Rechts zu behandeln. Dies wird an insgesamt vier Fragen deutlich:

134 – Das **Anwartschaftsrecht** kann **selbständig auf einen Dritten übertragen** werden; dabei sind die §§ 929 ff. entsprechend anzuwenden.[151] Wird der Kaufpreis bezahlt, wird aus dem neuen Inhaber des Anwartschaftsrechts automatisch ein Eigentümer; ein **«Durchgangserwerb»** beim Käufer **findet nicht statt**.[152] Damit kann das Anwartschaftsrecht, das ja beim Ratenkauf wirtschaftlich die schon bezahlten Beträge repräsentiert, als Sicherungsmittel verwendet werden.

---

146 Es handelt sich um ein vertraglich vorbehaltenes Rücktrittsrecht: BGH NJW 1984, 2937

147 Unten 5.4 (Rn 144 ff.)

148 BGHZ 70, 96, 98; ebenso Palandt-Putzo § 455 Rn 28

149 BGHZ 28, 16, 21; 35, 85, 89

150 Kritisch zu Recht Baur-Stürner § 59 V 1 (S. 653)

151 BGHZ 20, 88

152 S. Fn 151

K hat von V eine Druckmaschine unter Eigentumsvorbehalt erworben. Nach Zahlung von zwei Raten à 50000 DM tritt er sein Anwartschaftsrecht an die B ab, weil er dringend ein Darlehen in Höhe von 60000 DM benötigt. Fällt er nunmehr in Konkurs, kann die B den Restkaufpreis bezahlen und wird dann automatisch Eigentümerin.

– Das Anwartschaftsrecht kann wie andere dingliche Rechte **gutgläubig** von einem Nichtberechtigten **erworben** werden. Meldet sich der wahre Eigentümer vor Bezahlung des Kaufpreises, steht dem Käufer auch diesem gegenüber ein Recht zum Besitz zu.[153] 135

V ist Nichteigentümer, K gutgläubiger Vorbehaltskäufer. Als fünf von zehn Raten bezahlt sind, meldet sich der wahre Eigentümer. K muß ihm die Sache nicht herausgeben, da sein dingliches Anwartschaftsrecht ihm ein Recht zum Besitz verleiht.[154] Andere stützen sich auf den Gedanken, E verstoße gegen Treu und Glauben, wenn er eine Sache herausverlange, die er nach Bezahlung des Kaufpreises dem K wieder zurückgeben müsse.[155]

– Betreibt ein Dritter die **Zwangsvollstreckung** in die unter Eigentumsvorbehalt verkaufte Sache, so kann sich dagegen auch der **Käufer zur Wehr setzen**.[156] 136

Das von V an K unter Eigentumsvorbehalt veräußerte Auto ist bei R in Reparatur. Dort wird es von einem Gläubiger des R gepfändet. V tut nichts, da er sicher ist, sein Geld von K zu bekommen. K kann aufgrund seines Anwartschaftsrechts die sog. Drittwiderspruchsklage nach § 771 ZPO erheben und so sein Auto freibekommen.[157]

– Das Anwartschaftsrecht ist ein **«sonstiges Recht»** im Sinne des § 823 Abs. 1. Wird die unter Eigentumsvorbehalt verkaufte Sache von einem Dritten schuldhaft zerstört, kann allerdings der Käufer entsprechend § 432 nur Zahlung an den Verkäufer und ihn gemeinsam verlangen: Andernfalls wäre nicht gesichert, daß die Schadenssumme entsprechend den erbrachten Leistungen des Käufers zwischen ihm und dem Verkäufer aufgeteilt wird.[158] 137

---

153 Dazu Medicus, Bürgerliches Recht, Rn 465 mwN; Wilhelm, Rn 1234

154 Dazu insbesondere auch L. Raiser, Dingliche Anwartschaften, Tübingen 1961, S. 75 ff.

155 Zum ganzen s. auch Baur-Stürner § 59 V 3 a (S. 655)

156 BGHZ 55, 20 ff.

157 Zu § 771 ZPO s. Bd. 1 Kap. 6 unter 2.6.2.4 (Rn 411)

158 Eingehend dazu Baur-Stürner § 59 V 5 (S. 658) und unten Kap. 8 unter 2.1.5.1 (Rn 954)

5.3 Sonderformen des Eigentumsvorbehalts

5.3.1 Kontokorrent- und Konzernvorbehalt

138 Der Verkäufer kann versuchen, den Eigentumsübergang nicht nur von der Bezahlung des Kaufpreises, sondern davon abhängig zu machen, daß sich ein bestimmter Saldo in den Geschäftsbeziehungen mit dem Käufer ergibt,

Die Verbindlichkeiten des K gegenüber V dürfen insgesamt 5000 DM nicht überschreiten

(sog. Kontokorrentvorbehalt) oder daß die Verbindlichkeiten des K allen Konzernunternehmen gegenüber getilgt sind (sog. Konzernvorbehalt). Unter Kaufleuten ist die erste Form zulässig, sofern durch die Vertragsgestaltung sichergestellt ist, daß Gegenstände freigegeben werden, die zur Sicherung nicht mehr benötigt werden.[159] Der **Konzernvorbehalt verstößt gegen § 9 AGBG** und kann deshalb nur in einer Individualabrede vorgesehen werden.[160] **Ab 1.1.1999** wird ein neuer § 455 Abs. 2 gelten, der den Konzernvorbehalt **generell** für **unzulässig** erklärt.[161]

5.3.2 Verlängerter Eigentumsvorbehalt

139 Soll die gelieferte Sache weiterveräußert werden, so kann der Verkäufer seinen Eigentumsvorbehalt nicht auf Dauer aufrechterhalten.

Der Autokäufer würde verblüfft reagieren, wenn ihm sein Autohändler lediglich das vom Großhändler erworbene Anwartschaftsrecht übertragen würde.

Jedenfalls im kaufmännischen Verkehr wird daher stillschweigend eine **Ermächtigung zur Weiterveräußerung** nach § 185 Abs. 1 eingeräumt.[162] Dies geschieht allerdings nur unter der Voraussetzung, daß der **Käufer die Ansprüche gegen seine Abnehmer an den Verkäufer abtritt**. Eine solche «Sicherungszession» wird in der Regel nicht nach außen sichtbar.

159 BGH NJW 1994, 1154
160 Palandt-Putzo § 455 Rn 19
161 Eingefügt durch Art. 33 Nr. 17 EGInsO (vom 5.10.1994, BGBl, S. 2911)
162 BGH NJW 1987, 487

Der Autohändler H übereignet mir das Auto, tritt jedoch – ohne daß mir das mitgeteilt wird – seine gegen mich bestehenden Ansprüche an seinen Verkäufer ab.

Eine ähnliche Problematik ergibt sich dann, wenn der **Käufer die Sache verarbeitet** und dabei nach § 950 Eigentum erwirbt. 140

§ 950 sieht vor, daß der Verarbeiter Eigentümer wird, es sei denn, der Wert der Verarbeitung sei erheblich geringer als der Materialwert.

Eine Eigentumsänderung ergibt sich auch dadurch, daß eine Sache mit einer anderen verbunden (§ 947) oder vermischt (§ 948) wird.[163] In diesen Fällen läßt sich der Verkäufer ein **Recht am Produkt** einräumen; dieses entsteht im Falle der Verarbeitung automatisch in seiner Person, sofern eine entsprechende Abrede getroffen ist.[164]

Im Einzelfall können sich Konflikte insbesondere mit Banken ergeben, die sich die Forderungen gegen Kunden oder die Arbeitsprodukte haben abtreten lassen. Darauf ist an späterer Stelle einzugehen.[165] 141

5.3.3 Weitere Formen des Eigentumsvorbehalts

In der Praxis wenig verbreitet ist der sog. **weitergeleitete Eigentumsvorbehalt**, der darin besteht, daß der Abnehmer des K erst dann Eigentümer wird, wenn V den vollen Kaufpreis erhalten hat. 142

Von **nachgeschaltetem Eigentumsvorbehalt** spricht man dann, wenn der Käufer mit seinem Abnehmer lediglich einen einfachen Eigentumsvorbehalt vereinbart. Hielt der Abnehmer den K für den Eigentümer, hat er in einem solchen Fall gutgläubig ein Anwartschaftsrecht erworben, das sich in Volleigentum verwandelt, sobald er seinen Kaufpreis bezahlt hat. War er davon informiert, daß K seinerseits nur ein Anwartschaftsrecht hatte, tritt der Eigentumserwerb erst dann ein, wenn auch K seine Verpflichtungen gegenüber V erfüllt hat. 143

163 Eingehender unten Kap. 15 unter 4.2 (Rn 1430 ff.)
164 BGHZ 20, 159
165 Dazu unten Kap. 3 unter 4.2.3 (Rn 561 ff.)

5.4 Sonderregeln für den Ratenkauf im Verbraucherkreditgesetz

144 Nach § 1 Abs. 2 VerbrKrG liegt ein «Kreditvertrag» im Sinne dieses Gesetzes auch dann vor, wenn einem Verbraucher «Zahlungsaufschub» gewährt wird. Wichtigster Fall ist der Kauf auf Raten.[166] Insoweit gelten eine Reihe von Sonderregelungen.

145 – Der Kreditvertrag bedarf nach § 4 Abs. 1 VerbrKrG der **Schriftform**. Das Widerrufsrecht des Kunden sowie die Rückabwicklung des Vertrages bei seiner Ausübung sind bereits an anderer Stelle abgehandelt.[167]

146 – § 11 VerbrKrG regelt die Höhe der **Verzugszinsen**[168]. Zahlungen des Verbrauchers werden zunächst auf etwaige Kosten der Rechtsverfolgung, dann auf die eigentlich geschuldete Summe und zuletzt auf die Zinsen angerechnet (§ 11 Abs. 3 VerbrKrG).

147 – Ein **Rücktritt** wegen Verzugs des Käufers ist nach § 13 Abs. 1 in Verbindung mit § 12 Abs. 1 VerbrKrG nur zulässig, wenn der Verbraucher mit mindestens **zwei aufeinanderfolgenden Teilzahlungen** und mit einem bestimmten Prozentsatz des Gesamtbetrages **in Verzug geraten** ist und der Verkäufer erfolglos eine zweiwöchige Zahlungsfrist eingeräumt hat. **Insoweit gilt das Rücktrittsrecht nach § 455 nicht**.

148 – Beim **finanzierten Abzahlungskauf** ist der Verbraucher durch § 9 VerbrKrG geschützt: Er kann der Bank alle Einwendungen entgegenhalten, die ihm dem Verkäufer gegenüber zustehen würden.

K hat bei V ein Auto für 18000 DM gekauft. 6000 Mark hat er sofort bezahlt, 12000 DM wurden ihm als Kredit von der mit V zusammenarbeitenden Bank B gewährt, die diesen Betrag sofort an V überwies. Macht nun K wegen eines Mangels des Autos Minderung geltend, kann er dies auch der Bank gegenüber tun. Erklärt der Käufer die Wandelung, müssen die Sachen zurückgegeben und die geleisteten Zahlungen zurückerstattet werden.[169]

---

166 Palandt-Putzo § 1 VerbrKrG Rn 6
167 S. Bd. 1 Kap. 12 unter 2.5 (Rn 857ff.) und Kap. 18 unter 4 (Rn 1664ff.)
168 Dazu Bd. 1 Kap. 14 unter 3.2.5 (Rn 1159)
169 Einzelheiten bei Palandt-Putzo § 9 VerbrKrG Rn 15

6 Kaufverträge über atypische Gegenstände

Gegenstand eines Kaufvertrags kann jeder vermögenswerte Gegenstand sein. Bei einigen Objekten tauchen spezifische Fragen auf, die insbesondere die Mängelhaftung betreffen. 149

6.1 Unternehmenskauf

Wird ein «aktives» Unternehmen verkauft, muß der Verkäufer dem Käufer nicht nur Gebäude, Maschinen usw., d. h. die konkret faßbaren Gegenstände, verschaffen. Vielmehr geht es auch darum, dem Käufer die ganze «Organisation» zu übertragen, wozu beispielsweise Geschäftsgeheimnisse und Kundenbeziehungen gehören. Soweit vorhanden, sind gewerbliche Schutzrechte wie ein Patent oder eine Marke gleichfalls mitzuübertragen. 150

Die Arbeitsverhältnisse der Beschäftigten gehen nach § 613a automatisch auf den Erwerber über.[170]

Wird die **Firma mitübernommen**, haftet der Erwerber nach § 25 HGB für alle bislang entstandenen Verbindlichkeiten.

Bleiben einzelne Gegenstände oder das Unternehmen insgesamt hinter den im Vertrag vorgesehenen Bedingungen zurück, ist zu unterscheiden: 151

Sind **einzelne Sachen mangelhaft** oder bestehen einzelne Rechte gar nicht, gelten insoweit die Bestimmungen über Sach- und Rechtsmängelhaftung.[171] Der Kaufvertrag als solcher bleibt unberührt.

Ist das **Unternehmen als solches** in seiner Funktionstauglichkeit nicht unerheblich **beeinträchtigt**, werden die §§ 459 ff. entsprechend angewandt.[172] Dies ist insofern interessengerecht, als sich der Kaufpreis üblicherweise nach dem sog. Ertragswert bestimmt, bei Funktionsstörungen also der Käufer etwas Schlechteres erhalten hat, als er zu beanspruchen hatte.[173] Wegen der kurzen Verjährungsfrist des § 477 152

170 Dazu Däubler, Arbeitsrecht 2, unter 10.2.
171 BGH NJW 1975, 1166
172 BGH NJW 1979, 33; dazu auch Larenz, Schuldrecht, Bd. II 1, § 45 II a (S. 166)
173 MüKo-H.-P. Westermann § 459 Rn 47

neigt die Rechtsprechung allerdings dazu, Globalgrößen wie Umsatz und Ertrag aus dem Fehlerbegriff auszugrenzen, da sie dem Unternehmen nicht unmittelbar anhaften würden.[174] Insoweit haftet der Verkäufer aus culpa in contrahendo, wenn er fahrlässig falsche Angaben gemacht hat. Besser wäre, § 477 überhaupt nicht analog anzuwenden, wenn die Defizite erst nach längerer Zeit erkennbar sind.[175] Auch hier hätte man keine Probleme, würde man die verschuldensunabhängige Haftung nach den §§ 459 ff. und die Haftung aus Verschulden nebeneinander eingreifen lassen.[176]

Wie ist der Tatbestand zu behandeln, daß Betriebsrat und Belegschaft sich wenig kooperationsbereit zeigen? Aus der Sicht des Erwerbers kann auch dies einen «Sachmangel» darstellen[177], eine eigenartige Form der Würdigung menschlicher Arbeit.

153 Ein Unternehmenskauf liegt auch dann vor, wenn **fast alle Anteile des Unternehmensträgers** (z. B. einer GmbH) erworben werden.[178] Ob auch schon der Erwerb einer zur Satzungsänderung berechtigenden Mehrheit genügt, ist umstritten[179], m. E. aber zu bejahen: Wer bei wirtschaftlicher Betrachtung den wesentlichen Teil des Unternehmens kauft und dort im Prinzip auch nach eigenen Vorstellungen schalten und walten kann, steht nicht anders als derjenige, der die Organisation als solche erwirbt. Wird demgegenüber nur ein einzelner Anteil erworben, gelten die Grundsätze über den Rechtskauf.[180]

6.2 Standardsoftware

154 Wer Standardsoftware kauft, erwirbt ein «Handelsgut», das mit verstärkten Informations- und Unterrichtungspflichten des Verkäufers verbunden ist.[181] Zutreffend wendet die Rechtsprechung die §§ 459 ff. entsprechend an, wenn die Software für den im Vertrag vorausgesetz-

174 BGH NJW 1970, 653
175 Dazu Larenz, Schuldrecht, § 45 II a (S. 167)
176 Dazu oben 4.4.5 (Rn 120 ff.)
177 Vgl. Tschöpe, Rechtsfolgen aus arbeitnehmerseitigem Widerspruch beim Betriebsinhaberwechsel, S. 85
178 BGHZ 65, 246
179 Dafür wohl BGH NJW 1980, 2408, 2409; vgl. auch Palandt-Putzo, Vorbem. § 459 Rn 18
180 BGHZ 65, 246, 250
181 MüKo-H.-P. Westermann § 459 Rn 41

ten Gebrauch nicht geeignet ist.[182] Dabei spielt es keine Rolle, inwieweit die Software im Einzelfall Urheberrechtsschutz genießt.

6.3 Informationen

Auch Informationen können Kaufgegenstand sein. Bekannt ist der 155
Know-how-Vertrag, wonach der Erwerber bestimmte Informationen z. B. für den Umgang mit Kunden oder für ein Herstellungsverfahren erhält. Auch ein Nachrichtenmagazin, das für einen «heißen Tip» ein Entgelt bezahlt, hat einen Kaufvertrag abgeschlossen. Sind die Informationen wenig brauchbar,

die vom «Stern» erworbenen Tagebücher erwiesen sich als Fälschung

sind die §§ 459 ff. entsprechend anzuwenden, soweit sich aus den Umständen nicht eine andere Risikoverteilung ergibt.

Der «heiße Tip» ist von vornherein nur als Hinweis gedacht gewesen, wie man beispielsweise einem Korruptionsverdacht nachgehen könnte. Erweist sich die Sache später als Flop, weil alle Beteiligten die Regeln des preußischen Beamtentums korrekt beachtet haben, ist der Informant nicht haftbar.

7 Der grenzüberschreitende Kaufvertrag

Sind die Kaufvertragsparteien in verschiedenen Staaten ansässig, greift 156
mangels abweichender Parteivereinbarung das **UN-Kaufrecht** ein, das von der Bundesrepublik 1989 ratifiziert wurde.[183] Es gilt allerdings nur im Verhältnis zu den Staaten, die ihm ebenfalls zugestimmt haben.[184] Auch steht es den Vertragsparteien frei, nach Art. 27 EGBGB eine nationale Rechtsordnung zu wählen. Aus Raumgründen muß eine Darstellung des UN-Kaufrechts an dieser Stelle unterbleiben.[185]

182 BGH NJW 1988, 408; Überblick über die Rechtsprechung bei Junker NJW 1994, 897
183 BGBl II, 586, 588
184 Aufzählung bei Palandt-Heldrich Art. 28 EGBGB Rn 7
185 Insoweit sei auf Esser-Weyers § 11 verwiesen

8 Sonderformen des Kaufs und Tausch

157 Neben dem bereits erwähnten Viehkauf regelt das BGB in den §§ 494 ff. vier Sonderformen des Kaufvertrags sowie den Tausch.

158 – Bei einem **Kauf «nach Probe** oder nach Muster» werden die Eigenschaften der Probe oder des Musters nach § 494 als zugesichert angesehen.

In einem Weinkeller probiert man vier verschiedene Weinsorten aus und entscheidet sich dann für «Reblaus lieblich». Die mitgenommenen 20 Flaschen müssen genau denselben Wein enthalten.

159 – Zu unterscheiden ist davon der in § 495 erwähnte **Kauf auf Probe**. Der Käufer will die Sache erst ausprobieren; im Zweifel ist deshalb der Kauf unter der aufschiebenden Bedingung der Billigung durch den Käufer geschlossen.

Der angesehene und zahlungskräftige Kunde K kauft beim Kunsthaus B ein Gemälde für 10000 DM, nimmt es mit nach Hause, will aber erst sehen, ob es zu Hause einen guten Platz findet und auch seiner Ehefrau zusagt.

160 – Nach den §§ 497 ff. kann sich der Verkäufer ein **«Wiederkaufsrecht»** vorbehalten, d. h. er kann unter bestimmten Voraussetzungen die Sache zurückkaufen. Dabei gilt nach § 497 Abs. 2 im Zweifel der vereinbarte Kaufpreis auch für den «Wiederkauf». Ein gleichfalls mögliches, aber im Gesetz nicht ausdrücklich erwähntes «Wiederverkaufsrecht» gibt dem Käufer das Recht, die Sache wieder an den Verkäufer zurückzuverkaufen.

161 – Beträchtliche praktische Bedeutung hat das **Vorkaufsrecht** nach §§ 504 ff. Es gibt seinem Inhaber das Recht, in den evtl. Kaufvertrag seines Vertragspartners «einzusteigen».

A und B sind Nachbarn. B möchte gerne das Grundstück des A hinzuerwerben; dieser kann sich aber nicht zu einem Verkauf entschließen. Schließlich läßt er sich zu einer Abmachung überreden, daß im Falle eines Verkaufes B das Vorkaufsrecht haben solle.

162 Ein solches Recht kann nach §§ 1094 ff. auch **mit dinglicher Wirkung** bestellt werden und wirkt dann zu Lasten des jeweiligen Eigentümers des belasteten Grundstücks.

B will ganz sicher gehen und einigt sich mit A über die Bestellung eines dinglichen Vorkaufsrechts. Dieses wirkt dann auch gegenüber einem Erwerber des Grundstücks, was dann von Bedeutung sein kann, wenn B beim ersten Verkauf nicht das nötige Geld hat, um in den Vertrag des A einzutreten und den vereinbarten Kaufpreis zu bezahlen.

Eine solche Abmachung ist nach § 1094 Abs. 2 auch zugunsten des jeweiligen Eigentümers eines Grundstücks möglich. Man spricht insoweit von einem **«subjektiv-dinglichen Recht»**.

Wird für den Erwerb einer Sache nicht Geld, sondern die Hingabe 163
einer anderen Sache oder eines sonstigen Gegenstands versprochen, spricht man von einem **Tausch**. Dieser unterliegt nach § 515 grundsätzlich den Regeln über den Kaufvertrag.

KAPITEL 2: Gebrauchsüberlassung

1 Einleitung

164 Kaum weniger wichtig als der Kauf ist die Überlassung bestimmter Gegenstände auf Zeit: Man benötigt sie nur für einen vorübergehenden Zweck oder man verfügt nicht über das Kapital, das für einen effektiven Erwerb notwendig wäre. Das Gesetz unterscheidet verschiedene Fälle.

165 Wird eine Sache gegen Entgelt überlassen, liegt ein **Mietvertrag** nach den §§ 535 ff. vor. Geschieht dies unentgeltlich, spricht man von **«Leihe»** (§§ 598 ff.).

Im Alltagssprachgebrauch geht beides bisweilen durcheinander. Der «Videoverleih» erwartet ein Entgelt, und auch die Inanspruchnahme eines «Leiharbeitnehmers» ist keineswegs unentgeltlich.

166 Wird eine Sache nicht nur zum Gebrauch, sondern auch zur «Fruchtziehung» überlassen, handelt es sich um einen **Pachtvertrag** nach §§ 581 ff. Dasselbe gilt dann, wenn es sich um einen anderen Vertragsgegenstand wie z. B. ein Recht oder ein Unternehmen handelt.

Wer ein mit Obstbäumen bestandenes Grundstück nur «mieten» würde, könnte sich dort zwar in die Sonne (und bei Bedarf auch in den Schatten) setzen, jedoch nicht die Äpfel und die Birnen ernten. Letzteres ist nur möglich, wenn man das Grundstück gepachtet hat.

Verpachten kann man auch eine verzinsliche Forderung oder einen Supermarkt. Der Pächter erhält die Zinsen bzw. die Einnahmen.

167 Wird Geld auf Zeit überlassen, spricht man von einem **Darlehen**. Der Darlehensnehmer kann mit der empfangenen Summe bestimmte Vor-

haben realisieren, muß dafür jedoch die Zinsen und im Fälligkeitszeitpunkt das Kapital zurückzahlen. Trotz seiner enormen praktischen Bedeutung hat dieser Vertragstyp in den §§ 607–610 nur eine sehr lükkenhafte Regelung erfahren.

Seit den 60er Jahren hat sich als mietähnlicher Vertragstyp das sog. 168
Leasing etabliert, das insbesondere für Kaufleute mit steuerlichen Vorteilen verbunden ist.[1]

Alle bisher genannten Vertragsformen sind schuldrechtlicher Na- 169
tur, verpflichten also den Vermieter, Verpächter usw. lediglich zur Überlassung. Möglich, wenn auch praktisch ungleich seltener sind **beschränkte dingliche Rechte, die** bestimmte **Nutzungsmöglichkeiten vom Eigentum «abspalten»**. Am wichtigsten ist der eine umfassende Nutzung ermöglichende **Nießbrauch** nach §§ 1030 ff., der sich auf Sachen wie auf Rechte und sonstige Vermögensgegenstände beziehen kann. Speziell bei Grundstücken gibt es sog. **Dienstbarkeiten**, die mit dem Eigentum an einem anderen Grundstück verbunden sein können,

dem jeweiligen Eigentümer des Nachbargrundstücks wird das Recht eingeräumt, zu Fuß über mein Grundstück zu gehen

doch kann es sich auch um eine Befugnis handeln, die zugunsten einer bestimmten Person begründet wird.[2]

Der Schwiegermutter wird ein Wohnrecht an der Einliegerwohnung im zweiten Stock eingeräumt (§ 1093).

Eine umfassende, dem Eigentum nahekommende Nutzungsbefugnis 170
verleiht das sog. **Erbbaurecht**.[3]

Alle denkbaren Gestaltungsformen im Detail zu erörtern, wäre 171
mehr, als ein «Leitfaden» leisten kann. Dies erklärt die Konzentration auf die wichtigsten Vertragstypen «Miete», «Leasing» und «Darlehen». Dabei soll die Wohnungsmiete im Vordergrund stehen.

---

1 Näher dazu unten 4 (Rn 305 ff.)

2 Im ersten Fall spricht man von Grunddienstbarkeit, im zweiten von beschränkter persönlicher Dienstbarkeit

3 Dazu schon Bd. 1 Kap. 14 unter 3.2 (Rn 1136 ff.)

2 Wohnraummiete

172 Der Wohnungsmarkt weist eine Reihe von Besonderheiten auf.[4] Der «Mietinteressent» ist in der Regel sehr viel stärker auf einen Vertragsabschluß angewiesen als der potentielle Vermieter. Während der eine ein «Dach über dem Kopf» braucht, ist es für den anderen eine Frage wirtschaftlicher Zweckmäßigkeit, zu welchem Zeitpunkt und zu welchen Bedingungen er vermieten will. Dies spiegelt sich in der realen «Verhandlungsmacht» jedenfalls so lange wider, wie der Wohnraum angesichts einer durch Zuwanderung wachsenden Bevölkerung knapp ist. Eine «Substitution» der Miet- durch eine Eigentumswohnung oder ein Einfamilienhaus ist den meisten Mitbürgern nicht möglich. Die **stärkere Stellung des Vermieters** zeigt sich auch dann, wenn der Vertrag abgeschlossen und die Wohnung bezogen ist: Für den Mieter ist sie Lebensmittelpunkt, dessen Verlust entsprechend gravierende Folgen haben kann, für den Vermieter ist sie in der Regel ein schlichtes Renditeobjekt.

173 Die staatliche Regelung des Wohnungsmarktes beschränkt sich nicht auf das hier im einzelnen darzustellende Mietvertragsrecht. Wichtig ist insbesondere der öffentlich geförderte sog. **soziale Wohnungsbau**, der für weniger einkommensstarke Bevölkerungsteile gedacht ist.[5] Bedeutsam ist weiter das vor allem in Ballungsgebieten bestehende Verbot, Wohnungen anderen Zwecken zuzuführen, aus ihnen beispielsweise Geschäfts- oder Lagerräume zu machen.[6] Schließlich wird die Position der Mieter dadurch gestärkt, daß bei Unterschreitung einer bestimmten Einkommensgrenze von staatlicher Seite **Wohngeld** bezahlt wird.[7]

4 Hierzu insbesondere Esser-Weyers § 19 I

5 Dazu näher Gremmelsbacher (Hrsg.), Wohnungsbaupolitik in den neunziger Jahren, Baden-Baden 1996

6 Zu den landesrechtlichen Verordnungen bezüglich dieses «Zweckentfremdungsverbots» s. die Zusammenstellung in Schönfelder Nr. 20 Fn zu § 537 BGB

7 Zum Wohngeld s. Eichenhofer, Sozialrecht, Tübingen 1995, Rn 510ff. 10,8 % aller Haushalte beziehen Wohngeld. S. Statistisches Jahrbuch 1995, S. 484

2.1 Der Abschluß des Mietvertrags

Nach § 535 liegt ein Mietvertrag dann vor, wenn sich der Vermieter verpflichtet, «dem Mieter den Gebrauch der vermieteten Sache während der Mietzeit zu gewähren», und wenn sich der Mieter verpflichtet, dem Vermieter «den vereinbarten Mietzins» zu entrichten. Ob ein solcher **Vertrag** zustande kommt, ist grundsätzlich **der freien Entscheidung** der Beteiligten **überlassen**. Von einigen Sonderregelungen abgesehen[8], besteht ein Kontrahierungszwang nur unter den allgemeinen, auch für andere Verträge geltenden Voraussetzungen.[9] 174

2.1.1 Wonach darf der Vermieter fragen?

Bei den Vertragsverhandlungen wird der Vermieter ggfs. auch sehr persönliche Fragen stellen wollen. 175

Das an der Wohnung interessierte Ehepaar soll beispielsweise Auskunft darüber geben, ob Kinder geplant sind oder ob irgendwelche Vorstrafen bestehen.

Ähnlich wie im Arbeitsrecht[10] kommt es nach der Rechtsprechung des BVerfG[11] darauf an, ob der Vermieter ein **berechtigtes Interesse** an der Kenntnis bestimmter Umstände besitzt. Dabei müssen auch die Interessen des «Bewerbers» in die Bewertung einbezogen werden. Angaben wie eine Entmündigung (heute: Betreuung[12]) dürfen daher verschwiegen werden: Ehrlichkeit in diesem Punkte würde die Chancen des Betroffenen auf dem Wohnungsmarkt zunichte machen; andererseits ist keine erhebliche Gefährdung von **Vermieteransprüchen zu besorgen**.[13] Das Abstellen auf das «berechtigte Interesse» bedeutet, daß die Frage nach den Einkommensverhältnissen legitim ist, nicht aber die nach Vorstrafen oder nach der Zugehörigkeit zu einer Partei. Ob ein Paar verheiratet ist, darf keine Rolle mehr spielen, nachdem der BGH im Rahmen des Eintrittsrechts nach § 569a Ehe und eheähnliche Gemeinschaft gleichgestellt hat.[14] Die **Frage nach der Familienplanung** greift sehr tief in den Persönlichkeitsbereich ein. Dies läßt sich 176

8 MüKo-Voelskow §§ 535, 536 Rn 16, 17
9 Dazu Bd. 1 Kap. 12 unter 4 (Rn 890ff.)
10 Zu dieser Parallele näher Däubler CR 1994, 101 ff., 110
11 BVerfG CR 1992, 368
12 Dazu unten Kap. 20 unter 5 (Rn 1810ff.)
13 S. Fn 11
14 BGH NJW 1993, 999

nicht rechtfertigen, da Kinder die Nutzung der Wohnung nicht wesentlich verändern: Die «Störung» (wenn man dieses Wort gebrauchen will) ist für den Vermieter jedenfalls erheblich geringer als für einen Arbeitgeber, der im Falle einer Schwangerschaft auf die betreffende Arbeitskraft während nicht ganz unerheblicher Zeit verzichten und überdies zusätzliche finanzielle Belastungen in Kauf nehmen muß.[15] Wird **auf** eine **unzulässige Frage falsch geantwortet**, kann der Vermieter nicht wegen arglistiger Täuschung oder Irrtums anfechten.[16]

2.1.2 Form

177 Der Mietvertrag ist formlos gültig; auf die Vorschrift des § 566 ist bereits an anderer Stelle hingewiesen worden.[17] Häufig werden dabei Formularverträge verwendet, die dem AGBG unterliegen.[18]

2.1.3 Mehrere Mieter und Wohngemeinschaften

178 Eine Wohnung kann auch an mehrere Personen wie z. B. ein Paar vermietet werden. Für die Zahlung des Mietzinses haften in einem solchen Fall beide als **Gesamtschuldner**, und zwar auch dann, wenn einer ausgezogen ist, ohne daß er aus dem Vertrag «entlassen» wurde.[19] Der Anspruch gegen den Vermieter auf Überlassung des Gebrauchs ist auf eine unteilbare Leistung gerichtet und fällt deshalb unter § 432.[20]

179 Wird an eine **studentische Wohngemeinschaft** vermietet, gehen die Beteiligten mangels abweichender Abrede im Mietvertrag davon aus, daß die Personen in absehbarer Zeit wechseln werden.[21] Der Vermieter kann sich deshalb gegen den Einzug eines «Neuen» nur dann wehren, wenn in dessen Person ein wichtiger Grund vorliegt.[22]

In der aus vier Studenten bestehenden Wohngemeinschaft ist durch Auszug eines Mitglieds ein Platz freigeworden. Der von den übrigen drei «ausgeguckte» F hat

15 Zur grundsätzlichen Unzulässigkeit der Frage nach der Schwangerschaft s. BAG DB 1993, 435. Wie hier grundsätzlich auch MüKo-Voelskow Vor § 535 Rn 61
16 Ebenso MüKo-Voelskow Vor § 535 Rn 61
17 Bd. 1 Kap. 12 unter 2.3 (Rn 803 ff.)
18 Dazu Esser-Weyers § 19 IV 2 (S. 164); MüKo-Voelskow Vor § 535 Rn 48
19 Zu Grenzen aus § 242 s. MüKo-Voelskow §§ 535, 536 Rn 12. Weiterführend Schüren JZ 1989, 358 ff.
20 Zu dieser Bestimmung s. Bd. 1 Kap. 19 unter 5.3 (Rn 1736 f.)
21 LG Göttingen NJW-RR 1993, 783
22 § 549 Abs. 2 Satz 2 analog. Zu dieser Vorschrift s. unten 2.2.5 (Rn 189 ff.)

finanzielle Probleme: Er bekommt kein BAFöG, wird aber auch von seinen Eltern nicht unterstützt. Einen Job hat er bisher nicht gefunden. Kann der Vermieter seinem Einzug mit der Begründung widersprechen, er wolle nur zahlungsfähige Mieter? LG Göttingen:[23] Nein, der Vermieter ist durch die gesamtschuldnerische Haftung der übrigen ausreichend gesichert.

Im Einzelfall kann der Vermieter Wohngemeinschaften auch weniger 180
egalitär in der Weise organisieren, daß er mit einem Beteiligten einen Mietvertrag abschließt und diesem das Recht einräumt, Teile der Wohnung **an andere Personen unterzuvermieten**. Der Untermieter hat als Vertragspartner nur den «Hauptmieter»; dies macht sich insbesondere dann negativ bemerkbar, wenn dessen Mietverhältnis beendet wird.

2.2 Erlaubter und nicht erlaubter Gebrauch

Der Wortlaut des Gesetzes gibt wenig Anhaltspunkte dafür, was unter 181
«Gebrauch» zu verstehen ist und wo seine Grenzen liegen. § 536 verweist auf den Mietvertrag, doch wird dieser häufig Lücken haben. Auch gibt es nicht wenige Fälle, in denen eine Bestimmung wegen übermäßiger Beeinträchtigung der Lebensführung des Mieters unwirksam ist.

Beginnen wir mit dem Einzug. Die Wohnung darf **nicht gesund-** 182
heitsgefährdend sein, weshalb Anschluß an Strom und Wasser sowie eine Toilette vorhanden sein müssen.[24] Der Mieter darf seine Einrichtungsgegenstände mitbringen und – soweit erforderlich – auch **Löcher in die Wand bohren** und Dübel einsetzen.[25] An der Haustüre darf ein Namensschild angebracht werden; fehlt ein Briefkasten, darf ihn der Mieter auf eigene Kosten installieren.[26] Auch einen **Telefon- und Faxanschluß** muß der Vermieter ermöglichen.

23 Wie Fn 21
24 Vgl. MüKo-Voelskow §§ 535, 536 Rn 51
25 BGH NJW 1993, 1061, 1063; die Rechtsprechung hat manchmal mit recht konkreten Fragen zu tun
26 MüKo-Voelskow §§ 535, 536 Rn 44

2.2.1 Fernsehempfang und politische Werbung

183 Der Mieter muß die Möglichkeit haben, **Rundfunk- und Fernsehsendungen** zu empfangen. Soweit keine Gemeinschaftsantenne oder ein Kabelanschluß vorhanden ist, kann der Mieter selbst eine **Antenne** anbringen.[27] Man darf außerdem aus dem Gehörten und Gesehenen Konsequenzen ziehen und das Fenster oder den Balkon für politische Meinungsäußerungen benutzen.[28] Dies gilt allerdings nicht für die Hauswand, da diese nicht mitvermietet ist.[29]

2.2.2 Lärm und Musik

184 Schwieriger wird es, wenn in einer Wohnung so viel Lärm entwickelt wird, daß andere Mieter dadurch gestört sind. Ab 10.00 Uhr abends sollten Gespräche, Fernsehprogramme und Musik nur innerhalb der eigenen vier Wände hörbar sein. Das **Musizieren** soll angeblich im Mietvertrag verboten werden können[30], doch ist dies ein übermäßiger Eingriff in die persönliche Lebensgestaltung des Mieters. Auch muß ggfs. die Wertentscheidung des Art. 5 Abs. 3 GG (Freiheit der Kunst) berücksichtigt werden. Auf empfindliche Mitbewohner ist in der Weise Rücksicht zu nehmen, daß nur zu bestimmten Stunden Klavier oder Schlagzeug gespielt wird.

2.2.3 Tiere in der Wohnung

185 Viel diskutiert ist das **Recht zum Halten von Tieren**. Der BGH hat ein generelles «Tierverbot» in einem Formularvertrag als Verstoß gegen § 9 AGBG qualifiziert, weil damit auch Tiere erfaßt seien, die wie Zierfische andere Personen nicht beeinträchtigen könnten.[31] Für Wellensittiche und Hamster wird dasselbe angenommen.[32] Das Hauptproblem liegt im **Hund**. Daß Kampfhunde in einem Haus nichts verloren haben, in dem der Vermieter oder andere Mieter wohnen, liegt auf der

---

27 BGH NJW 1993, 1061, 1062. Zum Sonderfall des ausländischen Mitbürgers, der Fernsehprogramme in seiner Muttersprache nur über eine Parabolantenne empfangen kann, s. Bd. 1 Kap. 2 unter 3.1.1 (Rn 62)

28 MüKo-Voelskow § 550 Rn 13

29 BVerfGE 7, 230

30 Palandt-Putzo § 535 Rn 19 mwN

31 BGH NJW 1993, 1061, 1062

32 Palandt-Putzo § 535 Rn 17

Hand.[33] Doch wie steht es mit einem zahmen Bernhardiner oder gar einem treuen Dackel? Die Art der Frage legt die Antwort nahe, doch wäre der Ausgang eines gerichtlichen Verfahrens schwer zu prognostizieren.

Darf der Mieter in der Wohnung eine **Ratte** halten, die er gezähmt hat und die ihm aus der Hand frißt? Das LG Essen[34] lehnt dies ab; die Ratte sei nun mal kein Haustier. Es gibt Tierarten, die eben ein schlechtes Image haben... und keiner sage, Richter zu sein sei kein spannender Job...

Hat der Vermieter anderen Mietern Tierhaltung erlaubt, ist er zur 186
Gleichbehandlung verpflichtet.[35] Eine Ausnahme gilt nur dann, wenn sich die Mieter in keiner vergleichbaren Lage befinden (der eine verfügt über den Garten, der andere nicht) oder wenn Konflikte zwischen den Tieren absehbar sind.

2.2.4 Besucher

Probleme ergeben sich schließlich, wenn andere Menschen in die 187
Wohnung kommen. Besucher darf man empfangen, und zwar zu beliebigen Tages- und Nachtzeiten, sofern dadurch niemand gestört wird.

Anders noch in den 50er und 60er Jahren in Tübingen: Dem Studenten war ab 22.00 Uhr kein Damenbesuch, den Studentinnen kein Herrenbesuch mehr erlaubt. Nachmittags und abends schien die Moral nicht gefährdet...

In der Gegenwart setzt man sich eher mit der Frage auseinander, inwie- 188
weit sich die Ausübung der **Prostitution** noch im Rahmen des vertragsmäßigen Gebrauchs von Wohnraum bewegt. Sie wird verneint[36], was konsequent ist, wenn man auch andere gewerbliche Tätigkeiten ausnimmt.

33 LG München I WuM 1993, 669
34 NJW-RR 1991, 908
35 Vgl. MüKo-Voelskow §§ 535, 536 Rn 53; Palandt-Putzo § 535 Rn 12
36 MüKo-Voelskow §§ 535, 536 Rn 53

2.2.5 Aufnahme weiterer Personen, insbes. des nichtehelichen Lebenspartners

189 Auch die **Aufnahme weiterer Menschen** kann Probleme aufwerfen. Der Mieter hat das unbestrittene Recht, den Ehepartner, Kinder und Hausangestellte in die Wohnung aufzunehmen, sofern dadurch keine Überbelegung eintritt.[37]

190 Auch andere Personen dürfen aufgenommen werden. Dafür können unterschiedliche Gründe maßgebend sein, die den Vermieter grundsätzlich nicht zu interessieren brauchen.[38] Innerhalb der eigenen vier Wände soll der einzelne seine Lebensführung frei bestimmen können.[39] Dies gilt auch für **nichteheliche Lebensgemeinschaften**, und zwar auch für solche zwischen Personen desselben Geschlechts.[40] Eine Ausnahme soll nur dann gelten, wenn der Vermieter im selben Haus wohnt und eine dezidiert ablehnende Haltung gegenüber einer solchen Lebensform besitzt. Die **katholische Kirche** kann sich **als Vermieterin** allerdings nicht darauf berufen, daß eine derartige Form des Zusammenlebens ihren Überzeugungen widerspreche.[41] Eine Ausnahme wird nur dann gemacht, wenn das Wohngebäude als solches und seine Umgebung stark kirchlich geprägt sind.[42]

Dieser Tatbestand wurde in einer Entscheidung des LG Aachen[43] liebevoll umschrieben. Das Haus befand sich in unmittelbarer Nähe der «Sankt-Maria-Himmelfahrtskirche» und war überdies dem Sankt-Josephs-Kloster benachbart. Die Zufahrt zur Kirche wie zum Haus erfolgte über eine Straße, die durch ein Eisentor verschlossen werden konnte. Im Haus war überdies eine Caritas-Pflegestation untergebracht; alle zwei Jahre wurde außerdem sein Garten für das Pfarrfest benutzt. In seiner unmittelbaren Nähe versammelten sich schließlich die Kinder vor ihrem Gang zur Heiligen Kommunion. Wenn nicht mal mehr hier gegen unzüchtiges Treiben eingeschritten werden könnte…

191 Dies alles betrifft die Aufnahme in denselben Haushalt, was rechtlich als «**unselbständiger Mitgebrauch**» qualifiziert wird. Soweit einer anderen Person ein Teil der Wohnung zum **selbständigen Gebrauch** überlassen wird (Beispiel: Untermieter), benötigt der Mieter nach

37 MüKo-Voelskow § 549 Rn 9
38 Grundlegend OLG Hamm NJW 1982, 2876
39 BGHZ 92, 213, 219
40 Ebenso OLG Hamm und BGH, a. a. O.
41 OLG Hamm NJW 1992, 513
42 LG Aachen NJW 1992, 2897
43 S. Fn 42

§ 549 Abs. 1 die Erlaubnis des Vermieters, die allerdings unter den recht weit gefaßten Voraussetzungen des § 549 Abs. 2 erteilt werden muß.

Weniger Grundsatzprobleme wirft das Recht auf, während eines 192
vorübergehenden **Auslandsaufenthalts** einen Teil der Wohnung unterzuvermieten; auch die ausländische Staatsangehörigkeit der aufgenommenen Person ist ohne Bedeutung.[44]

Der **Vermieter** kann der **Aufnahme** des Dritten **widersprechen**, 193
wenn in dessen Person ein wichtiger Grund vorliegt, der Wohnraum übermäßig belegt würde oder die Überlassung dem Vermieter aus sonstigen Gründen nicht zugemutet werden kann.

Der Mieter hat dem Vermieter die Ehefrau abspenstig gemacht und will sie in seine Wohnung aufnehmen.

Im Streitfall muß der Vermieter die Gründe für sein Veto belegen.

2.3 Die Miethöhe

2.3.1 Im Zeitpunkt des Vertragsabschlusses

Die Höhe des vereinbarten Mietzinses unterliegt grundsätzlich der 194
freien Vereinbarung der Vertragsparteien. Eine Ausnahme gilt für Sozialwohnungen und für anderen öffentlich geförderten Wohnraum; insoweit ist nur eine sog. Kostenmiete zulässig, die allerdings bei neuerrichteten Wohnungen nicht unbedingt günstiger als die «Marktmiete» sein muß.[45]

2.3.1.1 Die Grenzen des § 5 WiStG und des § 302a StGB

Die Vertragsfreiheit kennt jedoch auch im «Normalfall» gewisse 195
Grenzen. § 5 Abs. 1 WiStG erklärt die «**Mietpreisüberhöhung**» zur Ordnungswidrigkeit, die nach seinem Abs. 3 mit einer Geldbuße bis zu 100 000 DM geahndet werden könnte. Ein «unangemessen hohes» Entgelt liegt nach dem 1993 neu gefaßten § 5 Abs. 2 WiStG vor, wenn die am Ort übliche Miete für vergleichbare Objekte (sog. **ortsübliche**

44 LG Berlin NJW-RR 1994, 1289
45 Dazu MüKo-Voelskow Vor § 535 Rn 81; s. auch Palandt-Putzo Einf. vor § 535 Rn 98

Vergleichsmiete) um mehr als 20 % überschritten wird.[46] Daneben verbietet § 302a StGB den sog. **Mietwucher**, der in der Regel erst erreicht ist, wenn die Vereinbarung 50 % über dem Ortsüblichen liegt.[47] § 302a StGB scheint deshalb zivilrechtlich ohne Bedeutung zu sein.[48]

2.3.1.2 Rechtsfolgen eines Verstoßes

196 Wird die 20 %-Grenze des § 5 WiStG überschritten, so ist nicht etwa der gesamte Mietvertrag nichtig, da dies den beabsichtigten Schutz des Mieters ins Gegenteil verkehren würde. Vielmehr ist lediglich die **Preisabrede** insoweit **unwirksam**, als das zulässige Maß überschritten ist.[49]

Beispiel: Für die vermietete Dreizimmerwohnung mit 80 qm Wohnfläche sind in der Kleinstadt K 800 DM pro Monat üblich. Werden 1100 vereinbart, ist die 20 %-Grenze (800 + 160 = 960 DM) deutlich überschritten. Die Mietzinsabrede ist deshalb nur im Hinblick auf den 960 DM übersteigenden Betrag unwirksam.

197 Konsequenter wäre es, die Mietabrede insgesamt für unwirksam zu erklären und den geschuldeten Betrag nach der ortsüblichen Vergleichsmiete zu bestimmen.[50] Entsprechend wird bei vergleichbaren Fragen beispielsweise im Arbeitsrecht verfahren.[51] Auch im Bereich von AGB wird eine «geltungserhaltende Reduktion» allgemein abgelehnt.[52] Dem Vermieter wäre so der Anreiz genommen, den Spielraum nach oben hin voll auszureizen – bisher drohen ihm allenfalls bescheidene Geldbußen, die 20 % über dem «Normalmaß» sind ihm sicher. Auch vom Standpunkt des BGH aus müßte man im übrigen zumindest in den Fällen des § 302a StGB dazu kommen, die gesamte Entgeltabrede für nichtig zu erklären und sie durch die ortsübliche Vergleichsmiete zu ersetzen.[53]

---

46 § 5 WiStG idF des 4. Mietrechtsänderungsgesetzes vom 21. 7. 1993, BGBl I, 1257. Die 20 %-Grenze entsprach der bisherigen Rechtsprechung: LG Berlin ZMR 1994, 19

47 BGH NJW 1982, 896

48 So ausdrücklich Esser-Weyers § 20 III 1 a

49 BGHZ 89, 316, 319 ff.

50 So auch die in BGHZ 89, 316, 320 zitierten OLG-Entscheidungen, denen der BGH jedoch nicht gefolgt ist. Das BVerfG (NJW 1994, 993) sah in der Rechtsprechung des BGH keinen Verstoß gegen den Gleichheitssatz des Art. 3 Abs. 1 GG

51 Däubler, Arbeitsrecht 2, 7.1.4 und 7.1.5

52 Dazu Bd. 1 Kap. 15 unter 4.6 (Rn 1412 ff.)

53 Zur entsprechenden Rechtsfolge bei Verstößen gegen das Wucherverbot des § 138 s. Bd. 1 Kap. 15 unter 3.3 (Rn 1385 ff.)

Soweit eine unzulässig hohe Miete nicht nur vereinbart, sondern auch bezahlt wurde, **kann der überschießende Betrag** aus § 812 **zurückgefordert** werden, da insoweit ein Rechtsgrund fehlt. Der Vermieter haftet überdies verschärft nach § 819 Abs. 1.[54] 198

2.3.1.3 Teilmarkt für Ausländer?

Was geschieht, wenn es in einer bestimmten Gemeinde oder Stadt üblich ist, bei Ausländern einen Zuschlag von 20 % zu verlangen? Ein solcher «Teilmarkt» wird von der Rechtsprechung nicht anerkannt; es gelten dieselben Maßstäbe wie für Deutsche.[55] 199

2.3.1.4 Vorauszahlungen

Der Mietzins wird normalerweise in gleichbleibenden Monatsraten entrichtet. Zulässig sind auch Vorauszahlungen, die der Mieter dann «abwohnt»; soweit dies nicht geschieht, hat eine Rückzahlung nach näherer Maßgabe des § 557a zu erfolgen. 200

2.3.1.5 Staffelmiete

Seit 1983 ist auch eine sog. Staffelmiete zulässig. Nach § 10 Abs. 2 des Miethöheregelungsgesetzes (= **MHG**, Schönfelder Nr. 30) kann man für einen Zeitraum von höchstens 10 Jahren von vornherein Mieterhöhungen zu bestimmten Zeitpunkten vereinbaren. Dabei müssen die konkreten Beträge genannt werden; auch muß die Miete jeweils ein Jahr unverändert bleiben. Auf der anderen Seite ist es dem Vermieter in einem solchen Fall nicht möglich, von den im folgenden zu besprechenden Möglichkeiten zur Erhöhung der Miete Gebrauch zu machen. 201

---

54 Esser-Weyers § 20 III 1 d; zur Haftung nach § 819 s. Bd. 1 Kap. 18 unter 2.7 (Rn 1646 ff.)

55 OLG Stuttgart NJW 1982, 1160 = MDR 1982, 495; zustimmend MüKo-Voelskow Vor § 535 Rn 83

2.3.2 Mieterhöhung während der Laufzeit des Vertrages

202 Die einmal vereinbarte Miete kann an veränderte Umstände angepaßt werden. Im einzelnen ist dies im MHG geregelt.

2.3.2.1 Voraussetzungen im einzelnen

203 Nach § 1 Satz 1 MHG ist – anders als im Arbeitsrecht[56] – eine **Änderungskündigung** durch den Vermieter **ausgeschlossen**.

Der Vermieter kann also nicht den Mietvertrag kündigen und gleichzeitig anbieten, einen neuen Vertrag mit höherer Miete abzuschließen.

Er hat lediglich die Möglichkeit, unter bestimmten Voraussetzungen vom Mieter eine Zustimmung zur Mieterhöhung zu verlangen. Das Mietverhältnis selbst steht daher bei unterschiedlichen Auffassungen über die neue Miete nicht zur Disposition. Im einzelnen gilt folgendes:

204 – Hat der Vermieter die **Wohnung modernisiert**, kann er nach § 3 Abs. 1 MHG vom Mieter die Zustimmung zu einer Mieterhöhung verlangen. Diese darf – bezogen auf das Jahr – 11 % der aufgewendeten Modernisierungskosten nicht überschreiten.

205 – Muß der Vermieter höhere **Darlehenszinsen** bezahlen, kann er diese nach näherer Maßgabe des § 5 MHG auf den Mieter umlegen. Sinken die Zinsen wieder, hat (ausnahmsweise) eine Anpassung nach unten stattzufinden.

206 – Die größte Bedeutung hat die in § 2 MHG vorgesehene **Anpassung an die ortsübliche Vergleichsmiete**. Sie kommt in Betracht, wenn der Vermieter bei Vertragsabschluß relativ großzügig war oder wenn sich die Marktverhältnisse inzwischen geändert haben. Voraussetzung ist, daß die Miete mindestens ein Jahr unverändert war und daß sich durch die Anpassung der Mietzins innerhalb eines Zeitraums von drei Jahren nicht um mehr als 30 % erhöht (sog. Kappungsgrenze).

2.3.2.2 Was ist «ortsübliche Vergleichsmiete»?

207 Wie ist die ortsübliche Vergleichsmiete zu bestimmen? § 2 Abs. 2 MHG läßt dem Vermieter **drei Möglichkeiten** zur Auswahl. Zum einen kann er sich auf einen sog. **Mietspiegel** beziehen, der eine Über-

---

56 Dazu Däubler, Arbeitsrecht 2, 8.5.4

sicht über die üblichen Entgelte in der Gemeinde oder in einer vergleichbaren Gemeinde enthält: Mit Recht sieht das Gesetz seine Objektivität aber nur dann als gegeben an, wenn er von der Gemeindeverwaltung erstellt oder von Interessenvertretern der Vermieter und der Mieter zumindest anerkannt ist. Zum zweiten kann auf das **Gutachten eines Sachverständigen** zurückgegriffen werden. Schließlich kann der Vermieter einzelne vergleichbare Wohnungen namhaft machen, bei denen das von ihm verlangte (oder ein höheres) Entgelt bezahlt wird; dabei genügt die **Benennung von drei Wohnungen**.

2.3.2.3 Reaktionen des Mieters

Stimmt der **Mieter** der Erhöhung des Mietzinses **zu**, so wird diese 208
nach § 2 Abs. 4 MHG von dem Beginn des dritten Kalendermonats an wirksam, der auf den Zugang des Erhöhungsverlangens folgt.

Der Vermieter will die Miete für die 60-qm-Wohnung von 600 auf 700 DM heraufsetzen. Am 2. 3. geht dem Mieter ein entsprechendes Schreiben des Vermieters zu, dem ein Exemplar des «Mietspiegels» beigefügt war. Ab 1. 6. ist die höhere Miete zu bezahlen.

Rührt sich der **Mieter** bis zum Ablauf des zweiten Kalendermonats 209
nach Zugang des Erhöhungsverlangens **nicht** oder widerspricht er ausdrücklich, so kann der Vermieter bis zum Ablauf von weiteren zwei Monaten **auf** Erteilung der **Zustimmung klagen**.

Die Klage geht auf Abgabe einer Willenserklärung durch den Mieter. Gewinnt der Vermieter seinen Prozeß, gilt die Zustimmung des Mieters nach § 894 ZPO als erteilt. Dieser muß also nicht auch noch ausdrücklich erklären, mit den veränderten Bedingungen einverstanden zu sein.

Nach § 9 MHG hat der Mieter die Möglichkeit, sich durch Kündigung der Mieterhöhung zu entziehen. Dies ist nur von beschränktem Wert, wenn keine günstigere Alternative zur Verfügung steht.

Nach § 10 Abs. 1 MHG kann im Mietvertrag **nicht** zu Lasten des 210
Mieters **von** den Vorschriften des **MHG abgewichen** werden.

2.3.3 Nebenkosten

211 Außer dem eigentlichen Mietzins hat der Mieter häufig sog. Nebenkosten zu übernehmen. Dabei geht es insbesondere um Aufwendungen für Heizung, Wasser, Müllabfuhr usw.[57] Scheut man eine Einzelabrechnung, ist auch die Vereinbarung einer Pauschale zulässig. Liegt diese unter den tatsächlichen Kosten, ist dies mit zu berücksichtigen, wenn es um die Frage geht, ob die ortsübliche Vergleichsmiete um mehr als 20 % überschritten ist.[58]

2.3.4 Sicherungsrechte des Vermieters

212 Der Vermieter hat die Möglichkeit, die Erfüllung seiner Ansprüche auf zwei Wegen zu sichern.

Nach § 550b kann im Vertrag der Mieter zur Zahlung einer **Kaution** verpflichtet werden. Diese darf nicht mehr als drei Monatsmieten betragen und ist – getrennt vom sonstigen Vermögen des Vermieters – bei einem Kreditinstitut zu dem für Spareinlagen mit dreimonatiger Kündigungsfrist üblichen Zinssatz anzulegen. Die Zinsen werden dem Mieter gutgeschrieben, jedoch nicht ausbezahlt: Sie erhöhen die Kautionssumme. Hat der Mieter bei seinem Auszug bestimmte Pflichten nicht erfüllt, kann der Vermieter die Kaution effektiv einbehalten.

Der Mieter hat die letzten beiden Monatsmieten nicht bezahlt. Der Vermieter muß ihn nicht verklagen, sondern kann das Geld vom Sparbuch holen.

213 Zum zweiten steht dem Vermieter nach § 559 ein **Pfandrecht an** den vom Mieter **eingebrachten Sachen** zu.[59] Dieses erstreckt sich allerdings nicht auf unpfändbare Sachen im Sinne des § 811 ZPO.

Der Vermieter kann dem Mieter also nicht den Radioapparat oder das Bett wegnehmen und diese versteigern lassen, wohl aber einen Diamantring. Hat der Mieter eine pfändbare Sache, wie z. B. eine Stereoanlage, unter Eigentumsvorbehalt erworben, bezieht sich das Pfandrecht lediglich auf das Anwartschaftsrecht.[60]

---

57 Eingehend MüKo-Voelskow §§ 535, 536 Rn 88ff.
58 OLG Stuttgart NJW 1982, 1160 = MDR 1982, 495
59 Zur Rechtsnatur des Pfandrechts s. unten Kap. 3 unter 3.4 (Rn 501 ff.)
60 BGH NJW 1965, 1475

Nach § 560 erlischt das Pfandrecht mit der Entfernung der Sachen vom Grundstück. Heimliches Wegbringen reicht jedoch nicht aus. Der Vermieter kann nach § 561 Abs. 1 die Entfernung notfalls mit Gewalt verhindern.[61] Einzelheiten können hier nicht dargestellt werden.[62] 214

2.4 Leistungsstörungen

Wird dem Mieter eine mangelhafte Sache übergeben, stehen ihm die Rechte nach §§ 537–542 zu. Dabei steht er sehr viel besser als ein Käufer. Im einzelnen gilt folgendes: 215

2.4.1 Die vier Rechte des Mieters bei mangelhafter Mietssache

(1) Da der Vermieter nach § 536 zur Verschaffung des «vertragsmäßigen Gebrauchs» verpflichtet ist, kann ihn der Mieter auf Beseitigung des Mangels in Anspruch nehmen. Man kann insoweit von **«Nachbesserung»** sprechen. Kommt der Vermieter damit in Verzug, darf der Mieter nach § 538 Abs. 2 den Mangel selbst beseitigen und Ersatz der erforderlichen Aufwendungen verlangen. 216

Beispiel: Die Wohnungstür hat kein funktionierendes Schloß. Sorgt der Vermieter nicht umgehend für Abhilfe, kann der Mieter den Schlosser holen und die Kosten dem Vermieter in Rechnung stellen.

(2) Solange der Mangel besteht, kann der Mieter nach § 537 den **Mietzins mindern**. Ist die vermietete Sache wegen des Mangels überhaupt nicht zu gebrauchen, entfällt seine Zahlungspflicht völlig. Auf der anderen Seite spielt eine «unerhebliche» Minderung der Tauglichkeit keine Rolle (§ 537 Abs. 1 Satz 2). Für die Berechnung der Minderung wird auf die kaufrechtlichen Bestimmungen der §§ 472, 473 verwiesen. Dabei bleibt allerdings die Schwierigkeit, daß es häufig keinen Markt für mangelhafte Mietobjekte gibt. 217

Beispiel: Das Treppengeländer ist kaputtgegangen, so daß Unfallgefahr besteht. Darf man die Miete um 10, um 20 oder um 50% mindern? Befinden sich in der Wohnung nur Erwachsene, werden sie sich darauf einstellen können; 20% dürften wohl ausreichen. Ist durch Bauarbeiten im Haus die Lärmentwicklung so groß, daß

61 Palandt-Putzo § 561 Rn 6

62 Zu gesetzlichen Pfandrechten s. noch unten Kap. 3 unter 3.4.1 (Rn 505)

tagsüber ein Aufenthalt für Nicht-Schwerhörige kaum mehr erträglich ist, würde man 50 % annehmen.[63]

218 Anders als im Kaufrecht (§ 465) bedarf es zur **Minderung** keiner Einigung mit dem Vermieter und keiner gerichtlichen Entscheidung; sie tritt **kraft Gesetzes** ein. Der Mieter kann sie ohne weiteres geltend machen, es bedarf insoweit keiner «gestaltenden Erklärung».

219 (3) Der Mieter kann weiter nach § 538 Abs. 1 **Schadensersatz** verlangen. Bestand der Mangel schon bei Vertragsabschluß, gilt dies auch dann, wenn den Vermieter kein Verschulden trifft. Erfaßt sind überdies auch sog. **Mangelfolgeschäden** wie z. B. gesundheitliche Beeinträchtigungen des Mieters und seiner Angehörigen.[64]

Ohne daß sich der Vermieter bei Vertragsabschluß dessen bewußt war, ist die Wohnung in unzulässiger Weise mit Asbest belastet. Führt dies bei einem Kind des Mieters zu Gesundheitsschäden, muß der Vermieter hierfür einstehen.[65]

220 (4) Der Mieter hat schließlich nach § 542 Abs. 1 Satz 1 ein **Recht zur fristlosen Kündigung**. Dieses kann allerdings erst ausgeübt werden, wenn der Vermieter eine ihm gesetzte angemessene Frist hat verstreichen lassen, es sei denn, die Vertragserfüllung hätte für den Mieter kein Interesse mehr.

Die «ruhige Ferienwohnung» liegt in der Einflugschneise eines Flughafens.

221 Die vier **Rechtsbehelfe** des Mieters stehen **nebeneinander**; dieser kann also z. B. Nachbesserung verlangen und bis zu deren Realisierung den Mietzins mindern. Auch schließt letzteres einen Schadensersatzanspruch nicht aus.

222 Dieselben Rechte bestehen auch dann, wenn der Mangel erst nach Vertragsabschluß und Übergabe entsteht. Eine Abweichung ergibt sich nur im Rahmen des § 538: Für **nachträglich eintretende Mängel** haftet der Vermieter nur dann auf Schadensersatz, wenn dieser auf einem Umstand beruht, den er zu vertreten hat.

---

63 Überblick zur Rechtsprechung bei Mutter ZMR 1995, 189
64 BGH NJW-RR 1991, 970; Esser-Weyers § 15 I 6 c; MüKo-Voelskow § 538 Rn 6
65 Zu den sog. Wohngiften s. MüKo-Voelskow § 537 Rn 5 a (Formaldehyd, schädliche Holzschutzmittel)

2.4.2 Verjährung und Anspruchskonkurrenz

Anders als der Käufer sieht sich der **Mieter keinen kurzen Verjährungsfristen ausgesetzt**. Lediglich die Aufwendungsersatzansprüche bei selbst vorgenommener oder in Auftrag gegebener Nachbesserung unterliegen der Sechsmonatsfrist des § 558.[66] Damit ist auch das Problem der **Konkurrenz mit Ansprüchen** aus culpa in contrahendo, positiver Vertragsverletzung und Delikt «entspannter» zu sehen; sie stehen neben den Ansprüchen nach §§ 537 ff. Selbst eine Anfechtung nach § 119 Abs. 2 seitens des Mieters wird von der Rechtsprechung akzeptiert.[67] 223

2.4.3 Gesetzlicher und vertraglicher Haftungsausschluß

§ 539 schließt die Haftung des Vermieters nach §§ 537, 538 aus, wenn der Mieter den **Mangel kannte** oder infolge grober Fahrlässigkeit nicht kannte; insoweit gelten die kaufrechtlichen Grundsätze entsprechend.[68] Wichtiger ist, daß § 545 den Mieter zur **Anzeige des Mangels** verpflichtet. Trägt er dem nicht Rechnung, geht er nach § 545 Abs. 2 seiner Rechte (mit Ausnahme der Befugnis zur Kündigung) verlustig und macht sich überdies selbst schadensersatzpflichtig. 224

Der Mieter hat den Vermieter nicht davon informiert, daß das seit langem morsche Treppengeländer zusammengebrochen ist. Ein Besucher kommt zu Schaden, wofür der Vermieter wegen Verletzung der Verkehrssicherungspflicht und ggfs. auch wegen Verletzung einer Schutzpflicht zugunsten Dritter einstehen muß. Wird er effektiv in Anspruch genommen, kann er den Schaden auf den Mieter abwälzen.

Die Haftung auf Schadensersatz nach § 538 Abs. 1 kann abbedungen werden, soweit ein Mangel nicht arglistig verschwiegen wird (§ 540). Bei der Wohnraummiete kann die Minderung nach § 537 Abs. 3 nicht ausgeschlossen werden. Finden AGB Anwendung, ist § 11 Nr. 7 AGBG zu beachten, wonach die Haftung für eine grob fahrlässige Verletzung vertraglicher Verpflichtungen nicht beseitigt werden kann. 225

66 BGH NJW 1974, 743
67 BGH WuM 1973, 238
68 Dazu oben Kap. 1 unter 4.2.6.1 (Rn 73 ff.)

2.4.4 Andere Leistungsstörungen

226 Gegenüber der Mängelhaftung sind andere Formen von Leistungsstörungen weniger bedeutsam. Wird die Sache überhaupt nicht zum Gebrauch überlassen, liegt ein Fall des **Verzuges** vor, der zum Schadensersatz verpflichtet. Bei absoluten Fixgeschäften[69] ist **Unmöglichkeit** gegeben.

Was geschieht, wenn das vermietete Haus «mit Seeblick» nur die Aussicht auf drei Tannen und die Wand des Nachbarhauses eröffnet? Kann der Vermieter geltend machen, die versprochene Leistung sei von Anfang an unmöglich gewesen und der Vertrag deshalb nach § 306 nichtig? Dies widerspräche der weitreichenden Einstandspflicht nach § 538; der Vertrag ist also gültig, und der Mieter kann mindern, kündigen usw. Anderes würde nur dann gelten, wenn die Sache überhaupt nicht existiert.[70]

227 Hat der **Mieter den Mangel verschuldet**, findet § 324 Abs. 1 entsprechende Anwendung.[71] Dies ist insbesondere dann der Fall, wenn er seiner sog. Obhutspflicht nicht nachgekommen ist.

Der Mieter darf während seines Winterurlaubs die Heizung nicht völlig abstellen. Macht er es dennoch und gefrieren Wasserleitungen, muß er den Schaden auf eigene Kosten beheben lassen; die Minderung nach § 537 tritt nicht ein.

228 Schließlich ist noch auf § 541 zu verweisen, wonach die für Sachmängel geltenden Vorschriften grundsätzlich auch im Falle von **Rechtsmängeln** Anwendung finden.

Das Haus gehört beispielsweise einer ganz anderen Person, die es vom Mieter herausverlangt. Nach § 538 Abs. 1 kann der Mieter auch dann Schadensersatz vom Vermieter verlangen, wenn dieser von der Existenz des Dritten gar nichts wußte.

---

69 Zum Begriff s. Bd. 1 Kap. 17 unter 2.1 (Rn 1494 ff.)
70 MüKo-Voelskow Vor §§ 537–543 Rn 5
71 Zu dieser Vorschrift s. oben Bd. 1 Kap. 17 (Rn 1513)

2.5 Aufwendungen des Vermieters und des Mieters

2.5.1 Die grundsätzliche Leistungspflicht des Vermieters

Geht an der vermieteten Sache etwas kaputt, hat der **Vermieter für Reparatur zu sorgen.** 229

Die Wasserspülung im Klo funktioniert nicht mehr, durch Steinwurf eines Unbekannten geht eine Fensterscheibe zu Bruch.

Dies ergibt sich aus § 536, wonach der Vermieter jederzeit den «vertragsgemäßen Gebrauch» zu sichern hat, sowie aus § 548, wonach Veränderungen oder Verschlechterungen der gemieteten Sache, die durch den «vertragsmäßigen Gebrauch» herbeigeführt werden, nicht zu Lasten des Mieters gehen.[72] Dies bedeutet, daß der Vermieter beispielsweise auch für die sog. **Schönheitsreparaturen** wie Streichen der Wände und Decken verantwortlich ist; ein Quasi-Gewohnheitsrecht, wonach nach einer Reihe von Jahren der Mieter zu entsprechenden Aktivitäten verpflichtet ist, besteht nicht.[73] Nach § 541 a ist der Mieter lediglich verpflichtet, die erforderlichen «Erhaltungsaufwendungen» durch den Vermieter zu dulden.

2.5.2 Vertragliche Abweichungen, insbes. bei Klein- und Schönheitsreparaturen

Von diesem gesetzlichen Leitbild wird häufig im Mietvertrag abgewi- 230
chen. Dabei ist zu unterscheiden.

– Handelt es sich um sog. **Kleinreparaturen** bis ca. 150 DM, so ist 231
nach der Rechtsprechung auch in Formularverträgen eine Abwälzung auf den Mieter möglich, sofern bestimmte Voraussetzungen erfüllt sind.[74] Notwendig ist insbesondere ein Höchstbetrag pro Reparatur (z. B. 130 DM) sowie pro Zeiteinheit (nicht mehr als 6% der Jahresbruttokaltmiete). Andernfalls könnte durch eine Häufung von Kleinreparaturen das Verhältnis von Leistung und Gegenleistung in unange-

72 Die Erhaltung der Mietssache in ordnungsgemäßem Zustand ist eine Hauptpflicht des Vermieters: BGH NJW 1985, 480

73 MüKo-Voelskow §§ 535, 536 Rn 103

74 BGH NJW 1989, 2247; BGH NJW 1991, 1750; BGH NJW 1992, 1759

messener Weise zu Lasten des Mieters verändert werden.[75] Unzulässig ist es weiter, den Mieter mit einem bestimmten Betrag an jeder Reparatur zu beteiligen und ihn auch dann zur Kasse zu bitten, wenn Sachen reparaturbedürftig werden, die – wie Leitungen – nur ausnahmsweise seinem Zugriff ausgesetzt sind.[76] Erst recht sind **Neuanschaffungen**, die eine Verbesserung und Modernisierung der Mietsache darstellen, allein Aufgabe des Vermieters.[77]

232 – Bei den sog. **Schönheitsreparaturen** läßt die Rechtsprechung dem Vermieter eher mehr Spielraum. Unter «Schönheitsreparaturen» versteht man dabei nicht irgendwelche Substanzverbesserungen, sondern allein Maßnahmen, die die normale Abnutzung beseitigen. Wenn nichts anderes vereinbart ist, geht es ausschließlich um Tapezieren und Anstreichen von Wänden, Decken, Heizkörpern, Fenstern und Innentüren.[78] Die **Erneuerung des Teppichbodens** oder gar das Versiegeln des Parketts gehören **nicht** dazu, doch kann im Einzelfall eine andere Abgrenzung getroffen werden. Wer selbst gerne mit Farben umgeht, hat keine Probleme; eine Klausel, wonach der Mieter die Arbeiten durch einen Fachhandwerker ausführen lassen muß, ist unwirksam.[79] Schönheitsreparaturen können für den Fall des Einzugs oder des Auszugs (nicht aber für beide Fälle!) vorgesehen werden. Für längerfristige Mietverträge besteht in der Regel ein sog. **Fristenplan**, wonach Schönheitsreparaturen innerhalb bestimmter Zeiträume durchzuführen sind.[80]

2.5.3 Modernisierung durch den Vermieter

233 Nach § 541 b Abs. 1 hat der **Mieter** grundsätzlich Modernisierungsmaßnahmen **zu dulden**.

Der Vermieter baut eine Zentralheizung oder eine Dusche ein, oder: Um Heizkosten zu sparen, erhalten die Fenster Isolierglas.

234 Dies gilt allerdings nicht, wenn dadurch für den Mieter oder seine Familie eine nicht zu rechtfertigende Härte entsteht. Dies ist etwa dann der Fall, wenn eigene Modernisierungsaufwendungen des Mieters

75 BGH NJW 1989, 2247, 2249
76 BGH NJW 1989, 2247, 2248
77 BGH NJW 1989, 2247, 2250
78 MüKo-Voelskow §§ 535, 536 Rn 102
79 OLG Stuttgart ZMR 1993, 513; MüKo-Voelskow §§ 535, 536 Rn 104
80 S. auch Palandt-Putzo § 536 Rn 12

sinnlos werden[81] oder wenn die durch die Modernisierung ermöglichte Mieterhöhung (§ 3 MHG) für den Mieter nicht zumutbar ist. Der zweite Einwand versagt allerdings dann, wenn die Wohnung lediglich in einen Zustand versetzt wird, wie er «allgemein üblich» ist. Letzteres wird dann angenommen, wenn in der betreffenden Region mindestens zwei Drittel der Wohnungen in entsprechender Weise (z. B. mit Bad und Zentralheizung) ausgestattet sind.[82]

Durch die Grundregel sollen «Luxussanierungen» auf Kosten des Mieters verhindert werden. Andernfalls bestünde die Gefahr, daß insbesondere Rentner «hinaussaniert» werden, weil sie die erhöhten Mieten nicht mehr bezahlen können.

Die Inanspruchnahme von Wohngeld ist grundsätzlich zumutbar und im Einzelfall zu berücksichtigen.

2.5.4 Verwendungen des Mieters

Hat der Mieter Verwendungen auf die Sache gemacht, z. B. ein kaput- 235
tes Fenster reparieren lassen, kann er nach näherer Maßgabe des § 547 vom Vermieter Ersatz verlangen. Nach § 547a Abs. 1 darf der **Mieter** eine **«Einrichtung»**, mit der er die Sache versehen hat, **wegnehmen**, was insbesondere beim Auszug in Betracht kommt.

Beispiele: Vorhangschienen, Antenne.

Nach § 547a Abs. 2 hat der Vermieter allerdings das Recht, die Weg- 236
nahme durch Zahlung einer angemessenen Entschädigung abzuwenden, es sei denn, der Mieter habe ein berechtigtes Interesse an der Wegnahme.

2.6 Kündigung des Mietverhältnisses

2.6.1 Kündigung durch den Mieter

Eher geringere Probleme ergeben sich, wenn der Mieter aus dem Miet- 237
verhältnis «herauswill». Die Voraussetzungen sind eher formaler Art. Die vom Mieter ausgehende Kündigung muß – genau wie die des Vermieters – nach § 564a Abs. 1 **schriftlich** erfolgen, womit klare Ver-

81 MüKo-Voelskow § 541b Rn 13
82 BGH NJW 1992, 1386, 1389

hältnisse geschaffen werden und der einzelne vor allzu spontanen Entschlüssen bewahrt wird.[83] Wird formlos gekündigt, dies jedoch vom Vermieter akzeptiert, so liegt darin ein stillschweigender Aufhebungsvertrag.

238 Der Mieter muß die **Fristen** des § 565 Abs. 2 wahren. Sie können eine beträchtliche Länge haben.

Nach § 565 Abs. 2 Satz 1 ist die Kündigung spätestens am 3. Werktag eines Kalendermonats für den Ablauf des übernächsten Monats zulässig. Anfang Mai kann man also auf den 31.7. kündigen. Nach fünf, acht und zehn Jahren seit der Überlassung des Wohnraums verlängert sich die Frist um jeweils drei Monate. Wer acht Jahre als Mieter in derselben Wohnung gewohnt hat, kann daher Anfang Mai frühestens zum 31.1. des Folgejahres kündigen.

Entscheidend ist die **Dauer der Überlassung**, nicht des Mietvertrags.[84] Fällt der dritte Werktag auf einen Sonnabend, so kann nach § 193 noch am folgenden Montag gekündigt werden.

239 Bei kurzfristiger Versetzung wird der Mieter häufig Probleme haben, die Kündigungsfrist einzuhalten. An sich gilt hier der Grundsatz «pacta sunt servanda», doch verstößt der Vermieter gegen Treu und Glauben, wenn er ohne sachlichen Grund einen **Nachmieter** ablehnt, der unter Übernahme der bisherigen Bedingungen (oder von Neuvermietungsbedingungen) zum sofortigen Einzug bereit wäre.

240 Ausnahmsweise kann der **Mieter fristlos kündigen**. Der Fall des § 542 wurde bereits angesprochen[85]; daneben steht die Generalklausel des § 554a, wonach eine außerordentliche Kündigung auch dann zulässig ist, wenn die andere Seite (hier: Vermieter) in solchem Maße ihre Verpflichtungen verletzt, daß dem einen Teil (hier: Mieter) die Fortsetzung des Mietverhältnisses nicht zugemutet werden kann.

Der Vermieter dringt mit Hilfe eines Nachschlüssels in die Wohnung ein[86]. Schwere Beleidigungen oder wiederholter ruhestörender Lärm sind ein weiteres Beispiel.

Auch ohne Verschulden ist ggfs. unter Heranziehung des Rechtsgedankens des § 626 eine fristlose Kündigung möglich.[87]

241 Hat der Vermieter den Grund für die außerordentliche Kündigung

83 Zum Sinn von Formerfordernissen s. Bd. 1 Kap. 12 unter 2.3.2 (Rn 808 ff.)
84 MüKo-Voelskow § 565 Rn 12
85 S. oben 2.4.1 (Rn 220)
86 AG Heidelberg WuM 1978, 69
87 Palandt-Putzo § 554a Rn 6

schuldhaft herbeigeführt, ist er zum **Schadensersatz**, z. B. zur Bezahlung der Umzugskosten, verpflichtet, doch ist auch ein etwaiges mitwirkendes Verschulden des Mieters zu berücksichtigen.[88]

2.6.2 Kündigung durch den Vermieter

2.6.2.1 Allgemeine Voraussetzungen

Auch der Vermieter muß die Schriftform des § 564a Abs. 1 wahren und nach Abs. 2 derselben Vorschrift überdies den Mieter darauf hinweisen, daß ihm ein Widerspruchsrecht nach § 556a zustehe. Hierin liegt eine Pflicht zur **«Rechtsmittelbelehrung»**, durch die sich der Vermieter in gewissem Umfang mit eigenen Interessen in Widerspruch setzen muß. Ähnliches findet man, wenn über das Widerrufsrecht nach dem HaustürWG und dem VerbrKrG belehrt werden muß[89]. Entsprechendes fehlt – bedauerlicherweise – im Arbeitsrecht.[90] Auch dort wäre es angebracht, den sozial Schwächeren schon vom Verfahren her besser als bisher in die Lage zu versetzen, seine Rechte wahrzunehmen. 242

Die oben[91] skizzierten **Kündigungsfristen** gelten auch für den Vermieter. Sie sind insoweit bei Wohnraum sogar **zwingend**; nach § 565 Abs. 2 Satz 3 ist eine vertragliche Verkürzung grundsätzlich ausgeschlossen. 243

M hat eine Wohnung gemietet; beim Einzug sagte der Vermieter, er könne «bis auf weiteres» drinbleiben. Dies ist der Sache nach ein gültiger Mietvertrag auf unbestimmte Zeit; die Formvorschrift des § 566 greift nicht ein. Am Montag, den 12. August 1996 will V kündigen. Für eine Kündigung zum Ende des übernächsten Monats (Oktober) ist es zu spät, sie hätte bis Montag, 5. 8. (der 3. ist ein Samstag!) ausgesprochen werden müssen. Es bleibt daher nur eine Kündigung zu Ende November.

2.6.2.2 Außerordentliche Kündigung durch den Vermieter

Bei bestimmten **Mietrückständen** kann der Vermieter nach § 554 fristlos kündigen, doch muß der Mieter zweimal hintereinander in 244

88 BGH NJW 1969, 1845
89 Dazu Bd. 1 Kap. 12 unter 2.5.1 (Rn 858ff.)
90 Däubler, Arbeitsrecht 2, S. 507; kritisch auch Becker-Rommelspacher ZRP 1976, 43
91 2.6.1 (Rn 238)

Verzug geraten sein und der offene Betrag mehr als eine Monatsmiete betragen. § 554 geht insoweit § 326 vor.[92] Geht das Geld noch ein, wird die Kündigung nachträglich unwirksam.[93] Dem Mieter ist im Interesse der Stabilität des Mietverhältnisses eine großzügigere «Nachfrist» als nach § 326 eingeräumt.

245 § 553 gibt dem Vermieter weiter ein Recht zur außerordentlichen Kündigung bei **vertragswidrigem Gebrauch** der Sache. Wie weit das Gebrauchsrecht des Mieters geht, ist bereits dargelegt worden[94]. Bei nicht ganz groben Verstößen muß zunächst eine **«Abmahnung»** erfolgen, d. h. der Mieter auf seinen Verstoß hingewiesen und für den Wiederholungsfall eine Kündigung angedroht werden.

Die Wohnung wird regelmäßig als konspirativer Treffpunkt für terroristische Aktivitäten benutzt. Als die Polizei dies aufdeckt, muß der Vermieter nicht erst «abmahnen». Auf der anderen Seite ist eine solche «Warnung» dann angemessen, wenn eine Nacht hindurch ruhestörender Lärm erzeugt wurde.

246 Neben diesen speziell auf Vermieterbedürfnisse zugeschnittenen Vorschriften kann auch auf die **Generalklausel des § 554a** zurückgegriffen werden. Erfaßt ist damit insbesondere die Verletzung von Nebenpflichten, die nicht unmittelbar den Gebrauch der Mietssache betreffen.

Der Vermieter wird verschiedentlich schwer beleidigt; der Hund wird nicht zurückgerufen, wenn er dem Vermieter ins Bein beißen will.

Daneben besteht auch hier die Möglichkeit eines Rückgriffs auf nichtverschuldete Umstände, die die Fortsetzung des Mietverhältnisses unzumutbar machen.[95]

247 Nach § 554b kann das Recht des Vermieters zur fristlosen Kündigung nicht im Mietvertrag über das gesetzlich vorgesehene Maß hinaus ausgedehnt werden. Eine Einschränkung ist demgegenüber zulässig.

---

92 MüKo-Voelskow § 554 Rn 2
93 Einzelheiten lassen sich dem Text des § 554 entnehmen
94 Dazu oben 2.2 (Rn 181 ff.)
95 MüKo-Voelskow § 554a Rn 5

2.6.2.3 Ordentliche Kündigung durch den Vermieter

Ob und in welchem Umfang der Vermieter ordentlich, d. h. unter Wahrung der Fristen des § 565 Abs. 2, kündigen kann, ist eine der am meisten diskutierten Fragen des Mietrechts. Zentrale Bestimmung ist heute **§ 564b**, während der «Sozialklausel» des § 556a eine eher ergänzende Funktion zukommt.[96] 248

(1) Die Generalklausel des § 564b Abs. 1

249 Die Kündigungsvorschrift des § 564b enthält in Abs. 1 eine Generalklausel: Der Vermieter kann nur kündigen, wenn er ein «berechtigtes Interesse» an der Beendigung des Mietverhältnisses hat. Abs. 2 nennt die bei weitem wichtigsten Kündigungsgründe «Vertragsverletzung», «Eigenbedarf» und «bessere Verwertung» als Beispiele.[97] Für die Generalklausel bleibt dabei nur noch wenig eigener Anwendungsbereich. Erwähnt wird etwa der Fall, daß von einer juristischen Person gemietet wird, die keinen «Eigenbedarf» haben kann, die jedoch öffentlich-rechtliche Verpflichtungen erfüllen muß.

Beispiel:[98] Die Gemeinde wird verpflichtet, eine bestimmte Zahl von Asylbewerbern unterzubringen und will deshalb einige Wohnungen «freikündigen». Einen besseren Beitrag zur Förderung von Ausländerfeindlichkeit gibt es im übrigen kaum...

(2) Kündigung wegen Vertragsverletzung

250 Die Kündigung wegen Pflichtverletzung (Abs. 2 Nr. 1) setzt voraus, daß seitens des Mieters schuldhaftes Verhalten vorliegt und die vertraglichen Pflichten «nicht unerheblich» verletzt wurden. Hauptfall ist ein vertragswidriger Gebrauch der Mietssache, der in seiner Intensität hinter den Gründen zurückbleibt, die eine außerordentliche Kündigung nach § 553 rechtfertigen können.

Beispiel: Ruhestörender Lärm bei Nacht oder Unterlassen der Heizung im Winter.

251 Entgegen verbreiteter Auffassung[99] ist im Regelfall eine vorherige **Abmahnung** notwendig;[100] dem Mieter muß die Möglichkeit gege-

96 MüKo-Voelskow §§ 556a–556c Rn 5
97 Zu dieser Struktur s. auch BVerfG NJW 1990, 309
98 AG Waldshut-Tiengen NJW 1990, 1091, 1092
99 OLG Oldenburg ZMR 1991, 427; Palandt-Putzo § 564b Rn 36
100 Differenzierend auch MüKo-Voelskow § 564b Rn 45

ben werden, in Zukunft sein Verhalten zu ändern. Nur bei bewußter Böswilligkeit oder bei sehr schweren Verstößen kann anderes gelten.

Beispiele:[101] Der Mieter versprüht wiederholt übelriechende «Fischpökelbrühe» vor der Wohnungstür seines Nachbarn und im Haus. Oder: Der Mieter hat zwei Gäste des Vermieters mit Fausthieben traktiert, weil «diese Typen» im Haus nichts zu suchen hätten.

Auch «schlechte Zahlungsmoral», die sich in wiederholter unpünktlicher Mietzahlung niederschlägt, wird als ausreichend angesehen, doch fehlt es am Verschulden, wenn dem Mieter effektiv keine ausreichenden Geldmittel zur Verfügung stehen.[102]

(3) Eigenbedarf

252 Eigenbedarf im Sinne des § 564 b Abs. 2 Nr. 2 kann sich auf den Wohnbedarf des **Vermieters** selbst wie **seiner Familienangehörigen** und der zu seinem «Hausstand» gehörenden Personen beziehen. Zu den Familienangehörigen gehören neben dem Ehegatten und den Kindern Geschwister sowie Schwiegereltern und Schwiegerkinder.[103] Schwager und Schwägerin sind nur erfaßt, wenn aufgrund eines engen persönlichen Kontakts eine moralische Verpflichtung anzunehmen ist, ihnen eine Wohnung zu verschaffen.[104] Zum «Hausstand» gehört auch eine Person, die man als Hausangestellte beschäftigen will.

Eigenbedarf besteht, wenn man ein Au-pair-Mädchen in der Wohnung (und nicht etwa in einer unbeheizten Dachkammer ohne sanitäre Einrichtungen) unterbringen möchte.[105]

253 Der **Vermieter entscheidet** grundsätzlich selbst, welchen **Lebensstil** er praktizieren will, ob er eine großzügig bemessene oder eine eher bescheidene Wohnung bevorzugt. Nach ständiger Rechtsprechung des BVerfG gewährt Art. 14 Abs. 1 GG dem Eigentümer das Recht, den in seinem Eigentum stehenden Gegenstand «entsprechend seiner eigenverantwortlichen Lebensgestaltung» so zu nutzen, wie er dies nach seinen Plänen für richtig hält.[106] Deshalb sei bei der Anwendung des § 564 b Abs. 2 Nr. 2 der **«eigene Nutzungswunsch» des Eigen-**

101 LG Köln WuM 1984, 55
102 MüKo-Voelskow § 564 b Rn 43; Palandt-Putzo § 564 b Rn 36
103 MüKo-Voelskow § 564 b Rn 56
104 OLG Oldenburg NJW-RR 1993, 526
105 So der Fall BVerfG NJW 1994, 994
106 BVerfG NJW 1995, 1480, 1481

tümers grundsätzlich zu achten. Gleichzeitig unterliegt jedoch nach einer neueren Entscheidung[107] auch die Rechtsstellung des Mieters dem Schutz des Art. 14 Abs. 1 GG: Zwischen beiden Grundrechtssphären muß daher ein Ausgleich geschaffen werden. Ohne daß das BVerfG dies irgendwie beanstandet hätte, wird allerdings § 564b Abs. 2 Nr. 2 in einer Weise gehandhabt, die dem **Vermieter** ein **«großes»** und dem **Mieter** ein **«kleines» Eigentumsrecht** zumißt.

Daß Grundrechte durchaus unterschiedlichen Inhalt haben, je nachdem, von wem sie geltend gemacht werden, ist eine auch in anderen Zusammenhängen verbreitete Erscheinung. Die Wissenschaftsfreiheit der Professoren ist nach der Rechtsprechung des Bundesverfassungsgerichts[108] «stärker» als die entsprechenden Grundrechte der wissenschaftlichen Mitarbeiter und der Studenten. Ähnliches gilt für das Verhältnis zwischen Verleger und angestellten Redakteuren. Ein wenig bösartig könnte man sagen: Alle Menschen haben gleiche Grundrechte, aber einige sind eben noch gleicher...

Der vom Vermieter definierte Wohnbedarf für sich und seine (privile- 254
gierten) Angehörigen muß sich auf **«vernünftige und nachvollziehbare Gründe»** stützen können.[109] Der einfache Wille, eine bestimmte Wohnung zu benutzen, reicht nicht aus.[110] Dies bedeutet, daß der Vermieter den Wunsch plausibel machen muß, die fragliche Wohnung zu nutzen; bestehen Zweifel an der Ernsthaftigkeit dieser Absicht, ist notfalls im gerichtlichen Verfahren Beweis zu erheben.[111]

Der Eigentümer will eine größere Wohnung, um seine Puppensammlung nicht mehr einlagern zu müssen, sondern sie interessierten Besuchern zeigen zu können. Dies konstituiert Eigenbedarf[112], doch kann der Mieter selbstredend geltend machen, der Vermieter habe gar keine Puppensammlung oder diese durch einen langfristigen Vertrag einem Museum überlassen[113].

Neben der **«Ernstlichkeit»** des Eigenbedarfs[114] prüft die Rechtspre- 255
chung, ob es sich um einen **«überzogenen Wunsch»** handelt, ob der geltend gemachte Raumbedarf mißbräuchlich ist. In der Regel respektiert man dabei den Wunsch des Eigentümers und nimmt nur in Ex-

107 BVerfG NJW 1993, 2035
108 Dazu insbesondere Derleder WuM 1993, 514ff.
109 Vgl. insbes. die den Eigentumscharakter der Rechtsstellung des Mieters anerkennende Entscheidung oben Fn 107
110 BGHZ 103, 91, bestätigt durch BVerfG NJW 1989, 3007
111 BGH NJW 1988, 904
112 Ebenso BVerfG NJW 1989, 3007
113 BVerfG NJW 1993, 2165
114 BVerfG NJW 1994, 994

tremfällen einer ans Sinnlose grenzenden Nutzung eine Ausnahme vor.

Kein überhöhter und damit mißbräuchlicher Wohnbedarf liegt vor, wenn ein Ehepaar statt einer Wohnung von 100 qm eine solche mit 150 qm beziehen will;[115] der angeführte Kinderwunsch muß dabei allerdings auch nach längerer Zeit nicht durch einen Schwangerschaftsnachweis belegt werden.[116]

256 Überzogener Wohnbedarf wurde lediglich angenommen, wenn eine Vierzimmerwohnung für die studierende und alleinlebende Tochter freigemacht werden soll.[117] Dasselbe gilt etwa dann, wenn der auf Dauer im Ausland lebende Eigentümer eine größere Wohnung im Inland deshalb freikündigt, um dort einige Tage im Jahr verbringen zu können.[118]

257 Kein anzuerkennender Eigenbedarf liegt weiter dann vor, wenn dem **Vermieter** eine **gleichwertige freie Wohnung** zur Verfügung steht; der Bedarf muß «ohne wesentliche Abstriche» auch dort verwirklicht werden können.[119] Dies ist nicht der Fall, wenn sie beispielsweise nicht den baurechtlichen Vorschriften entspricht.

Die freie Dachgeschoßwohnung ist nur 2,12 m hoch; außerdem wird die Höhe durch freistehende Balken weiter reduziert.[120]

258 Kommt eine **freie Wohnung** zwar nicht für den Vermieter, wohl aber für den Mieter in Betracht, ist sie diesem grundsätzlich **anzubieten**.[121] Allerdings gilt dies nicht, wenn es sich um ein gewerblich genutztes Objekt handelt[122] oder wenn – was durchaus problematisch ist – der Vermieter entschieden hat, die andere Wohnung nicht dem freien Wohnungsmarkt zur Verfügung zu stellen.[123]

259 Ein **Rechtsmißbrauch** liegt schließlich dann vor, wenn der **Eigenbedarf schon bei Vertragsschluß** besteht oder absehbar ist; der Vermieter handelt widersprüchlich, wenn er sich später darauf beruft.[124]

---

115 BVerfG NJW 1994, 995
116 BVerfG NJW 1995, 1481
117 LG Frankfurt / Main NJW 1990, 3277, bestätigt durch BVerfG NJW 1990, 3249
118 Derleder WuM 1993, 522; Marginaler Eigenbedarf
119 BVerfG NJW 1991, 158; s. weiter BVerfG NJW 1991, 2273/74
120 BVerfG NJW 1989, 972
121 OLG Karlsruhe NJW-RR 1993, 660
122 BVerfG NJW 1990, 309
123 BVerfG NJW 1994, 435, 436
124 BVerfG NJW 1989, 970, 972

Beispiel: Schon bei Abschluß des Mietvertrags steht fest, daß der Sohn in einem halben Jahr von einem Studienaufenthalt in den USA zurückkehren und die Wohnung benötigen wird.

Was geschieht, wenn der **Vermieter mehrere vermietete Wohnungen** hat, die gleichermaßen seinem Wohnbedarf entsprechen? Nach herrschender Auffassung kann er sich den Mieter frei aussuchen, dem er kündigen will.[125] Dies leuchtet wenig ein; wer über die Rechtsstellung anderer verfügen kann, sollte zur Rücksichtnahme verpflichtet sein. 260

Von den sechs Mietsparteien wird das Ehepaar mit drei Kindern gekündigt, während die anderen Wohnungen nur von kinderlosen Personen bewohnt werden. Auch hätte niemand Verständnis dafür, wenn man gerade die ältesten Mieter kündigen würde, die auf die Achtzig zugehen.

Im Arbeitsrecht wird insoweit nach § 1 Abs. 3 KSchG eine Auswahl nach sozialen Gesichtspunkten getroffen; warum sie hier nicht möglich sein soll, ist nicht erkennbar.

(4) Angemessene wirtschaftliche Verwertung

Dritter möglicher Kündigungsgrund ist nach § 564b Abs. 2 Nr. 3 261
das Fehlen einer «angemessenen wirtschaftlichen Verwertung» für den Fall, daß das Mietverhältnis fortgesetzt wird. Vorausgesetzt ist weiter, daß der Vermieter dadurch erhebliche Nachteile erleidet. Wichtigster Fall der «angemessenen wirtschaftlichen Verwertung» ist der **Verkauf**, der durch den Fortbestand des Mietverhältnisses **ggfs. unmöglich** gemacht wird.[126] Dabei reicht es allerdings noch nicht aus, daß bei einer Veräußerung in vermietetem Zustand ein erheblich geringeres Entgelt als bei leerstehendem erzielt werden kann.[127]

Die Eigentumswohnung kann – solange vermietet – zum Preis von 145 200 DM veräußert werden; in unvermietetem Zustand würde sie 205 000 DM (also rund 40 %) mehr bringen. Da auch der erstgenannte Preis noch einen Gewinn erbracht hätte, wurde ein Kündigungsgrund abgelehnt.[128]

---

125 S. die Nachweise bei MüKo-Voelskow § 564b Rn 51 Fn 83

126 BVerfG NJW 1989, 972, 973

127 BVerfG NJW 1992, 361, 362

128 S. Fn 127. Anders im Fall BVerfG NJW 1991, 3271, wo der Verkauf praktisch sinnlos war

Die Verwertung kann auch in einer Nutzung zu gewerblichen Zwekken liegen, sofern diese nicht durch ein Zweckentfremdungsverbot von vornherein ausgeschlossen ist.[129]

262 **Kein** ausreichender **Grund** ist die Möglichkeit, durch anderweitige Vermietung als Wohnraum eine **höhere Miete** zu erzielen; andernfalls wären die Grenzen des MHG[130] leicht mit Hilfe von Kündigungen zu umgehen.

2.6.2.4 Verwandlung in Eigentumswohnung

263 Sonderregeln bestehen für den Fall, daß eine Wohnung nachträglich in eine Eigentumswohnung umgewandelt wird.

Der Eigentümer besitzt ein Wohnhaus mit insgesamt acht Wohnungen. Durch Teilungserklärung gegenüber dem Grundbuchamt (§ 8 WEG) kann er daraus acht verschiedene ihm zustehende Eigentumswohnungen machen. Werden diese nun veräußert, droht seitens der jeweiligen Erwerber eine Kündigung wegen Eigenbedarfs.

264 Das Gesetz hat hier in § 564b Abs. 2 Nr. 2 Satz 2 und in Nr. 3 Satz 2 eine Kompromißregelung getroffen: Die Berufung auf Eigenbedarf ist drei Jahre seit der Veräußerung der Eigentumswohnung nicht möglich. In bestimmten Gebieten, die durch die Landesregierungen bestimmt werden, beträgt die Frist fünf Jahre. Durch das sog. **Sozialklauselgesetz** vom 20. 4. 1993[131] kann durch Verordnung in bestimmten, durch besondere Engpässe auf dem Wohnungsmarkt gekennzeichneten Gebieten die **Frist auf 10 Jahre verlängert** werden. Die Fünf- und Zehnjahresfrist gilt auch für den Fall, daß der Erwerber einer Eigentumswohnung geltend macht, der Mietvertrag stehe einer angemessenen wirtschaftlichen Verwertung im Wege.

2.6.2.5 Widerspruch wegen Härte

265 Kann nach den Bestimmungen des § 564b Abs. 1 und Abs. 2 gekündigt werden, so kann sich der Mieter nur noch darauf berufen, der Auszug stelle für ihn eine nicht hinzunehmende Härte dar (§ 556a). Als Beispiel nennt § 556a Abs. 1 Satz 2 den Fall, daß angemessener Ersatzwohnraum zu zumutbaren Bedingungen nicht beschafft werden kann.

---

129 Palandt-Putzo § 564b Rn 55
130 Dazu oben 2.3.2 (Rn 202ff.)
131 Abgedruckt bei Palandt-Putzo § 564b Rn 5

Gleichzustellen ist der Fall, daß ein **Umzug** als solcher **unzumutbar** ist, beispielsweise wegen des Alters oder des Gesundheitszustands des Mieters. Unzumutbar kann es auch sein, nur noch für beschränkte Zeit (bis zu einem sowieso geplanten Wegzug) eine andere Wohnung zu mieten oder auf Verwendungen zu verzichten, die man auf die Wohnung gemacht hat.[132]

Ist es eine Härte, wenn ein Brieftaubenzüchter wegen seines Hobbys schwerlich eine andere Wohnung finden kann? OLG Karlsruhe:[133] Nein. Insoweit muß die «freie Lebensgestaltung» zurückstehen. Auch hier ist das Mietereigentum ersichtlich das kleinere.

Will der Mieter das Vorliegen einer «Härte» geltend machen, muß er 266
der Kündigung **schriftlich widersprechen** (§ 556a Abs. 5 Satz 1). Ist er bei der Kündigung über das Widerspruchsrecht belehrt worden (was § 564a Abs. 2 als Sollvorschrift bestimmt), so muß er den Widerspruch spätestens zwei Monate vor der Beendigung des Mietverhältnisses dem Vermieter gegenüber erklären. Unterblieb ein entsprechender Hinweis, ist der Widerspruch noch im ersten Termin eines gerichtlichen Räumungsverfahrens zulässig. Führt der Widerspruch nicht zu einer freiwilligen Einigung zwischen Vermieter und Mieter, so entscheidet das Gericht über die Fortführung des Mietverhältnisses. Dabei kann auch eine **Fortsetzung auf unbestimmte Zeit** angeordnet werden.[134] Fallen allerdings die Umstände weg, die die Härte begründet haben, kann der Vermieter erneut kündigen.

2.6.2.6 Verbot der Teilkündigung

Nach allgemeiner Auffassung ist der Vermieter nicht berechtigt, nur 267
einen Teil des Mietvertrags zu kündigen.[135]

Vermietet ist Wohnung mit Garage. Eine separate Kündigung der «Garagenmiete» ist nicht möglich, und zwar auch dann nicht, wenn der Vermieter dort seinen Zweitwagen unterstellen will.

Das BVerfG hat diese Einschränkung der Vermieterbefugnisse als **verfassungskonform** anerkannt.[136] Dahinter steht die Erwägung,

132 Überblick über die Rechtsprechung bei MüKo-Voelskow §§ 556a–556c Rn 17ff.
133 NJW 1991, 1182
134 MüKo-Voelskow §§ 566a–556c Rn 34
135 MüKo-Voelskow § 564 Rn 20; Palandt-Putzo § 564 Rn 11
136 BVerfG NJW 1994, 308

daß jeder Vertrag dem Anspruch nach ein gewisses Maß an innerer Ausgewogenheit besitzt, das durch Herausbrechen eines Teils gestört würde.

Will sich der Vermieter im obengenannten Beispiel schützen, muß er je einen separaten Mietvertrag über die Wohnung und die Garage abschließen.

268 Anders als das Arbeitsrecht[137] kennt das Mietrecht grundsätzlich auch keine Änderungskündigung: § 1 Satz 1 MHG verbietet sie – wie bereits ausgeführt – für Zwecke der Mieterhöhung. Will der Vermieter lediglich die Bedingungen des Gebrauchs verändern, z. B. eine **neue Hausordnung** einführen, fehlt es an einem Kündigungsgrund nach § 564b.

2.6.3 Befristete und bedingte Mietverträge

269 Der Kündigungsschutz des Mieters könnte unschwer ausgehebelt werden, hätte es der Vermieter in der Hand, den Mietvertrag auf ein oder zwei Jahre zu befristen, um dann aus einer Position der Stärke heraus über die Fortsetzung des Mietvertrags und die neue Miethöhe zu verhandeln. § 564c verbietet zwar befristete Mietverträge nicht, doch hat der Mieter das Recht, spätestens zwei Monate vor der vereinbarten Beendigung des Mietverhältnisses die **Fortsetzung auf unbestimmte Zeit** zu verlangen. Dabei muß er die Schriftform wahren. Der Vermieter kann die «**Verlängerung**» nur dann verweigern, wenn ihm ein Kündigungsgrund im Sinne des § 564b zur Seite steht. Auch in diesem Fall steht dem Mieter als letzter Rettungsanker die «Sozialklausel» zur Verfügung; § 556b verweist insoweit auf § 556a.

270 Was geschieht, wenn der Mieter die **Zweimonatsfrist** schuldlos **versäumt**, weil beispielsweise sein Schreiben den Vermieter nicht erreicht hat? Nach herrschender Auffassung ist die Frist damit endgültig versäumt; anders als im gerichtlichen Verfahren gibt es keine «Wiedereinsetzung in den vorigen Stand»[138] Es bleibt nur die Berufung auf einen Härtefall nach § 556b. Dies überzeugt nicht. Nachdem auch die Rechtsstellung des Mieters der verfassungsrechtlichen Eigentumsgarantie des Art. 14 Abs. 1 GG unterstellt wird[139], darf die Ausübung einzelner Befugnisse, insbesondere die Verteidigung des Rechts als sol-

137 S. Däubler, Arbeitsrecht 2, unter 8.5.4

138 MüKo-Voelskow § 564c Rn 11 mwN. Zur Wiedereinsetzung s. § 233 ZPO

139 S. oben Fn 107

chem, nicht an unangemessenen Ausgestaltungen des Verfahrens scheitern.[140] Dies bedeutet, daß nach schuldloser Versäumung der Frist das **Verlängerungsersuchen nachgeholt** werden kann, sobald der Mieter von dem Sachverhalt Kenntnis hat.[141]

Haben die Vertragsparteien vereinbart, daß sich der befristete Mietvertrag automatisch verlängert, wenn er nicht gekündigt wird (sog. **Verlängerungsklausel**), so wird er wie ein unbefristeter Mietvertrag behandelt: Die Kündigung muß über den unmittelbaren Wortlaut des § 565 a Abs. 1 hinaus den allgemeinen Voraussetzungen entsprechen, insbesondere nach § 564 b Abs. 1 oder 2 zulässig sein.[142] 271

Nach § 565 a Abs. 2 macht auch eine **auflösende Bedingung** den Kündigungsschutz nicht gegenstandslos: Bei ihrem Eintritt ist nicht etwa der Mietvertrag hinfällig, sondern gilt als auf unbestimmte Zeit verlängert. 272

Beispiel: Der Mietvertrag soll enden, sobald die Mitgliedschaft in einer Wohnungsbaugenossenschaft aufgegeben wird.

2.6.4 Vom Kündigungsschutz ausgenommene Mietverhältnisse

§ 564 b Abs. 7 enthält einen Katalog von Mietverhältnissen, die nicht oder nur marginal dem Kündigungsschutz unterliegen. 273

2.6.4.1 Wohnraum zu vorübergehendem Gebrauch

Nach Nr. 1 gilt dies für «Wohnraum, der zu nur vorübergehendem Gebrauch vermietet ist». 274

Man mietet sich «für die Zeit der Messe» in einem Privatquartier ein, ein Gastprofessor mietet für ein Jahr ein Zwei-Zimmer-Appartement.

---

140 Ebenso BVerfGE 37, 132 für das Vermietereigentum

141 Genauso wird im übrigen mit Rücksicht auf Art. 6 Abs. 4 GG bei der Versäumung der Zweiwochenfrist nach § 9 Abs. 1 MuSchG verfahren: BVerfG DB 1980, 402, bestätigt durch BVerfG BB 1983, 443. Zur Erklärung: Wird eine schwangere Arbeitnehmerin gekündigt, so kann sie den weitreichenden Kündigungsschutz nach § 9 Abs. 1 MuSchG nur dann in Anspruch nehmen, wenn sie dem Arbeitgeber spätestens zwei Wochen nach Zugang der Kündigung ihren Zustand mitteilt

142 LG Köln NJW-RR 1990, 520; MüKo-Voelskow § 565 a Rn 7; Palandt-Putzo § 565 a Rn 6

«Vorübergehend» ist ein Gebrauch dann **nicht mehr**, wenn die Wohnung für eine nicht genau absehbare Zeit Lebensmittelpunkt des einzelnen wird.[143]

Mietet ein Student ein Zimmer für ein Semester, ist Abs. 7 Nr. 1 erfüllt, nicht aber, wenn es für die Dauer des Studiums gemietet wird.[144]

275 Wichtig ist, daß die Vermietung «zu vorübergehendem Gebrauch» nicht dazu benutzt werden darf, den Schutz befristeter Mietverträge nach § 564 c zu unterlaufen. Auch eine **Zweitwohnung** unterliegt deshalb dem normalen Kündigungsschutz, wenn sie nicht nur für einen kürzeren Zeitraum gemietet ist. Werden zwei befristete Mietverträge hintereinander geschaltet (sog. **Kettenmietvertrag**), ist mehr als nur vorübergehender Gebrauch beabsichtigt.[145]

276 Nach § 556a Abs. 8 findet auch die Sozialklausel im Falle der Nr. 1 keine Anwendung.

2.6.4.2 Wohnraum in der Wohnung des Vermieters

277 Die praktisch wohl wichtigste Ausnahme vom Kündigungsschutz enthält § 564 b Abs. 7 Nr. 2. Danach gilt er nicht für «Wohnraum, der Teil der vom Vermieter selbst bewohnten Wohnung ist und **den der Vermieter** ganz oder überwiegend **mit Einrichtungsgegenständen auszustatten** hat». Erfaßt ist damit z. B. das möblierte Zimmer des Studenten in der Wohnung des Vermieters, doch soll es auch reichen, wenn das Zimmer außerhalb der eigentlichen Wohnung liegt, Küche oder Bad jedoch mitbenutzt werden.[146] Eine «überwiegende» Möblierung durch den Vermieter liegt dann vor, wenn er die für die übliche Einrichtung wesentlichen Gegenstände bereitstellt; bringt der Mieter einen einzelnen wertvollen Gegenstand mit, ändert sich daran nichts.[147]

Was geschieht, wenn der Mieter das Mobiliar des Vermieters gar nicht schätzt und es durch eigenes ersetzt? Erklärt sich der Vermieter damit ausdrücklich oder konkludent einverstanden (indem er etwa seine Möbelstücke in die Sperrmüllabfuhr gibt), liegt eine stillschweigende Vertragsänderung vor; das nunmehr gemietete «möblierte Zimmer» fällt unter den Kündigungsschutz.

143 MüKo-Voelskow § 564 b Rn 17
144 MüKo-Voelskow § 564 b Rn 28, zustimmend Palandt-Putzo § 564 b Rn 17
145 OLG Frankfurt MDR 1991, 253; Palandt-Putzo § 564 b Rn 17
146 MüKo-Voelskow § 564 b Rn 23
147 MüKo-Voelskow § 564 b Rn 22

Die Ausnahme des § 564b Abs. 7 Nr. 2 kennt eine Gegenausnahme (und damit eine Rückkehr zur Regel): Ist der möblierte Wohnraum **zum dauernden Gebrauch für eine Familie** überlassen, greifen die allgemeinen Regeln ein. Als Familie ist auch ein kinderloses Ehepaar sowie eine **nichteheliche Lebensgemeinschaft** anzusehen; letzteres war lange Zeit zweifelhaft, doch legt die Rechtsprechung zu § 549 Abs. 2[148] sowie zu § 569a[149] nunmehr einen solchen Schluß zwingend nahe.[150] 278

Was geschieht, wenn der Mieter eines möblierten Wohnraumes einen Familienangehörigen aufnimmt? Geschieht dies mit Zustimmung des Vermieters, beginnt von diesem Augenblick an der Kündigungsschutz; fehlt es daran, läge eine unzulässige einseitige Vertragsänderung vor (gewissermaßen ein «Erschleichen» des Kündigungsschutzes), das keine rechtliche Anerkennung findet.[151]

Auch im Falle des § 564b Abs. 7 Nr. 2 greift die Sozialklausel des § 556a nicht ein. 279

2.6.4.3 Studenten- oder Jugendwohnheim

Kein Kündigungsschutz besteht weiter bei «Wohnraum, der Teil eines Studenten- oder Jugendwohnheims ist» (§ 564b Abs. 7 Nr. 3). Ob es sich dabei um öffentlich geförderten Wohnraum oder ein reines Privatgebäude handelt, ist ohne Bedeutung. Die Vorschrift gilt nur für Studenten und Jugendliche, da insoweit eine Art **Rotationsprinzip** ermöglicht werden soll. Allerdings schließt § 556a Abs. 8 für diesen Fall die Sozialklausel nicht aus, so daß im Einzelfall wegen **Vorliegens einer Härte** eine **Vertragsverlängerung** erreichbar ist. 280

Die Studentin wohnt mit ihrem Kleinkind im Wohnheim; sie hätte enorme Schwierigkeiten, zu einem für sie tragbaren Preis einen vergleichbaren Wohnraum zu erhalten.

Nicht erfaßt sind die im Heim wohnenden «Betreuungspersonen» wie z. B. Reinigungspersonal, Hausmeister oder Sozialarbeiter, die dem normalen Kündigungsschutz unterliegen.[152] 281

148 S. oben 2.2.5 (Rn 189ff.)

149 S. unten Kap. 23 unter 2.3 (Rn 1899ff.)

150 S. auch MüKo-Voelskow § 564b Rn 24 Fn 32, der mit Rücksicht auf die Rechtsprechung zu § 569a seine bisherige – ablehnende – Auffassung aufgeben will

151 MüKo-Voelskow § 564b Rn 26

152 MüKo-Voelskow § 564b Rn 29

2.6.4.4 Ferienwohnungen

282 Kein Kündigungsschutz besteht nach § 564 b Abs. 7 Nr. 4 bei Wohnraum in Ferienhäusern und Ferienwohnungen in **Ferienhausgebieten**, wenn dieser vor dem 1. Juni 1995 dem Mieter überlassen wurde. Grundgedanke ist, die zeitweilige Überlassung von Ferienwohnungen (z. B. für Asylbewerber) zu ermöglichen, weil die Vermieter nicht befürchten müssen, auf Dauer ein besetztes Feriendomizil vorzufinden.

Ist die Wohnung zum vorübergehenden Gebrauch überlassen, greift schon die Ausnahme nach Nr. 1 ein, doch ist das Vorliegen dieser Voraussetzung etwa bei Asylbewerbern höchst zweifelhaft.

Der Vermieter muß den Mieter bei Vertragsschluß auf die Zweckbestimmung des Wohnraums und die Ausnahme vom Kündigungsschutz hinweisen.

2.6.4.5 Unterbringung in Erfüllung staatlicher Aufgaben

283 Eine ähnliche Ausnahme enthält schließlich § 564 b Abs. 7 Nr. 5 für den Fall, daß eine juristische Person des öffentlichen Rechts, wie z. B. eine Gemeinde, im Rahmen der ihr durch Gesetz zugewiesenen Aufgaben einen Wohnraum anmietet, «um ihn Personen mit dringendem Wohnungsbedarf oder in Ausbildung befindlichen Personen zu überlassen». Auch hier muß der Vorgang vor dem 1. Juni 1995 liegen und der Mieter bei Vertragsschluß auf die Besonderheiten hingewiesen werden.

284 Bei Nr. 4 wie bei Nr. 5 findet die Sozialklausel nach § 556 a Abs. 8 keine Anwendung.

2.6.5 Wohnung im Zweifamilienhaus

285 Einen gewissermaßen «verdünnten» Kündigungsschutz enthält § 564 b Abs. 4. Liegt die vermietete Wohnung in einem vom Vermieter selbst bewohnten Gebäude mit nicht mehr als zwei Wohnungen, so ist eine Kündigung auch ohne besondere Gründe möglich. Allerdings verlängert sich die Kündigungsfrist in diesem Fall um drei Monate.

Im Dachgeschoß des Einfamilienhauses befindet sich eine Einliegerwohnung, die an ein Studentenehepaar vermietet wird. Kündigung möglich, auch wenn kein Eigenbedarf und keine Vertragsverletzung vorliegt. Angesichts des engen Zusammenlebens läßt sich – so die gängige Begründung – nur schwer aufklären, wer für auftretende persönliche Spannungen verantwortlich ist. Allerdings fragt man sich wiederum, wo der von Art. 14 Abs. 1 GG verbürgte Schutz des Mieters bleibt...

Ebenso wird der Fall behandelt, daß **Wohnraum in der Wohnung des Vermieters** gemietet wird und dieser entweder vom Mieter möbliert oder von einer Familie bewohnt wird. 286

Die Berufung auf die Sozialklausel des § 556a bleibt in beiden Fällen erhalten. 287

Was geschieht, wenn zwei Bungalows, die ein und derselben Person gehören, nebeneinandergebaut sind und der eine vom Eigentümer, der andere von einem Mieter bewohnt wird? Sind beide zusammen ein «Wohngebäude mit nicht mehr als zwei Wohnungen» im Sinne des § 564b Abs. 4? In der Literatur wird der Standpunkt vertreten, es mache nichts aus, ob die Wohnungen übereinander oder nebeneinander liegen[153]. M. E. ist auf die Häufigkeit persönlicher Kontakte und die Möglichkeit von Störungen abzustellen. Bei separaten Eingängen sieht man sich nicht häufiger als unter Nachbarn.

2.6.6 Vermietung auf Zeit

Als «Ausnahmesektor» ist schließlich § 564c Abs. 2 zu nennen. Danach sind befristete Mietverhältnisse ohne erzwingbare Verlängerung möglich, wenn sie nicht für mehr als fünf Jahre eingegangen sind und wenn der Vermieter **nach Ablauf der Mietzeit** die Räume entweder für **Eigenbedarf** nutzt oder in zulässiger Weise beseitigen oder so umbauen will, daß die Maßnahmen durch eine Fortsetzung des Mietverhältnisses erheblich erschwert wären. 288

Während eines einjährigen Auslandsaufenthalts vermietet der Eigentümer seine Wohnung für ein Jahr. Oder: Der Abriß steht in zwei Jahren bevor, bis zu diesem Zeitpunkt erfolgt eine Vermietung.

In allen Fällen ist notwendig, daß der Vermieter dem Mieter seine Absicht bei Vertragsschluß schriftlich mitgeteilt hat.

Liegen die Voraussetzungen des § 564c vor, kann auch keine Verlängerung unter Härtegesichtspunkten nach § 556b verlangt werden. 289

Gleichgestellt sind Werkswohnungen.[154]

---

153 MüKo-Voelskow § 564b Rn 32

154 § 564c Abs. 2 Nr. 2c; zu diesen s. die speziellen Kündigungsvorschriften der

2.6.7 Kündigungsfristen

290 Ergänzend sei noch darauf hingewiesen, daß bei anderen als befristeten Mietverhältnissen auch in den Ausnahmesektoren die Fristen des § 565 gelten. § 565 Abs. 3 nimmt jedoch den **möblierten Wohnraum in der Wohnung des Vermieters** aus, soweit er nicht zum dauernden Gebrauch für eine Familie überlassen ist. Hier können beide Seiten spätestens am 15. eines Monats für den Ablauf dieses Monats kündigen.

Der ein möbliertes Zimmer in der Wohnung des Vermieters bewohnende Student kann deshalb am 15. 2. zum 28. 2. gekündigt werden. Ab 16. 2. ist die Kündigung nur noch zum 31. 3. möglich.

2.6.8 Verbleiben in der Wohnung trotz beendeten Mietvertrags

291 Ist der Mietvertrag wirksam gekündigt, einvernehmlich aufgehoben oder auf andere Weise beendet, ist die Mietsache nach § 556 Abs. 1 zurückzugeben. Verzögert der Mieter die Rückgabe, weil er beispielsweise noch keinen anderen Wohnraum gefunden hat, so stehen dem Vermieter die Rechte auf § 557 zu. Danach kann er als Entschädigung die **Weiterzahlung der vereinbarten Miete oder** – nach seiner Wahl – die **ortsübliche Miete** für vergleichbare Räume verlangen.

Kann der Mieter nach § 537 den Mietzins mindern, wenn nunmehr Mängel auftreten? Dies ist wohl zu verneinen, da den Vermieter keine Pflicht mehr trifft, die Wohnung in vertragsgemäßem Zustand zu halten.

292 Nach § 557 Abs. 2 kann der **Vermieter** auch **Schadensersatz** verlangen, allerdings nur, wenn der Mieter die unterbliebene Rückgabe zu vertreten hat; außerdem muß der Ersatz den Umständen nach der Billigkeit entsprechen.

Der Mieter ist zum 31. 3. gekündigt worden, bleibt jedoch in der Wohnung. Unterstellt, er habe bisher 600 DM bezahlt, während die ortsübliche Miete 800 DM beträgt, so kann der Vermieter nunmehr 800 DM verlangen. Ob er auch als Schadensersatz 900 DM verlangen könnte, weil er einen Mietinteressenten präsentieren kann, der diesen (nicht über der «Wesentlichkeitsgrenze» liegenden) Betrag[155] bezahlt

§§ 565b–565e. Dazu und zum Mitbestimmungsrecht des Betriebsrats s. Däubler-Schiek, Anmerkung zu BAG AP Nr. 7 und 8 zu § 87 BetrVG 1972 Werkswohnungen

155 Dazu oben 2.3.1.1 (Rn 195)

hätte, hängt davon ab, ob der Mieter sich um eine neue Wohnung bemüht hat oder nicht. Im letzteren Fall wären gegen die 900 DM nichts einzuwenden.

Der Schadensersatzanspruch besteht nicht, wenn dem Mieter vom Gericht eine **Räumungsfrist** nach § 721 oder § 794 a ZPO gewährt wird. Diese richtet sich nach den persönlichen Umständen des Mieters und der Verfügbarkeit von Ersatzraum. 293

Neben den Ansprüchen aus § 557 stehen solche aus ungerechtfertigter Bereicherung und aus den §§ 987 ff.[156] 294

Die Rückerstattung von Mietvorauszahlungen regelt § 557 a.

2.7 Untermietverhältnis

Wird nicht vom Eigentümer, sondern vom (Haupt-)Mieter gemietet, liegt ein sog. Untermietverhältnis vor. Dieses unterliegt entgegen verbreiteter Einschätzung in der Bevölkerung denselben Grundsätzen **wie ein normales Mietverhältnis**.[156a] Allerdings bestehen zwei Besonderheiten, die zu der Vorstellung von der relativen «Rechtlosigkeit» des Untermieters geführt haben. 295

Zum einen liegt **besonders oft** der **Tatbestand des § 564 b Abs. 7 Nr. 2** (möbliertes Zimmer in der Wohnung des Vermieters) vor. Daß hier der Kündigungsschutz nicht eingreift und auch verkürzte Kündigungsfristen gelten, ist bereits ausgeführt worden. 296

Zum zweiten ist die **Rechtsstellung des Untermieters von der des Mieters** abhängig. Geht diese z. B. durch berechtigte Kündigung des Eigentümers verloren, hat der Untermieter kein «Recht zum Besitz» mehr und muß deshalb die Mietsache nach § 556 Abs. 3 dem Eigentümer herausgeben. Gegebenenfalls hat er Ersatzansprüche gegen seinen Vermieter, wenn dieser die Auflösung des Vertrags mit dem Eigentümer schuldhaft herbeigeführt hat. 297

Einen Sonderfall regelt § 549 a. Ist der Mieter ein Unternehmen, das die Wohnung gewerblich an Dritte weitervermietet und wird der Mietvertrag aufgelöst, so tritt der Vermieter automatisch in die Rechtsbeziehungen mit den «Untermietern» ein. Damit ist der Tatsache Rechnung getragen, daß der **«gewerbliche Zwischenmieter»** kein 298

---

156 BGHZ 44, 241; MüKo-Voelskow § 557 Rn 19; Palandt-Putzo § 557 Rn 17, 18

156 a Wird die notwendige Zustimmung des Vermieters nicht eingeholt, liegt pVV vor, doch hat der Eigentümer keinen Anspruch auf Herausgabe der Zahlungen des Untermieters: BGH JuS 1996, 648

Mieter im eigentlichen Sinne, sondern nur eine (oft aus steuerlichen Gründen eingeschaltete) Vermittlungsperson ist. Vor Erlaß dieser erst seit 1993 geltenden Bestimmung hatte das BVerfG in gleichem Sinne entschieden.[157]

2.8 Veräußerung der Mietssache

299 Wird das Hausgrundstück oder die Eigentumswohnung an einen Dritten veräußert, so tritt dieser automatisch als neuer Vermieter in den Mietvertrag ein: Nach § 571 Abs. 1 gilt der Grundsatz **«Kauf bricht nicht Miete»**. Es handelt sich dabei um einen gesetzlich geregelten Fall eines Vertragsübergangs[158], woraus folgt, daß dem Mieter alle bisherigen Rechte einschließlich seines Kündigungsschutzes bleiben. Eine Relativierung tritt nur dadurch ein, daß beim Erwerber möglicherweise eher der Kündigungsgrund des Eigenbedarfs vorliegen wird.

3 Geschäftsraummiete, Miete beweglicher Sachen, Pacht, Leihe

300 Mietverträge, die sich nicht auf Wohnraum beziehen, werden im Grundsatz gleichfalls von den §§ 535 ff. erfaßt. Allerdings sind die Bestandsschutzregeln und andere Vorschriften zugunsten des Mieters sehr viel schwächer ausgeprägt. Im Einzelfall ist immer sorgfältig zu prüfen, auf welche Art von «Mietobjekt» sich eine Vorschrift bezieht.

301 Wer **Geschäftsräume** mietet (Laden, Büro, auch Anwaltspraxis), genießt zwar keinen Kündigungsschutz nach § 564 b, besitzt jedoch kraft Gesetzes nach § 565 Abs. 1 a eine **verlängerte Kündigungsfrist**: Der Vermieter muß spätestens am 3. Werktag eines Quartals bis zum Ende des folgenden Quartals kündigen.

Beispiel: Am 4. Januar (der 1. ist kein Werktag!) kann noch zum 30. 6. gekündigt werden. Am 5. 1. ist es zu spät; hier ist eine Kündigung lediglich zum 30. 9. möglich.

157 BVerfG JZ 1992, 98 ff.; BGH JZ 1992, 101; dazu Schüren JZ 1992, 79
158 Dazu näher Bd. 1 Kap. 19 unter 4.5 (Rn 1727 ff.)

Das «freie Spiel der Marktkräfte» führt hier dazu, daß die Mieten außerordentlich hoch sind – nur wenn es nicht mehr «realistisch» ist, durch einen Mieterwechsel einen noch höheren Preis erzielen zu können, wird der Vermieter von seinem Kündigungsrecht keinen Gebrauch machen.

Bewegliche Sachen können gleichfalls vermietet werden; auf den praktisch sehr wichtigen Sonderfall des Leasing ist im folgenden[159] einzugehen. Auch hier bleiben – genau wie bei der Geschäftsraummiete, aber in Abweichung vom Leasing – Gewährleistungsrechte nach den §§ 537ff. bestehen.[160] 302

Der **Pachtvertrag** kann hier nicht im einzelnen dargestellt werden. Praktische Bedeutung hat er insbesondere in der Landwirtschaft sowie bei der Unternehmenspacht.[161] 303

Bei der **Leihe** nach §§ 598ff. stellt sich häufig die Frage nach der Abgrenzung zur reinen Gefälligkeit. Ein wichtiges Indiz für eine vertragliche Bindung stellt es dar, wenn der «Entleiher» die Sache nicht jederzeit und aus beliebigem Anlaß an den Verleiher zurückgeben muß.[162] Da der **Verleiher** eine **unentgeltliche Leistung** erbringt, wird er ähnlich wie der Schenker **mit Samthandschuhen angefaßt**: Nach § 599 haftet er nur für Vorsatz und grobe Fahrlässigkeit, seine Mängelhaftung beschränkt sich auf den Fall der Arglist. Anders der Entleiher: Kommt die Sache durch sein Verschulden zu Schaden, muß er auch für leichte Fahrlässigkeit einstehen. 304

Der Entleiher eines Kraftfahrzeugs verursacht leicht fahrlässig einen Verkehrsunfall, bei dem ein Sachschaden von 3000 DM am Fahrzeug entsteht. Dies muß er dem Verleiher aus pVV erstatten.

Was geschieht, wenn Freund F den Wagen nur für zwei Tage entliehen hat, ihn aber abredewidrig vier Tage lang behält und es am vierten Tage zu einem Unfall kommt, an dem ihn kein Verschulden trifft? Die pflichtwidrige späte Rückgabe ist ursächlich für den Schaden; hätte F sich korrekt verhalten, wäre es nicht zu dem Unfall gekommen.[163] Er haftet deshalb auf Schadensersatz.[164]

---

159 Unten 4 (Rn 305ff.)

160 Zu diesen s. oben 2.4.1 (Rn 216ff.). Zum Sonderfall der Verzinsung einer Kaution bei der Geschäftsraummiete s. bereits Bd. 1 Kap. 12 unter 2.6.2.2 (Rn 871)

161 Weitere Anwendungsfälle sind aufgezählt bei Palandt-Putzo Einf. Vor 581 Rn 10ff. Zur begrifflichen Abgrenzung von der Miete s. bereits oben 1 (Rn 166)

162 Zum Gefälligkeitsverhältnis s. Bd. 1 Kap. 8 unter 4 (Rn 547ff.)

163 Palandt-Putzo Einf. Vor § 598 Rn 7

164 Vgl. BGHZ 37, 310

4 Leasing

4.1 Wichtigste Erscheinungsformen und praktische Bedeutung

305 In weitem Umfang ist es heute üblich, Gebrauchsgegenstände, aber auch Grundstücke nicht zu kaufen, sondern zu «leasen». Typisch ist dabei die folgende Gestaltung: Der Gebrauchsinteressent (**«Leasingnehmer»** genannt) «least» von einem anderen, dem sog. **Leasinggeber**, zum Beispiel ein Kraftfahrzeug oder eine EDV-Anlage.[165] Das geleaste Objekt wird beim Hersteller (oder bei einem Händler) ausgesucht, der es dem Leasinggeber verkauft und übereignet. Der Leasingnehmer ist zur **Zahlung der Leasingraten** (gewissermaßen ein «Mietzins») verpflichtet. Sie sind so berechnet, daß während der festgelegten Laufzeit des Vertrages (bei beweglichen Sachen drei bis sieben Jahre, bei Grundstücken bis zu 30 Jahren) alle Kosten des Leasinggebers sowie sein Gewinn «amortisiert», d. h. abgegolten sind. Wirtschaftlich gesehen hat der Leasinggeber die Funktion, die Sache zu beschaffen und insbesondere ihren Gebrauch vorzufinanzieren.[166] Von daher ist er kein typischer Vermieter, weshalb es sich der Leasingnehmer gefallen lassen muß, daß er in puncto **Sachmängelhaftung und Preisgefahr wie** ein **Käufer** (und damit schlechter als ein Mieter) behandelt wird.[167]

306 Der hier skizzierte Leasingvertrag wird auch **«Finanzierungsleasing»** genannt. Davon zu unterscheiden ist das sog. **Operatingleasing,** das eine sehr viel kürzere Laufzeit hat und nur einen Teil der Aufwendungen des Leasinggebers amortisieren soll.[168] Möglich ist auch ein sog. **Herstellerleasing**, bei dem der Hersteller selbst die Funktion des Leasinggebers einnimmt. Hier fehlt die sonst so typische «Dreiecksbeziehung» Händler–Leasinggeber–Leasingnehmer.

307 Schließlich gibt es «sale and lease back»-Verträge: Man verkauft und übereignet eine Sache, least sie jedoch sofort wieder zurück. Im folgenden wird das in der Praxis dominierende Finanzierungsleasing im Vordergrund stehen.

---

165 S. etwa den Sachverhalt in BGHZ 112, 279 = NJW 1991, 102 (Ferrari) oder in BGH NJW 1990, 1785 (EDV-Anlage)

166 Vgl. BGH NJW 1990, 1785, 1788

167 BGH NJW 1977, 195, 196

168 S. etwa den Fall BGH NJW 1990, 1785, 1788

308

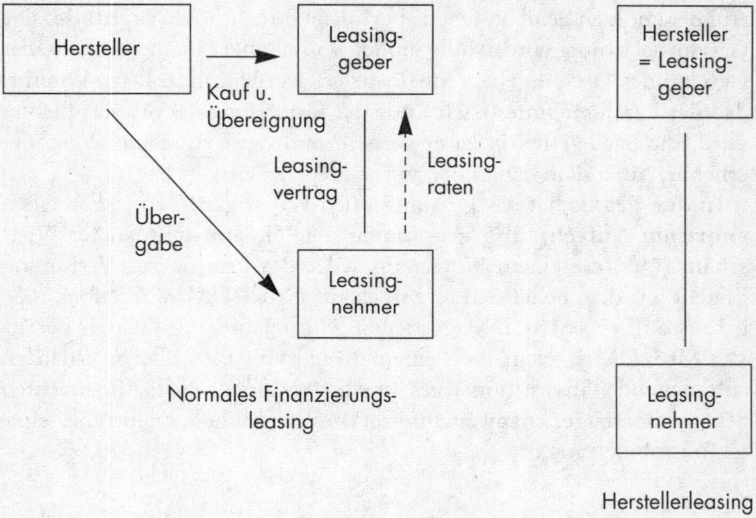

Das Leasing hat für den Leasingnehmer auf der einen Seite beträcht- 309
liche **Vorteile**: Er braucht nur sehr geringe liquide Mittel, um in den Besitz einer wertvollen Sache zu kommen. Anders als beim Kauf auf Raten hat er als Gewerbetreibender beträchtliche **Steuervorteile**, da er die gesamten Leasingraten als «Betriebsausgabe» vom steuerpflichtigen Einkommen absetzen kann.

Beim Kauf auf Raten könnte er dies nur für den Teil der einzelnen Rate, der dem Zins für die gestundete Zahlung entspricht.[169]

Bei Privatleuten spielt dies allerdings keine Rolle.

Bei **zeitlich beschränktem Bedarf** läßt sich überdies ein «maßge- 310
schneiderter» Vertrag schaffen, der den Leasingnehmer von der Sorge befreit, bei wegfallendem Bedarf die Sache anderweitig veräußern zu müssen.

Man benötigt einen Gegenstand, der eine normale Lebenszeit von acht Jahren hat, in voraussehbarer Weise nur für zwei Jahre.

---

169 Einzelheiten bei MüKo-Habersack, Leasing, Rn 15

311 Auf der anderen Seite bestehen aber auch beträchtliche **Nachteile**: Die Gesamtbelastung wird häufig höher sein als bei einem Kauf, da der Gewinn des Leasinggebers mitfinanziert werden muß. Dazu kommt, daß der Leasingnehmer nach Ende der festen Laufzeit oft verpflichtet wird, die Sache effektiv zu erwerben, und zwar zu einem Preis, der erheblich über dem dann noch vorhandenen Zeitwert liegt.

312 **In der Praxis** hat das Leasing in den vergangenen 20 Jahren einen **enormen Aufschwung** genommen. Die Gesamtsumme aller Wirtschaftsgüter, die einem Nutzer im Wege des Leasing zur Verfügung gestellt wurden, belief sich 1972 noch auf 3 Mrd. DM, war jedoch 1989 bereits auf 35,5 Mrd. DM gestiegen.[170] Im Jahre 1992 waren bereits 57,7 Mrd. DM erreicht, was einem Anteil von 16% aller in Bilanzen auftauchenden Investitionen entsprach.[171] Mehr als die Hälfte machten Straßenfahrzeuge, knapp ein Fünftel Büromaschinen, knapp ein Zehntel Immobilien aus.[172]

4.2 Anwendung der Regeln über den Mietvertrag?

313 Die Frage, ob der Leasingvertrag als Mietvertrag zu qualifizieren ist, hat erhebliche praktische Bedeutung. Bejaht man sie, sind nicht nur die zwingenden Normen des Mietrechts anzuwenden; vielmehr greift dieses auch dann ein, wenn die Vertragsparteien Lücken gelassen haben. Die in der Praxis wichtigste Funktion liegt darin, Kontrollmaßstab für die Überprüfung von AGB zu sein: § 9 Abs. 2 Nr. 1 AGBG nimmt eine unangemessene Benachteiligung im Zweifel dann an, wenn eine AGB-Bestimmung «mit wesentlichen Grundgedanken der gesetzlichen Regelung, von der abgewichen wird», nicht zu vereinbaren ist. Läge kein Mietvertrag vor, müßte nach § 9 Abs. 2 Nr. 2 auf die «Natur des Vertrages» abgestellt werden, über den die Parteien in weitem Umfang disponieren können.[173]

314 Der **BGH** behandelt den Leasingvertrag **grundsätzlich** nach **Mietrecht**, macht jedoch dann eine Ausnahme, wenn der typische Gehalt des Leasingvertrags in einem bestimmten Sachgebiet von der des Miet-

170 Angaben nach MüKo-Habersack, Leasing, Rn 2

171 S. Fn 170

172 S. Fn 170

173 Zur Inhaltskontrolle von Verträgen nach § 9 AGBG s. Bd. 1 Kap. 15 unter 4.4 (Rn 1404 ff.)

vertrags abweicht; in diesen Fällen kommt es auf eine sachgerechte Bewertung der von den Parteien typischerweise verfolgten Interessen an.[174]

Beispiel: Nach § 542 könnte der Mieter fristlos kündigen, wenn ihm der Gebrauch der Sache z. B. durch einen Dritten entzogen wird. Der Amortisationszweck des Leasingvertrags wäre nicht mehr erreichbar. Deshalb kann in AGB von § 542 abgewichen werden.

Man spricht insoweit von einem **atypischen Mietvertrag**. § 3 Abs. 2 Nr. 1 **VerbrKrG** erwähnt ausdrücklich **«Finanzierungsleasingverträge»** und nimmt sie aus einigen Bestimmungen des VerbrKrG aus. Dies läßt den Schluß zu, daß die übrigen Vorschriften dieses Gesetzes Anwendung finden, soweit der Leasingnehmer ein Verbraucher (und nicht ein Unternehmer oder ein Freiberufler) ist.[175]

Beim Operatingleasing liegt ein gewöhnlicher Mietvertrag vor[176], 315
ebenso beim Herstellerleasing.

4.3 Behandlung von Leistungsstörungen

Vorbemerkung: Die folgenden Ausführungen sind ein bißchen schwierig zu lesen, weil sie eine Menge voraussetzen. Es kann sinnvoll sein, zunächst Kap. 17 in Band 1 über «Leistungsstörungen» sowie Abschnitt 4. von Kap. 1 über die Sachmängelhaftung beim Kauf nochmals durchzuschauen.

Da Leasinggeber praktisch nur Kaufleute sind, werden AGB zugrunde 316
gelegt, die sich in der Regel (in zulässiger, aber oft auch in unzulässiger Weise) vom Mietrecht entfernen. Eine Reihe wichtiger «Störungsfälle» soll hier dargestellt werden; im übrigen ist auf die Spezialliteratur zu verweisen.[177]

Beim häufigsten Fall des Finanzierungsleasings sind – wie dargestellt 317
– der Kaufvertrag zwischen Hersteller und Leasinggeber sowie der Leasingvertrag zwischen Leasinggeber und Leasingnehmer zu unterscheiden. In der Regel erfolgt die **Bezahlung des Kaufpreises durch**

174 BGH NJW 1990, 3016, 3017

175 Zum Verbraucherbegriff s. Bd. 1 Kap. 12 unter 2.5.1.1 (Rn 858) sowie Palandt-Putzo § 1 VerbrKrG Rn 4

176 MüKo-Habersack, Leasing, Rn 4

177 S. etwa von Westphalen, Der Leasingvertrag, 4. Aufl., 1992; Larenz-Canaris, Schuldrecht, Bd. II/2 § 66; Martinek, Moderne Vertragstypen, Bd. I, München 1991

den Leasinggeber an den Hersteller oder Händler erst dann, wenn der Leasingnehmer die Auslieferung bestätigt hat.[178] Gibt dieser voreilig eine entsprechende Erklärung ab, macht er sich ggfs. dem Leasinggeber gegenüber schadensersatzpflichtig.[179]

318 Bei den Verhandlungen zwischen Leasingnehmer und **Hersteller** ist letzterer in der Regel **Erfüllungsgehilfe** des Leasinggebers.[180] Umgekehrt repräsentiert der Leasingnehmer den Leasinggeber, soweit es um die Abnahmeverpflichtung aus Kaufvertrag geht.[181]

Der Hersteller hat den Leasingnehmer nicht ausreichend über das Funktionieren der geleasten EDV-Anlage aufgeklärt, so daß ein Schaden entsteht. Diesen kann der Leasingnehmer nach § 278 (auch) dem Leasinggeber gegenüber geltend machen.

4.3.1 Insbesondere: Haftung bei Sachmängeln

319 Bei Sachmängeln wäre der Leasingnehmer nach den §§ 537, 538 an sich sehr gut gestellt; insbesondere könnte er jederzeit Beseitigung auftretender Mängel verlangen. In AGB wird dies deshalb typischerweise abbedungen; dem Leasingnehmer werden «im Austausch» die Sachmängelansprüche aus dem Kaufvertrag abgetreten, die der Leasinggeber gegen den Hersteller hat[182]. Mit Rücksicht darauf, daß der Leasinggeber primär nur vorfinanziert, wird eine solche Schlechterstellung des Leasingnehmers auch dann akzeptiert, wenn sie in AGB enthalten ist.

Dies gilt allerdings dann nicht, wenn der **Hersteller zahlungsunfähig** wird, so daß Wandelung und Schadensersatz leerlaufen; in diesen Fällen trägt der Leasinggeber das Risiko.[183]

320 Macht der Leasingnehmer nach §§ 462, 465 die **Wandelung** gerichtlich geltend, **fällt** die **Geschäftsgrundlage für den Leasingvertrag weg**; ein «Vollzug» der Wandelung durch Einverständnis des Herstellers oder rechtskräftiges Urteil ist nicht erforderlich.[184] Der vom Leasinggeber bezahlte Kaufpreis ist an diesen (nicht an den wandelnden

---

178 MüKo-Habersack, Leasing, Rn 39

179 Vgl. BGH NJW 1988, 204

180 BGH NJW 1985, 2258

181 BGHZ 90, 303

182 Die Gewährleistungsansprüche des Leasinggebers gegen den Hersteller können im Einzelfall hinter dem sonst in AGB üblichen Niveau zurückbleiben, weil beide Seiten Kaufleute und deshalb die §§ 10, 11 AGBG nicht anwendbar sind.

183 BGH NJW 1990, 314

184 BGHZ 109, 139

Leasingnehmer!) zurückzuerstatten. Dafür erhält der Leasingnehmer die bereits bezahlten Leasingraten zurück.

Beispiel: Der geleaste Pkw ist mangelhaft. Der Leasingnehmer klagt auf Wandelung und Rückgewähr des Kaufpreises an den Leasinggeber. Dieser muß ihm die gezahlten Leasingraten zurückerstatten, doch können die bereits in Anspruch genommenen Gebrauchsvorteile (der Leasingnehmer ist z. B. sechs Wochen mit dem Fahrzeug gefahren) in Abzug gebracht werden.

Hat der Leasinggeber den Anspruch auf die Leasingraten an den Hersteller abgetreten (weil er z. B. selbst nicht über genügend Barmittel zur vollen Bezahlung des Kaufpreises verfügte), so kann der **Leasingnehmer** seine **Rechte aus §§ 459 ff.** gegen den Hersteller auch **einredeweise** geltend machen, und zwar selbst dann, wenn diese wegen der kurzen Frist des § 477 bereits verjährt sind (§ 478).[185] Verlangt der Leasingnehmer Schadensersatz wegen Nichterfüllung, führt dies gleichfalls zum Wegfall der Geschäftsgrundlage für den Leasingvertrag. 321

4.3.2 Beschädigung des Leasinggegenstandes

Weitere Besonderheiten ergeben sich dann, wenn der Leasinggegenstand während der Zeit des Gebrauchs beschädigt wird oder abhanden kommt. **In AGB** wird das **Risiko** eines solchen Ereignisses normalerweise dem **Leasingnehmer aufgebürdet**, was keine grundsätzlichen Bedenken erweckt:[186] Die Sache befindet sich in seinem Risikobereich, so daß dieselbe Konstellation wie bei § 446 vorliegt.[187] Aus dieser Parallele ergeben sich allerdings gleichzeitig auch die **Grenzen** für entsprechende Abmachungen: Kommt die Sache bei der Lieferung und Montage oder **im Rahmen von Nachbesserungsarbeiten** durch den Hersteller zu Schaden, darf dies nicht zu Lasten des Leasingnehmers gehen.[188] 322

Weiter verlangt die Rechtsprechung, daß dem Leasingnehmer bei Untergang oder wesentlicher Verschlechterung der Sache ein «kurzfristiges Kündigungsrecht» eingeräumt wird.[189] Wird dies bei AGB nicht beachtet, finden die mietrechtlichen Bestimmungen der §§ 537 ff. Anwendung. 323

---

185 BGH NJW 1985, 796
186 BGH NJW 1995, 1541, 1545
187 MüKo-Habersack, Leasing, Rn 61
188 BGHZ 94, 44; MüKo-Habersack, Leasing, Rn 62
189 BGH NJW 1987, 377, bestätigt durch BGH NJW-RR 1991, 280, 281

324 Ist ein **Dritter** für den Schaden **verantwortlich**, so ergibt sich eine eigenartige Konstellation. Dem Leasinggeber als Eigentümer ist kein Schaden entstanden, da er die Leasingraten weiter erhält.[190] Der Leasingnehmer kann lediglich die Wiederbeschaffung z. B. eines vergleichbaren Fahrzeugs verlangen, nicht aber Ersatz für die weiterzuzahlenden Leasingraten, da diese – ähnlich wie dies bei einem Kauf auf Raten wäre – ohne Rücksicht auf den Unfall geschuldet sind. Dies ist dann fragwürdig, wenn der Leasingnehmer gar nicht mehr an einem Ersatzfahrzeug interessiert ist[191].

Durch den Unfall ist das Leasingfahrzeug schwer beschädigt worden. Der Leasingnehmer hat dabei einen Schock erlitten, der es ihm unmöglich macht, sich in Zukunft noch ans Steuer zu setzen. Hier sollten m. E. die Regeln über die Schadensliquidation im Drittinteresse Anwendung finden; der Leasinggeber sollte ähnlich wie im Fall des § 446 dem Leasingnehmer seinen (formalen) Anspruch gegen den Dritten abtreten.[192]

4.3.3 Verzug des Leasingnehmers

325 Gerät der Leasingnehmer mit der Zahlung der Leasingraten in Verzug, macht er sich dem Leasinggeber gegenüber nach § 286 Abs. 1 schadensersatzpflichtig. Kündigt dieser entsprechend § 326 oder in Ausnutzung einer AGB-Klausel, so ist dies nicht zu beanstanden. In AGB darf jedoch nicht vorgesehen werden, daß die Sache zurückgenommen wird, gleichwohl jedoch alle weiteren Leasingraten zu bezahlen sind.[193] Der Leasingnehmer hätte sonst ein Übermaß an Nachteilen zu tragen: Obwohl er den Gegenstand nicht mehr nutzen könnte, müßte er gleichzeitig alle vertraglichen Pflichten erfüllen. Bei Verbrauchern vermeidet § 13 Abs. 3 VerbrKrG ein solches Ergebnis dadurch, daß die **Rücknahme der Sache** durch den Kreditgeber (= Leasinggeber) **als Rücktritt vom Vertrag** gilt.

326 Verlangt der Leasinggeber nach § 326 **Schadensersatz wegen Nichterfüllung**, so muß er eine Abzinsung der Leasingraten[194] hin-

---

190 BGH NJW-RR 1991, 280, 281. Dies gilt auch bei einer Kündigung durch den Leasingnehmer. Dazu sogleich im Text

191 BGH NJW 1992, 553

192 Zur Schadensliquidation im Drittinteresse s. unten Kap. 12 unter 5 (Rn 1348ff.)

193 BGHZ 71, 196 = NJW 1978, 1432

194 «Abzinsung» bedeutet, daß der Betrag geschuldet ist, den man benötigt, um bei einer bestimmten Verzinsung (z. B. von 6%) die Leasingraten zu erhalten. Ist z. B. in 12 Monaten eine Rate von 5300 DM fällig, so sind jetzt nur 5000 DM zu bezahlen, da sie bei 6% Zinsen innerhalb eines Jahres auf 5300 DM anwachsen.

nehmen und sich von seinem Schaden auch den Betrag abziehen lassen, um den der Wert des vorzeitig zurückgegebenen Gegenstands über dem sog. Restwert liegt, den die Sache im Zeitpunkt des vorgesehenen Vertragsendes gehabt hätte.[195] Die gleiche Situation ergibt sich dann, wenn der Leasingnehmer von einem ihm eingeräumten Kündigungsrecht Gebrauch macht.

Um das Risiko in Grenzen zu halten, empfiehlt sich dringend der Abschluß einer **Kaskoversicherung**.[196] Die Ausgleichszahlung ist sogar dann fällig, wenn sie in den AGB gar nicht ausdrücklich vorgesehen ist.[197] 327

4.3.4 Nichtrückgabe

Wird die Sache nach Ablauf der vorgesehenen Vertragszeit nicht zurückgegeben, findet § 557 Abs. 1 Anwendung, so daß weiterhin die vereinbarten Leasingraten zu bezahlen sind.[198] 328

5 Das Darlehen

Zum Gebrauch überlassen kann man auch eine bestimmte Summe Geldes oder eine bestimmte Anzahl vertretbarer Sachen. «Gebrauch» bedeutet in diesem Fall, daß der Empfänger Inhaber der übertragenen wirtschaftlichen Werte wird, diese jedoch irgendwann zurückerstatten muß. § 607 Abs. 1 nennt diesen Vertragstyp «Darlehen», wobei in der Praxis die Überlassung von Geld absolut im Vordergrund steht. 329

Das **Darlehen** ist ein rechtlicher **Sonderfall des Kredits**. Dieser muß nicht darin bestehen, daß man eine bestimmte Summe ausgezahlt erhält, sondern liegt beispielsweise auch dann vor, wenn man einen Kaufpreis nicht sofort, sondern erst in drei Monaten («Zahlungsziel») bezahlen muß. Charakteristikum für Kredite aller Art ist, daß eine Seite eine Vorleistung erbringt.[199] 330

195 BGH NJW 1995, 1541, 1543
196 Zur Abtretung der Ansprüche aus der Kaskoversicherung an den Leasinggeber s. BGH NJW 1992, 683
197 BGH NJW 1985, 2253; BGH NJW 1986, 1335
198 MüKo-Habersack, Leasing, Rn 27
199 Palandt-Putzo Einf. Vor § 607 Rn 5. Ähnlich die Definition in § 1 Abs. 2 VerbrKrG

331 Die praktisch wichtigsten Fälle sind Darlehen, die Privatleuten zum Erwerb von Konsumgütern oder zum Bau eines Eigenheims sowie solche, die Gewerbetreibenden im Rahmen ihrer Aktivitäten gewährt werden.

Beispiel: Häuslebauer H will ein Grundstück kaufen und darauf mit Hilfe einiger Freunde in Eigenarbeit ein Wohnhaus errichten. Er geht zur Kreissparkasse und erhält ein Darlehen über 100000 DM, um den Kaufpreis für das Grundstück sowie das Baumaterial bezahlen zu können.

Die Firma F hat Außenstände in Millionenhöhe, kann jedoch – weil ihre Schuldner nicht leisten – ihre eigenen Verpflichtungen nicht erfüllen, insbesondere die fälligen Löhne und Gehälter nicht bezahlen. Die «Hausbank» B gewährt ihr deshalb ein Darlehen in Höhe von 1 Mio. DM, um der Firma so aus ihrem Liquiditätsengpaß herauszuhelfen. Sie läßt sich dafür einen Teil der Außenstände zur Sicherheit abtreten. In der Praxis wählt man hier häufig einen sog. Kontokorrentkredit: Die F kann ihr laufendes Konto bei B («Kontokorrent») bis zur Höhe von 1 Mio. DM überziehen und muß dafür den vereinbarten Zinssatz bezahlen. Dies ist flexibler als die sofortige Gewährung eines Darlehens über 1 Mio. DM, das vom Auszahlungszeitpunkt an auch in vollem Umfang verzinst werden müßte.

5.1 Der Abschluß des Darlehensvertrags

5.1.1 Die rechtliche Konstruktion

332 Nach dem Wortlaut des § 607 Abs. 1 liegt es nahe, von einem «Darlehen» erst dann zu sprechen, wenn die in Frage stehende Summe ausbezahlt ist. In Anlehnung an das römische Recht spricht man insoweit von **«Realvertrag»** (weil für das Zustandekommen des Vertrages eine reale Wertbewegung stattgefunden haben muß). Auch der BGH neigt dieser Auffassung zu.[200] Vor der Auszahlung liegt dabei lediglich ein «Vorvertrag»[201] vor, der einen Anspruch auf Auszahlung des vereinbarten Betrages gewährt. Statt dessen kann man schon die Absprache als solche als «Darlehensvertrag» definieren; wie bei anderen Verträgen kommt es dann nur auf den Konsens der Parteien an (sog. Theorie vom **Konsensualvertrag**). Ob diese Konstruktionsfrage überhaupt praktische Bedeutung hat, erscheint höchst zweifelhaft.[202]

200 BGH NJW 1975, 443
201 Zu dieser Kategorie s. Bd. 1 Kap. 14 unter 2.1.5 (Rn 1086)
202 Vgl. Palandt-Putzo Einf. vor § 607 Rn 2

Keine Rolle spielt die Frage jedenfalls im Rahmen des § 610: Danach hat derjenige, der die Hingabe eines Darlehens verspricht, im Zweifel ein Recht zum Widerruf, «wenn **in den Vermögensverhältnissen** des anderen Teiles eine **wesentliche Verschlechterung** eintritt, durch die der Anspruch auf die Rückerstattung gefährdet wird». Man muß nicht sehenden Auges sein Geld an jemanden geben, von dem man es wahrscheinlich nicht wiederbekommt. Eine ähnliche Regelung findet sich in § 321. 333

5.1.2 Fragerecht des Darlehensgebers

Darlehen erhält man normalerweise von einer Bank oder einer Sparkasse. Diese wird sich sehr eingehend für die wirtschaftlichen, aber ggfs. auch für die persönlichen Verhältnisse des Darlehensnehmers interessieren. Das Problem, ob ein «Darlehensinteressent» in jeder Hinsicht «durchleuchtet» werden darf, bestimmt sich nach denselben Grundsätzen wie im Mietrecht.[203] Grenze ist auch hier das **berechtigte Informationsinteresse der Bank** 334

sie braucht sich nicht für Hobbys des Darlehensnehmers zu interessieren, wohl aber für die Einkommens- und Vermögensverhältnisse,

aber auch die **Privatsphäre** des Betroffenen.

Ob die Ehe intakt ist oder ob man dauernd von Scheidung redet, muß nicht mitgeteilt werden, ebensowenig, ob man weitere Kinder «plant».[204]

5.1.3 Umwandlung in ein Darlehen

Schuldet jemand einem anderen eine bestimmte Summe Geldes, so können beide nach § 607 Abs. 2 vereinbaren, daß dies von nun an als Darlehen geschehen solle. Dabei ist genau Bedacht darauf zu nehmen, ob die ursprüngliche Verbindlichkeit nur einen neuen Inhalt erhält oder ob eine neue Verbindlichkeit an die Stelle der alten gesetzt wird. Im letzteren Fall spricht man von «Schuldumschaffung» oder **«Novation»**. 335

Wird die fällige Kaufpreisforderung in Höhe von 30000 DM in ein Darlehen verwandelt, so bleibt im ersten Fall der Eigentumsvorbehalt bestehen. Wird dagegen (vom Verkäufer her gesehen) die Forderung aus Kaufvertrag durch eine Forderung aus Darlehen ersetzt, so liegt eine «Leistung an Erfüllungs Statt» vor, so daß der Käufer endgültig Eigentümer wird; die Vertragsparteien müssen entscheiden, ob für die Darlehensforderung neue Sicherheiten bestellt werden.

---

203 Dazu oben 2.1.1 (Rn 175 ff.)
204 Näher Däubler CR 1994, 101 ff.

5.2 Zinsen als Gegenleistung

336 Für die Überlassung der Geldsumme sind Zinsen zu bezahlen, doch ist auch ein unentgeltliches Darlehen (etwa unter Freunden) möglich.

337 Die Höhe der Zinsen unterliegt der Parteivereinbarung. Obergrenzen wurden bereits an anderer Stelle im Zusammenhang mit den **«wucherähnlichen Geschäften»** skizziert.[205] Wird diese Grenze überschritten, sind nicht etwa «angemessene», sondern keinerlei Zinsen zu bezahlen.[206] § 817 steht der Rückzahlung des Darlehens aber nicht entgegen.[207]

338 Die Zinsen können für einige Zeit fest vereinbart, aber auch variabel sein.

Beispiel: 3 % über dem Diskontsatz der Deutschen Bundesbank.

339 Nach § 608 sind Darlehenszinsen im Zweifel am Ende des Jahres zu bezahlen, doch ist in der Bankpraxis eine vierteljährliche Entrichtung dominierend. Wird zugleich mit der Bezahlung der Zinsen auch ein Teil des Darlehens getilgt, stellt sich das Problem, ob im nächsten Quartal die Zinsen nur noch auf den «Darlehensrest» geschuldet sind. Dies ist zu bejahen, da andernfalls eine heimliche und für den Kunden nicht erkennbare Zinserhöhung mitvereinbart wäre. Auch in AGB kann nichts Abweichendes vorgesehen werden.[208]

5.3 Rückzahlung des Darlehens

5.3.1 Bei Ende der Laufzeit

340 Normalerweise ist für das Darlehen eine bestimmte **Laufzeit** festgelegt, an deren Ende es zur Rückzahlung fällig wird. Ist dies ausnahmsweise nicht der Fall, gilt § 609: Danach kann jede Seite kündigen und damit das Darlehen unter Beachtung der Fristen des Abs. 2 fällig machen. Bei unentgeltlichen Darlehen ist der Schuldner jederzeit zur Rückerstattung berechtigt (§ 609 Abs. 3); der Gläubiger wird sich freuen.

205 Bd. 1 Kap. 15 unter 3.2.2.2 (Rn 1357ff.)
206 Bd. 1 Kap. 15 unter 3.3 (Rn 1385)
207 Bd. 1 Kap. 18 unter 2.3.3 (Rn 1624ff.)
208 Dazu oben Band 1 Kap. 15 unter 4.1 (Rn 1395)

Ist wie in der Regel eine bestimmte Laufzeit festgelegt, kann im Prinzip keine Seite vor deren Ablauf kündigen. Davon gibt es allerdings einige gewichtige Ausnahmen. 341

5.3.2 Nach Kündigung durch den Darlehensnehmer

Für den Darlehensnehmer kann es sehr unangenehm sein, längere Zeit an einen **Vertrag** gebunden zu sein, der **in einer «Hochzinsphase»** abgeschlossen wurde. 342

Der Grundstückseigentümer E hat zum Bau eines Hauses ein Darlehen über 200000 DM aufgenommen und eine Zinszahlung von 10% pro Jahr vereinbart. Diese Abmachung soll für 12 Jahre gelten. Nach drei Jahren sind die Zinsen für vergleichbare Darlehen auf 7% gefallen. Kann er aus dem Vertrag raus?

§ 609 a hat für einige Fälle dieser Art dem Darlehensschuldner ein (nach Abs. 4 zwingendes) **Kündigungsrecht** eingeräumt. Nach § 609 a Abs. 1 Nr. 1 gilt dies einmal, wenn die Zinsbindung kürzer ist als die vereinbarte Laufzeit des Darlehens. Nr. 2 erfaßt Verbraucherkredite, die nicht durch ein Grundpfandrecht wie Hypothek und Grundschuld[209] gesichert sind: Soweit sechs Monate nach dem Empfang des Darlehens abgelaufen sind, kann der einzelne mit einer Frist von drei Monaten kündigen. Dies gilt nicht, wenn das Darlehen ganz oder überwiegend für Zwecke einer gewerblichen oder beruflichen Tätigkeit bestimmt war. Nach § 609 a Abs. 1 Nr. 3 ist in jedem Falle nach Ablauf von 10 Jahren nach dem vollständigen Empfang des Darlehens eine Kündigung mit einer Frist von sechs Monaten zulässig. 343

Im obigen Beispiel hat der Eigentümer also zunächst Pech und muß weiter seine 10% bezahlen; erst nach 10 Jahren kann er sich von dem Vertrag lösen.

5.3.3 Nach Kündigung durch den Darlehensgeber

Auch dem Darlehensgeber kann trotz fester Laufzeit ein **Kündigungsrecht** zustehen. In der Regel wird dieses in den AGB für den Fall vorgesehen, daß der Schuldner mit der Zahlung von Zinsen und/oder Tilgung in erheblichem Umfang in Verzug gerät. Außerdem anerkennt die Rechtsprechung ein Kündigungsrecht aus **wichtigem** 344

209 Zu diesen Begriffen s. unten Kap. 3 unter 3.1 (Rn 413 ff.)

Grund. Droht dem Darlehensnehmer durch eine nicht voraussehbare Entwicklung der wirtschaftliche Kollaps, kann der Darlehensgeber kündigen, da ihm ein weiteres Festhalten am Vertrag nicht mehr zuzumuten ist.[210] Davon darf allerdings nur in ganz außergewöhnlichen Fällen Gebrauch gemacht werden, da das Darlehensverhältnis als Dauerschuldverhältnis den Gläubiger zur Rücksichtnahme auf die wirtschaftliche Lage des Schuldners verpflichtet. Außerdem kann die Bank ein Eigeninteresse daran haben, die wirtschaftliche Situation ihres Schuldners nicht durch Kündigung noch weiter zu verschlechtern und so ggfs. ihre eigenen Rückzahlungsansprüche zu gefährden.

5.4 Disagio

345 Bei vielen Darlehen ist es üblich, ein sog. **Disagio** von z. B. 5 % zu bezahlen, das steuerlich als Teil der Werbungskosten bzw. als Betriebsausgabe geltend gemacht werden kann. Der Sache nach handelt es sich dabei in der Regel um eine **Zinsvorauszahlung**.

Der E erhält ein Darlehen über 100000 DM zu 7 % «Auszahlung 100 %», Laufzeit vier Jahre. Statt dessen kann man auch die Auszahlung auf 95 % reduzieren (also 5 % Disagio vereinbaren) und dafür den jährlichen Zinssatz auf 6 % ermäßigen.

346 Wird vorzeitig gekündigt, kann der noch nicht «verbrauchte» Teil des Disagio nach § 812 Abs. 1 Satz 1 zurückverlangt werden.[211]

Betrug des Disagio 5 %, wird das auf 5 Jahre angelegte Darlehen jedoch nach 2 Jahren gekündigt, sind 3 % zurückzuzahlen.

5.5 Sicherheiten

347 Darlehen werden selten ohne Sicherheit gewährt. Die dabei auftretenden rechtlichen Gestaltungen sind außerordentlich vielfältig und werfen **zahlreiche Rechtsfragen** auf; ihnen soll in einem gesonderten Kapitel nachgegangen werden.[212]

---

210 BGH NJW 1986, 1928, 1930
211 BGHZ 111, 287
212 Unten Kap. 3 (Rn 364ff.)

6 Dingliche Gebrauchsrechte

Der Gebrauch einer Sache oder eines anderen Gegenstands kann nicht nur in den hier skizzierten schuldrechtlichen Formen einem anderen überlassen werden. Möglich ist vielmehr auch die «Abspaltung» bestimmter Nutzungsbefugnisse aus dem Eigentum, die nicht oder nur unter ganz außergewöhnlichen Bedingungen wieder entzogen werden können. Im Vergleich zur obligatorischen Gebrauchsüberlassung kommt diesen Formen allerdings sehr viel geringere Bedeutung zu. Das Gesetz spricht in den §§ 1018 ff. von **«Dienstbarkeiten»**, wodurch zum Ausdruck gebracht ist, daß der betroffene Gegenstand dem Berechtigten in gewissem Umfang «zu Diensten» ist.[213] Im einzelnen sind drei Formen zu unterscheiden. 348

6.1 Nießbrauch

Die Befugnis zu umfassender Nutzung einer Sache, eines Rechts oder einer Vermögensmasse findet sich heute insbesondere im Bereich erbrechtlicher Gestaltungen. Die Hauptbedeutung lag früher im Familienrecht: Bis 1953 hatte der Ehemann ein umfassendes Nutzungsrecht am Vermögen der Ehefrau (§ 1363 a. F.), das den Regeln des Nießbrauchs unterlag (§ 1383 a. F.). 349

Der Nießbrauch an Sachen wird nach denselben Regeln wie das Eigentum erworben (vgl. § 1032), bei Rechten finden die §§ 398 ff. entsprechende Anwendung. Der Nießbrauch an einem Vermögen muß dem Bestimmtheitsgrundsatz entsprechend[214] an den einzelnen Gegenständen begründet werden (§ 1085). Der Nießbraucher kann die **Sache in Besitz** nehmen (§ 1036 Abs. 1) und umfassend nutzen. Sein Recht ist allerdings nach § 1059 unveräußerlich und nach § 1061 unvererblich; auf diese Weise soll eine dauerhafte Aufspaltung von Eigentum und Nutzungsbefugnis verhindert werden.[215] Überschreitet der Nießbraucher seine Befugnisse, so kann der Eigentümer auf Unterlassung klagen (§ 1053), die Leistung einer Sicherheit verlangen (§ 1051) und ggfs. eine gerichtliche Verwaltung der Sache erzwingen (§§ 1052, 1054). Eine «Kündigung» des Nießbrauchers ist nicht möglich. 350

213 Die aus dem Römischen Recht stammende Terminologie spricht von «Servituten»
214 Dazu unten Kap. 3 unter 4.1.1.3 (Rn 541 ff.)
215 Wilhelm Rn 969

6.2 Grunddienstbarkeit

351 Ein Grundstück (also keine bewegliche Sache und kein Recht) kann in der Weise belastet werden, daß dem jeweiligen Inhaber eines anderen Grundstücks bestimmte Nutzungen ermöglicht werden. Da die Grunddienstbarkeit dem «jeweiligen» Eigentümer zusteht, spricht man – nicht anders als beim dinglichen Vorkaufsrecht – von einem sog. **subjektiv-dinglichen Recht**.

352 Inhalt kann es einmal sein, daß der Eigentümer des belasteten Grundstücks eine **bestimmte Nutzung dulden** muß.

Beispiel: Wegerecht für den Nachbarn, aber auch die Befugnis, eine Hochspannungsleitung oder eine Erdgas-Pipeline auf dem Grundstück zu dulden.

353 Die Grunddienstbarkeit kann zum zweiten darauf gerichtet sein, daß der Grundstückseigentümer **bestimmte Handlungen**, die Ausfluß seines Eigentums sind, **nicht vornehmen** darf.

Beispiel: Auf dem Grundstück darf keine Tankstelle betrieben werden, was sich der Nachbar deshalb ausbedingt, weil er selbst bereits eine solche betreibt.

354 Schließlich erwähnt § 1018 als drittes den Fall, daß der Eigentümer des belasteten Grundstücks bestimmte Rechte, die ihm gerade dem Berechtigten gegenüber zustehen, nicht ausüben darf.

Dem Berechtigten könnten bestimmte schädliche Emissionen verboten werden, doch bestellt der betroffene Grundstückseigentümer (natürlich gegen gutes Geld) eine Grunddienstbarkeit, die ihn zu einer über das Gesetz hinausgehenden Duldung von Immissionen verpflichtet.

355 In allen Fällen muß nach § 1019 die Grunddienstbarkeit dem «**herrschenden Grundstück**» nützlich sein; ist diese Voraussetzung nicht erfüllt, liegt keine wirksame Grunddienstbarkeit vor.[216]

Die Tankstelle des Inhabers der Grunddienstbarkeit wird abgerissen und ein Ladengeschäft errichtet. Wegen Wegfalls einer gesetzlichen Voraussetzung wird die Grunddienstbarkeit unwirksam.[217]

356 Kein möglicher Inhalt einer Grunddienstbarkeit ist ein positives Tun des Eigentümers des belasteten Grundstücks.[218] Damit soll ein **Rückfall in feudale Rechtsstrukturen** verhindert werden, wo Eigentümer als solche zu bestimmten Dienstleistungen verpflichtet waren.

---

216 Palandt-Bassenge § 1019 Rn 1
217 BGH NJW-RR 1988, 1229
218 Wilhelm Rn 996: Servitus in faciendo consistere nequit

Die Grunddienstbarkeit entsteht nach § 873 durch Einigung und Eintragung im Grundbuch. Bei ihrer **Ausübung** ist auf die Interessen des Eigentümers Rücksicht zu nehmen (§ 1020); wird das nicht beachtet, kann dieser nach § 1004 auf Unterlassung klagen. Wird auf der anderen Seite der Grunddienstbarkeit nicht Rechnung getragen, sind alle Rechtsbehelfe gegeben, die bei Eingriffen in beschränkte dingliche Rechte möglich sind.[219] 357

6.3 Beschränkte persönliche Dienstbarkeit

Eine Dienstbarkeit kann nach § 1090 auch in der Weise bestellt werden, daß sie nicht dem jeweiligen Inhaber eines Grundstücks, sondern **einer bestimmten Person zusteht**. Sie ist in diesem Falle ebenso unveräußerlich und unvererblich wie der Nießbrauch. 358

Wichtigster Anwendungsfall ist das sog. **dingliche Wohnrecht nach § 1093**, das insbesondere im landwirtschaftlichen Bereich dann eingeräumt wird, wenn das Bauernehepaar «aufs Altenteil» geht, den Hof auf den Nachfolger überträgt, sich jedoch ein Wohnrecht vorbehält. 359

Zahlreiche Vorschriften über den Nießbrauch, nicht jedoch die §§ 1051–1054 über die Handlungsmöglichkeiten des Eigentümers gegen den Nießbraucher, finden entsprechende Anwendung. 360

6.4 Dauerwohnrecht

Nicht höchstpersönlich, sondern veräußerlich und vererblich ist das sog. Dauerwohnrecht nach den §§ 31 ff. WEG. Es gibt dem Berechtigten die Befugnis, eine bestimmte Wohnung in einem auf dem Grundstück errichteten Gebäude «unter Ausschluß des Eigentümers» zu bewohnen oder in anderer Weise zu nutzen. Der genaue **Inhalt des Dauerwohnrechts** unterliegt nach § 33 Abs. 4 in weitem Umfang der Vereinbarung der Beteiligten. Dasselbe gilt für die Einräumung eines **«Heimfallanspruchs»** an den Eigentümer, der dann unter bestimmten Voraussetzungen die Übertragung des Dauerwohnrechts auf sich 361

219 Dazu Bd. 1 Kap. 6 unter 2.6 (Rn 399 ff.) iVm 2.4.1. (Rn 389 ff.)

oder einen anderen verlangen kann (§ 36 WEG). Wird davon kein Gebrauch gemacht, kann der Dauerwohnberechtigte nicht «hinausgekündigt» werden.

362 Bei Räumen, die anderen als Wohnzwecken dienen, kann nach § 31 Abs. 2 WEG ein sog. **Dauernutzungsrecht** begründet werden, auf das die Vorschriften über das Dauerwohnrecht entsprechende Anwendung finden.

6.5 Erbbaurecht

363 Das durch die Erbbaurechtsverordnung (Schönfelder Nr. 41) ausgestaltete Erbbaurecht verleiht seinem Inhaber die Befugnis, auf einem fremden Grundstück ein Gebäude zu errichten. Angesichts der minimalen Befugnisse, die dem Eigentümer verbleiben, ist das Erbbaurecht wie das Eigentum zu behandeln.[220]

220 Zur Frage des Erbbauzinses s. Bd. 1 Kap. 14 unter 3.2.3.2 (Rn 1148 ff.)

KAPITEL 3: Sicherungsrechte

1 Überblick

1.1 Die drei Gruppen von Sicherungsrechten

Wer einem anderen Kredit gibt, beispielsweise ein Darlehen ausbezahlt[1], möchte sicher sein, daß der Vertragspartner seine Verpflichtungen auch wirklich erfüllt und er in einiger Zeit sein Geld «wiedersieht». Dies kann aus unterschiedlichsten Gründen zweifelhaft sein. Zu denken ist dabei weniger an das Auftreten eines Hochstaplers als daran, daß die Geschäfte des anderen schlecht gehen und dieser – u. U. ohne jedes eigene Verschulden – in Zahlungsschwierigkeiten gerät. Damit sich ein Gläubiger insbesondere gegen solche Wechselfälle der Marktwirtschaft schützen kann, stellt das Gesetz eine Reihe von «Sicherungsrechten» zur Verfügung, die durch Vertragspraxis und Rechtsprechung noch erheblich erweitert wurden. Dabei unterscheidet man **drei große Gruppen**. 364

– Ein anderer verspricht, für den Kreditnehmer einzutreten, also notfalls selbst zu bezahlen, wenn dieser seine Verpflichtungen nicht erfüllt. Bekanntester Anwendungsfall ist die **Bürgschaft**, doch gehören auch der Schuldbeitritt[2] sowie der Garantievertrag in diesen Rahmen. Man spricht insoweit von **«Personalsicherheiten»**. 365

– Zum zweiten kann man insbesondere vom Sacheigentum ein dingliches Verwertungsrecht «abspalten», das bei Grundstücken je nach 366

1 Zum Begriff «Kredit» s. oben Kap. 2 unter 5 (Rn 330)
2 Dazu Bd. 1 Kap. 19 unter 4.3 (Rn 1721 f.)

Ausgestaltung **«Hypothek»** oder **«Grundschuld»** heißt und bei beweglichen Sachen die Bezeichnung «Pfandrecht» trägt.[3] Das als Sicherung verwandte Objekt kann auch eine Forderung sein, an der gleichfalls ein «Pfandrecht» begründet werden kann. Erfüllt der Kreditnehmer seine Verpflichtungen nicht, kann der Gläubiger den Gegenstand verwerten, etwa die verpfändete Sache veräußern und sich aus dem Erlös «Befriedigung verschaffen». Man spricht insoweit von **Realsicherheiten**.

367 – Zum dritten kann sich der Kreditgeber dadurch sichern, daß ihm ein **«Vollrecht»** verbleibt oder übertragen wird. Einen wichtigen Anwendungsfall haben wir bereits kennengelernt: Bis zur Bezahlung des Kaufpreises **behält sich** der **Verkäufer** in der Regel das **Eigentum** an der verkauften Sache **vor**.[4] Der in der Gewährung z. B. von Ratenzahlungen liegende Kredit wird in der Weise gesichert, daß bei einem Verzug des Schuldners die Sache zurückgenommen und ggfs. verwertet werden kann. Nicht weniger wichtig ist die sog. **Sicherungsübereignung**, bei der eine bewegliche Sache z. B. einer Bank übereignet wird, die sie allerdings nur dann «zu Geld machen» darf, wenn das gesicherte Darlehen nicht pünktlich zurückbezahlt wird.[5] Auch die Abtretung von Forderungen gegen Dritte wird als Sicherungsmittel verwendet (**«Sicherungszession»**). Schließlich können auch andere Gegenstände einem Kreditgeber «treuhänderisch» übertragen werden, der sie «für den Fall eines Falles» verwerten darf. Auch insoweit spricht man von «Realsicherheiten», weil es nicht primär auf die Person, sondern auf das übertragene Objekt ankommt.

368 Ein beliebtes Prüfungsthema sind Fälle, in denen mehrere Sicherheiten bestehen: Wie ist etwa der Fall zu behandeln, daß der Gläubiger außer durch Bürgschaft auch durch Hypothek gesichert ist und nunmehr z. B. der Bürge leistet? Auch dies soll am Ende dieses Kapitels behandelt werden.

---

3 Zur Abspaltung eines Verwertungsrechts s. Bd. 1 Kap. 6 unter 2.4.1 (Rn 391)

4 Dazu oben Kap. 1 unter 5 (RN 124 ff.)

5 Zu der in diesem Fall eingreifenden Übereignungsform des § 930 s. Bd. 1 Kap. 14 unter 4.2.4 (Rn 1190 ff.)

1.2 «Verstärkung» einer Forderung durch abstraktes Schuldversprechen

Nicht unmittelbar in den Zusammenhang der Sicherungsrechte gehört eine «Verstärkung» der Forderung gegen den Schuldner selbst. Der Gläubiger kann beispielsweise seine Position dadurch verbessern, daß er sich vom Schuldner ein **«abstraktes Schuldversprechen»** nach § 780 geben läßt, das der Schriftform bedarf. Dies hat für ihn den Vorteil, daß er im Prozeß lediglich diese Urkunde einreichen muß; etwaige Einwände muß dann ausnahmslos der Schuldner beweisen. 369

Beispiel: A gibt dem B ein Darlehen über 20000 DM. Zahlt B nicht, muß A beweisen, daß das Darlehen effektiv ausbezahlt wurde und daß nicht etwa eine Schenkung vorlag. Hat der B jedoch ein «abstraktes Schuldversprechen» über 20000 DM abgegeben, muß B erst einmal bezahlen. Er kann lediglich geltend machen, daß durch eine Erfüllung A ungerechtfertigt bereichert sei, weil in Wirklichkeit die ursprünglich vorgesehene Summe gar nicht ausbezahlt oder jedenfalls kein Darlehen vereinbart wurde.

Dieselbe Wirkung hat ein **«Schuldanerkenntnis»** nach § 781. Banken oder andere «starke» Gläubiger gehen häufig noch weiter und veranlassen den Schuldner, sich in einer separaten Urkunde **der «sofortigen Zwangsvollstreckung» zu unterwerfen**. Nach § 794 Abs. 1 Nr. 5 ZPO kommt eine solche Urkunde einem vollstreckbaren Urteil gleich. Der Gläubiger muß also seinen Anspruch nicht mehr einklagen, sondern kann sofort Vollstreckungsmaßnahmen einleiten, etwa den Gerichtsvollzieher losschicken. Der Schuldner ist darauf beschränkt, nach § 767 Abs. 2 ZPO eine «Vollstreckungsgegenklage» zu erheben, in der er geltend machen kann, in Wirklichkeit stehe dem Gläubiger gar kein Anspruch zu oder er könne diesen nicht geltend machen, weil dies automatisch zu einer ungerechtfertigten Bereicherung führe. 370

Die «Schuldverstärkung»[6] wird häufig mit Sicherungsrechten kombiniert; der Kreditgeber, vom gesetzlichen Modell her eher schutzbedürftig und in einer prekären Position, wird so zu einem wahren «Kraftprotz». 371

6 Dazu eingehend Larenz-Canaris § 61 II 2 b

2 Personalsicherheiten

2.1 Die Bürgschaft

2.1.1 Rechtsnatur

372 Nach § 765 Abs. 1 verpflichtet sich der Bürge durch den Bürgschaftsvertrag gegenüber dem Gläubiger eines Dritten, für die Erfüllung der Verbindlichkeiten des Dritten einzustehen. Dies ist eine korrekte, aber wenig «leserfreundliche» Definition der Bürgschaft. Bei der Bürgschaft besteht ein **Drei-Personen-Verhältnis**: Der Bürger steht dem Gläubiger dafür ein, daß dessen Schuldner (üblicherweise «Hauptschuldner» genannt) seine Verbindlichkeiten erfüllt. Dabei bedeutet «Einstehen», daß der Bürge notfalls anstelle des Schuldners leistet.

Die Bank G hat dem S ein Darlehen über 100000 DM gegeben, das in zwei Jahren zur Rückzahlung fällig ist. B übernimmt dafür die Bürgschaft, sagt also zu, die 100000 DM zu bezahlen, wenn S in zwei Jahren definitiv nicht leistet.

373 Die Bürgschaft ist somit ein **einseitig verpflichtender Vertrag**, der typischerweise zwischen Gläubiger und Bürgen abgeschlossen wird. Möglich und zulässig ist aber auch, daß Bürge und Hauptschuldner einen Vertrag zugunsten Dritter, d. h. des Gläubigers, schließen, in dem diesem das Recht eingeräumt wird, notfalls den Bürgen in Anspruch zu nehmen.[7]

2.1.2 Wirksamkeitsvoraussetzungen

374 Nach § 766 Satz 1 muß die **Erklärung des Bürgen schriftlich** erfolgen. Damit soll er vor einer übereilten Entscheidung bewahrt werden. Bei Kaufleuten wird eher erwartet, daß sie wissen, was sie tun: § 350 HGB läßt bei ihnen eine formlose Bürgschaftserklärung zu.[8]

Leicht übersehen wird, daß nicht etwa der gesamte Bürgschaftsvertrag, sondern nur die Erklärung des Bürgen der Schriftform bedarf: Der Gläubiger geht keine Risiken ein, seine Annahmeerklärung ist daher auch mündlich oder konkludent möglich.

---

7 BGH NJW 1980, 572, 574. Zum Vertrag zugunsten Dritter s. Bd. 1 Kap. 19 unter 2.1 (Rn 1683 ff.)

8 Nach § 351 HGB gilt dies aber nicht bei sog. Minderkaufleuten

Nach der Rechtsprechung erfüllt ein **Fax nicht** die Schriftform[9], doch wird der Formmangel nach § 766 Satz 2 geheilt, wenn der Bürge die Verbindlichkeit bezahlt hat.[10]

Die Bürgschaft kann als «wucherähnliches Geschäft» nach § 138 Abs. 1 sittenwidrig sein.[11] Eine **Anfechtung** kommt aus den auch sonst eingreifenden Gründen, insbesondere wegen Irrtums oder wegen arglistiger Täuschung nach § 123 in Betracht, doch besteht eine gewichtige Ausnahme: Hat der Bürge die **wirtschaftlichen Verhältnisse** oder die Zahlungswilligkeit **des Hauptschuldners falsch eingeschätzt**, kann er nicht nach § 119 Abs. 2 anfechten; gerade dieses Risiko wollte er ja übernehmen.[12] Aus demselben Grunde kann sich der Bürge auch nicht auf einen Wegfall der Geschäftsgrundlage berufen[13], wenn sich die Vermögensverhältnisse des Hauptschuldners entgegen allen Erwartungen deutlich verschlechtert haben. 375

Anders nur dann, wenn vorrangige Sicherheiten (z. B. ein Pfandrecht an einem Wertpapierdepot, das vor einer Inanspruchnahme des Bürgen hätte ausgeübt werden müssen) entgegen den Annahmen der Vertragspartner nicht bestehen.[14]

Die durch Bürgschaft gesicherte **Forderung** muß zumindest **bestimmbar** sein.[15] § 765 Abs. 2 läßt ausdrücklich eine Bürgschaft auch für eine künftige oder eine bedingte Verbindlichkeit zu. Anders als bei sonstigen Verträgen kann die Bestimmung des Inhalts der Bürgschaft nicht einem Dritten überlassen werden[16] – eine sog. **Blankobürgschaft**, bei der die Person des Gläubigers oder die Summe offen ist, wahrt nicht die Schriftform des § 766.[16a] 376

Was geschieht, wenn der Hauptschuldner, dem der Bürge die blanko unterschriebene Urkunde übergeben hat, einen höheren als den vereinbarten Betrag einsetzt? Dem Bürgen wird auf diese Weise eine Erklärung zugerechnet, die er in Wirklich- 377

9 OLG Frankfurt NJW 1991, 2154; zur Kritik s. Bd. 1 Kap. 12 unter 2.3.3 (Rn 813)
10 Eine parallele Regelung findet sich in § 313 Satz 2 (dazu Band 1 Kap. 12 Rn 825) und in § 518 Abs. 2 (dazu unten Kap. 6 unter 2.3 – Rn 839): Die Warnfunktion wird überflüssig, wenn die Leistung erbracht ist.
11 Dazu Bd. 1 Kap. 15 unter 3.2.2.2 (Rn 1357ff.)
12 Bülow Rn 676. Zum Ausschluß der Anfechtung wegen Übernahme eines bestimmten Risikos, insbesondere bei Spekulationsgeschäften, s. bereits Bd. 1 Kap 10 Rn 649
13 Dazu Bd. 1 Kap. 17 unter 6.1.2 (Rn 1583)
14 Staudinger-Horn § 765 Rn 54 mwN; für Irrelevanz des Wegfalls einer gleichrangigen Sicherheit BGH NJW 1994, 2146
15 Zum Mindestinhalt von Schuldverträgen s. Bd. 1 Kap. 14 unter 2.1.2.1 (Rn 1070)
16 Zur Leistungsbestimmung durch Dritte s. Bd. 1 Kap. 14 unter 2.1.2.2 (Rn 1071 ff.)
16a BGH JuS 1996, 846

keit gar nicht abgeben wollte, was ihn an sich zur Anfechtung berechtigt. In der Regel scheitert diese aber daran, daß er durch die Unterschrift unter die Blankoerklärung einen «Rechtsschein» gesetzt hat, den er gegen sich gelten lassen muß.[17]

2.1.3 Insbesondere: Akzessorietät der Bürgschaft

378 Die Verpflichtung des Bürgen ist vom Bestand der gesicherten Verbindlichkeit abhängig; nur soweit diese besteht, kann auch der Bürge in Anspruch genommen werden. Diese Abhängigkeit wird üblicherweise «Akzessorietät» genannt und ist in § 767 Abs. 1 Satz 1 ausdrücklich hervorgehoben worden (lesen!). Ist also in Wirklichkeit das Darlehen gar nicht ausbezahlt worden, ist auch der Bürge zu nichts verpflichtet.

Fraglich ist, wie bei unwirksamen Verträgen, z. B. einem wucherischen Darlehen zu verfahren ist. Die Bürgschaft könnte sich in einem solchen Fall auf den Bereicherungsanspruch des Gläubigers beziehen[18], doch bedarf es hierfür besonderer Anhaltspunkte:[19] Wer sich für Verbindlichkeiten aus einem «korrekten» Vertrag verbürgt, hat im Regelfall nicht die Rückabwicklung einer nichtigen Abrede im Sinn.

379 Die Akzessorietät ist ein **zwingender Grundsatz des Bürgschaftsrechts**. Wird die gesicherte Forderung vom Gläubiger abgetreten, geht die Bürgschaft nach § 401 automatisch mit über. Soll dies nicht geschehen, erlischt sie.[20] Erst recht ist eine isolierte Abtretung der Forderung aus der Bürgschaft ausgeschlossen.

380 Die Akzessorietät bezieht sich nicht nur auf die Existenz, sondern auch auf den jeweiligen «Zustand» der Forderung gegen den **Hauptschuldner**. Gerät dieser in Verzug oder macht er sich aus anderen Gründen **schadensersatzpflichtig**, kann der Bürge nach § 767 Abs. 1 Satz 2 auch insoweit zur Kasse gebeten werden. Lediglich dann, wenn Hauptschuldner und Gläubiger die Verbindlichkeit durch Rechtsgeschäft erweitern, geht dies nach § 767 Abs. 1 Satz 3 nicht zu Lasten des Bürgen; andernfalls wäre sein Risiko völlig unübersehbar.

B hat sich für die Kaufpreisforderung des G gegen S in Höhe von 50000 DM verbürgt. Als S in Verzug gerät, kann G einen Verzugsschaden in Höhe von 1 % der ausstehenden Summe pro Monat geltend machen. Auch hierfür haftet der Bürge. Anders, wenn G und S die Forderung einvernehmlich auf 60000 DM heraufsetzen.

---

17 Bülow Rn 681
18 Zur Rückabwicklung eines wucherischen Darlehens s. Bd. 1 Kap. 18 unter 2.3.3 (Rn 1626)
19 OLG Frankfurt NJW 1980, 2201
20 BGH WM 1991, 1869, 1870

Wird die Verbindlichkeit **teilweise getilgt** oder einvernehmlich herabgesetzt, wirkt dies **zugunsten des Bürgen**; insoweit greift der Akzessorietätsgrundsatz durch. 381

Hat der Hauptschuldner eine **Einrede** (Beispiel: Stundung, Verjährung), so kann sie nach § 768 Abs. 1 Satz 1 **auch der Bürge** geltend machen. Dies gilt selbst dann, wenn der Hauptschuldner – aus welchen Gründen auch immer – auf sie verzichtet (§ 768 Abs. 2). 382

Solange dem **Hauptschuldner** ein **Anfechtungsrecht** zusteht, kann der Bürge nach § 770 Abs. 1 die Befriedigung des Gläubigers verweigern. Ist die Anfechtungsfrist verstrichen, muß der Bürge bezahlen.[21] Dasselbe gilt dann, wenn der Hauptschuldner auf das Anfechtungsrecht verzichtet.[22] Dafür läßt sich im Grunde nur anführen, daß eine dem § 768 Abs. 2 entsprechende Vorschrift fehlt; wertungsmäßig vermag es nicht unbedingt einzuleuchten, weshalb zwar der Verzicht auf die Anfechtung, nicht aber der auf die Einrede der Stundung auch gegenüber dem Bürgen wirkt. 383

Solange sich der **Gläubiger durch Aufrechnung** gegen eine fällige Forderung des Hauptschuldners **befriedigen** kann, steht dem Bürgen ein Leistungsverweigerungsrecht zu: Wer unschwer Erfüllung erlangen kann, soll nicht den Bürgen in Anspruch nehmen können.[23] 384

2.1.4 Einreden und Einwendungen des Bürgen aus eigenem Recht

Dem Bürgen steht es selbstredend frei, sich nicht nur auf Mängel der Hauptverbindlichkeit, sondern auch darauf zu berufen, daß er seine Erklärung z. B. wegen arglistiger Täuschung angefochten oder daß er den geschuldeten Betrag bereits bezahlt hat. Darüber hinaus gibt ihm das Gesetz zwei weitere spezifische Rechtsbehelfe: 385

Zum einen kann er nach § 771 die sog. **Einrede der Vorausklage** erheben. Er kann – wie das Gesetz sagt – «die Befriedigung des Gläubigers verweigern, solange nicht der Gläubiger eine Zwangsvollstreckung gegen den Hauptschuldner ohne Erfolg versucht hat». Korrekterweise müßte man daher von einer Einrede des «Vollstreckungsversuchs» sprechen. Grundgedanke ist, daß der Bürge nur «subsidär» haften, d. h. nur dann einspringen soll, wenn beim Haupt- 386

21 Bülow Rn 710
22 BGH NJW 1995, 1886
23 Zu Einzelfragen, wenn nur der Gläubiger oder nur der Hauptschuldner aufrechnen kann, s. Bülow Rn 712 ff.; Palandt-Thomas § 770 Rn 3

schuldner wirklich nichts zu holen ist. § 772 bestimmt im einzelnen, welche Vollstreckungsmaßnahmen der Gläubiger versuchen muß.

387 Auf die Einrede der Vorausklage kann im Bürgschaftsvertrag (oder auch später) **verzichtet** werden (§ 773 Abs. 1 Nr. 1). Man spricht insoweit von einer **«selbstschuldnerischen Bürgschaft»**. § 349 Satz 1 HGB schließt die Einrede der Vorausklage von vornherein aus, wenn sich ein Vollkaufmann im Rahmen seines Handelsgeschäfts verbürgt hat.

388 – Zum zweiten wird der Bürge dann frei, wenn der **Gläubiger** ein **anderes** mit der Forderung verbundenes **Sicherungsrecht** wie z. B. eine Hypothek **aufgegeben** hat (§ 776 Satz 1). Ein so «großzügiger» Gläubiger bedarf des Einspringens des Bürgen nicht mehr; auch würde durch einen solchen Verzicht sein – gleich zu besprechender[24] – Rückgriffsanspruch gegen den Hauptschuldner beeinträchtigt.

2.1.5 Der Bürge bezahlt: Rückgriffsansprüche

389 Wird der Bürge in Anspruch genommen und befriedigt er den Gläubiger, so geht dessen Forderung gegen den Hauptschuldner auf ihn über (§ 774 Abs. 1 Satz 1). Es findet daher ein **gesetzlicher Forderungsübergang** statt, für den nach § 412 die Regeln über die rechtsgeschäftliche Forderungsabtretung gelten.[25] Von Bedeutung ist dabei insbesondere § 401, wonach andere Sicherungsrechte mit übergehen.

G hatte für seine fällige Darlehensforderung auch eine Hypothek am Grundstück des S, scheute jedoch den Aufwand eines Zwangsversteigerungsverfahrens und nahm deshalb lieber den Bürgen B in Anspruch. Dieser erwirbt nicht nur die Darlehensforderung, sondern zugleich auch die diese sichernde Hypothek.[26]

390 Neben dem Rückgriffsanspruch nach § 774 Abs. 1 kann der Bürge in der Regel **auch** einen **Ersatzanspruch aufgrund** des **Rechtsverhältnisses** geltend machen, das zwischen ihm und dem Hauptschuldner besteht. Dieses wird häufig ein Auftrags- oder Geschäftsbesorgungsverhältnis sein;[27] auch kommt eine Geschäftsführung ohne Auftrag in Betracht.[28]

---

24 Unten 2.1.5 (Rn 389 ff.)

25 Dazu Bd. 1 Kap. 14 unter 4.4 (Rn 1223 ff.)

26 Bei der Grundschuld gilt nichts anderes – nur muß hier der Bürge erst die Abtretung verlangen: Bülow Rn 736

27 Zu diesen Vertragstypen s. Kap. 4 unter 4 (Rn 663 ff.) und Kap. 6 unter 1 (Rn 823)

28 Dazu unten Kap. 6 unter 3 (Rn 860 ff.)

Mit Rücksicht auf die guten Geschäftsbeziehungen zum Hauptschuldner hat B die Bürgschaft übernommen. Erhält er für dieses Entgegenkommen keine direkte Gegenleistung, liegt ein Auftragsverhältnis nach §§ 662 ff. vor. Der «Beauftragte», hier der Bürge, kann nach § 670 Ersatz seiner Aufwendungen (hier: Bezahlung der Schuld) verlangen.

Bei reinen Gefälligkeiten scheidet § 670 aus; hier ist der Bürge auf seinen Rückgriffsanspruch nach § 774 beschränkt, soweit nicht auch dieser ausgeschlossen sein sollte.

Die Ansprüche aus § 774 Abs. 1 und aus Vertrag stehen nebeneinander, 391
doch bringt die Leistung des Hauptschuldners automatisch beide zum Erlöschen.

2.1.6 Sonderformen der Bürgschaft

2.1.6.1 Begrenzung der Bürgenhaftung

Zulässig ist, die Haftung des Bürgen auf einen Höchstbetrag zu be- 392
schränken. Möglich ist weiter eine sog. **Ausfallbürgschaft**, bei der der Bürge nur für den Betrag haftet, der nach Ausschöpfung aller Möglichkeiten der Zwangsvollstreckung noch offen ist. Von dieser Gestaltungsform macht die öffentliche Hand häufig Gebrauch. Denkbar ist schließlich, daß sich eine Bürgschaft nur auf einen bestimmten Teil der Verbindlichkeit bezieht und daß diese in mehrere Teile getrennt wird, für die jeweils ein anderer Bürge haftet.[29]

2.1.6.2 Mitbürgschaft

Für eine Verbindlichkeit können sich mehrere Personen verbürgen. 393
Nach § 769 haften sie auch als **Gesamtschuldner**, wenn sie sich nicht gemeinschaftlich verpflichtet haben.[30] Zahlt ein Mitbürge, so bestimmt sich – wie § 774 Abs. 2 klarstellt – sein Rückgriffsanspruch gegenüber den anderen Mitbürgen nur nach § 426.[31] Der Rückgriff gegen den Hauptschuldner richtet sich nach § 774 Abs. 1.

29 Sog. Teilbürgschaft. Es entsteht kein Gesamtschuldverhältnis: BGHZ 95, 105
30 In einem solchen Fall ergäbe sich die Gesamtschuld schon aus § 427
31 Zum Rückgriff unter Gesamtschuldnern Bd. 1 Kap. 19 unter 6.2.3 (Rn 1752 ff.)

2.1.6.3 Nach- und Rückbürgschaft

394 Auch der Bürge kann ein «unsicherer Kantonist» sein. Will sich der Gläubiger dagegen absichern, kann er mit einem anderen eine «Nachbürgschaft» vereinbaren, wonach der andere dann einspringt, wenn der Bürge seine Verpflichtungen nicht erfüllt. **Zahlt der Nachbürge**, geht die Forderung des Gläubigers gegen den Bürgen und wegen des Akzessorietätsgrundsatzes auch gegen den Hauptschuldner auf ihn über.[32]

395 Ein «Rückbürge» sichert den Rückgriffsanspruch des Bürgen gegen den Hauptschuldner und macht so das Risiko des Bürgen erträglicher. **Zahlt der Rückbürge**, findet ein erneuter Forderungsübergang statt.

B hat sich für die Darlehensschuld des S in Höhe von 100000 DM bei G verbürgt. Gleichzeitig hat B mit R eine Rückbürgschaft vereinbart. Zahlt B an G, geht dessen Forderung gegen den S nach § 774 Abs. 1 auf ihn über. Da S nicht bezahlt, nimmt B den R in Anspruch. Zahlt dieser, erwirbt er den Anspruch des B gegen S nach § 774 Abs. 1.

2.2 Schuldbeitritt und Garantievertrag

396 Mit der Bürgschaft verwandt, aber keineswegs mit ihr identisch sind zwei weitere Vertragstypen, die das Risiko des Gläubigers mindern oder ausschließen wollen: Schuldbeitritt und Garantie.

2.2.1 Inhaltliche Abgrenzung

397 Bürgschaft, Schuldbeitritt und «Forderungsgarantie» haben gleichermaßen das Ziel, die Forderung des Gläubigers gegen den Schuldner zu «stützen». Die Bürgschaft tut dies in der Weise, daß der Bürge in gleichem Umfang wie der Hauptschuldner haftet; seine Verpflichtung ist – wie im einzelnen beschrieben – akzessorisch. Beim **Schuldbeitritt**[33] werden der «Hauptschuldner» und der Beitretende **Gesamtschuldner**. Dies bedeutet, daß die Verpflichtung des Beitretenden nach näherer Maßgabe der §§ 422–425 von der «Hauptverpflichtung» unabhängig ist; insbesondere wirken nach § 425 Abs. 2 Kündigung, Verzug und Unmöglichkeit der Leistung nicht für und gegen den Beitreten-

32 Staudinger-Horn Vor §§ 765–778 Rn 27
33 Bd. 1 Kap. 19 unter 4.3 (Rn 1721 ff.)

den.[34] Beim **Garantievertrag** wird schließlich der **Eintritt eines bestimmten Erfolges**, d. h. hier: Eingang der Zahlung, versprochen; das Schicksal der Hauptverbindlichkeit ist ohne Bedeutung.

Schuldbeitritt und Garantievertrag sind gesetzlich nicht geregelte 398 Vertragstypen, die seit Jahrzehnten von der Rechtsprechung anerkannt sind.[35] Eine entsprechende Anwendung bürgschaftsrechtlicher Bestimmungen findet so gut wie nie statt, obwohl dies nicht immer einzuleuchten vermag.

Schuldbeitritt und Garantievertrag sind formlos möglich, obwohl sie den Erklärenden stärker in die Pflicht nehmen als die Bürgschaft, für die § 766 Satz 1 die Schriftform vorschreibt.

2.2.2 Was ist im Einzelfall gewollt?

Soweit rechtskundige oder geschäftserfahrene Personen erklären, not- 399 falls die Schuld eines anderen begleichen zu wollen, werden sie in der Regel die entsprechenden Fachbegriffe benutzen oder jedenfalls den Inhalt ihrer Verpflichtung und deren Abhängigkeit von der gesicherten Hauptverbindlichkeit soweit spezifizieren, daß eine Subsumtion unter einen der drei genannten Tatbestände möglich ist. Doch was geschieht, wenn ein besorgter Bauherr den Handwerkern erklärt, wenn der Generalunternehmer nicht zahle, sei immer noch er da? Eine solche Erklärung ist nach §§ 133, 157 auszulegen, wobei zahlreiche Indizien eine Rolle spielen können.

Relativ eindeutig läßt sich entscheiden, ob ein **Garantievertrag** 400 vorliegt oder nicht; einem anderen unter allen denkbaren Umständen den sicheren Eingang von Geld zu garantieren, ist im normalen Geschäftsverkehr die Ausnahme; eine entsprechende Abmachung bedarf sehr eindeutiger Anhaltspunkte.[36]

Ob **Bürgschaft oder Schuldbeitritt** vorliegt, bestimmt sich 401 mangels anderer Indizien nach dem Interesse des Erklärenden: Will er primär dem Hauptschuldner einen Gefallen erweisen, liegt eine Bürgschaft vor, hat er ein Eigeninteresse an der Erfüllung, ist eher Schuldbeitritt anzunehmen.

---

34 Einzelheiten Bd. 1 Kap. 19 unter 6.2.2 (Rn 1746ff.)
35 Bülow Rn 1043: Es gibt keine abschließende Regelung der Personalsicherheiten
36 Zum wichtigen Anwendungsfall des Euroschecks s. sogleich unter 2.2.3 (Rn 403ff.)

Da der Bauherr an der Fortführung der Bauarbeiten interessiert ist, dürfte seine Erklärung gegenüber den Handwerkern im Regelfall als Schuldbeitritt zu werten sein.

402 **Fehlen** auch insoweit ausreichende **Anhaltspunkte**, ist von einer Bürgschaft als dem gesetzlich geregelten Normaltypus auszugehen.[37]

2.2.3 Sonderfall des Garantievertrags: Euroscheck

403 Während die Rechtsprobleme von Bürgschaft und Schuldbeitritt bereits dargestellt wurden,[38] soll der Garantievertrag am Beispiel des Euroschecks skizziert werden.

404 Stellt jemand einen Scheck aus und übergibt ihn einem anderen, z. B. einem Verkäufer, so wird dadurch noch kein Anspruch gegen die kontoführende Bank begründet: Art. 4 ScheckG (Schönfelder Nr. 56) schließt ein Scheck-Akzept durch die Bank kategorisch aus. Ob er dennoch eingelöst wird, hängt davon ab, ob sich ein entsprechender Betrag auf dem Konto befindet. Lehnt die Bank ab, hat der Inhaber lediglich die Möglichkeit, sich an den Aussteller zu halten (Art. 12 ScheckG).

405 Würde man es bei dieser Regelung belassen, wäre die Entgegennahme von Schecks (statt Bargeld) für den Gläubiger (Verkäufer usw.) mit erheblichen Risiken verbunden. Die Banken haben deshalb zum Mittel des Garantievertrages gegriffen. Für eine bestimmte Art von Schecks, nämlich für sog. Euroschecks, wird eine Einlösung bis zu einem bestimmten Höchstbetrag pro Scheck (derzeit: 400 DM) garantiert. Die entsprechende vertragliche Verpflichtung kommt dadurch zustande, daß der Inhaber des Schecks als Bote oder Vertreter der Bank handelt und der andere Teil den Euroscheck zustimmend entgegennimmt.[39]

406 Wann ein gültiger Euroscheck vorliegt, bestimmt sich nach den Bedingungen der Banken für ec-Karten.[40]

Voraussetzung ist, daß der Aussteller über eine Euroscheck-(= ec)Karte und entsprechende Formulare verfügt. Die Kontonummer auf dem Scheck und auf der ec-Karte müssen übereinstimmen, die Nummer der Scheckkarte muß auf der Rück-

---

37 BGH NJW 1986, 580
38 Oben 2.1 (Rn 372 ff.) bzw. Bd. 1 Kap. 19 unter 4.3 (Rn 1721 ff.) und 6.2 (Rn 1741 ff.)
39 Palandt-Thomas Einf. vor § 765 Rn 17
40 Abgedruckt WM 1995, 636

seite vermerkt werden, der Scheck muß unterschrieben und während der Geltungsdauer der Karte ausgestellt sein.

Da diese Praxis europaweit gilt, hat sich die Bezeichnung «Euroscheck» durchgesetzt.

Die Bank kann dem «Schecknehmer» gegenüber nicht geltend machen, das Konto weise keine Deckung auf. Gerade in der **«Unbedingtheit» der Einlösung** liegt der **Garantiecharakter**. Möglich ist selbstredend, das Vorliegen eines Garantievertrags mit der Begründung zu bestreiten, die vorgesehenen formalen Voraussetzungen seien nicht gegeben gewesen, die Kontonummer auf der Scheckkarte und auf dem Scheck hätten z. B. nicht übereingestimmt. 407

Was geschieht, wenn **Scheckkarte und Scheckformulare** (die man natürlich allen Vorsichtsmaßregeln zum Trotz in derselben Brieftasche hat) von einem bösartigen Mitmenschen **gestohlen** werden? Wird die Unterschrift gefälscht, ohne als Fälschung erkennbar zu sein, haftet die Bank gegenüber einem Gutgläubigen[41], da mit diesem zwar kein Garantievertrag zustande gekommen ist, die Bank jedoch einen entsprechenden Rechtsschein gesetzt hat.[42] Ob das Konto des Inhabers belastet werden kann, hängt davon ab, ob sich dieser fahrlässig verhalten hat.[43] 408

War dem **Schecknehmer bekannt**, daß der **Scheck nicht gedeckt** ist, würde er eine unzulässige Rechtsausübung begehen, wollte er die Bank gleichwohl aus Garantievertrag in Anspruch nehmen.[44] Werden Schecks funktionswidrig, z. B. zur Sicherung eines Kredits (und nicht als Zahlungsmittel) verwendet, so muß der Schecknehmer ein wenig Mißtrauen entwickeln; die Bank kann ihm in einem solchen Fall entgegenhalten, er hätte infolge grober Fahrlässigkeit nicht erkannt, daß die Schecks nicht gedeckt gewesen seien.[45] 409

41 OLG Frankfurt NJW 1990, 1184
42 Palandt-Thomas Einf. vor § 765 Rn 17
43 Meyer-Cording/Drygala, Wertpapierrecht, 3. Aufl. 1995, C IV (S. 85 ff.)
44 BGHZ 122, 156
45 BGHZ 64, 79

2.3 Patronatserklärung

410 Insbesondere im Bereich von Konzernen hat sich die Praxis herausgebildet, daß die Konzernspitze eine «Patronatserklärung» abgibt, wenn eine Tochter- oder Enkelgesellschaft eine größere Verbindlichkeit eingeht, z. B. einen Millionenkredit aufnimmt. Der Inhalt einer solchen Erklärung kann sehr unterschiedlich sein.[46] Von einer **«weichen»** Patronatserklärung spricht man dann, wenn keine rechtlichen Verpflichtungen eingegangen, sondern wenn nur eine positive Einschätzung abgegeben wird.

Die Konzernleitung erklärt: Die Tochtergesellschaft T befindet sich im Aufwind; ihre Leitung genießt unser volles Vertrauen.

Im Gegensatz dazu verpflichten **«harte»** Patronatserklärungen zu bestimmten Maßnahmen, im Einzelfall sogar zu einer gesamtschuldnerischen oder einer Garantiehaftung.[47]

3 Realsicherheiten I: Pfandrechte

411 Das geltende Recht kennt ein ausdifferenziertes System von «Verwertungsrechten», wobei es nach dem verpfändeten Objekt unterscheidet.[48]

412 Grundpfandrechte begegnen uns in der Form der Hypothek (§§ 1113 ff.) und der Grundschuld (§§ 1191 ff.). Ihre **Bedeutung** ist **enorm**: Im Jahre 1994 wurden auf diesem Wege Kredite in Höhe von insgesamt 1,235 Billionen DM abgesichert.[49] Den größten Anteil bildeten dabei die Belastungen von Wohngrundstücken, die sich auf insgesamt 828,4 Mrd. DM beliefen.[50] Im Vergleich dazu ist das Pfandrecht an beweglichen Sachen (§§ 1204 ff.) und an Rechten (§§ 1273 ff.) von untergeordneter Bedeutung. Soweit bewegliche Sachen und Forderungen zur Absicherung von Gläubigern herangezogen werden,

46 Dazu Michalski WM 1994, 1229
47 S. den Beispielsfall BGHZ 117, 127 – gesamtschuldnerische Haftung
48 Zum Begriff s. oben 1.1 (Rn 366)
49 Angabe nach Stat. Jahrbuch 1995, 354
50 S. Fn 49

wählt man üblicherweise die Sicherungsübereignung bzw. Sicherungszession.[51] Die folgende Darstellung nimmt auf das tatsächliche Vorkommen Rücksicht.

3.1 Die Unterscheidung von Hypothek und Grundschuld

Die **Hypothek** ist in ähnlicher Weise **akzessorisch** wie die Bürgschaft; in ihrem Bestand wie in ihrer Höhe ist sie grundsätzlich von der gesicherten Forderung abhängig.[52] 413

Im Gegensatz dazu ist die **Grundschuld** ein **«reines»**, an keine weiteren Voraussetzungen gebundenes **Verwertungsrecht**. Sie ist nicht mit einer bestimmten Forderung verknüpft, sondern von einer solchen völlig unabhängig. Dementsprechend bestimmt § 1192 Abs. 1, daß die Vorschriften über die Hypothek auf die Grundschuld entsprechende Anwendung finden, «soweit sich nicht daraus ein anderes ergibt, daß die Grundschuld nicht eine Forderung voraussetzt». Gleichwohl können die beteiligten Personen auch mit der Grundschuld eine Forderung absichern (man spricht insoweit von «Sicherungsgrundschuld»); an der rechtlichen Selbständigkeit der Grundschuld ändert dies nichts. 414

Der Unterschied zeigt sich, wenn die gesicherte Forderung (z. B. auf Zahlung eines Kaufpreisrestes) in Wirklichkeit nicht existiert: In diesem Fall ist die Hypothek zugunsten des Verkäufers gar nicht entstanden (vielmehr hat der Eigentümer des belasteten Grundstücks nach § 1163 Abs. 1 Satz 1 eine sog. Eigentümergrundschuld erworben[53]). Wurde statt dessen zugunsten des Verkäufers eine Grundschuld bestellt, kann ihr die Nichtigkeit des Kaufvertrages nichts anhaben. Daß ihr Inhaber sich ungerechtfertigt bereichern würde, wollte er sich gleichwohl aus dem Grundstück befriedigen, steht auf einem anderen Blatt. 415

Man kann die Hypothek auch als «Anhängsel» der Forderung bezeichnen.[54] Die **Grundschuld** wäre demgegenüber ein verselbständigter **«Eigentumssplitter»**.

Die Tatsache, daß es zwei verschiedene Grundpfandrechte gibt, hat im wesentlichen historische Gründe: In bestimmten Teilen Deutschlands war vor 1900 die Hypothek, in anderen die Grundschuld verbrei- 416

---

51 Dazu unten 4 (Rn 530ff)

52 Zur Bürgschaft s. oben 2.1 (Rn 372ff.)

53 Dazu näher unten 3.2.1 (Rn 426)

54 So Baur-Stürner § 36 III 1

tet.[55] In der heutigen Praxis steht die Grundschuld bei weitem im Vordergrund,[56] was mit ihrer **«Gläubigerfreundlichkeit»** zusammenhängt: Sie läßt sich für einen wechselnden Forderungsbestand einsetzen

Beispiel: Die Bank B hat auf dem Betriebsgrundstück des Unternehmers U eine Grundschuld in Höhe von 3 Mio. DM. Damit kann sie bis zu dieser Höhe für Forderungen jeder Art Befriedigung finden, während bei der Hypothek nur eine bestimmte Forderung gesichert werden könnte

und erleichtert außerdem die Rechtsdurchsetzung, da z. B. die Nichtentstehung der gesicherten Forderung vom belasteten Eigentümer bewiesen werden muß.

Für den erst in einigen Jahren zu bezahlenden Kaufpreisrest ist dem V eine Grundschuld in Höhe von 500000 DM bestellt worden. Erweist sich der Kaufvertrag nachträglich als fehlerhaft, muß K dies im einzelnen beweisen.[57]

417 Typische Inhaber von Hypotheken und Grundschulden sind **Banken und Sparkassen**. Unter Privatleuten kommen sie vor, wenn es um die Auseinandersetzung einer «Gemeinschaft» geht und der Ausscheidende Sicherheit dafür haben will, die für die Zukunft versprochenen Leistungen auch wirklich zu bekommen.

Erben des mittelständischen Unternehmens U sind S 1 und S 2. S 2 will sich lieber den schönen Künsten widmen und vereinbart deshalb mit S 1, daß dieser das Unternehmen fortführen und ihn «auszahlen» soll. Da S 1 nicht von heute auf morgen die dafür notwendigen 5 Mio. aufbringen kann, wird vereinbart, daß S 2 10 Jahre lang je 500000 DM erhalten soll. Zur Sicherung dieser Ansprüche wird eine Hypothek oder eine Grundschuld zugunsten des S 2 bestellt.

418 Die in §§ 1199 bis 1203 geregelte **Rentenschuld** ist eine Abart der Grundschuld, die jedoch heute kaum mehr praktische Bedeutung hat.[58] Auf eine nähere Darstellung wird daher verzichtet.

---

55 Baur-Stürner § 44 I 2; Bülow Rn 53
56 Adams, Ökonomische Analyse der Sicherungsrechte, Homburg 1980, S. 11: 19% aller Grundpfandrechte waren Hypotheken, 81 % waren Grundschulden
57 Vgl. Wilhelm Rn 98
58 Baur-Stürner § 47 II 1; Wilhelm Rn 688

3.2 Die Hypothek

3.2.1 Wie wird eine Hypothek bestellt?

Wie alle anderen Rechte an Grundstücken kann auch eine Hypothek nur durch **Einigung und Eintragung** im Grundbuch begründet werden (§ 873)[59]. Die Einigung muß zwischen dem Eigentümer und dem Inhaber der Hypothek (auch «Hypothekar» oder «Hypothekengläubiger» genannt) zustande kommen. Ist der im Grundbuch eingetragene nicht der wahre Eigentümer, ist gemäß § 892 ein gutgläubiger Erwerb möglich.[60] 419

Zu diesen allgemeinen **Voraussetzungen** müssen bei der Hypothek noch **zwei weitere** hinzukommen. 420

– Zum einen muß von den Beteiligten eine **Forderung festgelegt** sein, die die Hypothek sichern will. Dies ist eine notwendige Konsequenz des Akzessorietätsgrundsatzes. Die Forderung muß betragsmäßig bestimmt sein, da nur auf diese Weise deutlich wird, welcher Teil des Grundstückswerts durch die Belastung ausgeschöpft wird.[61] **Gläubiger der Forderung** muß **notwendigerweise** der **Inhaber der Hypothek** sein. Auf der «Passivseite» ist jedoch eine Divergenz möglich: Der Schuldner der Forderung kann, muß aber nicht der Eigentümer des belasteten Grundstücks sein. 421

Beispiel: U möchte ein Unternehmen zur Entwicklung von Software gründen, verfügt aber nur über wenig Kapital. Die Bank B gibt U ein Darlehen über 500 000 DM, weil der Vater des U bereit ist, auf dem ihm gehörenden Grundstück eine Hypothek zur Sicherung der Darlehensforderung eintragen zu lassen.

Der Eigentümer, der nicht zugleich der Schuldner ist, hat – wie wir noch sehen werden[62] – eine bürgenähnliche Stellung.

– Eigentümer und Hypothekengläubiger müssen sich zum zweiten darüber verständigen, ob sie eine **Brief- oder** eine **Buchhypothek** wollen. «Briefhypothek» bedeutet, daß ein «Hypothekenbrief» ausgestellt wird, der ein Wertpapier ist und mit dessen Hilfe die Hypothek ohne Einschaltung des Grundbuchamts übertragen werden kann. «Buchhypothek» bedeutet, daß die Hypothek wie andere Rechte an 422

59 Dazu schon Bd. 1 Kap. 14 unter 4.3.2 (Rn 1210 ff.)

60 S. Bd. 1 Kap. 14 unter 4.6.2 (Rn 1274 ff.)

61 Bülow Rn 90: Nur so wurden die nachrangigen Grundpfandgläubiger ausreichend geschützt

62 Unten 3.2.3.5 (Rn 452)

Grundstücken nur durch Einigung und Eintragung im Grundbuch übertragen werden kann.

423 § 1116 Abs. 1 geht von der **Briefhypothek** als Regeltatbestand aus. Um sie zur Entstehung zu bringen, verlangt § 1117 Abs. 1, daß der Eigentümer den **Brief dem Gläubiger übergibt**.[63]

Der Brief wird nach näherer Maßgabe der §§ 56 ff. GBO vom Grundbuchamt ausgestellt und nach § 60 GBO dem Eigentümer ausgehändigt. Nach § 1117 Abs. 2 steht es der Übergabe gleich, wenn Hypothekengläubiger und Eigentümer vereinbaren, daß ersterer berechtigt sein soll, sich den Brief vom Grundbuchamt aushändigen zu lassen.

424 Bei der **Buchhypothek** entfällt dies schon aus der Natur der Sache, doch verlangt § 1116 Abs. 2, daß sich Eigentümer und Hypothekengläubiger darüber einigen, daß kein Brief ausgestellt wird und daß diese Einigung ins Grundbuch eingetragen wird.

Man kann dies alles dahingehend zusammenfassen, daß die Entstehung einer Hypothek von vier Voraussetzungen abhängig ist: Einigung, Eintragung im Grundbuch, Existenz der gesicherten Forderung, Übergabe des Hypothekenbriefs oder wirksamer Abschluß der Brieferteilung durch Einigung und Eintragung ins Grundbuch.

Die Dinge sind also weniger kompliziert, als man dies im ersten Augenblick vermuten könnte. Von diesem Grundmodell aus lassen sich die etwas komplizierteren Fragen angehen.

425 – Ist die **gesicherte Forderung nicht entstanden**, weil beispielsweise der zugrundeliegende Vertrag gegen § 138 Abs. 1 verstößt, so stellt sich insbesondere im Rahmen von Darlehen das Problem, ob die Hypothek dann den Rückforderungsanspruch aus § 812 Abs. 1 sichert. Dies ist nicht anders als bei der Bürgschaft zu beurteilen[64], so daß es entscheidend auf die Parteiabsprachen ankommt; lassen sie keine eindeutigen Rückschlüsse zu, ist der Anspruch aus § 812 nicht erfaßt, u. a. deshalb nicht, weil er einen anderen Rechtscharakter hat und im Gegensatz zur gesicherten Forderung sofort fällig ist.[65]

426 – Nach § 1113 Abs. 2 kann auch eine künftige oder eine bedingte Forderung gesichert werden.[66] Ersteres ist beispielsweise der Fall, wenn die Hypothek einen künftigen Anspruch auf Rückzahlung eines Darle-

63 Gleichgestellt sind die sog. Übergabesurrogate nach §§ 929 Satz 2, 930, 931 – dazu Kap. 14 unter 4.2.3–4.2.5 (Rn 1188 ff.)

64 Dazu oben 2.1.3 (Rn 378)

65 Die Frage ist sehr streitig. Nachweise zum Diskussionsbestand bei Palandt-Bassenge § 1113 Rn 15; Westermann-Eickmann § 112 A II 3

66 Zur entsprechenden Regelung bei der Bürgschaft s. oben 2.1.2 (Rn 376)

hens sichern soll. Solange die Forderung noch nicht besteht, fehlt es an einer entscheidenden Voraussetzung für die Hypothek als solche: Auch wenn alle anderen Bedingungen erfüllt sind, besteht in einem solchen Fall nach § 1163 Abs. 1 Satz 1 zunächst eine (nicht aus dem Grundbuch ersichtliche) Eigentümergrundschuld.

Hier pflegt der geneigte Leser erst einmal zu schlucken und die Überzeugung zu entwickeln, das Hypothekenrecht sei endgültig ein Buch mit sieben Siegeln. So ist es aber nicht: Die noch zu behandelnde Eigentümergrundschuld[67] ist nur eine vorläufige und verwandelt sich automatisch in die eigentlich gewollte Hypothek, sobald die Forderung entstanden ist.

Dieselbe Rechtsfolge tritt ein, wenn die Forderung niemals zur Entstehung gelangt, weil der zugrundeliegende Vertrag unwirksam ist (§ 1163 Abs. 1 Satz 2). Daß dies so ist, hängt damit zusammen, daß ein und dasselbe Grundstück mit mehreren Grundpfandrechten belastet werden kann, zwischen denen eine Rangfolge besteht: Ohne Eigentümergrundschuld würde das nächstfolgende Recht aufrücken. 427

3.2.2 Worauf erstreckt sich das Recht des Hypothekengläubigers?

Das Verwertungsrecht «Hypothek» erstreckt sich auf das Grundstück als «wirtschaftliche Einheit», nicht nur auf den reinen Grund und Boden.[68] Dies wirft eine Reihe von Einzelfragen auf, die in den §§ 1120ff. geregelt sind. 428

3.2.2.1 Der Haftungsverband

– Zum Grundstück gehören alle wesentlichen und nicht wesentlichen **Bestandteile**, insbesondere die darauf stehenden Gebäude.[69] Nicht erfaßt sind die sog. Scheinbestandteile nach § 95.[70] 429

Der Pächter hat auf dem gepachteten Grundstück eine Garage errichtet.

– Zu den haftenden Objekten zählen weiter die «von dem Grundstück getrennten Erzeugnisse» (§ 1120). Gedacht ist dabei insbesondere an die **Ernte in der Landwirtschaft**. Eine Ausnahme gilt dann, wenn 430

67 Dazu unten Rn 478, 500
68 Bülow Rn 69
69 Näher zu den Bestandteilen Bd. 1 Kap. 6 unter 2.3.3 (Rn 386)
70 Bülow Rn 75

die Produkte einer anderen Person als dem Eigentümer, z. B. einem Pächter, zustehen.[71]

431 – Einbezogen ist weiter das «**Zubehör**» des Grundstücks, soweit die einzelnen Sachen dem Eigentümer zustehen.

Beispiel: Zu der auf dem Grundstück befindlichen Druckerei gehören drei Auslieferungsfahrzeuge.

Soweit Zubehörstücke unter Eigentumsvorbehalt gekauft wurden, erstreckt sich die Haftung gegenüber dem Hypothekar auch auf das **Anwartschaftsrecht**.[72] Dieses ist ein selbständiges Vermögensrecht, das insoweit wie ein Stück Eigentum behandelt wird.

432 – Ist das Grundstück vermietet oder verpachtet, so erstreckt sich die Hypothek nach § 1123 Abs. 1 auch auf die **Miet- und Pachtzinsforderungen**.

433 – Sind einzelne Gegenstände versichert, erstreckt sich die Hypothek auch auf die **Ansprüche gegen den Versicherer** (§ 1127). Brennt etwa das Gebäude ab, so setzt sich die Hypothek am Anspruch gegen die Feuerversicherung fort. Durch diesen Zugriff auf das «Surrogat» ist der Hypothekengläubiger vor unvorhersehbaren Wertminderungen in weitem Umfang gesichert.

3.2.2.2 Enthaftung

434 Die genannten Gegenstände stehen nicht auf alle Zeiten dem Hypothekengläubiger zur Verfügung, da dies die wirtschaftliche Betätigungsfreiheit des Grundeigentümers völlig zerstören würde. Unter bestimmten Voraussetzungen tritt vielmehr eine sog. Enthaftung ein.

435 – Abtrennbare Bestandteile des Grundstücks, Erzeugnisse und Zubehör werden von der Haftung frei, wenn sie nicht nur veräußert, sondern auch **vom Grundstück entfernt** werden (§ 1121 Abs. 1). § 1122 läßt grundsätzlich auch schon die bloße Entfernung vom Grundstück (ohne Veräußerung) genügen, sofern sie auf Dauer erfolgt; bei Zubehör muß eine «Entwidmung» innerhalb der Grenzen einer ordnungsgemäßen Wirtschaft erfolgen.

Eines der Auslieferungsfahrzeuge der Druckerei wird – da reparaturbedürftig – grundsätzlich nicht mehr eingesetzt und deshalb als «Ersatzfahrzeug» an einen anderen Platz verbracht.

---

71 Vgl. Bd. 1 Kap. 6 unter 2.3.3 (Rn 387)

72 BGHZ 92, 280; Baur-Stürner § 39 IV 1 b

– Forderungen unterliegen nach § 1123 Abs. 2 der Haftung nur insoweit, als sie nicht schon vor mehr als einem Jahr fällig wurden. Verfügungen über künftig fällig werdende Forderungen sind nur in den engen Grenzen des § 1124 zulässig. 436

– Die Einbeziehung der Forderung gegen die Versicherung wird nach § 1127 Abs. 2 hinfällig, wenn der versicherte Gegenstand wiederhergestellt oder Ersatz für ihn beschafft ist. 437

3.2.2.3 Schutz gegen Verschlechterung des Grundstücks

Was «Haftung für die Hypothek» bedeutet, wird im nächsten Abschnitt ausgeführt. An dieser Stelle ist nur noch darauf hinzuweisen, daß der Hypothekar durch die §§ 1133–1135 auch dagegen geschützt ist, daß durch «Verschlechterung» von Grundstück und Zubehör die Sicherheit der Hypothek gefährdet ist. 438

Das Grundstück hat samt Gebäude einen Wert von 200000 DM und ist mit einer Hypothek über 150000 DM belastet. Der Eigentümer kümmert sich überhaupt nicht um das Gebäude und läßt es leerstehen. Wegen des defekten Dachs dringt regelmäßig Wasser ein, was dem Hausschwamm einen «Wachstumsschub» beschert; ein Käufer würde für das heruntergekommene «Anwesen» höchstens noch 100000 DM bezahlen. Der Hypothekengläubiger kann nach § 1133 vom Eigentümer verlangen, daß dieser das Objekt so weit wieder in Schuß bringt, daß jederzeit 150000 DM zu erzielen wären.

In der Praxis spielen die §§ 1133 ff. eine relativ geringe Rolle, da die Kreditgeber sich ein **Kündigungsrecht** ausbedingen, wenn der Eigentümer nicht für einen ordentlichen Zustand des Grundstücks sorgt.[73] 439

Angesichts der meist sehr starken Stellung der Hypothekengläubiger erklärt § 1136 eine Verpflichtung des Eigentümers für nichtig, das Grundstück nicht zu veräußern oder nicht weiter zu belasten: Eine allzu weitreichende Durchsetzung einseitiger Interessen soll nicht möglich sein. Dies wird häufig dadurch «ausgehebelt», daß für den Fall der Veräußerung ein Kündigungsrecht vorgesehen, die Hypothek also sofort fällig wird. Dies ist schon wegen einer Umgehung des § 1136 nicht zu billigen.[74]

73 Baur-Stürner § 40 III 2

74 S. Fn 73

3.2.3 Die Geltendmachung der Hypothek

440 Der Hypothekengläubiger kann sein Verwertungsrecht nicht zu jedem ihm genehm erscheinenden Zeitpunkt ausüben. Schon aus dem Gedanken der Akzessorietät folgt, daß er erst dann aktiv werden kann, wenn die **gesicherte Forderung fällig** ist.

3.2.3.1 Wann ist eine Hypothek fällig?

441 In der Praxis ist die Fälligkeit häufig durch Vertrag für einen bestimmten Zeitraum ausgeschlossen.

Der Bauherr erhält ein hypothekarisch gesichertes Darlehen über 100000 DM «für fünf Jahre fest». Wird nach fünf Jahren keine «Anschlußfinanzierung» vereinbart, muß das Darlehen zurückbezahlt werden. Ist der Eigentümer dazu nicht in der Lage, kann der Darlehensgeber mit der Hypothek ernst machen.

442 Besonders günstig ist für den Schuldner die sog. **Amortisations-** oder Tilgungs**hypothek**: Langfristig wird eine jährlich zu erbringende, gleichbleibende Zahlung festgelegt, die gleichermaßen Zinsen und Tilgung umfaßt. Je länger man bezahlt, um so geringer der Anteil der Zinsen und um so höher der Anteil der Tilgung.

In der Praxis verfahren Bausparkassen häufig nach diesem Muster.

443 Die sog. **Abzahlungshypothek** sieht demgegenüber einen gleichbleibenden Tilgungsbetrag vor; weil sich durch einzelne Tilgungsraten die Gesamtverbindlichkeit vermindert, gehen die außerdem zu bezahlenden Zinsen Jahr für Jahr zurück.

444 Gefährlich für den Eigentümer wie den Schuldner ist die sog. **Kündigungshypothek**: Der Gläubiger hat es in der Hand, unter bestimmten Voraussetzungen (die sehr weit sein mögen) die Fälligkeit von Forderung und Hypothek herbeizuführen.

3.2.3.2 Der Schuldner bezahlt

445 Ist die Forderung fällig, wird in der Regel der **Schuldner bezahlen**. Damit erlischt die Forderung durch Erfüllung nach § 362 Abs. 1. Ist er selbst der Eigentümer des belasteten Grundstücks, erwirbt er nach § 1163 Abs. 1 Satz 2 eine **Eigentümergrundschuld**. Fallen Schuldner und Eigentümer auseinander, ist zu differenzieren:

3.2.3.3 Der vom Schuldner verschiedene Eigentümer leistet

Bezahlt der Eigentümer, **geht** nach § 1143 Abs. 1 Satz 1 die **Forderung auf ihn über**. Der für den Bürgen geltende § 774 Abs. 1 findet entsprechende Anwendung.[75] Mit der Forderung erwirbt der Eigentümer zugleich nach §§ 412, 401 die diese sichernde Hypothek. Sie wird zur sog. **Eigentümerhypothek**. 446

Der Grundstückseigentümer E hat gegenüber der Bank B, die dem S ein Darlehen in Höhe von 100 000 DM gewährt hat, eine Hypothek bestellt. Da S bei Fälligkeit des Darlehens in wirtschaftlichen Schwierigkeiten ist und die Bank «Kasse machen» möchte, zahlt E an B. Nach § 1143 Abs. 1 erwirbt er die Darlehensforderung und mit ihr die Hypothek. Da diese an seinem eigenen Grundstück besteht, ist sie für ihn natürlich nicht von primärem Interesse, doch wird auf diese Weise verhindert, daß E durch seine Zahlung noch den zusätzlichen Nachteil erleidet, daß die Hypothek erlischt und die nachrangigen Gläubiger aufrücken.

Praktisch wichtig ist die Vorschrift des § 1144, wonach der Eigentümer seine Leistung davon abhängig machen kann, daß ihm der **Hypothekenbrief** sowie sonstige Urkunden **ausgehändigt** werden, die zur Berichtigung des Grundbuchs oder zur Löschung der Hypothek erforderlich sind. 447

Der **Schuldner** kann dem Eigentümer alle **Einwendungen** entgegensetzen, **die sich aus ihren internen Abmachungen ergeben**. So ist beispielsweise denkbar, daß der Eigentümer wirtschaftlich der endgültig Belastete bleiben soll. In einem solchen Fall ist der Rückgriff selbstredend ausgeschlossen. 448

Beispiel: Der Eigentümer hat das Grundstück mit der Maßgabe erworben, daß die darauf lastende Hypothek von 100 000 DM von ihm «in Anrechnung auf den Kaufpreis» übernommen wird. Persönlicher Schuldner blieb aber sein Veräußerer V, weil der Hypothekengläubiger eine Schuldübernahme nach § 416 nicht genehmigte. Zahlt nun gleichwohl E, kann V gegen die nach § 1143 übergegangene Darlehensforderung einwenden, E habe sich vertraglich zur Übernahme der 100 000 DM verpflichtet.

---

75 Dazu oben 2.1.5 (Rn 389 ff.)

3.2.3.4 Persönlicher Schuldner bezahlt und kann Rückgriff nehmen

449 Fallen Schuldner und Eigentümer auseinander, zahlt jedoch der persönliche Schuldner, so entsteht nach § 1163 Abs. 1 Satz 2 grundsätzlich eine Eigentümergrundschuld. Hatte er jedoch einen Ersatzanspruch gegen den Eigentümer, geht die Hypothek nach § 1164 Abs. 1 Satz 1 auf ihn über.

Im eben genannten Fall hat V bezahlt. Nach den kaufvertraglichen Abmachungen muß ihm E diesen Betrag erstatten. Die Hypothek geht auf V über und sichert nunmehr dessen Ersatzanspruch. Es tritt kraft Gesetzes eine **Auswechslung der gesicherten Forderung** ein.

3.2.3.5 Einwendungen und Einreden

450 Der persönliche Schuldner kann sich gegen die Inanspruchnahme durch den Hypothekengläubiger ggfs. mit guten Gründen zur Wehr setzen: Er kann geltend machen, die Forderung sei nie entstanden oder inzwischen längst getilgt, ihm kann z. B. die Einrede der Stundung oder gar der Verjährung zustehen. Sind Schuldner und Eigentümer verschiedene Personen, stellt sich das Problem, ob auch der **Eigentümer diese «Verteidigungsmittel»** geltend machen kann. Dabei ist zu unterscheiden:

451 Wird die Existenz der Forderung bestritten, sind damit zugleich **Einwendungen gegen die Hypothek als solche** geltend gemacht, da sie ja nicht ohne Forderung existieren kann. Dem Eigentümer steht es frei, das ihm gegenüber geltend gemachte Recht mit diesen Argumenten in Zweifel zu ziehen.

452 Stehen dem Schuldner lediglich **Einreden** zu, so kann sich nach der ausdrücklichen Vorschrift des § 1137 **auch der Eigentümer** auf sie berufen. Insoweit steht er **wie ein Bürge** – was so weit geht, daß § 1137 Abs. 2 genau wie § 768 Abs. 2 den Verzicht des Schuldners auf Einreden für irrelevant erklären. Kann der Schuldner anfechten oder aufrechnen, so stehen dem Eigentümer nach § 1137 Abs. 1 Satz 1 kraft ausdrücklicher Verweisung die Rechte nach § 770 zu.[76]

---

76 Dazu oben 2.1.3 (Rn 382 ff.)

3.2.3.6 Durchsetzung im Wege der Zwangsvollstreckung

Zahlt der Schuldner und (der von diesem ggfs. verschiedene) Eigentümer nicht, so kann der Hypothekengläubiger sein Verwertungsrecht effektiv ausüben. Nach § 1147 geschieht dies «im Wege der Zwangsvollstreckung». Nach Fälligkeit der Forderung kann er daher **auf «Duldung der Zwangsvollstreckung»** klagen. 453

Was «Zwangsvollstreckung» in diesem Fall bedeutet, bestimmt sich nach dem «Gesetz über die Zwangsversteigerung und die Zwangsverwaltung» (**ZVG** – Schönfelder Nr. 108). Soll die Substanz des Grundstücks verwertet werden, wird Zwangsversteigerung angeordnet (§§ 15ff. ZVG), reicht der Zugriff auf die Nutzungen, wird «Zwangsverwaltung» bestimmt (§§ 146ff. ZVG). Durch die Anordnung der einen wie der anderen Maßnahme wird das **Grundstück «beschlagnahmt»**. Von diesem Moment an können auch die mithaftenden Gegenstände wie Zubehör, Mietzinsforderungen usw. grundsätzlich nicht mehr «enthaftet» werden. 454

Auf dem Grundstück sind 10 Tonnen Getreide aus der diesjährigen Ernte gelagert. Sie können mitverwertet werden. Eine Veräußerung an Dritte ist dem Eigentümer nach §§ 23, 148 ZVG nicht mehr erlaubt.

Dies wirft u. a. Probleme des **Schutzes Gutgläubiger** auf, die in § 1121 angesprochen sind. 455

Unterstellt, die Veräußerung des Getreides sei vor der Beschlagnahme erfolgt und diese sei dem Erwerber auch im Zeitpunkt der Entfernung vom Grundstück noch nicht bekannt gewesen: In einem solchen Fall erwirbt er nach § 1121 Abs. 2 Satz 2 wirksam Eigentum.

Der Hypothekengläubiger wird häufig versuchen, zu einer sehr schnellen Vollstreckungsmöglichkeit zu kommen, indem er seine überlegene Verhandlungsmacht dazu benutzt, den Schuldner wie den Eigentümer zu einer **«Unterwerfung unter die sofortige Zwangsvollstreckung»** zu veranlassen.[77] Geschieht dies in AGB, liegt entgegen der Auffassung des BGH[78] ein Verstoß gegen § 9 Abs. 2 Nr. 1 AGBG sowie gegen § 11 Nr. 15 AGBG vor, da die Beweislast für alle etwaigen Einwände einseitig dem Schuldner bzw. Eigentümer auferlegt wird.[79] 456

---

77 Zu dieser Rechtsfigur s. bereits oben 1.2 (Rn 370)
78 BGHZ 99, 274, 282ff.
79 Dazu Stürner JZ 1977, 639f.

457 Wird effektiv die Zwangsversteigerung oder die Zwangsverwaltung betrieben und dadurch der Gläubiger befriedigt, so erlischt die Hypothek (§ 1181 Abs. 1).

3.2.4 Abtretung der hypothekarisch gesicherten Forderung

3.2.4.1 Grundsätze

458 Obwohl man in der Umgangssprache davon spricht, man würde «eine Hypothek» abtreten, ist dies nach geltendem Recht nicht möglich: Dem Akzessorietätsgrundsatz entsprechend, können **Forderung und Hypothek nur zusammen abgetreten** werden. § 1153 Abs. 2 bringt dies mit hinreichender Deutlichkeit zum Ausdruck.[80]

459 Die **Abtretung** erfolgt **nicht** etwa **formlos** wie nach §§ 398 ff.; vielmehr sind insoweit sachenrechtliche Grundsätze zu beachten. Dabei ist zwischen Brief- und Buchhypothek zu unterscheiden.

460 § 1154 Abs. 1 sieht bei der **Briefhypothek** eine schriftliche Abtretungserklärung sowie die Übergabe des Hypothekenbriefs vor. Statt dessen kann nach § 1154 Abs. 2 die Abtretung auch ins Grundbuch eingetragen werden.

461 Bei der **Buchhypothek** gelten die allgemeinen Grundsätze; Abtretender und Abtretungsempfänger müssen sich daher einig sein, und letzterer muß als neuer Berechtigter im Grundbuch eingetragen werden.

462 In der Praxis ist die **Abtretung selten**, da Banken und Bausparkassen in aller Regel die ihnen eingeräumten Sicherheiten behalten. Lediglich bei privaten Gläubigern gilt bisweilen anderes.[81] Dennoch sei auf einige Probleme hingewiesen, die zu den klassischen Interessengebieten sachenrechtlicher Gesetzesauslegung gehören.

---

80 «Die Forderung kann nicht ohne die Hypothek, die Hypothek kann nicht ohne die Forderung übertragen werden.»

81 Baur-Stürner § 38 I 1

3.2.4.2 Schutz des Gutgläubigen bei der Briefhypothek

Bei der Briefhypothek besteht die Besonderheit, daß Grundbucheintragung und tatsächliche Rechtsinhaberschaft nicht übereinstimmen. Kann ich von jemandem wirksam erwerben, der zwar den Brief in Händen hält, aber mit Rücksicht auf § 1154 Abs. 1 nicht im Grundbuch eingetragen ist? Kann der Eigentümer an eine solche Person leisten, ohne das Risiko einzugehen, später noch einmal an den wirklichen Berechtigten bezahlen zu müssen? Die Frage ist in § 1155 gelöst: Der Briefinhaber wird wie ein eingetragener Hypothekengläubiger behandelt, sofern er sein Recht dadurch belegen kann, daß eine **«Kette» von öffentlich beglaubigten Abtretungserklärungen bis hin zum Eingetragenen** führt. 463

Beispiel: Der E hat zugunsten des H 1 eine Briefhypothek begründet, die auch im Grundbuch eingetragen wurde. H 1 tritt Forderung samt Hypothek an H 2 in öffentlich beglaubigter Form ab, H 2 überträgt das Erworbene in derselben Form an H 3. H 3 wird so behandelt, als stünde er im Grundbuch, so daß von ihm nach § 892 gutgläubig erworben und nach § 893 an ihn mit Wirkung für und gegen den wahren Berechtigten geleistet werden kann.

Auffallend (und im Grunde wenig sinnvoll) ist, daß die Abtretungserklärung als solche gemäß § 1154 Abs. 1 schon dann gültig ist, wenn sie in schriftlicher Form abgegeben wurde, während der besondere Schutz gutgläubiger Vertragspartner nur dann eingreift, wenn die Abtretungserklärungen öffentlich beglaubigt sind. Letzteres ist daher in der Praxis die Regel. 464

Bei der Buchhypothek ergeben sich keine Besonderheiten; der eingetragene Inhaber gilt nach §§ 891 ff. als Berechtigter, soweit nicht der Vertragspartner bzw. der Leistende das Gegenteil positiv kennt.

3.2.4.3 Gutgläubiger Erwerb der Hypothek

Da die hypothekarisch gesicherte Forderung aus zwei Bestandteilen – eben der Forderung und der Hypothek – besteht, können «Fehler» bei jedem dieser Teile auftreten. Wie ist insoweit der gutgläubige Erwerber geschützt? Drei Fälle sind zu unterscheiden. 465

(1) **Die Forderung besteht**, doch war die **Hypothek nichtig** (weil z. B. der vom Schuldner verschiedene Eigentümer geisteskrank war oder arglistig getäuscht wurde). Hier liegt ein ganz normaler Fall der 466

§§ 892, 893 vor; zum Erwerb der Forderung kommt ein gutgläubiger Erwerb der zu Unrecht eingetragenen Hypothek hinzu.[82]

467 (2) Die **Hypothek erfüllt** zwar als solche die normalen **Voraussetzungen**, doch ist die **Forderung** (z. B. wegen Nichtigkeit des zugrundeliegenden Vertrages) **nicht entstanden**. Da es keinen gutgläubigen Erwerb an Forderungen gibt[83], müßte hier an sich der Erwerber ungeschützt bleiben. Davor bewahrt ihn jedoch § 1138: Die Gutglaubensvorschriften der §§ 891–899 gelten für die Hypothek «auch in Ansehung der Forderung». Dies bedeutet, daß zugunsten des Erwerbers so getan wird, als läge der Hypothek eine Forderung zugrunde. Diese selbst wird nicht etwa gutgläubig erworben, da sich § 1138 auf die Hypothek als solche beschränkt. Ein **Erwerber** kann daher notfalls **auf Duldung der Zwangsvollstreckung** ins Grundstück klagen, nicht aber den Schuldner mit seinem gesamten Vermögen in Anspruch nehmen.[84]

468 (3) Denkbar ist schließlich, daß sowohl die **Hypothek fehlerhaft** begründet **als auch die Forderung unwirksam** ist. Auch im Falle eines solchen «Doppelmangels» ist gutgläubiger Erwerb entsprechend § 1138 möglich.[85]

Basis für den guten Glauben ist immer das Grundbuch bzw. bei der Briefhypothek der Besitz am Hypothekenbrief, der sich durch eine ununterbrochene Kette öffentlich beglaubigter Abtretungen auf einen im Grundbuch Eingetragenen zurückführen läßt.

469 Zu beachten ist in diesem Zusammenhang auch § 1140, wonach Vermerke auf dem Brief den öffentlichen Glauben des Grundbuchs zerstören.

470 Vom Gesetzgeber nicht bedacht ist der Fall, daß eine **Abtretung unwirksam** ist, der Empfänger aber im Grundbuch eingetragen oder durch Brief ausgewiesen ist und nunmehr **an einen Gutgläubigen weiterüberträgt**: Da letzterer nach § 1138 erwirbt, die Forderung aber mangels wirksamer Abtretung beim ersten Inhaber zurückgeblieben ist, besteht die Gefahr, daß der Eigentümer zweimal in Anspruch genommen wird. Nach herrschender Auffassung «zieht» in einem solchen Fall die Hypothek die Forderung mit.[86]

---

82 Wilhelm Rn 716

83 Bd. 1 Kap. 14 unter 4.6.3 (Rn 1287ff.)

84 Baur-Stürner § 38 IV 1; Wilhelm Rn 717

85 Baur-Stürner § 38 IV 1

86 Baur-Stürner § 38 IV 1; Karper JuS 1989, 33; Palandt-Bassenge § 1153 Rn 2; Wilhelm Rn 719

Der Hypothekar H 1 tritt Forderung samt Hypothek an H 2 ab, ficht jedoch vier Wochen später erfolgreich wegen arglistiger Täuschung an. H 2 hatte zwei Wochen nach seinem Erwerb die Forderung samt Hypothek an den H 3 abgetreten, der vom Anfechtungsrecht des H 1 nichts wußte (beachte § 142 Abs. 2) und deshalb gutgläubig war. Nach § 1138 erwarb er die Hypothek, in ihrem Gefolge jedoch nach der eben skizzierten Auffassung auch die Forderung.

3.2.4.4 Einreden gegenüber dem Erwerber der Hypothek

Dem Inhaber einer hypothekarisch gesicherten Forderung können verschiedene Einwendungen und Einreden entgegenstehen.[87] Können diese gemäß § 404 auch einem Abtretungsempfänger entgegengehalten werden? Die Antwort des Gesetzes ähnelt der von Radio Eriwan: Im Prinzip ja, aber praktisch ist der Schuldner bzw. der Eigentümer so gut wie immer der Dumme. Die Regeln über den gutgläubigen Erwerb werden nämlich auch auf den «ungeschmälerten Bestand» des eingetragenen (oder aus dem Brief ersichtlichen) Rechts erstreckt. 471

Soweit es um Einwendungen gegen die Hypothek als solche geht, folgt dies unmittelbar aus § 892. 472

Der Schuldner macht geltend, die Hypothek im Zustand der Geisteskrankheit bewilligt zu haben, während er gegen die Existenz der Forderung nichts einwendet. Ist die Hypothek im Grundbuch eingetragen und weiß der Erwerber nichts von der Geisteskrankheit, findet gutgläubiger Erwerb statt.

Standen der Forderung Einreden entgegen oder konnte der vom Schuldner verschiedene Eigentümer Einreden nach § 1137 erheben[88], so wirken diese dem Erwerber gegenüber nach § 1138 nur, wenn er sie kannte oder wenn sie aus dem Grundbuch bzw. dem Brief ersichtlich waren. 473

Der vom Schuldner verschiedene Eigentümer konnte sich z. B. nach § 1137 Abs. 1 iVm § 770 darauf berufen, daß der Schuldner bei Eingehung der Verbindlichkeit getäuscht worden sei und deshalb nach § 123 anfechten könne. Der Erwerber muß dies nicht gegen sich gelten lassen, es sei denn, es wäre ihm aus irgendwelchen Gründen bekannt gewesen.

---

87 S. dazu oben 3.2.3.5 (Rn 450ff.)
88 S. dazu oben 3.2.3.5 (Rn 452)

474 Schließlich ist denkbar, daß der vom persönlichen Schuldner verschiedene Eigentümer eigene Einreden gegenüber dem Hypothekar hat, der ihm beispielsweise Stundung bewilligte. Nach § 1157 kann er sie auch dem Erwerber entgegenhalten, sofern nicht – wie in der Regel – die Vorschriften über den gutgläubigen Erwerb eingreifen.

475 Mittelbar ergibt sich aus diesen Vorschriften, daß **Einwendungen und Einreden ins Grundbuch** eingetragen werden können.

Wer dies alles ohne größere Schwierigkeiten verstanden hat, ist ein juristisches Talent und sollte sich bald zum Staatsexamen melden. Wer nicht gleich alles nachvollziehbar fand, sollte vielleicht eines der Sachenrechtslehrbücher zu Rate ziehen.[89] Wenn er sich dort durchgefressen hat, wird er das hier Dargestellte eher als leichte Kost empfinden.

3.2.5 Die Rangproblematik

3.2.5.1 Bedeutung

476 Wer ein Haus oder eine Eigentumswohnung erwirbt, wird mit dem Begriff einer «erstrangigen» oder «zweitrangigen» Hypothek bzw. Grundschuld konfrontiert. Dahinter steckt ein sehr wichtiges Prinzip des Rechts der Grundpfandrechte. Da diese immer auf einen bestimmten Betrag lauten müssen[90], schöpfen sie wertmäßig in aller Regel nur einen Teil des Grundstücks aus. Möglich ist es deshalb, ein Grundstück mit mehreren Hypotheken oder Grundschulden zu belasten, von denen die zunächst eingetragene den später eingetragenen vorgeht. Wer an erster Stelle steht, hat die besten Chancen, im Falle der Zwangsversteigerung den vollen Betrag zu erhalten; der Drittplazierte muß damit rechnen, daß ihm gegenüber der Grundsatz «Den letzten beißen die Hunde» gilt. Das **unterschiedliche Maß an Sicherheit** wird häufig durch die **Höhe der zu bezahlenden Zinsen** ausgeglichen; wer eine «bombensichere» Hypothek hat, wird mit einem bescheideneren Zinssatz zufrieden sein als ein Gläubiger, dem im Ernstfall ein effektiver Verlust droht.

Von «erstrangigen» Grundpfandrechten spricht man nur dann, wenn durch sie ½ bis ⅗ des Grundstückswerts ausgeschöpft sind. Theoretisch kann es also auch zwei erstrangige Hypotheken geben. Banken und Sparkassen akzeptieren in der Regel auch zweitrangige Grundpfandrechte nur bis zur «Beleihungsgrenze», die bei etwa

89 Am übersichtlichsten Baur-Stürner § 38
90 Oben 3.2.1 (Rn 421)

75 % des Grundstückswerts liegt.[91] Auf diese Weise ist sichergestellt, daß auch ein Preisrückgang auf dem Grundstücksmarkt zu keiner Gefährdung der Sicherheit führt.

3.2.5.2 Wonach richtet sich der Rang?

Der Rang eines Grundpfandrechts bestimmt sich nach dem **Zeitpunkt der Eintragung** (§ 879 – «Wer zuerst kommt, mahlt zuerst»), doch sind eine abweichende Vereinbarung sowie eine spätere einvernehmliche Rangänderung jederzeit möglich (§ 880). Auch hat der Eigentümer das Recht, sich bei der Eintragung einer Belastung wie z. B. einer Hypothek das Recht vorzubehalten, in gewissem Umfang ein diesem vorgehendes Recht später eintragen zu lassen (sog. **Rangvorbehalt** – § 881). 477

3.2.5.3 Rang nach Tilgung der gesicherten Forderung

Der einmal fixierte **Rang** eines Grundpfandrechts **bleibt** grundsätzlich auch dann **erhalten, wenn** die gesicherte **Forderung getilgt** ist: Wie oben ausgeführt[92], geht in diesen Fällen das Grundpfandrecht auf den Eigentümer über. Dieser behält so beispielsweise bei der Rückzahlung einer erstrangigen Hypothek das Recht, mit Hilfe einer ersten Hypothek ein anderes, besonders preiswertes Darlehen «einwerben» zu können. Würden statt dessen die nachfolgenden Rechte aufrücken, würden sich Ungereimtheiten ergeben: Man müßte die höheren Zinsen für die zweit- und drittrangige Hypothek bezahlen, obwohl ihr Inhaber zu seiner großen Freude an die erste bzw. die zweite Stelle gerückt ist. Hierin liegt der eigentliche Sinn des auf den ersten Blick so befremdlichen Eigentümergrundpfandrechts. 478

Zur Terminologie: Das Eigentümerpfandrecht ist Grundschuld, wenn keine Forderung mehr besteht (§ 1177 Abs. 1 Satz 1), es ist Hypothek, soweit – wie etwa im Falle des § 1143 – noch eine zu sichernde Forderung existiert.

3.2.5.4 Rang vor Begründung der Forderung

Große praktische Bedeutung hat es auch, daß vor der Entstehung einer Forderung (z. B. vor der Auszahlung eines Darlehens) noch keine Hypothek, sondern nur eine **Eigentümergrundschuld** besteht. Diese ist 479

91 Vgl. Baur-Stürner § 36 I 5 b
92 Unter 3.2.3.2 (Rn 445 ff.)

zwar nicht aus dem Grundbuch ersichtlich, doch kann sie für eine **Zwischenfinanzierung** verwendet werden.

Beispiel: Für das Bürohaus des E hat die B eine «Endfinanzierung» in Höhe von 30 Mio. DM zugesagt, die erst nach Fertigstellung des Gebäudes ausbezahlt werden soll. Die zur Sicherung vorgesehene Hypothek wird sogleich im Grundbuch eingetragen, der Brief dem E übersandt.[93] Dieser benötigt Geld, um die Bauhandwerker «entsprechend Baufortschritt» zu bezahlen. Einem hierfür bereiten Darlehensgeber tritt er seine vorläufige Eigentümergrundschuld ab und übergibt ihm den Hypothekenbrief. Außerdem tritt er ihm den Anspruch auf Auszahlung der Endfinanzierung ab. Diese erfolgt dann an den G gegen Übergabe des Briefs.

3.2.5.5 Löschungsvormerkung

480 In der Praxis werden häufig insbesondere im Wohnungsbau Grundpfandrechte nur für einen einmaligen Anlaß bestellt. Insoweit liegt es nahe, die **zweitrangige Hypothek** entgegen der Regel **doch nachrücken** zu lassen und so gleichzeitig den für sie vorgesehenen Zinssatz etwas zu drücken. Rechtliches Mittel hierfür war die Bewilligung einer Löschungsvormerkung: Der Eigentümer verpflichtete sich, eine durch Rückzahlung des Darlehens erworbene Eigentümergrundschuld löschen zu lassen, und sicherte diesen Anspruch des Zweitplazierten durch Vormerkung.

481 Von dieser Möglichkeit wurde in so breitem Umfang Gebrauch gemacht, daß die Grundbuchämter pro Jahr etwa 1 Mio. Löschungsvormerkungen einzutragen hatten.[94] Der Gesetzgeber hat deshalb mit Wirkung vom 1. 1. 1978 in Form des § 1179a einen **automatischen Löschunganspruch** für den Fall des nachträglichen Erwerbs einer Eigentümergrundschuld eingeführt, der jedoch im Einzelfall ausgeschlossen werden kann (§ 1179a Abs. 5 Satz 1). Aus der faktischen wurde eine rechtliche Regel; insbesondere bei Krediten an Gewerbebetriebe wird jedoch kraft Vereinbarung am früheren starren Rangsystem festgehalten.

---

93 Zur Begründung einer Briefhypothek s. oben 3.2.1 (Rn 423)
94 Baur-Stürner § 46 IV

3.2.6 Verschiedene Arten von Hypotheken

3.2.6.1 Verkehrshypothek und Sicherungshypothek

Die bisher dargestellten Grundsätze betrafen den «Normalfall» einer Hypothek, die man in der Praxis als «Verkehrshypothek» bezeichnet. Dem steht die «Sicherungshypothek» nach § 1184 gegenüber. Diese ist notwendigerweise Buchhypothek (§ 1185) und kennt insbesondere keinen **gutgläubigen Erwerb** entsprechend § 1138: Besteht die Forderung nicht, kann auch der Gutgläubigste nichts bekommen. Die Sicherungshypothek ist so für den Eigentümer mit den relativ geringsten Risiken verbunden. Ein Gläubiger, der eine Abtretung seiner Rechte erwägt, wird sich bei ihrer Begründung auf diese Sicherungsform schwerlich einlassen. 482

3.2.6.2 Höchstbetragshypothek

§ 1190 macht eine Ausnahme von dem Grundsatz, daß die gesicherte Forderung dem Betrage nach bestimmt sein muß. Zulässig ist danach auch eine sog. Höchstbetragshypothek, mit der insbesondere der jeweilige Saldo auf einem Kontokorrentkonto abgesichert werden kann. Nur der Höchstbetrag muß (damit die im Rang Folgenden wissen, woran sie sind) im Grundbuch eingetragen werden. Praktisch ist die Höchstbetragshypothek völlig von der Grundschuld abgelöst. 483

3.2.6.3 Gesamthypothek

Eine Forderung kann auch in der Weise gesichert werden, daß eine Hypothek **an mehreren Grundstücken** bestellt wird. Sie gibt dem Gläubiger nach § 1132 Abs. 1 Satz 2 das Recht, «nach seinem Belieben» aus jedem der Grundstücke ganz oder teilweise Befriedigung zu suchen. 484

Für die Darlehensforderung der B gegen S in Höhe von 400 000 DM ist eine Gesamthypothek an den Grundstücken von E 1, E 2 und E 3 bestellt worden. Unterstellt, das Grundstück des E 1 ist 300 000, das des E 2 250 000 und des E 3 DM 400 000 wert. B kann ausschließlich die Versteigerung des dem E 3 gehörenden Grundstücks betreiben, sich aber auch an E 1 und – soweit der dortige Erlös nicht reicht – an E 2 halten.

Die Gesamthypothek ist insoweit ähnlich wie die Gesamtschuld ausgestaltet.[95]

485 Hat ein Eigentümer freiwillig oder unfreiwillig mehr geleistet als seinen internen Verpflichtungen entsprach, ergeben sich komplizierte Probleme des Rückgriffs gegen die übrigen. Auf sie einzugehen, verbietet sich im Rahmen eines Leitfadens.[96]

3.3 Die Grundschuld

486 Die nicht vom Bestand einer bestimmten Forderung abhängige Grundschuld[97] wird **normalerweise** als **Sicherungsgrundschuld** bestellt. Denkbar ist, daß sie auch für andere Zwecke eingesetzt, z. B. verschenkt[98] oder als Einlage eines Gesellschafters in eine GmbH eingebracht wird.[99] Insoweit spricht man von **«isolierter Grundschuld»**[100], doch ist diese Bezeichnung höchst mißverständlich: Die Grundschuld ist in diesen Fällen nicht mehr und nicht weniger von den wirtschaftlichen Zwecken isoliert, denen sie dienen soll, die Zwecke sind lediglich andere. Würde es an jeder Rechtsgrundabrede fehlen, müßte die Grundschuld nach § 812 an den Eigentümer zurückübertragen werden.

3.3.1 Anwendung der Vorschriften über die Hypothek

487 § 1192 Abs. 1 verweist für die Grundschuld auf das Hypothekenrecht, soweit dessen Vorschriften nicht die Abhängigkeit von einer Forderung voraussetzen. Die **Bestellung einer Grundschuld** bestimmt sich daher gleichfalls nach §§ 1113 ff.,[101] allerdings mit der selbstverständlichen Modifikation, daß nicht eine bestimmte Forderung, sondern lediglich eine bestimmte Geldsumme zu benennen ist. Die Beteiligten haben die Wahl zwischen einer Brief- und einer Buchgrundschuld.

---

95 Zur Gesamtschuld s. Bd. 1 Kap. 19 unter 6.2 (Rn 1741 ff.)

96 S. etwa Bülow Rn 259 ff. (auch für Gesamtgrundschuld); Westermann-Eickmann § 125 V

97 Dazu oben 3.1 (Rn 414)

98 So der Fall BGH NJW-RR 1986, 1135 f.

99 So der Fall LG Koblenz GmbH-Rdsch 1987, 482

100 So etwa Baur-Stürner § 44 I 2

101 Zu ihnen oben 3.2.1 (Rn 419 ff.)

Ohne Schwierigkeiten übertragbar ist auch die Abgrenzung der **«Haftungsobjekte»** nach den §§ 1120 ff.[102] 488

Der Inhaber der Grundschuld kann gleichfalls nach § 1147 **«Duldung der Zwangsvollstreckung»** verlangen. Allerdings mußte das Gesetz zwei quasi-schuldrechtliche Fragen regeln, die sich bei der Hypothek durch die Abhängigkeit von der Forderung lösen: Nach § 1193 wird die Grundschuld erst nach Kündigung fällig, wobei eine Frist von sechs Monaten zu beachten ist. Die ausdrücklich zugelassenen abweichenden Bestimmungen sind die Regel. Zum zweiten enthält § 1194 eine Aussage zu dem Ort, wo die Zahlung zu erfolgen hat. 489

Besonderheiten ergeben sich bei der Erbringung der Leistung sowie bei der Behandlung von Einwendungen und Einreden. 490

3.3.2 Die Erbringung der Leistung

Die Tatsache, daß die Forderung und die Grundschuld nebeneinander stehen, führt dazu, daß die Leistung im Hinblick auf den einen «Schuldgrund» nicht notwendigerweise auch zum Erlöschen des anderen führt. Im einzelnen ist zu unterscheiden: 491

3.3.2.1 Schuldner und Eigentümer sind identisch

Denkbar ist einmal, daß der **Schuldner ausschließlich auf die Forderung** bezahlt. Ist Kreditgeber eine Bank, wird er normalerweise dazu verpflichtet.[103] In diesem Fall bleibt die Grundschuld zunächst formal bestehen, doch hat der Schuldner einen Anspruch darauf, daß sie ihm abgetreten wird oder daß der Grundschuldgläubiger ihm eine Löschungsbewilligung erteilt. Dies ergibt sich nach allgemeiner Auffassung aus dem Sicherungsvertrag oder einer anderen Abrede; sind diese nichtig, greift § 812 ein.[104] 492

Der Schuldner hat weiter die Möglichkeit, **zugleich auf die Forderung und die Grundschuld zu bezahlen**.[105] In diesem Fall erlischt die Forderung; gleichzeitig erwirbt er eine Eigentümergrundschuld, was mit den unterschiedlichsten Argumenten begründet wird, im Ergebnis aber unstrittig ist.[106] Jede andere Lösung würde zu erheblichen 493

102 Dazu oben 3.2.2 (Rn 428 ff.)
103 Wilhelm Rn 876
104 Allgemeine Auffassung; s. etwa BGH NJW 1982, 2768, 2769
105 BGH NJW 1980, 2198; BGH NJW 1987, 838
106 Überblick über den Diskussionsstand bei Baur-Stürner § 44 VI 1

Unzuträglichkeiten führen: Ein bloßer Abtretungsanspruch würde die Gefahr mit sich bringen, daß die Grundschuld auf einen Dritten übertragen und so der Eigentümer zweimal in Anspruch genommen wird. Würde man statt dessen die Grundschuld erlöschen lassen, würden die nachrückenden Grundpfandgläubiger unangemessen begünstigt.

494 Der Schuldner kann auch dann auf die persönliche Forderung wie auf die Grundschuld zahlen, wenn er sich zuvor verpflichtet hatte, nur auf die Forderung zu leisten.[107]

495 Theoretisch wäre denkbar, **nur auf die Grundschuld** zu bezahlen: Dies hätte zur Folge, daß der Forderung die Einrede der Bereicherung entgegenstehen würde, so daß auch bei einer solchen Variante eine doppelte Inanspruchnahme vermieden wird.[107a]

3.3.2.2 Schuldner und Eigentümer sind nicht identisch

496 **Bezahlt der persönliche Schuldner**, so erlischt die Forderung. Aus dem Sicherungsvertrag ergibt sich das Recht des Eigentümers, Übertragung der Grundschuld an sich zu verlangen: War er selbst in diese Abmachung einbezogen, folgt dies aus ihrem wirtschaftlichen Sinn; andernfalls dürfte ein Vertrag zugunsten Dritter vorliegen, der ihn begünstigt.

497 **Bezahlt der Eigentümer**, so erwirbt er eine Eigentümergrundschuld. Die Forderung als solche bleibt mangels anderer Abreden bestehen[108], doch ist der Schuldner gegen eine Inanspruchnahme dadurch geschützt, daß er aufgrund des Sicherungsvertrags Abtretung der Grundschuld an sich verlangen und der Gläubiger diese Forderung nicht mehr erfüllen kann.

3.3.3 Einwendungen und Einreden

498 Probleme ergeben sich insoweit nur, wenn Schuldner und Eigentümer auseinanderfallen. Wegen der fehlenden Akzessorietät der Grundschuld ist **§ 1137 nicht anwendbar**[109], so daß der Eigentümer die Einreden des Schuldners nicht geltend machen kann. Er ist darauf beschränkt, ggfs. die Existenz der Grundschuld als solcher zu bestreiten

107 BGH NJW 1976, 2132, 2133; ebenso Bülow Rn 96; Wilhelm Rn 876
107a S. jedoch den Fall BGH JuS 1996, 649
108 BGH NJW 1982, 2305; BGH NJW 1987, 838, 839
109 Baur-Stürner § 44 V 2c

und die ihm persönlich zustehenden Einreden geltend zu machen; dazu kann auch die Berufung auf den Sicherungsvertrag zählen, wenn er in diesen einbezogen war.[110]

F bittet die B um ein Darlehen über 100 000 DM; der mitgekommene E erklärt sich ausdrücklich bereit, zu diesem Zweck eine Grundschuld auf seinem Grundstück zu bestellen. Kann F z. B. wegen einer Stundung die Rückzahlung verweigern, wäre es nicht mehr vom Sicherungsvertrag gedeckt, könnte B gleichwohl den E in Anspruch nehmen.

3.3.4 Abtretung von Forderung und Grundschuld

Werden **Forderung und Grundschuld zusammen** an eine andere Person übertragen, ändert sich für die Rechtsposition des Schuldners nichts; nach § 404 bleiben ihm die bisherigen Rechte erhalten. Auch der vom Schuldner verschiedene Eigentümer behält nach § 1157 die Einwände gegen die Grundschuld, die ihm bisher zustanden – allerdings nur dann, wenn der Erwerber informiert war oder die Einwendungen und Einreden aus dem Grundbuch bzw. dem Grundschuldbrief zu erkennen waren. Damit ist gleichzeitig auch die Frage geklärt, die sich dann ergibt, wenn die **Grundschuld isoliert an einen Dritten abgetreten** wird: Der Eigentümer verliert seine Einreden gegenüber dem bisherigen Grundschuldinhaber nur dann, wenn der Erwerber nach § 1157 Satz 2 gutgläubig war. Die Tatsache, daß er eine Grundschuld ohne Forderung erwirbt, spricht mehr gegen als für seinen guten Glauben, da es sich dabei um eine sehr ungewöhnliche Transaktion handelt.[111] 499

3.3.5 Bestellung einer Eigentümergrundschuld

§ 1196 gibt dem Eigentümer die Möglichkeit, auf seinem Grundstück eine Grundschuld zu bestellen. Man kann also ganz offen das tun, was vor der Auszahlung eines Darlehens in verdeckter, d. h. nicht aus dem Grundbuch ersichtlicher Form erfolgt. Der Eigentümer gewinnt so die Möglichkeit, bei Bedarf über eine erstrangige Sicherheit verfügen zu können. 500

---

110 Baur-Stürner § 45 IV 1

111 Dazu die Nachweise bei Baur-Stürner § 45 III 1 c mwN

3.4 Pfandrecht an beweglichen Sachen

501 Als Sicherungsmittel an beweglichen Sachen kennt das Gesetz nur das in den §§ 1204–1258 geregelte Pfandrecht.

3.4.1 Anwendungsbereich

502 Im Vergleich zur Sicherungsübereignung[112] hat das Pfandrecht nur eine relativ bescheidene Bedeutung. Am bekanntesten sind **«Pfandleihhäuser»**, in denen man einen Kleinkredit gegen Verpfändung von beweglicher Habe (oft der letzten!) erhält. Praktisch wichtiger ist das Pfandrecht, das im Rahmen von Bankgeschäften entsteht. In Ziffer 14 Abs. 1 der **AGB-Banken** heißt es:

«Der Kunde und die Bank sind sich darüber einig, daß die Bank ein Pfandrecht an den Wertpapieren und Sachen erwirbt, an denen eine inländische Geschäftsstelle im bankmäßigen Geschäftsverkehr Besitz erlangt hat oder noch erlangen wird.»

503 Dabei ist zu beachten, daß nach § 1293 Wertpapiere wie z. B. Aktien oder Festverzinsliche wie bewegliche Sachen behandelt werden.

Wer bei der Bank ein Aktiendepot unterhält, gleichzeitig jedoch sein Girokonto überzieht, begründet dabei – meist ohne es zu wissen – gleichzeitig ein Pfandrecht der Bank an seinem Depot.

504 Daneben ist das sog. **Lombarddarlehen** verbreitet: Der Bankkunde erhält eine bestimmte Geldsumme und verpfändet zur Sicherheit dafür Wertpapiere, die sich noch nicht im Besitz der Bank befinden.[113]

505 Zu beachten ist weiter, daß § 1257 die §§ 1204 ff. auf **gesetzliche Pfandrechte** erstreckt. Am bedeutsamsten sind dabei das Pfandrecht des Vermieters[114] sowie des Werkunternehmers.[115] Schließlich ist an das **Pfändungspfandrecht** zu denken, das in der Zwangsvollstreckung entsteht.

Der S hat sein Darlehen nicht rechtzeitig zurückbezahlt, die B verfügt über einen vollstreckbaren Titel. Nach Erfüllung der Formalitäten schickt sie den Gerichtsvoll-

---

112 Dazu Bd. 1 Kap. 14 unter 4.2.4 (Rn 1192) sowie eingehend unten 4.1 (Rn 537 ff.)

113 Zu Ziff. 14 AGB-Banken s. die Kommentierung bei Baumbach-Hopt, S. 1227 f. Zu beachten auch § 50 ADSp, der dem Spediteur ein über das Gesetz hinausgehendes Pfandrecht einräumt (dazu ebenfalls Baumbach-Hopt, S. 1417)

114 Dazu oben Kap. 2 unter 2.3.4 (Rn 213)

115 Dazu unten Kap. 4 unter 3.1.2 (Rn 611). Weitere gesetzliche Pfandrechte sind u. a. die des Gastwirtes (§ 704), des Kommissionärs (§ 397 HGB) und des Lagerhalters (§ 421 HGB)

zieher los, der sich in der Wohnung des S umschaut und dort die Stereoanlage mit einem «Kuckuck» versieht, d. h. pfändet. Damit ist sowohl eine Beschlagnahme kraft öffentlichen Rechts entstanden (mit der Folge, daß sich nach § 136 StGB strafbar macht, wer das «Pfandsiegel» entfernt und die Sache an einen Dritten veräußert), aber auch ein Pfandrecht, dessen Inhalt sich grundsätzlich ebenfalls nach den §§ 1204ff. bestimmt.[116]

3.4.2 Die Bestellung des Pfandrechts

§ 1205 geht vom Prinzip des «**Faustpfands**» aus: Der Pfandgläubiger muß selbst unmittelbaren Zugriff auf das Pfandobjekt haben. Zur Begründung des Pfandrechts muß daher neben der Einigung die Übergabe hinzukommen. Diese ist nach § 1205 Abs. 1 Satz 2 nur dann überflüssig, wenn der Pfandgläubiger bereits im Besitze der Sache ist.[117] 506

«**Übergabesurrogate**» sind **nur in engem Umfang** zugelassen. Die Abtretung des Herausgabeanspruchs gegen den unmittelbaren Besitzer genügt nach § 1205 Abs. 2 nur dann, wenn der Eigentümer selbst mittelbarer Besitzer ist und die Verpfändung dem Besitzer angezeigt wird. 507

E hat 20 Sack Getreide bei L eingelagert. Er kann sie dem G in der Weise verpfänden, daß er ihm seinen Herausgabeanspruch gegen L abtritt und dieser davon informiert wird.[118]

Anders als im Rahmen der Übereignung genügt nach § 1206 allerdings die Einräumung eines qualifizierten Mitbesitzes: Es reicht aus, daß die verpfändete Sache sich unter dem «**Mitverschlusse**» des Gläubigers befindet. 508

Das Schmuckstück befindet sich in einem Tresor, der sich nur mit Hilfe von zwei verschiedenen Schlüsseln öffnen läßt. Einer der Schlüssel wird dem Pfandgläubiger übergeben.

Am Inhalt eines Banksafes («**Schließfach**») hat allein der Kunde Besitz, so daß sich das allgemeine Pfandrecht der Bank darauf nicht erstreckt.[119] 509

---

116 § 804 ZPO. Näher dazu Baur-Stürner § 55 D

117 Zur entsprechenden Regelung bei der Übereignung nach § 929 Satz 2 s. Bd. 1 Kap. 14 unter 4.2.3 (Rn 1188f.)

118 Zur großzügigeren Lösung des § 931 s. Bd. 1 Kap. 14 unter 4.2.5 (Rn 1193)

119 Palandt-Bassenge § 1206 Rn 2. In bezug auf das Schließfach besteht ein Mietvertrag; soweit wegen der Miete Ansprüche entstehen, sind sie durch § 559 gesichert

Das «Schließfach» ist nicht mit dem Depot zu verwechseln: Letzteres ist heute primär ein Wertpapierkonto, das den Anteil an einem (bei einer anderen Bank befindlichen) Sammeldepot zum Ausdruck bringt.

510 Wichtig ist, daß die bloße Begründung eines Besitzmittlungsverhältnisses für die Begründung eines Pfandrechts nicht ausreicht; **§ 930 findet keine Anwendung**.[120]

Der E kann seinen wertvollen Sportwagen nicht dadurch verpfänden, daß er seiner Bank ein Pfandrecht einräumt und den Wagen von ihr mietet oder leiht, um ihn weiter benutzen zu können.

511 Das darin am deutlichsten zum Ausdruck kommende Prinzip des «Faustpfands» wird dadurch abgesichert, daß die **Rückgabe** der Pfandsache an den Eigentümer nach § 1253 zum **Erlöschen des Pfandrechts** führt.

Der E kann also nicht etwa dem Gesetz dadurch Genüge tun, daß er den Bankdirektor acht Tage lang mit seinem Fahrzeug herumfahren und sich dieses dann zurückgeben läßt.

Hierin liegt die Hauptursache dafür, daß in der Praxis meist der Weg über die Sicherungsübereignung gewählt wird.[121]

512 Bei den gesetzlichen Pfandrechten wird dies nicht immer durchgehalten; so hat etwa der Vermieter keinen Besitz an den eingebrachten Sachen des Mieters, gleichwohl jedoch das Pfandrecht nach § 559.

513 Ist der Verpfänder nicht der Eigentümer, ist ein **gutgläubiger Erwerb des Pfandrechts** möglich. § 1207 verweist insoweit auf die §§ 932, 934 und 935. Dabei bedeutet «gutgläubiger Erwerb» immer nur, daß die fehlende Berechtigung des Verpfänders ersetzt wird; alle anderen Voraussetzungen für den Pfanderwerb müssen jedoch gegeben sein.

Konsequenterweise verweist daher § 1207 auch nicht auf § 933: Da die Einräumung eines Besitzmittlungsverhältnisses niemals für die Entstehung eines Pfandrechts ausreicht, ist insoweit auch kein gutgläubiger Erwerb möglich.

514 § 1208 ermöglicht den gutgläubigen Erwerb eines «vorrangigen» Pfandrechts.

---

120 Zu dieser Bestimmung s. Bd. 1 Kap. 14 unter 4.2.4 (Rn 1190ff.)
121 Dazu unten 4.1 (Rn 537ff.)

Bei dem verschuldeten S ist ein Gemälde gepfändet worden. Er entfernt das Pfandsiegel und verpfändet das Gemälde an einen Gutgläubigen, indem er es ihm übergibt. Dieser erwirbt ein Pfandrecht; das vorher bestehende Pfändungspfandrecht erlischt nicht, sondern tritt lediglich an die zweite Stelle.

3.4.3 Enge Verknüpfung mit der gesicherten Forderung

Das Pfandrecht an beweglichen Sachen ist **akzessorisch** in dem Sinne, 515
daß es an die Existenz der gesicherten Forderung gebunden ist. Allerdings bestehen einige Unterschiede zur Hypothek.

– Wird das Pfandrecht nach § 1204 Abs. 2 für eine künftige oder eine 516
bedingte Forderung bestellt, so gilt es als sofort entstanden; das Zwischenstadium eines **«vorläufigen Eigentümerpfandrechts»** existiert **nicht**.[122]

– Wird die gesicherte **Forderung erfüllt** oder erlischt sie aus anderem Grund, so wird nach § 1252 auch das **Pfandrecht hinfällig**. Nachfolgende Rechte rücken auf; dies wird als unproblematisch angesehen, da angesichts des Faustpfandprinzips mehrfache Verpfändungen selten vorkommen.

– Ist der **Verpfänder** nicht **mit dem Schuldner identisch**, so kann 518
er nach § 1211 dessen persönliche Einreden geltend machen. Insoweit besteht völlige Übereinstimmung mit § 1137: Beide Vorschriften geben dem Eigentümer eine **bürgenähnliche Stellung**, weshalb er sich kraft ausdrücklicher Verweisung auf § 770 auch darauf berufen kann, der Schuldner könne anfechten oder aufrechnen.

– Der Verpfänder darf den Pfandgläubiger von dem Augenblick an 519
befriedigen, zu dem der Schuldner dazu befugt ist. Von diesem Zeitpunkt an kann er die Rückgabe der Pfandsache verlangen (§ 1223 Abs. 2). Nach § 1225 geht in diesem Falle die **Forderung des Pfandgläubigers** gegen den Schuldner automatisch **auf ihn über**; auch insoweit wird ausdrücklich auf die für den Bürgen geltende Vorschrift des § 774 verwiesen.

Erwirbt der Verpfänder nach den §§ 1225 Satz 2, 774, 412, 401 auch das Pfandrecht? Ist er – wie in der Regel – zugleich der Eigentümer, greift § 1256 ein, wonach das Pfandrecht normalerweise erlischt. Nach Abs. 2 dieser Bestimmung bleibt es allerdings ausnahmsweise bestehen, wenn der Eigentümer ein rechtliches Interesse an einem solchen Fortbestand hat, also beispielsweise ein zweitrangiges Pfandrecht nachrücken würde.

122 BGH NJW 1983, 1619, 1620 mwN

520 – Wird die **Forderung abgetreten**, geht nach § 1250 Abs. 1 das Pfandrecht automatisch mit über. Dem Akzessorietätsgrundsatz entsprechend, kann es nicht selbständig übertragen werden. Möglich ist, es ausdrücklich vom Übergang auszuschließen; in diesem Falle erlischt es nach § 1250 Abs. 2.

Kenner der Feinheiten des gutgläubigen Erwerbs zerbrechen sich den Kopf über folgende Konstellation: Der Pfandgläubiger ist zwar Inhaber einer Forderung gegen S, doch ist das von E bestellte Pfandrecht unwirksam, weil E geisteskrank war oder angefochten hat. Nunmehr tritt der Pfandgläubiger Forderung samt (nur scheinbar bestehendem) Pfandrecht an den gutgläubigen G ab. Hat dieser nicht nur die Forderung, sondern auch ein Pfandrecht erworben? Anders als im Grundstücksrecht, wo sich Derartiges problemlos aus § 892 ergeben würde[123], entscheidet die hM hier anders: Grundlage für den Übergang des Pfandrechts sei der Forderungserwerb, nicht der Besitz des bisherigen Pfandgläubigers.[124] Dafür könnte in der Tat § 1251 Abs. 1 sprechen, wonach der neue Pfandgläubiger von dem bisherigen die Herausgabe des Pfandes verlangen kann, es also nicht gleich übertragen erhalten muß: Bekommt er es aber, sollte man nicht anders als im Bereich von § 933 und § 934 Satz 2 entscheiden, wo der tatsächliche Besitzerwerb vom Veräußerer allemal für einen gutgläubigen Erwerb ausreicht.[125]

3.4.4 Die Rechte des Pfandgläubigers

521 Solange die gesicherte Forderung nicht fällig ist, wäre eine Verwertung des Pfandes rechtswidrig. Zwischen Verpfänder und Pfandgläubiger besteht ein in Umrissen geregeltes gesetzliches Schuldverhältnis, wonach der **Pfandgläubiger** z. B. **zur Verwahrung** des Pfandes **verpflichtet** ist (§ 1215) und in gewissem Umfang Ersatz seiner Verwendungen erhält (§ 1216). Da Inhaber von Grundpfandrechten keinen Besitz am Grundstück haben, sind dort entsprechende Vorschriften entbehrlich.

Eine weitere Abweichung ergibt sich dadurch, daß nach § 1213 ein **«Nutzungspfand»** bestellt werden kann: Der Pfandgläubiger ist in diesem Falle verpflichtet, für die Gewinnung der Nutzungen zu sorgen und Rechenschaft abzulegen (§ 1214 Abs. 1).

522 Ist die **Forderung fällig**, so entscheidet der Pfandgläubiger, ob er die Forderung geltend machen und so ggfs. auf das gesamte Vermögen des Schuldners zugreifen will oder ob er sich auf die Verwertung des Pfan-

123 Dazu oben 3.2.4.3 (Rn 466)

124 S. die Nachweise bei Baur-Stürner § 55 B V 3

125 Dazu Bd. 1 Kap. 14 unter 4.6.1.1 (3) und (4) (Rn 1246)

des beschränkt. Dem vom Schuldner verschiedenen Eigentümer steht anders als einem Bürgen keine «Einrede der Vorausklage» zu.[126]

Umgekehrt kann der Schuldner den Gläubiger auch nicht auf das Pfand verweisen. Anderes gilt nach § 777 ZPO u. U. in der Zwangsvollstreckung.

Die **Pfandverwertung** ist eingehend geregelt. Der einfachste Weg, 523
den Pfandgläubiger schlicht zum Eigentümer zu machen, ist jedoch im Interesse des Schuldnerschutzes verschlossen: § 1229 erklärt eine sog. **Verfallvereinbarung** für **unwirksam**. Allerdings benötigt der Pfandgläubiger, anders als ein Hypothekar, keinen vollstreckbaren Titel; nach § 1234 reicht die Androhung der Pfandverwertung.

In bezug auf die **Art und Weise der Verwertung** sieht das Gesetz 524
verschiedene Möglichkeiten vor. Normalfall ist die vom Pfandgläubiger initiierte öffentliche Versteigerung (§§ 1233 Abs. 1, 1235 Abs. 1), doch ist statt dessen auch eine Verwertung entsprechend den Parteivereinbarungen (z. B. Verkauf des verpfändeten Gemäldes durch einen Kunsthändler) oder entsprechend gerichtlicher Anordnung zulässig (§§ 1245, 1246). Hat der Pfandgläubiger einen vollstreckbaren Titel, kann er auch den normalen Weg der Zwangsvollstreckung beschreiten.

Einzelheiten des Versteigerungsverfahrens können hier nicht darge- 525
stellt werden.[127] Einen Hinweis verdient die Vorschrift des § 1244 über den gutgläubigen Erwerb von einem nur scheinbaren Pfandgläubiger.

3.5 Pfandrecht an Rechten

Rechte, die **übertragbar** sind, können grundsätzlich **auch verpfän-** 526
det werden. Potentiell als Sicherungsmittel geeignet sind daher nicht nur Forderungen, sondern beispielsweise auch Patentrechte oder **Geschäftsanteile an einer GmbH**.

Nicht verpfändbar ist dagegen der Nießbrauch (unübertragbar nach § 1059 Satz 1) oder eine nicht abtretbare Forderung (§§ 399, 400).

Die praktische Bedeutung ist beschränkt; in der Regel wählt man die volle Abtretung des Rechts.[128]

Nach § 1273 Abs. 2 finden die **Vorschriften über das Pfandrecht** 527

126 Zu dieser s. oben 2.1.4 (Rn 386)
127 Zusammenfassende Darstellung etwa bei Baur-Stürner § 55 B IV 2
128 Dazu unten 4.2 (Rn 558 ff.)

an beweglichen Sachen grundsätzlich **entsprechende** Anwendung. In bezug auf die Bestellung des Pfandrechts macht § 1274 Abs. 1 insoweit eine Ausnahme, als die Vorschriften für die Übertragung des Rechts gelten.

Ein durch formlose Einigung übertragbares Patentrecht kann daher in derselben Weise verpfändet werden.

528 Bei Forderungen besteht die Besonderheit, daß ihre Verpfändung nach § 1280 **dem Schuldner angezeigt** werden muß.

Dies ist dem Gläubiger oft unangenehm, weil er seinen Schuldner nicht wissen lassen möchte, daß er zu einer solchen Maßnahme gezwungen ist. Deshalb wählt man in der Praxis lieber die Vollabtretung (Sicherungszession), die dem Schuldner nicht mitgeteilt werden muß.

Eine weitere Besonderheit besteht insoweit, als die **Pfandverwertung** nach § 1277 einen vollstreckbaren Titel voraussetzt.

529 Verpfändete Forderungen können auf Geld oder auf einen anderen Gegenstand lauten. Nach § 1281 kann der **Schuldner** vor Eintritt der «Pfandreife» **nur an den Pfandgläubiger und den Gläubiger gemeinschaftlich** leisten. Ist der Sicherungsfall eingetreten, entsteht nach § 1282 Abs. 1 Satz 1 ein gesetzliches **Einziehungsrecht des Pfandgläubigers**; der Schuldner kann nur noch an ihn leisten. In beiden Fällen tritt die erbrachte Leistung nach § 1287 an die Stelle der Forderung; auf diese Weise kann sich das Pfandrecht in ein solches an beweglichen Sachen oder in eine Sicherungshypothek verwandeln.

Beispiel: Der K hat seinen Anspruch auf Lieferung von 20 PCs an seinen Gläubiger verpfändet. Werden sie geliefert, erlischt die Forderung nach § 362 Abs. 1; das Pfandrecht des G setzt sich an den PCs fort und unterliegt inhaltlich den §§ 1204 ff.

Wurde der Anspruch auf Übertragung eines Grundstücks verpfändet, entsteht nach dessen Erfüllung eine Sicherungshypothek.

Lautete die verpfändete Forderung auf Übertragung eines Geschäftsanteils an einer GmbH und wird dieser effektiv übertragen, so ist er nunmehr Pfandobjekt: Aus dem Pfandrecht an einer Forderung ist ein Pfandrecht an einem anderen Recht geworden.

4 Realsicherheiten II: Vollrechtsübertragungen

Während die Grundpfandrechte insbesondere mit Rücksicht auf die «flexibel» einsetzbare Grundschuld den Bedürfnissen der Praxis in vollem Umfang Rechnung tragen, ist dies bei den gesetzlichen Sicherungsrechten an beweglichen Sachen und Forderungen nicht der Fall: Der Verpfänder muß den Besitz an der Sache aufgeben, obwohl er sie für seine Lebensführung und insbesondere sein Geschäft benötigt, der seine Forderung verpfändende Gläubiger muß dies dem Schuldner offenbaren. Die **Rechtspraxis** hat deshalb die **Sicherungsübereignung beweglicher Sachen** und die Sicherungsabtretung (auch Sicherungszession genannt) entwickelt, die beide heute **gewohnheitsrechtlich anerkannt** sind. Ihr Volumen übersteigt bei weitem das der im BGB ausdrücklich geregelten Sicherungsrechte.[129] 530

Die Frage, ob es sich bei Sicherungsübereignung und Sicherungszession nicht um eine mehr oder weniger deutliche Form der Gesetzesumgehung handelt, ist unter diesen Umständen relativ müßig. Die besseren Gründe sprechen überdies dagegen: Übereignung und Abtretung sind abstrakte Rechtsgeschäfte, denen kein bestimmter Gebrauch vorgegeben ist.[130] Außerdem bestimmt § 223 Abs. 2: «Ist zur Sicherung eines Anspruchs ein Recht übertragen worden, so kann die Rückübertragung nicht aufgrund der Verjährung des Anspruchs gefordert werden.» Auch § 6 Abs. 1 Satz 3 Vergleichsordnung (Schönfelder Nr. 109) erwähnt «zur Sicherung übertragenes Eigentum».[131] 531

Die Ausbildung der Rechtsinstitute «Sicherungsübereignung» und «Sicherungszession» durch Praxis und Rechtsprechung kommt nicht nur einem Bedürfnis nach einer **Ausweitung des als Sicherheit verwendbaren Vermögens** entgegen.[132] Mit ihr sind auch **Gefahren** 532

---

129 Adams, Ökonomische Analyse, Homburg 1980, S. 11: Der Anteil am Gesamtvolumen der Sicherungen an beweglichen Sachen und Forderungen betrug beim rechtsgeschäftlichen Pfandrecht 6%, beim Eigentumsvorbehalt des Verkäufers 26%, bei der Sicherungsübereignung 30% und bei der Sicherungszession 34%

130 So Bülow Rn 797 unter Bezugnahme auf L. Raiser

131 Zu den Überlegungen bei der Entstehung des BGB s. Schubert, Die Entstehung der Vorschriften des BGB über Besitz und Eigentumsübertragung, 1966, S. 153. S. weiter Gaul AcP 168 (1969), 351, 357ff.

132 Baur-Stürner § 56 I 4 sehen in den Ereignissen nach dem Ersten Weltkrieg und in wirtschaftlichen Krisen die eigentliche Ursache dafür, daß die vom BGB vorgesehenen Sicherungsmöglichkeiten nicht mehr ausreichen. Grundlegende neuere Untersuchung: Dorndorf, Kreditsicherungsrecht und Wirtschaftsordnung, Heidelberg 1986

verbunden: Ein als neuer Kreditgeber in Betracht Kommender kann nicht erkennen, daß das reichhaltige Warenlager und die durchaus werthaltigen Auslieferungsfahrzeuge längst einem anderen Darlehensgeber übereignet sind. Der Besitz verliert seine «Indikatorfunktion» wie sie etwa dem § 1006 zugrunde liegt. Außerdem ist nicht auszuschließen, daß sich Kreditgläubiger mit sehr starker Verhandlungsmacht viel mehr Vermögen übertragen lassen als sie dies bei objektiver Betrachtung für ihre Zwecke benötigen. Dadurch kann für andere, insbesondere für ungesicherte Gläubiger kaum mehr etwas übrig bleiben, was dann im Konkursverfahren augenfällig wird. Außerdem wird die wirtschaftliche Betätigungsfreiheit des Schuldners ggfs. erheblich beeinträchtigt.

533 Unter den heutigen Bedingungen und unter Berücksichtigung der BGH-Rechtsprechung fallen diese Bedenken jedoch nicht mehr ins Gewicht.

534 Die äußerliche Innehabung einer Sache, d. h. der unmittelbare Besitz, ist auch ohne die Rechtsfigur der Sicherungsübereignung kein wirklich zwingendes Indiz für Eigentum; das sog. **Publizitätsprinzip** im Rahmen der §§ 929 ff. ist **mehr Fiktion als Realität**.[133] Außerdem werden Kredite typischerweise nicht durch Personen vergeben, die sich allein an Äußerlichkeiten orientieren: Banken lassen sich von ihrem Sicherungsgeber versichern, daß er auch der Eigentümer sei; sagt er die Unwahrheit, macht er sich wegen Betruges nach § 263 StGB strafbar. Im Bereich der Forderungsabtretung hat sowieso nie dasselbe Maß an (angeblicher) Publizität existiert; eine vorherige Abtretung an irgendeinen Dritten läßt sich hier nicht einmal notwendigerweise durch Rückfrage beim Schuldner klären, dem diese ja nicht mitgeteilt werden muß.

535 Die **Position der ungesicherten Gläubiger** ist in der Tat prekär. Allerdings muß man sich fragen, ob sie im Ergebnis besser stehen würden, wäre durch konsequente Orientierung am Prinzip des «Faustpfandes» die bewegliche Habe kein taugliches Sicherungsgut: Kredite würden schon sehr viel früher verweigert, möglicherweise wäre dann auch der Konkurs schon zu einem früheren Zeitpunkt unvermeidbar. In der Abwägung zwischen den beiden Alternativen ist – bei allen zuzugebenden Unsicherheiten – die zweite keineswegs die bessere, kann die Erweiterung des Sicherungsguts doch in vielen Fällen einen effektiven Zusammenbruch verhindern.

---

133 Dazu Bd. 1 Kap. 14 unter 4.2.6 (Rn 1194)

Was bleibt, ist das **Problem der Übersicherung**. Ihm ist die Rechtsprechung in durchaus anerkennenswerter Weise zu Leibe gerückt, wobei sie ohne unmittelbaren Anhaltspunkt im Gesetz eigenständige Regeln entwickelt hat. Zunächst ist unvermeidbar, daß sich Gläubiger mit einem höheren Wert sichern wollen als dem Nominalbetrag ihrer Forderung entspricht: Nicht jeder Wert einer übereigneten Maschine läßt sich im Ernstfall auch wirklich realisieren, außerdem kann die Höhe der Kreditforderung etwa durch auflaufende Zinsen schwanken.[134] Dennoch kann der Fall eintreten, daß der Gläubiger mehr besitzt, als er vernünftigerweise benötigt: Das Darlehen ist zu ¾ getilgt, weil der Schuldner immer pünktlich bezahlt hat. Für solche Fälle hat die Rechtsprechung aus § 242 einen **Freigabeanspruch** entwickelt – der Gläubiger muß einen Teil des Sicherungsgutes freigeben, wenn dieses den Wert der Forderung deutlich übersteigt und er kein berechtigtes Interesse mehr an einer solchen Absicherung besitzt.[135] Wird ein Warenlager in seinem jeweiligen Bestand oder werden künftige Forderungen aus einer Geschäftsbeziehung abgetreten, so darf sich der Gläubiger **in AGB** nicht mit der Einräumung eines solchen Anspruches begnügen: Vielmehr muß eine **automatische Freigabe** vorgesehen sein, die ab einer bestimmten Deckungsgrenze von in der Regel 120 % der gesicherten Forderung eingreift.[136] Gleichzeitig muß – und dies ist mindestens genauso bedeutsam – auch eine praktisch **leicht handhabbare Methode zur Wertermittlung** vereinbart sein.[137] Wird dem nicht Rechnung getragen, ist der Sicherungsvertrag nach § 9 Abs. 1 AGBG unwirksam.[138] Vorübergehende «Übersicherungen» sind unschädlich; auch behält der Gläubiger das Recht, die freizugebenden Gegenstände auszusuchen.[139] Auf diese Weise ist sichergestellt, daß ungesicherte Gläubiger nicht unangemessen benachteiligt werden und daß sich auch die Einschränkung der Bewegungsfreiheit des Schuldners in Grenzen hält: Wenn man den Schritt tut, daß auch bewegliche Sachen und Forderungen «Sicherungsgut» sein können, ist eine andere Lösung schwer vorstellbar. 536

Im folgenden sollen zunächst die Sicherungsübereignung, dann die Sicherungszession behandelt werden.

134 Wilhelm Rn 1278, der zusätzlich darauf verweist, daß die Einräumung von bloßem Miteigentum für den Gläubiger häufig nicht akzeptabel wäre
135 S. zuletzt BGH NJW 1994, 864, 865
136 S. zuletzt BGH NJW 1995, 2221, 2223
137 BGH NJW 1995, 2348, 2349
138 BGH NJW 1994, 864, 865; s. auch BGH NJW 1990, 716, 718
139 BGH NJW 1995, 2221, 2223

4.1 Die Sicherungsübereignung

537 Die Sicherungsübereignung beweglicher Sachen stellt sich in der Praxis als zweigliedriger Tatbestand dar: Auf der einen Seite steht die Übereignung nach § 930 als abstraktes Geschäft, auf der anderen Seite wird ein Sicherungsvertrag geschlossen, der den Rechtsgrund für die Übereignung abgibt.[140] Bei beiden tauchen spezifische Rechtsprobleme auf.

In terminologischer Hinsicht ist zu beachten, daß der Schuldner der gesicherten Forderung als «Sicherungsgeber» bezeichnet wird, während der Gläubiger «Sicherungsnehmer» ist.

4.1.1 Das abstrakte Geschäft der Übereignung

538 Die Sicherungsübereignung erfolgt in mindestens 99 von 100 Fällen in der Form des § 930, d. h. durch Einigung und Vereinbarung eines Besitzkonstituts.[141]

4.1.1.1 Einigung

539 Die Einigung kann unbedingt in dem Sinne sein, daß der Erwerber «bis auf weiteres» Eigentümer sein soll. **Möglich** ist **auch**, die Rückzahlung der gesicherten Forderung zu einer **auflösenden Bedingung** zu machen: Dies hat zur Folge, daß der Sicherungsgeber nach Erfüllung seiner Verpflichtungen automatisch wieder Eigentümer wird und daß er gegen Verfügungen des Sicherungsnehmers durch § 161 Abs. 2 geschützt ist.[142] **Banken** pflegen als Kreditgeber eine solche auflösende Bedingung nicht zu akzeptieren, sondern für den Fall der Erfüllung **lediglich eine Rückübereignung** an den Sicherungsgeber vorzusehen; dies wird von der Rechtsprechung auch dann akzeptiert, wenn es in AGB vereinbart wird.[143]

---

140 Zur Unterscheidung von Kausalgeschäft und abstraktem Geschäft s. oben Kap. 14 unter 2.3 (Rn 1106 ff.)

141 Zur Wiederholung s. Bd. 1 Kap. 14 unter 4.2.4 (Rn 1190 ff.)

142 Baur-Stürner § 57 III 1 b; zu beachten ist allerdings die Gutglaubensvorschrift des § 161 Abs. 3. Zur Bedingung bei Rechtsgeschäften s. allgemein Bd. 1 Kap. 14 unter 5.1 (Rn 1292 ff.)

143 BGH NJW 1984, 1184, bestätigt in BGH NJW 1994, 864, 865

Die auflösende Bedingung verschafft dem Sicherungsgeber von vornherein ein Anwartschaftsrecht, das er wiederum als Sicherungsmittel gegenüber anderen Gläubigern verwenden kann. Bei der banküblichen Gestaltung kann er insoweit lediglich seinen künftigen Rückübertragungsanspruch verwerten, was weniger Sicherheit vermittelt, da eventuelle Gegenansprüche der Bank nicht absehbar sind.

4.1.1.2 Besitzkonstitut

Das in § 930 weiter vorausgesetzte **Besitzkonstitut** muß **«konkret»** 540
in dem Sinne sein, daß festgelegt wird, in welcher Weise der Sicherungsgeber mit der Sache zu verfahren hat. Ausreichend ist beispielsweise eine Klausel, wonach er den Gegenstand «unentgeltlich verwahrt»; ein sog. **abstraktes Besitzkonstitut**, wonach er lediglich «für den Sicherungsnehmer» besitze, reicht nach allgemeiner Auffassung nicht mehr aus.

4.1.1.3 Bestimmtheitsgrundsatz

Wird eine Mehrzahl von Sachen übereignet, müssen sie in einer Liste 541
aufgeführt oder sonstwie gekennzeichnet sein; andernfalls ist der sachenrechtliche **Bestimmtheitsgrundsatz** nicht gewahrt.[144] Wird ein **Warenlager** in seinem jeweiligen Bestand übereignet, so muß sich aus dem Vertrag selbst ergeben, welche Gegenstände in welchem Zeitpunkt übertragen bzw. nicht übertragen sind; es **genügt nicht**, daß dies mit Hilfe von außerhalb des Vertrages liegenden Umständen nur **«bestimmbar»** ist.[145] Verbreitet ist etwa der «Raumsicherungsvertrag», der alle in einem Raum befindlichen Gegenstände umfaßt[146], aber auch der «Markierungsvertrag», der sich auf alle in bestimmter Weise gekennzeichneten Gegenstände bezieht.[147] Nicht genügend wäre, «die Hälfte des Warenlagers» oder dieses nur insoweit zu übereignen, «als nicht 120 % des Forderungswerts überschritten sind».

Beim Raumsicherungs- wie beim Markierungsvertrag werden not- 542
wendigerweise künftige Sachen erfaßt; das **Besitzkonstitut** ist insoweit **«antizipiert»**, d. h. vorweggenommen, was keinen rechtlichen Bedenken begegnet.[148]

144 Zur Wiederholung s. Bd. 1 Kap. 14 unter 2.2.2 (Rn 1100, 1104)
145 BGH NJW 1995, 2348, 2350
146 Baur-Stürner § 57 III 2 b.
147 Bülow Rn 881
148 S. statt aller Bülow Rn 872

4.1.1.4 Übertragung von Anwartschaftsrechten

543 Der Sicherungsübereignung zugänglich ist auch ein dem Sicherungsgeber zustehendes **Anwartschaftsrecht** aus einem Kauf unter Eigentumsvorbehalt.[149] Im Einzelfall kann man sogar offenlassen, ob das Volleigentum oder nur eine Anwartschaft übertragen wird;[150] bei wechselndem Bestand des Warenlagers wären sonst dauernd höchst aufwendige Mitteilungen notwendig.

Was geschieht, wenn sich der Sicherungsgeber ausdrücklich als Eigentümer bezeichnet, er in Wirklichkeit aber nur Anwartschaftsberechtigter ist? Mangels Eigentum geht die Übereignung als solche ins Leere; da die Sache nicht übergeben wird, scheidet auch ein gutgläubiger Erwerb des Sicherungsnehmers nach § 933 aus. Im Wege der Umdeutung nach § 140 gilt allerdings das Anwartschaftsrecht als abgetreten.[151]

4.1.2 Das kausale Geschäft: Sicherungsvertrag

544 Welche Forderung im einzelnen durch die Übereignung gesichert wird und wie die Pflichten der Beteiligten beschaffen sind, wird im sog. Sicherungsvertrag festgelegt, der auch formlos abgeschlossen werden kann. Geregelt wird beispielsweise, welche Sachen übereignet werden, wie der Sicherungsgeber in Zukunft mit ihnen zu verfahren hat, wie notfalls die Verwertung stattfindet und unter welchen Voraussetzungen das «Sicherungsgut» zurückzuerstatten ist. Der Natur nach handelt es sich um einen **unvollkommen zweiseitigen Vertrag**, da den Leistungspflichten des Sicherungsgebers keine entsprechenden Gegenleistungspflichten des Sicherungsnehmers gegenüberstehen.[152]

545 Im Sicherungsvertrag kann vorgesehen werden, daß die Übereignung nur dann gültig sein soll, wenn und solange die gesicherte Forderung besteht.[153] Insoweit kann die Sicherungsübereignung als **akzessorische ausgestaltet** werden. Dies muß aber ausdrücklich oder konkludent vereinbart werden; mit Rücksicht auf die Abstraktheit der Übereignung ist es im Regelfall nicht zu vermuten.[154]

---

149 Zu seiner Übertragbarkeit s. oben Kap. 1 unter 5.2.2 (Rn 134)

150 BGHZ 28, 16, 25; Bülow Rn 868

151 Loewenheim JuS 1981, 721; Palandt-Bassenge § 929 Rn 45

152 Bülow Rn 817; Reich, Die Sicherungsübereignung, Bad Homburg 1970, S. 64

153 Bülow Rn 812; Palandt-Bassenge § 930 Rn 12; den Weg über eine auflösende Bedingung wählt Wilhelm Rn 1269

154 So ausdrücklich BGH JZ 1991, 723, 724

Auch soweit keine ausdrücklichen Abreden getroffen sind, ist der Sicherungsnehmer zur Rückübereignung verpflichtet, wenn die **gesicherte Forderung** nicht mehr entstehen wird oder inzwischen erloschen ist.[155] Dasselbe gilt dann, wenn ihr eine dauernde Einrede entgegensteht.[156] Nach der ausdrücklichen Vorschrift des § 223 Abs. 2 ist die Einrede der Verjährung allerdings ohne Bedeutung.[157] Wird die **Art und Weise der Verwertung** nicht im Sicherungsvertrag geregelt, sind die Vorschriften über das Pfandrecht an beweglichen Sachen entsprechend anzuwenden.[158] Eine andere Möglichkeit, die hier gelassene Lücke zu schließen, besteht nicht. Auch wäre es nicht sinnvoll, einen zusätzlichen Anreiz zur Vermeidung des im Gesetz vorgesehenen Pfandrechts zu schaffen, indem man auf die Schutzvorschriften zugunsten des Verpfänders (hier: des Sicherungsgebers) verzichtet: Das Verbot einer Verfallklausel nach § 1229 muß daher auch hier gelten.[159] 546

Der **Sicherungsvertrag** kann nach allgemeinen Grundsätzen, aber auch deshalb **nichtig** sein, weil er beispielsweise mit dem seinen Anlaß bildenden Darlehensvertrag eine Einheit bildet und dessen Nichtigkeit sich so nach § 139 auf ihn erstreckt.[160] Ist dies der Fall, ist **auch** die **Übereignung** als solche **hinfällig**, da es an der gültigen Vereinbarung eines Besitzkonstituts fehlt. Bleibt der Sicherungsvertrag trotz Unwirksamkeit der gesicherten Forderung bestehen, ist es eine Frage der Auslegung, ob der an ihre Stelle tretende Bereicherungsanspruch nach § 812 gesichert sein soll.[161] 547

Beispiel: Die Sicherungsübereignung sollte die Rückzahlung eines Darlehens sichern. Der Darlehensvertrag wird anschließend wegen arglistiger Täuschung angefochten. Ob nunmehr der Anspruch aus § 812 gesichert ist, hängt vom Inhalt des Sicherungsvertrags ab; im Zweifel wird es nicht anzunehmen sein.[162]

---

155 BGH NJW 1994, 861
156 Bülow Rn 822
157 Dazu BGHZ 34, 191, 195
158 Baur-Stürner § 57 IV 2; a. A. Palandt-Bassenge § 930 Rn 20
159 Gaul AcP 168 (1968), 351; Soergel-Mühl § 930 Rn 60; a. A. Palandt-Bassenge § 930 Rn 21, der sich zu Unrecht auf BGH NJW 1980, 226 beruft
160 Für eine entsprechende Regelungsvermutung Bülow Rn 810
161 Dazu BGH NJW 1994, 2855
162 Zur identischen Problematik bei anderen Sicherungsrechten s. oben 2.1.3 (Rn 378) und 3.2.1 (Rn 425)

4.1.3 Schutz vor dem Zugriff von Gläubigern

548 Da die als Sicherheit übereignete Sache im Besitz des Sicherungsgebers bleibt, besteht die Gefahr, daß sie von dessen Gläubigern gepfändet wird. Dagegen kann sich der **Sicherungsnehmer** jedoch zur Wehr setzen. Als Eigentümer kann er die sog. **Drittwiderspruchsklage** nach § 771 ZPO erheben, wonach die Zwangsvollstreckung für unzulässig erklärt wird.[163] Fällt der Sicherungsgeber in Konkurs, wird der Sicherungsnehmer allerdings nur wie ein Pfandgläubiger behandelt: Ihm steht ein sog. **Absonderungsrecht** nach § 48 KO zu, das ihn bei Fälligkeit der Forderung zur Verwertung berechtigt, jedoch kein dem «normalen» Eigentümer zustehendes Aussonderungsrecht nach § 43 KO.[164]

549 Im Einzelfall kann die Situation auftreten, daß **Gläubiger des Sicherungsnehmers** auf das Sicherungsgut zugreifen wollen, weil sich dieses beispielsweise vorübergehend im Besitz des Sicherungsnehmers befindet. Auch hier trägt die Rechtsprechung den wirtschaftlichen Gegebenheiten Rechnung, wonach der **Sicherungsgeber** ja sein Eigentum nicht endgültig aufgegeben hat: Ihm steht deshalb die **Drittwiderspruchsklage** nach § 771 ZPO gleichfalls zu, es sei denn, der Sicherungsnehmer wäre zur Verwertung befugt.[165] Im Konkurs erhält der Sicherungsgeber sogar ein **Aussonderungsrecht** nach § 43 KO – allerdings auch nur unter der Voraussetzung, daß der «Sicherungsfall» nicht eintritt.[166]

4.1.4 Bezahlung oder Verwertung durch Sicherungsnehmer

550 Bezahlt der Schuldner die gesicherte Forderung, so ist – wenn keine auflösend bedingte Übereignung vereinbart ist – der Gläubiger und Sicherungsnehmer zur Rückübertragung des Sicherungsguts verpflichtet. Da dies einige Schwierigkeiten machen kann (der Sicherungsnehmer legt sich quer oder fällt gar in Konkurs), gibt die Rechtsprechung dem Bezahlenden das Recht, nur **Zug um Zug gegen Rückübertragung** zu leisten. Ihm steht insoweit ein Zurückbehal-

163 Zu dieser Form des Eigentumsschutzes s. bereits Bd. 1 Kap. 6 unter 2.6.2.4 (Rn 411)
164 Ständige Rechtsprechung seit RGZ 124, 73, 74
165 BGHZ 72, 141
166 Ständige Rechtsprechung seit RGZ 94, 305, 307

tungsrecht zu[167], obwohl bei rein formaler Betrachtung der Rückübertragungsanspruch erst nach voller Erfüllung der Forderung entsteht. Dabei spielt es keine Rolle, ob die Zahlung durch den Schuldner oder den von diesem u. U. verschiedenen Sicherungsgeber erfolgt.

Wird nicht bezahlt, so ist der **Sicherungsnehmer zur Verwertung befugt**, allerdings nicht verpflichtet:[168] Er kann statt dessen auch den Schuldner auf Zahlung verklagen und in dessen sonstiges Vermögen vollstrecken. 551

Die Verwertung des Sicherungsguts setzt voraus, daß es dem **Sicherungsgeber weggenommen** wird. Dies ist **nicht im Wege der Selbsthilfe**, sondern nur aufgrund freiwilliger Entscheidung des Schuldners möglich. Widersetzt sich dieser, kann er auf Herausgabe verklagt werden; führt dies zu einem rechtskräftigen Urteil (oder zu einem anderen vollstreckbaren Titel), kann der Gerichtsvollzieher die Sache dem Schuldner wegnehmen und sie dem Gläubiger nach § 883 ZPO übergeben.[169] 552

Ist der Sicherungsnehmer in den Besitz der übereigneten Sachen gekommen, ist entsprechend den Bestimmungen über die Verwertung des Pfandrechts zu verfahren; dies setzt u. a. Androhung entsprechend § 1234 Abs. 1 voraus.[170] Ein etwaiger Mehrerlös ist an den Sicherungsgeber herauszugeben.[171] 553

4.1.5 Weiterübereignung des Sicherungsguts

Der Sicherungsnehmer ist zwar formal Eigentümer und kann deshalb die Sache auch an einen Dritten übereignen. Soweit der Sicherungsfall nicht eintritt, ist dies jedoch im Normalfall ohne größeres Interesse, da der **Sicherungsgeber** sich dem Dritten gegenüber auf sein **Recht zum Besitz** berufen kann.[172] Darf der Sicherungsnehmer die Sache verwerten, hängen seine Befugnisse im einzelnen vom Inhalt des Sicherungsvertrags ab; soweit ihm dieser einen freihändigen Verkauf ge- 554

167 BGHZ 58, 327, 330; zustimmend Bülow Rn 826
168 BGH NJW 1980, 226
169 Baur-Stürner § 57 VII 2; Palandt-Bassenge § 930 Rn 18
170 Palandt-Bassenge § 930 Rn 18
171 BGH NJW 1980, 226
172 § 986 Abs. 2; nach BGH NJW 1990, 1914 greift er auch dann ein, wenn der Sicherungsnehmer nach § 930 weiter übereignet, was durch Begründung eines mittelbaren Besitzes zweiter Stufe (dazu Kap. 14 unter 4.2.1.2–Rn 1173) möglich ist. Im Ergebnis übereinstimmend Bülow Rn 838

stattet, ist eine Übertragung zulässig. Andernfalls hätte der Sicherungsgeber einen Schadensersatzanspruch.

555 Eine Übertragung der ganzen Rechtsstellung – also von Forderung, Ansprüchen aus Sicherungsvertrag und Eigentum – ist nur dann möglich, wenn dies im Sicherungsvertrag vorgesehen oder der Schuldner damit einverstanden ist. Trotz fehlender Akzessorietät ist der Sicherungsgeber also keineswegs schutzlos.

4.1.6 Sonderfall: Schuldner und Sicherungsgeber sind verschiedene Personen

556 Die bei der Hypothek, der Grundschuld und dem Pfandrecht eingehend diskutierte Konstellation, daß Schuldner der gesicherten Forderung und Eigentümer auseinanderfallen, kann auch im vorliegenden Zusammenhang auftreten. Droht eine Verwertung der Sache, hat der Eigentümer die Möglichkeit, die Forderung zu tilgen; will man nicht § 268 entsprechend anwenden, der bei drohendem Rechtsverlust ein **Ablösungsrecht** gewährt, ist jedenfalls § 267 anwendbar; ein Widerspruch des Schuldners oder des Gläubigers würde gegen § 242 verstoßen.[173] Aus dem Verhältnis zum Schuldner ergibt sich, ob insoweit ein Rückgriff möglich ist. Wendet man § 268 an, geht nach dessen Abs. 3 die Forderung auf den Leistenden über; andernfalls bestünde die Möglichkeit, daß er seine Leistung dem Gläubiger gegenüber von der Abtretung der Forderung abhängig macht.[174]

557 Knobelfrage: Der Schuldner kann das Darlehen wegen arglistiger Täuschung anfechten, rührt sich jedoch nicht; der Gläubiger verlangt die Sache vom Eigentümer heraus, um die Verwertung einzuleiten. Steht dem Eigentümer analog § 770 ein Verweigerungsrecht zu? M. E. ja; von der Interessenlage her kann es keinen Unterschied machen, ob man sich verbürgt oder eine Sache als Sicherungsgut zur Verfügung stellt. Zudem könnte man auf § 1137 Abs. 1 Satz 1 und auf § 1211 Abs. 1 Satz 1 verweisen, wonach § 770 jeweils entsprechende Anwendung findet. Weitere Fälle dieser Art zu ersinnen (und zu lösen), mag getrost den (guten) Examenskandidaten überlassen werden.

---

173 Bülow Rn 842; zur Leistung durch Dritte s. Bd. 1 Kap. 19 unter 3.1 (Rn 1708 f.)
174 Bülow Rn 843

4.2 Sicherungsabtretung

4.2.1 Die grundsätzliche Parallele zur Sicherungsübereignung

Die Abtretung von Forderungen oder anderen Rechten zu Sicherungs- 558
zwecken verfolgt wirtschaftlich dasselbe Ziel **wie** die **Sicherungsübereignung**; im Prinzip sind daher alle für diese geltenden **Regeln entsprechend anwendbar**.[175] Dies gilt beispielsweise auch für die Behandlung in Zwangsvollstreckung und Konkurs.[176] Die Verwertung bestimmt sich nach dem im Sicherungsvertrag Vereinbarten; hilfsweise ist auf die Regeln über das Pfandrecht an Forderungen und sonstigen Rechten zurückzugreifen.[177]

Einige Besonderheiten bedürfen der Erwähnung.

4.2.2 Der Abtretungsvertrag

Die Abtretung einer Forderung oder eines sonstigen Rechts ist nach 559
§§ 398, 413 grundsätzlich formlos möglich. Bei hypothekarisch gesicherten Forderungen ist § 1154 zu beachten; Geschäftsanteile an einer GmbH können nach § 15 GmbHG nur in notarieller Form übertragen werden. Im Einzelfall ist weiter zu beachten, ob die Abtretbarkeit der Forderung durch Einigung zwischen Gläubiger und Schuldner ausgeschlossen wurde (§ 399) oder ob es sich um eine unpfändbare Forderung handelt (§ 400).

Verbreitet ist die Praxis, nicht nur den Schuldner nicht zu infor- 560
mieren (darin liegt ja der entscheidende Unterschied zur Verpfändung von Forderungen), sondern auch den Sicherungsgeber (d. h. den Abtretenden = Zedenten) zu ermächtigen, die Forderung auf Rechnung des Sicherungsnehmers (und Abtretungsempfängers = Zessionars) einzuziehen. Durch eine solche «**stille Zession**» wird dem Geheimhaltungsinteresse der Beteiligten umfassend Rechnung getragen. Der **Sicherungsgeber** ist berechtigt, die **Forderung in eigenem Namen einzuklagen**.[178] Die sich letztlich auf § 185 stützende Einziehungsermächtigung kann allerdings jederzeit widerru-

175 S. oben 4.1 (Rn 537ff.)
176 Baur-Stürner § 58 I 1 b aa.; dazu oben 4.1.3 (Rn 548 f.)
177 Baur-Stürner § 58 I 1 b bb.; dazu oben 3.5 (Rn 527, 528) iVm 3.4.4 (Rn 521 ff.)
178 BGH NJW 1978, 698

fen werden, soweit der Sicherungsvertrag nichts Abweichendes festlegt.[179]

4.2.3 Globalzession

561 Insbesondere Banken lassen sich zur Sicherung von Krediten häufig alle künftigen Forderungen aus dem Geschäftsbetrieb des Darlehensnehmers (oder z. B. gegen die Abnehmer mit den Anfangsbuchstaben A–K) abtreten.

Eine solche Globalzession ist von der gleichfalls vorkommenden **«Mantelzession»** zu unterscheiden; diese verpflichtet den Kreditnehmer lediglich, regelmäßig Listen mit Forderungen gegen seine Abnehmer zu übersenden; die dort vermerkten Ansprüche sind erst in diesem Moment abgetreten.

562 Die in der Globalzession liegende **Abtretung künftiger Forderungen** ist grundsätzlich zulässig, soweit diese **«bestimmbar»** sind. Die Rechtsprechung scheint hier etwas großzügiger als bei Sachen zu sein, doch kann dies jedenfalls dann nicht mehr gelten, wenn es um eine in AGB enthaltene Globalzession geht: Der Grundsatz, daß eine Übersicherung jederzeit klar feststellbar sein muß[180], läßt es nicht zu, daß der Kreis der erfaßten Forderungen erst in relativ komplizierter Weise durch Rückgriff auf außerhalb des Vertrages liegende Umstände bestimmt wird.

563 Das eigentliche Problem der Globalzession liegt allerdings nicht hier, sondern im **Zusammentreffen mit einem verlängerten Eigentumsvorbehalt**.[181]

Autohändler H hat das dringend benötigte Darlehen von der Bank B nur gegen Vorausabtretung aller Ansprüche gegen seine Käufer erhalten. Sein Lieferant L hat sich das Eigentum an den Fahrzeugen vorbehalten, jedoch den H nach § 185 zur Weiterveräußerung gegen Abtretung der Kaufpreisforderungen ermächtigt. Unterstellt, H fällt in Konkurs: Wem stehen die vorhandenen Kaufpreisforderungen zu?

564 Der Sache nach liegt hier ein **Konflikt zwischen «Warenkreditgebern» und «Geldkreditgebern»** vor. Der BGH hat sich auf die Seite der ersteren geschlagen: Die Globalzession sei sittenwidrig, soweit sie den Schuldner veranlasse, auch solche Forderungen abzutreten, die

179 BGHZ 82, 283, 290
180 Dazu oben 4 (Rn 536)
181 Zu diesem s. oben Kap. 1 unter 5.3.2 (Rn 139ff.)

sich aus dem Verkauf einer mit verlängertem Eigentumsvorbehalt erworbenen Sache ergeben.[182] Auch wenn die Bank den Schuldner verpflichtet, das Darlehen in erster Linie zur Tilgung von Verbindlichkeiten gegenüber Lieferanten zu verwenden, bleibt es beim Verstoß gegen § 138 Abs. 1.[183] Selbst eine **Verpflichtung**, auf Verlangen des Lieferanten die diesem zustehenden Forderungen aus der Globalzession **nachträglich auszunehmen**, ändert nichts;[184] nur wenn diese Art von Forderungen von **vornherein ausgeklammert** ist, bestehen keine rechtlichen Bedenken.

Die Literatur hat dies zum Teil heftig kritisiert[185], schwerlich zu 565
Recht: Würde man den Geldkreditgebern den Vorrang einräumen und die Globalzession generell für wirksam erklären, käme in vielen Fällen das Geschäft des Schuldners zum Erliegen. Würde man insoweit eine Ausnahme machen, so wäre es problematisch, müßte der betroffene Händler seine eigene Existenzgefährdung im einzelnen gerichtlich darlegen. Auch liegt der Rechtsprechung wohl der Gedanke zugrunde, daß die Forderung des Warengläubigers eine Art «wirtschaftlicher Fortsetzung» der Sache ist, die Bank aber nie in der Lage gewesen wäre, diese ihrem Sicherungsgut einzuverleiben.

Bemerkenswert die Feststellungen bei Baur-Stürner:[186] «Die Machtkämpfe um diese Konkurrenzfrage werden mit einem erheblichen Aufwand an Gutachten und Aufsätzen ausgetragen. Der junge Jurist sei darauf hingewiesen, daß manchen Stimmen dieser Literatur mit großer Skepsis und Zurückhaltung zu begegnen ist, da sie vielfach nur den Interessentenstandpunkt in mehr oder weniger ‹wissenschaftlicher› Form zum Ausdruck bringen.»

Eine Globalzession, die nicht der Sicherung, sondern dazu dient, daß 566
der Abtretende möglichst schnell zu seinem Geld kommt, ist demgegenüber unproblematisch: Das sog. **echte Factoring**[187] begegnet deshalb auch in bezug auf Forderungen, die aufgrund eines verlängerten Eigentumsvorbehalts einem Lieferanten zustehen, keinen Bedenken.[188] Anders jedoch beim sog. **unechten Factoring**, bei dem die eingezogene Summe zur Tilgung von Verbindlichkeiten des Abtreten-

182 Grundlegend BGHZ 30, 149ff.
183 BGH NJW 1969, 318
184 BGHZ 72, 308ff.
185 S. die Nachweise bei Baur-Stürner § 59 VI 2 Fn 2 und bei Medicus, Bürgerliches Recht, Rn 527
186 § 56 II 2 b a. E.
187 Dazu Bd. 1 Kap. 14 unter 4.4.2 (Rn 1228)
188 BGHZ 69, 254ff.; Medicus, Bürgerliches Recht, Rn 526

den gegen den Abtretungsempfänger dient: Hier wäre der Sinn des verlängerten Eigentumsvorbehalts verletzt.[189]

Der Händler H erwirbt wie im obigen Beispiel Pkws mit verlängertem Eigentumsvorbehalt. Die aus den Verkäufen resultierenden Forderungen tritt er der Bank B ab, die diese einziehen soll. Mit den eingehenden Beträgen soll ein von H in Anspruch genommenes Darlehen getilgt werden. Hier würde der Lieferant offensichtlich in den Mond schauen... Anders, wenn die Bank die Forderung (z. B. zu 90% ihres Nennwerts) kauft; dies bewegt sich noch im Rahmen der dem H üblicherweise zustehenden Einziehungsbefugnis.

5 Ausgleich zwischen verschiedenen Sicherungsgebern

567 Was geschieht, wenn zur Sicherung einer Forderung eine Bürgschaft übernommen und außerdem eine Hypothek bestellt wird und einer der Sicherungsgeber die Leistung erbringt? Kann er sich dann beim anderen in vollem Umfang schadlos halten? Die dabei denkbaren Konstellationen sind höchst vielfältig: Sicherungsübereignung kann mit Grundschuld, Hypothek mit Sicherungszession zusammenfallen.

5.1 Die lückenhafte gesetzliche Regelung

568 Haben sich **zwei Personen für eine Forderung verbürgt** und hat sie ein Mitbürge beglichen, so kann er von dem anderen nach § 774 Abs. 2 nur entsprechend § 426 (d. h. hier: zur Hälfte) Rückgriff nehmen.[190] Für den Fall **mehrerer Verpfänder** verweist § 1225 Satz 2 auf § 774, übernimmt also das Gesamtschuld-Modell.

569 Eine andere Regelung trifft § 1173 Abs. 1 für die **Gesamthypothek**:[191] Befriedigt ein Eigentümer den Gläubiger, erlischt die Hypo-

189 BGHZ 82, 50, 61

190 Zur Mitbürgschaft s. oben 2.1.6.2 (Rn 393)

191 Zu dieser s. oben 3.2.6.3 (Rn 484 f.)

thek an den Grundstücken der übrigen Beteiligten. Nur wenn aus anderen Gründen ein Rückgriffsanspruch besteht, tritt nach § 1173 Abs. 2 dieser Effekt nicht ein. Inhaltlich handelt es sich dabei um eine Sondervorschrift, die die Risiken bei der Beteiligung an einer Gesamthypothek begrenzen will[192] und die deshalb nach allgemeiner Auffassung keiner Verallgemeinerung zugänglich ist.[193]

5.2 Zufallsergebnisse?

Zieht man andere Konkurrenzverhältnisse heran, so führt eine wort- 570
getreue Anwendung zu überraschenden Resultaten.

Betrachtet man den Fall der beiden akzessorischen Sicherungs- 571
rechte «Bürgschaft» und «Hypothek», so ist zu unterscheiden: Bezahlt der Bürge zuerst, geht nach § 774 Abs. 1 die gesicherte Forderung auf ihn über; nach den §§ 412, 401 nimmt diese gewissermaßen die Hypothek mit. Der Bürge könnte in vollem Umfang die Hypothek geltend machen und so alle Last auf den Eigentümer abwälzen. Zahlt umgekehrt dieser als erster, erwirbt er automatisch die gesicherte Forderung nach § 1143 Abs. 1 Satz 1. Nach §§ 412, 401 geht die Bürgschaft mit über. Der Eigentümer könnte den Bürgen in vollem Umfang in Anspruch nehmen. Es gälte der Grundsatz: «Den letzten beißen die Hunde.»

Konkurriert die Bürgschaft mit einer Grundschuld, kann der gegen- 572
teilige Effekt eintreten. Zahlt der Bürge, geht die Grundschuld nicht gemäß §§ 774 Abs. 1, 412, 401 auf ihn über, da es sich um kein akzessorisches Recht handelt. Zahlt andererseits der nicht mit dem Schuldner identische Eigentümer, erwirbt er zwar eine Eigentümergrundschuld, nicht jedoch die Forderung und mit ihr die Bürgschaft. Es gilt der Grundsatz: «Der Zahlende ist der Dumme.»[194]

Mit Recht hat es der **BGH** abgelehnt, die definitive wirtschaftliche 573
Belastung eines Sicherungsgebers von derartigen Zufälligkeiten abhängen zu lassen. Im Wege der Rechtsfortbildung hat er § 426 Abs. 1 entsprechend angewandt und damit im Prinzip einen **Ausgleich**

192 H. Meyer JuS 1993, 561 mit Fn 17

193 BGH NJW 1989, 2530, 2532

194 Die Darstellung folgt BGH NJW 1989, 2530, 2531 und vernachlässigt deshalb, daß es eine Nebenpflicht aus dem Bürgschaftsvertrag sein könnte, die Grundschuld abzutreten, und daß umgekehrt der Eigentümer ggfs. aus dem Sicherungsvertrag Abtretung der Forderung verlangen könnte

«nach Köpfen» vorgenommen.[195] Damit ist eine vernünftige Lösung gefunden, die selbstredend hinter abweichenden Abmachungen der Beteiligten zurücktritt.

195 BGH NJW 1989, 2530, 2531; ebenso BGH NJW 1992, 3228, 3229

KAPITEL 4: Dienstleistungen

1 Bedeutung und Einteilung in Vertragstypen

Dienstleistungen sind in modernen Industriegesellschaften für den einzelnen nicht weniger wichtig als Kauf und Gebrauchsüberlassung. Man fährt mit der Bahn, man läßt seine Uhr reparieren, man bucht eine Ferienreise, man überläßt die Steuererklärung dem Steuerberater. Gesamtwirtschaftlich ist die **Bedeutung der Dienstleistungen** seit Bestehen der Bundesrepublik **drastisch gestiegen**. Stellt man auf die in bestimmten Sektoren der Wirtschaft Beschäftigten ab, so hat sich der Anteil der «Dienstleister» von 40,6% im Jahre 1950 auf 57% im Jahre 1987 erhöht.[1] Nach allgemeiner Auffassung hat sich diese Entwicklung in der Zwischenzeit weiter fortgesetzt. Dabei bleibt sogar unberücksichtigt, daß auch in traditionellen Produktionsunternehmen immer mehr Tätigkeiten anfallen, die Dienstleistungscharakter haben. 574

Wer im Rahmen einer automatischen Fertigung lediglich Störfälle festzustellen und ggfs. zu beheben hat, ist dem «Dienstleister» ähnlicher als dem «Produzenten». Dasselbe gilt erst recht für alle Verwaltungskräfte.

Das geltende Recht kennt **keinen einheitlichen «Dienstleistungsvertrag»**, sondern eine Vielzahl von Vertragstypen, die auf unterschiedlicher Abstraktionsstufe angesiedelt sind. Dies erschwert das Verständnis und verstärkt den weit verbreiteten Eindruck, das BGB sei ein schwer enträtselbares Buch mit sieben Siegeln. Doch die Dinge liegen einfacher. 575

---

1 Angaben nach Statist. Jahrbuch 1995, 130; eigene Berechnungen

1.1 Die Zweiteilung in Dienst- und Werkvertrag

576 Im Grundsatz sind **alle Verträge**, die eine Dienstleistung zum Gegenstand haben, **entweder «Dienstvertrag»** (§§ 611–630) **oder «Werkvertrag»** (§§ 631–651). Nach einer verbreiteten «Faustformel» wird beim Dienstvertrag lediglich das Bemühen, beim Werkvertrag das Ergebnis, der Erfolg, geschuldet.[2]

Der Arzt soll den Patienten kurieren, kann aber nicht versprechen, wirklich Erfolg zu haben. Deshalb Dienstvertrag. Schließe ich dagegen einen Beförderungsvertrag, indem ich bei der Deutschen Bahn AG eine Fahrkarte von Bremen nach Stuttgart kaufe, so liegt ein Werkvertrag vor: Es wäre keine Vertragserfüllung, wenn die Bahn lediglich versucht, ihren ICE in Gang zu setzen, dieser aber nach 15 Kilometern den Geist aufgibt.[2a]

577 Im Einzelfall können sich Probleme ergeben. Wie ist beispielsweise ein **Architekt** zu behandeln, der nicht nur Pläne entwerfen, sondern auch die Bauleitung übernehmen soll? Die Planung könnte man als «Erfolg» qualifizieren, da die Statik stimmen und die Baugenehmigung auf dieser Grundlage möglich sein muß. Doch die Bauaufsicht ist eher Dienstleistung; läuft hier trotz guter Organisation der Baustelle etwas schief, wird der Architekt dafür nicht einstehen müssen. Der BGH sieht gleichwohl den Architektenvertrag als **Werkvertrag** an, und zwar sogar dann, wenn der Architekt erst nach erteilter Baugenehmigung eingeschaltet und auf die Bauaufsicht beschränkt ist: Auch dann habe er durch zahllose Einzelleistungen dafür zu sorgen, «daß das Bauwerk plangerecht, d. h. entsprechend den genehmigten Bauvorlagen, und frei von Mängeln entsteht».[3]

Dies schließt nicht aus, daß man im Einzelfall etwas Abweichendes vereinbart, also den Architekten bewußt nur mit Dienstleistungen betraut. Auf der anderen Seite ist der Vertrag mit einem Schönheitschirurgen als Werkvertrag zu qualifizieren: Es reicht nicht, daß er nach einem ersten Versuch die Hände in den Schoß legt und auf sein Honorar wartet. Vielmehr ist er – im Rahmen medizinischer Möglichkeiten – zur Herstellung des gewünschten Zustands (z. B. der Beseitigung einer Narbe) verpflichtet.

---

2 S. statt aller Esser-Weyers § 27 II 3 a

2a Zum Gütertransportrecht umfassend Dubischar, Grundriß des gesamten Gütertransportrechts, Frankfurt/M. 1987

3 BGH NJW 1982, 439 mwN

Leitlinie für die Abgrenzung sollte immer sein, wer das Risiko tragen soll, daß die vereinbarte Dienstleistung ihren Zweck nicht erreicht.[4] Dem normalen Arzt wird man es beispielsweise nicht auferlegen können, wohl aber dem Schönheitschirurgen. 578

1.2 Geschäftsbesorgung

Hat ein Dienstvertrag oder ein Werkvertrag eine «Geschäftsbesorgung» zum Gegenstand, liegt ein sog. Geschäftsbesorgungsvertrag vor, der nach § 675 in weitem Umfang wie ein «Auftrag» nach §§ 662 ff. behandelt wird. Von «Geschäftsbesorgung» spricht man bei jeder selbständigen **Tätigkeit wirtschaftlicher Art, die in fremdem Interesse ausgeübt wird**.[5] 579

Die Bank, die das Girokonto ihres Kunden betreut, ist «Geschäftsbesorger», ebenso der Rechtsanwalt, der für seinen Mandanten einen Prozeß führt, oder der Verwalter eines Grundstücks. Im ersten Fall liegt ein Werkvertrag, in den beiden folgenden ein Dienstvertrag vor. Soweit die §§ 662 ff. keine Regelung enthalten, greift man auf die Bestimmungen des Werkvertrags- bzw. des Dienstvertragsrechts zurück.

Eine spezifisch ausgestaltete Form der Geschäftsbesorgung ist der **Maklervertrag** nach den §§ 652 ff. 580

Das BGB gebraucht noch die mittlerweile altertümlich klingende Bezeichung «Mäkler» und «Mäklervertrag».

Sein Gegenstand liegt darin, zwei an einem Vertragsabschluß interessierte Parteien «zusammenzuführen», doch besteht die Besonderheit, daß nach dem gesetzlichen Modell eine Pflicht zur Zahlung der Provision erst dann entsteht, wenn der Vertrag zustande gekommen ist. Auch der Makler ist vorher nicht zu Aktivitäten verpflichtet, der Gesetzgeber erwartet, daß die mögliche Provision Ansporn genug ist.[6]

4 Vgl. Esser-Weyers § 27 II 3 c
5 BGHZ 45, 223, 228
6 Larenz, Schuldrecht BT, Bd. II / 1 § 54 (S. 396)

1.3 Reisevertrag und Verwahrungsvertrag

581 Einen Sonderfall des Werkvertrags stellt der Reisevertrag dar, der in den 1979 eingefügten und 1994 ergänzten §§ 651 a bis 651 k geregelt ist. Geschuldet ist eine «erfolgreiche Reise»[7]. Daß gerade diese Art von Vertrag eine eigenständige gesetzliche Regelung erfahren hat, hängt sicherlich damit zusammen, daß die «schönsten Tage des Jahres» im Bewußtsein breiter Bevölkerungskreise einen außerordentlich hohen Stellenwert haben, so daß «Urlaubsmängel» in besonderem Maße nach Ausgleich verlangen.

582 Auch der Verwahrungsvertrag nach den §§ 688–700 ließe sich als Unterfall des Werkvertrags konzipieren; daß er eine eigenständige Regelung erfahren hat, hat im wesentlichen historische Gründe.

1.4 Komplexe Langzeitverträge

583 Die Unübersichtlichkeit und die Abgrenzungsprobleme sind nicht die einzigen Defizite der gesetzlichen Regelung. Sowohl im Bereich der Produktion wie auch der Vertriebssysteme haben sich neue Vertragstypen herausgebildet, die zwischen dem normalen Austausch- und dem Gesellschaftsvertrag angesiedelt sind.[8] Viel wichtiger als diese «Typenvermischung» ist allerdings ihr langfristiger Charakter, der notwendigerweise dazu führt, daß das Verhalten der Beteiligten weder durch das Gesetz noch durch vertragliche Abmachungen voll «vorprogrammierbar» ist.[9]

Ein Beispiel hierfür stellt etwa der **Franchisevertrag** dar: Ein Unternehmen stellt einem anderen seine Handelsmarke, seine Waren und sein Erfahrungswissen zur Verfügung und schreibt ihm eine bestimmte Form der Vermarktung vor. Dafür ist es mit einem bestimmten Prozentsatz am Umsatz beteiligt.[10]

---

7 BGH NJW 1995, 2629, 2630

8 S. als Beispiel den Vertrag zur Regelung der Just in Time-Produktion durch Zulieferer – dazu Martinek, Moderne Vertragstypen, Bd. 3, S. 28

9 Zu diesen sog. relationalen Verträgen s. etwa Joerges (Hrsg.), Franchising and the Law, Baden-Baden 1994, und Staudinger-Martinek § 675 Rn A 155 ff.

10 Die Ausgestaltung kann im Einzelfall sehr schwanken. S. Palandt-Putzo Einf. vor § 581 Rn 22

Regeln für solche komplexen Langzeitverträge[11] sind nicht von heute auf morgen zu entwickeln; die gesetzlichen Typen geben nur Anhaltspunkte.

1.5 Schwer kontrollierbare Dienstleistungen

Schließlich hat das BGB bestimmten Schutzinteressen nicht Rechnung 584
getragen, die durch die Entwicklung eines neuartigen Dienstleistungsangebots entstanden sind: Der **Anlageberatung** durch Banken kann etwa § 676 schwerlich gerecht werden, wonach derjenige, der einem anderen einen Rat oder eine Empfehlung erteilt, grundsätzlich nicht zum Ersatz des daraus entstehenden Schadens verpflichtet ist. Oder ein anderes Beispiel: Die Errichtung von Gebäuden durch Bauträger und **Baubetreuer** läßt dem Bauherrn häufig keine echte Kontrollmöglichkeit mehr und birgt die Gefahr, daß sich unsolide Existenzen mit den erhaltenen Abzahlungen davonmachen: dem will die Makler- und Bauträgerverordnung[12] mit Regeln entgegenwirken, die man sich auch in einem zeitgerechten Vertragsrecht vorstellen könnte.

Beispiel: Baubetreuer müssen versichert sein; Zahlungen müssen an einen unabhängigen Treuhänder geleistet werden, der sie nur «entsprechend Baufortschritt» an den Bauträger oder den Bauunternehmer ausbezahlt usw.

Der Anlageberater wird durch die Rechtsprechung mit zahlreichen Informations- und Sorgfaltspflichten konfrontiert. Im übrigen spielen AGB eine große Rolle, die den vom Geldgeber freigelassenen Raum ausfüllen, jedoch zumindest der Kontrolle nach § 9 Abs. 1 AGBG unterliegen.[13]

11 S. Nicklisch (Hrsg.), Der komplexe Langzeitvertrag – Strukturen und internationale Schiedsgerichtsbarkeit, 1987

12 BGBl 1990 I 2479

13 Kritische Einschätzung dieser Teile des Vertragsrechts bei Esser-Weyers § 27 I

2 Der Dienstvertrag

2.1 Die Leistungspflichten beider Seiten

585 Nach § 611 Abs. 1 verpflichtet der Dienstvertrag die eine Seite zur Leistung der versprochenen Dienste, die andere zur Gewährung der vereinbarten Vergütung. Die so definierten Hauptpflichten werden durch zahlreiche Nebenpflichten ergänzt.

2.1.1 Abhängige Arbeit

586 Der Begriff «Dienste» umfaßt einmal jede abhängige Arbeit. Dabei kommt es nicht auf die wirtschaftliche, sondern nur auf die persönliche Abhängigkeit des Arbeitenden an; sie zeigt sich insbesondere in seiner Pflicht, konkreten Weisungen nachzukommen, sowie in seiner festen Einbindung in eine betriebliche Organisation.[14] Für diesen, zusammen mit den Beamten etwa 90% der aktiven Bevölkerung umfassenden Personenkreis gilt das **Arbeitsrecht**, dessen Inhalte hier nicht dargestellt werden sollen.[15]

2.1.2 Selbständige Tätigkeit

587 «Dienste» meint zum zweiten auch die Erbringung selbständiger Dienstleistungen, bei denen es an Weisungsabhängigkeit fehlt. Die Tätigkeit eines frei praktizierenden Arztes wurde bereits als Beispiel erwähnt. Auch der **Zahnarzt** unterliegt den §§ 611 ff.[16], es sei denn, es gehe im Einzelfall nur um die technisch korrekte Anfertigung einer Zahnprothese.[17] Wird ein Patient ins **Krankenhaus** aufgenommen, schließt er in der Regel einen «totalen Krankenhausaufnahmevertrag», der sämtliche Leistungen (einschließlich der ärztlichen) umfaßt und dessen dienstvertragliche Elemente überwiegen.[18] Im Einzelfall ist es jedoch auch möglich, einen «Arztzusatzvertrag» (mit dem Chefarzt) zu schließen.

---

14 Zum Arbeitnehmerbegriff s. etwa Däubler, Ratgeber Arbeitsrecht, 4. Aufl., Reinbek 1996, S. 32; Zöllner-Loritz § 4 IV. Dabei kommt es allein auf den Vollzug des Vertrages, nicht auf seinen Wortlaut an: BAG DB 1994, 2502

15 S. Däubler, Arbeitsrecht 1 und Arbeitsrecht 2

16 OLG Zweibrücken NJW 1983, 2094

17 BGH NJW 1975, 305

18 Palandt-Putzo Einf. vor § 611 Rn 19

Ein **Rechtsanwalt** ist Dienstleistender, wenn er einen Prozeß führt oder eine Firma regelmäßig in Rechtsfragen berät. Soweit es nur um eine Rechtsauskunft zu einem konkreten Problem oder die Erstattung eines Gutachtens geht, liegt jedoch – da es auf einen konkreten erwartbaren Erfolg ankommt – ein Werkvertrag vor. 588

Wichtig sind die im Einzelfall bestehenden **Nebenpflichten**. Der Arzt muß beispielsweise Diagnose und einzelne therapeutische Maßnahmen dokumentieren; nur so hat der Patient die Möglichkeit, den Gang seiner Behandlung zu rekonstruieren und ggfs. Ersatzansprüche geltend zu machen.[19] Der Patient ist außerdem über die Risiken einer Therapie, insbesondere eines operativen Eingriffs, umfassend aufzuklären.[20] Ein Krankenhaus hat die Nebenpflicht, Wertgegenstände des Patienten sicher aufzubewahren.[21] Ein Rechtsanwalt muß seinen Mandanten über die Erfolgsaussichten einer Klage belehren; unterläßt er dies («Bei dem Richter habe ich noch nie einen Prozeß verloren, wir sind im gleichen Kegelklub»), so macht er sich schadensersatzpflichtig. 589

Eine Sonderregelung hat der Dienstvertrag erfahren, der mit einem Institut für **«Fernunterricht»** abgeschlossen wurde. Das einschlägige Gesetz[22] schützt den «Schüler» vor einer Übervorteilung und einer nicht akzeptablen Bindung.[23] Der **private Direktunterricht** (z. B. durch einen juristischen Repetitor) unterliegt demgegenüber unmittelbar den §§ 611 ff.[24] 590

Der «Dienstberechtigte» hat das vereinbarte **Entgelt** zu bezahlen. Ist darüber nicht gesprochen worden (feine Leute reden nicht über Geld!), so greift § 612 Abs. 1 ein. Danach gilt die Vergütung als stillschweigend vereinbart, wenn die Dienstleistung den Umständen nach nur gegen eine Vergütung zu erwarten war. 591

Wer zum Arzt geht, weiß, daß dieser später eine Rechnung schickt. Untereinander behandeln sich Ärzte allerdings unentgeltlich; dies schließt jedoch das Vorliegen eines Vertrages mit allen damit verbundenen Sorgfaltspflichten nicht aus.[25]

---

19 Esser-Weyers § 28 II 3

20 Dies wird meist im Rahmen der Haftung nach § 823 Abs. 1 erörtert, gilt jedoch erst recht als vertragliche Nebenpflicht

21 Dazu OLG Karlsruhe NJW 1975, 597, das allerdings eine Einschränkung auch durch AGB zuläßt (aber vor dem AGBG ergangen!)

22 Gesetz zum Schutz der Teilnehmer am Fernunterricht (FernUSG), BGBl 1976 I 2525

23 Dazu Barth NJW 1976, 1993, und Dörner BB 1977, 1739

24 Zum Verbraucherschutz beim Direktunterricht Dörner NJW 1979, 241 ff.

25 BGH NJW 1977, 2120

592 Was die **Höhe** der nicht erwähnten **Vergütung** betrifft, so hilft § 612 Abs. 2. In erster Linie gilt die sog. taxmäßige Vergütung, wie sie beispielsweise in der GOÄ (Gebührenordnung für Ärzte) niedergelegt ist. Fehlt eine entsprechende Regelung, ist auf das übliche abzustellen.

2.2 Leistungshindernisse

593 Denkbar ist einmal, daß der Dienstverpflichtete seine Leistung anbietet, der andere Vertragspartner sie aber nicht annimmt. In diesem Fall greift § 615 ein: Der in **Annahmeverzug** Geratene muß die Vergütung bezahlen.

Beispiel: Ein Kieferorthopäde hat seine Praxis so organisiert, daß er Patienten langfristig bestellt. Kommt ein Patient nicht zu einer vereinbarten mehrstündigen Sitzung und können in dieser Zeit auch keine anderen Patienten behandelt werden, ist das Honorar gleichwohl zu bezahlen.[26]

594 Kann die Tätigkeit nachgeholt werden, ist ein erneutes Honorar fällig. § 615 geht den §§ 323, 324 vor.

In dem denkbar unwahrscheinlichen Fall, daß der Kieferorthopäde K den Patienten bewußt am Erscheinen gehindert hätte, läge § 325 vor: K hätte die Unmöglichkeit seiner Leistung zu vertreten und müßte deshalb Schadensersatz (hier: Nacharbeit) leisten.

595 Schwierigkeiten können sich auch auf seiten des Dienstverpflichteten ergeben. Zu seinen Gunsten greift **§ 616** ein, wonach er seinen **Vergütungsanspruch** auch dann behält, wenn er für eine «verhältnismäßig nicht erhebliche Zeit» durch einen in seiner Person liegenden Grund ohne sein Verschulden an der Dienstleistung gehindert ist. Dies gilt insbesondere für den Fall der Krankheit.

Der Gitarrelehrer bekommt Grippe und muß deshalb den vereinbarten Einzelunterricht absagen. Der Schüler muß gleichwohl bezahlen.

Was «verhältnismäßig nicht erheblich» ist, kann zweifelhaft sein; abzustellen ist primär auf die Gesamtdauer des Dienstverhältnisses.[27]

596 Auch im Falle des § 616 muß die ausgefallene Arbeit grundsätzlich nicht nachgeholt werden.[28] Allerdings wird bei qualifizierten und

26 LG Konstanz NJW 1994, 3015
27 Näher Schaub WiB 1994, 637
28 Medicus, Bürgerliches Recht, Rn 278

hochbezahlten Dienstleistungen in der Regel eine andere Person einspringen, um die notwendige ärztliche Behandlung bzw. anwaltliche Beratung durchzuführen.

2.3 Schlechtleistung

Die §§ 611 ff. kennen den Rechtsbehelf der **Minderung nicht**. Für das 597
Arbeitsverhältnis hat deshalb schon das Reichsarbeitsgericht den Grundsatz aufgestellt, der Arbeitgeber könne den vereinbarten Lohn auch bei mangelhafter Leistung nicht herabsetzen.[29] Für den Dienstvertrag kann nichts Abweichendes gelten,[30] zumal andere Rechtsbehelfe zur Verfügung stehen:

Verletzt der die Dienste Erbringende seine vertraglichen Verpflich- 598
tungen, so ist er aus pVV zum Schadensersatz verpflichtet.

Der Arzt hat den Patienten unsachgemäß behandelt, so daß sich dessen Krankheit verlängerte. Ersatz des dadurch entstehenden materiellen Schadens. Da auch eine unerlaubte Handlung nach § 823 Abs. 1 vorliegt, kann der Patient überdies ggfs. Schmerzensgeld nach § 847 verlangen.

Außerdem gibt es die Möglichkeit, das Dienstverhältnis kurzfristig zu kündigen; insoweit bestehen sehr viel weitergehende Möglichkeiten als im Arbeitsrecht.

2.4 Beendigung des Dienstverhältnisses

War das Dienstverhältnis nur für eine bestimmte Zeit eingegangen, 599
endet es nach § 620 mit deren Ablauf. Dasselbe gilt, wenn der **Einsatz für einen bestimmten Zweck** erfolgte, der nunmehr erreicht ist.

Der vom Rechtsanwalt übernommene Prozeß ist rechtskräftig abgeschlossen, die Impfung des Patienten erfolgreich beendet.

§ 621 gibt beiden Seiten ein von keinen inhaltlichen Voraussetzungen 600
abhängendes Kündigungsrecht. Die **Kündigungsfristen** richten sich danach, in welchen Intervallen die Vergütung bezahlt wurde; bei mo-

29 RAG ARS 9, 230; 11, 302. Ebenso BAG AP Nr. 13 zu § 611 BGB Akkordlohn. Zum heutigen Diskussionsstand s. Däubler, Arbeitsrecht 2, S. 444

30 Larenz, Schuldrecht BT, Bd. II / 1, § 52 II a mN auch für die Gegenmeinung

natlicher Zahlung ist beispielsweise eine Kündigung zum Monatsende noch am 15. des Monats möglich. Wird nicht nach Zeitabschnitten bezahlt, ist jederzeit eine fristlose Kündigung möglich. Nahm die übernommene Aufgabe die **Erwerbstätigkeit des Verpflichteten** vollständig oder hauptsächlich in Anspruch, so ist eine Kündigungsfrist von zwei Wochen einzuhalten.

Beispiel: Der Vermögensverwalter war praktisch ganztags mit der Vermögensverwaltung beschäftigt.

601 Auch diese minimalen Kündigungsfristen sind nicht einzuhalten, wenn ein «**wichtiger Grund**» die Fortsetzung des Dienstverhältnisses unzumutbar macht (§ 626) oder wenn es sich um «Dienste höherer Art» handelte und der zur Dienstleistung Verpflichtete sich nicht in einem Dienstverhältnis mit festen Bezügen befand.

Man kann also den mit dem Arzt oder dem Rechtsanwalt geschlossenen Vertrag im Regelfall von heute auf morgen auflösen. Anders, wenn die Firma dem Rechtsanwalt für seine Dienste monatlich 3000 DM bezahlte; hier ist § 621 anzuwenden.

602 Wann «**Dienste höherer Art**» vorliegen, ist hin und wieder strittig geworden. So soll etwa die Schulung durch einen «Verkaufstrainer» in einem Kurzseminar nicht dazu gehören[31], wohl aber die Betreuung durch einen **Steuerberater**.[32] Letzterer kann das Kündigungsrecht auch nicht in seinen AGB ausschließen, da sich dies mit dem engen Vertrauensverhältnis zwischen den Vertragspartnern nicht vereinbaren ließe – fehlt es, ist die Fortsetzung der Tätigkeit sinnlos.[33]

603 Knobelfrage: Kann der mit einem Repetitor geschlossene Vertrag nach § 627 fristlos gekündigt werden? An den «Diensten höherer Art» besteht m. E. kein Zweifel, doch bestehen «feste Bezüge». Diese müssen nicht für die wirtschaftliche Existenz des Dienstverpflichteten wesentlich sein, so daß schon von daher § 627 nicht eingreift.[34] Es bleibt der Rückgriff auf § 621.

---

31 BGH NJW 1986, 373

32 OLG Koblenz NJW 1990, 3153

33 S. Fn 32

34 Ebenso für Internatsverträge BGH NJW 1985, 2585

3 Der Werkvertrag

Nach § 631 Abs. 1 wird durch den Werkvertrag der «Unternehmer» zur Herstellung des versprochenen Werkes, der «Besteller» zur Entrichtung der vereinbarten Vergütung verpflichtet. Der Anwendungsbereich dieses Vertragstyps ist außerordentlich breit. 604

3.1 Die Pflichten beider Seiten

3.1.1 Die Erstellung des «Werks»

Das herzustellende «Werk» kann – wie § 631 Abs. 2 deutlich macht – einen **körperlichen Gegenstand** betreffen. 605

Der Schneider fertigt einen Anzug an; der kaputte Autoscheinwerfer wird in der Werkstätte repariert.

Praktisch wichtigster Fall ist die Vornahme von **Bauarbeiten**: Man beauftragt – ggfs. vertreten durch den Architekten – Maurer, Glaser, Gipser, Elektriker usw., die nötigen Arbeiten bei der Errichtung des Einfamilienhauses vorzunehmen. Häufiger ist heute die Einschaltung eines Generalunternehmers, der den Bau als solchen organisiert und dabei Subunternehmer für die Tätigkeiten heranzieht, die er nicht selbst erbringen kann oder will.

Möglich ist auch die Einschaltung eines «Generalübernehmers», der selbst überhaupt keine Bauleistungen erbringt, sondern lediglich die Arbeiten der verschiedenen Bauhandwerker koordiniert.[35] In der Gegenwart scheint es Phänomene dieser Art auch in anderen Bereichen zu geben, die unter dem Stichwort des **«virtuellen Unternehmens»** diskutiert werden.[36]

Großvorhaben werden häufig an eine Arbeitsgemeinschaft (ARGE) verschiedener Bauunternehmen gegeben, die dann mangels anderer Abrede nach § 427 gesamtschuldnerisch haften.[37]

Das «Werk» kann – wie § 631 Abs. 2 gleichfalls deutlich macht – auch in einem **«unkörperlichen Erfolg»** bestehen. Beispiel ist etwa 606

35 BGH NJW 1978, 1054, 1055

36 Frigo-Mosca/Brutsch/Tettamanti, Vorwärts zur virtuellen Organisation, Office Management 9/1996 S. 46ff. mwN zur betriebswirtschaftl. Literatur

37 Zur ARGE s. Palandt-Thomas § 631 Rn 10

die Erstattung eines Gutachtens oder die Anfertigung einer Steuererklärung durch den Steuerberater. Auch wer von einer Auskunftei eine **Information** über die Kreditwürdigkeit eines potentiellen Geschäftspartners haben will, schließt einen Werkvertrag.[38] Bei Computerprogrammen muß man unterscheiden: Wird Standardsoftware erworben, liegt ein Kaufvertrag vor; geht es demgegenüber darum, auf die spezifischen Bedürfnisse des Bestellers ausgerichtete **«Anwendersoftware»** zu entwickeln, liegt ein Werkvertrag vor.[39] Ein «Werk» kann auch darin bestehen, daß eine bestimmte **Veranstaltung durchgeführt** wird.

Der Konzertagent K verpflichtet sich gegenüber der Stadt S, am 24.7. in deren kleinem Fußballstadion Michael Jackson auftreten zu lassen.

607 Wie auch bei anderen Verträgen bestehen «Nebenpflichten», die sich nach der Art der versprochenen Leistung und den Umständen des Einzelfalls bestimmen. Die dem Unternehmer zur Reparatur übergebene **Sache** muß beispielsweise sorgfältig aufbewahrt und **vor** einem **Zugriff** Unbefugter **gesichert** werden.[40] Erkennt der Bauunternehmer, daß der Architekt einen Fehler gemacht hat und beharrt dieser auf seinem Standpunkt, so muß der Bauherr von dieser Sachlage informiert werden.[41] Erst recht ist der Besteller darauf hinzuweisen, daß eine neue **Technik noch nicht ausreichend erprobt** ist und deshalb möglicherweise den vom Besteller gewünschten Erfolg nicht herbeiführt.[42] Schließlich muß der Besteller bei komplizierten Anlagen in deren Bedienung eingewiesen werden.

3.1.2 Die Bezahlung der Vergütung

608 Der Besteller hat die vereinbarte Vergütung zu bezahlen. Wurde sie nicht angesprochen, gilt dieselbe Regelung wie im Rahmen des Dienstvertrags:[43] Ist das Werk den Umständen nach nur gegen eine Vergütung zu erwarten, so gilt die «taxmäßige», notfalls die «übliche» Gegenleistung als vereinbart.

---

38 Dazu Staudinger-Peters § 631 Rn 5
39 Mehrings NJW 1988, 2438, 2440
40 BGH NJW 1977, 376, 377
41 BGH NJW 1973, 518
42 BGH DB 1993, 1281 (für Wärmepumpenanlage)
43 Dazu oben 2.1.2 (Rn 591)

Wer sich von einem Steuerberater die Steuererklärung machen läßt, muß den nach der Gebührenordnung vorgesehenen Betrag zahlen.

Fordert man einen Bauunternehmer zu einem **Kostenvoranschlag** auf, so mag dessen Erstellung zwar mit erheblichem Aufwand verbunden sein; gleichwohl ist mangels abweichender Vereinbarung insoweit **keine Vergütung** geschuldet.[44] 609

Die Wirkung eines effektiv gemachten Kostenvoranschlags bestimmt sich nach § 650. Hat der Unternehmer den Preis garantiert, bleibt es dabei. Hat er keine «Gewähr» übernommen und ergibt sich eine wesentliche Überschreitung, so hat dies für den Unternehmer Risiken: Kündigt der Besteller aus diesem Anlaß, so kann der Unternehmer nur die bereits erbrachte Leistung vergütet verlangen. 610

Nach § 647 erwirbt der Unternehmer zur Sicherung seines Vergütungsanspruchs ein **gesetzliches Pfandrecht** an den von ihm hergestellten oder ausgebesserten beweglichen Sachen des Bestellers. Insoweit finden die §§ 1204 ff. entsprechende Anwendung.[45] 611

Gehört die in Reparatur gegebene Sache nicht dem Besteller, soll nach der Rechtsprechung des BGH[46] ein **gutgläubiger Erwerb** des Pfandrechts ausscheiden. Dies führt in der Praxis dazu, daß in **AGB zusätzlich** ein **vertragliches Pfandrecht** begründet wird. Doch was passiert, wenn dies unterblieb? 612

K hat bei V einen Audi gekauft; die Raten hat er erst zur Hälfte abbezahlt. In den Ferien gibt es Probleme mit dem Motor; K bringt den Wagen zum kleinen Reparaturunternehmer R, bei dem alle Fragen mündlich und ohne Einbeziehung von AGB geregelt werden. Als K nicht zahlen will, kann R gleichwohl wegen seines Pfandrechts den Wagen zurückhalten; dieses erstreckt sich zwar nicht auf das Eigentum, wohl aber auf das Anwartschaftsrecht des K.[47]

Nach § 648 Abs. 1 erwirbt der Bauunternehmer eine **Sicherungshypothek** am Grundstück des Bauherrn, bis seine Forderungen beglichen sind. Außerdem kann er nach dem seit 1. 5. 1993 geltenden § 648 a eine Sicherheit z. B. durch Bankbürgschaft verlangen. 613

44 BGH NJW 1979, 2202; dazu auch Staudinger-Peters § 632 Rn 38
45 Dazu oben Kap. 3 unter 3.4 (Rn 501 ff.)
46 NJW 1983, 2140. Überblick zu Rechtsprechung und Literatur bei Staudinger-Peters § 647 Rn 13 ff.
47 Staudinger-Peters § 647 Rn 9

3.1.3 Abgrenzung vom Werklieferungsvertrag

614 Bei der Herstellung körperlicher Gegenstände tritt häufig der Fall ein, daß der Unternehmer das «Rohmaterial» selbst beschafft.

Der Schneider stellt auch den Stoff, der Bauunternehmer beschafft das Baumaterial.

In diesen Fällen kann fraglich sein, ob nicht in Wirklichkeit ein Kaufvertrag vorliegt – dies insbesondere dann, wenn der Materialwert sehr viel höher als der Wert der Arbeitsleistung ist.

615 § 651 trifft für diesen Fall des «Werklieferungsvertrags» eine differenzierte Lösung.

616 Nach seinem Abs. 2 liegt ein **reiner Werkvertrag** vor, wenn der Unternehmer **lediglich «Zutaten»** oder sonstige Nebensachen beschafft.

Der Schneider stellt Knöpfe, Faden und Futter.

Die Rechtsprechung legt § 651 Abs. 2 weit aus und betrachtet auch das **Baumaterial** als **«Nebensache»**, das bei der Errichtung eines Gebäudes auf dem Grundstück des Bestellers Verwendung findet.[48]

Werkvertragsrecht wird sogar dann noch angewandt, wenn jemand ein neuerrichtetes Haus oder eine neuerrichtete Eigentumswohnung kauft[49] – die Rechtsprechung will dem Käufer die (wie wir sehen werden) günstigeren Gewährleistungsansprüche des Werkvertragsrechts sichern.

617 Geht es nicht nur um «Zutaten», so ist nach § 651 Abs. 1 weiter zu unterscheiden: Wird eine **vertretbare Sache** hergestellt[50], so findet **Kaufrecht** Anwendung.

Bei der Bestellung eines neuen Autos werden auf der Grundlage des Katalogs eine Reihe von «Sonderausstattungen» gewählt; das Fahrzeug wird auf dieser Grundlage hergestellt. Es liegt ein Kaufvertrag vor.

618 Wird statt dessen eine **«unvertretbare» Sache** produziert, so finden nach § 651 Abs. 1 Satz 2 in weitem Umfang, insbesondere in bezug auf die Gewährleistung, die werkvertraglichen Vorschriften Anwendung. Eine nicht vertretbare Sache liegt beispielsweise vor, wenn ein Maßanzug angefertigt oder eine Spezialmaschine konstruiert wird.[51]

---

48 Nachweise bei Staudinger-Peters § 651 Rn 37

49 BGH NJW 1981, 2344

50 Zu diesem Begriff s. Bd. 1 Kap. 6 unter 2.3.2 (Rn 380)

51 Palandt-Thomas § 651 Rn 4

Wird **Teppichboden** vom Lieferanten im einzelnen zugeschnitten und mittels Kleber verlegt, liegt die Herstellung einer unvertretbaren Sache vor.[52]

3.2 Leistungsstörungen, insbesondere Mängelhaftung

3.2.1 Die Anwendung allgemeiner Grundsätze

Wird die Herstellung eines versprochenen **Werkes unmöglich**, bestimmen sich die Rechtsfolgen nach den §§ 320 ff.[53] 619

Der versprochene Bau kann nicht errichtet werden, weil die Baugenehmigung verweigert wird. In der Regel wird dies vom Architekten zu vertreten sein, der über die Genehmigungsvoraussetzungen Bescheid wissen muß. Der Bauherr kann deshalb nach § 325 zurücktreten oder Schadensersatz verlangen.

Probleme können sich ergeben, wenn **technisch Unmögliches** versprochen wird. § 306 findet insoweit nur in Extremfällen Anwendung; im Regelfall muß der Unternehmer dafür einstehen, daß das versprochene Werk mit den vorhandenen technischen Mitteln herstellbar ist. 620

U verspricht den Bau eines Propellerflugzeuges, mit dem man zum Mond fliegen kann. § 306 würde eingreifen, sofern man das Versprechen nicht als Scherzerklärung wertet. Anders, wenn der Bau eines Autos versprochen wird, das beim Betrieb eine bestimmte Phonzahl nicht übersteigt und dies technisch nicht leistbar ist.

Kommt der Unternehmer mit der Herstellung des Werkes in **Verzug**, kann der Besteller nach § 326 vorgehen.[54] Auch die Regeln über die pVV sind anwendbar. 621

Der Besteller wird beispielsweise nicht darüber aufgeklärt, daß die EDV-Anlage für seinen Bedarf bei weitem überdimensioniert ist.

---

52 BGH NJW 1991, 2486
53 Dazu Bd. 1 Kap. 17 unter 2 (Rn 1494 ff.)
54 Dazu Bd. 1 Kap. 17 unter 3 (Rn 1534 ff.)

3.2.2 Sonderregeln für Mängelhaftung

622 Ähnlich wie das Kauf- kennt auch das Werkvertragsrecht Sonderregeln für den Fall, daß das Werk mangelhaft ist. Nach § 633 Abs. 1 ist dieses so herzustellen, «daß es die zugesicherten Eigenschaften hat und nicht mit Fehlern behaftet ist, die den Wert oder die Tauglichkeit zu dem gewöhnlichen oder dem nach dem Vertrage vorausgesetzten Gebrauch aufheben oder mindern». Die Formulierung weist große Ähnlichkeit mit § 459 auf, was allerdings nicht zu dem Schluß verleiten darf, in beiden Bestimmungen sei dasselbe gemeint. Vielmehr ist zu differenzieren:

623 **«Fehler»** ist jede für den Besteller negative Abweichung von der «Sollbeschaffenheit» der Sache; insoweit sind keine Abweichungen von dem zu § 459 Gesagten ersichtlich.[55]

Ob ein «Fehler» vorliegt, kann nicht nur bei Baumängeln streitig sein. Unterstellt, man lasse die eigene Person von einem Kunstmaler porträtieren, das Gemälde ergebe aber einen höchst unsympathischen Dickbauch samt glasigem Blick: Kann man hier die Leistung als «nicht vertragsgemäß» zurückweisen? Künstlern wird eine gewisse Gestaltungsfreiheit eingeräumt[56], es sei denn, diese wäre ausdrücklich beschränkt worden.[57] Ähnelt das Porträt der dargestellten Person, wird sich nicht viel machen lassen, wirkt es in negativem Sinne karikierend, ist jedoch der Vertragszweck verfehlt. Im Streitfalle müßte ein neutraler Sachverständiger entscheiden.

624 Unterschiede zum Kaufrecht ergeben sich bei der **«zugesicherten Eigenschaft»**: Diese erfaßt im Werkvertragsrecht jede ernsthafte Beschaffenheitsvereinbarung[58]. Hintergrund sind die unterschiedlichen Rechtsfolgen. Während eine Zusicherung im Kaufrecht zu einer verschuldensunabhängigen Haftung auf Schadensersatz nach § 463 führt, kommt nach § 535 nur eine Verschuldenshaftung in Betracht.

625 Liegt ein Mangel in diesem Sinne vor, gelten die Sonderregeln der §§ 633 ff., soweit nicht eine abweichende Vereinbarung getroffen ist. Diese muß insbesondere die Nr. 10, 11 und 15 in § 11 AGBG beachten.

---

55 Dazu oben Kap. 1 unter 4.1.1 (Rn 40 ff.)

56 BGHZ 55, 77, 80 f.

57 Vgl. BGHZ 19, 382: Das in Auftrag gegebene Gedächtniskapellenfenster sollte konkrete Menschen zeigen und keine abstrakten Darstellungen

58 Staudinger-Peters § 633 Rn 19; Palandt-Thomas § 633 Rn 3

3.2.3 Die Situation bis zur Abnahme

Nach § 640 Abs. 1 ist der Besteller verpflichtet, das vertragsmäßig hergestellte Werk «abzunehmen», sofern nicht nach der Beschaffenheit des Werkes die Abnahme ausgeschlossen ist. In diesem Fall kommt es nach § 646 allein auf die «Vollendung» an. 626

Beispiel: Man wird von der Bahn ans Ziel gebracht. Soll man den Bahnhofsvorsteher aufsuchen und sich bedanken? So viel Höflichkeit verlangt das BGB nicht.

«Abnahme» bedeutet der Verkehrsanschauung entsprechend die Entgegennahme des Werkes, verbunden mit der Erklärung, es sei **«in der Hauptsache vertragsgemäß»**. 627

Soweit der Besteller bei der Abnahme **Mängel erkennt**, kann er sich später darauf nicht mehr berufen, es sei denn, er hätte sich insoweit seine Rechte ausdrücklich vorbehalten (§ 640 Abs. 2).[59] 628

Das Porträt findet zwar keine begeisterte Zustimmung, wird jedoch gleichwohl entgegengenommen und in der Wohnung aufbewahrt.

Tritt **schon vor** der **Abnahme** ein **Mangel** auf, hat der Besteller zwei Möglichkeiten.

Zum einen kann er seinen **Erfüllungsanspruch** geltend machen, der auf die Herstellung eines fehlerfreien Werkes geht.[60] Dies bedeutet grundsätzlich Neuherstellung, doch reicht die Beseitigung des Mangels, wenn Wert und Tauglichkeit des Gegenstands darunter in keiner Weise leiden. 629

Der Rechtsgutachter hat eine bestimmte Problematik nicht behandelt, die den Auftraggeber auch interessierte und die unabhängig von dem Behandelten war. Anders, wenn es sich um einen Aspekt handelte, der die Gesamtproblematik betraf: Hier hilft nur Neuanfertigung.

Im Einzelfall kann die Neuherstellung für den Unternehmer unzumutbar sein, weshalb nur eine Mängelbeseitigung in Betracht kommt.[61]

Zum zweiten kann der Besteller nach § 634 Abs. 1 Satz 2 dem Unternehmer eine **Frist zur Beseitigung des Mangels** setzen, die allerdings nicht vor dem vorgesehenen Zeitpunkt der Ablieferung enden darf. Wählt er diesen Weg und nimmt der Unternehmer die Nachbes- 630

59 BGHZ 48, 257, 263
60 BGH NJW-RR 1992, 1078; Esser-Weyers § 32 II 3 a
61 § 633 Abs. 2 Satz 3 wird insoweit analog angewandt: Brox, Besonderes Schuldrecht, Rn 267; Palandt-Thomas Vorbem. vor § 633 Rn 3

serung nicht vor, so kann der Besteller Wandelung, d. h. Rückgängigmachung des Vertrags verlangen. Statt dessen kann er schon jetzt ankündigen, die zu bezahlende Vergütung zu mindern oder – bei schuldhaftem Verhalten des Unternehmers – nach § 635 Schadensersatz zu verlangen.

Beim Bau ist der Anschluß an die Kanalisation so erfolgt, daß mangels Gefälle kein sicherer Abfluß möglich ist. Der Bauherr kann nicht nur Beseitigung des Mangels verlangen, sondern dem Unternehmer auch eine Frist setzen. Geschieht nichts, könnte er wandeln oder einen kräftigen Abschlag vom Baupreis vornehmen.

3.2.4 Die Situation nach der Abnahme

3.2.4.1 Nachbesserung und Ersatzvornahme

631 Ist das Werk einmal abgenommen, kann keine Neuherstellung, sondern **nur noch Nachbesserung** verlangt werden. Auch dies gilt nur, wenn der Mangel dem Besteller nicht bekannt war (§ 640 Abs. 2). Ob den Unternehmer ein Verschulden an dem Mangel traf und ob er ihn überhaupt erkennen konnte, spielt keine Rolle.[62] Wer ein Werk verspricht, trägt das Risiko des Mißlingens.

632 Wie die Verweisung auf § 476a deutlich macht, hat die Nachbesserung ausschließlich **auf Kosten des Unternehmers** zu erfolgen. Ist sie nur in der Weise möglich, daß Sachen des Bestellers beschädigt werden, muß der Unternehmer auch insoweit für einen Ausgleich sorgen.[63]

Ist die ins Haus eingebaute Wasserleitung defekt, so muß der Installateur die Mauer aufschlagen, um den Schaden beheben zu können. Nach getaner Arbeit muß er dann das Mauerwerk wieder befestigen und ggfs. sogar die Kosten für eine neue Tapete tragen.

In besonders gelagerten Fällen kommt sogar eine Neuherstellung in Betracht, wenn der Mangel anders nicht zu beseitigen ist.[64]

633 Der Anspruch auf Mangelbeseitigung ist nach der Rechtsprechung eine Art «Rest» des Erfüllungsanspruchs,[65] so daß der Besteller nach § 320 einen Teil seiner Gegenleistung verweigern kann.

634 Das Recht des Bestellers auf Nachbesserung hat allerdings **Gren-**

62 Palandt-Thomas § 633 Rn 4
63 BGHZ 96, 221
64 BGHZ 96, 111
65 BGH NJW 1976, 143

zen. Es besteht dann nicht, wenn der Mangel in seinem Verantwortungsbereich entstanden ist, wenn beispielsweise die als Sonderanfertigung gelieferte Maschine trotz genügender Instruktionen fehlerhaft bedient wird.[66] Außerdem ist der Unternehmer berechtigt, die Beseitigung des Mangels zu verweigern, «wenn sie einen unverhältnismäßigen Aufwand erfordert» (§ 633 Abs. 2 Satz 2). Dabei sind alle Umstände des Einzelfalls zu berücksichtigen, zu denen nicht nur die Kosten des Unternehmers, sondern auch der Grad seines Verschuldens gehören.[67] Schließlich entfällt der Nachbesserungsanspruch, wenn die Beseitigung des Mangels objektiv unmöglich ist, weil etwa der Planungsfehler des Architekten bereits im Hausbau «umgesetzt» wurde.[68]

Soweit ein Nachbesserungsanspruch besteht, der Unternehmer je- 635
doch mit der Mängelbeseitigung in **Verzug** gerät[69], kann der Besteller nach § 633 Abs. 3 **selber** für **Abhilfe** sorgen und die dabei entstehenden Aufwendungen dem Unternehmer in Rechnung stellen. Gleichgestellt ist der Fall, daß zwar kein Verzug vorliegt, das Vertrauensverhältnis zum Unternehmer aber aufgrund mißlungener Nachbesserungsversuche oder aus anderen Gründen dauerhaft gestört ist.[70]

Auch nach dem zweiten Reparaturversuch sind die Bremsen im Auto immer noch nicht in Ordnung.

Wird die Reparatur vom Besteller in **Eigenarbeit** durchgeführt, kann 636
er als Aufwendung den Betrag verlangen, den ein Arbeitnehmer für eine entsprechende Tätigkeit bekommen hätte.[71]

3.2.4.2 Wandelung und Minderung

Nach dem gesetzlichen Modell muß sich der Besteller **in erster Linie** 637
um **Nachbesserung** bemühen; man will vermeiden, daß Verträge vorschnell aufgelöst werden und so die Aufwendungen des Unternehmers insgesamt umsonst sind. § 634 Abs. 1 Satz 1 verlangt deshalb vom Besteller, daß er dem Unternehmer für die Beseitigung des Mangels eine **Frist** setzt und dabei erklärt, daß er **nach fruchtlosem Ab-**

66 Palandt-Thomas § 633 Rn 7
67 BGH NJW 1995, 1836
68 BGHZ 43, 227, 232
69 Es gelten die allgemeinen Verzugsvoraussetzungen. Dazu Bd. 1 Kap. 17 unter 3.1 (Rn 1534 ff.)
70 Palandt-Thomas § 633 Rn 8; s. auch BGH NJW 1976, 234, 235
71 BGHZ 59, 328

lauf der Frist die **Nachbesserung ablehne**. Nur wenn diese Voraussetzung erfüllt ist, kann der Besteller weitergehen und nach § 634 Abs. 1 Satz 3 Wandelung oder Minderung verlangen.

638 Aufgrund der Verweisung in § 634 Abs. 4 bestimmen sich die Rechtsfolgen von Wandelung und Minderung grundsätzlich nach kaufrechtlichen Regeln.[72] Zwei Besonderheiten sind zu berücksichtigen:

639 – Die Bestimmung einer **Frist** kann nach § 634 Abs. 2 **entfallen**, wenn die Beseitigung des Mangels unmöglich ist oder vom Unternehmer verweigert wird.[73] Dasselbe gilt dann, wenn der Besteller ein besonderes Interesse an der sofortigen Geltendmachung von Wandelung oder Minderung besitzt.

640 – Die Wandelung ist nach § 634 Abs. 3 ausgeschlossen, wenn der Mangel den Wert oder die **Tauglichkeit** des Werkes **nur unerheblich mindert**; wegen Kleinigkeiten soll nicht das Ganze scheitern.[74]

3.2.4.3 Schadensersatz, insbesondere für Mangelfolgeschäden

641 Nach § 635 kann der Besteller «statt» der Wandelung und der Minderung Schadensersatz wegen Nichterfüllung verlangen, soweit der Unternehmer den Mangel zu vertreten hat. Genau wie der Käufer kann der Besteller seinen Schaden auf zweierlei Art berechnen. Er kann zum einen die **mangelhafte Sache behalten** und den Geldbetrag ersetzt verlangen, der zur Beseitigung des Mangels erforderlich ist (sog. kleiner Schadensersatz).[75] Dabei spielt es keine Rolle, ob er den Mangel tatsächlich beseitigen läßt oder das Geld anderweitig verwendet; selbst die Veräußerung des Werks ist ohne Bedeutung.[76] Statt dessen kann er auch die **gesamte Sache zurückgeben** und alle Nachteile geltend machen, die ihm dadurch entstanden sind, daß nicht korrekt erfüllt wurde.

---

72 Zu diesen s. Kap. 1 unter 4.2.1 und 4.2.2 (Rn 53 ff.)

73 Zur entsprechenden Regelung bei der Nachfristsetzung nach § 326 s. Bd. 1 Kap. 17 unter 3.2.4 (Rn 1550)

74 Ein entsprechender Vorbehalt findet sich im Kaufrecht schon beim Fehlerbegriff – § 459 Abs. 1 Satz 2

75 Oben Kap. 1 unter 4.2.3 (Rn 60 ff.)

76 BGH NJW 1987, 645

Dies gilt natürlich nur für ein Werk, das in «verkörperter» Form vorliegt. Geht es darum, daß die von einer Auskunftei gewährte Information unzutreffend ist, spielt die hier vorgenommene Unterscheidung keine Rolle: Es kann der Schaden ersetzt verlangt werden, der durch die fehlerhafte Leistung entstanden ist.

Was geschieht, wenn der Mangel **auch andere Sachen** oder Vermö- 642
genswerte des Bestellers in Mitleidenschaft zieht? Werden diese sog. Mangelfolgeschäden gleichfalls von § 635 erfaßt, oder kann für sie Ersatz nach den Regeln über die pVV verlangt werden? Die Entscheidung ist deshalb wichtig, weil für Ansprüche aus § 635 die relativ kurzen Verjährungsfristen des § 638 eingreifen[77], während Ansprüche aus pVV der allgemeinen Vorschrift des § 195 entsprechend in 30 Jahren verjähren.

Beispiel:[78] Bei einem Juwelier wird eine Alarmanalge eingebaut, die jedoch relativ einfach zu umgehen ist. Mehr als fünf Jahre nach dem Einbau stahlen Diebe Juwelen im Wert von 339000 DM. Da § 638 für solche Fälle eine fünfjährige Verjährungsfrist vorsieht, war zu entscheiden, ob Ansprüche gegen den Einbauer der Alarmanlage noch durchsetzbar waren.

Der BGH macht in ständiger Rechtsprechung eine **Unterscheidung** 643
zwischen solchen Mangelfolgeschäden, die **«eng und unmittelbar»** mit dem Mangel am Werk zusammenhängen; bei ihnen soll die relativ kurze Verjährungsfrist des § 638 gelten.[79] **Entferntere Schäden**, bei denen beispielsweise das Verhalten dritter Personen dazwischengeschaltet war, sollen nach den Vorschriften der pVV abgewickelt werden.[80]

Die Unterscheidung zwischen «unmittelbaren» und «entfernteren» 644
Mangelfolgeschäden ist in der Praxis **schwer zu handhaben**[81] und führt auch beim BGH keineswegs immer zu überzeugenden Ergebnissen. Hat etwa die mangelhafte Ölfeuerungsanlage einen Brand verursacht, so soll es am engen und unmittelbaren Zusammenhang fehlen; es greifen die der langen Verjährung unterliegenden Ansprüche aus pVV ein.[82] Schließlich ist nicht einsehbar, weshalb man im Werkvertragsrecht bei Mangelfolgeschäden differenziert, die im Recht des

77 Dazu sogleich im Text

78 Nach BGH JZ 1992, 690

79 S. etwa BGHZ 37, 341, 344 zur Architekten- und BGHZ 48, 257 zur Statikerhaftung, bei der ein enger und unmittelbarer Zusammenhang mit dem Bauwerk bejaht wurde

80 So etwa im Juwelier-Fall oben Fn 78

81 Lesenswert der Beitrag von Ackmann JZ 1992, 670ff., der zahlreiche Fälle benennt, in denen OLG-Entscheidungen vom BGH korrigiert wurden

82 BGHZ 58, 305, 308. Weitere Beispiele bei Medicus, Bürgerliches Recht, Rn 356, 357

Kaufvertrags einheitlich behandelt werden.[83] In der Literatur wird zu Recht der Vorschlag gemacht, die Vorschrift des § 635 auf alle Mangelfolgeschäden auszudehnen, gleichzeitig jedoch die Verjährungsfrist erst mit dem Sichtbarwerden des Mangels beginnen zu lassen.[84]

Im obengenannten Juwelierfall würde daher die Verjährungsfrist mit dem Einbruch beginnen. Dies ist auch deshalb gerechtfertigt, weil sich erst in einer solchen Situation die Funktionsfähigkeit der Anlage wirklich zeigt.

645 Versagt ein Schadensersatzanspruch nach § 635, gibt es bisweilen für den geschädigten Besteller doch noch ein Happy-End: Der BGH verpflichtet den Unternehmer nach § 242, **auf einen von ihm begangenen Fehler hinzuweisen**, der für den Besteller wirtschaftliche Nachteile haben kann. Diese Pflichtverletzung dauert so lange an, bis der Besteller entweder aufgeklärt oder auf andere Weise informiert wird: Erst in diesem Zeitpunkt endet die Pflichtverletzung und beginnt die Verjährungsfrist für den Anspruch aus pVV.[85]

3.2.5 Verjährung

646 Der Anspruch des Bestellers auf Beseitigung eines Mangels sowie die Ansprüche auf Wandelung, Minderung und Schadensersatz verjähren nach § 638 Abs. 1 mit unterschiedlichen Fristen: Ging es um eine bewegliche Sache oder ein unkörperliches Werk, sind wie in § 477 **sechs Monate** vorgesehen. Bei Arbeiten an einem Grundstück beläuft sich die Frist auf **ein Jahr**, bei Bauwerken auf **fünf Jahre**. Die Verjährung beginnt mit der Abnahme nach § 640, notfalls mit der Vollendung des Werks nach § 646. Die kurzen Fristen gelten nicht, wenn der Unternehmer den Mangel arglistig verschwiegen hat.

647 Im Einzelfall kann die Zuordnung zu einem Grundstück oder einem «Bauwerk» zweifelhaft sein. Wird ein Teppichboden verlegt, handelt es sich um einen Beitrag für ein «Bauwerk», so daß die fünfjährige Frist eingreift.[86]

648 Soweit noch keine Abnahme vorliegt, greift § 638 nicht ein; der

---

83 Schmidt-Brüggemeier, S. 258 ff. Zu den Mangelfolgeschäden beim Kauf s. oben Kap. 1 unter 4.4.3 (Rn 116 ff.)

84 So etwa Ackmann JZ 1992, 670, 676; Medicus, Bürgerliches Recht, Rn 357. Kritisch auch Larenz, Schuldrecht, Bd. II/1 § 53 II b

85 So für den Fall der mangelhaften Steuererklärung durch einen Steuerberater BGH NJW 1991, 2828, 2830. Dasselbe gilt für Rechtsanwälte und Baubetreuer

86 BGH NJW 1991, 2486, 2487

Erfüllungsanspruch des Bestellers verjährt nach § 195 in 30 Jahren. Umgekehrt gilt für den Vergütungsanspruch des Unternehmers die zweijährige Verjährungsfrist des § 196 Abs. 1 Nr. 1 und 7.[87]

3.2.6 Garantie

Auch beim Werkvertrag sind Garantieabsprachen zulässig und verbreitet, die dem Besteller über das gesetzliche Niveau hinausgehende Rechte einräumen. Man unterscheidet gleichfalls zwischen unselbständigen und selbständigen Garantieversprechen.[88] 649

Bei der **unselbständigen** Garantie verspricht der Unternehmer, ohne Rücksicht auf Verschulden für die Freiheit von (bestimmten) Mängeln einzutreten. Zeigen sich diese gleichwohl, beginnt erst von diesem Augenblick an die Verjährungsfrist des § 638 zu laufen.[89] Bei der **selbständigen** Garantie wird ein bestimmter, über die Mängelfreiheit des Werkes hinausgehender Erfolg garantiert, wofür als Beispiel der Mietvertrag eines Hauses stehen mag.[90] 650

3.2.7 Sonderregeln für die Vergütungsgefahr nach §§ 644, 645

Da der Werkvertrag nicht auf einen «punktuellen» Austausch, sondern auf die einige Zeit in Anspruch nehmende Herstellung eines Werkes gerichtet ist, kann der Unternehmer in eine unangenehme Situation geraten: Er hat ggfs. bereits viele Arbeitsstunden investiert, ehe dann plötzlich die Sache abhanden kommt oder untergeht. 651

Der Kunstmaler hatte die Kirchenfenster zur Hälfte fertig, als die ganze Kirche abbrannte.

Die Frage, ob der Unternehmer erneut leisten muß, ob er also die «Leistungsgefahr» trägt[91], bestimmt sich – wie ausgeführt[92] – nach allgemeinen Grundsätzen. Doch kann er wenigstens eine Vergütung für seinen Arbeitsaufwand verlangen? 652

Grundsätzlich trägt der Unternehmer das Risiko, da sich die Sache in seinem Besitz befindet (§ 644 Abs. 1 Satz 1). 653

87 Palandt-Thomas § 638 Rn 14
88 Dazu beim Kaufvertrag oben Kap. 1 unter 4.2.7 (Rn 83 ff.)
89 BGHZ 75, 75, 81
90 Larenz, Schuldrecht, Bd. II / 1 § 53 II 3
91 S. oben Kap. 1 unter 2.2 (Rn 16 ff.)
92 Oben 3.2.1 (Rn 619 ff.)

Der gerade fertiggewordene, dem Besteller aber noch nicht übergebene Anzug wird beim Schneider gestohlen. Kein Vergütungsanspruch; gegen solche Risiken hilft nur eine Versicherung.

Erst nach der Abnahme ändert sich die Situation; in diesem Fall ist nach § 641 der Vergütungsanspruch fällig. Hat die Sache Mängel, greifen die §§ 633 ff. ein.

654 **Von der** grundsätzlichen **Gefahrtragung des Unternehmers** bis zur Abnahme gibt es eine Reihe nicht unwichtiger **Ausnahmen**.

655 – Hat der Unternehmer den Besteller in Annahmeverzug gesetzt[93], so geht nach § 644 Abs. 1 Satz 2 die Gefahr auf den Besteller über.

Der Kunde hat den fertigen Anzug nicht mitgenommen, weil er gerade in Ferien fahren und ihn erst nach seiner Rückkehr abholen wollte.

656 – Sollte das **Werk** auf Verlangen des Bestellers **nach einem anderen Ort versandt** werden, so findet § 447 entsprechende Anwendung (§ 644 Abs. 2). Danach behält der Unternehmer seinen Vergütungsanspruch, wenn die Sache auf dem Transport untergeht oder verschlechtert wird.[94]

Um das Schneiderbeispiel noch einmal zu strapazieren: Bat der Kunde um Zusendung, kam das Paket aber bei der Deutschen Post AG abhanden, so muß er gleichwohl die vereinbarte Vergütung bezahlen.

657 – Denkbar ist, daß der vom Besteller gelieferte **Stoff mangelhaft** ist und deshalb das Werk untergeht, einen Qualitätsverlust erleidet oder unausführbar wird.

Es stellt sich heraus, daß der vom Besteller übergebene Austauschmotor doch nicht in das Fahrzeug paßt und deshalb der Auftrag nicht ausgeführt werden kann.

Gleichgestellt ist der Fall, daß die vom Besteller erteilten Anweisungen eine Verschlechterung der Sache zur Folge hatte. In beiden Fällen ist es eher am Besteller, die Gefahr zu tragen, da die entscheidende Ursache in seiner Sphäre gesetzt wurde.

658 – Geht die zu bearbeitende Sache bereits **vor Übergabe an den Unternehmer** unter, so ist § 645 entsprechend anzuwenden.[95]

659 In allen diesen Fällen kann der Unternehmer einen der geleisteten Arbeit entsprechenden Teil der Vergütung und Ersatz seiner Aufwen-

93 Zu den Voraussetzungen des Annahmeverzuges s. Bd. 1 Kap. 17 unter 4.1 (Rn 1553 ff.)
94 Zu § 447 s. im einzelnen oben Kap. 1 unter 2.2 (Rn 16 ff.)
95 Palandt-Thomas § 645 Rn 9

dungen verlangen. Zu beachten ist, daß vertragliche Leistungsbestimmungen nicht etwa «Anweisungen» des Bestellers sind; diese müssen vielmehr einen vom Vertrag gelassenen Rahmen ausfüllen.[96] Auch kann der Unternehmer keine Vergütung verlangen, wenn das Fehlschlagen des Projekts auch auf seinem Verschulden beruhte, er beispielsweise den Besteller nicht darauf hinwies, daß seine laienhaft gegebene Anweisung nicht den Regeln der Technik entsprach.[97]

3.2.8 Unterbliebene Mitwirkung des Bestellers

In vielen Fällen kann die Leistung nur erbracht werden, wenn der Be- 660
steller die dafür notwendigen Voraussetzungen schafft: Der Bauunternehmer benötigt die genehmigten Baupläne, der Maler kann das Porträt nur anfertigen, wenn sich der zu Porträtierende bei ihm einfindet. Unterbleiben solche «Mitwirkungshandlungen», ist der Unternehmer in einer ärgerlichen Situation; er hat seine Arbeitskraft bereitgehalten, konnte aber nicht mit der Arbeit beginnen. Diese Situation regelt § 642: Ist der Besteller aufgrund seiner Passivität in Annahmeverzug geraten, kann der Unternehmer eine **«angemessene Entschädigung»** verlangen. Außerdem ist er nach § 643 befugt, dem Besteller eine angemessene **Frist** mit der Erklärung zu bestimmen, «daß er den Vertrag kündige, wenn die Handlung nicht bis zum Ablaufe der Frist vorgenommen werde». Ändert sich auch dann nichts, braucht der Besteller nicht einmal eine Kündigung auszusprechen; nach § 643 Satz 2 gilt vielmehr mit Fristablauf der Vertrag als aufgehoben.

3.2.9 Kündigung durch den Besteller

§ 649 Satz 1 gibt dem Besteller ein jederzeit ausübbares Kündigungs- 661
recht; insoweit ist die Situation eine ähnliche wie bei den Diensten höherer Art nach § 627. Allerdings wird dadurch nach § 649 Satz 2 der Vergütungsanspruch des Unternehmers grundsätzlich nicht berührt – er muß sich lediglich das anrechnen lassen, was er an Aufwendungen erspart oder durch anderweitige Verwendung seiner Arbeitskraft hätte erwerben können.

Hat der Besteller für seine Kündigung einen **wichtigen Grund**, so 662

96 Vgl. BGH NJW 1980, 2189
97 Palandt-Thomas S. 645 Rn 8

kann die Vergütung lediglich für die bisher erbrachten Teilleistungen verlangt werden.[98]

4 Geschäftsbesorgungsvertrag

4.1 Lebenssachverhalte

663 Soweit ein Werkvertrag **oder** Dienstvertrag die **selbständige Wahrnehmung fremder Vermögensinteressen** zum Gegenstand hat, liegt eine sog. Geschäftsbesorgung vor.[99] Sie hat in den vergangenen Jahrzehnten drastisch zugenommen. Erfaßt sind nicht nur die traditionellen Tätigkeiten von Rechtsanwälten, Steuerberatern, Wirtschaftsprüfern und Vermögensverwaltern, sondern insbesondere auch Vertragsbeziehungen im Rahmen von Vertriebssystemen.

Für Handelsvertreter enthalten die § 84 ff. HGB eine Sonderregelung, doch gilt dies beispielsweise nicht für sog. Eigenhändler, die Waren in Kommission nehmen und in eigenem Namen veräußern.[100]

664 Besonders wichtig und aus dem Alltag kaum mehr wegzudenken sind die **Rechtsbeziehungen zu Banken**; die Tatsache, daß 95 % der Bevölkerung über ein Konto verfügen sollen[101], macht dies hinreichend deutlich. Immer größere Verbreitung findet auch die Bezahlung mit **Kreditkarte**; auch hier geht es der Sache nach um Geschäftsbesorgung.[102] Die Reihe der Beispiele ließe sich verlängern; auch der Baubetreuer, der für einen oder (häufiger) für zahlreiche Bauherren ein Gebäude errichten läßt, ist rechtlich ein Geschäftsbesorger.[103]

98 Näher BGH NJW 1993, 1972
99 Zum Begriff s. oben unter 1.2 (Rn 579 f.)
100 Zum Eigenhändlervertrag s. grundlegend P. Ulmer, Der Vertragshändler, München 1969
101 Mitgeteilt bei Staudinger-Martinek § 675 Rn B 17
102 Zum davon zu unterscheidenden Euroscheck-Verfahren s. oben Kap. 3 unter 2.2.3 (Rn 403 ff.)
103 BGH NJW 1976, 1635, bestätigt in BGH NJW 1994, 2825

4.2 Die entsprechende Anwendung der Vorschriften über den Auftrag

Das BGB hat der Geschäftsbesorgung gegen Entgelt in Form des § 675 665
eine einzige Vorschrift gewidmet, die auf die meisten Bestimmungen des **Auftragsrechts** nach §§ 662 ff. verweist. Soweit eine Frage weder im konkreten Vertrag noch dort geregelt ist, sind **hilfsweise** die Bestimmungen zum Recht des **Dienstvertrags** bzw. zum Recht des **Werkvertrags** heranzuziehen. Angesichts der Vielfalt der erfaßten Lebenssachverhalte spielen AGB eine große Rolle.

Die Tatsache, daß das BGB den unentgeltlichen Auftrag relativ eingehend geregelt und für die entgeltliche Geschäftsbesorgung hierauf lediglich verwiesen hat, hat im wesentlichen historische Gründe.[104]

4.3 Die Durchführung der Geschäftsbesorgung, insbesondere die Herausgabe des Erlangten

Der Geschäftsbesorgungsvertrag verlangt vom Geschäftsbesorger 666
(auch «Mandatar» genannt) die Wahrung fremder Interessen in einer oft höchst komplizierten Umwelt. Der von § 675 in bezug genommene § 665 Satz 1 trägt dem durch die Befugnis Rechnung, **von den Weisungen des Auftraggebers abzuweichen**, wenn der Geschäftsbesorger «den Umständen nach annehmen darf, daß der Auftraggeber bei Kenntnis der Sachlage die Abweichung billigen würde». Soweit es die Umstände zulassen, ist der Auftraggeber vorher zu fragen (§ 665 Satz 2). Das konkrete «Pflichtenprogramm» wird durch den Vertrag festgelegt, doch kann dieser nicht allen denkbaren Umständen Rechnung tragen.

A hat dem Kunsthändler K ein Gemälde in Kommission gegeben, das dieser für ca. 5000 DM verkaufen soll. Als der Kunsthändler erfährt, auf einer Auktion im Ausland seien für ein vergleichbares Gemälde 15 000 DM erzielt worden, muß er dem A Mitteilung machen und sich mit ihm darüber verständigen, für welchen Preis man in Zukunft das Gemälde anbieten will.

104 Esser-Weyers § 35 I 1 c

667 Der Geschäftsbesorger hat Anspruch auf ein **Entgelt**, das sich mangels besonderer Abrede aus § 612 bzw. § 632 ergibt. Darüber hinaus sollen ihm jedoch keine wirtschaftlichen Werte verbleiben: Nach § 675 iVm § 667 ist er zur **Herausgabe dessen** verpflichtet, **was** er aus der Geschäftsbesorgung **erlangt**.

Der Rechtsanwalt hat für seinen Mandanten einen Prozeß gewonnen; der Beklagte hat deshalb 10 000 DM auf das Anderkonto des Anwalts überwiesen. Der Betrag ist alsbald dem Mandanten weiterzureichen.

Soweit der Geschäftsbesorger vereinnahmtes Geld im Einvernehmen mit seinem Auftraggeber für sich verwendet, hat er es nach § 668 zu verzinsen.

668 Wichtig ist die in § 666 niedergelegte **Auskunfts- und Rechenschaftspflicht**, wonach jederzeit über den Stand des Geschäfts Auskunft zu geben und am Ende eine Abrechnung zu erfolgen hat.

Was geschieht, wenn der Geschäftsbesorger (natürlich kein Anwalt!) im Zusammenhang mit der Durchführung des Geschäfts Schmiergelder bekommt? Muß er auch sie nach § 667 herausgeben? Der BGH [105] bejaht die Frage und spricht diplomatisch von «Sondervorteilen, die dem Auftragnehmer von dritter Stelle zugewandt sind und eine Willensbeeinflussung zum Nachteil des Auftraggebers befürchten lassen». Schmiergeldannahme soll sich nicht lohnen.

4.4 Aufwendungsersatz

669 Der Geschäftsbesorger hat nach § 675 iVm § 670 Anspruch auf Ersatz der Aufwendungen, die er den Umständen nach für erforderlich halten durfte. [106] Dazu gehören alle freiwilligen Vermögensopfer wie Reisekosten, an Geschäftspartner bezahlte Vorschüsse usw. Ist das Entstehen der Aufwendungen absehbar, hat der Geschäftsbesorger Anspruch auf **Vorschuß** nach § 669.

Was geschieht, wenn er seinerseits die Verhaltsregeln eines ehrbaren Kaufmanns verletzte und im Interesse seines Auftraggebers Schmiergelder bezahlte? Der BGH lehnt hier eine Erstattung ab. [107] Dies ist bis auf weiteres für Inlandsgeschäfte richtig, verkennt aber Gebräuche in vielen anderen Ländern: Wer in Indonesien ein Auto importieren will, muß etwa mit den Zöllnern ein «freundschaftliches Abkommen» treffen. Daß der hierfür bezahlte Betrag zu erstatten ist, dürfte im Ergebnis keinem

105 BGH NJW 1982, 1752 unter Berufung auf BGHZ 39, 1
106 Larenz, Schuldrecht Bd. II/1, § 56 III
107 BGH NJW 1965, 293

Zweifel unterliegen; Rechtsgrundlage ist in solchen Fällen allein eine sachgerechte Auslegung des Geschäftsbesorgungsvertrags.

Einiges Kopfzerbrechen hat die Frage gemacht, wie ein **unfreiwilliges Opfer an Vermögenswerten, Körper und Gesundheit** zu behandeln ist. 670

Die Weltfirma W schickt einen Experten in das Entwicklungsland E, um dort zu erkunden, ob Bedarf für ein neues Telefon- und Faxsystem besteht. In einem unbewachten Augenblick wird ihm der Koffer geklaut, was einen Schaden von 3000 DM zur Folge hat. Oder schlimmer: Die heimische Telefonmafia schlägt ihn krankenhausreif; im Krankenhaus selbst erkrankt er an Malaria und verstirbt. Handelt es sich auch hier um «Aufwendungen»?

Im Ergebnis ist man sich einig, daß der Auftraggeber auch solche Nachteile ersetzen muß, in denen sich die Risiken des Geschäfts verwirklicht haben. Anderes gilt nur dann, wenn der Geschäftsbesorger bewußt aus den Risiken keine Konsequenzen ziehen wollte.[108] 671

Der Experte E ist ein James Bond-Verehrer und erklärt, ihn schrecke die Telefonmafia nicht. Er habe eine gute Karate-Ausbildung und lege notfalls «zehn von den Typen» flach. Sehr häufig werden solche Fälle allerdings nicht sein.

Auch das **Opfer des eigenen Lebens** wird zu den «Aufwendungen» gerechnet; die Hinterbliebenen erhalten deshalb Ansprüche nach den §§ 844, 845.[109] Grundgedanke ist letzlich die Erwägung, daß der Geschäftsbesorger durch seine Tätigkeit über das vereinbarte Entgelt hinaus nichts gewinnen, aber auch keine Verluste erleiden soll.[110] 672

Zurück zur Normalität: Hat der Geschäftsbesorger seine Tätigkeit abgeschlossen, hat er **Anspruch auf «Entlastung»**, also auf eine Erklärung des Auftraggebers, daß keine Schadensersatzansprüche ihm gegenüber existieren.[111] 673

Während ein Auftrag nach § 671 Abs. 1 jederzeit widerrufen werden kann, gilt dies für die entgeltliche Geschäftsbesorgung nicht, da § 675 nicht auf diese Bestimmung verweist. Die **Kündigungsmöglichkeiten** bestimmen sich also nach den §§ 621, 626, 627 im Falle des Dienst- 674

---

108 Larenz, Schuldrecht Bd. II/1, § 56 III

109 Vgl. RGZ 167, 85, 89; BGHZ 89, 153, 157; Esser-Weyers § 35 III 2; Larenz, Schuldrecht Bd. II/1, § 56 III; Staudinger-Wittmann § 670 Rn 10 mwN, 21. Zu §§ 844, 845 s. unten Kap. 12 unter 2.5 (Rn 1318 ff.)

110 Staudinger-Wittmann § 670 Rn 14. Für eine Risikohaftung des Geschäftsherrn kraft richterlicher Rechtsfortbildung Larenz, Schuldrecht Bd. II/1, § 56 III

111 Esser-Weyers § 35 III 3

vertrags[112] und nach § 649 im Falle des Werkvertrags.[113] Ist danach eine Kündigung ohne Einhaltung einer Frist möglich, greift nach § 675 a. E. der § 671 Abs. 2 ein, wonach bei einer Kündigung «zur Unzeit» Schadensersatz zu bezahlen ist.

4.5 Das Beispiel Bankvertrag

675 Wer bei einer Bank ein Girokonto eröffnet, schließt damit einen **Girovertrag**, der vom BGH zu Recht als Geschäftsbesorgungsvertrag mit Dienstvertragscharakter qualifiziert wird.[114] Kommt ein **Wertpapierdepot** hinzu, wird ein zweiter Geschäftsbesorgungsvertrag geschlossen.[115] Darüber hinaus entsteht mit der Eröffnung einer Bankverbindung nach herrschender Auffassung ein «allgemeiner Bankvertrag» als **Rahmenvertrag**, in den sich die einzelnen vertraglichen Beziehungen einfügen.[116] Danach ist die Bank zu einer weitgehenden Beratung und Betreuung ihres Kunden verpflichtet, muß ihn über Risiken aufklären und die ihn betreffenden Tatsachen grundsätzlich geheimhalten.[117]

Im Einzelfall können sich dabei schwierige Abwägungsfragen ergeben, so wenn ein konkursreifer Bauträger Kunde der Bank ist und ein anderer Kunde um einen Kredit nachsucht, um das Geld in ein Vorhaben genau dieses Bauträgers zu stecken.[118]

Im übrigen ist der Umfang des **Bankgeheimnisses** und einer zulässigen «Bankauskunft» in den AGB-Banken geregelt.[119]

112 Dazu oben 2.4 (Rn 599 ff.)
113 Dazu oben 3.2.9 (Rn 661)
114 BGH NJW 1985, 2699; BGH NJW 1991, 978
115 BGH NJW 1991, 978
116 S. die Nachweise bei Staudinger-Martinek § 675 Rn B 2
117 Staudinger-Martinek § 675 Rn B 13
118 S. BGH NJW 1991, 693, wo mit Recht eine Warnpflicht der Bank bejaht wurde
119 Die AGB-Banken sind abgedruckt und kommentiert bei Baumbach-Hopt, S. 1205 ff. Die hier interessierenden Fragen sind in Ziff. 2 geregelt. Eingehend dazu Däubler, in: Däubler – Klebe – Wedde, BDSG, Einl. Rn 178 ff.

4.6 Das Beispiel Kreditkartenvertrag

Seiner praktischen Bedeutung wegen soll der Kreditkartenvertrag kurz skizziert werden. Zwischen dem Kunden, dem künftigen Inhaber der Kreditkarte, und dem Kreditkartenunternehmen (Eurocard, VISA, Mastercard usw.) wird ein sog. **Emissionsvertrag** geschlossen: Danach erklärt sich das Kreditkartenunternehmen bereit, die bei den angeschlossenen Händlern und Dienstleistern eingegangenen Verbindlichkeiten des Kunden zu befriedigen und anschließend sein Konto damit zu belasten. Dies stellt nach der Rechtsprechung des BGH einen **Geschäftsbesorgungsvertrag mit werkvertraglichem Einschlag** dar.[120] Das Kreditkartenunternehmen schließt mit den einzelnen Händlern und Dienstleistern sog. **Akquisitionsverträge**. Macht der Kunde unter Vorlage seiner Kreditkarte dort einen Einkauf, muß er einen sog. **Leistungsbeleg** (auch «Slip» genannt) unterzeichnen. Dieser «verkörpert» gewissermaßen die vertragliche Forderung gegen den Kunden und wird der Kreditkartenfirma übersandt. Diese erwirbt auf diesem Wege die Forderung und erstattet dem Verkäufer den auf dem Beleg genannten Betrag abzüglich eines sog. Disagios von 3–5 %. Anschließend belastet sie den Karteninhaber – durch den Emissionsvertrag und die Unterzeichnung des Belegs hat dieser sinngemäß eine entsprechende Weisung erteilt. Der Struktur nach handelt es sich um eine Dreiecksbeziehung, die dadurch noch ein wenig komplizierter werden kann, daß das Kreditkartenunternehmen den Emissionsvertrag oft nicht selbst schließt, sondern dies einzelnen Banken oder anderen Organisationen überläßt.[121] Eine Zeichnung mag die Rechtsbeziehungen verdeutlichen (s. nächste Seite). 676

Für den Kunden ist diese Art der Zahlung bequem, weil er keine größeren Bargeldbeträge mit sich führen muß. Die jährlich zu entrichtende Pauschalgebühr bewegt sich zwischen 80 und 400 DM. Da die Abrechnung nur einmal im Monat erfolgt, erhält er gleichzeitig einen quasi-zinslosen Kredit. Im Akquisitionsvertrag müssen sich die Einzelfirmen verpflichten, keinen «Barzahlungsrabatt» zu gewähren. 677

Drei **Einzelfragen** haben Rechtsprechung und Literatur in den letzten Jahren beschäftigt. 678

– Denkbar ist einmal, daß der **Kunde von dem Geschäft wieder loskommen** möchte, weil er etwa arglistig getäuscht oder in einem

120 BGH NJW 1984, 2460

121 S. zu diesem «Co-Branding» Staudinger-Martinek § 675 Rn B 61

679

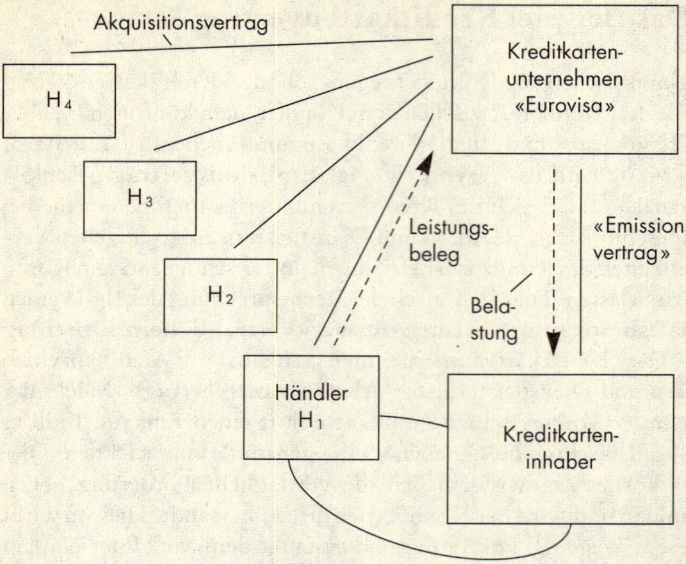

Animierlokal mit astronomischen Summen belastet wurde.[122] Kann er in einem solchen Fall dem Kreditkartenunternehmen als «Geschäftsbesorger» die Weisung geben, von genau diesem Geschäft abzusehen und die Forderung des Verkäufers nicht zu erwerben? § 665 sieht an sich ein solches Weisungsrecht vor, doch ist es in einem solchen Kreditkartensystem stillschweigend abbedungen: Ist einmal der Leistungsbeleg unterzeichnet, ist damit ein irreversibler Zustand geschaffen; andernfalls könnte jeder Karteninhaber geschlossene Verträge zu Lasten seiner Vertragspartner quasi suspendieren. Eine Ausnahme wird jedoch dann gemacht, wenn der Vertrag mit dem Einzelunternehmen an einem offensichtlichen und schwerwiegenden Mangel leidet.[123]

680 – Geht die Kreditkarte **verloren**, so ist ein Mißbrauch unschwer möglich, weil sie zugleich die Unterschrift des Inhabers trägt und so als Vorlage für gefälschte Leistungsbelege dienen kann. Wird ein gefälschter Beleg beim Kreditkartenunternehmen eingereicht, fehlt es –

122 S. den Fall LG Berlin NJW 1986, 1939, wo ein Gast in einer Nacht alkoholische Getränke von 15 642 DM konsumiert haben sollte, wobei die Flasche Champagner mit 790 DM und die Flasche Weißwein mit 590 DM angesetzt wurde

123 Staudinger-Martinek § 675 Rn B 80. Im Fall LG Berlin (Fn 122) wurde die Belastungsmöglichkeit im Ergebnis verneint

anders als bei echten Belegen – an einer Weisung des Karteninhabers, dem Unternehmen den in Frage stehenden Betrag zu bezahlen und anschließend den Inhaber zu belasten. Das **Kreditkartenunternehmen** trägt daher das **Fälschungsrisiko**[124], das auch durch eine AGB-Klausel nicht auf den Kunden verlagert werden kann.[125] Der Kunde ist lediglich verpflichtet, sofort eine Verlustanzeige zu erstatten; trägt er dem Rechnung, droht ihm nach dem AGB allenfalls ein Schadensersatz von maximal 100 DM.[126]

– Hat das Kreditkartenunternehmen die vom Einzelunternehmen eingereichte Forderung gegen den Kunden honoriert und einen entsprechenden Betrag überwiesen, stellt sich später aber heraus, daß der geschlossene **Vertrag unwirksam** war, so ergibt sich das Problem, ob die Kreditkartengesellschaft den erstatteten **Betrag** wieder **zurückverlangen** kann. Der BGH[127] hat dies bejaht; es liege ein Forderungskauf vor, so daß das Einzelunternehmen nach § 437 für die Existenz der Forderung hafte.[128] Als Schadensersatz gemäß §§ 440, 326 könne daher der gezahlte Betrag zurückverlangt werden. Der Händler ist darauf beschränkt, einen Bereicherungsanspruch gegen den Kunden (und Karteninhaber) geltend zu machen. In diesem Fall geht es um ein Problem der Rückabwicklung nach definitiv geklärter Unwirksamkeit, während eingangs von der anderen Frage die Rede war, ob eine Belastung auf der Grundlage von nicht näher überprüften Einwendungen gegen den Vertrag verhindert werden kann. 681

---

124 BGH NJW 1984, 2460
125 BGH NJW 1991, 1886; Verstoß gegen § 9 Abs. 1 AGBG
126 Staudinger-Martinek § 675 Rn B 83
127 NJW 1990, 2880
128 Zu § 437 s. oben Kap. 1 unter 3.1 (Rn 31)

5 Maklervertrag

5.1 Die Interessenlage der Beteiligten

682 Der oben bereits in seinen wesentlichen Zügen gekennzeichnete Maklervertrag[129] ist Gegenstand zahlreicher prozessualer Auseinandersetzungen. Die Voraussetzungen für Meinungsverschiedenheiten sind günstig: Der Kunde steht einem Professionellen gegenüber, den er faktisch nicht kontrollieren kann; erscheinen Angebote als nicht akzeptabel, wird die Schuld leicht dem Makler gegeben. Auch hat der Betroffene **keine** wirkliche **Möglichkeit**, den Wert der erhaltenen **Informationen zu überprüfen**; er kann nicht ausschließen, daß er nur Angebote erhält, die man auch durch sorgfältige Lektüre des Anzeigenteils der Lokalzeitung hätte bekommen können. Kommt es zum Vertragsabschluß, so erscheint das Verhältnis von Leistung und Gegenleistung in ungewöhnlicher Weise zugunsten des Maklers verschoben; beträgt die Provision beispielsweise 4% des Grundstücks- und Gebäudewerts[130], so wird für den Kunden deutlich, daß der Makler durch einige Gespräche über die Vermittlung eines Wohnhauses im Wert von 1 Mio. DM 40000 DM verdient hat. Die Gefahr, übervorteilt zu werden, wird so als sehr gravierend angesehen. Auf der anderen Seite liegt das «Kapital» des Maklers in seinen Informationen und seinen sozialen Kontakten. Diese «Gegenstände» sind schwer bewertbar und bedürfen der Diskretion: Kommt es zu keinem Vertragsabschluß, besteht die Gefahr, daß der Kunde oder ein Dritter das betreffende Objekt ohne Einschaltung eines Maklers erwirbt. Von daher ist die **Maklertätigkeit** von vornherein ein **risikobehaftetes Geschäft**. Das Bedürfnis, sich hier zu schützen und über die gesetzliche Regelung hinaus sich auch schon für die Tätigkeit als solche eine Vergütung auszubedingen, ist unter diesen Umständen naheliegend.

129 Oben 1.2 (Rn 580)
130 Vgl. die Beispiele bei Staudinger-Reuter §§ 652, 653 Rn 151

5.2 Gesetzliche Voraussetzungen für ein Entgelt des Maklers

Nach §652 Abs. 1 besteht ein Anspruch auf «Maklerlohn» (auch 683 «**Provision**» genannt) nur dann, «wenn der Vertrag infolge des Nachweises oder infolge der Vermittlung des Mäklers zustande kommt». Der Makler wird somit nur im Erfolgsfalle vergütet. Aufwendungsersatz bedarf nach §652 Abs. 2 der besonderen Vereinbarung, und zwar auch dann, wenn der Vertrag nicht zustande kommt.

5.2.1 Provisionsanspruch

5.2.1.1 Voraussetzungen

Erste Voraussetzung für einen Provisionsanspruch ist, daß überhaupt 684 ein **Maklervertrag zustande gekommen** ist. In der Regel ist der Makler im Sinne des §652 anders als der sog. Handelsmakler nach §§93 ff. HGB nur für eine Seite tätig, doch ist auch eine Doppeltätigkeit nicht verboten.[131]

Ob ein Maklervertrag zustande gekommen ist, mag oft streitig sein. 685 Nach Auffassung des BGH reicht es nicht aus, ein Maklerangebot über ein bestimmtes Objekt entgegenzunehmen und sich um dieses zu bemühen.[132] Auch wer die Dienste eines Maklers in Anspruch nimmt, also beispielsweise ein bestimmtes Objekt besichtigt, schließt noch keinen konkludenten Maklervertrag, soweit er weiß, daß der Makler im Auftrag der anderen Seite tätig ist. In der Praxis schützen sich Makler in der Regel dadurch, daß sie schriftliche Erklärungen unterzeichnen lassen, bevor sie im Interesse eines Beteiligten tätig werden.

Um einen Provisionsanspruch auszulösen, muß die **Tätigkeit des** 686 **Maklers** zum zweiten **für den Abschluß** des erstrebten Geschäfts (üblicherweise «Hauptvertrag» genannt) **kausal** gewesen sein. Dabei reicht es aus, daß der Makler mitgewirkt hat. Dies wird vermutet, wenn der Kunde auf der Grundlage des von ihm abgeschlossenen Maklervertrags ein Angebot des Maklers erhalten und das betreffende Objekt dann – wenn auch ohne dessen weitere Einschaltung – erworben hat.[133]

131 Palandt-Thomas §654 Rn 8
132 BGH NJW 1984, 232
133 BGH NJW 1971, 1133

687 Zum dritten muß der Hauptvertrag im wesentlichen **so zustande gekommen** sein, **wie** dies **im Maklervertrag vorgesehen** war; kleinere Abweichungen sind normalerweise ohne Bedeutung.[134]

Wird statt des vorgesehenen Darlehens über 100000 DM nur ein Darlehen über 60000 DM vermittelt, liegt kein den Provisionsanspruch auslösender «Erfolg» vor.[135]

688 Ob der einmal zustande gekommene **Vertrag später wieder aufgehoben** wird, weil z. B. eine Seite nach § 326 zurücktritt, ist ohne Bedeutung.[136] Dasselbe gilt, wenn die Form des § 313 nicht gewahrt ist, sich keiner der Beteiligten aber auf den Formmangel berufen will.[137] Anders wäre nur zu entscheiden, wenn der Vertrag anfechtbar wäre und von einer Seite auch wirklich angefochten würde.

689 Der **Hauptvertrag** muß viertens **mit** einer **Person** abgeschlossen werden, **die** mit **dem Makler** selbst **nicht wirtschaftlich verbunden** ist. Von einer «Vermittlung» oder einem «Nachweis» eines Geschäfts könne nur die Rede sein, wenn nicht der Makler selbst (z. B. als Stellvertreter oder als beherrschender Gesellschafter der Verkäufergesellschaft) die Entscheidung treffe.[138] Es darf – wirtschaftlich gesehen – kein «Selbsteintritt» vorliegen.

5.2.1.2 Verwirkung

690 Schließlich darf der Anspruch nicht dadurch verwirkt sein, daß der Makler «dem Inhalte des Vertrags zuwider» **auch für den anderen Teil** tätig gewesen ist (§ 654). Sieht der Vertrag demgegenüber ausdrücklich oder konkludent ein Tätigwerden für die andere Seite vor, kann § 654 selbstredend keine Anwendung finden.

691 Die eigentliche Bedeutung liegt jedoch nicht hier, sondern in seiner entsprechenden Anwendung auf **schwere Treupflichtverletzungen des Maklers**. Dieser ist seinem Kunden gegenüber zur Information, Beratung und Verschwiegenheit verpflichtet (§ 242). Setzt er sich hierüber vorsätzlich oder grob leichtfertig hinweg, indem er dem Kunden

---

134 BGH NJW 1982, 2662, 2663
135 Näher Staudinger-Reuter § 652 Rn 66
136 BGH NJW 1982, 2662, 2663; BGH NJW 1986, 1165, 1166
137 Esser-Weyers § 36 III 1
138 Dazu BGH NJW 1985, 2473 mit eingehender Darlegung der unterschiedlichen Konstellationen

z. B. falsche Angaben macht, findet § 654 entsprechende Anwendung: Er geht seines Anspruchs verlustig, weil er dessen «unwürdig» sei.[139]

Der Makler erweckt beispielsweise durch eine formnichtige «Ankaufsverpflichtung» den Eindruck, der Kunde sei bereits definitiv gebunden, obwohl er sich der Formnichtigkeit durchaus bewußt ist.[140]

Die Vorschrift ist höchst ungewöhnlich; bei Werk- oder Dienstverträgen rechtfertigt eine schwere Pflichtverletzung zwar die fristlose Kündigung, kann aber die in der Vergangenheit erworbenen Ansprüche nicht mehr beseitigen.[141] 692

Man kann sich die Frage stellen, ob hinter der Regelung nicht ein (natürlich nirgends ausdrücklich geäußertes) Vorurteil gegen «Schacherer» und «Roßtäuscher» steht. Man ist hier jedoch auf Spekulationen angewiesen.

Soweit das Niveau der «grob leichtfertigen Treupflichtverletzung» nicht erreicht wird, haftet der Makler aus **pVV** auf Schadensersatz.[142] Dies sollte auch in den anderen Fällen genügen. 693

5.2.1.3 Auffanglösung

Ist über die **Maklerprovision** nicht gesprochen worden, gilt sie nach § 653 Abs. 1 als **stillschweigend vereinbart**, soweit den Umständen nach nur mit einer entgeltlichen Tätigkeit gerechnet werden kann. Blieb die Höhe offen, greift § 653 Abs. 2 ein, wonach auf die taxmäßige Vergütung, hilfsweise auf das übliche abzustellen ist. Insoweit entspricht die Regelung den §§ 612, 632. Wird eine unangemessen hohe Provision vereinbart, kann sie nach § 655 herabgesetzt werden, es sei denn, der Kunde hätte bereits bezahlt. 694

---

139 BGH NJW 1981, 280; BGH NJW 1981, 2297, BGH NJW 1986, 2573
140 So BGH NJW 1981, 280
141 Kritisch auch Staudinger-Reuter § 654 Rn 2, der zu Recht Bedenken im Hinblick auf den Gleichbehandlungsgrundsatz äußert
142 BGH NJW 1981, 2297

5.2.2 Aufwendungsersatz

695 Nach § 652 Abs. 2 erhält der Makler keinerlei Aufwendungsersatz, weder im Falle des Zustandekommens noch in dem eines Scheiterns des Hauptvertrags. Eine abweichende Abmachung ist zulässig, darf aber **nicht** die **Generalunkosten auf** den **Kunden** anteilig **abwälzen**.[143] Geht es um die Vermittlung von Grundstücksgeschäften, so darf der formlos oder schriftlich vereinbarte Aufwendungsersatz unter keinen Umständen so hoch sein, daß er einen unangemessenen Druck in Richtung auf den Abschluß eines bestimmten Geschäfts ausübt.[144]

5.3 Verbesserung der Stellung des Maklers durch AGB und Einzelabrede

696 Der Makler kann sich einmal dadurch absichern, daß er sich einen sog. **Alleinauftrag** geben läßt. In ihm verpflichtet sich der Auftraggeber, während der Laufzeit des Vertrages keinen anderen Makler einzuschalten. Entsprechende Abmachungen sind auch in AGB möglich.[145] Zweifelhaft ist dagegen, ob sich der Auftraggeber auch verpflichten kann, Interessenten, die sich an ihn selbst wenden, an den Makler zu verweisen: Wegen unangemessener Beschränkung seiner Handlungsmöglichkeiten ist dies jedenfalls in AGB ausgeschlossen.[146]

697 Auch die naheliegende Klausel, den Provisionsanspruch (oder einen Teil davon) an die Bemühung als solche und das Vorlegen bestimmter Angebote zu knüpfen, ist im Rahmen von AGB nicht zu erreichen.[147] Lediglich für den Fall, daß der Kunde eine Indiskretion begeht, die Information an einen anderen Makler gibt und mit dessen Hilfe den Vertrag abschließt, kann anderes gelten.[148] Demgegenüber kann in ausgehandelten Einzelverträgen ein Entgelt für Dienstleistungen des Maklers vereinbart werden.[149]

143 Staudinger-Reuter §§ 652, 653 Rn 21 mwN
144 BGH NJW 1971, 557
145 Esser-Weyers § 36 II 2
146 BGH NJW 1973, 1194; BGH NJW 1986, 1173; Esser-Weyers § 36 II 2
147 BGH NJW 1985, 2477 und BGH NJW 1988, 967
148 BGH WM 1987, 632, 633. In diesem Fall liegt jedoch der Sache nach eine Vertragsstrafenabrede vor. So richtig Staudinger-Reuter §§ 652, 653 Rn 223
149 Zur Abgrenzung AGB-Individualvertrag s. Bd. 1 Kap. 12 unter 2.4.3 (Rn 837ff.)

Weitere Klauseln in AGB können hier nicht im einzelnen dargestellt werden.[150]

5.4 Der Sonderfall: Heirats- und Partnerschaftsvermittlung

5.4.1 Die fehlende Klagbarkeit des Provisionsanspruchs

Noch schlechter als die normalen Makler sind die Heiratsvermittler im 698 BGB weggekommen: § 656 Abs. 1 Satz 1 **schließt** die **Klagbarkeit** ihres Provisionsanspruchs **aus**; nach § 656 Abs. 1 Satz 2 kann lediglich eine vom Kunden bezahlte Provision nicht mehr zurückgefordert werden. Man spricht insoweit von einer «Naturalobligation». Hintergrund ist die (durchaus deutlich zum Ausdruck gebrachte) Einschätzung, die große Bevölkerungsmehrheit betrachte die **Ehevermittlung** als **unsittlich**, zumindest aber als unanständig.[151] Das BVerfG hat in einer Entscheidung zur Verfassungsmäßigkeit des § 656 zwar anerkannt, daß die Ehe- und Partnerschaftsvermittlung heute eine echte soziale Funktion erfülle, die geltende Regelung jedoch mit der Erwägung «gerettet», Prozesse über den Anteil eines Maklers an geschlossenen Ehen würden die Intimsphäre der Ehegatten beeinträchtigen.[152] Die Vorschrift wurde daher als erlaubte Einschränkung der Berufsausübungsfreiheit nach Art. 12 Abs. 1 GG qualifiziert.[153] Im Ergebnis führt § 656 Abs. 1 allerdings nur dazu, daß die **Kunden zur «Vorauskasse» gezwungen** werden, was ihre Position keineswegs verbessern kann.[154]

150 Überblick und eingehende Würdigung bei Staudinger-Reuter §§ 652, 653 Rn 224 ff.

151 S. die Nachweise bei Staudinger-Reuter § 656 Rn 1

152 BVerfG NJW 1966, 1211

153 Rechtspolitische Kritik auch bei Esser-Weyers § 36 V 1

154 Gilles JZ 1972, 377 ff.; zu ähnlichen Erscheinungen bei sittenwidrigen Verträgen, deren Rückabwicklung an § 817 Satz 2 scheitert, s. Bd. 1 Kap. 18 unter 2.3.3 (Rn 1624 ff.)

5.4.2 Ausweichen auf Dienstverträge

699 Die Rechtsprechung hat den **Anwendungsbereich** des § 656 **eher weit** als eng bestimmt, obwohl es sich ersichtlich um eine Ausnahmevorschrift handelt. Gleichgestellt werden einmal Abmachungen, die nicht die Herbeiführung einer Ehe, sondern nur die einer **Partnerschaft** zum Gegenstand haben.[155] Dies entspricht den gewandelten sozialen Vorstellungen über das Zusammenleben der Menschen.[156] Zum zweiten wird § 656 auch dann angewandt, wenn ein **«Eheanbahnungsdienstvertrag»** vereinbart wird.[157]

Verbreitet ist die Praxis, ein «Kundenpersönlichkeitsprofil» sowie ein «Wunschpartnerprofil» zu erstellen, beides in die EDV einzugeben und mit Rücksicht auf sich ergebende «Entsprechungen» eine Vorauswahl zu treffen. Der Kunde erhält dann als «Leistung» ein sog. Abrufdepot mit Adressen.[158]

Dies bedeutet, daß auch solche Dienstverträge das Vermittlungsinstitut zur «Vorauskasse» zwingen. Die Versuche, Abmachungen dieser Art als Werkverträge zu qualifizieren, wurden von der Rechtsprechung zutreffend zurückgewiesen.[159]

700 Auch der Abschluß eines Dienstvertrags ist für das Institut nicht ohne Risiko, da der **Kunde** nach § 627 ein **Kündigungsrecht** besitzt, das auch durch AGB nicht ausgeschlossen werden kann.[160]

Wurde die Benutzung eines «Adressendepots» für ein Jahr gegen ein durchaus marktübliches Entgelt von 5000 DM zugesagt, kann der Kunde gleichwohl nach zwei Monaten fristlos kündigen; der auf 10 Monate entfallende Anteil kann zurückgefordert werden.[161] § 656 Abs. 1 Satz 2 steht dem Rückforderungsverlangen nicht entgegen, da er dieses nur wegen der mangelnden Einklagbarkeit der Vergütung, nicht aus anderen Gründen ausschließt.

---

155 BGH NJW 1990, 2550

156 Der Gesetzgeber hatte 1896 in der Tat keinen Anlaß, diesen Fall zu regeln, da die Herbeiführung einer nichtehelichen Partnerschaft gegen Entgelt strafbare Kuppelei gewesen wäre. Zutreffend LG Essen NJW 1984, 178

157 BGH NJW 1986, 927, bestätigt in BGH NJW 1989, 1479

158 Eingehend geschildert bei AG Altötting NJW 1986, 2712; s. auch LG Osnabrück NJW 1986, 2710

159 S. etwa AG Altötting NJW 1986, 2712

160 BGH NJW 1989, 1479

161 BGH NJW 1989, 1479

5.4.3 Abgrenzungsprobleme

Wichtig ist, daß es immer auf den tatsächlichen Vertragszweck, nicht 701
auf die Bezeichnungen ankommt. Wird etwa das Institut durch den «Dienstvertrag» zu keinerlei Aktivitäten verpflichtet, liegt in Wirklichkeit ein Maklervertrag vor; kommt keine Ehe oder Partnerschaft zustande, entsteht auch kein Vergütungsanspruch, bereits erbrachte Zahlungen sind zurückzuerstatten.[162] Den Interessen des Instituts entspricht es daher am ehesten, einen traditionellen Maklervertrag gegen Vorauskasse zu vereinbaren, sich also am gesetzlichen Modell zu orientieren.

5.4.4 Probleme der Vergütung

Was geschieht, wenn der **Kunde** einen **Kredit aufnimmt** und damit 702
den vereinbarten Betrag bezahlt? Soweit der Kredit nicht wie beim finanzierten Abzahlungskauf von einer mit dem Institut eng kooperierenden Bank gewährt wird, liegt ein normaler Fall von Erfüllung vor; wie der Kunde sein Geld beschafft, braucht das Institut nicht zu interessieren.[163] Tritt der Kunde statt dessen Lohnforderungen ab oder unterzeichnet er Wechsel[164], so ist nach § 656 Abs. 2 eine Geltendmachung dieser Verbindlichkeiten durch das Institut ausgeschlossen; die übergebenen Wechsel sind zurückzugewähren.[165]

5.4.5 Freizeitgestaltung

Der Anwendungsbereich des § 656 wird dann verlassen, wenn – etwa 703
in Klubform – Wochenendaktivitäten organisiert werden, anders als bei der Eheanbahnung jedoch keine persönlichen Eigenschaften und Präferenzen erfaßt werden.[166] Allerdings scheitert eine durch AGB auferlegte Bindung von einem Jahr daran, daß wegen der persönlichkeitsspezifischen Art der angebotenen Leistung «geselliges Beisammensein» das Kündigungsrecht des § 627 nicht abdingbar ist.[167]

162 BGH NJW 1984, 2407
163 Vgl. Esser-Weyers § 36 V 3
164 So im Fall BGH NJW 1990, 2550
165 S. Fn 164
166 OLG Frankfurt/Main NJW 1984, 180
167 S. OLG Frankfurt/Main, a. a. O.

6 Der Reisevertrag

704 Durch das sog. Reisevertragsgesetz vom 4. Mai 1979[168] ist erstmalig in Form der §§651aff. **ein neuer Vertragstyp ins BGB eingefügt** worden. Er hat – angesichts der Bedeutung des Tourismus für die große Mehrzahl der Mitbürger nicht überraschend – eine reichhaltige Rechtsprechung und Literatur zur Folge gehabt, die hier nur in ihren wichtigsten Aussagen wiedergegeben werden kann. Aufgrund der **EG-Richtlinie über Pauschalreisen** sind durch Gesetz vom 24. 6. 1994[169] mit Wirkung vom 1. 11. 1994 eine Reihe wichtiger neuer Bestimmungen hinzugekommen.

705 Nach §651a Abs. 1 verpflichtet sich der Reiseveranstalter im Reisevertrag, «dem Reisenden eine Gesamtheit von Reiseleistungen (Reise) zu erbringen». Dafür ist ihm der vereinbarte Reisepreis zu bezahlen. Das Abstellen auf einen bestimmten Erfolg («Gesamtheit von Reiseleistungen») sowie die Zusammenfassung mit dem Werkvertrag unter einem einheitlichen Titel machen deutlich, daß es sich jedenfalls um eine **werkvertragsähnliche Vereinbarung**, wenn nicht sogar um einen Werkvertrag handelt.[170] Einigkeit besteht jedenfalls darüber, daß dort, wo das Reisevertragsrecht Lücken läßt, notfalls auf Bestimmungen des Werkvertragsrechts zurückgegriffen werden muß.[171]

706 **Warum** diese **Sonderregelung**? Der Vertrag mit einem **Reiseveranstalter** weist insofern Besonderheiten auf, als dieser häufig nur informierende und koordinierende Funktion erfüllt, die tatsächlichen Reiseleistungen (Flug, Hotelunterbringung, Verpflegung, Ausflüge) jedoch von anderen Unternehmen, üblicherweise **«Leistungsträger» genannt**, erbringen läßt. Für den Reisenden wäre es höchst problematisch, müßte er sich im Falle von Leistungsstörungen oder anderen Problemen mit jedem einzelnen «Subunternehmer» auseinandersetzen. Von daher will ihm das Gesetz einen **einheitlichen Ansprechpartner** sichern. Gleichzeitig ist die **Ferienreise eine höchst empfindliche «Ware»**; die durch Mißhelligkeiten vergällte Zeit kann nicht einfach nachgeholt werden.

---

168 BGBl I, 509
169 BGBl I, 1322
170 S. Esser-Weyers §34b II
171 BGH NJW 1987, 1931, 1933

Neben dem «idyllisch und ruhig gelegenen Hotel» dröhnt ab morgens 6.00 Uhr eine Betonmischmaschine. Abends ist bis 1.00 Uhr Rockmusik zu hören. Je länger dies dauert, um so mehr Urlaubszeit ist «kaputt».

Schließlich ergibt sich das Problem, daß, anders als bei Kauf oder nor- 707
malem Werkvertrag, ein **«Ausstieg»** aus dem Vertrag noch eine Menge **«Abwicklungsprobleme» aufwirft**: Der Reisende muß insbesondere wieder zurück zu seinem Wohnort gebracht werden.

Alle diese Schwierigkeiten sind noch erheblich größer, wenn der 708
Urlaub im Ausland verbracht wird. Wie wollte man einen tunesischen Busunternehmer oder ein Hotel in Sri Lanka verklagen? Wie ist mit Störungen umzugehen, die aus dem anderen Klima und den anderen Lebensverhältnissen kommen? Wie muß in diesen Fällen die Rückkehr ins gelobte Heimatland sichergestellt werden? Grund genug für eine spezielle gesetzliche Regelung.

6.1 Der Vertragsabschluß

Der Reisevertrag kennt zwei Partner: den Reiseveranstalter und den 709
«Reisenden», im folgenden auch «Kunde» oder «Tourist» genannt. Typischer Veranstalter ist derjenige, der eine **«Pauschalreise»** anbietet.

«14 Tage Arenal auf Mallora mit Flug, Hotelunterbringung in Zweibettzimmern und Halbpension.»

Nicht notwendig ist, daß es sich dabei um einen der Großen der Touri- 710
stikbranche handelt; auch wer **nicht gewerbs- oder geschäftsmäßig** Reisen veranstaltet, fällt unter die §§ 651 a ff.[172]

Die Redaktion des «Stuttgarter Wochenblättle», eines verbreiteten Anzeigenblatts, veranstaltet für Leser eine Fahrt nach Moskau und Kiew.

Nach dem Wortlaut des § 651 a Abs. 1 ist Voraussetzung, daß eine 711
«Gesamtheit von Reiseleistungen» versprochen wird. Geht es nur um eine einzelne Leistung, findet das Reiserecht an sich keine Anwendung.

172 Löwe NJW 1982, 1683; MüKo-Tonner Vor § 651 a Rn 7; Palandt-Thomas Einf. vor § 651 a Rn 3

Beim Reiseunternehmen U kann man für zwei, drei oder vier Wochen eine Ferienwohnung an der Costa del Sol mieten. Wie man dorthin kommt, ist dem einzelnen überlassen; auch für Verpflegung hat er selbst zu sorgen.

Die Rechtsprechung wendet jedoch die §§ 651 a ff. entsprechend an, wenn – wie im Ferienhausfall – eine **Einzelleistung als Teil einer Reise** angeboten wird.[173] Nur wenn es um reine Miete, Beförderung usw. geht, scheidet das Reisevertragsrecht definitiv aus.

712 Im Einzelfall kann ein **Reiseveranstalter** versucht sein, sich auf die Rolle **als bloßer Vermittler** zurückzuziehen: Seine Kunden würden dann jeweils Verträge z. B. mit der Iberia, dem Hotel Sol y Mar und dem lokalen Busunternehmer «Viajes locos» abschließen. Völlig verhindern läßt sich derartiges mit Rücksicht auf die Vertragsfreiheit nicht. Im Wettbewerb auf dem Tourismusmarkt würde ein solches Unternehmen allerdings wenig attraktiv erscheinen, so daß sich der Gesetzgeber mit der nicht unintelligenten Vorschrift des § 651 a Abs. 2 zufriedengeben konnte: Eine Erklärung (z. B. in AGB), wonach man nur Verträge mit den einzelnen Leistungsträgern vermitteln wolle, «bleibt unberücksichtigt, wenn nach den sonstigen Umständen der Anschein begründet wird, daß der Erklärende vertraglich vorgesehene Reiseleistungen in eigener Verantwortung erbringt». Damit ist der einzige realistische Fall erfaßt, daß zwar mit einem Pauschalarrangement geworben, beim Vertragsabschluß selbst dann aber plötzlich die den Kunden benachteiligende «Zerstückelung» praktiziert wird. Das Unternehmen muß sich an seiner öffentlichen Erklärung festhalten lassen – § 651 a Abs. 2 enthält so eine **Sonderregelung für** den auch in anderen Zusammenhängen auftauchenden **Fall von widersprüchlichen Erklärungen** derselben Person.[174]

713 Bei **Reisebüros** kann u. U. zweifelhaft sein, ob sie selbst als Veranstalter auftreten oder ob sie lediglich Verträge mit großen Tourismusunternehmen vermitteln. Soweit sie in eigenem Namen Werbung betreiben und beispielsweise auf eine eigene Reiseleitung am Urlaubsort hinweisen, müssen sie sich als Reiseveranstalter behandeln lassen.[175] Soweit dies nicht der Fall ist, üben sie in der Regel eine **Handelsvertretertätigkeit** aus; danach sind sie ermächtigt, das vom Kunden ab-

173 BGH NJW 1992, 3158, 3160; BGH NJW 1995, 2699. Bezüglich § 651 f. Abs. 2 zuvor schon BGH JZ 1985, 844

174 Dazu Bd. 1 Kap. 9 unter 3.4 (Rn 619)

175 Esser-Weyers § 34 b II

gegebene Angebot für den Reiseveranstalter entgegenzunehmen.[176] Dieser kann dann formlos akzeptieren.[177]

6.2 Die Situation bis zum Antritt der Reise

6.2.1 Ansprüche gegen Leistungsträger

Durch den Abschluß des Reisevertrags erhält der Kunde einen An- 714
spruch auf pünktliche und fehlerfreie Durchführung der Reise nicht nur gegenüber dem Veranstalter. Vielmehr hat dieser in aller Regel bereits vorher mit den von ihm eingeschalteten Leistungsträgern Verträge abgeschlossen, aus denen auch die einzelnen Kunden berechtigt sein sollen.[178] Dies wird etwa daran deutlich, daß **Flugtickets und Hotelgutscheine** übersandt werden. Die gleichen Befugnisse stehen auch den Personen zu, für die «mitgebucht» wurde.

Was geschieht, wenn die **Fluggesellschaft** den Kunden nicht mitfliegen lassen will, 715
weil sie ihr Geld vom Reiseveranstalter noch nicht bekommen hat? An sich könnte sie die **Einrede des nichterfüllten Vertrages** nach § 320 Abs. 1 auch dem Kunden als einem begünstigten Dritten entgegenhalten (§ 334), doch hat der BGH insoweit Verständnis für die Lage des Touristen gezeigt: In aller Regel sei der Fluggesellschaft eine Berufung auf Mängel des Vertrages mit dem Reiseveranstalter versagt.[179] Außerdem dürfte der Flugschein ein abstraktes Schuldversprechen nach § 780 darstellen.

6.2.2 Informationspflichten

Schon bei Vertragsabschluß ist der Reiseveranstalter verpflichtet, den 716
Kunden insbesondere über Paß- und Visumerfordernisse sowie über gesundheitspolizeiliche Formalitäten zu informieren. Dies ist nunmehr ausdrücklich in § 2 der **Verordnung** über die Informationspflichten von Reiseveranstaltern vom 14. 11. 1994[180] niedergelegt. Nach § 3 der

176 BGH NJW 1982, 377

177 Der Prospekt als solcher ist genausowenig ein Angebot wie die Schaufensterauslage – dazu Bd. 1 Kap. 12 unter 2.1.2 (Rn 780 ff.)

178 Esser-Weyers § 34 b II a. E.; MüKo-Tonner Vor § 651 a Rn 11. Zum Vertrag zugunsten Dritter s. Bd. 1 Kap. 19 unter 2.1 (Rn 1683 ff.)

179 BGHZ 93, 271

180 BGBl I, 3436. Die VO erging in Ausführung der EG-Richtlinie zum Reisevertrag.

Verordnung ist dem Reisenden bei oder unverzüglich nach Vertragsschluß eine Urkunde über den Reisevertrag auszuhändigen, die als **«Reisebestätigung»** bezeichnet wird. Sie muß nach § 3 Abs. 2 der Verordnung die dort aufgeführten wesentlichen Angaben enthalten. Dazu gehören z. B. Tag, Zeit und Ort der Abreise und der Rückkehr sowie etwa vereinbarte Sonderwünsche des Reisenden.

Bei Last-Minute-Reisen stößt dies auf praktische Schwierigkeiten. § 3 Abs. 5 sieht daher von der schriftlichen Information ab, wenn die Buchungserklärung weniger als sieben Werktage vor Reisebeginn abgegeben wird. Eine Belehrung über die – im folgenden zu besprechenden – Rechte auf Mängelrüge ist jedoch auch in einem solchen Fall unabdingbar.

6.2.3 Bezahlung des Reisepreises

717 Der Reisepreis wird üblicherweise vor Antritt der Reise bezahlt. Dies ist keineswegs eine Selbstverständlichkeit. Da im Reisevertragsrecht (bisher) Sondervorschriften fehlten, war Werkvertragsrecht heranzuziehen; gemäß §§ 641 Abs. 1, 646 wäre danach der Reisepreis erst nach Vollendung des «Werks», d. h. nach Rückkehr von der Reise fällig. Mit Recht hat der BGH verlangt, daß dies in AGB nicht auf den Kopf gestellt werden darf: Wird mehr als eine geringfügige Anzahlung verlangt, sind dem Kunden Zug um Zug gegen die Zahlung die Rechte gegen die Leistungsträger einzuräumen.[181] Nach § 651 k Abs. 4 ist nunmehr außerdem Voraussetzung, daß der Reiseveranstalter dem Reisenden einen **«Sicherungsschein»** übergibt, wenn er eine Anzahlung von mehr als 10 % oder mehr als 500 DM verlangt und erhalten hat: Dieser «Sicherungsschein» gibt dem Kunden einen Anspruch gegen eine Versicherung oder eine Bank, die für den Fall einspringt, daß der Reiseveranstalter zahlungsunfähig wird oder in Konkurs fällt.

Beispiel: Der Reisende kann wegen berechtigter Kündigung des Reisevertrags den bezahlten Preis zurückverlangen. Ist der Reiseveranstalter inzwischen in Konkurs gefallen, bekommt der Kunde das Geld von der im Sicherungsschein genannten Bank oder Versicherung.

Sie ist auch abgedruckt und kurz kommentiert bei Palandt-Thomas Anhang zu §§ 651 a–l

181 BGH NJW 1987, 1931, 1935

6.2.4 Stellung einer Ersatzperson

Zwischen Vertragsabschluß und Reisebeginn liegt oft eine längere Zeit, in der sich die persönlichen Dispositionen ändern können. § 651 b gibt deshalb dem Reisenden eine «Ersetzungsbefugnis», also das Recht, an seiner Stelle eine andere Person zum Partner des Reisevertrags zu machen. Während bisher die «Ersatzperson» im Grundsatz nur begünstigter Dritter wurde, findet seit der Neufassung 1994 eine **Vertragsübernahme** statt.[182] Der Reiseveranstalter kann nur mit dem Argument **widersprechen**, die andere Person genüge den besonderen Reiseerfordernissen nicht (z. B. fehlende Tropentauglichkeit) oder ihre Teilnahme sei wegen gesetzlicher Vorschriften oder behördlicher Anordnungen nicht möglich (die Ersatzperson steht z. B. unter Anklage und muß sich jede Woche einmal bei der Staatsanwaltschaft melden). Da sich der Veranstalter keinen wenig zahlungskräftigen Vertragspartner aufdrängen lassen muß, ordnet § 651 Abs. 2 eine gesamtschuldnerische **Weiterhaftung des Reisenden** an, der überdies für Mehrkosten aufkommen muß, die durch den Eintritt des Dritten entstehen. 718

6.2.5 Vorbehaltene Änderungen der Vertragsbedingungen

Der Reiseveranstalter kann versucht sein, sich eine Erhöhung des Reisepreises oder eine Änderung der Bedingungen noch vor Reiseantritt vorzubehalten. Diesem Problem widmet sich § 651 a Abs. 3 und Abs. 4. Danach gilt folgendes: 719

Preiserhöhungen sind nur aus Anlaß einer Erhöhung der Beförderungskosten, der Abgaben für bestimmte Leistungen wie Hafen- oder Flughafengebühren sowie wegen einer Änderung der Wechselkurse möglich. Sie müssen für den Kunden transparent sein und sind ab dem 20. Tag vor dem vereinbarten Abreisetermin nicht mehr möglich. 720

Änderungen der Reiseleistungen sowie eine Absage der Reise sind möglich, sofern dies im Vertrag vorbehalten ist; die entsprechenden Erklärungen müssen unverzüglich nach Kenntnis von dem Änderungs- oder Absagegrund dem Kunden gegenüber abgegeben werden. 721

---

182 Der Fall ist insoweit vergleichbar mit § 571 und § 613 a. Zur Vertragsübernahme s. Bd. 1 Kap. 19 unter 4.5 (Rn 1727 ff.)

722 Erhöht sich der Preis um mehr als 5 % oder ergibt sich eine erhebliche Änderung einer «wesentlichen Reiseleistung», so kann **der Reisende** vom Vertrag **zurücktreten**.

723 Statt des Rücktritts sowie im Falle der Absage der Reise kann er die Teilnahme an einer **mindestens gleichwertigen anderen Reise** verlangen, jedoch nur dann, wenn der Reiseveranstalter dazu in der Lage ist.

Die Safari-Reise nach Kenia wird abgesagt, weil sich nicht genügend Interessenten gefunden haben. Auch in Simbabwe gibt es jedoch Großwild zu besichtigen; die dortige Reise ist noch nicht ausgebucht. Der Kunde kann, muß aber nicht umbuchen.

724 Der nach § 651 a erklärte Rücktritt führt dazu, daß alle bereits erbrachten Zahlungen dem Kunden zurückzuerstatten sind.

6.2.6 Rücktritt

725 Ein nicht an spezifische Voraussetzungen geknüpftes Rücktrittsrecht gibt § 651 i. Danach kann der Reisende vor Reisebeginn «jederzeit» vom Vertrag zurücktreten. Dies bringt zwar auch den Anspruch auf Bezahlung des Reisepreises zum Erlöschen, doch kann der Veranstalter eine **angemessene Entschädigung** verlangen. Diese wird üblicherweise als **«Stornogebühr»** bezeichnet; verbreitet ist eine durch § 651 i Abs. 3 zugelassene Pauschalregelung, wobei der Betrag mit der Nähe zum Reisetermin steigt.[183]

6.3 Haftung für Mängel der Reise

6.3.1 Wann liegt ein Mangel vor?

6.3.1.1 Grundsatz

726 § 651 c Abs. 1 definiert den «Reisemangel» ähnlich wie dies beim Werkvertrag oder der Miete geschieht: Die Reise sei so zu erbringen, «daß sie die zugesicherten Eigenschaften hat und nicht mit Fehlern behaftet ist, die den Wert oder die Tauglichkeit zu dem gewöhnlichen oder nach dem Vertrage vorausgesetzten Nutzen aufheben oder min-

183 Zur Bemessung s. BGH NJW-RR 1990, 114

dern». Auch hier geht es um eine für den Reisenden negative **Abweichung von der «Soll-Beschaffenheit»** der Leistung. Was konkret als Leistung versprochen ist, ergibt sich aus dem Vertrag. Als zugesichert haben dabei auch **Prospektangaben** zu gelten, da sie für den Kunden das einzige Erkenntnismittel sind und der Reiseveranstalter insoweit für sich besondere Sachkunde in Anspruch nimmt.[184] Ob man einen Umstand als normalen Vertragsbestandteil oder als Gegenstand einer Zusicherung behandelt, ist im Ergebnis allerdings ohne Bedeutung, da – anders als im Kaufrecht – **auch bei Zusicherungen keine verschuldensunabhängige Haftung auf Schadensersatz** eintritt. Die Rechtsfolgen sind vielmehr für alle Abweichungen vom vertraglich Vereinbarten dieselben.

6.3.1.2 Beispiele

«Reisemängel» können sehr vielfältiger Art sein und werden von den 727
Kunden häufig stillschweigend «geschluckt». Entscheidend ist nicht allein, ob die Leistungen als solche erbracht werden, sondern auch ihr Zeitpunkt und ihr «urlaubsmäßiger Zuschnitt». Ein Reisemangel liegt deshalb vor, wenn der **Rückflug einen Tag zu spät** erfolgt[185] oder wenn sich im Hotelbungalow auf Gran Canaria **Kakerlaken** zeigen.[186] Auch die fehlende Ruhe im Hotel fällt darunter, ebenso ein wegen Verschmutzung nicht benutzbarer Strand. Die Rechtsprechung neigt dazu, den Urlaubern einen recht weitreichenden Schutz zu gewähren. Wird etwa die Vollpension dadurch gewährt, daß man sich an einem Buffet selbst bedienen muß, und entstehen dabei regelmäßig **Wartezeiten von einer halben Stunde Dauer**, soll ein Reisemangel vorliegen.[187] Auch das **Zusammentreffen mit Behinderten** ist vereinzelt als «Mangel» qualifiziert worden. So kann man etwa in einer Entscheidung des LG Frankfurt[188] lesen:

«Auch die Anwesenheit einer Gruppe von jedenfalls 25 geistig und körperlich 728
Schwerbehinderten stellt einen zur Minderung des Reisepreises berechtigenden Mangel dar. Es ist nicht zu verkennen, daß eine Gruppe von Schwerbehinderten bei empfindsamen Menschen eine Beeinträchtigung des Urlaubsgenusses darstellen kann. Dies gilt jedenfalls, wenn es sich um verunstaltete geistesgestörte Menschen

---

184 Blaurock Jura 1985, 169ff.; Barth NJW 1979, 1384, 1386
185 OLG Köln NJW-RR 1993, 1019
186 LG Frankfurt NJW-RR 1988, 245
187 OLG Frankfurt VersR 1989, 51
188 NJW 1980, 1169

handelt, die keiner Sprache mächtig sind, von denen einer oder der andere in unregelmäßigem Rhythmus unartikulierte Schreie ausstößt und gelegentlich Tobsuchtsanfälle bekommt. So wünschenswert die Integration von Schwerbehinderten in das normale tägliche Leben ist, kann sie durch einen Reiseveranstalter gegenüber seinen anderen Kunden sicher nicht erzwungen werden. Daß es Leid auf der Welt gibt, ist nicht zu ändern; aber es kann der Klägerin nicht verwehrt werden, wenn sie es jedenfalls während des Urlaubs nicht sehen will.»

Das Urteil, das in der Öffentlichkeit Empörung ausgelöst hat, verabsolutiert nicht nur den «Urlaubsgenuß» im Sinne einer geschützten Zauberbergatmosphäre, die die Probleme von «denen da unten» nur noch als theoretische wahrnehmen will. Es verkennt auch die Menschenwürde Behinderter, die – wenn ihre Anwesenheit als «Reisemangel» qualifiziert wird – noch weiter ausgegrenzt würden und die letztlich nur noch in extra für sie vorbehaltenen Einrichtungen Urlaub machen könnten.[189] Art. 3 Abs. 3 Satz 2 GG enthält seit 1994 außerdem ein verbindliches Gebot zugunsten der Integration Behinderter, das nicht durch ausufernde Interpretation des «Reisemangels» unterlaufen werden darf.

6.3.2 Ansprüche des Reisenden

729 Der Reisende und die im Vertrag mitbegünstigten Angehörigen haben ein Recht auf Abhilfe (§ 651 c), können einen Teil des Reisepreises zurückverlangen (Minderung – § 651 d), können unter bestimmten Voraussetzungen kündigen (§ 651 e) und schließlich nach § 651 f Schadensersatz fordern, der sich auch auf die «nutzlos aufgewendete Urlaubszeit» erstreckt. Sämtliche Rechte stehen grundsätzlich nebeneinander; ihre Ausübung ist detailliert geregelt.

6.3.2.1 Verlangen nach Abhilfe

730 Tritt ein Reisemangel auf, kann der Reisende nach § 651 c Abs. 2 Satz 1 Abhilfe verlangen.

Der Hotelier auf Mallorca erklärt, es sei kein Zimmer mehr frei. Der Reisende kann verlangen, ein freies Zimmer in einem benachbarten Hotel zu bekommen.

Das Recht auf Abhilfe entspricht dem Nachbesserungsanspruch im Werkvertragsrecht. Das Abhilfeverlangen ist an die im Reisevertrag

---

189 Vgl. auch die (recht moderate) Kritik von Brox NJW 1980, 1939

vorgesehene Stelle, in der Regel an die örtliche Reiseleitung zu richten. Die Abhilfe kann verweigert werden, wenn sie einen **unverhältnismäßigen Aufwand** erfordert (§ 651 c Abs. 2 Satz 2). Wer eine einfache Pension gebucht hat, kann deshalb keine Unterbringung im 5-Sterne-Hotel verlangen, doch ist ein «Aufstieg» um ein oder zwei Sterne nicht unverhältnismäßig.[190] Eine «Herabgruppierung» kann ggfs. zumutbar sein, doch ist sie im Rahmen einer Minderung des Reisepreises nach § 651 d zu berücksichtigen.[191]

6.3.2.2 Selbsthilfe und Aufwendungsersatz

Lehnt die örtliche Reiseleitung bzw. eine andere zuständige Stelle die 731
Abhilfe ab, so ist der Reisende zu eigenen «Abhilfemaßnahmen» berechtigt. Dies gilt nach § 651 c Abs. 3 allerdings nur dann, wenn er zunächst eine **«Abhilfefrist»** gesetzt hat. Diese kann angesichts der fehlenden Nachholbarkeit des «Urlaubsgenusses» recht kurz sein.

Laut Reisevertrag soll es im gebuchten Hotel die Möglichkeit zu Tennisstunden geben. Nach der Ankunft stellt der Reisende fest, daß kein Tennislehrer verfügbar ist. Er kann verlangen, daß dieser Mangel innerhalb eines Tages beseitigt wird. Geschieht dies nicht, können die Tennisstunden anderwärts genommen und die dafür notwendigen Zusatzkosten dem Reiseunternehmen in Rechnung gestellt werden.

Anders als nach § 633 Abs. 3 ist **kein Verzug** erforderlich, der nach 732
§ 285 Verschulden voraussetzen würde; schon der bloße Fristablauf berechtigt zu Ersatzmaßnahmen.

Die **Frist** kann ganz **entfallen**, wenn die örtliche Reiseleitung nicht 733
erreichbar ist, wenn sie eine Abhilfe verweigert oder wenn die sofortige Abhilfe durch ein besonderes Interesse des Reisenden geboten ist (§ 651 c Abs. 3 Satz 2).

Der Reisende kommt abends um 18.00 Uhr im Hotel an, das völlig überbucht ist. Der örtliche Reiseleiter erklärt, am nächsten Tage könne er für ein vergleichbares Quartier sorgen; die Nacht könne man bei Freunden im Keller verbringen, wo es allerdings kein fließend Wasser gäbe; wegen der fehlenden Beleuchtung würde man eine Taschenlampe bekommen. Hier ist keine Fristsetzung notwendig; vielmehr kann sich der Tourist sofort ein anderes freies Hotelzimmer beschaffen. Notfalls kann er mit einem Taxi an einen anderen Ort fahren, um dort ein angemessenes Dach über dem Kopf zu bekommen.

---

190 OLG Köln NJW-RR 1993, 252; KG NJW-RR 1993; 1209
191 Dazu unten 6.3.2.3 (Rn 735 ff.)

734 Der Aufwendungsersatz erfaßt alle die Maßnahmen, die der Reisende für erforderlich halten konnte. Ob es bei nachträglicher Betrachtung eine kostengünstigere Möglichkeit gegeben hätte, ist ohne Bedeutung.

6.3.2.3 Minderung

735 Nach § 651 d Abs. 1 mindert sich der Reisepreis, solange ein Reisemangel vorliegt. Anders als nach Kaufrecht, muß über die **Minderung** nicht etwa Einvernehmen erzielt oder diese im Klagewege durchgesetzt werden; sie tritt vielmehr nach allgemeiner Auffassung **kraft Gesetzes** ein. Wird ein zunächst vorhandener Mangel aufgrund eines Abhilfeersuchens des Reisenden beseitigt, begrenzt sich die Minderung selbstredend auf die **«fehlerhaften Tage»**.[192] Ist ein «Ausweichquartier» weniger wert als das gebuchte Hotel, so bleibt insoweit die Minderung bestehen.

736 Der Reisende darf sich allerdings nicht als «stiller Dulder» mit den Kakerlaken und dem schäbigen Hotel abfinden, um dann nach der Rückkehr einen beträchtlichen Teil des Reisepreises zurückzuverlangen: Nach § 651 d Abs. 2 tritt die Minderung nicht ein, «soweit es der Reisende schuldhaft unterläßt, den **Mangel anzuzeigen**». Er muß sich also insbesondere an die örtliche Reiseleitung wenden. Darauf, daß er eine solche Obliegenheit hat, ist er in der Reisebestätigung hinzuweisen; dies gilt nach § 3 Abs. 5 der Informationsverordnung sogar dann, wenn die Reise kurzfristig gebucht ist und deshalb keine schriftliche Fixierung mehr erfolgt. Diese dient u. a. dem Schutz des Reiseveranstalters, der durch die Anzeige in die Lage versetzt wird, einen vertragsgemäßen Zustand herzustellen und dadurch der Herabsetzung des Reisepreises zu entgehen.

737 Welche Abzüge sind für die Baustelle im Nebenhaus, für den total verschmutzten Strand oder für das Ungeziefer im Ferienappartement anzusetzen? Die gesetzliche Verweisung auf § 472 bringt keine weiteren Aufschlüsse. Die Praxis orientiert sich meist an der sog. **Frankfurter Tabelle**[193], die eine ähnliche Orientierungsfunktion wie entsprechende Tabellen im Unterhaltsrecht besitzt.[194]

192 Palandt-Thomas Vorbem. vor §§ 651 c–651 g Rn 3

193 Abgedruckt in NJW 1985, 113. Dazu Tempel NJW 1985, 97

194 «Düsseldorfer Tabelle». Dazu unten Kap. 18 unter 5.2.2 (Rn 1651)

Lärm in der Nacht berechtigt etwa je nach Intensität und Dauer zu einer Minderung von 10–40%, der verschmutzte Strand wird mit 10–20% bewertet, und Ungeziefer im Zimmer kann je nach den Umständen (zwei Ratten sind schlimmer als 10 Schnaken) zwischen 10 und 50% betragen.

In Extremfällen kann der Mangel die ganze Reise wertlos machen und zu einer **Minderung um 100%** führen. 738

Vom OLG Hamm[195] entschiedenes Beispiel: Der Reisende hatte für sich und seine Familie einen Bungalow in der Oase Zarzis bei Djerba in Tunesien gebucht, der «gut durchschnittlichen Anforderungen nach deutschen Maßstäben» entsprechen sollte. Die Reise fand Ende März statt. Der zugewiesene Bungalow erwies sich als sehr feucht; trotz der jahreszeitlich bedingten Abend- und Nachtkühle war er nicht beheizbar. Auf Reklamation hin wurde nach drei Tagen ein Ofen installiert. Die ungewohnte Wärme zog Wanzen an, weshalb die Familie am fünften Tage in ein anderes Haus umzog. Alle hatten sich inzwischen erkältet und waren von Wanzenstichen geplagt: Minderung auf Null.

Dies alles gilt freilich nur dann, wenn man nicht etwa einen **«Abenteuerurlaub»** bucht, also die vertragliche «Soll-Beschaffenheit» von vornherein entscheidend reduziert. 739

Wer eine «Abenteuerreise quer durch Kirgisistan» bucht, kann keine Minderung geltend machen, wenn im Hotel mal kein warmes Wasser zur Verfügung steht, der Kaffee kalt ist und die Bedienung den Gast ersichtlich als lästigen Störenfried behandelt. Auch die Übernachtung im Keller bei Kerzenschein oder Taschenlampe wäre da zumutbar, ebenso der Verzicht auf Bier und Fernsehen.

Die Minderung führt dazu, daß der «überzahlte» Teil des Reisepreises nach § 651 d Abs. 1 (und nicht nach § 812) zurückzuzahlen ist.[196]

6.3.2.4 Kündigung

Wird die Reise infolge eines Mangels **«erheblich» beeinträchtigt**, so 740
kann der Reisende kündigen; dieses Recht tritt an die Stelle der bei anderen Vertragstypen vorgesehenen Wandelung. Durch das Erfordernis einer «erheblichen» Beeinträchtigung ist die Schwelle sehr viel höher als beim Abhilfeverlangen und bei der Minderung. Erforderlich ist weiter, daß der Reisende dem Reiseveranstalter eine **angemessene Frist zur Abhilfe** gesetzt hat, die ergebnislos verstrichen ist (§ 651 e Abs. 2 Satz 1). Sie ist allerdings dann überflüssig, wenn die Abhilfe

195 NJW 1975, 123
196 MüKo-Wolter § 651 d Rn 12; Staudinger-Schwerdtner § 651 d Rn 3

unmöglich ist oder vom Reiseveranstalter verweigert wird oder wenn die sofortige Kündigung des Vertrages durch ein besonderes Interesse des Reisenden gerechtfertigt wird. Anders als im Werkvertragsrecht ist **keine Androhung** derart notwendig, bei fruchtlosem Fristablauf **die Leistung ablehnen und kündigen zu wollen**.[197] Der Reisende hat so die Möglichkeit, sich bis zum Ablauf der Frist schlüssig zu werden, ob er sich auf eigene Faust das versprochene Ferienniveau verschaffen[198] oder den Vertrag beenden und nach Hause zurückkehren will.

741 Die Kündigung hat zur Folge, daß der Anspruch auf den vereinbarten Reisepreis nachträglich erlischt (§ 651 e Abs. 3 Satz 1). Der **Reiseveranstalter** kann jedoch für die bereits erbrachten oder die bis zur Beendigung der Reise noch zu erbringenden Leistungen eine **angemessene Entschädigung** verlangen. Dies gilt allerdings nicht, soweit diese Leistungen infolge der Aufhebung des Vertrags für den Reisenden kein Interesse mehr haben (§ 651 e Abs. 3 Satz 2 und 3).

Im obigen Fall des Bungalows in der Oase Zarzis wäre die Kündigung durch ein besonderes Interesse des Reisenden gerechtfertigt. Die bereits erbrachten Leistungen wie Flug und Verpflegung sind für den Reisenden nunmehr ohne Interesse. Anders wäre es, wenn nach acht schönen Tagen aufgrund eines Witterungsumschwungs Feuchtigkeit, Kälte und Wanzen gekommen wären.

742 Nach § 651 e Abs. 4 muß der Reiseveranstalter auf eigene Kosten dafür sorgen, **daß der Reisende zurückbefördert** wird, es sei denn, der Vertrag hätte eine solche Leistung von vornherein ausgeschlossen. Steht kein preiswerter Flug in einer Chartermaschine zur Verfügung, muß der Veranstalter notfalls einen Linienflug buchen; dem Kunden kann nicht zugemutet werden, auf den Rückflug zwei bis drei Tage zu warten.[199] Damit ist eine gewichtige vertragliche Nebenpflicht ausdrücklich festgelegt, die sich bei vergleichbarer Konstellation z. B. auch im Arbeitsrecht der Seeleute findet.[200]

197 Palandt-Thomas § 691 e Rn 4. Beim Werkvertrag s. § 634 Abs. 1 Satz 1
198 Oben 6.3.2.2 (Rn 731 ff.)
199 So LG Frankfurt NJW 1985, 143
200 Nach § 72 Seemannsgesetz muß der Reeder seinen Seemann zum Einstellungsort zurückbefördern, wenn er ihm ordentlich kündigt – dazu Bemm-Lindemann, Seemannsgesetz, 3. Aufl., Uelzen 1991, Erl. zu § 72

6.3.2.5 Schadensersatz

Nach § 651 f Abs. 1 kann der Reisende «unbeschadet der Minderung und der Kündigung» Schadensersatz wegen Nichterfüllung verlangen; die **Rechtsbehelfe** können **nebeneinander** geltend gemacht werden.[201] Die automatisch eintretende Minderung führt allerdings dazu, daß nur über die Zahlung des Reisepreises hinausgehende Nachteile als Schadensersatz geltend gemacht werden können. 743

Wegen der schlechten Heizung hat sich der Reisende schwer erkältet und ist nach der Rückkehr eine Woche arbeitsunfähig. Die schlechte Qualität der Unterbringung wurde bereits bei der Minderung berücksichtigt, die weiteren Folgen sind nunmehr Gegenstand des Anspruchs auf Schadensersatz.

Obwohl § 651 f Abs. 1 kein «Abhilfeverlangen» und keine **vorhergehende Anzeige** verlangt, geht die Rechtsprechung davon aus, daß das eine oder das andere auch hier vorliegen muß;[202] man könnte sonst die wegen unterbliebener Anzeige nicht mögliche Minderung unschwer im Wege des Schadensersatzes geltend machen. 744

Der **Reiseveranstalter** hat die Möglichkeit, sich zu **exkulpieren**, d. h. den Nachweis zu führen, daß weder ihn noch die als Erfüllungsgehilfen eingesetzten Leistungsträger ein Verschulden trifft. Durch die im Jahre 1994 erfolgte Neufassung ist klargestellt worden, daß dies allein Sache des Reiseveranstalters ist.[203] 745

§ 651 f Abs. 2 gibt auch einen **Ersatzanspruch «wegen nutzlos aufgewendeter Urlaubszeit»**. Damit ist eine frühere BGH-Rechtsprechung fortgeführt und erweitert worden, die dem Urlaub dann Vermögenswert zusprach, wenn dieser der Wiedererlangung der Arbeitskraft diente.[204] Die darin liegende Beschränkung auf Erwerbstätige ist durch die jetzt geltende Regelung überholt: **Auch** Nicht-Erwerbstätige wie **Schüler, Hausfrauen und Rentner** können einen angemessenen Ausgleichsbetrag verlangen.[205] Insoweit wird eine Ausnahme vom Grundsatz des § 253 gemacht, wonach ein immaterieller Schaden nicht zu ersetzen ist. 746

201 MüKo-Tonner § 651 f Rn 13, 15; Palandt-Thomas Vorbem. vor §§ 651 c–651 g Rn 5
202 BGH NJW 1985, 132
203 Dieser muß auch für Hilfspersonen des Leistungsträgers, z. B. für das Personal des griechischen Hotels einstehen: BGH NJW 1983, 448
204 Zusammenfassende Darstellung bei BGH NJW 1985, 906
205 BGH NJW 1987, 218; ebenso Medicus, Bürgerliches Recht, Rn 830; Palandt-Thomas § 651 f Rn 5

747 Nach § 651 h kann der Reiseveranstalter im Vertrag seine **Haftung** auf das Dreifache des Reisepreises **beschränken**, soweit es sich nicht um Körperschäden handelt und soweit entweder der Schaden weder vorsätzlich noch grob fahrlässig herbeigeführt wurde oder soweit es allein um die Verantwortlichkeit eines Leistungsträgers geht. § 651 h Abs. 2 betrifft Fälle, in denen Leistungsträger (z. B. Fluggesellschaften) infolge internationaler Abkommen nur beschränkt haften; insoweit kann auch der Reiseveranstalter nicht in weiterem Umfang in Anspruch genommen werden. § 651 h gilt jedoch nur für vertragliche, nicht für deliktische Ansprüche.[206]

6.3.2.6 Fristen

748 Die – recht umfassenden – Ansprüche nach den §§ 651 c–651 f müssen **innerhalb eines Monats** nach der vertraglich vorgesehenen Beendigung der Reise geltend gemacht werden; sie verjähren in sechs Monaten (§ 651 g).

Die Monatsfrist ist eine **Ausschlußfrist**; später erhobene Forderungen werden nur noch berücksichtigt, wenn der Reisende die Frist schuldlos versäumt hat.

Aufgrund der Reise wurde er in ein Krankenhaus eingeliefert.

Die Reise sollte am 31. 8. 1996, einem Samstag, enden. Die Monatsfrist würde an sich bis 31. 9. Mitternacht dauern (§ 188 Abs. 2); da es diesen jedoch nicht gibt, endet die Frist nach § 188 Abs. 3 mit dem 30. 9.

Die kurze Frist soll dem Reiseveranstalter die Möglichkeit geben, dem Mangel im einzelnen nachzugehen und bei seinen Leistungsträgern Regreß zu nehmen.

749 Für die Geltendmachung ist **keine besondere Form** vorgeschrieben. Sind die Mängel bereits während der Reise der örtlichen Reiseleitung oder einem anderen Vertreter des Reiseunternehmens gegenüber geltend gemacht worden, ist es nicht erforderlich, die gesamte Geschichte noch einmal zu wiederholen; es reicht eine Bezugnahme sowie die Aussage, daß man Rückzahlung eines Teiles des Reisepreises oder Schadensersatz verlange.[207]

750 Bei der **sechsmonatigen Verjährung** ist zu berücksichtigen, daß

206 BGH NJW 1987, 1931; ebenso MüKo-Tonner § 651 h Rn 4, 5
207 BGH NJW 1984, 1752

sie so lange gehemmt ist (also nicht weiterläuft), wie der Reiseveranstalter die Ansprüche nicht schriftlich zurückgewiesen hat. Eine **«Zurückweisung»** liegt auch in dem Angebot einer vergleichsweisen Regelung oder einer Kulanzleistung.[208] Bei Arglist des Veranstalters gilt die allgemeine 30jährige Verjährungsfrist des § 195; daß ein entsprechender Vorbehalt in § 651 g Abs. 2 fehlt, beruht auf einem Redaktionsversehen.[209] Auch deliktsrechtliche Ansprüche unterliegen nicht der Vorschrift des § 651 g.[210]

6.3.2.7 Kündigung wegen höherer Gewalt

§ 651 j Abs. 1 gibt beiden Seiten ein Recht zur fristlosen Kündigung, 751
wenn die Reise infolge höherer Gewalt «erheblich erschwert, gefährdet oder beeinträchtigt» wird, und dies bei Vertragsabschluß nicht voraussehbar war. Die Kündigung kann gleichermaßen vor wie nach Reiseantritt erfolgen.

Beispiel:[211] Kurz nach Bekanntwerden des Reaktorunglücks von Tschernobyl wird eine Klassenfahrt nach Prag von der Schule abgesagt, weil die gesundheitlichen Risiken schwer einschätzbar sind.

Für die weitere **Abwicklung** gibt § 651 j Abs. 2 eine differenzierte Re- 752
gelung. Die Pflicht zur Zahlung des Reisepreises entfällt, doch steht dem Reiseveranstalter eine angemessene Entschädigung zu. Wird die Kündigung während der Reise erklärt, muß er den Reisenden zurückbefördern. Die dadurch begründeten Mehrkosten sind von beiden Parteien je zur Hälfte zu tragen; alle anderen Mehrkosten trägt der Reisende allein.

Im Fall der Prager Klassenfahrt hatte der Reiseveranstalter die Hotels in Prag gebucht und mußte Stornogebühren in Höhe von 5500 DM bezahlen. Diese wollte er jetzt verlangen, doch handelte es sich nicht um bereits erbrachte Reiseleistungen. Unter unmittelbarem Rückgriff auf die Lehre vom **Wegfall der Geschäftsgrundlage**[212] bejahte der BGH eine Teilung der Unkosten: Die Katastrophe von Tschernobyl sei für beide Seiten gleichermaßen unvorhersehbar gewesen.[213]

208 Palandt-Thomas § 651 g Rn 4
209 BGH NJW 1983, 1061, 1062
210 Medicus, Bürgerliches Recht, Rn 352 a
211 BGH NJW 1990, 572
212 Bd. 1 Kap. 17 unter 6 (Rn 1576 ff.)
213 S. Fn 211

753 Führt die «höhere Gewalt» zu einem **Reisemangel**, findet § 651 e Anwendung; dieser ist insoweit spezieller, als er alle Reisemängel ohne Rücksicht auf ihre Herkunft erfaßt.[214]

6.3.2.8 Verhältnis zu den allgemeinen Regeln über Leistungsstörungen

754 Soweit ein Reisemangel vorliegt, kann nicht auf die allgemeinen Bestimmungen der §§ 320 ff. zurückgegriffen werden. Insofern sind die §§ 651 c ff. die speziellere Regelung.[215] Auch wenn beispielsweise der Zubringerflug zum eigentlichen Ausgangspunkt der Charterreise nicht klappt, liegt nicht etwa ein Fall der nach § 323 zu behandelnden Unmöglichkeit, sondern ein Reisemangel vor.[216]

Oder ein anderes Beispiel: Versprochen ist eine «Safari mit Antilopenjagd». Zwei Monate vor Antritt der Reise verlassen die Antilopen das Gebiet (kluge Tiere!), weil es zu wenig Wasser gibt und ihnen ihr Instinkt sagt, das Gebiet werde so langsam ein gefährliches Pflaster. Es liegt ein Reisemangel vor, der den passionierten Jäger nach § 651 e Abs. 1 zur Kündigung berechtigt.

Ob dasselbe auch dann gilt, wenn die versprochene Reiseleistung bereits bei Vertragsabschluß nicht erbracht werden kann, ist umstritten, aber wohl zu bejahen.[217]

755 Liegt die **«Leistungsstörung»** nicht in einem Reisemangel, sondern **in der Person des Reisenden**, gelten die allgemeinen Grundsätze. Wird der Reisende nach Beginn der Reise beispielsweise krank und kann er deshalb bestimmte Leistungen nicht in Anspruch nehmen, kann er nicht etwa einen Teil des Reisepreises zurückverlangen: Er befindet sich in Annahmeverzug, der Reiseveranstalter behält nach § 324 Abs. 2 seinen Anspruch.[218] Gerät er mit der Zahlung des Reisepreises in **Verzug**, treten die Folgen der §§ 284 ff., 326 ein.

---

214 Vgl. BGH NJW-RR 1990, 1334, 1335
215 BGH JZ 1986, 758
216 S. Fn 215
217 Esser-Weyers § 34 b IV 4
218 Reiseleistungen (z. B. ein Ausflug) sind in der Regel absolute Fixgeschäfte, so daß bei einer Versäumung Unmöglichkeit vorliegt – dazu Bd. 1 Kap. 17 unter 2.1.1 (Rn 1496). Vor Antritt der Reise hilft bei Krankheit das Rücktrittsrecht nach § 651 i

6.4 Insolvenzsicherung

Aufgrund der EG-Richtlinie über Pauschalreisen gilt seit 1. 11. 1994 die Insolvenzsicherung nach § 651 k. Der Reisende wird auf diese Weise dagegen gesichert, daß ein bereits bezahlter Reisepreis wegen des Konkurses des Reiseveranstalters ohne Gegenleistung verloren geht. 756

Anlaß für das (allerdings verspätete) Eingreifen des Gesetzgebers war eine deutsche Touristengruppe in Florida, deren Flugtickets von der Fluggesellschaft nicht mehr akzeptiert wurden, weil ihr Reiseveranstalter inzwischen in Konkurs gefallen war.[219]

6.5 Zwingende Mindestnormen

Nach § 651 l kann von den Bestimmungen des Reisevertragsrechts nicht zu Lasten des Reisenden abgewichen werden. 757

In einer «Sondervereinbarung» wird verlangt, daß etwaige Reisemängel schriftlich geltend gemacht werden müssen. Unwirksam!

Dies ist eine im System des Schuldrechts durchaus neue Vorschrift, die jedoch inhaltlich volle Anerkennung verdient.

7 Obhut über Sachen

7.1 Obhut als Nebenpflicht

Im täglichen Leben werden nicht selten Sachen der Obhut eines anderen anvertraut, indem man sie in seinem Herrschaftsbereich beläßt: Der Mantel und die Tasche bleiben während der Behandlung im Wartezimmer des Arztes. Auch bei Vertragsverhandlungen tritt des öfteren eine solche Situation ein. 758

219 Die Berufung auf einen Vertrag zugunsten Dritter zwischen Veranstalter und Fluggesellschaft (s. oben 6.2.1 – Rn 715) versagte deshalb, weil dieser Vertrag wegen der Zahlungsunfähigkeit gekündigt worden war

Firma S empfängt in ihren Geschäftsräumen drei Vertreter der Firma E, um mit ihnen über Geschäfte in China zu reden. Während man im «Kasino» zu Mittag ißt, bleiben Unterlagen und Laptops der Gäste im Besprechungszimmer.

In Fällen dieser Art wird kein spezieller «Verwahrungsvertrag» abgeschlossen. Vielmehr ist der Arzt bzw. die gastgebende Firma aufgrund anderweitiger vertraglicher oder vertragsähnlicher Beziehungen verpflichtet, dafür zu sorgen, daß die Sachen nicht beschädigt werden oder abhanden kommen. Trägt sie dem nicht Rechnung, ist sie aus **pVV** bzw. aus **culpa in contrahendo** zum Ersatz verpflichtet.[220]

7.2 Abschluß eines Verwahrungsvertrags

759 Daneben kommt es vor, daß man in bezug auf einzelne bewegliche Sachen einen gesonderten Verwahrungsvertrag abschließt, der in den §§ 688 ff. geregelt ist: Man übergibt die Sache einem anderen und vereinbart mit diesem, daß er sie für eine bestimmte oder unbestimmte Zeit in Obhut nimmt. Dafür wird ihm in der Regel ein Entgelt versprochen.

760 Praktisches Beispiel ist eine separate **Garderobe** in einem Lokal oder einem Theater, wo man gegen Zahlung eines bestimmten Betrages Mäntel und ähnliches abgibt. Auch der **«bewachte Parkplatz»** fällt darunter, während der unbewachte der Sache nach Miete eines Stücks Straßenoberfläche ist. Am bedeutsamsten ist das in den §§ 416 ff. HGB geregelte Lagergeschäft unter Kaufleuten sowie die im Depotgesetz geregelte **Verwahrung von Wertpapieren** durch Banken.

761 Inhaltlich geht es um einen **Dienstleistungsvertrag mit Mischcharakter**: Der Verwahrer wird in fremdem Interesse tätig, ohne jedoch ein «Geschäft» im Sinne des § 675 zu besorgen, er schuldet Dienste, aber auch den Erfolg, daß die Sache unversehrt zurückgegeben werden kann. Dies – sowie historische Gründe – sind der Grund dafür, daß sich insoweit eine eigenständige Regelung im BGB findet.

762 Wer eine Sache in Verwahrung gibt, wird als **«Hinterleger»** bezeichnt. Nach § 695 kann er die Sache jederzeit zurückverlangen. Der

220 Zur Haftung aus pVV s. Bd. 1 Kap. 17 unter 5 (Rn 1562 ff.); zur Haftung aus culpa in contrahendo s. Bd. 1 Kap. 12 unter 5.3 (Rn 925 ff.)

Verwahrer kann nur dann ihre jederzeitige Rücknahme fordern, wenn keine bestimmte Zeit festgelegt ist. Im einzelnen haben sich kaum Streitfragen bei der Auslegung der §§ 688–699 ergeben.[221]

7.3 Die uneigentliche Verwahrung

Werden vertretbare Sachen oder Geld einem Verwahrer in der Weise übergeben, daß er lediglich Sachen von gleicher Art, Güte und Menge bzw. Geld zurückgewähren soll, so finden nach § 700 Abs. 1 Satz 1 die Vorschriften über das **Darlehen** entsprechende Anwendung.[222] 763

Legt man sein Geld auf ein Girokonto, so gibt man es der Sache nach der Bank in Verwahrung. Die Vorschriften über das Darlehen finden entsprechende Anwendung (man ist also Darlehensgeber der Bank), obwohl keine oder sehr geringe Zinsen vereinbart sind.

Wird der Verwahrer ermächtigt, die ihm überlassenen vertretbaren Sachen zu verbrauchen, finden nach § 700 Abs. 1 Satz 2 gleichfalls die Bestimmungen über das Darlehen entsprechende Anwendung. Aufgrund der Verweisung in § 700 Abs. 1 Satz 3 kann jedoch jederzeit eine Rückforderung entsprechend § 695 erfolgen. 764

7.4 Obhut aufgrund sozialen Kontaktes durch Beherbergungsbetriebe

Wer gewerbsmäßig Fremde zur Beherbergung aufnimmt, haftet nach § 701 Abs. 1 grundsätzlich für alle **Schäden an den eingebrachten Sachen** des Gastes. **Ausgenommen** sind nach § 701 Abs. 4 lediglich **Fahrzeuge**, deren Inhalt und lebende Tiere. Auch tritt die Haftung dann nicht ein, wenn der Schaden von dem Gast und seinen Begleitern oder durch höhere Gewalt verursacht wurde (§ 701 Abs. 3). 765

Die Verpflichtung aus § 701 Abs. 1 trifft nur einen «**Beherbergungsunternehmer**», also den Inhaber eines Hotels, eines Gasthofs oder einer Pension, nicht aber einen Wirt, der lediglich Speisen und Getränke ausgibt. 766

221 S. die Kommentierung bei Palandt-Thomas

222 S. dazu oben Kap. 2 unter 5 (Rn 329 ff.)

Die Bezeichnung «**Gastwirtshaftung**» ist daher höchst **mißverständlich**. Inhaber von Restaurants haften nur nach allgemeinen Grundsätzen.

767 Eine interessante Besonderheit liegt darin, daß § 701 nicht auf den Abschluß eines Beherbergungsvertrags, sondern allein darauf abstellt, daß der **Gast** samt seiner Sachen im Rahmen des Gewerbebetriebs «**aufgenommen**» wurde. In aller Regel wird zwar ein Beherbergungsvertrag vorliegen, doch ist dies nicht Voraussetzung: Auch wenn dieser beispielsweise nichtig ist, greift die Haftung ein.[223] Insoweit handelt es sich um einen gesetzlich geregelten Sonderfall der Sorgfaltspflicht kraft «sozialen Kontakts», wie sie auch im Rahmen der culpa in contrahendo und der pVV gegeben ist.[224]

Zur Sonderbehandlung von Wertsachen wie Schmuck u. ä. s. § 702, zur vertraglichen Beschränkung der Haftung s. § 702a, zur Anzeigepflicht gegenüber dem Gastwirt s. § 703.

768 Gewissermaßen zum Ausgleich erhält der Beherbergungsunternehmer ein **gesetzliches Pfandrecht** an den eingebrachten Sachen des Gastes, soweit diese nicht etwa unpfändbar sind (§ 704).

223 Esser-Weyers § 39 I; Palandt-Thomas § 701 Rn 3

224 In 99 von 100 Fällen würde auch ohne § 701 eine Haftung aus culpa in contrahendo oder pVV in Betracht kommen, wobei allerdings Verschulden vorausgesetzt wäre

KAPITEL 5: Risiko als Vertragsgegenstand

1 Eine besondere Kategorie von Verträgen?

Jeder Vertrag ist mit bestimmten Risiken verbunden. Der Gebrauchtwagen hat möglicherweise versteckte Mängel, der Darlehensnehmer wird in wirtschaftliche Schwierigkeiten geraten. Eine Dienstleistung wie die Herstellung eines Porträts kann unmöglich werden, weil der Maler dauerhaft erkrankt, und das gekaufte Weihnachtsgeschenk kann seinen Zweck verfehlen, weil sich der Empfänger hierfür partout nicht begeistern will. 769

Um diese Fälle geht es hier nicht. Systematisch gehören sie in den Zusammenhang der Leistungsstörungen[1], das Risiko ist «Störfaktor», nicht Vertragsgegenstand.[2] Letzteres liegt dann vor, wenn der **Vertrag ohne die Übernahme des Risikos** gar **nicht** (oder nur in völlig veränderter Form) **abgeschlossen** worden wäre; die Unsicherheit der weiteren Entwicklung ist für den Vertragsinhalt konstitutiv. Dabei lassen sich zwei Hauptfälle unterscheiden. 770

Ein Vertrag kann einmal den **Zweck** haben, einem anderen ein bestimmtes **Risiko abzunehmen**. Einen wichtigen Anwendungsfall haben wir bereits kennengelernt: «**Sicherungsverträge**» wie Bürgschaft, Schuldbeitritt, Garantie, aber auch die Belastung von Grundstücken haben den Sinn, das Risiko des Gläubigers, plötzlich keinen zahlungsfähigen Schuldner mehr zu haben, auszuschließen oder zu mi- 771

1 Bd. 1 Kap. 17 (Rn 1488 ff.)

2 So auch die Differenzierung von Henssler S. 14

nimieren. Bezüglich der Einzelheiten kann auf die obigen Ausführungen verwiesen werden.[3] Weiter gehört in diese Kategorie der **Versicherungsvertrag**, der im Alltagsleben eine enorme Bedeutung besitzt, der jedoch nicht unter die Vertragstypen des BGB aufgenommen wurde (zu ihm unten 2). In diesen Zusammenhang gehört weiter auch der **Vergleich** im Sinne des § 779 BGB: Wenn dort die Rede davon ist, daß Streit oder Ungewißheit der Parteien über ein Rechtsverhältnis «im Wege gegenseitigen Nachgebens» beseitigt wird, so bedeutet dies, daß man sich wechselseitig das Risiko der künftigen Entwicklung abnimmt und deshalb die Beziehung auf eine neue Grundlage stellt. Näher dazu unten 3.

772 **Zweite Gruppe** sind Abmachungen, die man als **«Chancen-Risiken-Verträge»** bezeichnen könnte: Beide Seiten sind sich über die Unsicherheit der weiteren Entwicklung im klaren, hoffen jedoch, daß diese so verläuft, daß sich für sie ein (unter Umständen erheblicher) wirtschaftlicher Vorteil ergibt. In der vom römischen Recht geprägten Terminologie spricht man auch von «aleatorischen Verträgen», was – da «alea» «Würfel» bedeutet – ihren Charakter in bildhafter Weise deutlich macht.

773 Der Gesetzgeber unterscheidet dabei zwischen **«seriösen»** und «weniger seriösen» **Verträgen**. In die erste Kategorie gehören **Leibrente**, Nießbrauch und beschränkt persönliche Dienstbarkeit. Da sie auf Lebenszeit ihres Inhabers bestellt werden, ist der Schuldner bzw. der belastete Eigentümer «gut bedient», wenn der 65jährige nach zwei Jahren stirbt, während er ein «schlechtes Geschäft» gemacht hat, wenn der Betreffende 95 Jahre alt wird. Die «Spekulation mit dem Tod» könnte an sich Bedenken im Hinblick auf § 138 Abs. 1 aufwerfen, doch hat man diese nie ernsthaft erhoben: Da es in der Regel darum geht, einen Angehörigen der älteren Generation auf Lebenszeit zu versorgen, soll dieser völlig legitime Zweck nicht in Frage gestellt werden. Im vorliegenden Zusammenhang ist lediglich die Leibrente zu erörtern (unten 4), während Nießbrauch und beschränkte persönliche Dienstbarkeit bereits im Rahmen der Gebrauchsüberlassungsverträge behandelt wurden.[4] In diesen Zusammenhang gehören auch manche **Nachfolgeklauseln im Gesellschaftsrecht**, deren Zulässigkeit gleichfalls völlig unbestritten ist.

---

3 Kap. 3 (Rn 364 ff.)

4 Oben Kap. 2 unter 6.1 (Rn 349 ff.) und 6.3 (Rn 358 ff.)

A, B und C gründen eine OHG und vereinbaren, daß beim Tod eines Beteiligten die Gesellschaft von den beiden übrigen fortgeführt wird, ohne daß an die Erben eine Abfindung zu bezahlen wäre. Hier hat jeder das Risiko, als erster zu sterben, aber auch die Chance, einen anderen zu überleben.

Hierauf ist kurz im Erbrecht einzugehen.[5]

Das Gesetz kennt weiter «**weniger seriöse**» Verträge dieser Art, die 774
zwar wirksam sind, aus denen jedoch keine einklagbaren Rechte entstehen. Dazu gehören einmal **Spiel und Wette** (§ 762 mit der wichtigen Ausnahme des § 763), bei denen es nicht nur um Skat und Doppelkopf geht (unten 5). Weiter gehört in diese Kategorie das sog. **Differenzgeschäft** nach § 764, bei dem mit der Entwicklung des Marktpreises spekuliert wird.

X kauft 20 t Baumwolle, die erst in 3 Monaten geliefert werden sollen. Vereinbart wird der aktuelle Preis. Steigt dieser in der Zwischenzeit, hat der Käufer gewonnen; er kann sein Anrecht auf Lieferung zu einem Betrag veräußern, der über dem vereinbarten liegt. Fallen dagegen die Preise, ist er der Dumme; er muß entweder sein Anrecht mit Verlust verkaufen oder die Baumwollballen (wenn er kein reiner Spekulant ist) zu einem überhöhten Preis in Empfang nehmen.

In bezug auf **Wertpapiere** haben solche Abmachungen in den §§ 52 ff. Börsengesetz (BörsG) eine volle Legalisierung erfahren (dazu unten 6).

Ein Risiko kann auch in der Weise Vertragsinhalt werden, daß es 775
lediglich als ein Element in die Bestimmung von Leistung und Gegenleistung eingeht. Dies ist beispielsweise bei **allen Geschäften mit spekulativem Einschlag**, aber auch bei vielen bedingten Verträgen der Fall.[6]

A kauft ein Grundstück in der Erwartung, daß dieses in Kürze zu Bauland erklärt wird. Erfolgt dies nicht, hat er Pech gehabt, beschließt die Gemeinde den Bebauungsplan, wird der Preis noch weiter steigen.

Insoweit handelt es sich nicht um einen selbständigen Vertragstyp; vielmehr ist bei der Handhabung der allgemeinen Regeln der spekulative Charakter des Geschäfts zu berücksichtigen.

Der Grundstückskäufer kann beispielsweise nicht geltend machen, die Geschäftsgrundlage des Kaufvertrags sei weggefallen, weil die Gemeinde ein anderes Gelände erschließen möchte.[7]

---

5 Dazu unten Kap. 26 unter 4 (Rn 2030)
6 Zu diesen sog. Spekulationsgeschäften siehe Henssler S. 15, 321 ff.
7 Dazu schon Bd. 1 Kap. 17 unter 6.1.2 (Rn 1582 ff.)

2 Der Versicherungsvertrag

2.1 Bedeutung und Rechtsnatur

776 Kaum ein Mitbürger ist nicht in irgendeiner Hinsicht «mitversichert». Für Kraftfahrzeughalter versteht sich dies von selbst, doch verbreitet sind auch die allgemeine Haftpflicht sowie die Freizeitunfallversicherung. Weiter bestehen in der Bundesrepublik etwa 60 Mio. Kapitallebensversicherungsverträge[8], die zu einem jährlichen Prämienaufkommen von 60 Mrd. DM (!) führen.[9]

777 Trotz dieser enormen praktischen Bedeutung liegt das **Versicherungsrecht** für Zivilrechtler **eher am Rande** ihres Interesses. Dies hängt damit zusammen, daß der Versicherungsvertrag frühzeitig aus den Vorarbeiten zum BGB ausgeklammert wurde[9a] und seit 1908 in einem Sondergesetz – dem Versicherungsvertragsgesetz (VVG-Schönfelder Nr. 62) – geregelt ist. Die Schuldrechtslehrbücher behandeln diesen Bereich allenfalls kursorisch[10], im juristischen Staatsexamen würde eine Frage zu diesem Gebiet als unfair gelten.

778 Die **Rechtsnatur des Versicherungsvertrags** ist im einzelnen umstritten.[11] Keine Probleme macht die Bestimmung der Hauptleistung des Versicherungsnehmers: Er muß die vereinbarten Prämien bezahlen. Als Gegenleistung erhält er dafür bei vordergründiger Betrachtung den «Versicherungsschutz» in dem Sinne, daß die Versicherung bei der Realisierung des versicherten Risikos «einspringt».

Kommt es zu einem Unfall im Straßenverkehr, bezahlt die Haftpflichtversicherung den Schaden, stirbt der Versicherte, wird der vorgesehene Betrag aus der Lebensversicherung fällig.

779 Bei genauerer Betrachtung dient die Prämie zwei verschiedenen Zwecken: Sie ist zum einen Beitrag zu einem «Vermögenspool», aus dem Schäden bezahlt werden, und sie ist zum zweiten Entgelt für die

---

8 Die Kapitallebensversicherung führt dazu, daß der Versicherte «im Erlebensfall», d. h. in der Regel mit 65 Jahren, die Versicherungssumme (zuzüglich Zinsen und evtl. Ertragsbeteiligung) ausbezahlt erhält. Die (seltenere) Risikolebensversicherung leistet nur, wenn es zu einem Todesfall kommt.

9 Mitgeteilt bei Schünemann JuS 1995, 1092

9a Einzelheiten bei Duvinage, Die Vorgeschichte und die Entstehung des Gesetzes über den Versicherungsvertrag, Diss. Kiel, Molfsee 1996, S. 45 ff.

10 Siehe etwa die kurzen Bemerkungen bei Esser-Weyers § 44 I – III

11 Siehe dazu zuletzt Schwintowski JZ 1996, 702

organisatorische Leistung des Versicherers, der die Risiken kalkulierbar macht.[12]

Dies klingt relativ abstrakt. Gemeint ist folgendes: Für den einzelnen ist nicht absehbar und deshalb auch nicht kalkulierbar, ob er z. B. in einen Verkehrsunfall verwikkelt und deshalb schadensersatzpflichtig wird. Für eine «Versichertengemeinschaft» von 10000 oder 100000 Personen stellt sich die Situation anders dar: Hier kann man sich auf Erfahrungswerte stützen, wonach die Wahrscheinlichkeit eines Unfalls sich z. B. auf 5 % pro Jahr und die durchschnittlichen Kosten auf 5000 DM belaufen. Auf dieser Grundlage lassen sich Beiträge kalkulieren; das für den einzelnen nicht steuerbare Risiko wird beherrschbar.

Verbreitet ist deshalb auch die Organisationsform des «Versiche- 780
rungsvereins auf Gegenseitigkeit» (VVaG), der die Erträge an die Versicherten auszahlt.[13]

Aus Raumgründen können hier nur einige wichtige Besonderheiten des Versicherungsvertrags dargestellt werden. Im übrigen ist auf die Spezialliteratur zu verweisen.[14]

2.2 Einzelfragen

2.2.1 Zustandekommen des Vertrags

Der Versicherungsvertrag ist formlos gültig. Nach § 3 Abs. 1 VVG ist 781
der Versicherer jedoch verpflichtet, «eine von ihm unterzeichnete Urkunde über den Versicherungsvertrag» dem Versicherungsnehmer auszuhändigen, den das Gesetz **«Versicherungsschein»** nennt und der häufig auch als «Police» bezeichnet wird.[15]

Zusagen des Versicherungsvertreters, der ein Angestellter, aber 782
auch ein selbständiger Handelsvertreter sein kann, sind für den Versicherer bindend. Aufgrund einer zu Gewohnheitsrecht erstarkten

---

12 Näher Schünemann JuS 1995, 1066

13 Zum Streit, wie diese zu berechnen sind, siehe BGH NJW 1995, 589 mit kritischer Rezension Schünemann JuS 1995, 1062 ff.

14 Deutsch, Versicherungsvertragsrecht, 3. Aufl. 1993; Gärtner, Privatversicherungsrecht, 2. Aufl., 1980; Hübner, Allgemeine Versicherungsbedingungen und AGB-Gesetz, 4. Aufl. 1993; Weyers, Versicherungsvertragsrecht, 2. Aufl. 1995

15 Eine ähnliche Regelungstechnik wird im Arbeitsrecht verwandt, wo nach dem Nachweisgesetz vom 20. 7. 1995 (BGBl I 946) der Arbeitgeber spätestens einen Monat nach dem vereinbarten Beginn des Arbeitsverhältnisses die wesentlichen Vertragsbedingungen schriftlich niederlegen und dem Arbeitnehmer aushändigen muß

Rechtsprechung gilt dies sogar dann, wenn das in Frage stehende Risiko üblicherweise gar nicht Gegenstand einer Versicherung ist.[16]

Beispiel:[17] Der Inhaber eines Kurhauses an der Ostseeküste wollte eine Versicherung gegen Sturmschäden abschließen. Der Vertreter verhielt sich so, daß auch Folgen einer Sturmflut mit abgedeckt seien. Dies ist auch dann verbindlich, wenn normalerweise solche sog. Elementarschäden gar nicht versichert werden.

Insoweit handelt es sich um eine frühe Form der **Sachwalterhaftung.**[18]

2.2.2 Inhalt des Vertrages

783 Der Vertrag beschreibt das versicherte Risiko und die Einstandspflicht des Versicherers im einzelnen. Sein Inhalt ist praktisch immer durch «**Allgemeine Versicherungsbedingungen**» bestimmt, die seit 1994 nicht mehr der staatlichen Genehmigung bedürfen, die jedoch der Kontrolle nach dem AGB-Gesetz unterliegen. Das VVG enthält eine Reihe von Schutznormen zugunsten des Versicherungsnehmers, die selbstredend gleichfalls zu beachten sind – daß derartige Bestimmungen zum Teil schon 1908 im Gesetz enthalten waren, ist darauf zurückzuführen, daß dieses u. a. auch das Ziel verfolgte, die ausufernde Vertragspraxis von Versicherern auf ein sozialverträgliches Maß zurückzuführen.

784 Eine insbesondere in der Kfz-Haftpflicht häufige Erscheinung ist die sog. **vorläufige Deckungszusage**. Sie stellt entgegen der Bezeichnung einen Vertrag dar, der auch ohne Prämienzahlung bis zum Abschluß des endgültigen Vertrags wirkt.

2.2.3 Leistungsstörungen und Obliegenheitsverletzungen

785 Wird die **erste Prämie nicht bezahlt**, so ist der Versicherer nach § 38 Abs. 1 VVG zum Rücktritt vom Vertrag berechtigt. Der Rücktritt gilt sogar als erklärt, wenn der Anspruch auf Prämienzahlung nicht innerhalb von 3 Monaten gerichtlich geltend gemacht (oder die Prämie bezahlt) wird. Nach § 38 Abs. 2 VVG führt die nicht rechtzeitig bezahlte

16 Weyers Rn 205, 215
17 Nach RGZ 86, 126
18 Dazu Bd. 1 Kap. 13 unter 5.1.4 (Rn 1046 ff.)

Prämie automatisch zum Wegfall des Versicherungsschutzes. Kommt es dann zum Rücktritt, kann der Versicherer nach § 40 Abs. 2 Satz 2 eine «angemessene Geschäftsgebühr» für seine Unkosten verlangen. Der Ersatz eines weiteren Verzugsschadens ist nicht vorgesehen.

Werden weitere Prämien («**Folgeprämien**») **nicht bezahlt**, so 786
kann der Versicherer eine Mahnung aussprechen und eine Zahlungsfrist von mindestens 2 Wochen einräumen. Erst wenn diese erfolglos abgelaufen ist, entfällt nach § 39 Abs. 2 VVG der Versicherungsschutz. Außerdem kann der Versicherer nach § 39 Abs. 3 kündigen, gleichzeitig jedoch die Prämie bis zur Beendigung der laufenden Versicherungsperiode nachfordern bzw. behalten (§ 40 Abs. 2 Satz 1 VVG).

Der Versicherte darf nach § 23 Abs. 1 VVG keine Maßnahmen vor- 787
nehmen, die eine «**Gefahrerhöhung**» darstellen.[19]

In dem gegen Feuer versicherten Privathaus wird eine Tonne Feuerwerkskörper gelagert.

Erlangt der Versicherte Kenntnis von solchen gefahrerhöhenden Umständen, hat er dem Versicherer unverzüglich Mitteilung zu machen. Die Gefahrerhöhung berechtigt den Versicherer zur Kündigung, die allerdings nur innerhalb einer Frist von einem Monat erklärt werden kann (§ 24 VVG). Auch besteht keine Leistungspflicht, wenn ein Schaden gerade auf der erhöhten Gefahr beruht (§ 25 VVG).

Außer dem hier genannten Fall existieren noch weitere «**Obliegen-** 788
heiten» des Versicherungsnehmers, die zwar anders als vertragliche Nebenpflichten dem Versicherer keinen entsprechenden Anspruch geben, die jedoch (sehr viel wirksamer) dadurch sanktioniert werden, daß bei ihrer Verletzung ggf. der Versicherungsschutz entfällt. Außerdem kann der Versicherer kündigen oder vom Vertrag zurücktreten, gleichwohl jedoch nach § 40 Abs. 1 Satz 1 VVG die Prämie für die laufende Periode behalten.

2.2.4 Vertragsübergang

Wird die versicherte Sache veräußert, so geht nach näherer Maßgabe 789
der §§ 69 ff. VVG der Versicherungsvertrag auf den Erwerber über. Insoweit gilt dasselbe wie im Miet- und Arbeitsrecht (§§ 571, 613 a). Allerdings steht dem Versicherer nach § 70 VVG ein Kündigungsrecht zu.

---

19 Dazu Weyers Rn 298

2.2.5 Rückgriffsansprüche

790 Hat die Versicherung einen Schaden beglichen, für den ein Schädiger verantwortlich ist, so geht in Höhe der von ihr erbrachten Leistung der Schadensersatzanspruch des Versicherten auf sie über (§ 67 Abs. 1 VVG).

Der Schaden am Fahrzeug wurde von der Kasko-Versicherung ersetzt. Damit geht der Anspruch gegen den Schädiger in Höhe ihrer Leistung automatisch auf sie über.

791 § 67 Abs. 2 macht davon eine praktisch wichtige Ausnahme: Richtet sich der **Ersatzanspruch gegen** einen **«Familienangehörigen»**, mit dem der Versicherte in häuslicher Gemeinschaft lebt, geht er nicht auf die Versicherung über.

Bei Heimwerkerarbeiten stürzt der Vater von der Leiter, weil der Sohn diese nicht ausreichend gesichert hatte. Die Freizeitunfallversicherung trägt die Heilungskosten. Sie kann nach § 67 Abs. 2 VVG gegen den Sohn keinen Rückgriff nehmen.

Wie weit der Kreis der «Familienangehörigen» geht, scheint noch nicht endgültig geklärt.[20] Der nichteheliche Lebenspartner ist genau wie im Fall des § 569a einzubeziehen.[21]

792 Auch ein Regreß gegen den Versicherungsnehmer kommt dann in Betracht, wenn – etwa bei der obligatorischen Kfz-Haftpflichtversicherung – trotz «kranken» Versicherungsverhältnisses die Versicherung dem Geschädigten gegenüber zur Leistung verpflichtet bleibt[22].

3 Der Vergleich

3.1 Voraussetzungen

793 Besteht zwischen zwei (oder mehr) Personen Streit oder Ungewißheit «über ein Rechtsverhältnis», so kann eine verbindliche Bereinigung im Wege des «gegenseitigen Nachgebens» erfolgen. § 779 Abs. 1 bezeichnet eine solche Abmachung als «Vergleich», der in der Praxis große Bedeutung hat.

20 Weyers Rn 638
21 Zur Gleichstellung bei § 569a s. BGH NJW 1993, 999
22 Siehe §§ 158f., 158c VVG

Streit und Ungewißheit können sich auf einen Sachverhalt wie auch auf die Rechtsfolgen beziehen, die sich aus bestimmten Tatsachen ergeben; in beiden Fällen sind Existenz und Umfang eines Rechtsverhältnisses ungeklärt. 794

Die Parteien sind sich über den genauen Unfallhergang nicht einig; dieser entscheidet darüber, ob den Geschädigten ein mitwirkendes Verschulden nach § 254 trifft. Man verständigt sich, einen bestimmten Geschehensablauf zugrunde zu legen.

Oder: Unterstellt, die Ersatzpflicht des Schädigers ist außer Streit, es besteht aber Unsicherheit darüber, ob das Schmerzensgeld 5000 oder 10000 DM betragen soll. Man einigt sich auf 8000 DM

«Ungewißheit» kann auch ohne «Streit» bestehen; § 797 Abs. 2 795
nennt ausdrücklich den Fall, daß die Verwirklichung eines Anspruchs (z. B. wegen des ausländischen Wohnsitzes des Schuldners oder seiner Vermögenslage) ungewiß ist. Maßgebend ist die subjektive Sicht der Parteien; daß ein Sachverständiger oder ein Gericht eine eindeutige Entscheidung treffen könnte, steht der «Ungewißheit» nicht entgegen.[23]

Das Erfordernis des **gegenseitigen «Nachgebens»** wird von der 796
Rechtsprechung großzügig gehandhabt; auch die kleinste Konzession reicht aus.[24] Lediglich dann, wenn eine Seite ausschließlich der anderen entgegenkommt, liegt ggf. ein Schuldversprechen nach § 780 oder ein Schuldanerkenntnis nach § 781, jedoch kein Vergleich vor.

Der Vergleich ist als solcher – im Gegensatz zu Schuldversprechen 797
und Schuldanerkenntnis – **nicht formbedürftig**. Enthält er jedoch Abmachungen, die z. B. unter § 313 fallen, ist die dafür vorgeschriebene Form zu beachten.[25]

Der Vergleich ist ein feststellender schuldrechtlicher Vertrag; häufig 798
sind mit ihm aber zugleich Vollzugsgeschäfte wie die Abtretung von Forderungen oder die Übereignung von Sachen verbunden.

23 Esser-Weyers § 42 II 2
24 BGHZ 39, 63
25 Palandt-Thomas § 779 Rn 2

3.2 Rechtsfolgen

799 Der Abschluß eines Vergleichs hat zur Folge, daß der Streit begraben ist. Keine Partei kann sich mehr darauf berufen, in Wirklichkeit sei alles ganz anders.

Im obigen Beispiel kann also niemand behaupten, der Unfall habe sich doch anders abgespielt, oder der Schmerzensgeldanspruch müsse sich auf 10000 DM belaufen.

800 Genau darin liegt der Sinn der Abmachung, die die Risiken künftiger Auseinandersetzungen beseitigen will. Deshalb muß auch eine Anfechtung nach § 119 Abs. 2 ausscheiden, wenn man sich über das Vorliegen oder Nichtvorliegen einer verkehrswesentlichen Eigenschaft einer Sache geeinigt hatte.[26]

Wie jeder Vertrag hat auch der Vergleich die allgemeinen Regeln zu beachten, die sich u. a. aus den §§ 134, 138 ergeben.[27]

801 Einen speziellen Unwirksamkeitsgrund regelt § 779 Abs. 1: Hatte man beim Vergleichsabschluß einen **Sachverhalt als feststehend zugrunde gelegt**, der in Wirklichkeit nicht bestand, und wäre der Streit oder die Ungewißheit bei Kenntnis der Sachlage nicht entstanden, so ist der Vergleich unwirksam. Damit ist ein Spezialfall des **Irrtums über die Geschäftsgrundlage** erfaßt.[28] Wichtigster Beispielsfall ist das Auftreten von nicht vorhersehbaren gesundheitlichen Spätschäden, nachdem sich der **Geschädigte mit der Haftpflichtversicherung** des Schädigers verglichen hatte.

Was geschieht, wenn der Spätschaden durchaus nicht «unwahrscheinlich» war, die Versicherung jedoch jede Zahlung davon abhängig machte, daß eine vergleichsweise Erledigung stattfinden würde? War der Geschädigte auf die Zahlung existentiell angewiesen und stand der Spätschaden in einem Mißverhältnis zu der gewährten Abfindungssumme, so ist die Abmachung unter Zugrundelegung der neueren Rechtsprechung des BVerfG unwirksam.[29]

Ein Rechtsanwalt darf im übrigen derartige Vergleiche nicht ohne Rücksprache mit seiner Partei abschließen; unterläßt er dies, ist der Vergleich mit Rücksicht auf seine Vollmacht zwar wirksam, doch ist er zum Schadensersatz verpflichtet.[30]

---

26 Esser-Weyers § 42 III 2a
27 Dazu Bd. 1 Kap. 15 unter 2 und 3 (Rn 1317ff.)
28 Dazu allgemeiner Bd. 1 Kap. 10 unter 3.5 (Rn 658ff.)
29 Siehe Bd. 1 Kap. 8 unter 1.3.2 (Rn 511ff.)
30 BGH NJW 1994, 2085

3.3 Prozeßvergleich

Vergleiche werden häufig im Rahmen anhängiger Verfahren abgeschlossen. Werden sie vom Gericht protokolliert, ist damit jede gesetzlich vorgeschriebene Form gewahrt (§ 127a). Auch stellt der Vergleich nach § 794 Abs. 1 Nr. 1 ZPO einen vollstreckbaren Titel dar. 802

Der Prozeßvergleich hat eine **Doppelnatur**: Er ist gleichzeitig Prozeßhandlung wie auch Vertrag im Sinne des § 779.[31] Sind die Voraussetzungen einer wirksamen Erklärung im Prozeß nicht erfüllt, ist eine Aufrechterhaltung als normaler Vertrag nach § 779 möglich.[32] Ist umgekehrt der materiell-rechtliche Vertrag (z. B. nach § 779 Abs. 1) unwirksam, bleibt zwar zunächst formal der vollstreckbare Titel «Vergleich» bestehen, doch kann die durch seinen Inhalt belastete Partei die Vollstreckbarkeit beseitigen lassen.[33] Besteht Streit über die Wirksamkeit, muß dieser durch Fortsetzung des ursprünglichen Verfahrens geklärt werden.[34] 803

4 Leibrentenversprechen

Die §§ 759 bis 761 enthalten nur eine fragmentarische Regelung. Die Leibrente wird typischerweise für die Lebenszeit des Berechtigten gewährt, doch sind auch andere Gestaltungen («Rente auf 20 Jahre») möglich.[35] 804

Das Versprechen einer Leibrente bedarf nach § 761 der **Schriftform**. Für die Annahmeerklärung des Berechtigten ist diese allerdings nicht vorgeschrieben.[36] Die Rente ist in Geld (oder theoretisch auch in anderen vertretbaren Sachen) zu gewähren. Eine Dauerleistung wie die Zurverfügungstellung einer Wohnung ist nicht erfaßt.[37] Die Zusage 805

31 Für Prozeßhandlungen gelten besondere Grundsätze; sie sind beispielsweise nicht unter den gleichen Voraussetzungen wie Willenserklärungen anfechtbar. Dazu Rosenberg-Schwab-Gottwald, § 63

32 BGH NJW 1985, 1962

33 Rosenberg-Schwab-Gottwald § 131 IV 1 b

34 BGH NJW 1981, 823

35 Zur Funktion der Versorgung der älteren Generation siehe bereits oben 1 (Rn 773)

36 Palandt-Thomas § 759 Rn 3

37 Palandt-Thomas § 759 Rn 10

einer betrieblichen Altersversorgung unterliegt speziellen arbeitsrechtlichen Grundsätzen, so daß insoweit die §§ 759 bis 761 gleichfalls ausscheiden.[38]

806 Die rechtliche Konstruktion des Leibrentenversprechens ist umstritten. Die hM wählt einen komplizierten Weg: Das Versprechen als solches ist abstrakt, bedarf also eines entsprechenden Kausalvertrags. Außerdem wird zwischen dem «Stammrecht» und den einzelnen Zahlungen unterschieden: Das erstere verjährt nach § 195 in 30 Jahren, das zweite nach § 197 in vier Jahren. Die Gegenposition[39] verweist darauf, daß es sich bei der Rente typischerweise um die Gegenleistung für die Übergabe eines Unternehmens, eines Bauernhofs usw. handelt. Dabei besteht lediglich die Besonderheit, daß diese Gegenleistung vom Gesamtbetrag her nicht feststeht (niemand weiß, wie lange der Berechtigte lebt) und daß sie in Teilleistungen erfolgt. Praktische Konsequenzen können sich dann ergeben, wenn einige Rentenbeträge nicht geleistet werden: Während nach herrschender Auffassung § 326 niemals in Betracht kommt, da die Gegenleistung in Form des Stammrechts ja erbracht ist, kommt die abweichende Position zu dem Ergebnis, daß jedenfalls in bezug auf Teile der Gesamtleistung Verzug vorliegt.

807 Die Möglichkeit einer **Anpassung** der Leibrente **an den Geldwertschwund** bestimmt sich nach allgemeinen Grundsätzen.[40]

5 Spiel und Wette

5.1 Voraussetzungen

808 Nach § 762 Abs. 1 wird durch Spiel und Wette nur eine Naturalobligation begründet.[41] Dies bedeutet, daß die so begründeten Ansprüche nicht durchsetzbar sind, daß aber das zu ihrer Erfüllung Geleistete nicht zurückverlangt werden kann.

---

38 Einzelheiten bei Däubler, Arbeitsrecht 2, Kap. 9
39 Esser-Weyers § 44 IV 2; krit. auch MüKo-Pecher § 759 Rn 3
40 Dazu Bd. 1 Kap. 14 unter 3.2.3 und 3.2.4 (Rn 1146 ff.)
41 Zu diesem Begriff siehe etwa Kap. 4 unter 5.4.1 (Rn 698)

A hat beim Skatspiel mit B und C insgesamt 60 DM verloren. Weigert er sich, das Geld zu bezahlen, riskiert er keine rechtlichen Sanktionen; allerdings werden die beiden anderen zum letzten Mal mit ihm Skat gespielt haben.

Eine «**Wette**» liegt dann vor, wenn man durch einen Geldeinsatz eine 809
bestimmte Behauptung bekräftigt. Hält ein anderer dagegen, liegt ein gegenseitiger Vertrag vor.

A wettet gegenüber B 5 Flaschen besten französischen Champagners, daß Oskar Lafontaine der nächste Bundeskanzler wird. B hält dagegen. Dies bedeutet, daß A die 5 Flaschen liefern muß, wenn ein anderer Kanzler wird, diese jedoch B zu beschaffen hat, wenn OL tatsächlich Kanzler wird.

Ein **Spiel** ist demgegenüber eine Veranstaltung, die nach bestimmten 810
Regeln abläuft und der Unterhaltung oder dem schlichten Gewinn dient.[42] Dabei kann der Erfolg hauptsächlich vom Zufall, aber auch von der Geschicklichkeit des einzelnen abhängen. Im ersten Fall spricht man von Glücks-, im zweiten von Geschicklichkeitsspiel.[43]

Roulette ist in diesem Sinne ein Glücksspiel, während Schach in die Kategorie Geschicklichkeitsspiel eingeordnet würde.

5.2 Rechtsfolgen

Die fehlende Durchsetzbarkeit der Ansprüche aus Spiel und Wette ist 811
in all den Fällen ohne Bedeutung, wo der Spieler schon zuvor seinen Einsatz an den Veranstalter gibt.

Dasselbe gilt für Spielautomaten: Auch bei enttäuschendem Ausgang kann man wegen § 762 Abs. 1 Satz 2 den Einsatz nicht zurückfordern.

Bezahlt man mit **Euroscheck**, ist die Bank zur Einlösung verpflichtet.[44]

Die fehlende Klagbarkeit schließt eine **Anfechtung** des geschlosse- 812
nen Vertrags wegen arglistiger Täuschung und eine anschließende Rückgewähr des Einsatzes nach § 812 nicht aus.[45] Auf der anderen Seite kann die gesetzliche Regelung auch nicht durch Hilfskonstruktionen

---

42 Siehe die zusammenfassende Definition bei Henssler S. 444

43 Palandt-Thomas § 742 Rn 2

44 OLG Nürnberg NJW 1978, 2514; näher zur Zahlung mit Euroschecks oben Kap. 3 unter 2.2.3 (Rn 403 ff.)

45 KG NJW 1980, 2314

umgangen werden; läßt man einen anderen spielen und will dieser nach § 670 Aufwendungsersatz, so wird der Grundsatz des § 762 Abs. 1 auch auf diesen Fall angewandt.[46]

5.3 Sonderfälle

813 Spiele können im Einzelfall **verbotene Glücksspiele** nach §§ 284 bis 286 StGB sein.[47] Dies macht die abgeschlossenen Verträge nichtig, doch scheitert ein Anspruch auf Rückgewähr häufig an § 817 Satz 2.[48]

814 Das voll-legalisierte Gegenstück stellen **staatlich genehmigte Lotterien** und ähnliche Veranstaltungen nach § 763 dar. Bei Toto und Lotto, bei der Klassenlotterie und in der (staatlich konzessionierten) Spielbank werden gültige Verträge abgeschlossen.[48a]

6 Differenzgeschäft und Börsentermingeschäft

6.1 Differenzgeschäft

815 Nach § 764 Satz 1 wird ein Vertrag als «Spiel» angesehen, der an sich auf Lieferung von Waren oder Wertpapieren lautet, jedoch in der Absicht geschlossen wurde, «daß der Unterschied zwischen dem vereinbarten Preise und dem Börsen- oder Marktpreise der Lieferungszeit von dem verlierenden Teile an den gewinnenden gezahlt werden soll».

A kauft von B 100 Siemens-Aktien und vereinbart dabei den aktuellen Kurs von 73. Die Aktien sollen aber nicht wirklich geliefert werden. Vielmehr soll in 3 Monaten eine Abrechnung der Art erfolgen, daß bei einem über 73 liegenden Kurs B die Differenz an A bezahlt, während bei einem unter 73 liegenden Kurs A dem B eine entsprechende Zahlung leistet.

---

46 Palandt-Thomas § 762 Rn 8

47 Siehe etwa OLG Karlsruhe NJW 1972, 1963 zu Kettenbriefen im Schneeballsystem

48 Palandt-Thomas § 762 Rn 10; a. A. Esser-Weyers § 45 I 3, die eine Rückzahlung bei deliktischem Verhalten nach §§ 823 Abs. 2, 826 zulassen wollen

48a Zur EG-rechtlichen Dimension s. Sura, Die grenzüberschreitende Veranstaltung von Glücksspielen im Europäischen Binnenmarkt, Baden-Baden 1996

Das «Spekulieren auf die Differenz» wäre wohl auch ohne ausdrückliche gesetzliche Bestimmungen als «Spiel» zu qualifizieren. In der Praxis kommen solche Geschäfte heute in der Weise vor, daß man einen «Finanzterminkontrakt» schließt, der z. B. auf den deutschen Aktienindex (DAX) bezogen ist: Der Kontrakt hat eine bestimmte Laufzeit; ist der DAX dann höher als beim Einkauf, hat man gewonnen, ist er niedriger, hat man verloren.[49] Angesichts der fehlenden Durchsetzbarkeit der Ansprüche ist die Frage entscheidend, ob eine Kontogutschrift bzw. eine Kontobelastung als effektive Erfüllung im Sinne des § 762 Abs. 1 Satz 2 zu werten ist. Nach der Rechtsprechung des BGH ist dies grundsätzlich nicht der Fall.[50] 816

6.2 Börsentermingeschäft

Eine privilegierte Sonderform des Differenzgeschäfts sind die Börsentermingeschäfte, die in den §§ 52 ff. BörsG eine Sonderregelung erfahren haben. Voraussetzung für ihren Abschluß ist die in § 53 BörsG niedergelegte **Termingeschäftsfähigkeit**, die Kaufleuten, aber auch solchen Privatleuten zukommt, die von einer Bank in einer im Gesetz näher umschriebenen Weise über die Risiken dieser Geschäfte aufgeklärt wurden. Liegen diese Voraussetzungen vor, ist nach § 58 BörsG der sog. **Differenzeinwand ausgeschlossen**, d. h. es handelt sich um voll wirksame Verträge. Die Praxis ist von einem enormen Formenreichtum; ihn im einzelnen darzustellen, würde eine eigene Studie erfordern.[51] Deshalb nur zwei relativ simple Beispiele, die die Risiken verdeutlichen können. 817

A tätigt an der Börse einen sog. **Leerverkauf** (short sale), d. h. er verkauft 1000 BASF-Aktien zum Kurs von 40, die er überhaupt nicht in seinem Depot hat. Die Bank vereinbart mit ihm, daß er spätestens in drei Monaten die entsprechende Stückzahl beschafft hat. A ist hartgesottener Pessimist und davon überzeugt, daß die BASF-Aktie in den nächsten Wochen auf 35 sinkt. Geht seine Rechnung auf, hat er 5000 DM gewonnen. Die Dinge können sich aber auch anders entwickeln: Läuft der Kurs bis auf 50 davon, muß er sich zu diesem hohen Niveau eindecken und hat deshalb 10000 DM verloren (zu ergänzen ist, daß die Bank für eine solche Abmachung selbstredend eine Gegenleistung will). 818

---

49 Zu dieser Praxis siehe Henssler S. 539

50 BGH NJW 1992, 1630

51 Insoweit sei verwiesen auf Kleinschmitt, Das Informationsmodell bei Börsentermingeschäften, Berlin 1992, S. 20 ff.; Arno Lehmann, Börsentermingeschäfte als Bankdienstleistung. Diss. Bremen 1995

819 Verbreitet ist der **Handel mit Optionsrechten**, d. h. mit der (zum Teil in Wertpapieren verbrieften) Befugnis, zu einem bestimmten Zeitpunkt ein bestimmtes Wertpapier zu einem bestimmten Kurs kaufen oder verkaufen zu können.[52]

A ist dieses Mal ein strahlender Optimist. Für 2,50 DM pro Stück erwirbt er das Recht, in drei Monaten 1000 BASF-Aktien zum Kurs von 45 erwerben zu können. Er ist der Auffassung, daß BASF einen Kurs von 50 erreicht. Wenn er dann in 2 oder 3 Monaten (man muß nicht die ganze Frist ausschöpfen) sein Recht ausübt, sind ihm Kosten in Höhe von 45 000 DM Kaufpreis zuzüglich 2500 DM Preis für die Optionsrechte («Optionsprämie» genannt) entstanden. In Wirklichkeit sind seine 1000 Aktien aber 50 000 DM wert, so daß er schon am nächsten Tag einen Gewinn von 2500 DM realisieren kann. Die ursprünglich eingesetzten 2500 DM hat er also in 3 Monaten verdoppelt. Auch hier kann das Schicksal ihm allerdings übel mitspielen: Bleiben die Aktien auf 40 oder steigen sie nur auf 44, wäre die Ausübung des Optionsrechts sinnlos; die Optionsprämie ist verloren.

820 Die Rechtsprechung hatte sich in den letzten Jahren häufig damit zu befassen, daß Anleger und Möchtegern-Gewinner nicht ausreichend über die Risiken solcher Geschäfte aufgeklärt wurden. Der BGH hat mit den Informationspflichten der Banken, aber insbesondere auch privater «Optionsvermittler» ernst gemacht[53] und u. a. betont, die Aufklärung, die grundsätzlich nur schriftlich erfolgen könne, müsse «zutreffend, vollständig, gedanklich geordnet und auch von der Gestaltung her geeignet sein, einem unbefangenen, mit Warentermindirektgeschäften nicht vertrauten Leser einen realistischen Eindruck von den Eigenarten und Risiken solcher Geschäfte zu vermitteln».[54] Das OLG Düsseldorf hat einen Telefonverkäufer von Optionsrechten persönlich nach § 826 haftbar gemacht, weil er die wenig erfahrenen Anleger nicht über die Risiken aufgeklärt hatte.[55] Angesichts der Kompliziertheit der Materie ist dies nachhaltig zu begrüßen.

52 Ein Beispiel dieser Art wurde bereits in Bd. 1 Kap. 12 unter 2.1.3.2 (Rn 788) dargestellt

53 Siehe etwa BGH NJW 1991, 1106 (Aufklärung bei Aktien- und Aktienindexoptionen); BGH NJW 1994, 997 (Information über Aufschläge auf Optionsprämien, die die Gewinnchancen deutlich verringern); BGH NJW 1993, 257 (Aufklärung über die Risiken eines sog. Stillhalters)

54 BGH NJW 1992, 1879

55 OLG Düsseldorf NJW 1995, 404

7 Nachbemerkung

Fragt der A den B: Was ist Spekulation? Du erfährst, daß in Süd- 821
deutschland Hühnerfarmen geschlossen wurden. Im Fernsehen läuft eine Kampagne «Eier geben Kraft und Fröhlichkeit». Du kombinierst: Hühnerzüchten ist eine gute Sache und kaufst eine Hühnerfarm an der Unterelbe. Was passiert? Zwei Monate später gibt es eine Überschwemmung, und deine Hühner ertrinken. Enten hättest du züchten sollen.

KAPITEL 6: Zuwendung von Vorteilen, insbesondere Schenkung und Geschäftsführung ohne Auftrag

1 Überblick

822 Die **bisher** dargestellten Vertragsformen betrafen ein breites Spektrum von Gegenständen: Es ging um den Verkauf und die Übertragung von Sachen und anderen Vermögensgütern (oben Kap. 1), um die Überlassung zum Gebrauch (oben Kap. 2), um die Bestellung von Sicherheiten (oben Kap. 3), um die Verpflichtung zu bestimmten Dienstleistungen (oben Kap. 4) und um die Übernahme eines Risikos (oben Kap. 5). In allen Fällen **stand** der den Vertrag charakterisierenden **Leistung** ein **«Entgelt»**, normalerweise die Bezahlung einer bestimmten Geldsumme, **gegenüber**.

823 Alle diese Verträge sind im Prinzip **auch als unentgeltliche denkbar** und in ihrer Mehrzahl im Gesetz geregelt. Die unentgeltliche Übertragung von Sachen und anderen Vermögenswerten nennt man **üblicherweise «Schenkung»**. Für sie gelten die §§ 516–534. Die unentgeltliche Überlassung einer Sache zum Gebrauch ist **«Leihe»** nach den §§ 598–606; auch ein Darlehen kann «unentgeltlich», d. h. ohne Zinsen gewährt werden.[1] Sicherheiten können gleichfalls ohne Gegenleistung bestellt werden, ohne daß dies allerdings im Gesetz ausdrücklich hervorgehoben wäre.[2] Ein Vertrag über die unentgeltliche Erbringung von Dienstleistungen nennt sich **«Auftrag»** und hat in den

1 Zur Möglichkeit der vorzeitigen Rückzahlung in diesem Fall s. § 609 Abs. 3

2 Vgl. jedoch den Fall BGH BB 1956, 447

§§ 662–674 eine eingehende Regelung erfahren. Sie greift bei jeder Tätigkeit in fremdem Interesse und bezieht sich nicht nur auf eine Geschäftsbesorgung.[3] § 690 erwähnt ausdrücklich die **unentgeltliche Verwahrung**, während die Übernahme eines Risikos ohne Gegenleistung im Gesetz nicht erwähnt ist.

Von der praktischen Bedeutung her steht die **Schenkung** bei weitem im Vordergrund. Sie soll daher unter 2 näher dargestellt werden. Der **Auftrag** bedarf keiner gesonderten Erläuterung mehr, da die auf ihn anwendbaren Bestimmungen im wesentlichen bereits im Rahmen der sehr viel häufiger vorkommenden entgeltlichen Geschäftsbesorgung abgehandelt wurden.[4] Auch Leihe und unentgeltliche Verwahrung bedürfen keiner Vertiefung. 824

Was geschieht, wenn eine vertragliche Grundlage für die skizzierten unentgeltlichen Wertverschiebungen fehlt? Im Regelfall genügt es, daß der **Empfänger** die **Leistung zurückweisen**, insbesondere den Abschluß eines Schenkungsvertrags, einer Leihe oder eines Auftrags verweigern kann: Niemand wird gezwungen, gegen seinen Willen wohlhabender zu werden.[5] In Extremfällen des aufdringlichen Schenkers helfen die Ansprüche auf Beseitigung und Unterlassung von Störungen.[6] 825

Bei der Erbringung von Dienstleistungen läßt sich dieses Grundprinzip nicht durchhalten. 826

Vor der Abreise in die Ferien hat der Nachbar N vergessen, seinen Herd auszuschalten. Die glühende Kochplatte erzeugt einen Schwelbrand; der Rauch macht den A aufmerksam, der im Nebenhaus wohnt. Kurz entschlossen zerschlägt er ein Fenster, steigt ein und löscht den Brand. Dabei wird seine Hose ruiniert.

Ein solches Eingreifen in Angelegenheiten, die «an sich» solche des in Urlaub gefahrenen Nachbarn sind, läßt sich nicht mit dem schlichten Satz bewältigen, der Betroffene brauche sich keine Dienste aufdrängen zu lassen. Der Gesetzgeber hat deshalb die Rechtsfigur der **«Geschäftsführung ohne Auftrag»** entwickelt, die solche Fälle erfaßt. Sie bedarf der eingehenden Darstellung, weil sie in der Praxis nicht nur

---

3 Zu diesem Begiff s. oben Kap. 4 unter 1.2 (Rn 579)

4 S. oben Kap. 4 unter 4.2 (Rn 665 ff.). Hervorzuheben ist lediglich der nicht auf die entgeltliche Geschäftsbesorgung anwendbare § 671 Abs. 1, der jeder Seite ein von keinen besonderen Sachgründen abhängiges fristloses Lösungsrecht gibt

5 Zur Befugnis des Dritten, das ihm durch Vertrag zugunsten Dritter eingeräumte Recht zurückzuweisen, s. Bd. 1 Kap. 19 unter 2.1.3 (Rn 1693)

6 Dazu unten Kap. 15 unter 2 und 3 (Rn 1407 ff.)

altruistischen Motiven dient, sondern weit darüber hinaus ausgedehnt wurde und bisweilen in eigensüchtige Einmischung ausarten kann.

827 Einen Sonderfall der Geschäftsführung ohne Auftrag stellt die Aktivität eines **Finders** dar, die in den §§ 965–984 eine eingehende Regelung erfahren hat. Sie kann aus Raumgründen hier nicht im einzelnen dargestellt werden.[7]

828 Der einzelne kann schließlich versuchen, einem anderen dadurch eine Zuwendung zu machen, daß er ein bestimmtes Verhalten prämiiert.

Für Hinweise auf die Ergreifung des Entführers werden 10000 DM versprochen.

In diesem Fall liegt eine sog. **Auslobung** nach den §§ 657–661 vor. Auch hierzu sind einige Ausführungen notwendig.

Das **Stiftungsgeschäft** und seine soziale Funktion wurde demgegenüber bereits an früherer Stelle erläutert.[8]

2 Schenkung

2.1 Anlässe für unentgeltliche Zuwendungen

829 Einem anderen ohne Gegenleistung etwas zuzuwenden, ist für marktwirtschaftliches Verhalten wenig typisch. Es findet sich daher primär in Bereichen, die nicht «durchkommerzialisiert» sind; daneben kann es Fälle geben, in denen der Schenker sein soziales Renommee aufbessern möchte, was ihm in anderem Zusammenhang dann wieder zugute kommt.

Die aus den Schlagzeilen verschwundene Filmschauspielerin S schenkt einen namhaften Betrag an ein Tierasyl, um dadurch wieder ein wenig Publicity zu bekommen.

Im wesentlichen finden sich Schenkungen in drei Bereichen:[9]

830 – **Innerhalb der Familie** werden Schenkungen gemacht, etwa um

7 Für subsidiäre Anwendung der Vorschriften über die Geschäftsführung ohne Auftrag Palandt-Bassenge Vor § 965 Rn 3; Wilhelm Rn 581; Wolff-Raiser § 82 III
8 Bd. 1 Kap. 5 unter 4.1 (Rn 327 ff.)
9 S. auch AK-BGB-Däubler Einf. vor §§ 516 ff. Rn 2 ff.

die Gründung einer eigenen Existenz zu ermöglichen (§ 1624) oder um die Erbfolge vorwegzunehmen.[10] Auch kommt in Betracht, daß man steuerliche Vorteile ausnutzen oder Vermögen nicht gerade bei jenem Angehörigen belassen möchte, der in besonderem Maße Haftungsrisiken trägt.

– Innerhalb wie außerhalb der Familie kann sich **aus moralischen** 831
Gründen die Notwendigkeit ergeben, eine andere Person zu unterstützen. Man gibt einem in Not geratenen Bruder oder einer in Not geratenen Schwester Unterhalt (obwohl insoweit keine Rechtspflicht besteht), man hat einen Verkehrsunfall verursacht und sorgt mit materiellen Zuwendungen für das Opfer. In der Regel geht es dabei um keine sehr hohen Beträge.

– Verbreitet sind schließlich Spenden, die man an **gemeinnützige**, 832
kirchliche und wissenschaftliche **Organisationen** sowie an Parteien gibt. Man will sich damit an der Erreichung eines bestimmten Zwecks beteiligen, dessen Förderung einem normalerweise nicht selbst zugute kommt.

Daneben gibt es hin und wieder Schenkungen, die in keine der drei 833
genannten Gruppen passen – man trifft den spontanen Entschluß, einem anderen aus seiner finanziellen Misere zu helfen oder dem besonders tüchtigen Abiturienten eine USA-Reise zu bezahlen. Wer viel Geld hat, kann insoweit ein beträchtliches Maß an Phantasie entwikkeln.

2.2 Begriffliche Abgrenzung

Nicht jede als unentgeltlich erscheinende Zuwendung ist zugleich eine 834
Schenkung. § 516 Abs. 1 setzt nicht nur voraus, daß «jemand aus seinem Vermögen einen anderen bereichert», sondern auch, daß «beide Teile darüber einig sind, daß die Zuwendung unentgeltlich erfolgt». Das Merkmal der Unentgeltlichkeit bedarf dabei näherer Betrachtung.

Nach ständiger Rechtsprechung liegt eine **entgeltliche Zuwen-** 835
dung nicht nur dann vor, wenn eine direkte **Gegenleistung** (an den «Schenker» oder einen Dritten) versprochen wird. Vielmehr reicht es aus, wenn die **Leistung** daran **geknüpft** ist, daß eine bestimmte **Bedingung** eintritt, die der andere herbeiführen kann.[11]

10 Zum Übergabevertrag s. unten Kap. 26 unter 2 (Rn 2017ff.)
11 So zuletzt BGH NJW 1992, 238, 239

Beispiel:[12] Es wird eine beträchtliche Geldsumme für den Fall versprochen, daß es der Empfänger bewerkstelligen kann, für ein bestimmtes Grundstück eine Baugenehmigung zu erhalten.

836 Die vom Empfänger vorzunehmende Handlung muß nicht vermögensrechtlicher Art sein; auch immaterielle Zwecke reichen aus.[13] Man müßte deshalb auch ein Versprechen aus dem Schenkungsrecht ausnehmen, durch das ein in Zukunft zu erreichender sportlicher Erfolg belohnt werden soll.

Anders jedoch das OLG München:[14] Ein Eishockey-Fan hatte «seiner» Eishokkeymannschaft 20000 DM für den Fall versprochen, daß sie in der ersten Bundesliga blieb. Sie schaffte den Klassenerhalt und wollte das Geld. Der Fan wurde plötzlich knauserig: Es habe ein Schenkungsversprechen vorgelegen und dieses sei (wie wir noch sehen werden) nach § 518 nur bei notarieller Beurkundung wirksam. Das OLG gab ihm recht und wies die Klage ab.

837 In Fortführung dieser Rechtsprechung werden **Zuwendungen unter Ehegatten** häufig nicht als Schenkung qualifiziert, da sie der Aufrechterhaltung und Verbesserung der ehelichen Lebensgemeinschaft dienen und deshalb nicht im eigentlichen Sinne «unentgeltlich» sind.[15] Selbst Zuwendungen, die ein Ehegatte dem anderen im Interesse einer «haftungsmäßig günstigeren Organisation des Familienvermögens, etwa durch dessen Verlagerung auf den betrieblich nicht haftenden Ehegattten macht», sollen keine Schenkungen sein.[16] Konsequenzen hat dies insbesondere für die Möglichkeit einer Rückforderung.[17] Ausdrücklich durch § 1624 Abs. 1 aus dem Schenkungsrecht ausgenommen ist die sog. **Ausstattung**, die einem Kind bei seiner Verheiratung oder zur Erlangung einer selbständigen Lebensstellung von seinem Vater oder seiner Mutter gewährt wird: Nur soweit das Ausmaß die Vermögensverhältnisse der Eltern übersteigt, liegt nach der ausdrücklichen Bestimmung des § 1624 eine Schenkung vor. Auch hier bringt die (partielle) Herausnahme aus dem Schenkungsrecht eine gewisse Privilegierung des Empfängers, der gegenüber Rückforderungen stärker geschützt ist.[18]

12 Nach BAG NJW 1982, 436
13 BGH NJW 1992, 238, 239
14 NJW 1983, 759
15 Sog. unbenannte Zuwendung. S. BGH NJW 1992, 238, 239
16 BGH NJW-RR 1990, 386
17 Dazu unten 2.5 (Rn 846, 847)
18 Dazu unten 2.5 (Rn 842 ff.)

Erwähnenswert ist schließlich § 517, der bestimmte «schenkungsnahe» Tatbestände ausdrücklich aus dem Schenkungsrecht ausklammert. Wer ein günstiges Vertragsangebot nicht akzeptiert, um einem anderen den Vortritt zu lassen, oder wer eine Erbschaft oder ein Vermächtnis ausschlägt, um es so an einen anderen fallen zu lassen, nimmt keine Schenkung vor.

2.3 Formvorschriften

Nach § 518 Abs. 1 bedarf das Versprechen einer Schenkung der notariellen Beurkundung. Die **Annahmeerklärung des Beschenkten** ist demgegenüber **formlos** möglich.[19] Der Schenker soll auf diese Weise vor Übereilung geschützt werden; eine freundliche Bemerkung soll ihn noch nicht verpflichten. 838

Der **Übereilungsschutz** ist dann **nicht erforderlich**, wenn bereits vollendete Tatsachen geschaffen sind: Nach § 518 Abs. 2 wird der Formmangel durch die Bewirkung der versprochenen Leistung geheilt. Wird der geschenkte Gegenstand sofort übertragen, also die Sache übereignet oder das Sparbuch ausgehändigt, so kann man sich den Notar sparen. Man spricht in solchen Fällen von «**Handschenkung**», die insbesondere bei kleineren und mittleren Vermögenswerten die Regel bildet. 839

Immerhin zeigt der oben mitgeteilte Fall des Versprechens an die Eishockeymannschaft, daß § 518 Abs. 1 durchaus auch praktische Bedeutung besitzen kann.

2.4 Leistungsstörungen

Seiner Großzügigkeit wegen haftet der Schenker nur in Ausnahmefällen; auch bei mangelhafter Leistung wird er mit Samthandschuhen angefaßt. 840

Es gilt mehr oder weniger der Grundsatz: Einem geschenkten Gaul schaut man nicht ins Maul.

Nach § 521 hat der Schenker **nur Vorsatz und grobe Fahrlässigkeit** zu vertreten. Dies hat Bedeutung für die unmittelbare Erfüllung der im Schenkungsversprechen übernommenen Verpflichtungen,

19 AK-BGB-Däubler § 518 Rn 2; Esser-Weyers § 12 II

Verzug tritt bei Nichtleistung zu dem vorgesehenen Zeitpunkt nur ein, wenn jedenfalls grobe Fahrlässigkeit vorliegt

aber auch dann, wenn **Schutzpflichten** verletzt werden, die im Zusammenhang mit dem Gegenstand der Schenkung stehen.[20] Wird beispielsweise nicht ausreichend darauf aufmerksam gemacht, daß geschenktes Viehfutter nur dann unschädlich ist, wenn eine bestimmte Dosis nicht überschritten wird, so greift § 521 ein; dies gilt sogar für eine Haftung aus unerlaubter Handlung.[21] Lediglich für den Bereich der **Werbegeschenke** wird wegen deren fehlender Uneigennützigkeit eine Ausnahme erwogen.[22]

841 Hat der geschenkte Gegenstand einen **Sach- oder Rechtsmangel**, so haftet der Schenker nach den §§ 523 Abs. 1, 524 Abs. 1 nur bei **Arglist**. Dies gilt auch für Mangelfolgeschäden.[23]

Beispiel:[24] Die geschenkte Leiter hat eine morsche Sprosse; der Beschenkte erleidet deshalb einen Unfall. Ersatzanspruch nur, wenn der Schenker den Mangel arglistig verschwiegen hat. Ob man dies auch auf deliktische Haftung erstrecken kann, erscheint zweifelhaft; hier kommt allenfalls eine Haftungsmilderung im Sinne des § 521 in Betracht. Bei Werbegeschenken sollte auch diese entfallen.

2.5 Schenkung als prekärer Erwerbsgrund

842 Wer unentgeltlich, insbesondere durch Schenkung, erwirbt, kann weniger sicher als andere sein, auf Dauer Inhaber des übertragenen Gegenstands zu bleiben. Aus verschiedenen Anlässen kann eine Rückforderung drohen.

843 (1) Erwirbt der Schenker gutgläubig von einem Nichtberechtigten, so wirken die §§ 892ff., 932ff. auch zu seinen Gunsten. Allerdings kann der wahre Berechtigte nach **§ 816 Abs. 1 Satz 2** das unentgeltlich Erworbene als ungerechtfertigte Bereicherung herausverlangen.[25]

844 (2) War der Schenker zwar der Berechtigte, bestand ihm gegenüber jedoch ein Bereicherungsanspruch, so muß der **Beschenkte die Sache**

20 BGH JZ 1985, 383
21 BGH JZ 1985, 383 mit kritischer Anmerkung Stoll
22 S. Fn 21
23 Palandt-Putzo § 524 Rn 4
24 Gerhardt JuS 1970, 597, 600
25 Näher zu § 816 unten Kap. 15 unter 4.2 (Rn 1431)

nach § 822 an den Bereicherungsgläubiger **herausgeben**, sofern der Schenker nach § 818 Abs. 3 von seiner Verpflichtung freigeworden ist.

Beispiel: Dem K ist ohne rechtlichen Grund von V ein Kraftfahrzeug übereignet worden. K schenkt es dem S, wobei er nichts davon weiß, daß er in Wahrheit ohne Rechtsgrund erworben hat. Da K nicht mehr bereichert ist und deshalb nach § 818 Abs. 3 nichts mehr herauszugeben hat[26], kann nunmehr S in Anspruch genommen werden.

(3) Fällt der Schenker in **Konkurs**, so kann der Konkursverwalter nach 845
§ 32 KO alle unentgeltlichen Verfügungen «anfechten», die ein Jahr vor Konkurseröffnung vorgenommen wurden; war der Ehegatte der Begünstigte, erhöht sich die Frist auf zwei Jahre. **«Anfechtung»** bedeutet in diesem Falle etwas anderes als die Geltendmachung von Willensmängeln nach §§ 119 ff.; § 37 KO bestimmt vielmehr, daß die durch anfechtbare Handlung erworbenen Gegenstände in die Konkursmasse zurückzuerstatten sind. Eine entsprechende Regelung enthält § 3 des **Anfechtungsgesetzes** (Schönfelder Nr. 111), der dann eingreift, wenn außerhalb eines Konkursverfahrens eine Zwangsvollstreckung nicht zum Erfolg geführt hat.

(4) Fällt der Schenker zwar nicht in Konkurs, kommt er jedoch inso- 846
weit wirtschaftlich unter die Räder, daß sein angemessener Unterhalt oder die Erfüllung gesetzlicher Unterhaltspflichten gegenüber anderen Personen gefährdet sind, so hat er gegenüber einem noch nicht erfüllten Schenkungsversprechen nach § 519 die **Einrede des «Notbedarfs»**: Er muß nicht erfüllen, solange seine Notsituation andauert. Hat er bereits erfüllt, steht ihm nach § 528 Abs. 1 unter denselben Voraussetzungen ein **Rückforderungsanspruch** gegen den Beschenkten zu. Dieser ist nur dann ausgeschlossen, wenn der Schenker seine Bedürftigkeit vorsätzlich oder grob fahrlässig herbeigeführt hat oder wenn die Leistung des geschenkten Gegenstands mehr als 10 Jahre zurückliegt.

Das Rückforderungsrecht nach § 528 ist insbesondere deshalb von Bedeutung, weil es nach **Inanspruchnahme von Sozialhilfe** durch den Schenker nach § 90 BSHG auf den Sozialhilfeträger übergeht: Dieser hat typischerweise keine Skrupel, den Beschenkten in Anspruch zu nehmen.[27]

(5) Eine **Schenkung** kann schließlich nach § 530 **wegen «groben** 847

26 Dazu Bd. 1 Kap. 18 unter 2.5 (Rn 1637 ff.)
27 S. den Fall BGH NJW 1986, 1926

Undanks» widerrufen werden. Dies setzt voraus, daß gegenüber dem Schenker eine erhebliche Verfehlung begangen wird, die auf einer «tadelnswerten» Gesinnung beruht.[28] Derartiges liegt beispielsweise bei körperlicher Mißhandlung, aber auch dann vor, wenn die dem Schenker vorbehaltenen Rechte nicht eingeräumt oder systematisch unterlaufen werden.[29]

Beispiel: Die Mutter hatte ihrer verheirateten Tochter ihr Hausgrundstück geschenkt und sich ein unentgeltliches lebenslanges Wohnrecht im Erdgeschoß samt Recht auf Mitbenutzung des Gartens vorbehalten. Wegen Meinungsverschiedenheiten bei der Stromabrechnung schaltete die Tochter einen Anwalt ein, der die Mutter u. a. aufforderte, den Garten nicht mehr zu betreten, andernfalls drohe eine Strafanzeige wegen Hausfriedensbruchs. Außerdem holzte der Schwiegersohn sämtliche im Garten befindlichen Obstbäume ab. Grober Undank insbesondere deshalb, weil die Tochter sich von dem unangemessen scharfen Anwaltsschreiben hätte distanzieren müssen.[30]

848 Bei unentgeltlichen **Zuwendungen unter Ehegatten** ist zu differenzieren: Eine «unbenannte» Zuwendung im Rahmen der ehelichen Lebensgemeinschaft ist nur im Rahmen des Zugewinnausgleichs zu berücksichtigen; ein Widerruf wegen groben Undanks scheidet aus.[31] Lag eine Schenkung vor, so entscheiden die Gesamtumstände darüber, ob z. B. ein Ehebruch als «grober Undank» zu werten ist.[32]

2.6 Besondere Arten von Schenkungen

849 Keine Sonderregeln ergeben sich für Schenkungen, durch die ein bestimmtes Verhalten «belohnt» werden soll; ob das bestandene Examen oder der erstiegene Berggipfel zum Anlaß für eine Schenkung genommen wird, ist rechtlich ohne Bedeutung.[33]

850 Bei der **Schenkung unter Auflage** nach § 525 kann der Schenker verlangen, daß der Auflage entsprechend verfahren wird.

28 So zuletzt BGH NJW 1992, 183

29 BGH NJW 1993, 1577; BGH NJW 1992, 183

30 BGH NJW 1992, 183, 184

31 Nachweise bei Palandt-Putzo § 516 Rn 10. Zum Zugewinnausgleich s. unten Kap. 18 unter 4.1.3 (Rn 1594ff.)

32 BGHZ 91, 273, 278

33 Man spricht insoweit von einer «remuneratorischen Schenkung». Wurde der Schenker getäuscht (der Berg war gar nicht erstiegen worden), kann er selbstredend nach § 123 anfechten

Die Schenkung des Hausgrundstücks wird mit der Auflage versehen, jedes Jahr 1000 DM für den örtlichen Tierschutzverein zu spenden.

Erfüllt der Beschenkte seine Verpflichtungen nicht, kann das Geschenk nach § 527 Abs. 1 insoweit zurückverlangt werden, als es zur Vollziehung der Auflage hätte verwendet werden müssen.

Von der Schenkung unter Auflage ist die sog. **Zweckschenkung** zu 851 unterscheiden: Sie soll einem bestimmten Zweck dienen, ohne daß sich der Schenker einen Erfüllungsanspruch vorbehalten würde. Wird der Zweck verfehlt, besteht ein Rückforderungsanspruch nach § 812 Abs. 1 Satz 2 2. Alt.[34]

Beispiel aus wohlhabenden Kreisen: Der Sohn erhält von seinem Vater 50000 DM geschenkt, damit er damit an der Börse spekuliere und so einige Erfahrungen mit Wertpapieren gewinne. Der Sohn erweist sich jedoch als desinteressiert und kümmert sich lieber um die Organisation seiner Wohngemeinschaft. Wird nach einiger Zeit klar, daß sich an diesem Zustand nichts ändert, kann der Vater die 50000 DM zurückverlangen.

Auch **Spenden** an einzelne Organisationen sind «Zweckschenkun- 852 gen». Sie können zwar nicht wegen «groben Undanks» zurückverlangt werden, da nach der Rechtsprechung **juristische Personen** und andere Organisationen nicht «undankbar» sein können.[35] Möglich wäre jedoch, im Einzelfall «Zweckverfehlung» geltend zu machen, weil das Geld beispielsweise nicht für Kinder in Angola, sondern für ein Prunkauto des dortigen Tourismusministers ausgegeben wurde.[35a]

Wichtig ist, ob eine Schenkung im Einzelfall einer **«sittlichen** 853 **Pflicht»** oder einer **«auf den Anstand zu nehmenden Rücksicht»** entsprach. Beispiel ist der Unterhalt, den man an bedürftige Geschwister bezahlt, doch wird ein Entgelt für jahrelange Pflege erstaunlicherweise im Grundsatz nicht darunter subsumiert.[36] Liegen im Einzelfall die Voraussetzungen vor, so ist gemäß § 534 eine Rückforderung wegen Verarmung oder ein Widerruf wegen groben Undanks ausgeschlossen. Die Anfechtung im Konkurs und nach dem Anfechtungsgesetz erstreckt sich nicht auf **«gebräuchliche Gelegenheitsgeschenke»**, nimmt also gleichfalls einen Teil der hier erfaßten Vor-

34 Esser-Weyers § 12 IV 1
35 OLG Düsseldorf NJW 1966, 550
35a Zur Problematik des Spendenbetrugs s. Deutscher-Körner JuS 1996, 296
36 BGH NJW 1986, 1926, 1927. Eine Ausnahme wird nur dann gemacht, wenn die Pflegeperson schwerwiegende persönliche Opfer bringt und deshalb selbst in eine Notlage gerät

gänge aus. Lediglich die §§ 816 Abs. 1 Satz 2 und 822 machen insoweit zwischen verschiedenen Formen von Schenkungen keinen Unterschied.

854 Für die Schenkung auf den Todesfall gelten Sonderregeln, auf die im Rahmen des Erbrechts einzugehen ist.[37]

2.7 Die «gemischte Schenkung»

855 Nicht selten werden Gegenstände in der Form übertragen, daß sie der Empfänger zu einem weit unter dem Marktpreis liegenden Entgelt erhält. Geschieht dies bewußt und sind sich die Beteiligten darüber einig, daß der **Gegenstand «halb geschenkt»** sein soll, liegt eine «gemischte Schenkung» vor.

Das Grundstück hat einen Wert von 1 Mio DM, die Eltern übertragen es ihrem Sohn für 300000 DM.

856 Fehlt eine beabsichtigte «Freigebigkeit», ist angesichts des Mißverhältnisses von Leistung und Gegenleistung immer zu prüfen, ob nicht ein Fall des Wuchers oder des wucherähnlichen Geschäfts vorliegt.[38]

War Käufer nicht der Sohn, sondern ein großes Immobilienunternehmen, und Verkäufer ein älteres, wenig geschäftserfahrenes Ehepaar, so würde ein solcher Schluß naheliegen.

857 Wird eine Leistung in Form einer gemischten Schenkung versprochen, aber nicht sogleich erbracht, so greift die **Formvorschrift des § 518** ein.[39] Geht es um eine Rückforderung wegen Verarmung oder groben Undanks, ist zu differenzieren: Überwiegt der Schenkungscharakter, ist der Gegenstand gegen Rückerstattung des bezahlten Entgelts zurückzugewähren.[40] Stand umgekehrt das Entgelt im Vordergrund, kann lediglich dessen Erhöhung auf den Marktpreis verlangt werden.[41]

Wird, wie im obigen Beispiel, ein Grundstück mit einem Wert von 1 Mio. DM für 300000 DM übertragen, ist es gegen Erstattung dieses Betrages zurückzugewähren. Betrug der Preis dagegen 700000 DM, ist lediglich eine Aufstockung um 300000 DM möglich.

---

37 Dazu unten Kap. 26 unter 3 (Rn 2022 ff.)
38 Dazu Bd. 1 Kap. 15 unter 3.2.2 (Rn 1348 ff.)
39 Palandt-Putzo § 516 Rn 15. Zu § 518 s. oben 2.3 (Rn 838 f.)
40 BGHZ 30, 120 = NJW 1959, 1363; BGH NJW 1972, 248
41 S. Fn 40

Bei **Gewährleistungsrechten** ist sinnvollerweise zu differenzieren: In bezug auf den Wertanteil der Schenkung gelten die (im Grunde uninteressanten) §§ 523, 524[42], bezüglich des entgeltlichen Teils wird in der Regel auf Kaufrecht zurückzugreifen sein.[43] Dies bedeutet, daß Minderung und Schadensersatz nach §§ 462, 463 nur auf das Entgelt zu beziehen sind, während umgekehrt die Wandelung sich notwendigerweise auf den gesamten Vertragsgegenstand erstrecken muß und daher nur dann in Betracht kommt, wenn der entgeltliche Charakter des Geschäfts überwiegt.[44] 858

Wird im Rahmen anderer Bestimmungen darauf abgestellt, ob dem Empfänger eine Leistung «unentgeltlich» zugeflossen ist, so ist lediglich auf den unentgeltlichen Teil abzustellen.[45] 859

3 Geschäftsführung ohne Auftrag

3.1 Das gesetzliche Grundmodell: Die «berechtigte» Geschäftsführung ohne Auftrag (GoA)

3.1.1 Voraussetzungen

Das BGB geht in den §§ 677ff. von Sachverhalten aus, wie sie eingangs[46] am Beispiel des hilfsbereiten Nachbarn dargesetllt wurden. Danach entsteht ein **gesetzliches Schuldverhältnis** zwischen dem **«Geschäftsführer»** (d. h. dem Aktivitäten Entfaltenden) und dem **«Geschäftsherrn»** (dem diese Aktivitäten zugute kommen). Vier Vorausetzungen müssen vorliegen: 860

42 Dazu oben 2.4 (Rn 841)

43 Dazu Kap. 1 unter 4 (Rn 39ff.)

44 Etwas abweichend Palandt-Putzo § 516 Rn 17

45 So BGH NJW 1992, 2566 für die Hinzurechnung von Schenkungen zum Anfangsvermögen bei der Zugewinngemeinschaft – dazu unten Kap. 18 unter 4.1.3.2. Zum ähnlich liegenden Problem bei der Pflichtteilsergänzung s. Kap. 25 unter 4. Auch die Konkursanfechtung kann sich nur auf den unentgeltlichen Teil beziehen, es sei denn, es habe eine Absicht zur Gläubigerbenachteiligung vorgelegen, was dann einen zusätzlichen Anfechtungsgrund auslöst

46 Oben 1 (Rn 826)

861 (1) Es muß sich um ein **«okjektiv fremdes» Geschäft** handeln. Dabei kommt es nicht darauf an, ob es sich um ein rein tatsächliches Verhalten oder den Abschluß eines Rechtsgeschäfts handelt.

Ein objektiv fremdes Geschäft, nämlich das des Nachbarn, wird sowohl dann geführt, wenn man in sein Haus einsteigt und dort das Feuer löscht, wie auch dann, wenn man die Feuerwehr oder einen sachkundigen Handwerker alarmiert und mit ihm einen Vertrag abschließt.

Wann ein Geschäft «fremd» ist, wirft viele Zweifelsfragen auf. Was in den «Rechtskreis» eines anderen gehört, soll «fremd» sein[47] – somit ist Fürsorge für Sachen, die im Eigentum eines anderen stehen, sicherlich erfaßt. Kein Zweifel besteht auch daran, daß ein fremdes Geschäft tätigt, wer die Schulden eines anderen bezahlt oder dessen Kinder wegen eines Unwetters vorübergehend bei sich aufnimmt.

862 (2) Der Intervenierende muß weiter mit **«Fremdgeschäftsführungswillen»** handeln, d. h. bewußt die Angelegenheit eines anderen erledigen wollen.[48] Liegt ein objektiv fremdes Geschäft vor, wird ein **entsprechender Wille** des Handelnden **vermutet**[49]; ein Gegenbeweis dürfte schwer möglich sein.[50] Keine Rolle spielt, ob sich der Geschäftsführer über die Person des Geschäftsherrn irrte, beispielsweise das leerstehende Nachbarhaus einem anderen als dem wirklichen Eigentümer zuschrieb; nach § 686 entsteht das gesetzliche Schuldverhältnis zu dem wirklichen Berechtigten, in dessen Bereich das Geschäft vorgenommen wurde. Man kann insoweit von einer **«Geschäftsführung für den, den es angeht»** sprechen.

863 (3) Die Tätigkeit des Geschäftsführers muß **dem «Interesse» des Geschäftsherrn** dienen. Dies ist dann der Fall, wenn es für ihn objektiv nützlich ist.[51]

864 (4) Die Vornahme des Geschäfts muß **dem wirklichen oder mutmaßlichen Willen des Geschäftsherrn entsprechen**. In erster Linie kommt es auf den tatsächlichen Willen an, soweit dieser feststellbar ist. In solchen Fällen ist dann allerdings immer die Frage zu stellen, ob nicht ein Auftrag oder ein anderes Vertragsverhältnis zustande gekom-

---

47 BGHZ 54, 160

48 Fehlt es daran, liegt irrtümliche Eigengeschäftsführung vor, so daß die Regeln der Geschäftsführung ohne Auftrag gemäß § 687 Abs. 1 keine Anwendung finden. Näher unten 3.5 (Rn 886)

49 BGHZ 40, 28, 31; 65, 354, 357

50 Esser-Weyers § 46 II 2c

51 BGHZ 16, 12, 16

men ist. Muß man mangels ausreichender Anhaltspunkte für den wirklichen auf den mutmaßlichen Willen abstellen, so findet gleichfalls eine **Vermutungsregel** Anwendung: Wenn das Geschäft dem Geschäftsherrn Nutzen bringt, ist bis zum Beweis des Gegenteils davon auszugehen, daß es auch seinem **mutmaßlichen Willen** entspricht.[52]

Da das Löschen eines Brandes für den Eigentümer nützlich ist, unterstellt man auch sein Einverständnis.

Nach § 679 ist sein **Widerspruch** allerdings **unbeachtlich**, wenn es 865
um eine Pflicht des Geschäftsherrn geht, deren Erfüllung im öffentlichen Interesse liegt, oder wenn es sich um eine Unterhaltspflicht handelt.

Beispiele: Der Eigentümer hatte vor seiner Abreise erklärt, wenn es brenne, solle man sich nicht darum kümmern. Er habe eine gute Feuerversicherung und das Haus sei sowieso reparaturanfällig; ein Neubau sei da bei weitem die bessere Lösung. Unbeachtlich; das Löschen eines Hauses liegt im öffentlichen Interesse.

Der Vater verweigert dem 21jährigen Sohn den Unterhalt, weil er der Auffassung ist, ein anständiger Mensch dürfe nicht «Paragraphenklempner» werden. Der Onkel des Sohnes zahlt freiwillig dem Studenten im Monat 1200 DM; es liegen die Voraussetzungen einer GoA vor, weil die Erklärung des Vaters nach § 679 unbeachtlich ist.

Umstritten ist die Frage, ob auch der **Wille eines Selbstmörders** un- 866
beachtlich ist.[53] Ob die Freiheit zur Disposition über das eigene Leben anzuerkennen oder letztlich als gegen das öffentliche Interesse verstoßend außer Betracht zu bleiben hat, kann hier dahinstehen: Der Lebensretter ist automatisch unfallversichert[54], was jedenfalls für mögliche Schäden in seiner Person eine Sonderregelung in der Weise darstellt, daß das Risiko von der Unfallversicherung zu tragen ist. Ein Rückgriff gegen den Selbstmörder oder seine Erben scheidet nach dem Sinn der Regelung aus. Ansprüche kommen daher nur in bezug auf Sachschäden in Betracht; insoweit spricht mehr für als gegen eine Anwendung des § 679.

(5) Zu den vier «positiven» muß eine **«negative» Bedingung** hin- 867
zukommen: Die Vorschriften über die GoA greifen nicht ein, wenn das Verhältnis zwischen Geschäftsführer und Geschäftsherrn **vertrag-**

52 BGHZ 47, 340, 347; BGH NJW 1971, 609, 612
53 S. die Nachweise bei Palandt-Thomas § 679 Rn 6
54 §§ 639 Abs. 1 Nr. 9, 765 a RVO

lich geregelt ist; dann liegt keine Geschäftsführung «ohne Auftrag» vor. Andernfalls könnten vertragliche Risikoverteilungen weitgehend überspielt werden.

Beispiel: Nach § 651 c Abs. 3 kann der Reisende selbst Abhilfe schaffen, sich etwa ein dem Vertrag entsprechendes Hotelzimmer mieten, wenn der Reiseveranstalter trotz Benennung des Reisemangels nach Ablauf einer angemessenen Frist keine Abhilfe geschaffen hat. Der Reisende könnte nun auf die Idee kommen, sich auch ohne Fristsetzung selbst zu helfen: Bei der «Abhilfe» gehe es um ein fremdes, d. h. dem Reiseveranstalter zuzuordnendes Geschäft, so daß durchaus ein Fall der GoA vorliegen würde. Die besonderen Voraussetzungen nach § 651 c dürfen jedoch nicht umgangen werden; GoA-Regeln greifen nicht ein.

868 Ist eine **vertragliche Abmachung unwirksam** und ist dies dem Handelnden auch bekannt, können dagegen die §§ 677 ff. durchaus eingreifen.[55]

Beispiel: Der Leasinggeber hat im Vertrag mit dem Leasingnehmer jede Gewährleistung ausgeschlossen. Der Leasingnehmer hält sich an den Lieferanten, was Kosten verursacht, weil dieser in Konkurs fällt und so die Prozeßkosten am Leasingnehmer «hängenbleiben». Nach der Rechtsprechung[56] kann er sie als «Geschäftsführer» vom Leasinggeber ersetzt verlangen.

3.1.2 Rechtsfolgen

869 Sind die Voraussetzungen einer GoA erfüllt, entsteht zwischen Geschäftsführer und Geschäftsherrn ein **gesetzliches Schuldverhältnis**, dessen Inhalt sich primär nach den §§ 677 ff., notfalls nach allgemeinem Schuldrecht bestimmt.

870 Der Geschäftsführer hat nach § 677 im Rahmen des Möglichen auf das Interesse des Geschäftsherrn und auf dessen Willen Rücksicht zu nehmen und im übrigen die im Verkehr erforderliche Sorgfalt zu beachten. Verletzt er diese Pflichten, muß er **Schadensersatz** bezahlen. Dies erscheint dann ungerecht, wenn nicht viel Zeit zum Überlegen bleibt: Wer einen Ertrinkenden aus dem Wasser retten will, wird nicht erst alle denkbaren Sorgfaltsanforderungen im Sinne der höchstrichterlichen Rechtsprechung vor seinem geistigen Auge vorbeiziehen lassen, um dann nach sorgfältiger Beobachtung der Strömung nicht weiter als erforderlich ins Wasser einzutauchen. Der Gesetzgeber hat hier ein Einsehen: Nach § 680 hat der Geschäftsführer

55 Palandt-Thomas § 677 Rn 11
56 BGH NJW 1994, 579

nur Vorsatz und **grobe Fahrlässigkeit** zu vertreten, wenn es um die Abwendung einer dem Geschäftsherrn drohenden **dringenden Gefahr** geht.

§ 681 umschreibt die wichtigsten **Nebenpflichten des Geschäftsführers**, wobei auf die für das **Auftragsrecht** geltenden §§ 666–668 verwiesen wird. Diese Vorschriften sind bereits im Rahmen des Geschäftsbesorgungsvertrags kurz skizziert worden[57], der dieselben Vorschriften in bezug nimmt. 871

Während der Ferien hat der A ein Paket für seinen Nachbarn N entgegengenommen, das andernfalls an den Absender zurückgegangen wäre. Kommt der Nachbar zurück, kann er selbstredend das Paket herausverlangen. Rechtsgrundlage ist § 681 Satz 2 iVm § 667

Die größte praktische Bedeutung hat der «**Aufwendungsersatz**», 872 den der Geschäftsführer nach § 683 verlangen kann.[58] Insoweit gelten dieselben Grundsätze wie im Rahmen des Geschäftsbesorgungsvertrags, so daß auf die dortigen Ausführungen verwiesen werden kann.[59] Eine Besonderheit besteht nur insoweit, als der Geschäftsführer vom Geschäftsherrn verlangen kann, die von ihm als Vertreter ohne Vertretungsmacht abgeschlossenen **Rechtsgeschäfte** zu **genehmigen**:[60] Dies ist eine sehr viel wirksamere Befreiung von Aufwendungen als wenn der Geschäftsführer selbst Vertragspartner wäre und seine Unkosten dann beim Geschäftsherrn liquidieren könnte.

Der hilfsbereite A hat einen Handwerker geholt, der den Wasserrohrbruch beim Nachbarn beseitigt. Er sollte nicht als Vertreter ohne Vertretungsmacht nach § 179 Abs. 1 haften und den verauslagten Betrag vom Nachbarn ersetzt verlangen können, da er dann das Risiko der wegfallenden Zahlungsfähigkeit und Zahlungswilligkeit des Nachbarn trägt. Bei einer Genehmigung würde dieser selbst Vertragspartner.

Hat der Geschäftsführer infolge Unachtsamkeit **zu hohe Aufwendungen** gemacht, kann er sie insoweit nicht ersetzt verlangen. Bei dringender Gefahr ist allerdings **§ 680 entsprechend** anzuwenden, so daß ihm nur der Zusatzaufwand verbleibt, den er vorsätzlich oder grob fahrlässig verursacht hat.[61] 873

57 Oben Kap. 4 unter 4.3 (Rn 666 ff.)
58 Esser-Weyers § 46 II 4c: Mit großem Abstand häufigster Gegenstand von Prozessen
59 Oben Kap. 4 unter 4.4 (Rn 669 ff.)
60 Esser-Weyers § 46 II 4c; für Anspruch auf Genehmigung (nur) in Notfällen BGH LM Nr. 1 zu § 177 BGB
61 BGHZ 43, 188, 194

3.2 Probleme des Anwendungsbereichs

874 In der gerichtlichen Praxis spielen Ansprüche hilfsbereiter Mitmenschen eine relativ untergeordnete Rolle. Dies heißt nicht, daß sie nicht existieren würden, doch kann man damit rechnen, daß in solchen Fällen meist eine einvernehmliche Lösung gefunden wird. Umstritten ist jedoch, ob und in welchem Umfang die Regeln über GoA auch in anderen, weniger eindeutig gelagerten Fällen anwendbar sind. Insoweit spielt die bereits kurz angeschnittene Frage eine Rolle, unter welchen Voraussetzungen man wirklich von einem «fremden» Geschäft sprechen kann. Dabei sind zwei Fallgruppen zu unterscheiden.

3.2.1 «Fremdes» Geschäft trotz eigener Pflicht des Geschäftsherrn?

875 Der Geschäftsführer kann durch Vertrag mit einem Dritten verpflichtet sein, im konkreten Fall einzugreifen.

Das Abschleppunternehmen hat einen Vertrag mit der Polizei, aufgrund dessen es zum Abschleppen liegengebliebener Fahrzeuge verpflichtet ist.

In einem solchen Fall wird **auch** ein eigenes Geschäft, nämlich die Erfüllung der vertraglichen Verpflichtungen geführt. Nach der Rechtsprechung[62] ist dies für das **Eingreifen der Regeln über die GoA** ohne Bedeutung. Der «Mischcharakter» soll nicht einmal die zugunsten des Fremdgeschäftsführungswillens sprechende Vermutung erschüttern.[63] Dies ist alles andere als überzeugend: Warum soll der Abschleppunternehmer nicht nur sein vertraglich vereinbartes Entgelt erhalten, sondern auch noch Aufwendungsersatz vom Eigentümer des liegengebliebenen Fahrzeugs verlangen können? Der Sache nach liegt hier eine öffentlich-rechtliche Sonderbeziehung Polizei-Bürger vor, die den Bürger in der Regel dem Staat gegenüber kostenpflichtig macht. Die Tatsache, daß die Polizei nicht mit eigenen Fahrzeugen auftritt, sondern einen Privatunternehmer einschaltet, kann daran nichts ändern. Anders liegt die Situation dann, wenn es an einer solchen Sonderregelung fehlt: Wer den eigenen **Wagen in den Graben** fährt und dadurch schwer beschädigt, um einen Unfall zu vermeiden,

62 BGHZ 65, 354, 356
63 BGHZ 98, 235, 240

besorgt damit zugleich ein **Geschäft des potentiellen Unfallopfers** und hat im Grundsatz Anspruch auf Aufwendungsersatz.[64]

Bei der Höhe ist allerdings zu berücksichtigen, wie die Gefahrensituation entstanden ist; lag für den Fahrer ein unabwendbares Ereignis vor und konnte auch das Opfer nicht anders handeln, sind die Unkosten zu teilen.[65]

3.2.2 Das sogenannte neutrale Geschäft

Denkbar ist weiter die Vornahme eines Geschäfts, dessen **Zuordnung** 876
zu einem bestimmten «Rechtskreis» offen ist. Man spricht insoweit von «neutralen» Geschäften.

Der Omnibusunternehmer schließt eine Insassenunfallversicherung ab.

Hier ist eine unterschiedliche Zuordnung möglich.

Der Omnibusunternehmer will sein eigenes Risiko begrenzen. Aber auch: Der Omnibusunternehmer will dem angestellten Fahrer das Risiko abnehmen. Oder: Es geht um eine Absicherung der Fahrgäste, deren Unfallrisiko von der wirtschaftlichen Seite her deutlich vermindert wird.

In solchen Fällen entscheidet die **subjektive Willensrichtung** dar- 877
über, ob überhaupt ein fremdes Geschäft geführt wird; diese ist im Einzelfall zu belegen und kann mangels ausreichender Grundlage in den Fakten nicht vermutet werden.[66] Auch hier ist darauf Bedacht zu nehmen, die GoA nicht zu einem beliebig einsetzbaren Instrument der Risikoverlagerung zu machen.[67]

Nimmt man GoA an, heißt dies zugleich, daß der als Geschäftsherr Angesehene Aufwendungsersatz nach §§ 683, 670 leisten muß, der Schaden also letztlich an ihm hängenbleibt.

Auch die Fälle einer sog. unechten Gesamtschuld sollten nicht auf diesem Wege gelöst werden.[68]

---

64 Grundlegend BGHZ 38, 270, 275
65 So BGHZ 38, 270, 277
66 BGHZ 40, 28, 31; BGH NJW 1982, 875
67 Zutreffend Esser–Weyers § 46 II 2 d
68 Dazu näher Bd. 1 Kap. 19 unter 6.2.4 und 6.2.5 (Rn 1761 ff.)

3.3 Unberechtigte GoA

878 Liegt zwar ein fremdes Geschäft vor und war sich der Geschäftsführer dessen auch bewußt, so kann gleichwohl der Fall eintreten, daß die Geschäftsführung **gegen** das **Interesse** oder den **Willen des Geschäftsherrn** verstieß.

Im Sinne der obigen Aufstellung fehlt daher entweder die Voraussetzung (3) oder die Voraussetzung (4).

In solchen Fällen spricht man von einer unberechtigten GoA, die im Gesetz nur eine sehr knappe Regelung erfahren hat.

879 – Nach § 678 haftet der Geschäftsführer **auch ohne Verschulden** auf **Schadensersatz**, wenn er zumindest erkennen mußte, daß die Geschäftsführung entweder nicht dem Interesse oder nicht dem Willen des Geschäftsherrn entsprach.

880 – Nach § 684 Satz 1 kann der Geschäftsführer im Unterschied zu § 683 **keinen Aufwendungsersatz** verlangen. Vielmehr kann er vom Geschäftsherrn nur den Betrag fordern, um den dieser **bereichert** ist.[69]

– Soweit der Geschäftsführer durch die Geschäftsführung selbst etwas erlangt, muß er dieses nach Bereicherungsgrundsätzen herausgeben, soweit er nicht nach Deliktsrecht weitergehend haftet.

881 Der A ärgert sich über die Vorgartenzwerge seines Nachbarn, an denen er immer vorbeigehen muß. Während der Nachbar in Urlaub ist, betritt er das Nachbargrundstück und versetzt sie in eine Ecke, die von außen nicht einsehbar ist. Ein besonders schönes Exemplar nimmt er mit und zeigt es seinen Besuchern als Beispiel für die Geschmacksverirrungen seines Nachbarn. Er haftet nicht nur nach § 678 für Schäden im Garten des Nachbarn oder an dessen Zwergen, sondern muß auch das mitgenommene Stück nach § 812 wieder herausgeben. Daneben stünde ein Anspruch des Nachbarn aus § 985 und aus § 823 Abs. 1.

882 – Der Geschäftsherr hat nach § 684 Satz 2 die Möglichkeit, die **Geschäftsführung zu genehmigen**. In diesem Fall wird diese nachträglich zu einer «berechtigten»; dem Geschäftsführer steht Aufwendungsersatz nach §§ 683, 670 zu.

---

69 In § 684 Satz 1 handelt es sich um eine sog. Rechtsfolgenverweisung; allein die Rechtsfolgen bestimmen sich nach den §§ 818 ff., die Voraussetzungen einer ungerechtfertigten Bereicherung (etwa nach einer der Varianten des § 812) müssen nicht vorliegen: Esser-Weyers § 46 III 2 b; MüKo-Seiler § 684 Rn 3; Palandt-Thomas § 684 Rn 1

3.4 Unechte GoA

Im Gesetz geregelt ist schließlich auch der Fall, daß der Geschäftsführer ein **objektiv fremdes Geschäft bewußt als eigenes** wahrnimmt (§ 687 Abs. 2). 883

Es fehlt also schon am «Fremdgeschäftsführungswillen», also an der obengenannten Voraussetzung (2).

Beispiel: Ein Verfasser juristischer Lerntexte nennt sein Produkt «Das Allerbeste vom BGB» und setzt eine Glühbirne auf den Umschlag, die nach allen Seiten strahlt und die das dem Leser aufgehende Licht symbolisieren soll. Da es einen Verlag mit ähnlicher Präsentation seiner Werke bereits gibt, liegt ein objektiv fremdes Geschäft vor, das hier für eigene Zwecke ausgenutzt wird.

Der Geschäftsherr kann nach § 687 Abs. 2 in solchen Fällen insbesondere den verschuldensunabhängigen Schadensersatz nach § 678 sowie die **Herausgabe des Erlangten** verlangen (§§ 687 Abs. 2 Satz 1, 681, Satz 2, 667 – lesen!). Dies ist dann von besonderer Bedeutung, wenn der Rechtsinhaber einen entsprechenden Gewinn gar nicht gemacht hätte oder ihn jedenfalls nicht beweisen könnte. 884

Der richtige Verlag hätte Schwierigkeiten, dem Imitator nachzuweisen, daß seine Käufer auch das Originalprodukt gekauft hätten.

Der Geschäftsführer kann seinerseits **Aufwendungsersatz** nur im Rahmen des § 684 Satz 1, also wie bei unberechtigter GoA verlangen.[70] Systematisch gehört § 687 Abs. 2 in den Bereich des Schutzes subjektiver Rechte.[71] 885

3.5 Irrtümliche Eigengeschäftsführung

Nimmt jemand objektiv ein fremdes Geschäft wahr, ist er sich dessen jedoch nicht bewußt, so finden nach § 687 Abs. 1 die Regeln über die GoA keine Anwendung. 886

Infolge einer Namensverwechslung erhält der A die für A 1 bestimmte Rechnung über 100 DM. Vielbeschäftigt, wie er ist, bezahlt er sie, weil er meint, selbst verpflichtet zu sein. Wird die Sache aufgedeckt, hat er einen Bereicherungsanspruch gegen den Empfänger seiner Leistung, kann jedoch nicht etwa vom wirklichen Schuldner Aufwendungsersatz verlangen.

---

70 Dazu oben 3.3 (Rn 880)

71 Dazu unten Kap. 15 unter 4 (Rn 1423 ff.)

4 Auslobung und Preisausschreiben

887 Eine spezifische Art der «Belohnung» ohne wirkliche Gegenleistung hat die Auslobung nach § 657 zum Gegenstand: Der Auslobende verspricht für die Vornahme einer Handlung, insbesondere **für die Herbeiführung eines Erfolges**, eine bestimmte **Leistung**. Dies muß durch öffentliche Bekanntmachung geschehen.

Deshalb ist es keine «Auslobung», wenn der Fan seiner Eishockeymannschaft 20000 DM verspricht, wenn sie den Klassenerhalt schafft.[72]

Daß es sich um eine einseitige (und damit nicht vertragliche) Verbindlichkeit handelt, ist schon an anderer Stelle betont worden.[73] Nehmen mehrere Personen die erwünschte Handlung vor, so ist der versprochene Betrag aufzuteilen; bei unteilbaren Leistungen entscheidet das Los (§ 659).

Dem A ist die Katze entlaufen. Durch Aushang in einem Supermarkt verspricht er demjenigen 100 DM, der sie zurückbringt. Wird sie von zwei Kindern gebracht, haben diese jeweils Anspruch auf 50 DM. Auf die Geschäftsfähigkeit kommt es nicht an.[74]

888 Das **Preisausschreiben** ist in der Regel darauf gerichtet, als einer von vielen in die nähere Auswahl für die Zuteilung der in Aussicht gestellten Leistung zu kommen. Insbesondere bei öffentlichen Ausschreibungen ergeben sich Probleme der Chancengleichheit.[75] Eine gerichtliche Überprüfung ist allerdings in der Regel nur bei schweren Verfahrensmängeln möglich.[76]

---

72 So (leider mit Recht) OLG München NJW 1983, 759
73 S. Bd. 1 Kap. 8 unter 2.1 (Rn 521)
74 Esser-Weyers § 37, 3
75 Dazu BGH NJW 1984, 1118
76 Esser-Weyers § 37, 5

TEIL II RECHT DER UNERLAUBTEN HANDLUNG

KAPITEL 7: Grundprobleme des Rechtsgüterschutzes

1 Vertragsrecht – Strafrecht – Deliktsrecht

Wie schon in Band 1 Kap. 6 im einzelnen dargelegt, sind **der einzelnen Person bestimmte «Rechtsgüter» zugeordnet**. Sie betreffen einmal die Person (Leben, Gesundheit, allgemeines Persönlichkeitsrecht usw.), zum anderen Vermögensgegenstände wie Eigentum, Pfandrechte, Urheberrechte u. ä. Diese Rechtsgüter sind zu einem beträchtlichen Teil «vermarktbar» [1] und können daher Gegenstand von Verträgen sein. Welche Rechtsfragen damit im einzelnen verbunden sind, ist eingehend behandelt worden. 889

Rechtsverhältnisse entstehen jedoch nicht nur im Rahmen eines Marktes. Die genannten Rechtsgüter des einzelnen besitzen vielmehr auch einen **«Integritätsschutz»** in dem Sinne, daß sie niemand verletzen darf. Insoweit existieren für andere allgemeine Verhaltenspflichten, deren Nichtbefolgung Sanktionen auslöst. 890

Beispiel: Man darf andere Leute nicht tätlich angreifen oder ihr Ansehen bei Dritten dadurch herabsetzen, daß man sie als «Waschlappen» oder «Ossi-Trottel» bezeichnet.

Soweit **elementare Verhaltensregeln** betroffen sind, greift das **Strafrecht** ein, weil ein öffentliches Interesse daran besteht, daß sich Mitbürger nicht wechselseitig verprügeln oder verunglimpfen. 891

---

1 Zu den wichtigen Ausnahmen s. Bd. 1 Kap. 7 (Rn 463 ff.)

Der tätliche Angriff ist deshalb eine Körperverletzung nach § 223 StGB, der «Waschlappen» und «Ossi-Trottel» erfüllt die Vorausetzungen einer Beleidigung nach § 185 StGB.

892 Unabhängig vom Strafrecht sieht aber auch das **Zivilrecht** einen **«allgemeinen Rechtsgüterschutz»** vor. Man muß also nicht den Staatsanwalt bemühen, wenn eigene Rechtsgüter verletzt werden; man kann sich auch damit begnügen, Schadensersatz zu verlangen.

Ein anderer hat leichtfertig mein Auto beschädigt, indem er beim Überholen zu früh einscherte und so eine Kollision verursachte. Mich interessiert überhaupt nicht, ob er sich einer Straßenverkehrsgefährdung im Sinne des § 315 c StGB schuldig gemacht hat. Vielmehr kommt es mir allein darauf an, einen Ausgleich für mein kaputtes Fahrzeug zu bekommen.

Wichtig ist, daß nur ein kleiner Teil der Pflichten, die Rechtsgüter anderer zu respektieren, im Verletzungsfalle das Strafrecht auf den Plan ruft; **im Regelfall** (d. h. bei den weniger elementaren Verstößen) greifen **nur zivilrechtliche Sanktionen** ein.

Die fahrlässige Sachbeschädigung ist beispielsweise nicht strafbar, verpflichtet aber sehr wohl nach § 823 Abs. 1 zum Schadensersatz.

893 Der Teil des Zivilrechts, der sich mit diesem allgemeinen Rechtsgüterschutz befaßt, wird üblicherweise **«Deliktsrecht»** oder «Recht der unerlaubten Handlung» genannt. Dies ist ein wenig mißverständlich, da die Worte auf schuldhaftes Verhalten verweisen, das geltende Recht jedoch auch zahlreiche Fälle einer verschuldensunabhängigen Haftung kennt. Dennoch haben sich die Bezeichnungen eingebürgert und sollen deshalb auch hier Verwendung finden.

2 Rechtsgüterverletzung als (unvermeidbarer) Tatbestand

Beim Zusammenleben der Menschen scheint es unvermeidbar zu sein, 894
daß Rechtsgüter anderer geschädigt werden. Um mit dem Spektakulärsten zu beginnen: Im Jahre 1992 wurden in der Bundesrepublik insgesamt **2384579 Unfälle im Straßenverkehr** von der Polizei erfaßt.[2] Dabei gab es **10631 Tote** und 516797 Verletzte. Die Aufwendungen für Schadensersatz beliefen sich auf 18,3 Mrd. DM.

Die Zahl der Getöteten ist langfristig in etwa konstant. Wir leisten es uns jedes Jahr, die Bevölkerung einer Kleinstadt auszurotten, um eine «mobile Gesellschaft» sein zu können.

Eine vergleichbare Dimension haben **Arbeitsunfälle**, die sich nach 895
Angaben der Bundesregierung im Jahr 1992 auf 2331618 beliefen.[3]

Dazu zählten 262196 Wegeunfälle, d. h. solche Unfälle, die sich auf dem Weg von der Wohnung zur Arbeit und zurück ereignet hatten. Sie gehören in den Bereich der Unfälle im Straßenverkehr und sind deshalb doppelt erfaßt.

Die Zahl der tödlichen Unfälle belief sich «nur» auf 2662, wovon 1223 zudem auf den Weg zur Arbeit und zurück entfielen.[4] Im Betrieb ist man also sehr viel sicherer als auf der Straße.

Unfälle sind der wichtigste, aber keineswegs der einzige Anwen- 896
dungsfall des Deliktsrechts. Im Rahmen von **Dienstleistungen** kann **fehlerhaftes Verhalten** zu erheblichen Einbußen an Rechtsgütern führen: Der Arzt, der bei der Behandlung einen groben Fehler macht, oder der Softwareverkäufer, der einen «Virus» mitliefert, mögen hier als Beispiel stehen. Viel Aufmerksamkeit hat die **Zulässigkeit öffentlicher Kritik** an Personen oder gewerblichen Leistungen erfahren: Ist es zulässig, einem Politiker zu unterstellen, er «gehe über Leichen», oder darf vor einem Arzneimittel mit der Begründung gewarnt werden, es führe zu Apathie und langfristigem Gedächtnisschwund? Schließlich ergeben sich Konflikte in der unmittelbaren Lebenswelt des einzelnen, die von der Schlägerei im Wirtshaus bis zum gewaltsamen Hinauswurf durch den Vermieter reichen können.

2 Kötz Rn 207, auch zum folgenden
3 BT-Drucksache 12/6429, S. 2
4 BT-Drucksache 12/6429, S. 2

897 Ob bei all diesen Rechtsgüterverletzungen der Verursacher zur «Wiedergutmachung» oder zu anderen Leistungen verpflichtet wird, ist die zentrale Regelungsfrage des Deliktsrechts. Dabei ist allerdings vor einer totalen Fixierung auf die Rechtsfolge «Schadensersatz» zu warnen. Auch der vorbeugende Schutz gegen drohende Verletzungen kann wichtig sein, und außerdem muß man sich eventuell eine fortdauernde Beeinträchtigung seiner Rechte nicht gefallen lassen, auch wenn den Eingreifenden keine Schuld trifft.

Das «Oberschwäbische Tagblatt» schreibt, Mitbürger B sei in finanziellen Schwierigkeiten. In Wirklichkeit stimmt dies nicht, und B möchte deshalb diese Meldung wieder aus der Welt schaffen, weil sie seiner Kreditwürdigkeit schadet. Die Zeitung beruft sich darauf, sie hätte sowohl von einer Auskunftei wie von einer Bank eine entsprechende Information erhalten. Da sie sorgfältig recherchiert hat, ist ihr kein Vorwurf zu machen; dennoch muß sie die fortdauernde Beeinträchtigung des (wirtschaftlichen) Ansehens des B wieder beseitigen.

3 Der sparsame Umgang mit der Haftung im BGB 1896

898 Das BGB geht im Anschluß an das Römische Recht von dem Grundsatz **«casum sentit dominus»** aus (wörtlich: Den Zufall bekommt der Eigentümer zu spüren, oder freier: Wem ein Gut zusteht, der muß den Schaden tragen). Jeder Mensch trägt ein **«allgemeines Lebensrisiko»**[5], das sich dadurch verwirklichen kann, daß man z. B. die Treppe hinunterstürzt oder in einen Verkehrsunfall verwickelt wird. Daß ein anderer für den Schaden aufkommen muß, ist bei dieser Sicht die begründungsbedürftige Ausnahme.

Nur wenn der schlechte Zustand der Treppe für den Sturz ursächlich war, kommt eine Haftung des Verantwortlichen in Betracht, nur wenn der Unfall durch ein Kraftfahrzeug verursacht oder von einem Dritten verschuldet war, kann ich mit Schadensersatz rechnen.

899 Dieses Regel-Ausnahme-Verhältnis wird damit gerechtfertigt, dem einzelnen müßten Freiheitsräume offengehalten werden.[6] Würde jede

---

5 Larenz-Canaris, Schuldrecht Bd. II/2, § 75 I 2a
6 Larenz-Canaris, a. a. O., § 75 I 3b

Schädigung Dritter zum Ersatz verpflichten, könnte nicht nur kein Wettbewerb mehr stattfinden (wo man den anderen ja dadurch schädigt, daß man ihm Kunden abjagt); auch das soziale Leben insgesamt würde zu einer höchst riskanten Angelegenheit, wüßte man doch nie, ob man nicht wegen einer unbedachten Äußerung Schadensersatz bezahlen müßte.

Wie weit die «**Ausnahmen**» gehen, ob sie praktisch die Regel über- 900
lagern, ist eine Frage, die Gesetzgeber und Rechtsprechung zu entscheiden haben. Das BGB hat von seinem Text her die Übernahme eines Schadens durch einen anderen (auch «**Schadensabnahme**» genannt) sehr zurückhaltend geregelt und Schäden deshalb sehr oft zum «allgemeinen Lebensrisiko» erklärt. Fünf Punkte sind hervorzuheben.[7]

3.1 Verschuldensprinzip

Nach dem Text des BGB wird nur für schuldhaft verursachtes Un- 901
recht gehaftet. Handelt der Täter weder vorsätzlich noch fahrlässig, kann er mit den Achseln zucken und sein Bedauern aussprechen: Rechtlich passiert ihm nichts. Eine einzige Ausnahme findet sich in § 833 zu Lasten des Tierhalters: Ihn trifft eine sog. Gefährdungshaftung. Allerdings wurde diese schon im Jahr 1908 wieder auf sog. Luxustiere beschränkt[8], also solche Exemplare, die nicht «dem Berufe, der Erwerbstätigkeit oder dem Unterhalte des Tierhalters zu dienen bestimmt» sind.

3.2 Beschränkung des Schutzes auf bestimmte Rechtsgüter

Auch wer schuldhaft einen anderen schädigt, ist nicht automatisch 902
zum Ersatz verpflichtet. Vielmehr ist dies nur der Fall, wenn das Handeln von der Rechtsordnung mißbilligt wird,

daran fehlt es beispielsweise bei Notwehr nach § 227

7 Dazu Kötz Rn 20, 23
8 Gesetz vom 30. 5. 1908, RGBl 313

und wenn sich der Eingriff gegen bestimmte Rechtsgüter richtet. Hierbei ist zu unterscheiden:

903 (1) Nach der wichtigsten Vorschrift – § 823 Abs. 1 – wird nur für schuldhafte Eingriffe in Leben, Körper, Gesundheit, Freiheit, Eigentum «oder ein sonstiges Recht eines anderen» gehaftet. **Nicht erfaßt war** beispielsweise das allgemeine **Persönlichkeitsrecht**[9], ebensowenig wie das Recht auf Verausgabung der Arbeitskraft.

X bekommt keine Stelle, obwohl an seiner Qualifikation nicht der geringste Zweifel besteht, weil über ihn (zu Unrecht) kolportiert wird, er leide an einer bestimmten Krankheit.

Nicht einbezogen ist insbesondere auch das **Vermögen** als solches, was z. B. von Bedeutung sein kann, wenn man sich auf eine unrichtige Bankauskunft bezieht, die einem Dritten gegeben wurde: Traut man ihr und gibt dem günstig Beurteilten ein Darlehen, das nie zurückbezahlt wird, so bleibt man auf seinem Schaden sitzen.

904 (2) Nach § 823 Abs. 2 wird für jede schuldhafte Verletzung eines **«Schutzgesetzes»** gehaftet, was in manchen (aber eben nicht in allen) Fällen auch einen Schutz allgemeiner Vermögensinteressen zur Folge hat.

Beispiel: Obwohl die GmbH überschuldet ist, stellt der Geschäftsführer entgegen § 64 Abs. 1 Satz 2 GmbHG keinen Konkursantrag. Wenn sich dadurch die Situation der Gläubiger weiter verschlechtert, weil sie beim endgültigen Zusammenbruch noch weniger als bei sofortigem Konkurs erhalten, so können sie die Differenz vom Geschäftsführer ersetzt verlangen.

905 (3) Nach **§ 826** verpflichtet jede Schädigung eines anderen zum Schadensersatz, wenn sie vorsätzlich und «in einer gegen die guten Sitten verstoßenden Weise» erfolgt. Unter diesen besonders qualifizierten subjektiven Voraussetzungen ist dann auch ein **allgemeiner Vermögensschutz** gegeben.

9 RGZ 79, 401, 403 ff.; dazu schon Bd. 1 Kap. 6 unter 2.2 (Rn 367 ff.)

3.3 Beschränkung auf den materiellen Schaden und den unmittelbar Betroffenen

Ersetzt werden muß nur der materielle, d. h. in Mark und Pfennig ausdrückbare Schaden. Wird jemand nur in immateriellen Rechtsgütern verletzt, kann er nach § 253 keinen Geldersatz verlangen. 906

Nach der ursprünglichen Konzeption des BGB kann ein öffentlich Verleumdeter nur materielle Schäden geltend machen (ihm ist wegen der Verleumdung z. B. ein Auftrag entgangen), nicht aber einen Ausgleich für den Ärger und Verdruß, den die Bösartigkeit des andern mit sich gebracht hat.

Eine **Ausnahme** stellt nur das **Schmerzensgeld** nach § 847 dar, das bei der Verletzung von Körper, Gesundheit und Freiheit geschuldet ist.[10]

Keinen Ersatz verlangen können auch die **sog. mittelbar Geschädigten**: Wer dadurch einen Nachteil erleidet, daß in die Rechtsgüter eines anderen schuldhaft eingegriffen wurde, bleibt ohne Ausgleich. 907

Beispiel: Der Geschäftsführer eines kleinen Unternehmens mit 25 Beschäftigten wird wegen eines von einem Dritten verursachten Unfalls für drei Monate «außer Gefecht gesetzt». Da der Geschäftsführer praktisch nicht ersetzbar ist, entgehen dem Inhaber verschiedene Aufträge. Hierfür kann er keinen Schadensersatz verlangen, während der Geschäftsführer selbst seine Heilungskosten sowie seinen Verdienstausfall durchaus ersetzt verlangen kann, da er «unmittelbar» geschädigt ist.

Anderes könnte mit Rücksicht auf § 826 vielleicht dann gelten, wenn es dem Täter gerade auf die Schädigung des Betriebs ankam, doch sind derlei bösartige Menschen sehr selten, und außerdem kann man ihnen ihre Bösartigkeit nicht nachweisen. Der Ausschluß «mittelbar Geschädigter» folgt im übrigen bereits daraus, daß in ihrer Person ja «nur» Vermögensinteressen verletzt sind. Auch existieren in Form der §§ 844, 845 Sonderregeln zugunsten von Familienangehörigen eines (Unfall-)Opfers, aus denen der Schluß zu ziehen ist, daß eben in allen anderen Fällen kein Ersatz geschuldet ist.

Schließlich ist «Schaden» nur das, was sich beim einzelnen als «Negativsaldo» niederschlägt. Werden **Gemeinschaftsgüter verletzt**, sterben beispielsweise in einer bestimmten Gegend bestimmte Tier- 908

10 Zur zweiten Ausnahme des sog. Kranzgeldes nach § 1300 s. unten Kap. 18 unter 1.1 (Rn 1527)

und Pflanzenarten wegen übergroßer Umweltbelastung aus, fehlt es an einem «Geschädigten». Auf solche «ökologischen Schäden» wird noch zurückzukommen sein.

3.4 Beschränkung des Ersatzes durch den Ausgleichsgedanken

909 Sind die Voraussetzungen einer zum Schadensersatz verpflichtenden Norm erfüllt, muß nach § 249 der Zustand wiederhergestellt werden, der bestehen würde, wenn das zum Schadensersatz verpflichtende Ereignis nicht eingetreten wäre. Dieses **Prinzip der «Naturalrestitution»** hat zur Folge, daß der tatsächlich erlittene Nachteil Obergrenze für den Ersatzanspruch ist. Das BGB kennt, anders als z. B. das US-amerikanische Recht[11], **keinen Fall**, in dem das **Zwei- oder Dreifache des Schadens** ersetzt verlangt werden könnte. Dies ist auch bei vorsätzlich begangenen Delikten nicht anders. Eine der Folgen ist, daß die «Präventions-» oder «Abschreckungs»-Wirkung relativ begrenzt ist; das drohende Übel läßt sich notfalls gut kalkulieren und verkraften. Auch das Schmerzensgeld fiel in den ersten Jahrzehnten nach Inkrafttreten des BGB grundsätzlich sehr bescheiden aus.[12]

3.5 Die Beweislast des Geschädigten

910 Nach allgemeinen Grundsätzen muß der Geschädigte sämtliche Voraussetzungen seines Schadensersatzanspruchs beweisen. In überschaubaren Gemeinschaften oder bei Verkehrsunfällen mit unbeteiligten Zeugen mag dies ganz gut funktionieren und zu vernünftigen Resultaten führen. Probleme ergeben sich aber dann, wenn die Ursache aus einem Bereich kommt, der für den Geschädigten eine Art «black box» darstellt. Dies betrifft insbesondere fehlerhafte Produkte, die beim Verbraucher Schäden an Körper, Gesundheit und Eigentum herbeiführen. Wie will man das Verschulden einer bestimmten Person belegen, das für das Versagen der Bremsen beim Auto verantwortlich ist?

11 Vgl. dazu BVerfG NJW 1995, 649

12 Eine (inzwischen computergestützt nutzbare) Übersicht bieten Hacks-Ring-Böhm, Schmerzensgeldbeträge: Über 1300 Urteile mit den neuesten Entscheidungen, 17. Aufl. 1995 (dort auch zur Entwicklung)

Wie kann ich feststellen, ob die kurze Lebenszeit einer Sache auf einem Konstruktionsfehler beruht? Im BGB selbst sind für einige viel weniger «undurchschaubare» Fälle Regelungen getroffen worden. Wird etwa jemand durch einen herabfallenden Dachziegel verletzt, so ist der Besitzer des Hauses nach § 836 zum Schadensersatz verpflichtet, es sei denn, er könne sein fehlendes Verschulden nachweisen, sich also «exkulpieren». Auf die Spezifik komplizierter Organisationen, insbesondere von Industriebetrieben, geht das BGB nicht ein.

3.6 Einschätzung

Das Deliktsrecht des BGB entspricht in allen entscheidenden Fragen 911
liberalem Denken. Man unterstellt sinngemäß, daß die Gesellschaft aus autonomen, über ihr Schicksal selbst bestimmenden Individuen besteht. Sie sind in der Lage, schuldhaftes Verhalten zu vermeiden, also von ihrer Willensfreiheit keinen mißbräuchlichen Gebrauch zu machen.[13] Der potentiell Geschädigte kann sich schützen – sei es, daß er sich nicht in gefährliche Situationen begibt, sei es, daß er Versicherungsschutz in Anspruch nimmt.[14] Kommt ein Unglück über ihn, gibt es letztlich in Form der Großfamilie und der Sozialversicherung ein Netz, das ihn auffängt.

Die Verwirklichung dieses Modells bewirkt, daß derjenige, **der sich** 912
wirtschaftlich betätigt, nur in begrenztem Umfang mit einer Verantwortung für die Folgen belastet ist.[15] Für Unternehmen in einem sich immer weiter industrialisierenden Land ist dies ein großer Vorteil: Sie müssen keine Kosten für den Fall vorsehen, daß sie durch fehlerhafte Planung und Organisation Dritte schädigen. Im Zweifel hat ihre Betätigungsfreiheit immer den Vorrang; nur ausnahmsweise wird ein Geschädigter die Voraussetzungen einer schuldhaften Verletzung seiner Rechtsgüter beweisen können. Allgemeiner gesprochen: Der Initiativen Entfaltende kann dies innerhalb bestimmter Grenzen auch zu Lasten der Rechtsgüter anderer tun, er kann – wie man sagt – die von ihm verursachten **Schäden «externalisieren»**.

---

13 Larenz-Canaris, Schuldrecht Bd. II/2, § 75 I 2 b
14 Vgl. Kötz Rn 24
15 Esser-Weyers § 53, 1 b

4 Weiterentwicklung

913 Das BGB hat die «**Opferperspektive**» so gut wie nicht berücksichtigt. Dies mag unter den politischen und wirtschaftlichen Verhältnissen des Jahres 1896 nachvollziehbar sein, wo die Förderung von Industrie und Handel auch in diesem Sektor den Entscheidungsträgern als primäres Ziel erschien. Unter den veränderten Bedingungen einer **sozialstaatlichen Ordnung** stellt sich dies anders dar. Zum einen hat die Kostenentlastung durch Reduzierung von Haftungsrisiken politisch einen sehr viel geringeren Stellenwert als der Opferschutz. Zum anderen ist eine sozialstaatliche Perspektive nicht auf die Zweierbeziehung Schädiger-Geschädigter reduziert: Durch Versicherungen, Fonds und ähnliche Mittel kann auch dort für eine Reparatur des Schadens gesorgt werden, wo man dies dem Schädiger nicht zumuten will.

Das Deliktsrecht des BGB hat daher in den letzten 100 Jahren einen entscheidenden Wandel erfahren. Dieser fand seinen Niederschlag in einer sehr reichhaltigen **Rechtsprechung**, die den Text etwa des § 823 Abs. 1 nur noch als «Aufhänger» für die Schaffung eines **eigenen Haftungssystems** benutzt. Zum zweiten hat der Gesetzgeber außerhalb des BGB zahlreiche Tatbestände der **Gefährdungshaftung** geschaffen, die diese zu einer gleichberechtigten **zweiten Säule** des Haftungsrechts gemacht haben. Im einzelnen wurden die Defizite des BGB in bestimmten Bereichen deutlicher als in anderen, so daß die Reaktionen von Gesetzgebung, Rechtsprechung und Praxis keineswegs alle Teile des Deliktsrechts gleichermaßen betrafen.[16]

4.1 Internalisierung von Schäden durch Gefährdungshaftung

914 Die traditionelle Verschuldenshaftung erscheint insbesondere dann nicht mehr akzeptabel, wenn durch neue technische Entwicklungen Gefahren geschaffen werden, denen der einzelne mehr oder weniger hilflos ausgesetzt ist. Hier hat sich die Auffassung durchgesetzt, daß schon die **Schaffung der Gefahr als solcher ausreichender Grund**

16 Näher zum Struktur- und Funktionswandel des Deliktsrechts Brüggemeier Rn 64 ff.

dafür ist, die Schäden demjenigen zuzurechnen, der über die gefährliche «Veranstaltung» verfügt.

Erster Schritt war nach Inkrafttreten des BGB die Einführung der Gefährdungshaftung für die Halter von Kraftfahrzeugen durch das Kraftfahrzeuggesetz von 1909. Heute kennt man eine Gefährdungshaftung nicht nur bei Kernkraftwerken, sondern bei Industrieprodukten aller Art.[17]

4.2 Überforderung des Schädigers

Die Verschuldens-, aber erst recht die Gefährdungshaftung kann den 915 Schädiger überfordern: Durch ein einmaliges Fehlverhalten kann er u. U. seine gesamte **Existenz auf Jahrzehnte hinaus ruinieren**. Bei der Gefährdungshaftung kann dies sogar ohne einen «Fehltritt» passieren. Dies erscheint ungerecht. Hinzu kommt, daß es Fälle geben kann, in denen der Schädiger auch unter Einsatz aller seiner finanziellen Mittel dem Geschädigten keinen Ausgleich verschaffen könnte: Hier geht die «Zweipoligkeit» des liberalen Haftungsrechts zu Lasten beider Beteiligter.

Wichtigstes **Gegenmittel** ist die **Haftpflichtversicherung**, die in 916 vielen Bereichen durch Gesetz vorgeschrieben oder jedenfalls allgemein üblich ist.[18] Insbesondere bei Unfällen überlagert sie weithin deliktsrechtliche Regeln. Auch das Opferentschädigungsgesetz[19], das den Opfern von Gewalttaten einen wenn auch bescheidenen Ersatz sichert[20], ist als sozialstaatliche Fortentwicklung hier zu nennen.

4.3 Schadensvorsorge

Das geltende Recht überläßt die Aufgabe der Prävention nicht mehr 917 allein dem Haftungsrecht.[21] Zwar kann die Entwicklung zusätzlicher Sorgfalts- und Verkehrspflichten durch die Rechtsprechung das Verhalten einzelner Unternehmen bei der Herstellung von Produkten er-

17 Dazu im einzelnen unten Kap. 10 (Rn 1145 ff.)

18 S. die Darstellung bei Kötz Rn 229

19 v. 11. 5. 1976, BGBl I, 1181. Dazu unten 5 (Rn 926)

20 Etwa kein Schmerzensgeld

21 Daß dieses weiterhin präventiven Charakter hat, betonen zu Recht Larenz-Canaris, a.a.O., § 75 I 1 i

heblich beeinflussen[22], doch reicht dies nicht aus, da in anderen Bereichen menschliches Verhalten durch das Androhen von Sanktionen nur beschränkt steuerbar ist.

Dies zeigt etwa das Beispiel des rasanten Autofahrers, der mit 200 Sachen über die Autobahn fährt: Ihm droht ein Unfall, der zu lebenslänglicher Pflegebedürftigkeit, Querschnittslähmung oder Tod führen kann. Dies sind Sanktionen, über die eine moderne Rechtsordnung glücklicherweise nicht mehr verfügt, die sich aber gewissermaßen aus der Natur der Sache ergeben können – gleichwohl gibt es Menschen, die das kalt läßt, weil sie meinen, ihnen würde doch nichts passieren.

918 Auch hat eine empirische Untersuchung zu Arbeitsunfällen ergeben, daß nur rund die Hälfte auf «menschliches Versagen» zurückzuführen war; die übrigen hatten objektive Ursachen, die auch durch sorgfältiges Handeln der Beteiligten nicht zu verhindern waren.[23] Anzusetzen ist daher nicht nur am Verhalten des einzelnen, sondern auch an der Gestaltung von Technik und von Organisationen. Insoweit hat die Rechtsprechung eigenständige und das Opfer schützende Regeln entwickelt.[24] Auch liegt hier einer der Schwerpunkte des Technikrechts.[25]

4.4 Der ersatzfähige Schaden

919 Während mittelbar Geschädigte auch heute nur ausnahmsweise einen Ersatzanspruch erhalten[26], ist der Anwendungsbereich des § 847 **deutlich ausgeweitet** worden: Die Tatsache, daß auch bei Verletzungen von Persönlichkeitsrechten ein «Schmerzensgeld» zu zahlen ist, macht eine Reihe immaterieller Einbußen zu ersatzfähigen Schäden. Andere bleiben unberücksichtigt – sieht man einmal von der singulären vertragsrechtlichen Bestimmung des § 651 f Abs. 2 ab, die für «vertanen Urlaub» eine angemessene Entschädigung gewährt.[27] Ökologische Schäden in das bestehende System des Schadensersatzrechts zu integrieren, ist bislang noch nicht gelungen.[28]

---

22 Esser-Weyers § 53, 4 b

23 Reinhardt, die dogmatische Begründung der Haftungsbeschränkung des Arbeitnehmers, Göttingen 1977, S. 157

24 S. unten Kap. 8 unter 2.3.3.3 (Rn 1040 ff.)

25 Dazu Däubler ZRP 1986, 42

26 Dazu unten Kap. 8 unter 2.1.6 (Rn 959 ff.)

27 Dazu oben Kap. 4 unter 6.3.2.5 (Rn 746)

28 Dazu unten Kap. 16 unter 6 (Rn 1497 ff.)

4.5 Großschäden

Moderne Techniken können es mit sich bringen, daß eine sehr große Zahl von Personen geschädigt wird. Erstes spektakuläres Beispiel dieser Art war in Deutschland die Contergan-Katastrophe: Die Einnahme des Mittels «Contergan» durch schwangere Frauen hatte schwere Mißbildungen bei Embryos zur Folge.[29] Unvergleichbar schlimmere Konsequenzen kann ein Nuklearunfall haben.[30] Die Schwierigkeiten potenzieren sich hier; eine Parallele bildet nur die rechtliche Bewältigung von Kriegsschäden, die gleichfalls nicht mit den Mitteln des traditionellen Haftungsrechts erfolgte. 920

5 Partieller Funktionswandel des Deliktsrechts: Rechtsgüterschutz durch Versicherung

Insbesondere bei Unfällen ist der Betroffene häufig zumindest in bezug auf einen Teil seines Schadens versichert: Seine Heilungkosten übernimmt die Krankenkasse, eine dauernde Erwerbseinbuße trägt ggfs. die Unfallversicherung, der Arbeitgeber leistet sechs Wochen Lohnfortzahlung. Für den eigentlichen deliktischen Schadensersatzanspruch bleiben Erwerbseinbußen eines Selbständigen, bei Fehlen einer Kaskoversicherung der Sachschaden sowie das Schmerzensgeld. 921

Bei den wichtigsten Schadensposten findet auf diese Weise kein unmittelbarer Ausgleich zwischen Schädiger und Geschädigtem statt. Vielmehr leistet zunächst die Versicherung bzw. der Arbeitgeber und nimmt dann nach § 116 SGB X[31], nach § 67 VVG[32] bzw. nach § 6 Abs. 1 Entgeltfortzahlungsgesetz[33] beim Schädiger Rückgriff. Insoweit enthält das **Deliktsrecht** nur noch **Voraussetzungen für einen Regreß**. 922

In vielen Fällen wird nicht nur der Geschädigte, sondern auch der Schädiger versichert sein. Im Straßenverkehr ist dies der Normalfall. 923

29 Zusammenfassend Derleder-Winter DuR 1976, 260 ff.

30 Dazu Däubler, Haftung für gefährliche Technologien, S. 69 ff. mwN

31 Bei der Sozialversicherung. Abgedruckt in Schönfelder als Fußnote *** zu § 823

32 Bei Privatversicherungen. S. Schönfelder Nr. 62

33 Vom 26. 5. 1994, BGBl I, 1014, abgedruckt bei Kittner, Arbeits- und Sozialordnung, unter Nr. 18

Durch Verschulden des Fahrers F wird der Passant P erheblich verletzt und muß zwei Monate ins Krankenhaus. Anschließend ist er noch einen weiteren Monat arbeitsunfähig. Die Krankenkasse bezahlt den Krankenhausaufenthalt und nach Ablauf von sechs Wochen auch das «Krankengeld» als Lohnersatzleistung. Nach § 116 SGB X kann sie die verauslagten Beträge von F ersetzt verlangen. Der Arbeitgeber kann die Lohnfortzahlungskosten gegen F geltend machen. Der F ist nun allerdings wie jeder sich legal verhaltende Kraftfahrer haftpflichtversichert. Nach § 3 Pflichtversicherungsgesetz (Schönfelder Nr. 63) kann sich der Geschädigte direkt an den Versicherer halten. Dies gilt auch für die Krankenversicherung und den Arbeitgeber, die die auf sie übergegangenen Ansprüche geltend machen. Sieht man einmal vom Arbeitgeber ab, stehen sich im Ergebnis zwei Versicherungen gegenüber.

924 Die Abwicklung jedes Einzelfalles würde einen relativ hohen Verwaltungsaufwand erfordern. Die Versicherungen verzichten deshalb darauf und schließen «**Schadensteilungsabkommen**», wonach eine Abrechnung nach Durchschnittssätzen erfolgt.[34] Einzelheiten des Deliktsrechts wie z. B. der Umfang des mitwirkenden Verschuldens des Geschädigten spielen unter diesen Umständen keine Rolle mehr. An die Stelle des Schadensersatzes tritt – wirtschaftlich gesehen – die Versicherungsleistung.

925 In einigen Fällen ist dies nicht nur Praxis und Abmachung der Beteiligten, sondern sogar gesetzlich vorgesehen. Arbeitnehmer, die einen Arbeitsunfall erleiden, können ihre Arbeitgeber nach § 636 RVO nur unter der (nie praktisch werdenden) Voraussetzung auf Schadensersatz in Anspruch nehmen, daß eine vorsätzliche Schädigung vorliegt.[35] Statt dessen erhalten sie Ersatzansprüche gegen die Unfallversicherung, die allerdings meist kein Äquivalent für ein Schmerzensgeld nach § 847 gewähren.[36] Wie auch immer man sich damit auseinandersetzt[37] – fest steht, daß hier auch formell eine «**Haftungsersetzung durch Versicherung**» vorliegt.

926 Einen anderen Weg ist das «**Opferentschädigungsgesetz**» (OEG)[38] gegangen, das den Opfern von Gewalttaten Ansprüche entsprechend dem Bundesversorgungsgesetz gewährt, das primär für Kriegsopfer gedacht ist. Erfaßt werden ausschließlich Personen-, keine Sachschäden. Auch dort wird kein Schadensersatz gewährt, der sich an den konkreten Vermögensnachteilen des Betroffenen orientieren

34 Esser-Weyers § 53, 4a a. E.
35 Einzelheiten bei Däubler, Arbeitsrecht 2, unter 4.6.1
36 Dazu Knieper ZRP 1974, 137 ff.; Däubler JuS 1986, 428
37 S. Fn 36
38 Vom 11. Mai 1976, BGBl I 1181; dazu die Kommentierung von Kunz-Zellner, Opferentschädigungsgesetz, 3. Aufl., München 1995

würde; vielmehr sind die Leistungen in ähnlicher Weise wie bei der Unfallversicherung standardisiert. Ein Schmerzensgeld ist nicht vorgesehen. Die Ansprüche haben öffentlich-rechtlichen Charakter und sind im Streitfalle über die Sozialgerichte – z. T. auch über die Verwaltungsgerichte – durchzusetzen (§ 7 OEG). Die zivilrechtlichen Ansprüche gegen den Täter bleiben unberührt, doch ist dem Opfer damit wenig geholfen, wenn der Täter nicht ermittelt werden kann oder wenn er über keinerlei Vermögen und Einkommen verfügt. Dennoch ist diese staatliche «Auffangleistung» nachhaltig zu begrüßen, schafft sie doch in besonders schlimmen Fällen, in denen das traditionelle Haftungsrecht versagt, wenigstens einen teilweisen Ausgleich zugunsten des Opfers.

6 Überblick über die weitere Darstellung

Im folgenden Kapitel soll es um eine Gesamtdarstellung des «Normalfalls» der Verschuldenshaftung gehen: Wann sind die Vorausetzungen des § 823 Abs. 1, wann die des Abs. 2, wann die des § 826 erfüllt? Auch die Staatshaftung nach Art. 34 GG iVm § 839 bedarf der kurzen Erwähnung (Kap. 8). 927

Anschließend sollen die Fälle besprochen werden, in denen das Verschulden des Schädigers vermutet wird. Dies betrifft etwa nach § 832 die Eltern, aber nach § 18 StVG auch den Fahrer eines Fahrzeuges, dessen Halter eine andere Person ist (Kap. 9).

Die verschiedenen Fälle der Gefährdungshaftung sind mittlerweile sehr weit gestreut und reichen vom Eisenbahnunternehmen bis zur gentechnischen Anlage und zur Datenbank. Der Sache nach gehört in diesen Zusammenhang auch der Anspruch auf Aufopferung, den der Bürger gegenüber einem anderen Bürger oder gegenüber dem hoheitlich handelnden Staat haben kann (Kap. 10).

Die Produkthaftung soll ihrer besonderen Bedeutung wegen in einem speziellen Kapitel abgehandelt werden. Dabei wird es nicht allein um das Produkthaftungsgesetz, sondern insbesondere auch um die weiter relevante Rechtsprechung zu § 823 Abs. 1 gehen (Kap. 11).

Was «Schadensersatz» bedeutet, wird uns im Kap. 12 beschäftigen.

Dabei geht es um zahlreiche praktisch wichtige Einzelfragen wie z. B. die, ob der schlichte Nutzungsentgang bei Kraftahrzeugen als Schaden qualifiziert werden kann.

Die Haftung auf vollen Schadensersatz kann aus unterschiedlichen Gründen beschränkt sein. Am wichtigsten ist mitwirkendes Verschulden des Geschädigten nach § 254, doch kommen auch vertragliche Abmachungen in Betracht (Kap. 13). Weiter ist in diesem Zusammenhang zu erörtern, was geschieht, wenn mehrere Personen für einen Schaden verantwortlich sind (Kap. 14).

Der Schadensersatz ist die wichtigste, aber keineswegs die einzige Form, wie Rechtsgüter gegen Eingriffe geschützt werden. Das bereits in Band 1 unter Kap. 6 vorgestellte Instrumentarium[39] soll insbesondere im Hinblick auf die Unterlassungs- und Beseitigungsansprüche nach § 1004 sowie in bezug auf die Eingriffskondiktion vertieft werden (Kap. 15).

Der Abschluß des deliktsrechtlichen Teils bildet die Umwelthaftung, die Gegenstand spezieller Vorschriften innerhalb und außerhalb des BGB ist und deren Bedeutung (bedauerlicherweise) in den vergangenen Jahren nicht geringer geworden ist (Kap. 16).

7 Literatur zum Deliktsrecht

928 Das Deliktsrecht wird in den Kommentaren zu §§ 823 ff. sowie in den Lehrbüchern des Besonderen Schuldrechts abgehandelt. Daneben finden sich eine Reihe handbuchartiger Darstellungen. Zu nennen sind:

Brüggemeier, Deliktsrecht. Ein Hand- und Lehrbuch, Baden-Baden 1986

Deutsch, Unerlaubte Handlungen, Schadensersatz und Schmerzensgeld, 3. Aufl., Köln u. a. 1995

Fuchs, Deliktsrecht, Berlin–Heidelberg u. a. 1995

Kötz, Deliktsrecht, 7. Aufl., Neuwied u. a. 1996

Lange, Schadensersatz, 2. Aufl., Tübingen 1990

39 Bd. 1 Kap. 6 unter 2.6 (Rn 399 ff.)

KAPITEL 8: Die Haftung aus verschuldetem Unrecht

1 Überblick

Eine «Verschuldenshaftung» ist im BGB insbesondere an vier Stellen angeordnet worden. 929

– Nach **§ 823 Abs. 1** ist zum Schadensersatz verpflichtet, «wer vorsätzlich oder fahrlässig das Leben, den Körper, die Gesundheit, die Freiheit, das Eigentum oder ein sonstiges Recht eines anderen widerrechtlich verletzt». Dies ist – noch immer – die Zentralnorm des geltenden Deliktsrechts [1], weil sie in den meisten Konfliktsfällen eingreift.

– Nach **§ 823 Abs. 2** ist weiter derjenige zum Schadensersatz verpflichtet, «welcher gegen ein **den Schutz eines anderen bezwekkendes Gesetz** verstößt». Insoweit besteht nur ein «punktueller» Schutz.

– Nach § 826 haftet auf Schadensersatz, «wer **in** einer **gegen die guten Sitten verstoßenden Weise einem anderen vorsätzlich Schaden** zufügt». Entscheidend ist hier die Art und Weise der Begehung der Tat.

– Eine Sondervorschrift enthält § 839 in bezug auf die **Haftung von Beamten**. Sie ist zusammen mit der «Amtshaftungsbestimmung» des Art. 34 GG zu lesen.

Die vier (potentiellen) Anspruchsgrundlagen werden im folgenden in dieser Reihenfolge dargestellt. Dabei ist zu berücksichtigen, daß Ansprüche aus den §§ 823 Abs. 1, 823 Abs. 2 und 826 nebeneinander bestehen können. Lediglich § 839 stellt eine bereichsspezifische Sonderregelung dar.

---

1 Larenz-Canaris, Schuldrecht Bd. II/2, § 76 I 2 a; ihm folgend Fuchs, S. 10

2 Die Haftung nach § 823 Abs. 1

930 Bei der Anwendung dieser Vorschrift ergeben sich drei eingehend diskutierte Problemkomplexe: Welche Rechtsgüter und Rechte sind durch § 823 Abs. 1 geschützt? (unten 2.1). Wann ist ein Eingriff in diese Rechtsgüter einer bestimmten Person «zurechenbar»? (unten 2.2). Wann liegt eine rechtswidrige und schuldhafte Verhaltensweise vor, wie sind also die allgemeinen Verhaltensstandards beschaffen, an denen sich der einzelne orientieren muß? (unten 2.3). Dies klingt zunächst relativ abstrakt, doch dürfte das Gemeinte im Laufe der Erörterungen deutlicher werden.

2.1 Rechtsgüter und Rechte nach § 823 Abs. 1

931 Leben, Körper, Gesundheit und Freiheit des einzelnen werden üblicherweise als «Rechtsgüter» bezeichnet, weil sie gewissermaßen Teil des einzelnen Menschen sind und diesem nicht wie eine Sache oder ein Patent als ein Stück «Umwelt» zugeordnet werden. Deliktsrechtlich ist diese Unterscheidung von Rechtsgütern und Rechten allerdings ohne Bedeutung; § 823 Abs. 1 behandelt beide gleich.[2]

2.1.1 Leben

932 Wer einen anderen vorsätzlich oder fahrlässig tötet, ist den Hinterbliebenen nach näherer Maßgabe der §§ 844–846 zum Schadensersatz verpflichtet.[3] Sind dem Verstorbenen selbst z. B. durch Krankenhausbehandlung noch Aufwendungen entstanden oder konnte er ein Schmerzensgeld nach § 847 verlangen, gehen seine Ansprüche auf die Erben über.[4]

---

2 Larenz-Canaris, a. .a. O, § 76 I 1 a

3 Näher dazu unten Kap. 12 unter 2.5 (Rn 1317 ff.)

4 Kötz Rn 49. Zum Übergang aller Rechte und Pflichten auf den Erben s. unten Kap. 22 unter 5.2 (Rn 1867)

2.1.2 Körper und Gesundheit

§ 823 Abs. 1 erfaßt weiter **Eingriffe in die körperliche Integrität**. Diese stellen häufig, aber nicht ausnahmslos zugleich eine Gesundheitsbeschädigung dar. 933

Lediglich die körperliche Integrität ist betroffen, wenn A dem B eine Ohrfeige gibt oder wenn er ihm im Schlaf die Haare abschneidet.

Ärztliche Eingriffe sind Körperverletzungen, soweit der Patient nicht ausdrücklich oder konkludent einwilligt.[5] Die Einwilligung setzt keine Geschäftsfähigkeit voraus, wohl aber die Einsicht in Bedeutung und Risiken des Eingriffs.[6] Der Arzt ist insoweit zur Aufklärung verpflichtet. Unterläßt er diese ohne zwingenden Grund, ist die Einwilligung (da nicht auf die realen Umstände bezogen) unwirksam mit der Folge, daß grundsätzlich § 823 Abs. 1 eingreift. 934

Eine **Verletzung der Gesundheit** liegt dann vor, wenn Lebensvorgänge derart gestört sind, daß eine medizinische Behandlung erforderlich ist.[7] In der Regel wird dabei auch eine Körperverletzung vorliegen, doch ist dies nicht notwendigerweise der Fall. 935

Ein Prokurist wurde vom Sohn des Geschäftsinhabers vor versammelter Mannschaft maßlos beschimpft und «zur Schnecke gemacht». Er erlitt daraufhin einen Gallensteinanfall, der zu Gelbsucht und weiteren Erkrankungen führte. Reichsgericht:[8] Der Sohn mußte nach § 823 Abs. 1 Schadensersatz bezahlen.

Der Schutz des Körpers und der Schutz der Gesundheit sind somit **zwei sich schneidende Kreise** mit sehr großer «Schnittmenge».[9]

Häufigster Grund für Schädigungen sind Unfälle. Erfaßt ist aber auch die **Infektion** mit dem HIV-Virus oder einer anderen schweren Krankheit, und zwar auch dann, wenn diese noch nicht ausgebrochen ist.[10] Einen Körperschaden stellt es weiter dar, wenn eine **Sterilisierung fehlschlägt** und sich dann unerwünschter Nachwuchs einstellt: Der verantwortliche Arzt muß jedenfalls für die zusätzlichen Unter- 936

5 BGHZ 106, 391, 394
6 Deutsch Rn 180
7 Kötz Rn 50; ähnlich Larenz-Canaris § 76 II 1 a
8 Gruchot 65, 602
9 Larenz-Canaris § 76 II 1 b
10 BGHZ 114, 284, 289 = NJW 1991, 19048, 1951 für eine HIV-Infektion

haltsleistungen aufkommen.[11] Damit wird nicht etwa das Kind als «Schaden» qualifiziert, was das BVerfG ausdrücklich ausgeschlossen hat;[12] vielmehr wird nur ein Ausgleich für zusätzliche materielle Aufwendungen gewährt.[13] Bedenken könnte allerdings die Vorstellung wecken, die Nichtbeseitigung einer natürlichen Fähigkeit sei als Körperverletzung zu qualifizieren. Schließt man sich diesem Einwand an, kommt ein Schadensersatzanspruch wegen Eingriffs in das Persönlichkeitsrecht der Mutter in Betracht.[14]

Auf andere Weise wurde die Familienplanung in einem 1993 vom BGH entschiedenen Fall durchkreuzt.[15] Ein Mann, der befürchtete, aufgrund einer Operation unfruchtbar zu werden, ließ Sperma einfrieren, um später gleichwohl im Wege der Insemination Nachkommen haben zu können.[16] Durch ein Versehen der Klinik wurde das Sperma unbrauchbar. Da es als Teil des Körpers betrachtet wurde, lag Körperverletzung und nicht etwa Sachbeschädigung vor, so daß ein Schmerzensgeld nach § 847 zuerkannt werden konnte.

937 Eine Gesundheitsbeschädigung kann auch dadurch entstehen, daß jemand einen **Schock** erleidet, weil er mit einer Katastrophe, etwa dem Unfalltod eines nahen Angehörigen, konfrontiert wird. Die Rechtsprechung ist hier allerdings recht zurückhaltend und läßt «normale» Gefühle der Trauer und Verzweiflung grundsätzlich unbeachtet. Für einen Schadensersatzanspruch seien vielmehr «gewichtige psychopathologische Ausfälle von einiger Dauer» Voraussetzung[17]. Dies überzeugt nicht; um Wertungswidersprüche zu vermeiden, müßte hier genau derselbe Krankheitsbegriff wie in anderen Fällen angewandt werden.

Wer wegen eines Unfalls für eine Woche den Arm in der Schlinge tragen muß, hat selbstredend eine Gesundheitsschädigung erlitten. Wer dagegen zwei Monate lang wegen eines Schocks an Depressionen leidet, würde vermutlich keinen Ersatz bekommen, da keine «gewichtigen psychopathologischen Ausfälle von einiger Dauer» vorliegen würden. Dafür fehlt jede Rechtfertigung.

---

11 BGH NJW 1980, 1452, 1453; BGH JuS 1996, 71
12 BVerfGE 88, 203, 295 f.
13 Für Gewährung auch eines Schmerzensgeldes BGH NJW 1980, 1452, 1453; BGH JuS 1996, 71; kritisch dazu Larenz-Canaris § 76 II 1 f
14 Zum Persönlichkeitsrecht s. unten 2.1.8 (Rn 972 ff.)
15 BGH NJW 1994, 127
16 Näher zur Insemination unter Kap. 19 unter 1.3.1 (Rn 1695 ff.)
17 BGH NJW 1989, 2317; dazu Kötz Rn 51 f.

Die Probleme einer Schädigung vor der Geburt wurden bereits im Zusammenhang mit den Rechten des Nasciturus behandelt.[18] 938

2.1.3 Freiheit

Das weiter in § 823 Abs. 1 geschützte Rechtsgut der «Freiheit» wird 939 allgemein restriktiv im Sinne bloßer **körperlicher Bewegungsfreiheit** interpretiert.[19] Wer durch Suggestivwerbung zu einem unvernünftigen Kauf veranlaßt wurde, kann deshalb keinen Schadensersatz nach § 823 Abs. 1 verlangen.[20] Die Voraussetzungen sind jedoch erfüllt, wenn jemand durch falsche Anschuldigung einen anderen hinter Schloß und Riegel bringt oder wenn – harmloser – ein Aufzug infolge eines Wartungsfehlers steckenbleibt. Anders wird entschieden, wenn jemand in einen **Verkehrsstau** gerät und dadurch Vermögensnachteile erleidet: Die körperliche Bewegungsfreiheit als solche sei hier nicht beeinträchtigt, weil der Betroffene aussteigen und zu Fuß weitergehen könne.[21]

Durch ein allzu riskantes Überholmanöver eines Fahrers kommt es auf der Autobahn zu einem Unfall mit nachfolgendem Stau. Der A kann deshalb sein Flugzeug nicht mehr erreichen; dadurch entgeht ihm ein Verdienst von 3000 DM. Die Möglichkeit, aus dem Auto auszusteigen und die 10 Kilometer bis zum Flughafen samt Gepäck zu Fuß zurückzulegen, erscheint wenig realistisch. Die Freiheit zur Fortbewegung ist effektiv beeinträchtigt. Will man den für den Unfall Verantwortlichen bzw. seine Versicherung für einen solchen «Stauschaden» nicht haften lassen, müßte man auf den «Schutzzweck» der verletzten Norm abstellen.[22]

Unzulässige Beschränkungen der Freiheit können sich auch gegenüber 940 Personen ergeben, die unter Betreuung stehen[23] oder die sich als Geisteskranke in einer Anstalt[24] oder als Strafgefangene in einem Gefängnis befinden.

Beispiel: Dem Strafgefangenen wird ohne Grund der einstündige Hofgang verweigert.

---

18 Bd. 1 Kap. 5 unter 1.3.2 (Rn 217ff.)

19 BGHZ 8, 243, 246; 106, 153, 155; Deutsch Rn 185; Fuchs, S. 17; Kötz Rn 56; Palandt-Thomas § 823 Rn 6; kritisch Eckert JuS 1994, 625

20 Kötz Rn 56

21 Fuchs, S. 17; Kötz Rn 56; Larenz-Canaris § 76 II 2b

22 Dazu unten 2.2 (Rn 989ff.)

23 Dazu unten Kap. 20 unter 5.3 (Rn 1814ff.)

24 Deutsch Rn 185

2.1.4 Eigentum

941 Die zahlreichen denkbaren Eingriffe ins Eigentum lassen sich zu vier Fallgruppen zusammenfassen.

942 **(1)** Die **Substanz der Sache** wird beschädigt oder zerstört.

Nach dem Unfall ähnelt das Auto äußerlich einer Ziehharmonika.

Gleichgestellt wird von der Rechtsprechung der Fall, daß ein Schadensverhütungsmittel wirkungslos ist und dadurch die Sache beeinträchtigt wird.

Beispiel:[25] Das einem Bauern verkaufte Mittel soll seine Obstbäume gegen Apfelschorf schützen. Wegen fehlerhafter Zusammensetzung bewirkt es nicht mehr als kaltes Wasser. Der Apfelschorf breitet sich deshalb aus, obwohl andere Mittel durchaus wirksam gewesen wären. Der Hersteller ist zum Schadensersatz verpflichtet.

943 **(2)** Die Sache wird **dem Eigentümer** oder einem berechtigten Besitzer **entzogen**.

Der Dieb entwendet das Sparschwein, oder charmanter: Der Täter öffnet den Vogelkäfig und schenkt dem dort eingesperrten Papagei die Freiheit.[26]

944 Führt die Sachentziehung dazu, daß die Sache an einen gutgläubigen Eigenbesitzer gerät, so finden ausschließlich die §§ 987 ff. Anwendung.

Der Dieb veräußert das gestohlene Auto zusammen mit einem raffiniert gefälschten Kraftfahrzeugbrief an den gutgläubigen G. Dieser muß nicht etwa dem Eigentümer für die gefahrenen Kilometer Wertersatz leisten; nach § 993 Abs. 1 kann er die Nutzungen behalten. Anders beim Dieb, der nach § 992 voll auf Schadensersatz haftet. Auch der redliche Besitzer wird härter angefaßt, wenn er vom Eigentümer auf Herausgabe in Anspruch genommen wird (lies § 987 Abs. 1!).[27]

945 **(3)** Das Eigentum kann auch in der Weise verletzt werden, daß die **rechtliche Zuordnung zum bisherigen Inhaber aufgehoben** wird. Wichtigster Fall ist der gutgläubige Erwerb.[28]

---

25 BGHZ 80, 186, 189

26 Kötz Rn 58

27 Näher zu den §§ 987 ff., die auch bei der Rückabwicklung nichtiger Übereignungsverträge eine Rolle spielen, s. Bd. 1 Kap. 18 unter 5 (Rn 1669 ff.)

28 Dazu Bd. 1 Kap. 14 unter 4.6.1 (Rn 1238 ff. – bewegliche Sachen) und 4.6.2 (Rn 1274 ff. – Rechte an Grundstücken)

Der ungetreue Autohändler H veräußert den in Reparatur gegebenen Ferrari für 30000 DM an den gutgläubigen G. Da dieser nach § 932 erwirbt, hat H durch seine Aktion das Eigentum des bisherigen Eigentümers zunichte gemacht. Er haftet deshalb nach § 823 Abs. 1.[29]

Dasselbe gilt dann, wenn gegenüber einem Händler ein verlängerter 946
Eigentumsvorbehalt besteht, also die Forderungen gegen den Käufer automatisch an den Lieferanten übergehen sollen, mit dem Käufer jedoch vereinbart wird, daß die Abtretung nach § 399 ausgeschlossen sein soll.[30] Hier mißbraucht der Händler die ihm nach § 185 eingeräumte Verfügungsmacht, was wegen § 366 HGB dem Erwerb des Käufers nicht entgegensteht. Auch dann, wenn das Eigentum dadurch untergeht, daß es **mit eigenen Sachen des Täters** untrennbar **vermischt** wird, ist ein entsprechender Eigentumseingriff gegeben.

Getreidehändler G hat 100 Tonnen Roggen auf Lager, die ihm gehören. Stellt ein Bauer bei ihm vier Zentner unter und werden diese versehentlich in den «großen Topf» geworfen, so geht das Eigentum nach § 948 unter (lesen!).[31]

(4) Die meisten Probleme wirft der Bereich «**Funktionsbeeinträchtigung**» auf. Relativ unproblematisch ist der Fall, daß ein 947
fremdes Archiv total durcheinandergebracht und dadurch unbrauchbar gemacht wird.[32] Moderner orientierte Täter speisen **Killerviren** in den Computer ein, so daß sich dessen Programme selbst vernichten, und er binnen kurzem seine Aufgabe nicht mehr erfüllen kann.[33]

Daß es sich dabei nicht um eine sportliche Übung, sondern um die Vernichtung erheblicher wirtschaftlicher Werte handelt, wird nicht zuletzt an den Straftatbeständen des § 303 a StGB (Datenveränderung) und § 303 b StGB (Computersabotage) deutlich.

Ein Eigentumseingriff liegt weiter dann vor, wenn ein **Verkehrs-** 948
mittel «immobilisiert» wird.[34] Die Leitentscheidung des BGH be-

29 Dazu, daß der gutgläubige Erwerber auch bei leichter Fahrlässigkeit nicht etwa selbst haftet, s. bereits Bd. 1 Kap. 14 unter 4.6.1.3 (Rn 1259)

30 BGHZ 109. 297

31 BGHZ 56, 73: Ersatzpflicht nach § 823 Abs. 1

32 BGHZ 76, 216

33 Larenz-Canaris § 76 II 3 b

34 Fuchs, S. 26; Larenz-Canaris § 76 II 3 c

trifft den sog. Fleetfall:[35] Wegen mangelhafter Unterhaltung durch die Bundesrepublik mußte ein Stichkanal (= Fleet) von heute auf morgen gesperrt werden. Ein dort vor Anker liegendes Schiff blieb acht Monate blockiert, bis die Reparatur abgeschlossen war. Damit war es für längere Zeit nicht mehr als Transportmittel verwendbar, was mit Recht als Eigentumsverletzung qualifiziert wurde. Drei weitere Schiffe konnten den fraglichen Platz nicht mehr anlaufen: Dies verstoße nicht gegen § 823 Abs. 1, da sie in andere Richtungen ungehindert fahren konnten; nur der kein Recht nach § 823 Abs. 1 darstellende Gemeingebrauch[36] sei beeinträchtigt worden.

Wie verhält es sich, wenn ein Auto auf dem Parkplatz zugeparkt wird? Es wird dort mit Sicherheit keine acht Monate, sondern schlimmstenfalls einige Tage stehen. Die Entscheidung hängt letztlich davon ab, wie intensiv eine Funktionsbeeinträchtigung sein muß, um als Eingriff ins Eigentum qualifiziert zu werden.[37] Praktische Bedeutung hat dies insbesondere dann, wenn der Blockierte einen Abschleppdienst herbeiruft und dessen Kosten vom anderen ersetzt haben will.

949 Bei einem Fabrikgrundstück betrachtete der BGH schon eine polizeilich angeordnete **Räumung von zwei Stunden** als Eingriff, die erfolgte, weil auf dem Nachbargrundstück ein Brand ausgebrochen war.[38] Dies mag man für einleuchtend halten, doch ist ein Widerspruch zu einer anderen Entscheidung nicht zu übersehen: Dort hatte ein Baggerführer ein unterirdisches Stromkabel beschädigt und so die Stromversorgung des benachbarten Fabrikbetriebs unterbrochen. Obwohl dort für mehr als zwei Stunden «nichts mehr lief», lehnte der BGH eine Eigentumsverletzung ab.[39]

Keine solchen Probleme ergaben sich im Zusammenhang mit einer Wasserleitung, aus der nur noch stinkendes Wasser floß, weil beim Verlegen der Leitungen ein Gewindeschneidemittel verwendet wurde, das für längere Zeit Verunreinigungen zur Folge hatte: Eine Wasserleitung mit derlei häßlichen Eigenschaften ist ersichtlich kein funktionsgerechtes Exemplar.[40]

---

35 BGHZ 55, 153 ff.

36 Dazu Bd. 1 Kap. 7 unter 3.2.2 (Rn 484 ff.)

37 Für Eigentumsverletzung Larenz-Canaris § 76 II 3 c

38 BGH NJW 1977, 2264 – Tanklagerfall

39 BGHZ 29, 65. Auf den Widerspruch verweist auch Fuchs, S. 25. Zur Haftung unter dem Gesichtspunkt des Eingriffs in den Gewerbebetrieb s. unten 2.1.7 (Rn 966)

40 BGH NJW 1994, 517, 518; zustimmend Deutsch Rn 186; Palandt-Thomas § 823 Rn 8

Sind Sachen zur Veräußerung bestimmt, so können auch **falsche Behauptungen** über sie eine Eigentumsverletzung sein.[41] 950

Ein in einer Galerie hängendes Gemälde wird als «Fälschung» bezeichnet; oder: der echte Rubin des Juweliers soll ein «Flohmarktprodukt» sein.

Ein wenig aus dem Rahmen fällt eine Entscheidung des BAG, die einen Schutzhelm betraf, den das Arbeitgeberunternehmen einem Bauarbeiter zur Verfügung gestellt hatte. Das Anbringen eines gewerkschaftlichen Aufklebers stelle einen Eigentumseingriff dar, obwohl eine Entfernung ohne jede Substanzverletzung möglich war: Die Fläche hätte auch für Werbezwecke genutzt werden können.[42] Damit wird bereits eine **potentielle Nutzung** dem Schutzbereich des Eigentums unterstellt.[43] Dies treibt den Eigentumsschutz extrem weit; demgegenüber wird mit Recht der Standpunkt vertreten, das Fotografieren von Gebäuden sei kein Eigentumseingriff[44], obwohl auch solche Bilder zu kommerziellen Zwecken verwendet werden können. 951

Im **Vergleich zu Körper und Gesundheit** erfährt – bei globaler Betrachtung – das Eigentum einen stärkeren Schutz. Am deutlichsten wird dies, wenn auf der einen Seite bei Schockschäden psychopathologische Beeinträchtigungen und Funktionsausfälle «von einiger Dauer» verlangt werden,[45], während die Räumung (und damit die Funktionsunfähigkeit) eines Grundstücks schon bei einer Länge von zwei Stunden die Voraussetzungen des § 823 Abs. 1 erfüllt.[46] 952

2.1.5 Sonstige Rechte

«Sonstige Rechte» im Sinne des § 823 Abs. 1 müssen nach allgemeiner Auffassung ihrer Struktur nach mit den ausdrücklich genannten Rechtsgütern Leben, Gesundheit usw. und mit dem Eigentum übereinstimmen. Dies ist nur dann der Fall, wenn ein bestimmter (materieller oder immaterieller) Wert dem Inhaber unter Ausschluß aller anderen Menschen zugewiesen ist.[47] Dies ist für beschränkte ding- 953

41 Larenz-Canaris § 76 II 3 d
42 BAG DB 1979, 1089
43 Zu weiteren Einwänden gegen diese Entscheidung s. Däubler, Gewerkschaftsrechte im Betrieb, 8. Aufl., Neuwied 1994, Rn 370
44 Larenz-Canaris § 76 II 3 e
45 S. oben 2.1.2 (Rn 937)
46 S. oben Fn 38
47 Fuchs, S. 29; Larenz-Canaris § 76 II 4 a

liche Rechte wie Nießbrauch und Hypothek, aber auch für **Immaterialgüterrechte** unbestritten.[48] Bei einigen Rechten ergeben sich Probleme.

2.1.5.1 Dingliche Anwartschaften

954 Als sonstiges Recht anerkannt ist im Grundsatz das dingliche Anwartschaftsrecht des Vorbehaltskäufers.[49] Dies folgt aus seiner Verselbständigung, die sich in der freien Übertragbarkeit und damit in der Verwendung als Sicherungsgut zeigt: Hier ist ein bestimmter materieller Wert einem bestimmten Träger zur ausschließlichen Verfügung überlassen. Schwierigkeiten ergeben sich lediglich bei der Frage, **an wen** der **Schadensersatz zu leisten** ist.

Das unter Eigentumsvorbehalt verkaufte Auto wird bei einem Verkehrsunfall erheblich beschädigt. Die Reparaturkosten belaufen sich auf 5000 DM. Der Vorbehaltsverkäufer will als Eigentümer, der Käufer als Anwartschaftsberechtigter Ersatz. Der Schädiger wird Schwierigkeiten haben, den Schaden zwischen beiden aufzuteilen, zumal er ihr Innenverhältnis nicht beurteilen kann. Um eine doppelte Inanspruchnahme zu verhindern, wird in der Literatur zu Recht verlangt, daß eine Ersatzleistung nur an Verkäufer und Käufer gemeinsam erfolgen kann.[50]

2.1.5.2 Mitgliedschaftsrechte

955 Auch der Geschäftsanteil an einer GmbH oder die Mitgliedschaft in einem Verein besitzen einen «Zuweisungsgehalt» und berechtigen zum Ausschluß anderer; sie stellen daher sonstige Rechte nach § 823 Abs. 1 dar.[51] Neben dem bereits erwähnten Fall einer Verletzung durch den Vereinsvorstand[52] ist insbesondere an den Fall zu denken, daß die Rechte wie z. B. Aktien zur Veräußerung bestimmt sind und ein Börsendienst über sie **unzutreffende Informationen** verbreitet.[53]

---

48 Kötz Rn 71. Zum Begriff «Immaterialgüterrecht» s. Bd. 1 Kap. 6 unter 2.5.1 (Rn 397)
49 BGHZ 55, 20, 25 f.; 114, 161
50 Larenz-Canaris § 76 II 4 b
51 BGHZ 110, 323, 327
52 S. Bd. 1 Kap. 6 unter 1.2.2 (Rn 360)
53 Larenz-Canaris § 76 II 4 e

2.1.5.3 Besitz

Ist ein Besitzer zum Gebrauch der Sache befugt, kann er – wie nicht zuletzt die §§ 858 ff. zeigen[54] – seine Position auch gegenüber Dritten verteidigen. Dies rechtfertigt es, den Besitz als «sonstiges Recht» zu behandeln; die bloße Innehabung einer Sache ohne Nutzungsbefugnis würde allerdings nicht genügen.[55] 956

Beispiel: Jemand hat sein Fahrzeug gegen Entgelt auf einen Parkplatz gestellt und insoweit einen Mietvertrag abgeschlossen. Wird er nun zugeparkt, kann er die Abschleppkosten wegen Verletzung des Besitzes verlangen.[56]

Schwierigkeiten können sich ergeben, wenn ein **Mieter** unter Berufung auf seinen Besitz **Ersatz** für einen an der Mietsache entstandenen Schaden, z. B. für eine zerstörte Fensterscheibe, verlangt: Zahlt der Schädiger, kann er nicht sicher sein, daß das Geld auch wirklich für diesen Zweck verwendet wird und er nicht noch einmal denselben Betrag an den Eigentümer entrichten muß. Ähnlich wie beim Anwartschaftsrecht, wird in diesem Fall nur eine Zahlung entsprechend § 432 **an beide** geschuldet.[57] Keine Ansprüche aus § 823 hat der mittelbare gegen den unmittelbaren Besitzer; insoweit fehlt die von § 823 Abs. 1 verlangte Ausschließlichkeit der Berechtigung.[58] 957

2.1.5.4 Ehe und elterliches Sorgerecht

Inwieweit die Rechtsbeziehung zwischen Ehegatten sowie zwischen Eltern und Kindern als «sonstiges Recht» angesehen werden kann, soll im Rahmen des Familienrechts untersucht werden.[59] 958

54 Zu diesen Vorschriften s. Bd. 1 Kap. 14 unter 4.2.1 (Rn 1171 ff.)

55 Kötz Rn 71; Larenz-Canaris § 76 II 4 f; ähnlich Medicus, Bürgerliches Recht, Rn 607

56 OLG Karlsruhe JuS 1978, 852. Zur Frage des Eingriffs in die Bewegungsfreiheit s. oben Rn 939

57 Medicus, Bürgerliches Recht, Rn 609

58 BGHZ 32, 194; zustimmend Fuchs, S. 30

59 Unten Kap. 18 unter 3.1. (Rn 1547 – Beziehungen zwischen Ehegatten) und Kap. 19 unter 2.1.3.4 (Rn 1726 – Beziehungen zwischen Eltern und Kindern)

2.1.6 Vermögen und Forderungsrechte

959 Kein «sonstiges Recht» stellt das Vermögen als solches dar; dies folgt schon daraus, daß es nach dem BGB **kein «Recht am Vermögen»**, sondern dem Bestimmtheitsgrundsatz entsprechend nur Rechte an einzelnen Vermögensgegenständen gibt.

Wer sich auf die einem Dritten gegebene Bankauskunft verläßt und dem gut beurteilten X ein Darlehen gewährt, obwohl dieser eher in die Kategorie der Hochstapler gehört, kann sich nicht auf § 823 Abs. 1 berufen, wenn er sein Geld niemals wieder zurückhält und deshalb einen Vermögensschaden erleidet.

960 Durch die Ausklammerung des Vermögens werden zugleich alle **mittelbar Geschädigten** aus § 823 Abs. 1 ausgenommen, da sie nicht in einem der ausdrücklich geschützten Rechtsgüter und Rechte verletzt sind.

Durch die schuldhafte Verletzung des Geschäftsführers einer GmbH erleidet diese einen beträchtlichen Nachteil, weil ihr drei gute Aufträge entgehen. Kein Ersatzanspruch nach § 823 Abs. 1; ihr gegenüber ist § 823 Abs. 1 nicht erfüllt, der Geschäftsführer selbst kann nur seinen eigenen Schaden geltend machen.

961 Ausgeklammert aus dem Schutz des § 823 Abs. 1 bleiben auch **Forderungen**; zahlt der Schuldner nicht oder zerstört ein Dritter den geschuldeten Gegenstand, so ist er nicht wegen «Eingriffs in die Forderung» ersatzpflichtig.[60] Umstritten ist allerdings, ob bei Eingriffen in die rechtliche Zuordnung der Forderung anderes gelten soll.

Der Gläubiger hat dem Schuldner nichts davon erzählt, daß er die Forderung an Z abgetreten hat. Leistet der Schuldner an ihn, wirkt dies nach § 407 auch gegenüber dem Z. Nach einer in der Literatur vertretenen Auffassung[61] soll dies den Gläubiger gegenüber dem Z aus § 823 Abs. 1 ersatzpflichtig machen. In der Tat spricht die Erwägung, daß die Forderung ausschließlich einer Person zugeordnet ist, für eine solche Lösung. Für sie besteht unter bestimmten Voraussetzungen auch ein praktisches Bedürfnis.[62]

---

60 Kötz Rn 74

61 So insbes. Larenz-Canaris § 76 II 4 g; ebenso Deutsch Rn 195; kritisch Medicus, Bürgerliches Recht, Rn 610

62 Larenz-Canaris, a. a. O.

2.1.7 Das Recht am eingerichteten und ausgeübten Gewerbebetrieb

Als «sonstiges Recht» behandelt die Rechtsprechung des BGH auch 962 das «Recht am eingerichteten und ausgeübten Gewerbebetrieb». Es erfaßt die gesamte wirtschaftliche Tätigkeit eines Unternehmens einschließlich Geschäftsverbindungen, Kundenkreis und Außenständen.[63] «Eingerichtet und ausgeübt» ist der Gewerbebetrieb schon dann, wenn eine planmäßige Tätigkeit entfaltet wird, ohne daß er bereits «auf vollen Touren» läuft, doch reichen ein bloßes Projekt oder gelegentliche Versuche einer planmäßigen Produktion noch nicht aus.[64] Der BGH knüpft damit an die Rechtsprechung des Reichsgerichts an, die dieses Recht im Zusammenhang mit der sog. **unberechtigten Schutzrechtsverwarnung** entwickelt hatte.[65]

Eine unberechtigte Schutzrechtsverwarnung liegt dann vor, wenn ein Unternehmen unter Berufung auf ein ihm zustehendes gewerbliches Schutzrecht wie z. B. ein Patent einem anderen eine bestimmte geschäftliche Betätigung untersagt, wenn dieses sich daraufhin fügt und geschäftliche Nachteile in Kauf nimmt, nachträglich jedoch deutlich wird, daß das Schutzrecht in Wirklichkeit überhaupt nicht bestanden hatte.

Dabei hatte das Reichsgericht allerdings lediglich den «Bestand» des Unternehmens dem Schutz des § 823 Abs. 1 unterstellt, dieses jedoch nicht in allen seinen «Ausstrahlungen» geschützt.

Würde man das Recht am eingerichteten und ausgeübten Gewerbe- 963 betrieb nach den gleichen Grundsätzen wie das Eigentum oder das Recht auf körperliche Unversehrtheit behandeln, würde eine Versteinerung einmal bestehender Marktpositionen eintreten; jedes erfolgreiche Handeln eines Wettbewerbers, der etwa Kunden zu sich herüberzieht, wäre im Prinzip ein zum Schadensersatz verpflichtendes Verhalten. Derlei Unsinnigkeiten hatte die Rechtsprechung jedoch nie im Sinn, weshalb sie das so weit geratene **Recht** auf verschiedenen Wegen **wieder «zurückgestutzt»** hat.

– **Handeln im Wettbewerb** ist in den Grenzen des UWG **erlaubt**.[66] 964
Das UWG ist insoweit eine Spezialvorschrift, was sich u. a. daran zeigt, daß bei Wettbewerbsverstößen die kurze Verjährungsfrist des § 21 UWG, nicht die längere (dreijährige) des § 852 gilt.[67]

63 Grundlegend BGHZ 3, 270; 29, 65, 70
64 BGH NJW 1969, 1297
65 RGZ 58, 24; zur historischen Entwicklung s. Kötz Rn 78 ff.; Wiethölter KJ 1970, 129
66 BGHZ 36, 252, 255
67 BGH NJW 1973, 2285

965 – Richtet sich der Eingriff lediglich gegen selbständige, **vom Gewerbebetrieb** ohne weiteres **ablösbare Rechte** oder Rechtsgüter, so tritt das Recht am Gewerbebetrieb als «subsidiär» zurück.[68]

Bei Ausschachtungsarbeiten wird ein Stromkabel beschädigt, weshalb die Wärmeversorgung für Bruteier in einem benachbarten Betrieb ausfällt. Da aus den Eiern keine Küken mehr ausschlüpfen, liegt ein Eigentumseingriff vor, der zum Schadensersatz verpflichtet; ob auch das Recht am Gewerbebetrieb verletzt ist, bedurfte keiner Überlegung mehr.[69]

§ 823 Abs. 1 greift zugunsten des Unternehmens auch dann nicht ein, wenn es dadurch einen Schaden erlitten hat, daß ein **Arbeitnehmer**[70], ein geschäftsführender Gesellschafter[71] oder der Inhaber selbst[72] **körperlich verletzt wurden**.

966 – Der **Eingriff** muß sich weiter unmittelbar gegen den Gewerbebetrieb richten, also – wie die Rechtsprechung heute sagt – «**betriebsbezogen**» sein. Daran fehlt es beispielsweise, wenn bei Bauarbeiten ein Kabel beschädigt und so die Stromzufuhr unterbrochen wird.[73]

Wenn Bruteier zerstört wurden, hatte der betreffende Fabrikant also Glück, während sein Kollege, der nur Hosenknöpfe produzieren wollte, keinen Ersatz verlangen kann.

Das Erfordernis der Betriebsbezogenheit ist nach Auffassung des BGH unentbehrlich, «wenn der von der Rechtsprechung erarbeitete Deliktsschutz des eingerichteten und ausgeübten Gewerbebetriebs nicht in einen allgemeinen deliktischen Vermögensschutz für Gewerbetreibende ausufern soll».[74]

967 – Anders als bei Eingriffen in Lebensgüter und Eigentum wird die **Rechtswidrigkeit nicht vermutet**.[75] Vielmehr muß im Einzelfall, insbesondere unter Berücksichtigung kollidierender Rechtsgüter, bestimmt werden, ob überhaupt von rechtswidrigem Verhalten die Rede sein kann.

68 BGHZ 29, 65, 74
69 Vgl. BGHZ 41, 123
70 BGHZ 7, 36
71 OLG Celle BB 1960, 117
72 BGH LM § 823 (Da) Nr. 4
73 BGHZ 29, 65; BGH NJW 1976, 1741
74 BGH NJW 1976, 1741
75 Dazu, daß der Eingriff die Rechtswidrigkeit «indiziert», näher unten 2.3 (Rn 1009 ff.)

Bei einem Warentest ist das Produkt der Firma F relativ schlecht weggekommen. F macht geltend, ein noch sehr viel schlechteres Produkt einer Konkurrenzfirma sei überhaupt nicht in den Vergleich aufgenommen worden, so daß sie zu Unrecht «Schlußlicht» geworden sei. Das Recht des Warentesters, die Objekte nach eigenen Vorstellungen auszuwählen, hat hier den Vorrang.[76]

Trotz dieser gewichtigen Einschränkungen **bleibt** dem Recht am Gewerbebetrieb ein **beträchtlicher Anwendungsbereich**. Dazu gehört neben der schon erwähnten unberechtigten Schutzrechtsverwarnung insbesondere die «**gewerbestörende**» **Kritik**, die sich auf das Verhalten des Unternehmens wie auf die Qualität seiner Produkte beziehen kann. Soweit es um Tatsachenbehauptungen geht, greift allerdings **§ 824** als Spezialvorschrift ein. Auch **Boykottaufrufe** sind erfaßt, doch grundsätzlich legal, wenn sie aus ideellen Gründen, also nicht zu Zwecken des Wettbewerbs erfolgen. 968

Der Tierschutzverein T fordert dazu auf, keine Mäntel aus Seehundfell mehr zu kaufen, damit das Abschlachten der Robben endlich aufhöre. Der Pelzhändler P betrachtet dies als unangemessenen Eingriff in sein Recht am eingerichteten und ausgeübten Gewerbebetrieb. Er würde seinen Prozeß verlieren.

Auch die «**Verwässerung**» **eines berühmten Kennzeichens** soll ggfs. zum Ersatz verpflichten.[77] 969

Die Deutsche Bahn AG kommt zu der Auffassung, es erhöhe das Fahrgefühl der Passagiere, wenn man einzelne Züge nicht nach Personen, sondern nach bestimmten Produkten benenne. Ein ICE soll deshalb «Mercedes», ein anderer «Bommerlunder» heißen. Ein etwas langsamerer IC soll in Zukunft auf den Namen «Birkenstock» hören. Die jeweiligen Produzenten brauchen sich dies nicht gefallen zu lassen, obwohl sie angesichts völlig verschiedener Güterangebote keine Wettbewerber der Deutschen Bahn AG sind.

Schließlich kann das Recht am Gewerbebetrieb nach verbreiteter Auffassung auch durch einen rechtswidrigen Streik verletzt sein.[78] 970

Wie in diesen Fällen die «Abwägung» zwischen dem Recht am Gewerbebetrieb und den Rechten des «Eingreifenden» ausgeht, soll uns im Rahmen der Erörterungen über die Rechtswidrigkeit im einzelnen interessieren.[79] Hier gilt es zunächst festzustellen, daß die Anerkennung des Rechts am eingerichteten und ausgeübten Gewerbebetrieb in 971

76 Vgl. BGH NJW 1987, 2222, 2225
77 BGHZ 28, 320, 328
78 Nachweise bei Däubler, Arbeitsrecht 1, Rn 625
79 Dazu unten 2.3.2 (Rn 1022 ff.)

der Sache der **Schaffung einer Generalklausel** für das Gebiet der gewerblichen Betätigung gleichkommt.[80] Dies stellt einen evidenten Systembruch dar.[81] Einem solchen «Recht am Unternehmen» fehlt die inhaltliche Bestimmtheit anderer von § 823 Abs. 1 erfaßter Rechte. Auch ist nicht zu übersehen, daß der absolute Schutz eines bestimmten Tätigkeitsbereichs selbst dann im Ergebnis eine Art Monopolstellung gewährt, wenn er nur Nicht-Wettbewerbern gegenüber erfolgt.[82] Der Sonderschutz des gewerblich genutzten Vermögens erweckt schließlich **Bedenken** im Hinblick auf den **verfassungsrechtlichen Gleichheitssatz**, da kein Grund ersichtlich ist, weshalb das Vermögen anderer Personen, etwa von Arbeitnehmern oder Rentnern, nicht denselben Schutz genießen soll. Auch wenn der BGH einen deliktischen Vermögensschutz für Gewerbetreibende ablehnt[83] – im Ergebnis läuft seine Rechtsprechung in einer Reihe von Fällen eben doch genau darauf hinaus. Das Recht am eingerichteten und ausgeübten Gewerbebetrieb sollte daher in Zukunft nicht mehr zu den «sonstigen Rechten» nach § 823 Abs. 1 gezählt werden.

2.1.8 Das allgemeine Persönlichkeitsrecht

2.1.8.1 Grundsätzliches

972 Wie bereits an anderer Stelle skizziert[84], kommt jedem Menschen ein Recht darauf zu, in der Entfaltung seiner Persönlichkeit von anderen respektiert zu werden[85]. Inhaltlich handelt es sich um ein «**Auffangrecht**», das hinter Einzelrechten zurücktritt, die spezifischen Ausprägungen der Persönlichkeit einen besonderen Schutz verleihen.

Das BGB kennt insoweit nur das Recht am eigenen Namen (§ 12), doch besitzen das Recht am eigenen Bild (§§ 22, 23 KUG) und das Urheberrecht nach den §§ 11–14 UrhG eine ähnliche Funktion.

973 Bevor es ein allgemeines Persönlichkeitsrecht gab, blieben viele Verletzungen ohne Sanktion oder konnten nur durch höchst gewaltsame Rechtsinterpretation erfaßt werden.

80 Von Caemmerer, 100 Jahre DJT, Bd. II, S. 90
81 Ablehnend zum Recht am Gewerbebetrieb insbes. auch Larenz-Canaris § 81 IV
82 L. Raiser JZ 1961, 469
83 BGH NJW 1976, 1741
84 Bd. 1 Kap. 6 unter 2.2 (Rn 367 ff.)
85 Ähnlich die Umschreibung bei Palandt-Thomas § 823 Rn 176

Beispiel hierfür ist die Veröffentlichung von Privatbriefen. Sie war nur dann unzulässig, wenn es sich um ein literarisches Werk handelte; für die Briefe Richard Wagners hatte dies das Reichsgericht verneint[86], im Falle des Philosophen Friedrich Nietzsche jedoch bejaht, da er sich als «Briefkünstler» betätigt habe.[87]

Freilich waren nicht nur derartige Lücken dafür verantwortlich, daß nach dem Zweiten Weltkrieg ein allgemeines Persönlichkeitsrecht anerkannt wurde. Das **Bekenntnis des Grundgesetzes zur freien Entfaltung der Persönlichkeit** des einzelnen in Art. 2 Abs. 1 und zur Wahrung der Menschenwürde in Art. 1 Abs. 1 legte entsprechende zivilrechtliche Folgerungen zumindest nahe.[88] In den vergangenen 20 Jahren kommt eine erhöhte Verletzbarkeit hinzu. Die **gewachsenen technischen Möglichkeiten**, das Verhalten des einzelnen durch Videokameras, Richtmikrophone usw. umfassend auszukundschaften und überdies sein Privatleben in den Medien vor einem Millionenpublikum auszubreiten, machen den Schutz durch ein «allgemeines Persönlichkeitsrecht» immer dringender. 974

Das allgemeine Persönlichkeitsrecht fällt auf den ersten Blick in ähnlicher Weise aus der Systematik des § 823 Abs. 1 heraus wie das Recht am Gewerbebetrieb. Ein entscheidender Unterschied besteht allerdings insoweit, als mit der Entwicklung des allgemeinen Persönlichkeitsrechts einem verfassungsrechtlichen Gebot entsprochen wurde und außerdem die Parallele zu ausdrücklich anerkannten Rechtsgütern evident ist: So wie Leben, Gesundheit usw. dem einzelnen unter Ausschluß jedes Dritten zustehen, gilt dies auch für die Persönlichkeit.[89] Dies schließt nicht aus, daß sehr viel häufiger als bei anderen Lebensgütern das Problem einer Abwägung mit kollidierenden Rechten Dritter auftritt. 975

86 RGZ 41, 43

87 RGZ 69, 401. Dazu Kötz Rn 87

88 Daß das allgemeine Persönlichkeitsrecht nicht direkt aus dem Grundgesetz folgt (das insoweit nur das Verhältnis Bürger–Staat regelt), sondern der staatlichen Pflicht entspringt, Grundrechte auch gegen Eingriffe anderer Privatpersonen zu schützen, haben Larenz-Canaris (§ 80 I 3 a) zutreffend betont

89 Korrekter wäre, vom «Schutz der Persönlichkeit» statt vom «Persönlichkeitsrecht» zu sprechen, da es nicht um die Zuordnung eines dem einzelnen äußerlichen Wertes wie einer Sache usw. geht (richtig Medicus, Bürgerliches Recht, Rn 615: «Juristische Mißgeburt»). Dennoch soll die mittlerweile eingebürgerte Terminologie hier beibehalten werden

Kann sich eine Zeitung beispielsweise auf die Pressefreiheit berufen, wenn sie über das Privatleben eines Politikers berichtet?

In vielen Fällen spielt dies jedoch keine Rolle; bei ihnen gilt die Regel, daß Eingriffe im Zweifel rechtswidrig sind. Die Rechtsprechung hat mittlerweile eine Reihe von **Fallgruppen** herausgearbeitet,[90] die jedoch keine abschließende Bedeutung haben.

2.1.8.2 Entstellung und Herabsetzung einer Person

976 Ein Eingriff in das allgemeine Persönlichkeitsrecht liegt u. a. dann vor, wenn man einem anderen in der Öffentlichkeit Handlungen unterstellt, die er in Wirklichkeit nicht begangen hat.

Beispiel: Das schöne Anwesen des X **auf Teneriffa** taucht auf der Vorderseite des Prospekts der Firma F auf. Dadurch wird der Eindruck erweckt, X habe es mit Hilfe der Firma F erbaut oder jedenfalls das Foto zu Werbezwecken zur Verfügung gestellt. Stimmt beides nicht, liegt ein rechtswidriger Eingriff vor.[91]

977 Meist geht es allerdings um sehr viel handfestere Eingriffe. Das allgemeine Persönlichkeitsrecht ist verletzt, wenn einer Person Aussagen in den Mund gelegt werden, die sie gar nicht getan hat. Beispiele sind ein **erfundenes Interview** mit der persischen Prinzessin Soraya[92] und mit der Prinzessin **Caroline von Monaco**[93] – für Reporter und Redakteure war vermutlich die erwartete Umsatzsteigerung wichtiger als die Echtheit der Information.

Unzulässig ist es auch, einem Politiker die Aussage «wir wollen die Belastbarkeit der Wirtschaft prüfen» in den Mund zu legen, wenn er sie in Wirklichkeit nicht getan hat.[94] Dies wirft im übrigen schwierige Beweisfragen auf; wie will er belegen, etwas **nicht** gesagt zu haben? Die Rechtsprechung hilft damit, daß sie demjenigen, der die Aussage zitiert, eine «Mitwirkungspflicht» auferlegt: Er muß darlegen, wann und wo die fragliche Äußerung gefallen sein soll. Schafft er dies nicht, verliert er den Prozeß.[95]

978 Das allgemeine Persönlichkeitsrecht ist weiter dann betroffen, wenn eine **Person in ihrem «sozialen Geltungsanspruch» beeinträch-**

---

90 Eingehende Darstellung bei Larenz-Canaris § 80 II; die dort vorgenommene Einteilung wird im wesentlichen auch hier zugrunde gelegt

91 S. den Fall BGH NJW 1971, 1359

92 BGH NJW 1965, 685

93 BGH NJW 1995, 861

94 BVerfG NJW 1980, 2070 – Fall Erhard Eppler

95 S. Fn 94

tigt wird. Dies gilt etwa für die Bezeichnung eines anderen als «Krüppel»[96] oder für die Aussage, jemand habe eine Stelle nur mit Rücksicht auf «schwarzen Filz» bekommen.[97]

Bekannt ist der Fall der **Fernsehansagerin**, über die der «Stern» geschrieben hatte: Sie sieht aus «wie eine ausgemolkene Ziege», bei ihrem Anblick werde den Zuschauern «die Milch sauer». Sie passe «in ein zweitklassiges Tingeltangel auf der Reeperbahn».[98]

Auch wer einen anderen deshalb nicht als Vertragspartner akzeptiert, 979
weil er weiblichen Geschlechts ist[99] oder schwarze Hautfarbe besitzt[100], greift in das allgemeine Persönlichkeitsrecht des Betroffenen ein.

2.1.8.3 Eindringen in die Privatsphäre

Erfaßt ist weiter der Fall, daß Tatsachen oder Vorgänge, die nicht für 980
Dritte oder nur für einen beschränkten Kreis bestimmt sind, vielen anderen zugänglich gemacht oder veröffentlicht werden. Wer etwa das Tagebuch eines anderen weitergibt und im Bekanntenkreis kursieren läßt, verletzt ebenso das allgemeine Persönlichkeitsrecht wie derjenige, der heimlich seinen Nachbarn im Garten fotografiert. Vertraulich gegebene Informationen dürfen grundsätzlich nicht veröffentlicht werden.

Ein ehemaliger Mitarbeiter des Bundesnachrichtendienstes «packt» gegenüber einem Journalisten «aus», mit dem er gemeinsam ein Buch über den BND schreiben will. Als sich das Vorhaben zerschlägt, gibt der Journalist gegen Entgelt die Tonbänder über die geführten Gespräche an ein Magazin: Verletzung des allgemeinen Persönlichkeitsrechts.[101]

Zweifel können dann entstehen, wenn sich ein **Verhalten in einer** 981
«beschränkten» Öffentlichkeit abspielt.

96 BVerfG NJW 1992, 2073
97 BGH NJW 1982, 1805
98 BGHZ 39, 124
99 BAG BB 1989, 2279. Die Frage ist seit 1994 durch die Neufassung des § 611 a Abs. 2 ausdrücklich geregelt
100 Larenz-Canaris § 80 II 2 d
101 BGH NJW 1987, 2667

Beispiel:[102] Zwei Nachbarn haben keine besonders guten Beziehungen, müssen jedoch beide denselben kleinen Weg benutzen, um zu ihrem Grundstück zu kommen. Der eine installiert eine Videokamera, mit dessen Hilfe er den Weg überwacht; Anlaß ist, daß hin und wieder Unrat in seinen Garten geworfen worden war. Da § 22 KUG nur die Verbreitung und Verwertung von Bildern, nicht jedoch deren Aufnahme regelt, ist das allgemeine Persönlichkeitsrecht betroffen.[103]

Wer sich als Frau «oben ohne» an einem Strand sonnt, darf nicht **ohne Einwilligung fotografiert** und in einer Illustrierten abgebildet werden.[104] Dasselbe gilt dann, wenn jemand ein Nacktfoto für einen Sexualkundeatlas zur Verfügung gestellt, dieses dann aber im Fernsehen gezeigt wird.[105] In allen diesen Fällen ist der Sache nach das informationelle Selbstbestimmungsrecht verletzt; der einzelne ist nicht mehr Herr darüber, in welchem Umfang die auf ihn bezogenen Informationen verbreitet werden.[106]

Dasselbe gilt beispielsweise auch dann, wenn ohne den Willen des Betroffenen ein **HIV-Test** oder eine genetische Analyse vorgenommen wird.[107]

2.1.8.4 Vorteile auf Kosten einer anderen Person

982 Denkbar ist weiter der Fall, daß sich jemand durch «Anhängen» an den guten Ruf oder den Bekanntheitsgrad eines anderen Vorteile zu sichern versucht.

Man gibt sich als «Jugendtrainer» von Boris Becker aus oder behauptet, ein Enkel Bismarcks zu sein.

983 Dasselbe gilt selbstredend, wenn man **Namen und Bild eines bekannten Fernsehmoderators** ohne dessen Einwilligung **zur Werbung für eigene Produkte** benutzt.[108] Auch das Imitieren der Stimme eines berühmten Kabarettisten und die Verwendung für ihn typischer Sprachelemente in einer Werbesendung sind nicht gestattet.[109]

---

102 BGH NJW 1995, 1955

103 Nach BGH a. a. O. war der Eingriff auch nicht gerechtfertigt

104 OLG Oldenburg NJW 1989, 400

105 BGH NJW 1985, 1617

106 Zum informationellen Selbstbestimmungsrecht s. Däubler, in: Däubler-Klebe-Wedde, Einl. Rn 28 ff.

107 Deutsch Rn 210

108 BGH NJW 1992, 2084 – Joachim Fuchsberger

109 OLG Hamburg NJW 1990, 1995 – Heinz Erhard («Noch'n Gedicht»)

2.1.8.5 Belästigungen und Einschüchterungen

Recht ausgeprägt ist der Schutz des einzelnen gegen unerwünschte Störungen zu Hause. Wer an seinem Briefkasten den Vermerk «**Keine Werbung**» anbringt, ist in seinem allgemeinen Persönlichkeitsrecht verletzt, wenn gleichwohl Prospekte eingeworfen werden.[110] Auch Anrufe für Zwecke der politischen Werbung darf man sich verbeten – und zwar auch zu Wahlkampfzeiten, da man sich dagegen weniger leicht als gegen unerwünschte Besucher wehren könne.[111] Wird in der Nachbarschaft ein Bordell betrieben, so ist das so lange unbedenklich, wie dies nicht nach außen hin sichtbar und so zu einer «Belästigung» wird. 984

Wenn Vorgänge der beschriebenen Art abgewehrt werden können, muß dies erst recht gelten, wenn der einzelne durch Dritte in Furcht und Schrecken versetzt wird. Drohbriefe sind – ganz unabhängig von einem beleidigenden oder sonstwie strafbaren Inhalt – als Eingriff in das allgemeine Persönlichkeitsrecht zu werten.[112] 985

Was geschieht, wenn in einer Gegend immer wieder Skinheads auftauchen und einmal auch einen harmlosen Passanten zusammenschlagen? Die Angst, daß es einen beim nächsten Mal selbst erwischt, ist ein ungleich schlimmerer Eingriff als unautorisierte Fotos und unerwünschtes Werbematerial. Praktisch durchsetzen läßt sich ein Abwehranspruch auf zivilrechtlichem Wege kaum, da das Bedrohungspotential «anonym» ist. Auch läßt sich schwer verhindern, daß bestimmte Personen wieder in einer bestimmten Gegend auftauchen.

Bei einem konkret faßbaren Täter hat mit Recht der BGH auch die **Verursachung von Angst** als Persönlichkeitsverletzung gewertet. Im konkreten Fall[113] hatte ein Nervenarzt leichtfertig ein unrichtiges Zeugnis über den Geisteszustand des Betroffenen ausgestellt, das die Gefahr einer zwangsweisen Unterbringung in einer Anstalt zur Folge gehabt hatte. 986

110 BGHZ 106, 229, 233 f.
111 OLG Stuttgart NJW 1988, 2616
112 BGHZ 95, 307, 310
113 BGH NJW 1989, 2941, 2943

2.1.8.6 Weitere Fälle und Grenzen

987 Die hier skizzierten Verletzungsformen haben keinen abschließenden Charakter. Ergänzend sei beispielsweise darauf hingewiesen, daß auch die **Verbreitung wahrer Tatsachen** einen Eingriff in das allgemeine Persönlichkeitsrecht darstellen kann.[114] Dies gilt z. B. für lange zurückliegende Vorstrafen.[115] Bekannt ist in diesem Zusammenhang die **Lebach-Entscheidung** des BVerfG, wonach ein Dokumentarspiel über den «Soldatenmord von Lebach» vom ZDF nicht ausgestrahlt werden durfte, weil es die Resozialisierung der inzwischen verurteilten und kurz vor der Entlassung aus dem Gefängnis stehenden Täter schwer beeinträchtigt hätte.[116]

988 Das allgemeine Persönlichkeitsrecht schützt in seinen bisherigen Konkretisierungsformen nicht vor persönlichkeitsfeindlichen Lebensbedingungen. Dies schließt nicht aus, daß man es insoweit weiterentwickelt, also beispielsweise dem § 75 Abs. 2 BetrVG entsprechend den Arbeitsprozeß stärker an den Bedürfnissen des Einzelnen ausrichtet.[117]

2.2 Die Zurechenbarkeit des Eingriffs

989 Kommt es zu einer Verletzung der genannten Rechtsgüter oder Rechte, so ist ein anderer hierfür ersichtlich nur dann ersatzpflichtig, wenn er **für das Geschehen «verantwortlich»** ist.

Für den Autounfall haftet ersichtlich nicht der unbeteiligte Zuschauer, der die Vorgänge in keiner Weise beeinflußt hat.

Im einzelnen pflegt man das zum Eingriff führende Geschehen nach einem bestimmten Muster zu analysieren: Der potentiell Ersatzpflichtige muß sich überhaupt «verhalten» haben, dieses Verhalten muß für die Verletzung und den daraus entstehenden Schaden «kausal» gewesen sein. Schließlich rechnet man dem einzelnen nur das zu, wogegen die von ihm nicht beachtete Norm schützen soll.

---

114 BGH ZIP 1994, 1537: Veröffentlichung einer Liste mit ehemaligen Stasi-Mitarbeitern, die heute nicht mehr öffentlich hervortreten

115 Larenz-Canaris § 80 II 5j

116 BVerfGE 35, 202; zu dieser Entscheidung s. auch Kötz Rn 636

117 Näher dazu Däubler, Arbeitsrecht 2, unter 5.10

2.2.1 Verhalten

Die relativ geringsten Probleme wirft das Erfordernis auf, daß der Schädiger «gehandelt» haben muß. Dies kann in einem positiven Tun, aber auch in einem Unterlassen liegen. 990

Positives Tun liegt nur vor, wenn dem Schädiger «Handlungsfähigkeit» zukam.[118] 991

Daran fehlt es bei total betrunkenen Personen, ebenso dann, wenn sich ein Schlafender im Traum bewegt und – oh, welch Unglück! – die auf dem Nachttisch stehende Vase zu Boden befördert.

Nicht anders als im Strafrecht wird das **Unterlassen** dem positiven Tun nur dann gleichgesetzt, wenn eine Pflicht zum Handeln verletzt wurde. Diese folgt hier typischerweise aus allgemeinen «Sorgfaltspflichten», auch **«Verkehrspflichten»** genannt. 992

Eine Gemeinde, die für Straßen und Bürgersteige verantwortlich ist, muß dafür sorgen, daß bei Glatteis rechtzeitig gestreut wird. Oder: Wird von Unbefugten der Deckel eines Hydranten entwendet, muß durch Abschrankung dafür gesorgt werden, daß niemand in das Loch hineinfällt.

Die Verkehrspflichten sind zugleich Maßstab für das vom einzelnen (im Beispiel: von der Gemeinde) verlangte Verhalten; sie stellen also nicht nur das Unterlassen dem positiven Tun gleich, ihre Verletzung begründet vielmehr auch ggfs. einen Fahrlässigkeitsvorwurf.[119]

2.2.2 Kausalität

2.2.2.1 Die conditio-sine-qua-non-Formel

Nach allgemeiner Auffassung ist ein Verhalten nur dann kausal, wenn es nicht hinweggedacht werden kann, ohne daß die Verletzung entfallen würde.[120] Man stellt also das tatsächliche und das hypothetische Geschehen gegenüber. 993

---

118 Zu dem entsprechenden Elementarerfordernis für das Vorliegen einer Willenserklärung s. Bd. 1 Kap. 9 unter 1.1 (Rn 574)

119 Näher zu den Verkehrspflichten s. unten 2.3.3.3 (Rn 1040 ff.)

120 Sie muß Bedingung (conditio) sein, ohne die (sine qua) der Erfolg nicht (non) eintreten würde

Dies klingt komplizierter, als es ist. Kommt es zu einem Unfall, weil A die Vorfahrt des B nicht beachtet hat, so würde dieser «entfallen», wenn man sich die Handlung des A hinwegdenkt.

994 Unter bestimmten Umständen können sich allerdings schon hier beträchtliche Probleme ergeben. So kann der **Nachweis schwierig** sein[121], ob eine falsche Behandlung durch einen Arzt effektiv die Ursache für eine gesundheitliche Beeinträchtigung war oder ob diese auch bei richtiger Behandlung unvermeidlich eingetreten wäre. Im Einzelfall können allerdings zugunsten des Geschädigten Beweiserleichterungen eintreten.[122]

995 Die Kausalität muß nicht nur in bezug auf den Eingriff in das geschützte Rechtsgut oder Recht vorliegen. Vielmehr muß sie auch den aus der Verletzung entstehenden Schaden umfassen. Das erste bezeichnet man üblicherweise als «**haftungsbegründende**», das zweite als «**haftungsausfüllende**» **Kausalität**. Bedeutung hat diese Unterscheidung bei der Prüfung des Verschuldens: Dieses muß sich nur auf die Herbeiführung der Verletzung als solcher, nicht auf die weiteren Konsequenzen beziehen.[123]

996 Die conditio-sine-qua-non-Formel führt dann zu ersten Schwierigkeiten, wenn **mehrere Schädiger unabhängig voneinander** den Schaden herbeigeführt haben, der Beitrag eines jeden aber für den Schaden ausgereicht hatte.

Beispiel: Zwei Fabriken (A und B) leiten giftige Stoffe in einen Fluß ein, so daß alle Fische sterben. Die von jeder der beiden Fabriken eingeleitete Schadstoffmenge hätte für sich allein ausgereicht, um alle Fische zu töten.

Bei formaler Betrachtung fehlt es der Kausalität: Man kann sich das Verhalten des Beteiligten A durchaus hinwegdenken, ohne daß deshalb der schädigende Erfolg ausbleiben würde. Das Ergebnis wäre grotesk; im Interesse des Geschädigten wird deshalb bei einer solchen «**kumulativen**» **Kausalität** die Haftung bejaht.[124]

121 Deutsch Rn 42 ff.
122 Dazu unten 6.3.2 (Rn 1094 ff.)
123 Näher dazu unten 2.3.3.1 (Rn 1029)
124 S. statt aller Kötz Rn 148

2.2.2.2 Untaugliche Beschränkung durch «Adäquanz»

997 Das eigentliche Problem der conditio-sine-qua-non-Formel liegt allerdings nicht in einer Einengung, sondern in einer potentiell **uferlosen Ausweitung des Kreises der Verursacher**.

Um es am Extrembeispiel deutlich zu machen: Wer ein Kind in die Welt setzt, hat damit eine Ursache dafür geschaffen, daß dieses später z. B. eine Körperverletzung begeht oder eine fremde Sache zerstört oder einen anderen umbringt.

Zwar hat man nie versucht, die Haftung auch auf die frühere Generation zu erstrecken, doch bleiben gleichwohl zahlreiche Ungereimtheiten. Ist die Volkswagen AG nicht kausal für alle Unfälle, die VW-Fahrer verursachen? Wenn ich am frühen Morgen durch die Straßen jogge und ein anderer meinem Beispiel folgt und dabei in ein Loch fällt und sich ein Bein bricht, habe ich dann nicht doch eine Ursache dafür gesetzt?

998 Schon das Reichsgericht hat versucht, eine solche uferlose Ausweitung dadurch zu verhindern, daß nur «adäquat kausale» Kausalverläufe rechtlich relevant sein sollten. Das Verhalten müsse «im allgemeinen und **nicht nur unter ganz besonders eigenartigen, ganz unwahrscheinlichen** und nach dem regelmäßigen Lauf der Dinge außer Betracht zu lassenden **Umständen** zur Herbeiführung des eingetretenen Erfolges geeignet gewesen» sein.[125] Ob etwas «besonders eigenartig und unwahrscheinlich» war, sollte sich nach dem Urteil eines optimalen Beobachters bestimmen, der gewissermaßen über das gesamte vorhandene Erfahrungswissen verfügt.[126]

Ein Beispiel für nichtadäquate Kausalität wäre es danach etwa, wenn jemand seine Schwiegermutter in den Wald schickt, damit sie dort der Blitz treffe. Die Schwiegermutter wird tatsächlich vom Blitz getroffen.

999 Von solchen skurrilen Geschehensabläufen einmal abgesehen, gibt es im Grunde keine für einen «optimalen Beobachter» außerhalb aller Erfahrung liegenden Folgen. Die **Rechtsprechung** hat sich damit beholfen, daß sie ihre eigenen Formeln nicht ernst genommen, sondern wertend entschieden hat, wann etwas noch als «adäquat kausal» und wann als «Verrücktheit» zu werten war.[127] Entsprechend **uneinheit-**

125 RGZ 158, 34, 38; ähnlich BGHZ 7, 198, 204

126 BGHZ 3, 261, 266

127 Im Prinzip zugegeben in BGHZ 30, 154, 157. Die weitere Anwendung der Adäquanztheorie blieb dahingestellt in BGH NJW 1993, 2234

lich fielen die **Resultate** aus. Wer durch Verschulden eines anderen ein Bein verliert und acht Jahre später während des Krieges deshalb nicht schnell genug den schützenden Bunker erreichen kann, hat – da «inadäquat» – keinen Ersatzanspruch[128], während der in gleicher Weise Verletzte Schadensersatz verlangen kann, wenn er deshalb 22 Jahre nach der Verletzung in seinem Zimmer zu Fall kommt.[129] Wird ein Unfallopfer in ein Krankenhaus eingeliefert und dort mit einer Grippe angesteckt, bewegt sich dies noch innerhalb «aller Erfahrung». Abweichendes gilt dann, wenn er dort nicht durch einen einfachen, sondern durch einen **groben Behandlungsfehler** des Arztes weiter geschädigt wird.[130] Sichere Grenzziehungen lassen sich auf diese Weise nicht gewinnen – sinnvoller wäre es daher, die jeweilige Wertung als solche sichtbar zu machen und ausdrücklich zu sagen, weshalb man einen Ersatzanspruch bejaht oder verneint.

2.2.2.3 Unterbrechung des Kausalzusammenhangs durch vorsätzliches Handeln Dritter? – Die sog. Herausforderungsfälle

1000 Ohne daß die Rechtsprechung dies immer mit der nötigen Deutlichkeit betonen würde, besteht grundsätzlich keine Kausalität mehr, wenn diese durch eine bewußte Entscheidung eines Dritten «unterbrochen» wird. Nach anderer Auffassung werden solche Fälle nicht mehr vom «Schutzzweck der verletzten Norm»[131] erfaßt.

1001 Eine Ausnahme von diesem Grundsatz wird dann gemacht, wenn der Schädiger den Dritten zu einem bestimmten Verhalten (objektiv) «herausforderte» und dieses Verhalten **zusätzliche Risiken** schuf, die sich dann in einem Schaden aktualisierten. Auch hier schreibt das den BGH beschäftigende Leben viele Geschichten.

Ein 17jähriger ist rechtskräftig zu Jugendarrest verurteilt worden; da er sich nicht freiwillig einfindet, soll er von einem 55jährigen Polizeibeamten zu Hause abgeholt werden. Als er diesen sieht, springt er mit einem großen Satz aus dem Toilettenfenster, hinter dem sich ein 1,50 Meter breiter und 2 Meter tiefer Schacht befindet. Wohlbehalten kommt er im Garten an und versteckt sich hinter Büschen. Der Polizeibeamte folgt ihm, doch ist die Sprungkraft mit 55 bisweilen geringer als mit 17: Der Beamte fällt in den Schacht und bricht sich die Ferse. BGH: Durch die

128 BGH NJW 1952, 1010
129 RGZ 119, 124
130 Nachweise bei Kötz Rn 152
131 Dazu sogleich unter 2.2.3 (Rn 1006ff.)

Flucht hat der Delinquent eine zusätzliche Gefahr geschaffen, für die er einzustehen hat.[132]

Der Fall liegt anders, wenn in der gleichen Verfolgungssituation der **Polizist auf** einem **frisch geschnittenen Rasen** zu Fall kommt und sich verletzt; hier ist keine Zusatzgefahr geschaffen, der Verfolgte deshalb nicht verantwortlich.[133] 1002

Testfrage: Haftet derjenige, der fahrlässig einen Brand verursacht, auch für Gesundheitsschäden, die ein Feuerwehrmann beim Löschen erleidet? Antwort: Es kommt darauf an. Soweit er sich aufgrund einsatzbedingter Hektik verletzt, wird dies dem Schädiger zugerechnet, soweit er nach getaner Arbeit den Fuß umknickt, nicht.[134]

«**Herausgefordert**» können **auch** andere **Hilfeleistungen** sein. Viel genannt wird etwa der Fall, daß einem Kind durch einen ärztlichen Kunstfehler die einzige Niere entfernt wurde, daraufhin die Mutter eine eigene Niere opferte und anschließend an schweren gesundheitlichen Beeinträchtigungen litt: Für diese hatte der für den Kunstfehler verantwortliche Arzt gleichfalls einzustehen.[135] Nicht anders verhält es sich, wenn jemand einem Verkehrsopfer zu Hilfe kommen will und dabei selbst einen Schaden erleidet.[136] 1003

Was geschieht, wenn es infolge eines (verschuldeten) Verkehrsunfalls zu einem Stau kommt, die hinten in der Schlange stehenden Autofahrer jedoch nicht warten wollen und über den **Grünstreifen** fahren und diesen dabei beschädigen? Da man sie in der Regel nicht «dingfest» machen kann, stellt sich das Problem, ob auch der beschädigte Grünstreifen zu den Folgen gehört, für die der für den Unfall Verantwortliche einzustehen hat. Der BGH verneint dies, es sei denn, der Verantwortliche hätte seinen Wagen ohne jeden vernünftigen Grund stundenlang an der Unfallstelle gelassen und dadurch ein solches Verhalten provoziert.[137] 1004

Die Rechtsprechung ist von einem durchaus nachvollziehbaren Pragmatismus getragen, der sich mit der Formel umschreiben läßt: «**Wer schuldhaft zusätzliche Gefahren schafft, muß auch für die daraus folgenden Schäden einstehen.**» 1005

132 BGHZ 63, 189

133 BGH NJW 1971, 1982. Zum mitwirkenden Verschulden des Verfolgers BGH JuS 1996, 845

134 BGH NJW 1993, 2234, 2235

135 BGHZ 101, 215

136 BGH NJW 1972, 1804

137 BGHZ 58, 162, 168

Im obigen Jogger-Beispiel tritt also keine Haftung ein: Wer durch sein Vorbild einen anderen zum Mitmachen motiviert, hat nicht schuldhaft eine zusätzliche Gefahr für den anderen geschaffen. Abweichend wäre zu entscheiden, würde ein Hochseilartist einen «Laien» animieren, zu ihm unter die Zirkuskuppel zu kommen.

2.2.3 Beschränkung durch den Zweck der verletzten Norm

1006 Der Eingriff wird dem Schädiger nur zugerechnet, wenn die Norm gerade den Eintritt eines solchen Schadens verhindern wollte.[138] Damit lassen sich «entfernte Schäden» wie die grobe Fehlbehandlung des Verletzten im Krankenhaus aus der Ersatzpflicht ausklammern.

Paradebeispiel ist der Handwerksmeister, der Rattengift auf dem Küchentisch liegen läßt, obwohl er weiß, daß in der Wohnung drei Kinder zwischen drei und sieben Jahren sind, die sich erfahrungsgemäß für neuartige Gegenstände interessieren. Vergiftet sich ein Kind, ist die Sache klar; seine Haftung unterliegt keinem vernünftigen Zweifel. Anders dann, wenn ein neugieriges Kind auf den Küchenstuhl steigen will und dabei zu Fall kommt und sich verletzt: Mit einem solchen Schaden hatte das Gebot sorgsamen Umgangs mit Rattengift nichts zu tun.

1007 Ein anderer Anwendungsfall der Begrenzung durch den Normzweck (auch «Rechtswidrigkeitszusammenhang» genannt) liegt dann vor, wenn beim Geschädigten eine «**Rentenneurose**» auftritt. Gemeint ist damit eine psychisch bedingte Erwerbsunfähigkeit, die ihre Ursache darin hat, daß sich der Verletzte unbewußt in die Krankheit flüchtet, um so über einen Ersatzanspruch seine Existenz zu sichern.[139] Nach Auffassung des BGH widerspräche es dem Zweck des Schadensersatzes, «wenn gerade durch die Tatsache, daß ein anderer Schadensersatz zu leisten hat, die Wiedereingliederung des Verletzten in den sozialen Lebens- oder Pflichtenkreis erschwert oder unmöglich gemacht wird».[140] Dem ist zuzustimmen, doch sind im Einzelfall strenge Anforderungen an den Beweis zu stellen; selbst eine relativ hohe Wahrscheinlichkeit kann nicht genügen.[141]

1008 Der Zweck der verletzten Norm wird schließlich auch dann bemüht, wenn es darum geht, sog. **Schockschäden** auf nahe Angehörige zu begrenzen: § 823 Abs. 1 habe nicht den Sinn, auch Gesundheitsschäden solcher Personen zu erfassen, die wegen einer Katastro-

138 Grundlegend BGHZ 27, 37; dazu Kötz Rn 156
139 Kötz Rn 155; Palandt-Heinrichs Vorbem. vor § 249 Rn 70
140 BGHZ 20, 137, 142, bestätigt in BGH NJW 1993, 1523
141 Zur Frage der Beweislast s. unten 6 (Rn 1090 ff.)

phenmeldung in der Zeitung gesundheitlichen Schaden davontragen.[142] Einzubeziehen sind vielmehr nur nahe Angehörige, zu denen auch der nichteheliche Lebenspartner gehört.

2.3 Rechtswidrigkeit und Verschulden

2.3.1 Erfolgsunrecht oder Handlungsunrecht?

Die Tatsache, daß ein Eingriff in ein Rechtsgut oder ein Recht im Sinne 1009
des § 823 Abs. 1 einer bestimmten Person zugerechnet werden kann, begründet für sich allein noch keine Haftung auf Schadensersatz. Nach dem Wortlaut der Bestimmung muß die Verletzung «widerrechtlich» sein; auch muß der Verantwortliche «vorsätzlich oder fahrlässig» gehandelt haben. Unter welchen Voraussetzungen «Rechtswidrigkeit» vorliegt, ist Gegenstand einer langjährigen Kontroverse.

Nach der Lehre vom sog. **Erfolgsunrecht** führt die (zurechenbar) 1010
kausale Herbeiführung einer Verletzung automatisch zur Rechtswidrigkeit; erst im Rahmen des Verschuldens ist dann zu prüfen, ob die betreffende Person vorsätzlich gehandelt oder jedenfalls gegen eine Sorgfaltspflicht verstoßen hat. Die Rechtswidrigkeit ist nur dann ausgeschlossen, wenn ein spezifischer Rechtfertigungsgrund, wie z. B. Einwilligung des Verletzten, Notwehr usw., vorliegt.

Die Lehre vom **Handlungsunrecht** verweist demgegenüber dar- 1011
auf, das Urteil «rechtswidrig» sei nur dann gerechtfertigt, wenn der Handelnde gegen objektive Sorgfaltspflichten verstoßen habe. Wer z. B. im Verkehr jede erdenkliche Sorgfalt aufwende, gleichwohl jedoch einen Unfall verursache, habe nicht rechtswidrig gehandelt.[143]

Die **praktische Bedeutung der Kontroverse** ist sehr **beschränkt**: 1012
Fehlt es an einem Verstoß gegen eine Sorgfaltspflicht, scheidet auch nach der Lehre vom Erfolgsunrecht eine Haftung aus, weil es am Verschulden, d. h. an der Fahrlässigkeit fehlt. Divergenzen ergeben sich lediglich dort, wo das Gesetz ausdrücklich an rechtswidrigem Tun anknüpft. Auch in diesen Fällen muß das Ergebnis nicht notwendigerweise verschieden sein.

142 Kötz Rn 163

143 Darstellung der Kontroverse mit Nachweisen bei Kötz Rn 98 ff.; Larenz-Canaris § 75 II 3; Palandt-Thomas § 823 Rn 33

Nach § 831 wird für «rechtswidriges» Verhalten eines Verrichtungsgehilfen gehaftet.[144] Dies ist jedoch nicht der Fall, wenn der Gehilfe sorgfältig ausgewählt und überwacht wurde. Hat dieser nun keine Sorgfaltspflicht verletzt, so hat er nach der Lehre vom Erfolgsunrecht zwar rechtswidrig gehandelt, doch kann sich der «Geschäftsherr» immer exkulpieren: Auch durch optimale Auswahl und Überwachung wäre nicht mehr zu erreichen gewesen als die Einhaltung der vorhandenen Sorgfaltspflichten.[145]

1013 Eine gewisse Relevanz bleibt für den Fall der **Notwehr** nach § 227 und für den **Beseitigungsanspruch** nach § 1004.[146]

Für das erstere wird gerne das Beispiel bemüht, daß die jede erdenkliche Sorgfalt beachtende Krankenschwester gleichwohl eine den Patienten schädigende Substanz in der Spritze hat; diesem selbst sowie einem Dritten, der dies weiß, steht das Recht zur Notwehr bzw. Nothilfe nur nach der Lehre vom Erfolgsunrecht zu.

Durch eine Sprengung, die alle denkbaren Vorsichtsregeln beachtet hat, werden gleichwohl einige Gesteinsstücke aufs Nachbargrundstück geschleudert. Der betroffene Nachbar kann Beseitigung nach § 1004 nur nach der Lehre vom Erfolgsunrecht verlangen.

1014 Die Lehre vom Handlungsunrecht beruft sich insbesondere auf zwei Probleme, auf die die (überkommene) Lehre vom Erfolgsunrecht keine vernünftige Antwort wisse. Zum einen könne man bei «Rahmenrechten» wie dem Recht am Gewerbebetrieb und dem allgemeinen Persönlichkeitsrecht nicht davon ausgehen, daß jeder Eingriff automatisch als Regeltatbestand die Rechtswidrigkeit begründe («indiziere»); vielmehr müsse hier immer eine Abwägung mit kollidierenden Rechtsgütern erfolgen, bei deren Lösung auch das Fehlverhalten des Schädigers eine beträchtliche Rolle spiele. Zum zweiten gehe es nicht an, den Hersteller von Autos oder Feuerwerkskörpern für Schäden haften zu lassen, die trotz sorgfältiger Produktion unvermeidbar seien. Beides vermag jedoch nicht zu überzeugen.

1015 Daß derjenige rechtswidrig handelt, der ein Rechtsgut oder ein Recht im Sinne des § 823 Abs. 1 verletzt, bedeutet nicht, daß man dies automatisch auch bei den später «hinzugekommenen» Rechten annehmen muß. Das Recht am Gewerbebetrieb wie zum Teil auch das allgemeine Persönlichkeitsrecht haben keine mit dem Eigentum oder dem Rechtsgut der körperlichen Unversehrtheit identische Struktur; die Schwelle für die Rechtswidrigkeit kann daher unterschiedlich be-

144 Näher dazu unten Kap. 9 unter 2 (Rn 1105 ff.)
145 Medicus, Bürgerliches Recht, Rn 782
146 Zu letzterem unten Kap. 15 unter 2 (Rn 1407 ff.)

stimmt werden. Auch das zweite Argument ist nicht zwingend. Es verkennt, daß die Hersteller von Autos und Feuerwerkskörpern auch nach der Lehre vom Erfolgsunrecht keineswegs gegen die Rechtsordnung verstoßen, weil ihnen m. E. der **Rechtfertigungsgrund des «erlaubten Risikos»** zur Seite steht.[147] Tätigkeiten, die ausdrücklich oder kraft gesellschaftlichen Konsenses akzeptiert sind, verstoßen nicht gegen die Rechtsordnung.

Einen Rechtfertigungsgrund stellt auch das sog. **verkehrsrichtige Verhalten** dar, 1016
das dann vorliegt, wenn ein Verkehrsteilnehmer jede erdenkliche Sorgfalt beachtet. In der Grundsatzentscheidung des BGH[148] war es darum gegangen, daß ein Straßenbahnschaffner das Abfahrtszeichen gegeben hatte und der Straßenbahnführer deshalb losgefahren war. Völlig unerwartet wollte eine weitere Person noch nachträglich einsteigen, sprang auf das Trittbrett, kam dabei zu Fall und verletzte sich schwer. Der Straßenbahnfahrer hatte nicht rechtswidrig gehandelt.

Für die Lehre vom **Erfolgsunrecht** spricht der **Wortlaut des § 823** 1017
Abs. 1, der nun mal zwischen «Widerrechtlichkeit» auf der einen und «Vorsatz und Fahrlässigkeit» auf der anderen Seite unterscheidet. Die Lehre vom Handlungsunrecht macht demgegenüber das Erfordernis der Fahrlässigkeit mehr oder weniger gegenstandslos, da ihr Vorliegen bereits im Rahmen der Rechtswidrigkeit zu prüfen ist.

In der «Verschuldensstation» ist nur noch zu prüfen, ob die Fahrlässigkeit nach §§ 827, 828 deshalb entfällt, weil der Handelnde geistig gestört oder minderjährig war.

Schließlich kommt die Lehre vom Erfolgsunrecht zu einer sachgerech- 1018
teren Verteilung der Beweislast: Der den Schaden Verursachende muß den Nachweis führen, daß ihm der Rechtfertigungsgrund des «erlaubten Risikos» bzw. des verkehrsrichtigen Verhaltens zur Seite stand. Nach der Lehre vom Handlungsunrecht muß demgegenüber im Grundsatz erst einmal der Geschädigte die Verletzung der Sorgfaltspflicht belegen, was dann ggfs. in spezifischen Konstellationen mit beträchtlichem Argumentationsaufwand wieder rückgängig zu machen ist.

Nach den Regeln über die Produkthaftung[149] wird man den Hersteller von Autos oder Feuerwerkskörpern für verpflichtet ansehen, die Einhaltung der für seinen Tätigkeitsbereich geltenden Sorgfaltsanforderungen beweisen zu müssen. Schon beim Beispiel der Sprengung auf den Nachbargrundstück ist dies aber anders.

---

147 Dazu Otto NJW 1980, 417ff.; Soergel-Zeuner § 823 Rn 3
148 BGHZ 24, 21
149 Dazu unten Kap. 11 (Rn 1211ff.)

1019 Im folgenden wird daher in Übereinstimmung mit der Rechtsprechung[150] und einem Teil der Literatur[151] **die Lehre vom Erfolgsunrecht zugrunde gelegt**. Dies bedeutet, daß zunächst potentielle Rechtfertigungsgründe geprüft werden, ehe dann unter dem Stichwort «Schuld» die Bedeutung von «Vorsatz» und «Fahrlässigkeit» im einzelnen abgehandelt wird.

2.3.2 Rechtfertigungsgründe

1020 Im Laufe der hier angestellten Überlegungen wurde bereits eine Reihe von Rechtfertigungsgründen genannt: Erinnert sei an die Ausführungen zu Notwehr und Selbsthilfe[152], an die Einwilligung in einen ärztlichen Eingriff[153] und an die eben erörterten Rechtfertigungsgründe des erlaubten Risikos und des verkehrsrichtigen Verhaltens. Ergänzend ist auf den Fall der **Einleitung eines gesetzlich vorgesehenen Verfahrens** hinzuweisen: Auch dieses stellt prinzipiell einen Rechtfertigungsgrund dar, selbst wenn dadurch der Verfahrensgegner einen Schaden erleidet. Paradebeispiel ist die Stellung eines Konkursantrags[154], doch gilt auch bei einem Antrag auf Einstellung der Zwangsvollstreckung nichts anderes.[155]

1021 Wie ist der Fall zu behandeln, daß jemand gegen einen anderen ein Strafverfahren einzuleiten versucht? Eine 17jährige Schülerin hatte gegen einen Arzt Strafanzeige mit der Begründung erstattet, er habe sie im Rahmen einer ärztlichen Untersuchung sexuell mißbraucht. Zwar sprach einiges für ihre Darstellung, doch war eine definitive Klärung nicht möglich. Eine Schadensersatzpflicht wegen der dem Arzt entstandenen Anwaltskosten kam nicht in Betracht: Man darf dem Bürger nicht auf der einen Seite die Selbsthilfe verweigern, auf der anderen Seite aber die Inanspruchnahme gerichtlicher Verfahren mit erheblichen Risiken belasten.[156]

Anderes gilt nur dann, wenn der das Verfahren Einleitende positiv weiß, daß seine Behauptungen nicht stimmen: Hier ergibt sich seine Schadensersatzpflicht aus § 826 BGB.[157]

150 BGHZ 74, 9; 21, 24
151 Erman-Drees § 823 Rn 46; Palandt-Thomas § 823 Rn 33; RGRK-Steffen § 823 Rn 114–116
152 Band 1 Kap. 6 unter 2.6.1 (Rn 400 ff.)
153 Band 1 Kap. 11 unter 5.3.2 (Rn 765)
154 BGHZ 36, 18
155 BGH NJW 1985, 1959
156 So BVerfG NJW 1987, 1929, 1930
157 Dazu und im übrigen kritisch zur BGH-Rechtsprechung Kötz Rn 700 ff.

Besonderer Prüfung bedarf die Rechtswidrigkeit bei **Eingriffen in das Recht am eingerichteten und ausgeübten Gewerbebetrieb**[158] **und in das allgemeine Persönlichkeitsrecht**.[159] Probleme ergeben sich insoweit insbesondere dadurch, daß die Meinungsfreiheit des einzelnen wie auch die Presse- und Rundfunkfreiheit notwendigerweise auch **Kritik an gewerblichen Leistungen oder an Personen** einschließen. Soweit **Tatsachenbehauptungen** aufgestellt werden, greift § 824 ein: Sind sie unwahr und überdies geeignet, die Kreditwürdigkeit des Betroffenen zu beeinträchtigen oder ihm sonst geschäftliche Nachteile zu bringen, so ist Schadensersatz zu bezahlen, wenn die Unrichtigkeit zumindest erkennbar war. 1022

Beispiel: A verbreitet über die Firma F, diese habe in Libyen Giftgas produziert.

Oder: Die Produkte der Firma F enthalten Arsen in gefährlicher Dosis.

Oder: Die Firma F ist reif für den Konkursrichter, weil sie ihre Schulden nicht mehr bezahlen kann.

Für die (sehr viel häufigeren) **Wertungen** haben BGH und BVerfG im Laufe einer längeren Entwicklung den Grundsatz herausgearbeitet, daß auch heftige, das Ansehen schädigende Kritik zulässig ist, sofern zwei Voraussetzungen gewahrt bleiben: Es darf sich nicht um sog. Schmähkritik handeln, bei der das sachliche Anliegen hinter der Diffamierung der Person zurücktritt, und es darf keine «Anprangerung» vorliegen, also ein Herausgreifen eines bestimmten Unternehmens oder einer bestimmten Person aus einer Vielzahl vergleichbarer Fälle ohne jeden sachlichen Grund. 1023

Erlaubt war beispielsweise eine satirisch-sarkastische **Plakataktion von Greenpeace** gegen den FCKW-Produzenten «Farbwerke Hoechst», und zwar auch in der Weise, daß das Porträt des Vorstandsvorsitzenden unter Nennung seines Namens auf dem Plakat abgebildet war: Es handelte sich um ein existentielles Sachanliegen, das schärfere Mittel gestattet; außerdem hatte sich die Unternehmensleitung bereits in bestimmter Weise öffentlich geäußert.[160]

Keine Bedenken bestanden auch dagegen, daß eine bestimmte Firma in einem Bericht der «Tagesschau» über **Formaldehyd** namentlich genannt wurde, da auch sie dieses Gas verwandt hatte; die Medien hätten 1024

---

158 Soweit man dieses überhaupt anerkennt – dazu oben 2.1.7 (Rn 962 ff.)

159 Bei letzterem wird die Rechtswidrigkeit aber häufig durch den Eingriff indiziert – dazu oben 2.1.8 (Rn 975)

160 Einzelheiten in BGH NJW 1994, 125

das Recht, Darstellungen durch konkrete Beispiele mit Namensnennung zu verdeutlichen.[161]

Bisweilen haben unsere obersten Richter auch Sinn für Scherze: Die Firma BMW kann sich nicht gegen einen Aufkleber zur Wehr setzen, der den Satz «Bums Mal Wieder» enthält und dabei die Anfangsbuchstaben der drei Worte groß und im gleichen Stil wie die Automobilmarke schreibt.[162]

1025 Bei dem Prozeß der Güter- und Interessenabwägung[163] ist insbesondere zu berücksichtigen, ob es um einen **Beitrag zum geistigen Meinungskampf** oder nur um «Klatsch und Tratsch» geht und in welchem Maße das betroffene Unternehmen oder die betroffene Person Nachteile hinnehmen muß.

Dies läßt sich am Fall Gretna Green verdeutlichen: zwar besteht ein Informationsinteresse der Öffentlichkeit, etwas über die dort mögliche Heirat von Minderjährigen zu erfahren, doch kann dies nicht rechtfertigen, daß man unter voller Namensnennung die Liebesgeschichte einer Berliner Dachdeckerstochter mit einem britischen Soldaten schildert.[164]

1026 Zu berücksichtigen ist auch **das bisherige Verhalten des Kritisierten** im Meinungskampf; wer sich selbst als Sittenrichter aufspielt und andere in der Presse des Ehebruchs bezichtigt, kann nichts dagegen unternehmen, wenn entsprechende Tatsachen über sein Privatleben veröffentlicht werden.[165]

1027 Von der Meinungsfreiheit gedeckt ist grundsätzlich auch ein **Boykott zum Bezug bestimmter Waren** oder Dienstleistungen.[166] Die Grenzen des Grundrechts sind erst überschritten, wenn man nicht mehr an die Einsicht anderer appelliert, sondern physischen, wirtschaftlichen oder anderen Druck zur Durchsetzung der eigenen Position entfaltet.[167] Weiter sind die Grenzen erlaubtens Tuns auch dann überschritten, wenn der den Boykott Aussprechende schuldhaft von falschen Tatsachen ausging oder wenn sich der Boykott auf ein rechtswidriges Verhalten richtet.

161 BGH NJW 1987, 2746
162 BGHZ 98, 94
163 BGHZ 24, 72, 78ff.
164 BGH JZ 1965, 411
165 BGH NJW 1964, 1471 – Fall Kapfinger
166 BVerfGE 7, 198, 209f. – Lüth
167 BVerfGE 25, 256, 264 – Blinkfüer, bestätigt in BVerfG NJW 1989, 381, 382

Die Mieter der «Neuen Heimat» wurden aufgefordert, angesichts der Mißwirtschaft in diesem Unternehmen keine Miete mehr zu bezahlen. Unzulässige Maßnahme.[168]

Keine Bedenken bestehen deshalb dagegen, andere aufzufordern, Teppiche aus Indien nur noch dann zu kaufen, wenn sie nicht in Kinderarbeit hergestellt wurden.

2.3.3 Verschulden

2.3.3.1 Vorsatz

Unproblematisch ist der Fall, daß der Schädiger für «vorsätzliches» 1028
Tun haftet. Wer bewußt Rechtsgüter eines anderen verletzt, muß dafür auch zivilrechtlich einstehen. Genau wie im Strafrecht reicht es dabei aus, daß der Handelnde die Verletzung nicht unbedingt wünscht, aber **billigend in Kauf nimmt**.[169]

Der Fahrer rechnet zwar damit, die auf der Straße sitzende Katze würde sich rechtzeitig durch einen Sprung in Sicherheit bringen, hat aber auch nichts dagegen, wenn er sie notfalls überfährt.

Dabei genügt es, daß sich der Vorsatz auf die **Verletzung des** in § 823 1029
Abs. 1 **geschützten Rechtsguts** oder Rechts bezieht; über die weiteren Folgen braucht sich der Täter keine Gedanken gemacht zu haben. In Abweichung vom Strafrecht muß er allerdings das Verbotensein seines Tuns zumindest als möglich erachten; es gilt die sog. Vorsatztheorie.[170]

Der etwas begriffsstutzige A meint, er könne den nahe an der Grenze stehenden Baum seines Nachbarn einfach fällen, weil dieser nicht den Vorschriften über den Grenzabstand von Bäumen und Sträuchern entspreche. Macht er sich während des Urlaubs des Nachbarn ans Werk, handelt er nicht vorsätzlich (wohl aber fahrlässig – was im Ergebnis aufs Selbe hinausläuft).

Von Schlägereien und «Alltagskriminalität» abgesehen, spielen Vorsatztaten im Deliktsrecht eine relativ geringe Rolle; **im Vordergrund steht die Fahrlässigkeitstat**.

---

168 BVerfG NJW 1989, 381

169 Kötz Rn 105. Zur strafrechtlichen Begrifflichkeit s. Lackner, StGB

170 Vgl. BGH NJW 1985, 174. Gegensatz dazu ist die in § 17 StGB niedergelegte Schuldtheorie, wonach ein vermeidbarer Verbotsirrtum den Vorsatz nicht ausschließt; lediglich ein unvermeidbarer Verbotsirrtum läßt die Schuld entfallen

2.3.3.2 Fahrlässigkeit

(1) Objektiver Maßstab

1030 Auch im Deliktsrecht gilt die Definition des § 276 Abs. 1 Satz 2: «Fahrlässig handelt, wer die im Verkehr erforderliche Sorgfalt außer acht läßt.» Schon aus dem Wortlaut wird deutlich, daß es um einen objektiven Verhaltensmaßstab geht («im Verkehr erforderlich»); man stellt sich die Frage, wie sich ein **sorgfältiger Mensch mit durchschnittlicher Umsicht** und Tüchtigkeit verhalten hätte.[171] Ob dem konkreten Individuum in der konkreten Situation ein individueller Schuldvorwurf gemacht werden kann, spielt grundsätzlich keine Rolle.

Beispiel:[172] Der Fahrer eines Tankwagens wurde nicht ausreichend darüber belehrt, welche Vorsichtsmaßnahmen zu ergreifen sind, damit nach Abschluß des Auffüllvorgangs kein Benzin oder Öl aus dem gefüllten Tank austritt. Da er vorher nie mit einer entsprechenden Tätigkeit befaßt war, konnte man ihm keinen persönlichen Schuldvorwurf machen, als er durch unsachgemäßes Hantieren eine Ölfontäne hervorrief, die das umliegende Erdreich vergiftete. Dennoch bejahte der BGH fahrlässiges Handeln.

1031 Eine **gewisse Differenzierung** wird dadurch erreicht, daß man auf die typischen Fähigkeiten einer bestimmten Berufsgruppe bzw. **eines bestimmten «Lebenskreises»** abstellt.[173]

Von einem Arzt kann man bei der Versorgung eines Unfallopfers mehr Umsicht verlangen als von einem spontan eingreifenden Passanten, der von Erster Hilfe nicht viel Ahnung hat.

Dabei muß man allerdings immer bedenken, daß ein fahrlässiges Verhalten schon darin liegen kann, daß jemand eine Aufgabe übernimmt, die ihn überfordert.

Standardbeispiel: Der unerfahrene Assistenzarzt nimmt eine komplizierte Herzoperation vor.

Mit dem Abstellen auf den «objektiven Fahrlässigkeitsbegriff» relativiert das BGB seine Entscheidung für die Verschuldenshaftung ein wenig; an ihrer grundsätzlichen Funktion ändert dies allerdings nichts.[174]

171 So Kötz Rn 106; s. auch Esser-Weyers § 55 III 1; Fuchs S. 61
172 BGH EWiR § 254 BGB 1/95 (S. 593) m. Anm. Däubler = NJW 1995, 1150
173 Esser-Weyers § 55 III 1; Kötz Rn 112
174 Zur «Förderung» von gewerblicher und industrieller Betätigung durch Abstellen auf das Verschuldensprinzip s. oben Kap. 7 unter 3.6 (Rn 911 f.)

(2) Kriterien zur Bestimmung von Fahrlässigkeit

Wann kann in einem konkreten Fall die Rede davon sein, daß jemand «fahrlässig» gehandelt habe? Offensichtlich geht es darum, das tatsächliche mit dem «gesollten» Verhalten zu vergleichen, also damit, wie sich ein «sorgfältiger Mensch» verhalten hätte. Wie aber sind die Anforderungen an diesen beschaffen? Der Gesetzestext läßt uns hier im Stich; maßgebend ist im Streitfalle das, was die **Rechtsprechung** von einem «sorgfältigen Menschen» verlangt. In der Praxis muß man daher einen möglichst vollständigen Kommentar zu Rate ziehen, um feststellen zu können, wie die Maßstäbe in vergleichbaren oder ähnlichen Fällen beschaffen sind. Als Student wird man sich häufig auf seine eigene **Intuition** verlassen müssen. 1032

Einige, allerdings sehr abstrakte Kriterien sind vorhanden. Sie werden üblicherweise in die «**Je-desto-Formel**» gekleidet: Je größer der potentielle Schaden und je wahrscheinlicher sein Eintritt, desto mehr muß der einzelne unternehmen, um den Schaden zu vermeiden. 1033

Beispiel: Skifahren kann erhebliche körperliche Verletzungen zur Folge haben. Auch gibt es ersichtlich geschickte wie auch ungeschickte Skifahrer. Kann man neben einem Schlepplift zu Tale fahren, ist zu bedenken, daß ein etwas weniger geschickter Skifahrer gegen eine Stütze des Lifts prallen könnte. Wegen der hohen Schäden und der nicht ganz geringen Wahrscheinlichkeit ist die Stütze daher mit Strohballen o. ä. zu versehen, um so einen Aufprall harmlos zu machen.[175]

In seltenen Glücksfällen läßt sich **in Mark und Pfennig ausdrücken**, daß mit relativ wenig Aufwand relativ hohe Schäden vermieden werden könnten. Paradebeispiel ist die mögliche Anbringung eines **Wildschutzzaunes**.[176] 1034

Auf einem bestimmten, durch einen Wald führenden Straßenabschnitt kam es wegen häufigen Wildwechsels pro Jahr zu ca. 50–60 Unfällen. Ein Schild «Wildwechsel beachten» konnte dies nicht verhindern. Einen Wildschutzzaun zu errichten, hätte die für die Straße verantwortliche Gemeinde etwa 60000 DM pro Jahr gekostet; Unfälle wären praktisch ausgeschlossen gewesen. Der «Präventionsaufwand» war also drastisch geringer als der durch 50–60 Unfälle entstehende Schaden. Deshalb war eine solche Maßnahme geboten.[177]

175 So BGH NJW 1985, 620
176 BGH NJW 1989, 2808
177 Dazu den lesenswerten Beitrag von Kötz-Schäfer, Judex Calcula! JZ 1992, 355. Der BGH (a. a. O.) hatte dies nicht beachtet und die Pflicht zur Errichtung eines Wildschutzzaunes und damit die Haftung der Gemeinde verneint

1035 In solchen Situationen kann die **ökonomische Analyse des Zivilrechts** zu rationalen Entscheidungen beitragen[178], doch hilft das Abstellen auf die wirtschaftlich sinnvollste, d. h. die Wohlfahrt aller am besten fördernde Lösung schon dann nicht mehr, wenn rein wirtschaftliche und höchstpersönliche Rechtsgüter gegeneinander abgewogen werden müssen.[179]

Unterstellt, im eben geschilderten Fall des Wildschutzzaunes wäre es im Durchschnitt pro Jahr nur zu zwei Unfällen gekommen, bei denen jeweils auch ein Personenschaden entstanden wäre; die Gesamtschäden einschließlich Heilungskosten und Schmerzensgeld hätten sich jedoch nur auf 50000 DM belaufen. Ist es gerechtfertigt, hier bei einem wirtschaftlichen Vergleich stehenzubleiben und die Unfälle als die billigere Alternative in Kauf zu nehmen, oder muß man der Gesundheitsschädigung als solcher von vornherein entscheidendes Gewicht beimessen?

(3) Äußere und innere Sorgfalt

1036 Bei der Handhabung des Fahrlässigkeitsbegriffs unterscheidet der BGH in ständiger Rechtsprechung zwischen «äußerer» und «innerer» Sorgfalt.[180] Die erstere meint ein Verhalten entsprechend den Anforderungen, die letztere zielt darauf, ob ein «sorgfältiger Mensch» diese erkennen konnte.

Beachte: Es geht also nicht darum, daß der konkrete Mensch X aufgrund seiner individuellen Fähigkeiten das gesollte Verhalten hätte erkennen können.

1037 Wird die äußere Sorgfalt verletzt, spricht eine Vermutung dafür, daß dies auch für die innere Sorgfalt gilt.[181] Angesichts des für beide Fragen geltenden objektiven Maßstabs gibt es im Grunde nur einen Fall, bei dem die Haftung an dem fehlenden Verstoß gegen die innere Sorgfalt scheitert: Die Rechtsprechung entwickelt eine neue Sorgfaltspflicht, die für den Betroffenen nicht voraussehbar war.[182]

Entsprechend entschied der BGH im oben dargestellten Schleppliftfall:[183] Es hätte zwar eine Pflicht bestanden, die Stützpfeiler mit Stroh oder auf andere Weise zu einem harmlosen «Aufprallobjekt» zu machen, doch hätte dies ein Skiliftbetreiber angesichts fehlender Präjudizien in der Rechtsprechung nicht voraussehen können.

---

178 Zur ökonomischen Analyse des Zivilrechts s. grundlegend Schäfer-Ott, Lehrbuch der ökonomischen Analyse des Zivilrechts, 2. Aufl., 1995

179 Zutreffend Larenz-Canaris § 76 III 4h

180 S. etwa BGH NJW 1984, 1958

181 BGH NJW 1986, 2757, 2758

182 Kritisch zur Differenzierung zwischen äußerer und innerer Sorgfalt Brüggemeier Rn 113; Kötz Rn 118 u. a.

183 S. Fn 175

Sinnvoller wäre es deshalb, die Unterscheidung fallenzulassen und bei der Entwicklung neuer Pflichten allgemeine rechtsstaatliche Grundsätze anzuwenden, wonach niemand nachträglich einem «Pflichtenprogramm» unterworfen werden darf, das er nicht einmal voraussehen konnte. 1038

(4) Verletzung als Bezugsgröße

Wichtig ist schließlich die Feststellung, daß sich die Fahrlässigkeit in dem beschriebenen Sinne nur auf die Möglichkeit einer Beeinträchtigung von Rechtsgütern oder Rechten im Sinne des § 823 Abs. 1 beziehen muß; auch für einen «sorgfältigen Menschen» muß die konkrete Verletzungsform oder gar der Schaden nicht voraussehbar sein.[184] Insoweit reicht die bloße Zurechenbarkeit, oder anders ausgedrückt: Das Verschulden muß sich nicht auf die haftungsausfüllende Kausalität beziehen.[185] 1039

Beispiel: Autofahrer A fährt beim Rechtsabbiegen den Fußgänger F an, obwohl dieser auf der Fußgängerampel grün hatte. Es reicht aus, daß ein sorgfältiger Mensch den Zusammenprall hätte erkennen können. Daß auch der Knochenbruch des F voraussehbar war oder die Tatsache, daß er seiner individuellen Konstitution wegen besonders lange im Krankenhaus bleiben mußte, ist nicht erforderlich. Der A (bzw. seine Versicherung) haftet. Eine Ausnahme würde nur bei groben Behandlungsfehlern des den F versorgenden Arztes gelten.[186]

2.3.3.3 Insbesondere: Verkehrspflichten

(1) Verkehrssicherungs- und Verkehrspflicht

Ein besonders wichtiger Anwendungsfall des dem ordentlichen Mitbürger angesonnenen Verhaltens sind die sog. Verkehrspflichten. Sie werden vom BGH heute mit der Formel umschrieben, **jeder, der Gefahrenquellen schaffe** oder unterhalte, müsse **die nach Lage der Verhältnisse erforderlichen Vorkehrungen zum Schutze anderer Personen** treffen.[187] Je weiter die Rechtsprechung derartige Pflichten ausdehnt, desto mehr ergibt sich eine Annäherung an die (verschuldensunabhängige) Gefährdungshaftung. 1040

Wichtigster Anwendungsfall ist die sog. **Verkehrssicherungs-** 1041

184 Larenz-Canaris § 76 III 7a
185 Zu dieser s. oben 2.2.2.1 mit Fn 123 (Rn 995)
186 Dazu oben 2.2.2.2 (Rn 997ff. – Adäquanzlehre) und 2.2.2.3 (Rn 1000ff. – Unterbrechung des Kausalzusammenhangs)
187 BGH NJW 1990, 1236

pflicht, die schon Anfang des Jahrhunderts vom Reichsgericht entwikkelt wurde:[188] Danach haftet derjenige, der auf seinem Grundstück oder in seinem Gebäude einen «Verkehr eröffnet», also diese anderen frei zugänglich macht, für den gefahrlosen Zustand der Sache.

Eine Gemeinde, die einen Weg dem öffentlichen Verkehr widmet, muß dafür sorgen, daß der einzelne nicht durch einen umfallenden morschen Baum[189] oder dadurch zu Schaden kommt, daß eine steinerne Treppe trotz Schneeglätte nicht gestreut wird.[190]

Betroffen sind in gleicher Weise private Inhaber von Läden, Gaststätten und Mietshäusern. Haben sie beispielsweise ihre Böden so glatt gebohnert, daß Kunden oder Besucher dadurch zu Fall kommen und sich verletzen, so tritt eine Haftung wegen fahrlässigen Handelns ein.

1042 **Über diesen Fall** der Verkehrssicherungspflicht **hinaus** hat gleichfalls **schon** das **Reichsgericht** sog. **Verkehrspflichten** in anderen Fällen anerkannt.

Leitentscheidung ist der Milzbrandfall: Ein Tierarzt, der ein von Milzbrand befallenes Tier behandelt hatte, versäumte, den herbeigerufenen Schlachter auf Infektionsgefahren hinzuweisen.[191]

Während sich die Verkehrssicherungspflicht noch in Anlehnung an die Haftung des Gebäudebesitzers nach § 836[192] entwickeln ließ[193], war dies für die allgemeine Verkehrspflichten nicht mehr der Fall: Sie sind nichts anderes als eine richterliche Schöpfung von allgemeinen Verhaltensregeln und damit ein Anwendungsfall eines «gesollten Verhaltens», dessen Nichtbeachtung den Vorwurf der Fahrlässigkeit begründet.

Im wesentlichen werden heute drei spezifische Konstellationen unterschieden, in denen Verkehrspflichten zum Schutze Dritter angenommen werden.

(2) Fallgruppen

1043 – **Wer** selbst einen bestimmten **Gefahrenbereich beherrscht**, muß alle zumutbaren Vorkehrungen treffen, um die Entstehung von Schäden zu verhindern.

---

188 RGZ 52, 373, 379 (1902); RGZ 54, 53, 59 (1903)
189 RGZ 52, 373, 379
190 RGZ 54, 53, 59
191 RGZ 102, 372, 375
192 Dazu unten Kap. 9 unter 5 (Rn 1135 ff.)
193 Larenz-Canaris § 76 IV 2 a

Wer ein Motorradrennen veranstaltet, muß dafür sorgen, daß Motorräder nicht in die Zuschauer hineinrasen können.

In diesem Rahmen gehört auch das später zu behandelnde Organisationsverschulden:[194] Wer die Organisation eines Unternehmens beherrscht, muß dafür sorgen, daß vermeidbare Schädigungen Dritter verhindert werden.

Eine Blutbank muß so organisiert sein, daß kontrolliert wird, ob Spenderblut HIV-verseucht ist.

– Zum zweiten spricht man von «**Übernahmehaftung**» dann, wenn 1044
jemand eine bestimmte Funktion, insbesondere eine solche der Gefahrenabwehr, übernommen hat.

Im oben erwähnten Milzbrandfall[195] hatte der Tierarzt Pflichten auch gegenüber dem Schlachter, zu dem er keine vertraglichen Beziehungen hatte.

Erfaßt sind damit aber nicht nur die Angehörigen bestimmter Berufe; vielmehr hat z. B. auch ein Babysitter die Pflicht, Gefahren von dem Kind abzuwehren.[196]

– Eine Verkehrspflicht kann zum dritten auch daraus folgen, daß je- 1045
mand **durch vorangegangenes Tun eine besonders große Gefahr geschaffen** hat.[197]

Häufig genanntes Beispiel:[198] Eine Hausfrau bewahrt Natronlauge in einer Bierflasche in ihrer Speisekammer auf. Ein Handwerker führt Reparaturen in der Küche durch; während der Pause stellt er seine Bierflasche neben die mit der Natronlauge gefüllte. Es kam, wie es kommen mußte: Da sich die Flaschen ähnlich waren, griff er die falsche, nahm einen kräftigen Schluck und erlitt erhebliche innere Verletzungen. Die Hausfrau hätte die Gefahr sehen und die Flasche unzugänglich aufbewahren oder zumindest kennzeichnen müssen. Da sie dies nicht getan hatte, handelte sie fahrlässig und haftete deshalb auf Schadensersatz.

(3) Adressat der Verkehrspflicht

Im Einzelfall kann zweifelhaft sein, **wem gegenüber** die **Verkehrs-** 1046
pflicht besteht. Der BGH tendiert hier eher zu einer Ausweitung in dem Sinne, daß nicht nur gegenüber den eigenen potentiellen Kunden gehaftet wird.

---

194 Dazu unten Kap. 9 unter 2.3.2 (Rn 1118)
195 S. Fn 191
196 Larenz-Canaris § 76 III 3 b
197 Larenz-Canaris § 76 III 3 c; zum Ganzen s. auch Fuchs, S. 74
198 BGH NJW 1968, 1182, 1183

Beispiel:[199] In der Gemeinde X mußte bei Glatteis bis 22.00 Uhr abends gestreut werden. Der Inhaber einer bis 1.00 Uhr geöffneten Diskothek hatte eine entsprechende Verkehrssicherungspflicht gegenüber seinen (potentiellen) Besuchern bis 1.00 Uhr. Sie wurde auch auf Passanten erstreckt; sie würden sich u. a. bei ihrem Verhalten darauf einstellen, daß vor lange geöffneten Gaststätten auch noch nach 22.00 Uhr etwas gegen die Bildung von Glatteis getan werde.

1047 Nicht erfaßt sind lediglich **Personen**, die sich **unerlaubt** auf einem bestimmten Gelände **aufhalten**.

Der juristisch vorgebildete Einbrecher hat neben drei Sparbüchern auch ein Gemälde «Elche im Mondenschein» mitgehen lassen, kommt jedoch auf der glatt gebohnerten Treppe zu Fall und bricht sich ein Bein. Da Einbrecher normalerweise nicht sozialversichert sind, will er unbedingt seine Heilungskosten vom Hauseigentümer ersetzt bekommen. Laien würden ihn auslachen, Gerichte würden sagen, ihm gegenüber habe keine Verkehrssicherungspflicht bestanden.

Auch wenn eine Straße beispielsweise nur von Fahrzeugen bis zu 3 Tonnen befahren werden darf, kann sich ein 6-Tonner nicht beklagen, wenn er an einer bestimmten Stelle einbricht.

1048 **(4) Wen trifft die Verkehrspflicht?**

Zweifel können sich nicht nur beim Kreis der geschützten, sondern auch bei der Bestimmung der **Personen** ergeben, **denen eine Verkehrspflicht obliegt**. Sind mehrere für einen bestimmten Bereich verantwortlich, sind sie gleichermaßen zum Handeln verpflichtet.

Im Bürohaus H sind sechs Firmen untergebracht. Auf der Treppe zum 1. Stock stürzt ein Besucher der Firma X, die im 3. Stock untergebracht ist. Unterstellt, die Treppe war nicht in Ordnung: Sowohl der Eigentümer als auch alle Firmen ab dem 1. Stockwerk sind verantwortlich.

1049 Möglich ist, die Erfüllung der Verkehrspflicht **einem anderen zu übertragen**; in diesem Falle haftet der eigentlich verpflichtete nur noch für sorgfältige Auswahl und Überwachung.[200] Wird die Gefahr von einer juristischen Person geschaffen, so trifft die Verkehrspflicht nicht nur diese, sondern auch diejenigen natürlichen Personen, die etwa als **Geschäftsführer** die nötigen Maßnahmen gegen Schädigungen zu treffen haben.[201]

---

199 BGH NJW 1987, 2671

200 BGH NJW 1976, 46, 47; Fuchs, S. 77; Kötz Rn 238

201 Larenz-Canaris § 76 III 5 d. Dazu zählt nicht ein Wachmann in einem Lagerhaus: BGH NJW 1987, 2510, 2511

(5) Übertreibungen

Wie weit Verkehrspflichten gehen, kann im Einzelfall zweifelhaft sein. Die Rechtsprechung unterläuft zum Teil durch irreal hohe Anforderungen die Entscheidung des Gesetzgebers für die Verschuldenshaftung. So wurde beispielsweise ein Reiseveranstalter für verpflichtet angesehen, die Balkongitter in den Zimmern zu überprüfen, die den Reisenden in einem Hotel auf Gran Canaria zur Verfügung gestellt wurden.[202] 1050

Schon das Reichsgericht war hier bisweilen höchst streng. Wer sich mit seinem Fahrzeug bei Nebel einem unbeschrankten Bahnübergang näherte, sollte verpflichtet sein, auszusteigen und sein Ohr auf die Gleise zu legen, wo sich der herannahende Zug gut hören lasse.[203] Auf einer ICE-Strecke, wo mit 250 kmh gefahren wird, müßte davon dann allerdings eine Ausnahme gemacht werden...

Erklärbar ist diese Tendenz ein wenig auch damit, daß immer erst über eingetretene Schäden zu entscheiden ist, wo die Vorstellung, das sei doch alles vorauszusehen gewesen, besonders naheliegt.[204]

2.3.3.4 Schuldunfähige Personen

Keine Haftung tritt ein, wenn der Handelnde nach den §§ 827, 828 nicht schuldfähig war. In Anlehnung an die Regeln zur fehlenden Geschäftsfähigkeit[205] ist zwischen verschiedenen Fallgruppen zu unterscheiden. 1051

– Wer **das siebte Lebensjahr noch nicht vollendet** hat, ist nach § 828 Abs. 2 von jeder deliktischen Haftung ausgenommen.[206] 1052

Der Sechsjährige schießt mit Pfeil und Bogen und trifft das Auge eines Spielkameraden. Keine Haftung; es kommt allenfalls in Betracht, die Eltern wegen Verletzung ihrer Aufsichtspflicht nach § 832 in Anspruch zu nehmen.[207]

– Wer **das siebte, aber noch nicht das 18. Lebensjahr** vollendet hat, ist «beschränkt deliktsfähig». Nach § 828 Abs. 2 ist er für einen Schaden (nur) dann nicht verantwortlich, «wenn er bei der Begehung der schädigenden Handlung nicht die zur Erkenntnis der Verantwortlich- 1053

---

202 BGHZ 103, 298, 309; kritisch dazu Larenz-Canaris § 76 III 7 b. S. auch Kötz Rn 260
203 Vgl. RGZ 54, 410
204 Vgl. auch Kötz Rn 261
205 Bd. 1 Kap. 11 (Rn 697 ff.). Auf die Parallele wird auch in Mot II, 732 verwiesen
206 S. dazu § 104 Nr. 1 und Bd. 1 Kap. 11 unter 2.1 (Rn 700 ff.). Zur Billigkeitshaftung nach § 829 s. unten Kap. 10 unter 6 (Rn 1206)
207 Dazu unten Kap. 9 unter 3 (Rn 1122 ff.)

keit erforderliche Einsicht» hatte. Obwohl der Wortlaut dies nicht zwingend nahelegt, wird auch hier ein **objektiver Maßstab** angewandt: Es soll darauf ankommen, ob **Minderjährige der betreffenden Altersgruppe** normalerweise über die erforderliche Einsicht verfügen.[208] Ist dies der Fall, kann eine Haftung ausnahmsweise dann ausscheiden, wenn Kinder der betreffenden Altersgruppe typischerweise nicht in der Lage sind, daraus auch Konsequenzen zu ziehen und dem Eintritt eines Schadens entgegenzuwirken.[209]

1054 – Die Handhabung des § 828 Abs. 2 durch die Rechtsprechung erhöht die Gefahr, daß ein Minderjähriger durch ein einzelnes Fehlverhalten eine für ihn **existenzvernichtende Haftung** auslöst. Dies ist zu Recht vom OLG Celle[210] jedenfalls dann als verfassungswidrig qualifiziert worden, wenn der Geschädigte anderweitig (z. B. durch Versicherung) Ersatz erhält. Der Fall liegt ähnlich wie der, daß Eltern zu Lasten ihrer Kinder Verbindlichkeiten in einem Ausmaß begründen, daß diese als «wirtschaftlich ruiniert» in die Volljährigkeit entlassen werden:[211] In beiden Fällen ist die aus Art. 2 Abs. 1 GG folgende staatliche Schutzpflicht verletzt. Eine Entscheidung des BVerfG über diese Frage liegt allerdings im Augenblick noch nicht vor.

1055 – Keine Haftung tritt nach § 827 Satz 1 ein, wenn der Täter «**im Zustande der Bewußtlosigkeit**» oder in einem «die freie Willensbestimmung ausschließenden Zustande krankhafter Störung der Geistestätigkeit» einem anderen Schaden zufügt.[212]

1056 – Wer sich **durch geistige Getränke**, Drogen und ähnliche Mittel **in einen derartigen Zustand versetzt**, haftet wie ein fahrlässig Handelnder; dies gilt nur dann nicht, wenn er ohne Verschulden in diesen Zustand geraten ist.

Anders als bei der strafrechtlichen actio libera in causa kommt es nicht darauf an, daß sich das Verschulden auch auf die Möglichkeit erstreckte, im Vollrausch eine bestimmte Art von Delikten zu begehen.[213]

1057 – **Taubstumme** werden nach § 828 Abs. 2 Satz 2 Minderjährigen zwischen sieben und 18 Jahren gleichgestellt. Nach heutigem Verständnis ist eine solche Sonderregelung überflüssig; § 827 reicht aus.

---

208 BGH NJW 1970, 1038, 1039
209 BGH NJW 1984, 1958
210 JZ 1990, 294; dazu auch Fuchs, S. 60; Palandt-Thomas § 828 Rn 5
211 BVerfG NJW 1986, 1859
212 Vgl. dazu §§ 104 Nr. 2, 105 Abs. 2
213 Zur actio libera in causa s. Otto Jura 1986, 224

3 Die Haftung nach § 823 Abs. 2

§ 823 Abs. 2 knüpft die Haftung an die Verletzung eines «Schutzgeset- 1058
zes».[214] In vielen Fällen fällt ein schädigendes Verhalten sowohl unter § 823 Abs. 1 wie unter § 823 Abs. 2.

Der Dieb, der eine Sache stiehlt, greift nach § 823 Abs. 1 in das Eigentum ein und verletzt außerdem das Schutzgesetz des § 242 StGB, das den Diebstahl unter Strafe stellt.

Im Einzelfall können jedoch «Schutzgesetze» nicht nur die in § 823 Abs. 1 geschützten Rechtsgüter und Rechte, sondern z. B. auch weitere Rechtspositionen erfassen. § 823 Abs. 2 erweitert dann die Haftung.

Wer einen anderen betrügt, haftet zwar nicht nach § 823 Abs. 1, wohl aber nach § 823 Abs. 2 iVm dem Betrugstatbestand des § 263 StGB.

Außerdem ist denkbar, daß «**Schutzgesetze**» über **Verkehrspflichten hinausgehen** und beispielsweise schon eine abstrakte Gefährdung ausschließen wollen.[215]

§ 227 StGB verbietet jede Teilnahme an einer Schlägerei, sofern in dieser ein Mensch getötet wird oder eine schwere Körperverletzung erleidet. Dies ist ein Schutzgesetz zugunsten eines Verletzten auch dann, wenn der in Anspruch Genommene sich bereits vor der Tat aus der Schlägerei zurückgezogen hatte.[216]

Daß § 823 Abs. 2 in den von ihm erfaßten Fällen auch vor **allgemeinen Vermögensschäden** schützt, ist bereits betont worden.[217]

214 S. den Wortlaut oben 1 (Rn 929)
215 Larenz-Canaris § 77 III 1 a
216 BGHZ 103, 197
217 Oben Kap. 7 unter 3.2 (Rn 904)

3.1 Wann liegt ein Schutzgesetz vor?

1059 Nach allgemeiner Auffassung kann von einem «Schutzgesetz» nur dann die Rede sein, wenn nicht nur die Allgemeinheit, sondern auch **bestimmte Individualinteressen geschützt** sind.[218]

Die genannten Straftatbestände nach den §§ 242, 263 StGB bestehen zwar im Allgemeininteresse, schützen jedoch gleichzeitig die von einem potentiellen Diebstahl bzw. Betrug betroffenen Personen.

1060 Notwendig ist, daß der Schadensersatz Begehrende zu dem **Personenkreis** gehört, **der durch das Schutzgesetz vor Schaden bewahrt werden soll**.

Beispiel: § 323 Abs. 1 StGB bedroht denjenigen mit Strafe, der u. a. bei der Planung und Leitung eines Bauwerks gegen allgemein anerkannte Regeln der Technik verstößt und dadurch Leib oder Leben eines anderen gefährdet. Geschützt sind damit nur Bewohner und Besucher, nicht aber der Bauherr, dem wegen des Verstoßes gegen die Regeln der Technik ein Vermögensnachteil entsteht.[219]

1061 Eine ähnliche Beschränkung in personeller Hinsicht läßt sich der Vorschrift des § 21 Abs. 1 Nr. 2 StVG (Verbot des Fahrens ohne Führerschein) entnehmen: Geschützt sind dadurch nur andere Verkehrsteilnehmer, nicht der ohne Erlaubnis Fahrende selbst.[220] Zu den vielen anderen in Betracht kommenden Normen ist auf die Kommentarliteratur zu verweisen.[221] Wenig überzeugend ist die Rechtsprechung des BGH, wonach eine **bußgeldbewehrte Vorschrift kein Schutzgesetz** sein soll, wenn die Interessen des dadurch an sich geschützten Personenkreises auf andere Weise gesichert sind.[222] Dies fällt völlig aus dem sonstigen System heraus, da eine solche Subsidiarität nur im Falle der Amtshaftung nach § 839 Abs. 1 Satz 2 angeordnet ist.

1062 Knobelfrage: Sind die von der Rechtsprechung im Rahmen des § 823 Abs. 1 entwikkelten **Verkehrspflichten**[223] zugleich «Schutzgesetze» im Sinne des § 823 Abs. 2? Art. 2 EGBGB definiert als «Gesetz» jede Rechtsnorm, also auch ungeschriebenes Richter- und Gewohnheitsrecht.[224] Dies spricht an sich dafür, zumindest «unbe-

218 S. statt aller BGH NJW 1992, 241, 242; Esser-Weyers § 56 I; Fuchs, S. 96 ff.
219 BGHZ 39, 366, 369 (zu dem im wesentlichen übereinstimmenden § 330 StGB a. F.); Esser-Weyers § 65 I; Kötz Rn 184
220 BGH NJW 1991, 418: Mokick-Fall
221 S. etwa Palandt-Thomas § 823 Rn 145 ff., 153 ff.
222 BGHZ 116, 7, 14; kritisch Fuchs, S. 99; Larenz-Canaris § 77 II 3
223 Oben 2.3.3.3 (Rn 1040 ff.)
224 Palandt-Heinrichs Art. 2 EGBGB Rn 1

strittene» Verkehrspflichten auch als Schutzgesetze zu behandeln, doch ist damit bisher noch nie Ernst gemacht worden.[225] Im Ergebnis ist dies allerdings unschädlich, da die Rechtsfolgen bei § 823 Abs. 1 und § 823 Abs. 2 identisch sind.

3.2 Rechtswidrigkeit und Verschulden

Der Verstoß gegen ein Schutzgesetz ist rechtswidrig, soweit nicht aus- 1063
nahmsweise ein Rechtfertigungsgrund eingreift. Auch die Lehre vom Handlungsunrecht müßte dies eigentlich so sehen, da die Nichtbeachtung des Schutzgesetzes dem Verstoß gegen eine ungeschriebene Verkehrspflicht gleichkommt.[226]

Eine Ersatzpflicht setzt weiter voraus, daß vorsätzlich oder fahrläs- 1064
sig gegen das Schutzgesetz verstoßen wurde. Stellt dieses nicht auf Verschulden ab, wird nach der ausdrücklichen Vorschrift des § 823 Abs. 2 Satz 2 eine Haftung auf den Fall des Verschuldens beschränkt.

Wird ein Schutzgesetz objektiv verletzt, so wird nach der Rechtspre- 1065
chung ein **Verschulden des Täters** dann **vermutet**, wenn das geforderte Verhalten sehr konkret umschrieben ist.[227] Vorsatz und Fahrlässigkeit müssen sich im übrigen lediglich auf den Verstoß gegen das Schutzgesetz beziehen; genau wie im Rahmen des § 823 Abs. 1 spielen die weiteren Konsequenzen insoweit keine Rolle.[228]

3.3 Umfang des Schadensersatzes

Welcher Schaden zu ersetzen ist, bestimmt sich nach dem Zweck des 1066
verletzten Gesetzes. So soll etwa die den Geschäftsführer einer GmbH nach § 64 GmbHG treffende Pflicht, bei Überschuldung Konkursantrag zu stellen, alle künftigen Geschäftspartner schützen, so daß diese ihren ganzen Schaden ersetzt verlangen können, der ihnen durch die Neuaufnahme von Geschäftsbeziehungen mit der GmbH entstanden ist.[229]

---

225 Vgl. Esser-Weyers § 56 I
226 Anders aber Esser-Weyers § 56 I
227 BGHZ 116, 104, 114 f.
228 Kötz Rn 186
229 BGHZ 126, 181, 190 ff.

4 Die Haftung nach § 826

1067 Wer einen anderen in einer gegen die guten Sitten verstoßenden Weise vorsätzlich schädigt, ist nach § 826 zum Ersatz verpflichtet. Mit dieser Vorschrift ist eine «Auffangregel» für eklatantes soziales Fehlverhalten ins BGB eingefügt worden.[230] Die **Beschränkung auf vorsätzliches Verhalten** macht es praktisch unmöglich, diese Vorschrift als Basis für neue richterrechtliche Grundsätze des Deliktsrechts zu nehmen;[231] die Weiterentwicklung des Rechts der unerlaubten Handlung erfolgte deshalb über das Medium der «Verkehrspflichten» im Rahmen des § 823 Abs. 1.[232] Gleichwohl besitzt § 826 auch heute noch eine Reihe wichtiger Anwendungsbereiche.

4.1 Die Voraussetzungen im einzelnen

1068 Eine Haftung nach § 826 kommt nur dann in Betracht, wenn ein «**Schaden**» verursacht wurde.[233] In welchen Rechtsgütern dieser eingetreten ist, spielt keine Rolle; jeder Vermögensnachteil reicht aus.

1069 Der Schaden muß zum zweiten «**vorsätzlich**» herbeigeführt sein, wobei nicht anders als im Rahmen des § 823 Abs. 1[234] bedingter Vorsatz genügt.[235] Der Verantwortliche muß die Art wie die «Richtung» des Schadens billigend in Kauf genommen haben.[236]

Schädigt jemand durch ein «Schurkenstück» das Vermögen eines anderen (indem er z. B. diesem durch Verleumdung einen wichtigen Auftrag «kaputtmacht»), so besteht eine Haftung für die beim Betroffenen eintretenden Magengeschwüre nur dann, wenn der Täter auch an gesundheitlichen Konsequenzen gedacht hat.[237]

Hier zeigt sich ein wichtiger Unterschied zu § 823 Abs. 1 und § 823 Abs. 2, wo sich der Vorsatz nur auf den Eingriff in das geschützte Rechtsgut bzw. auf die Verletzung des Schutzgesetzes beziehen muß,

---

230 Brüggemeier Rn 844
231 Deutsch Rn 231; Kötz Rn 187
232 Richtig Brüggemeier Rn 844
233 Fuchs, S. 109
234 Dazu oben 2.3.3.1 (Rn 1028)
235 S. statt aller Deutsch Rn 236; Fuchs, S. 111; Kötz Rn 188
236 BGH NJW 1991, 634 f.; s. schon RGZ 157, 213, 220
237 Kötz Rn 188

um die Haftung für alle daraus (adäquat kausal entstehenden) Schäden zu begründen.

Das Verhalten des Schädigers muß weiter «**sittenwidrig**» sein – eine Formel, deren Konkretisierung vergleichbare Probleme wie im Rahmen des § 138 aufwirft.[238] Praktisch läuft dies darauf hinaus, daß die Rechtsprechung bestimmte Fallgruppen herausarbeitet.[239] Einige von ihnen – wie z. B. die sittenwidrige Verweigerung des Vertragsabschlusses[240] und die Einleitung staatlicher Verfahren unter Vorspiegelung falscher Tatsachen[241] – haben uns bereits beschäftigt. 1070

4.2 Fallgruppen

4.2.1 Verleitung zum Vertragsbruch

Wer einen anderen veranlaßt, seine vertraglichen Verpflichtungen nicht zu erfüllen, handelt deshalb **noch nicht sittenwidrig**. Eine solche Annahme verbietet sich schon deshalb, weil andernfalls auch Forderungen Deliktsschutz genießen würden. Auch die Tatsache, daß der zum Vertragsbruch Anstiftende selbst einen Vorteil hat, reicht nach allgemeiner Auffassung noch nicht aus. 1071

A hat an B ein Grundstück verkauft, aber noch nicht aufgelassen. X ist an dem Grundstück gleichfalls interessiert und bietet einen um 100000 DM höheren Preis. A läßt sich dadurch beeindrucken und verkauft das Grundstück ein zweites Mal an X.

Die Voraussetzungen des § 826 sind erst dann erfüllt, wenn noch weitere «Bösartigkeiten» hinzukommen, wenn beispielsweise der B bewußt schlechtgemacht wird oder wenn X eine Haftung für alle potentiellen Schadensersatzansprüche gegen A übernimmt.[242] 1072

Liegen derartige Voraussetzungen vor, ist in der Regel auch der Kaufvertrag mit dem Zweitkäufer nach § 138 Abs. 1 nichtig. A hat daher an sich einen Bereicherungsanspruch, dem jedoch in der Regel § 817 Satz 2 entgegensteht. Kann B nach § 281 Abtretung dieses Anspruchs verlangen, da sich A ja die Übereignung selbst

238 Dazu Bd. 1 Kap 15 unter 3 (Rn 1333 ff.)
239 Ebenso die Diagnose bei Brüggemeier Rn 837 ff.
240 Dazu Bd. 1 Kap. 12 unter 4.4 (Rn 906 ff.)
241 Dazu oben 2.3.3 (Rn 1020 f.)
242 Zu dieser Problematik im einzelnen BGH NJW 1981, 2184; BGH NJW 1994, 128, 129; Deutsch Rn 243; Kötz Rn 690

nach § 280 schuldhaft unmöglich gemacht hat?[243] Dies könnte deshalb von Interesse sein, weil X dem B gegenüber schwerlich auf § 817 Satz 2 verweisen könnte. Praktische Bedeutung hat dies dann, wenn zwar die Sittenwidrigkeit des zweiten Kaufvertrags feststeht, nicht jedoch die Tatsache, da X bewußt den B schädigen wollte.

4.2.2 Fehlinformationen

1073 Wer andere mit unzutreffenden Informationen versorgt, handelt deshalb noch nicht sittenwidrig.

A sagt seinem Freund B, bei der Firma F könne man ohne Bedenken bestellen. B tut dies und erleidet einen Schaden, weil die F in Konkurs fällt. Hätte A die Augen aufgemacht, hätte er dies erkannt. Er ist gleichwohl nicht zum Schadensersatz verpflichtet.

Die Situation ändert sich, wenn es nicht nur um einen «freundschaftlichen Rat», sondern um eine mit einer gewissen Sachautorität versehene Aussage geht, die auch nach den Vorstellungen des Erklärenden unrichtig ist.

Einem wegen Unterschlagung entlassenen Angestellten wird im Dienstzeugnis nicht nur gute Führung, sondern auch «Ehrlichkeit» bescheinigt. Wird der Betroffene von einem neuen Arbeitgeber eingestellt und begeht er dort ein weiteres Vermögensdelikt, haftet der allzu großzügige Zeugnisformulierer nach § 826 auf Schadensersatz.[244]

Dabei reicht es aus, wenn die Auskunft «leichtfertig» und ohne Rücksicht auf die Interessen anderer erteilt wurde, beispielsweise ein Wirtschaftsprüfer die Situation eines Unternehmens als «gut» bezeichnet, obwohl er überhaupt keine ausreichenden Informationen besitzt.[245] Auch eine entsprechend **leichtfertig erteilte Bankauskunft** würde nach § 826 zum Ersatz verpflichten. Mit erfaßt ist selbstredend die bewußte Täuschung[246], bei der man allerdings primär an eine Haftung aus § 823 Abs. 2 iVm § 263 StGB denkt.[247]

---

243 Zur Herausgabe des stellvertretenden Commodums nach § 281 in Fällen der Unmöglichkeit s. Bd. 1 Kap. 17 unter 2.4.1 (Rn 1529)

244 Vgl. Kötz Rn 200

245 Vgl. BGH NJW 1986, 180

246 Deutsch Rn 237

247 Beide Ansprüche stehen aber nebeneinander. Zu § 823 Abs. 2 s. oben 3.1 (Rn 1059)

4.2.3 Ausnutzung einer formalen Rechtsposition

Denkbar ist, daß ein Gläubiger ein **rechtskräftiges Urteil** oder einen anderen vollstreckbaren Titel besitzt, dessen Unrichtigkeit er positiv kennt. 1074

Die beklagte Partei erscheint nicht vor Gericht, so daß schließlich ein rechtskräftiges Versäumnisurteil zu ihren Lasten ergeht. Später stellt sich heraus, daß die falsche Partei verklagt wurde, die mit dem Streitfall überhaupt nichts zu tun hatte.

In Fällen dieser Art steht einer Durchsetzung des Urteils im Wege der Zwangsvollstreckung § 826 entgegen: Es wäre sittenwidrig, wollte sich der Gläubiger das «Glück» des unrichtigen Urteils zunutze machen und den Schuldner zur Kasse bitten. Die Rechtskraft des Urteils erleidet insoweit eine **Durchbrechung**.[248] Dies gilt unbestritten dann, wenn auch der «Weg» zum vollstreckbaren Titel zu beanstanden war, beispielsweise Zeugen bestochen wurden oder im Prozeß bewußt die Unwahrheit gesagt wurde.[249] Dasselbe muß aber auch angenommen werden, wenn dem Gläubiger der unrichtige Titel gewissermaßen in den Schoß gefallen ist, weil sich der Beklagte nicht wehrte.

Wie sind vollstreckbare Titel aus Ratenkreditverträgen zu behandeln, die nach der heute gültigen Rechtsprechung als sittenwidrig behandelt würden?[250] An sich kann der Wandel der Rechtsprechung eine Vollstreckung nicht unzulässig machen, doch gilt hier deshalb Abweichendes, weil staatliche Machtmittel nicht dafür eingesetzt werden dürfen, einen mittlerweile als sittenwidrig erkannten Rechtszustand zu vollziehen.[251]

Was bedeutet die Berufung auf § 826 gegenüber einem vollstreckbaren Titel? Ist der Gläubiger bereits befriedigt worden, liegt der Schaden in der Bezahlung des entsprechenden Betrages; er kann nach § 826 zurückverlangt werden. Droht erst die Zwangsvollstreckung, wird diese unzulässig; der Schuldner kann vom Gläubiger die Herausgabe des unrichtigen Titels verlangen, sofern dieser nicht von sich aus erklärt, auf diesen nicht mehr zurückkommen zu wollen.[252] 1075

---

248 BGHZ 50, 115

249 Vgl. BGH NJW 1988, 972

250 Zur Sittenwidrigkeit von Kreditverträgen s. Bd. 1 Kap. 15 unter 3.2.2.2 (Rn 1361)

251 Vgl. BGH NJW 1991, 30; Brüggemeier Rn 872; Fuchs, S. 115

252 Es handelt sich dabei um die Beseitigung einer weiterbestehenden «Bedrohung» des Schuldners – zu diesem sog. quasi-negatorischen Anspruch s. unten Kap. 15 unter 2 (Rn 1407)

4.2.4 Benachteiligung anderer Gläubiger

1076 Eine sittenwidrige Schädigung Dritter kann darin liegen, daß sich ein Gläubiger ein Übermaß an Sicherungen geben läßt, so daß für andere grundsätzlich nichts mehr übrigbleibt.[253] Dabei ist allerdings immer zu beachten, ob die «**Übersicherung**» überhaupt wirksam ist; fehlt es daran,[254] dürfte auch ein Rückgriff auf § 826 nicht mehr in Betracht kommen.

1077 Ein weiterer (wichtiger) Anwendungsfall liegt darin, daß eine **Bank den wirtschaftlichen Zusammenbruch** des Schuldners **hinauszögert**, um in der Zwischenzeit für ihre eigenen Forderungen eine ausreichende Absicherung zu bekommen.

Beispiel:[255] Die Bank weiß, daß das Unternehmen, dem sie Kredit gegeben hat, nicht mehr zu retten ist. Zur Sicherheit hat sie sich das Warenlager in seinem jeweiligen Bestand übereignen lassen.[256] Sie gibt einen kleinen Überbrückungskredit, weil sie weiß, daß in Kürze Lieferungen zu erwarten sind, die den Umfang des Warenlagers deutlich vergrößern und ihr so eine ungleich höhere Sicherheit verschaffen. Kommt es nunmehr zum Zusammenbruch und erhalten die Gläubiger noch weniger, als sie bei früherem Konkursantrag bekommen hätten, muß die Bank die Differenz nach § 826 ersetzen.

5 Beamtenhaftung nach § 839

1078 Verletzt ein Beamter schuldhaft «die ihm einem Dritten gegenüber obliegende Amtspflicht», so hat er nach § 839 Abs. 1 Satz 1 dem Dritten Schadensersatz zu leisten. Nach Satz 2 derselben Bestimmung gilt dies nicht, wenn der Beamte nur fahrlässig gehandelt hat und der Verletzte anderweitig Ersatz bekommen kann. Auch entfällt die Ersatzpflicht nach § 839 Abs. 3, wenn der Verletzte den Schaden durch Einlegung von Rechtsmitteln hätte vermeiden können. Schließlich enthält § 839 Abs. 2 das sog. Spruchrichterprivileg: Nur dann, wenn ein falsches Urteil zugleich eine Straftat (wie z. B. Rechtsbeugung nach § 336

253 Kötz Rn 681
254 Oben Kap. 3 unter 4 (Rn 536)
255 Nach BGH NJW 1970, 657
256 Zur Zulässigkeit der Sicherungsübereignung von Warenlagern s. oben Kap. 3 unter 4.1.1.3 (Rn 541)

StGB) darstellt, kann der Richter persönlich auf Schadensersatz in Anspruch genommen werden.

Alle diese Einschränkungen wären gegenstandslos, würde der Beamte auch nach den allgemeinen Bestimmungen der §§ 823 Abs. 1 und 2, 826 haften. Es besteht daher Einigkeit darüber, daß **§ 839 als Spezialnorm** vorgeht.[257] 1079

Da das Verhältnis Bürger-Staat primär durch öffentliches Recht geregelt ist und viele Besonderheiten aufweist, die traditionell in den Lehrbüchern des Verwaltungsrechts abgehandelt werden[258], soll hier nur ein kurzer Überblick gegeben werden. 1080

5.1 Beschränkung auf nicht-hoheitliches Handeln

An früherer Stelle ist bereits darauf hingewiesen worden, daß der Staat dem Bürger als hoheitlich handelndes Subjekt, manchmal aber auch als Gleicher unter Gleichen gegenübertritt.[259] 1081

Der Finanzbeamte schickt einen Steuerbescheid (hoheitlich), der Hausmeister des Finanzamts bestellt Heizöl (nichthoheitlich, auch «fiskalisch» genannt).

Soweit der Beamte **hoheitlich handelt**, haftet nach Art. 34 Satz 1 GG an seiner Stelle **grundsätzlich der Staat** bzw. eine andere öffentlich-rechtliche Körperschaft. Insoweit ist der Beamte von jeder Haftung nach außen frei; nach Art. 34 Satz 2 GG kann der Staat bzw. die öffentlich-rechtliche Körperschaft («Dienstherr» genannt) nur bei Vorsatz und grober Fahrlässigkeit Rückgriff gegen den Beamten nehmen. Die Haftung wird – wie man sagt – in der Weise «kanalisiert», daß von mehreren Rechtssubjekten, die als Haftende in Betracht kommen, nur eines wirklich verpflichtet ist. 1082

Praktisch wichtig ist, daß Art. 34 Satz 1 GG auch Arbeiter und Angestellte des öffentlichen Dienstes erfaßt. Soweit es um hoheitliches Handeln geht, sind auch sie schlimmstenfalls dem Rückgriff des Staates nach Art. 34 Satz 2 GG ausgesetzt.

Dies bedeutet, daß die in § 839 vorgesehene Haftung des Beamten nur dann eingreift, wenn es um nichthoheitliches Tun geht.

---

257 BGHZ 34, 99; Esser-Weyers § 59 I 2 a; Palandt-Thomas § 839 Rn 1

258 S. etwa Rüfner, in: Erichsen (Hrsg.), Allgemeines Verwaltungsrecht, 10. Aufl. 1995, §§ 47–49

259 Bd. 1 Kap. 3 unter 1 (Rn 115 ff.)

5.2 Voraussetzungen im einzelnen

1083 § 839 betrifft nur **Beamte im staatsrechtlichen Sinne**, d. h. Personen, die mittels einer Urkunde zu Beamten ernannt worden sind.[260] Andere Bedienstete sind ggfs. nach den §§ 823 ff. verantwortlich.

1084 Ob eine **Amtspflicht «einem Dritten gegenüber»** besteht, ist nach denselben Kriterien zu entscheiden wie das Vorliegen eines Schutzgesetzes gem. § 823 Abs. 2.[261] Vom Schutzzweck her bestimmt sich auch der Kreis der geschützten Personen sowie der Umfang der zu ersetzenden Schäden.[262]

Beispiel: Aufgrund der Verkehrssicherungspflicht hat die Stadt dafür zu sorgen, daß bei Schneefall und Glatteis alle wichtigen **Straßen gestreut** sind. Unterstellt, das einschlägige Landesstraßengesetz hat dies nicht – was möglich ist – zu einer öffentlich-rechtlichen Pflicht gemacht:[263] Der zuständige Beamte haftet für Schäden, die bei einem schnee- oder glatteisbedingten Unfall entstehen. Führt das unterbliebene Streuen lediglich dazu, daß langsamer gefahren wird und sich Staus ergeben, sollen die dadurch bedingten Schäden nicht mehr ersatzfähig sein.[264]

1085 Vorsatz und Fahrlässigkeit des Beamten müssen sich auf die Verletzung der Amtspflicht und die dadurch geschaffene Schädigungsmöglichkeit beziehen.[265]

5.3 Schranken

1085 Die Haftung des Beamten ist nach § 839 Abs. 1 Satz 2 insoweit **subsidiär**, als sie bei Fahrlässigkeit nur dann eintritt, wenn kein anderweitiger Ersatzanspruch besteht. Grundgedanke ist die Erwägung, die Entschlußfreudigkeit der Beamten nicht durch ein übergroßes Haftungsrisiko (noch weiter) zu reduzieren.

1086 Die **anderweitige Ersatzmöglichkeit** kann in Ansprüchen gegen Dritte, aber auch gegen Versicherungen oder Arbeitgeber bestehen. «Eigenvorsorge» des Geschädigten entlastet so den Beamten. Auch reicht es aus, wenn **der Geschädigte** nach allgemeinen Bestimmun-

260 Esser-Weyers § 59 II 1 a
261 Oben 3.1 (Rn 1059 ff.)
262 Esser-Weyers § 59 II 1 c
263 Kötz Rn 244
264 Esser-Weyers § 59 II 1 c
265 Zur Parallelproblematik bei § 823 Abs. 2 s. oben 3.2 (Rn 1065)

gen den Staat oder eine andere, den Beamten beschäftigende Körperschaft des öffentlichen Rechts **in Anspruch nehmen kann**.

Ist der Beamte ein Organ (z. B. der Bürgermeister einer Gemeinde), so wird nach §§ 89, 31 gehaftet. Andernfalls gilt im Rahmen vertraglicher Beziehungen § 278, im übrigen § 831.[266]

Nimmt der Beamte am **Straßenverkehr** teil, wird § 839 Abs. 1 Satz 2 1087
von der Rechtsprechung nicht angewandt;[267] offensichtlich wird es als ungerecht angesehen, den Beamten bei einer Tätigkeit zu privilegieren, bei der er kein höheres Risiko als andere Beteiligte trägt.

Die Regelung des § 839 Abs. 3, wonach die Haftung entfällt, wenn 1088
der Geschädigte ein ihm **zumutbares Rechtsmittel nicht eingelegt** hat, ist nichts anderes als ein Stück mitwirkenden Verschuldens; im Gegensatz zu § 254 führt dieses aber im Interesse des Beamten nicht nur zu einer Minderung, sondern zu einem Ausschluß der Haftung.[268]

Das **Richterprivileg** des § 839 Abs. 2 gilt nur für die urteils- bzw. 1089
beschlußbezogene Tätigkeit; andere Fehlleistungen werden von § 839 Abs. 1 Satz 1 erfaßt.

Bei Gericht kommt die Akte abhanden, was zu einer erheblichen Verzögerung des Verfahrens und bei einer Partei zu einem Schaden führt. Umstritten ist in solchen Fällen (die sehr, sehr selten sind) insbesondere das Verschulden des Richters.

6 Beweisfragen

6.1 Der Ausgangspunkt: Die Beweislast des Geschädigten

Läßt sich nicht klären, ob das Handeln des potentiellen Schädigers 1090
überhaupt den Schaden verursacht hat oder ob ihn bei durchaus zu bejahender Kausalität ein Verschulden traf, so geht dies zu Lasten des Geschädigten: Er muß nach allgemeinen Grundsätzen beweisen, daß die Voraussetzungen seines Anspruchs (Rechtsgut verletzt, zurechen-

266 Zu diesen Vorschriften s. im einzelnen Bd. 1 Kap. 13 unter 5 (Rn 1036 ff.)
267 BGHZ 68, 217
268 Zu § 254 s. näher unten Kap. 13 unter 2 (Rn 1358 ff.)

barer Eingriff, Verschulden) gegeben sind.[269] Der als Schädiger in Anspruch Genommene muß nur dann aktiv werden, wenn er einen Rechtfertigungsgrund wie Notwehr, Einwilligung des Verletzten usw. geltend machen will.

Im Prozeß muß daher der Arzt beweisen, daß der Patient wirksam in die Behandlung eingewilligt hat.

Für den Geschädigten ist diese Situation besonders schwierig, wenn die Schadensursache aus einem Bereich kommt, der für ihn nicht durchschaubar ist.[270] Die «Externalisierung» von Schäden hin auf denjenigen, den es trifft, wird so noch weiter erleichtert: «Im Zweifel» bleibt der Geschädigte auf seinem Schaden sitzen.

6.2 Gesetzliche Korrekturen

1091 In einer Reihe von Fällen hat das BGB dieser Schwierigkeit Rechnung getragen und den Schädiger damit belastet, sein fehlendes Verschulden zu beweisen. Diese Sonderfälle sollen im nächsten Kapitel dargestellt werden.[271]

1092 Eine weitere Erleichterung ergibt sich aus den §§ 286, 287 ZPO, die im einzelnen umschreiben, was unter «Beweis» zu verstehen ist.

Nach **§ 286 Abs. 1 ZPO** hat das Gericht «nach freier Überzeugung» zu entscheiden, ob eine tatsächliche Behauptung «für wahr oder für nicht wahr zu erachten» ist. Damit ist nicht absolute Sicherheit gemeint, sondern nur «an Sicherheit grenzende Wahrscheinlichkeit».[272]

Nach **§ 287 Abs. 1 ZPO** entscheidet das Gericht über Entstehung und Höhe eines Schadens «unter Würdigung aller Umstände nach freier Überzeugung». Dies wird üblicherweise so verstanden, daß es ausreicht, wenn der Geschädigte eine «erhebliche Wahrscheinlichkeit» beweist.[273] Dies beschränkt sich allerdings auf die sog. haftungsausfüllende Kausalität, also darauf, welche Konsequenzen der Eingriff in ein geschütztes Rechtsgut hatte.[274]

269 S. statt aller Brüggemeier Rn 150: Fuchs, S. 79; Palandt-Thomas § 823 Rn 167
270 Dazu schon oben Kap. 7 unter 3.5 (Rn 910)
271 Unten Kap. 9 (Rn 1103 ff.)
272 Thomas-Putzo, ZPO, Erl. zu § 276
273 BGH NJW 1973, 1413
274 BGHZ 4, 192, ständ. Rspr. Zur haftungsausfüllenden Kausalität s. oben 2.2.2.1 (Rn 995)

6.3 Richterrechtliche Korrekturen

6.3.1 Produkthaftung

Ist ein Produkt mangelhaft, so muß grundsätzlich sein Hersteller beweisen, daß ihn daran kein Verschulden trifft.[275] Alles weitere ist in einem gesonderten Kapitel zu behandeln.[276] 1093

6.3.2 Arzthaftung

Weitgehende **Beweiserleichterungen** hat die Rechtsprechung im Zusammenhang mit der Haftung von Ärzten und Krankenhäusern entwickelt. Zwar muß weiterhin im Grundsatz der Patient den schuldhaften Behandlungsfehler und seine Ursächlichkeit für einen Gesundheitsschaden beweisen[277], doch gibt es gewichtige Ausnahmen: 1094

– Hat der Arzt bestimmte **Maßnahmen nicht schriftlich festgehalten**, wird vermutet, daß diese auch nicht getroffen wurden.[278] 1095

– Kann der Arzt eine vollständige **Aufklärung des Patienten** nicht beweisen, die Voraussetzung für eine wirksame Einwilligung ist, ist er grundsätzlich zum Schadensersatz verpflichtet. 1096

– Begeht der Arzt einen **groben Behandlungsfehler**, der geeignet ist, einen später aufgetretenen Gesundheitsschaden zu verursachen, so wird die Kausalität zu Lasten des Arztes vermutet.[279] Wann ein «grober Behandlungsfehler» vorliegt, bestimmt sich nach den für einen Arzt geltenden Normalanforderungen; auf individuelle Vorwerfbarkeit kommt es nicht an.[280] 1097

– Sind **medizinische Geräte** im Krankenhaus oder in der Arztpraxis fehlerhaft oder unterläuft dem Hilfspersonal ein Versehen, muß der Arzt beweisen, daß er dieses nicht vermeiden konnte. Hier spielen insbesondere organisatorische Vorkehrungen eine Rolle.[281] 1098

Ob entsprechende Grundsätze auch **zu Lasten anderer qualifizierter Dienstleister** gelten, ist noch nicht entschieden; bei grober 1099

275 Grundlegend BGHZ 51, 91 – Hühnerpest

276 Unten Kap. 11 (Rn 1211 ff.). Eine Beweislastumkehr findet sich darüber hinaus auch bezüglich der Kausalität in § 6 UmweltHG (Schönfelder Nr. 28)

277 BGH NJW 1988, 2949

278 S. Fn 277

279 BGH NJW 1995, 778; OLG Oldenburg NJW 1988, 1531

280 BGH NJW 1995, 778

281 S. die eingehenden Nachweise bei Palandt-Thomas § 823 Rn 170a

Verletzung von Berufspflichten dürfte nicht anders als bei Ärzten eine Kausalitätsvermutung Platz greifen.[282] Ein Richtlinienentwurf der EG, der die Grundsätze der Produkthaftung auf bestimmte Dienstleistungen erstrecken wollte, ist vorläufig am Widerstand der betroffenen Personengruppen gescheitert.[283]

6.3.3 Haftung nach § 823 Abs. 2

1100 Erleichterungen gewährt die Rechtsprechung dem Geschädigten auch im Rahmen einer Haftung nach § 823 Abs. 2: Ist ein Schutzgesetz, das ein konkretes Verhalten verbietet, verletzt, wird das Verschulden des Schädigers vermutet.[284] Ähnliches kann in bezug auf den Kausalzusammenhang gelten.[285]

6.3.4 Beweis des ersten Anscheins

1101 Eine richterrechtliche Weiterentwicklung des Verfahrensrechts stellt der Beweis des ersten Anscheins (auch «**prima-facie-Beweis**» genannt) dar. Danach reicht es aus, wenn der Geschädigte Tatsachen beweist, die «nach dem normalen Lauf der Dinge» für die Kausalität oder das Verschulden sprechen.

Paradebeispiel: Wer mit seinem Lkw auf gerader und übersichtlicher Strecke gegen einen auf der rechten Seite stehenden Baum fährt, hat aller Erfahrung nach fahrlässig gehandelt.

1102 Die Berufung auf einen solchen Erfahrungssatz kehrt jedoch die Beweislast nicht um: Der als **Schädiger** in Anspruch Genommene kann **Tatsachen** entgegensetzen, **die für einen atypischen Geschehensablauf sprechen**.

Der Fahrer kann z. B. geltend machen, die Lenkung habe versagt oder er habe wegen eines auf seiner Fahrbahn ihm entgegenkommenden Fahrzeugs nach rechts ausweichen müssen.

In diesem Fall bleibt es dann wieder bei den allgemeinen Regeln: Der Geschädigte hat alle Voraussetzungen seines Anspruchs zu beweisen.[286]

---

282 Palandt-Thomas § 823 Rn 171
283 EG-Dienstleistungsrichtlinie
284 Dazu oben 3.2 (Rn 1065)
285 Fuchs, S. 101 unter Hinweis auf BGHZ 103, 197ff.
286 Zum prima facie-Beweis s. Rosenberg-Schwab-Gottwald, § 115 III

KAPITEL 9: Haftung bei vermutetem Verschulden

1 Übersicht

In einer Reihe von Fällen hat der Gesetzgeber der Tatsache Rechnung 1103
getragen, daß es dem Geschädigten außerordentlich schwerfallen kann, das Verschulden des Schädigers nachzuweisen.[1] Der praktisch wichtigste Fall findet sich in § 831, wonach der «Geschäftsherr» für das Verhalten seines «Verrichtungsgehilfen» haftet, sofern er nicht beweisen kann, daß er bei dessen Auswahl und Überwachung die gebotene Sorgfalt angewandt hat (dazu unten 2). Einen weiteren bedeutsamen Einzelfall regelt § 832: Wer andere Personen beaufsichtigen muß, haftet für Schäden, die diese verursachen, es sei denn, er könne sein fehlendes Verschulden beweisen. Praktische Bedeutung hat dies insbesondere für den oft mißverstandenen Grundsatz «Eltern haften für ihre Kinder» (unten 3). Ein wenig überraschend mag der Übergang vom Kind zum Tier anmuten: § 833 Satz 1 legt dem «Tierhalter» eine Gefährdungshaftung auf[2], die § 833 Satz 2 bei sog. Nutztieren in eine Verschuldenshaftung mit umgekehrter Beweislast verwandelt. § 834 bestimmt dasselbe für den «Tierhüter» (unten 4). Nach den §§ 836–838 haftet der Besitzer eines Bauwerks oder eines anderen «Werks» auf einem Grundstück auf Schadensersatz, sofern er nicht sein fehlendes Verschulden nachweisen kann (unten 5). Dasselbe gilt schließlich nach § 18 Abs. 1 StVG für den Führer eines Kraftfahrzeugs, während der «Halter» der Gefährdungshaftung nach § 7 StVG unterliegt.[3]

1 Dazu oben Kap. 8 unter 6.2 (Rn 1091 ff.)

2 Dazu unten Kap. 10 unter 2 (Rn 1156 ff.)

3 Dazu unten Kap. 10 unter 3.2 (Rn 1167 ff.)

1104 Alle genannten Bestimmungen stellen – in moderner Terminologie gesprochen – Anwendungsfälle einer «Verkehrspflichtverletzung» dar.[4]

Beispiel:[5] Wer andere als «Verrichtungsgehilfen» für sich arbeiten läßt, hat die allgemeine Verkehrspflicht, dafür zu sorgen, daß sie sorgfältig ausgesucht und überwacht sind.

Der entscheidende Unterschied zu den gewöhnlichen Anwendungsfällen des § 823 Abs. 1 besteht jedoch darin, daß eine schuldhafte erletzung der fraglichen Verkehrspflichten vermutet wird, die der in Anspruch Genommene widerlegen muß. Dies bedeutet im übrigen nicht, daß die gesetzlichen Regelungen abschließenden Charakter hätten; wichtigstes richterrechtliches Beispiel ist die Beweislastumkehr bei der sog. Produzentenhaftung[6].

2 Die Haftung für Verrichtungsgehilfen nach § 831

2.1 Die grundsätzliche rechtspolitische Entscheidung des Gesetzgebers

1105 Wer andere für sich arbeiten läßt, wird automatisch Eigentümer des «Arbeitsprodukts»; ein Arbeitnehmer kann sich nicht etwa darauf berufen, nach § 950 Eigentum an dem von ihm zusammengesetzten Computer oder an der von ihm gefertigten technischen Zeichnung zu erwerben.[7] Ist dem aber so, so liegt es nahe, den Arbeitgeber auch mit den Risiken der Tätigkeit zu belasten. **Fast alle ausländischen Rechtsordnungen** sehen deshalb eine **volle Einstandspflicht des «Geschäftsherrn»** vor, der im wesentlichen mit dem Arbeitgeber identisch ist.[8] Anders das deutsche (und das österreichische) Recht: Das Verhalten der «Ausführungsperson» wird nach § 278 nur im Rah-

4 Dazu im einzelnen oben Kap. 8 unter 2.3.3.3 (Rn 1040ff.)
5 Esser-Weyers § 58 I 1
6 Dazu unten Kap. 11 unter 2.2 (Rn 1230f.)
7 Näher Däubler, Arbeitsrecht 2, unter 3.1.1 mwN
8 Vgl. Kötz Rn 307

men vertraglicher Beziehungen dem Geschäftsherrn zugerechnet[9], im Deliktsrecht wird nur für eigenes Verschulden (bei der Auswahl und Überwachung) gehaftet.

Man lese zur Verdeutlichung die Vorschrift des § 831: Zwar spricht Abs. 1 Satz 1 dafür, daß für das widerrechtliche Verhalten des Verrichtungsgehilfen gehaftet wird, doch ist Satz 2 eindeutig: «Die Ersatzpflicht tritt nicht ein, wenn der Geschäftsherr bei der Auswahl der bestellten Person und, sofern er Vorrichtungen oder Gerätschaften zu beschaffen oder die Ausführung der Verrichtung zu leiten hat, bei der Beschaffung oder der Leitung die im Verkehr erforderliche Sorgfalt beobachtet oder wenn der Schaden auch bei Anwendung dieser Sorgfalt entstanden sein würde.»

Kann der Geschäftsherr den «Entlastungsbeweis» führen, ergeben sich 1106
für den Geschädigten außerordentlich mißliche Konsequenzen: Er ist auf **Ansprüche gegen den Verrichtungsgehilfen** (im Normalfall: den Arbeitnehmer) beschränkt, der unter Umständen kein pfändbares Einkommen oder Vermögen besitzt und dessen Inanspruchnahme außerdem grob unbillig erscheint.

Firma F schickt ihren Arbeitnehmer mit dem Fahrrad los, damit dieser einem Kunden ein Päckchen überbringe. Durch leichte Fahrlässigkeit fährt A einen Fußgänger an, dem dadurch ein dauerhafter Gesundheitsschaden entsteht. Da A von seinem Chef wie seinen Arbeitskollegen als sehr sorgfältiger Mensch geschildert wird und da er auch des Fahrradfahrens unbestritten kundig ist, kann sich F entlasten. Der Geschädigte ist darauf beschränkt, seinen Schaden in Höhe von (geschätzten) 200000 DM (Erwerbsausfall + Schmerzensgeld) gegen A geltend zu machen, der monatlich 2000 DM netto verdient und eine Familie mit nicht erwerbstätiger Frau und zwei schulpflichtigen Kindern zu versorgen hat.

Nach dem Wortlaut des geschriebenen Rechts gibt es nur drei relativ 1107
eng begrenzte Ausnahmen:

– Ist der Verrichtungsgehilfe zugleich ein **satzungsmäßiges Organ** oder ein anderer «verfassungsmäßig berufener Vertreter» einer juristischen Person, so ist diese automatisch selbst verpflichtet.[10]

– Bei **hoheitlichem Verhalten** eines staatlichen oder kommunalen 1108
Bediensteten haftet nach Art. 34 Satz 1 GG allein die Körperschaft, die ihn angestellt hat.[11]

– Nach § 3 Haftpflichtgesetz (HPflG – Schönfelder Nr. 33) besteht 1109
eine sog. **Repräsentantenhaftung**. Danach haftet der Inhaber einer

9 Dazu Bd. 1 Kap. 13 unter 5.1 (Rn 1037)
10 Dazu Bd. 1 Kap. 13 unter 5.2 (Rn 1058)
11 Dazu oben Kap. 8 unter 5.1 (Rn 1081 f.)

«Fabrik», d. h. praktisch jedes Industrieunternehmens selbst, wenn ein «Bevollmächtigter oder ein Repräsentant oder eine zur Leitung oder Beaufsichtigung des Betriebes oder der Arbeiter angenommene Person» in Ausführung ihrer Aufgaben schuldhaft den Tod oder die Körperverletzung eines anderen herbeiführt. Der praktische Anwendungsbereich dieser Vorschrift ist gering, da der erfaßte Personenkreis eng umschrieben ist und nur Schäden an Leib und Leben erfaßt sind, die überdies meist durch die Unfallversicherung abgedeckt werden.[12] Auch ist eine analoge Anwendung niemals ernsthaft in Erwägung gezogen worden.[13]

Die verbleibenden Schutzlücken hat die Rechtsprechung mit bisweilen unorthodoxen Mitteln gefüllt;[14] zunächst soll allerdings der genaue Inhalt des § 831 skizziert werden.

2.2 Voraussetzungen im einzelnen

2.2.1 Wer ist «Verrichtungsgehilfe»?

1110 Die Haftung des «Geschäftsherrn» erstreckt sich nur auf Personen, die zu seinem Einflußbereich gehören.[15] Bei anderen würde das vorausgesetzte Verschulden von vornherein entfallen. Erfaßt sind einmal **weisungsabhängige Personen**, deren Tätigkeit nach Inhalt, Zeit und Umfang bestimmt werden kann.[16] Ausreichend ist aber auch die Eingliederung in eine Organisation, so daß beispielsweise auch **Chefärzte** trotz eigener Entscheidungsbefugnisse in medizinischen Fragen «Verrichtungsgehilfen» des Krankenhausträgers sind.[17] **Nicht erfaßt** sind jedoch alle selbständigen Unternehmer wie auch **Handwerker**.

Beispiel:[18] Ein Bauunternehmen schaltet einen Subunternehmer ein, der mit seinen Leuten den Verputz des Gebäudes abschlagen und abtransportieren soll. Die dabei

12 Esser-Weyers § 64, 2d
13 Larenz-Canaris § 79 III 5b
14 Unten 2.3 (Rn 1117ff.)
15 Larenz-Canaris § 79 III 2a
16 Vgl. BGHZ 45, 311, 313
17 Fuchs, S. 119; Kötz Rn 271. Zur Möglichkeit, daß es sich bei ihnen um Organe nach §§ 31, 89 handelt, s. unten 2.3 (Rn 1119)
18 Nach BGH NJW 1994, 2756

eingesetzten Personen sind keine Verrichtungsgehilfen des Bauunternehmers, sondern nur solche des Subunternehmers.

In solchen Fällen scheidet § 831 aus; denkbar ist lediglich, daß **bei der Auswahl eines selbständigen Unternehmers** eine **Verkehrspflicht verletzt** wurde und so nach § 823 Abs. 1 gehaftet wird.[19] 1111

Beispiel:[20] Ein Industrieunternehmen erzeugt umweltgefährdende Abfälle. Wenn es deren Beseitigung einer Fremdfirma überläßt, haftet es auf Schadensersatz, wenn sich die Firma als unzuverlässig erweist und dies objektiv erkennbar war.

2.2.2 Handeln «in Ausführung der Verrichtung»

Die in Frage stehende Person muß «in Ausführung» der ihr zugewiesenen Aufgaben gehandelt haben; eine Schädigung **«bei Gelegenheit» genügt nicht**.[21] Die Abgrenzung läßt sich nicht immer mit der nötigen Trennschärfe vornehmen.[22] Die Rechtsprechung verlangt einen «unmittelbaren inneren Zusammenhang» mit der zugewiesenen Tätigkeit[23], so daß Verkehrsverstöße durchaus noch einbezogen bleiben. Auch die Nichtbeachtung von Weisungen zerstört nicht den vorausgesetzten Sachzusammenhang, wohl aber ein Verhalten, das mit der Aufgabe selbst nichts zu tun hat, weil es ausschließlich eigenen Interessen des Verrichtungsgehilfen entspringt.[24] 1112

Häufig genanntes Beispiel ist der Diebstahl, den ein Handwerksgeselle in der Wohnung eines Auftraggebers begeht.

2.2.3 Widerrechtliche Zufügung eines Schadens

Eine Haftung kommt nur dann in Betracht, wenn der Verrichtungsgehilfe einen der Tatbestände nach den §§ 823–826 in eigener Person erfüllt hat. Innerhalb der Schranken nach §§ 823 Abs. 2, 826 wird daher für reine Vermögensschäden gehaftet.[25] **Verschulden** ist – vom Fall des § 826 abgesehen – **nicht erforderlich**; es reicht die widerrechtliche 1113

19 Dazu Kötz Rn 274
20 Nach BGH JZ 1975, 733
21 Kötz Rn 275. Zur entsprechenden Problematik bei § 278 s. Bd. 1 Kap. 13 unter 5.1.3.1 (Rn 1041)
22 Fuchs. S. 120; Larenz-Canaris § 79 III 2 d
23 BGH NJW 1971, 31, 32
24 BGH NJW 1965, 391: Mitnahme eines Bekannten im Auto
25 Larenz-Canaris § 79 III 1 c

Herbeiführung des Erfolgs.[26] Soweit die Verletzung einer Verkehrspflicht in Rede steht, muß diese nicht schuldhaft erfolgt sein.[27]

2.2.4 Wer ist «Geschäftsherr»?

1114 Die Haftung trifft denjenigen, der den Verrichtungsgehilfen «bestellt» hat. Dies ist der «Geschäftsherr», d. h. die Person, die den Auftrag erteilt und in deren Interesse gearbeitet wird. § 831 Abs. 2 erstreckt die Haftung auf denjenigen, der durch Vertrag die Auswahl und/oder Überwachung des Verrichtungsgehilfen übernommen hat, doch liegt ein solcher Fall nicht vor, wenn die betreffende Person als Mitglied eines Organs (z. B. als Geschäftsführer einer GmbH) oder als Arbeitnehmer gehandelt hat.[28] Im Einzelfall können «Geschäftsherr» und Übernehmer auch gleichzeitig haften.[29]

2.2.5 Der Entlastungsbeweis

1115 Der Geschäftsherr haftet nur dann nicht, wenn er sich «exkulpieren» kann. Die ihm obliegenden «Verkehrspflichten» hat das Gesetz im einzelnen umschrieben. Zu beachten ist:

– Der Verrichtungsgehilfe muß **sorgfältig ausgesucht** sein; je höher die Verantwortung für Rechtsgüter Dritter, desto sorgfältiger muß der Auswahlprozeß sein. Allerdings sind dem unter arbeitsrechtlichen Gesichtspunkten Grenzen gesetzt, da Bewerber nicht beliebig «durchleuchtet» werden dürfen.[30]

– Die «Auswahl» muß auch noch im Zeitpunkt der schädigenden Handlung «sorgfältig» sein. Daraus wird geschlossen, daß die in Frage stehende Person **regelmäßig überwacht** und auch auf etwaige neu auftauchende Risiken ihrer Tätigkeit hingewiesen werden muß.[31] Dabei sind die Anforderungen insbesondere bei Verkehrsbetrieben sehr hoch; so wird sogar der Einsatz von unerkannten Kontrollpersonen gefordert.[32]

---

26 Zur Kontroverse um das Erfolgs- und das Handlungsunrecht s. oben Kap. 8 unter 2.3.1 (Rn 1009ff.)

27 S. weiter Larenz-Canaris § 79 III 2c, wonach ein Schuldvorwurf dann gerechtfertigt sein muß, wenn der Geschäftsherr anstelle des Verrichtungsgehilfen gehandelt hätte

28 Larenz-Canaris § 79 III 1

29 Palandt-Thomas § 831 Rn 21

30 Dazu Däubler, Arbeitsrecht 2, unter 2.2.1

31 Vgl. Fuchs, S. 122; Larenz-Canaris § 79 IV 3a

32 Kötz Rn 283

– Sind zur Ausführung der Arbeit «**Vorrichtungen oder Gerätschaften**» zu beschaffen, oder ist die Tätigkeit im einzelnen zu leiten, so ist auch dabei die nötige Sorgfalt zu beachten.

Dem Verrichtungsgehilfen wurde schlechtes Material mitgegeben, das zu Schäden an den Sachen des Kunden führte. Keine Entlastung des Geschäftsherrn.

– Die Haftung ist schließlich auch dann ausgeschlossen, wenn es zwar an einer ausreichende Überwachung usw. fehlte, dies jedoch für die widerrechtliche Schädigung **nicht kausal** war (§ 831 Abs. 1 Satz 2 a. E.).

Der Verrichtungsgehilfe hat trotz verkehrsrichtigen Verhaltens einen Dritten geschädigt. Auch wenn er laufend überwacht worden wäre, hätte er sich nicht anders verhalten: deshalb keine Haftung.

Der Entlastungsbeweis wird dadurch entscheidend erleichtert, daß Inhaber bzw. Organe größerer Unternehmen sich schon dadurch exkul- 1116
pieren können, daß sie ihr Leitungspersonal sorgfältig ausgesucht und überwacht haben.

Beispiel ist der in den 50er Jahren spielende Gutsbesitzerfall: Der Eigentümer eines Landguts hatte seinen Gutsverwalter sorgfältig ausgesucht und überwacht, dieser hatte jedoch einen landwirtschaftlichen Arbeiter beschäftigt, der einen Dritten geschädigt hatte. Der Gutseigentümer haftete nicht nach § 831.[33]

Dieser sog. **dezentralisierte Entlastungsbeweis** wird mit Recht deshalb kritisiert, weil er zu einer Privilegierung von Großunternehmen führt.[34] Ob die Rechtsprechung noch heute an ihm festhalten würde, ist nicht sicher;[35] um die Geschädigten nicht ohne Schutz zu lassen, wurden allerdings andere Wege eingeschlagen, die einen Rückgriff auf § 831 weithin überflüssig machen.[36]

33 BGHZ 4, 1,3
34 Kötz Rn 284; Larenz-Canaris § 79 IV 3 b; Palandt-Thomas § 831 Rn 15
35 Dahingestellt in BGH NJW 1968, 248
36 Dazu sogleich im Text

2.3 Auffanglösungen

2.3.1 Großzügige Handhabung der Organhaftung

1117 Als «verfassungsmäßiger Vertreter» im Sinne des § 31 wird jeder Arbeitnehmer angesehen, der die juristische Person aufgrund eigenverantwortlicher Tätigkeit repräsentiert.[37] Eine Entlastung kommt hier naturgemäß nicht in Betracht, da das Verhalten des Organs als das der juristischen Person selbst gilt. Auch **Angestellte der mittleren Führungsebene** werden so erfaßt[38], so daß ein Rückgriff auf § 3 HPflG nicht mehr erforderlich ist. Ob § 31 allerdings auch auf Einzelunternehmen anwendbar ist, die einer natürlichen Person gehören, erscheint zweifelhaft.

2.3.2 Organisationsverschulden

1118 Die bei weitem wichtigste Korrektur liegt darin, daß der Inhaber insbesondere eines Unternehmens dann unmittelbar haftet, wenn er es in vorwerfbarer Weise unterlassen hat, die **Betriebsvorgänge so zu organisieren, daß** im Rahmen des Möglichen **niemand zu Schaden kommt**. Dazu gehört beispielsweise die Pflicht, die Beschäftigten durch Dienstvorschrift u. ä. auf bestimmte Risiken hinzuweisen.[39]

Beispiel:[40] In einem Güterwagen der Bundesbahn war Blei befördert worden. Anschließend wurde derselbe Waggon zum Transport von Rübenschnitzeln verwendet, die durch verbliebene Bleireste kontaminiert wurden. Der Empfänger verfütterte die Rübenschnitzel an seine Kühe, die daraufhin eingingen. Die Bundesbahn haftete schon deshalb, weil sie keinerlei Anordnungen zur Reinigung von Waggons vorweisen konnte, in denen zuvor gefährliche Substanzen transportiert worden waren.

Ein «Organisationsmangel» liegt auch dann vor, wenn für eine bestimmte Aufgabe beispielsweise niemand vorgesehen ist oder wenn die Zahl sachkundiger Beschäftigter zu gering bemessen wird, so daß im Einzelfall auch unerfahrene Personen mitwirken müssen.

37 BGHZ 49, 19, 21; Kötz Rn 290
38 Larenz-Canaris § 79 III 5 b
39 Kötz Rn 292; ihm folgend Fuchs, S. 123
40 BGHZ 17, 214, 220

Beispiel:[41] Die Zahl der Narkoseärzte ist in einem Krankenhaus so knapp kalkuliert, daß bei plötzlicher Erkrankung auch solche Ärzte eingesetzt werden müssen, die nicht auf diese Funktion spezialisiert sind.

2.3.3 Persönliche Haftung des Organmitglieds

Wie bereits an anderer Stelle skizziert[42], treffen Verkehrspflichten in der Regel nicht nur den Inhaber eines Unternehmens bzw. die juristische Person als solche, sondern darüber hinaus auch Geschäftsführer und andere Personen, die für die Organisation der Betriebsabläufe verantwortlich sind. Ihre persönliche Haftung macht insbesondere dann einen Rückgriff auf § 831 entbehrlich, wenn sich der Geschäftsherr selbst beispielsweise in finanziellen Schwierigkeiten befindet. 1119

2.3.4 Rückgriff auf vertragliche Ansprüche

In vielen Fällen kommt man auf dem Weg über § 278 dazu, das Verschulden der Hilfsperson dem jeweiligen Inhaber zuzurechnen. Bereits an anderer Stelle wurden die Regeln über culpa in contrahendo[43], die Schutzpflichten im Rahmen der positiven Vertragsverletzung[44] und der Vertrag mit Schutzwirkung für Dritte[45] abgehandelt, die den Anwendungsbereich vertragsrechtlicher Grundsätze drastisch ausdehnen.[46] 1120

2.3.5 Freistellungsanspruch des Verrichtungsgehilfen

Ist der Verrichtungsgehilfe wie in aller Regel Arbeitnehmer, kann er unter bestimmten Voraussetzungen von seinem Arbeitgeber Freistellung von der Haftung gegenüber Dritten verlangen. Die Grundsätze über den sog. **innerbetrieblichen Schadensausgleich** werden insoweit entsprechend angewandt.[47] Dies bedeutet, daß bei leichtester 1121

41 Nach BGH NJW 1985, 2189, 2191
42 Oben Kap. 8 unter 2.3.3.3 (Rn 1040ff.)
43 Bd. 1 Kap. 12 unter 5.3 (Rn 925 ff.)
44 Bd. 1 Kap. 17 unter 5.1.2 (Rn 1366 ff.)
45 Bd. 1 Kap. 19 unter 2.3 (Rn 1701 ff.)
46 Esser-Weyers § 58 I 3 sprechen deshalb von «Überwachstum» vertraglicher Haftungen. Allerdings stellt § 831 nicht die einzige Ursache hierfür dar: Larenz-Canaris § 79 III 5 a
47 BAG AP Nr. 37 zu § 611 BGB Haftung des Arbeitnehmers

Fahrlässigkeit eine volle Freistellung erfolgen muß, während bei «mittlerer» Fahrlässigkeit eine Aufteilung des Schadens zwischen Arbeitnehmer und Arbeitgeber erfolgt.[48] Damit ist im wirtschaftlichen Ergebnis der Geschäftsherr trotz fehlenden eigenen Verschuldens entgegen § 831 doch belastet.[49] Dem Arbeitnehmer nützt dies allerdings nichts, wenn der Arbeitgeber mittlerweile in Konkurs gefallen ist.[50]

3 Haftung wegen Verletzung der Aufsichtspflicht gegenüber Kindern

1122 Nach § 832 Abs. 1 Satz 1 haftet derjenige auf Schadensersatz, der kraft Gesetzes «zur Führung der Aufsicht über eine Person verpflichtet ist, die wegen Minderjährigkeit oder wegen ihres geistigen oder körperlichen Zustandes» der Beaufsichtigung bedarf, sofern diese einem Dritten widerrechtlich einen Schaden zufügt. § 832 Abs. 1 Satz 2 regelt die Möglichkeit zur Entlastung; die Ersatzpflicht tritt nicht ein, wenn der Aufsichtspflicht genügt wurde oder wenn der Schaden auch bei gehöriger Aufsichtsführung eingetreten wäre. Einige Probleme der praktischen Handhabung sollen hervorgehoben werden.

3.1 Wer unterliegt einer Aufsicht?

1123 Wichtigster Fall ist die kraft **elterlichen Sorgerechts** bestehende Aufsichtspflicht gegenüber minderjährigen Kindern. Notwendig ist eine weitreichende Obhut von längerer Dauer;[51] nur dann besteht ein ausreichendes Maß an Einwirkungsmöglichkeiten, das eine Haftung allein rechtfertigen kann. Erfaßt sind deshalb auch Pflegeeltern, **Träger von Kinderheimen**, Pensionaten und Ferienlagern. Einbezogen sind auch **Ausbilder** in bezug auf minderjährige Auszubildende; so-

48 Einzelheiten bei Däubler, Arbeitsrecht 2, unter 6.3.3.4
49 Kötz Rn 299
50 Dazu BGH BB 1989, 2252; BGH DB 1994, 634; kritisch Wohlgemuth DB 1991, 912
51 Larenz-Canaris § 79 IV 2 a

weit diese nicht in den Haushalt des «Lehrherrn» aufgenommen sind, beschränkt sich die Aufsichtspflicht allerdings auf die Stunden, in denen der Jugendliche im Betrieb anwesend ist.[52] Eine **nur gelegentliche Anwesenheit fremder Kinder** genügt nicht; hierin liegt in der Regel auch keine vertragliche Übernahme der Aufsichtspflicht, die § 832 Abs. 2 ausdrücklich den kraft Gesetzes bestehenden Pflichten gleichstellt.[53]

Bei geistig oder körperlich Behinderten richtet sich die Aufsichts- 1124
pflicht nach den Umständen. Eine gesetzliche Pflicht trifft insoweit insbesondere den Betreuer.[54]

3.2 Rechtswidrige Zufügung eines Schadens

Nicht anders als im Rahmen des § 831 ist Voraussetzung einer Haf- 1125
tung, daß die aufsichtsbedürftige Person einen Dritten rechtswidrig geschädigt hat. Stellt man wie hier auf das Erfolgsunrecht ab, ergeben sich keine zusätzlichen Probleme, während die Gegenposition danach fragen muß, ob der Minderjährige eine zwar nicht ihn, wohl aber einen Erwachsenen treffende Sorgfaltspflicht verletzt hat.

3.3 Verschuldensmaßstab

Die Eltern (oder andere Aufsichtspflichtige) haben sich an dem auszu- 1126
richten, was «**verständige Eltern** nach vernünftigen Anforderungen in der konkreten Situation tun müssen, um Schädigungen Dritter durch ihr Kind zu verhindern.»[55] Dies ist eine relativ abstrakte Formel, die unterschiedlicher Handhabung Raum gibt. Auf das **Alter des Kindes** und die in bestimmten Situationen eintretenden Gefahren ist Rücksicht zu nehmen. Auch steht den Eltern ein gewisser **pädagogischer Freiraum** zu; sie müssen deshalb z. B. keine Verbote aussprechen, die voraussichtlich von vornherein wirkungslos bleiben werden.[56] Im

52 Fuchs S. 126; Palandt-Thomas § 832 Rn 5; a. A. Esser-Weyers § 58 II
53 BGH NJW 1968, 1874
54 Zu seiner Rechtsstellung s. unten Kap. 20 unter 5 (Rn 1810 ff.)
55 So BGH NJW 1993, 1003
56 BGH NJW 1980, 1044, 1045

übrigen muß man auf einen verständnisvollen Richter hoffen, der die Sorgfaltsanforderungen nicht übertreibt.

In einem Fall[57] hatte die Mutter ihrem 12jährigen Sohn aus ihrer Schmuckkassette alte Ketten herausgesucht, die dieser auf dem Flohmarkt verkaufen wollte. In einem unbemerkten Augenblick «mobste» er aus der Schmuckkassette ein Feuerzeug, das er wenige Tage später zum «Zündeln» verwendete, wodurch eine Scheune in Flammen aufging. Die Feuerversicherung, die den Eigentümer entschädigt hatte, verlangte von der Mutter Schadensersatz. Anders als die Vorinstanz sah der BGH den Entlastungsbeweis als geführt an; man könne nicht von der Mutter verlangen, das Feuerzeug gewissermaßen total gegen einen Zugriff des Sohnes zu schützen.

1127 Auch hier handelt es sich um einen ausdrücklich geregelten Tatbestand einer **Verkehrspflichtverletzung**; der Gesetzgeber ging offensichtlich davon aus, daß Schäden, die von Kindern angerichtet werden, nicht zum allgemeinen Lebensrisiko gehören und deshalb von demjenigen zu tragen sind, der über die «Gefahrenquelle» verfügt.[58] Dies muß nicht unbedingt einleuchten, wenn man bedenkt, daß das Großziehen von Kindern eben nicht eine Art Eigentumsgebrauch, sondern die Erfüllung einer wichtigen Funktion für die Gesellschaft ist.

4 Haftung für Schäden durch Nutztiere

1128 Während das BGB in seiner ursprünglichen Fassung den Tierhalter ganz generell mit einer Gefährdungshaftung belegte, gilt dies schon seit 1908 nicht mehr: Auf Druck der Agrarlobby wurde § 833 Satz 2 angefügt, wonach die Ersatzpflicht nicht eintritt, «wenn der Schaden durch ein Haustier verursacht wird, das dem Berufe, der Erwerbstätigkeit oder dem Unterhalte des Tierhalters zu dienen bestimmt ist». In diesem Fall kann der Tierhalter den Nachweis führen, er habe das Tier genügend beaufsichtigt, oder der Schaden wäre auch bei Anwendung der gebotenen Sorgfalt entstanden.[59]

57 S. Fn 55
58 Larenz-Canaris § 79 IV 2 c
59 Zur Entstehungsgeschichte der Vorschrift s. Benöhr FS Kaser, S. 711 sowie Esser-Weyers § 58 III 1; Kötz Rn 355; Larenz-Canaris § 79 V 1

4.1 Der Kreis der erfaßten Tiere

§833 Satz 2 betrifft nur «**Haustiere**», wozu nicht gezähmte wilde Tiere gehören. 1129

Nicht erfaßt ist also das Wild im Gehege[60] oder der dressierte Affe im Zirkus.

Das Tier muß unter **dem beherrschenden Einfluß** des «Halters» stehen, weshalb – die Rechtsprechung hat nun mal über vielfältige Sachverhalte zu entscheiden – die Biene nicht als Haustier qualifiziert wurde.[61]

Das Tier muß «**überwiegend**» **der Erwerbstätigkeit** usw. dienen, so daß eine gewerbliche Vermietung von Reitpferden erfaßt ist[62], nicht aber die Tätigkeit eines Reitvereins, der keine Erwerbszwecke verfolgt und nur gelegentlich Pferde an Nichtmitglieder vermietet.[63] 1130

Der wirtschaftlich Stärkere kann sich so leichter als der wirtschaftlich Schwächere exkulpieren.

Einig ist man sich darüber, daß der Blindenhund erfaßt ist, wobei man den im Gesetz genannten Begriff «Unterhalt des Tierhalters» weit auslegt.[64]

4.2 Tierhalter und Tierhüter

«Halter» ist nicht notwendigerweise der Eigentümer, sondern diejenige Person, die das Tier im eigenen Interesse «nutzt».[65] §834 dehnt die Haftung auf den «Tierhüter» aus, der die Aufsicht durch Vertrag übernommen hat. Dazu gehören allerdings nur Personen, die über eine gewisse Selbständigkeit verfügen, nicht etwa ein angestellter Pferdepfleger.[66] Auch reicht eine rein tatsächliche Beaufsichtigung nicht aus. 1131

---

60 OLG Nürnberg NJW-RR 1991, 1500
61 RGZ 158, 388, 391
62 BGH NJW 1986, 2501, 2502
63 BGH NJW-RR 1986, 572
64 Deutsch JuS 1987, 674, 679; Larenz-Canaris § 79 V 2a; Palandt-Thomas § 833 Rn 18
65 Zum entsprechenden Begriff bei der Gefährdungshaftung s. unten Kap. 10 unter 3.2.1 (Rn 1167)
66 Fuchs S. 131

Haftet derjenige nach § 834, der ein Pferd mietet und mit ihm ausreitet? Im Prinzip ist dies deshalb zu bejahen, weil nur der Reiter die «Gefahrenquelle» beherrscht.

4.3 Probleme der Entlastung und des Schadens

1132 Der Umfang der vom Halter bzw. Hüter anzuwendenden Sorgfalt richtet sich – wen wundert's? – nach der Natur und den Eigenheiten des Tieres.

Neigt ein Hund dazu, alle Uniformträger nicht nur anzubellen, sondern auch zu beißen, muß man ihm einen Maulkorb anlegen. Anders, wenn es sich um ein lammfrommes Exemplar handelt, das der Auffassung ist, der Mensch sei der beste Freund des Hundes.

1133 Wird der **Halter** oder der Hüter des Tieres **selbst geschädigt**, greifen die §§ 833 Satz 2, 834 nicht ein: Wer die Gefahr beherrscht, bedarf nicht des spezifischen Schutzes dieser Vorschriften.[67]

Wird der Reiter vom Pferd abgeworfen, weil dieses keine Lust mehr hat, so eine Art «Sack» auf dem Rücken zu tragen, so kann der Betroffene den Halter nicht nach § 833 in Anspruch nehmen. Vielmehr bleibt nur ein Rückgriff auf § 823 Abs. 1 oder Vertragsrecht. Es hätte beispielsweise ein Hinweis darauf gegeben werden müssen, daß das Pferd hin und wieder zu «Streiks» neigt.

1134 Anders dann, wenn der Tierhalter dem «Hüter» den ausschließlichen tatsächlichen Einfluß auf das Tier überlassen hat: Tritt er diesem nunmehr wie ein normaler Passant gegenüber, besteht kein Anlaß, ihm die Haftungserleichterung des § 834 zu versagen.

67 Esser-Weyers § 58 III 1 d

5 Haftung für mangelhafte Gebäude und vergleichbare «Werke» (§§ 836–838)

§ 836 Abs. 1 regelt ausdrücklich einen weiteren Fall der Verletzung von Verkehrspflichten.[68] Im einzelnen ist folgendes zu beachten: 1135

5.1 Der Kreis der erfaßten Objekte

Eine Haftung nach § 836 Abs. 1 tritt dann ein, wenn ein «**Gebäude**» einstürzt oder sich Teile von ihm lösen. 1136

Dem Passanten fällt ein Dachziegel auf den Kopf.

Dabei wird alles zum Gebäude gerechnet, was mehr oder weniger fest mit diesem verbunden ist.

So hat der BGH eine **Duschkabine** als **Gebäudeteil** behandelt, deren Rahmen auf eine fest mit dem Mauerwerk verbundene Duschwanne aufgesetzt und mittels Dübeln an der mit Fliesen bedeckten Wand angebracht war.[69]

Den Gebäuden gleichgestellt sind **sonstige «Werke»**, die «errichtet» worden sind, also sich nicht wie die Anschwemmung von Erde von selbst gebildet haben.[70] Erfaßt ist daher neben einem Baugerüst auch ein Grabstein oder eine im Erdboden verlegte Rohrleitung.[71] Auch ein provisorisch aufgeschütteter Damm gehört dazu.[72] 1137

68 BGHZ 58, 148, 156; Larenz-Canaris § 79 VI 1 a
69 BGH NJW 1985, 2588
70 Larenz-Canaris § 79 VI 2 a
71 Fuchs S. 131
72 BGHZ 58, 149, 152

5.2 Die erfaßten Vorgänge

1138 Nicht jede von einem Gebäude oder sonstigen «Werk» ausgehende Gefahr wird von § 836 Abs. 1 erfaßt. Vielmehr geht es ausschließlich um den «**Einsturz**» oder die «**Ablösung von Teilen**». Beide müssen außerdem Folge fehlerhafter Errichtung oder mangelhafter Unterhaltung sein.

Nicht erfaßt ist damit z. B. ein Erdbeben, das als «höhere Gewalt» ausgeklammert bleibt.[73]

5.3 Die erfaßten Schäden

1139 Nicht jeder Schaden, der durch Einsturz oder Ablösung von Teilen entsteht, wird erfaßt. § 836 Abs. 1 ist insoweit enger als § 823 Abs. 1: Lediglich die Tötung und Verletzung eines Menschen sowie die Beschädigung einer Sache sind erfaßt.

5.4 Wer haftet?

1140 Kommt es durch Einsturz oder Ablösung eines Teiles zu einem der genannten Schäden, so haftet nach § 836 Abs. 1 iVm § 836 Abs. 3 derjenige, der das Grundstück oder das Gebäude in **Eigenbesitz** hat.[74] Dies ist in aller Regel, aber eben nicht immer, der Eigentümer.

Der S ist als Erbe ins Grundbuch eingetragen worden und hält sich auch besten Glaubens für den Berechtigten. Während seiner Zeit löst sich der sprichwörtliche Dachziegel und fällt dem X auf den Kopf. Vier Wochen später wird ein Testament aufgefunden, wonach E von Anfang an der richtige Erbe und damit auch Eigentümer war. Hier soll nicht E mit der Haftung nach § 836 Abs. 1 belastet werden, da er faktisch keinerlei Einfluß auf die Sache nehmen konnte. Der tatsächliche Einfluß lag vielmehr bei S.

1141 Eine Sondersituation ergibt sich dann, wenn ein **Nießbraucher** oder ein anderer dinglich Berechtigter am Grundstück das Gebäude oder ein sonstiges «Werk» besitzt: Da er hier die tatsächliche Einwirkungsmöglichkeit hat, trifft ihn nach § 837 auch die Haftung. **Mieter und**

73 Esser-Weyers § 58 III 2
74 Zu diesem Begriff s. Bd. 1 Kap. 14 unter 4.2.1.1 (Rn 1172)

Pächter haben kein Recht an einem Grundstück, so daß sie nicht unter § 837 fallen.

Wer eine Grabstelle auf dem Friedhof hat, ist in der Regel Inhaber einer (öffentlichrechtlichen) Nutzungsberechtigung, die als Recht nach § 837 anzusehen ist. Stürzt der Grabstein um und verletzt er dadurch einen anderen[75], so ist dies als «Einsturz» eines sonstigen «Werks» zu qualifizieren, wofür nur der Grabstelleninhaber, nicht aber der Eigentümer des Friedhofs haftet. Letzterer hat aber ggfs. seine Verkehrssicherungspflicht verletzt, weil er nicht überprüft hat, ob auch alle Grabsteine standfest sind.[76]

§ 838 regelt schließlich den Fall einer **vertraglichen Übernahme** der 1142
Pflichten, die ansonsten den Eigenbesitzer bzw. die unter § 837 fallende Person treffen. Nicht anders als bei den Parallelvorschriften der §§ 831 Abs. 2, 832 Abs. 2 und 834 sind weisungsabhängige Personen dadurch aber nicht erfaßt.

5.5 Umfang der Sorgfaltspflicht

Was der Eigenbesitzer (bzw. die an seine Stelle tretenden Personen) tun 1143
müssen, um sich im Ernstfall exkulpieren zu können, läßt sich nur in der konkreten Situation sagen. Nach der Rechtsprechung kann man sich jedenfalls auf solide Handwerker mit gutem Ruf verlassen, muß allerdings Beanstandungen Dritter nachgehen.[77]

6 Haftung des Führers eines Kraftfahrzeugs nach § 18 StVG

Der Führer eines Kraftfahrzeugs haftet unter denselben Voraussetzun- 1144
gen wie der Halter auf Schadensersatz[78] – allerdings mit dem entscheidenden Unterschied, daß er sich exkulpieren kann. Da er nicht den (vollen) Nutzen des Fahrzeugs besitzt, soll er auch nicht mit dessen

75 So der Fall BGH NJW 1977, 1392
76 S. Fn 75
77 BGH NJW 1985, 2588
78 S. die Verweisung in § 18 Abs. 1 Satz 1 StVG

Risiken belastet werden.[79] Praktisch ist § 18 StVG ohne größere Bedeutung, da die (obligatorische) Haftpflichtversicherung des Halters immer auch die Verantwortlichkeit des Fahrers mit abdeckt.[80]

79 Esser-Weyers § 64, 5 e
80 § 10 Abs. 2 AKB

KAPITEL 10: Gefährdungshaftung und Haftung aus Eingriff

1 Überblick

1.1 Gefährdungshaftung

1.1.1 Grundgedanke

Die Verschuldenshaftung besitzt nach geltendem Recht keinen exklusiven Charakter. Neben ihr steht als zweite potentielle Grundlage für einen Schadensersatzanspruch die Gefährdungshaftung.[1] Für sie gibt es allerdings keine «Hauptnorm» nach Art des § 823 Abs. 1; vielmehr existiert eine **Vielzahl von Einzelbestimmungen**, die allerdings aufgrund der Entwicklung der letzten 10 Jahre immer weitere Bereiche erfassen. Der Gesetzgeber läßt sich dabei von einem ähnlichen Gedanken leiten wie dies die Rechtsprechung bei der Entwicklung von Verkehrspflichten tut:[2] **Wer** – in durchaus erlaubter Weise – **eine besondere Gefahr schafft**, soll auch für die dadurch entstehenden Schäden einstehen müssen.[3] Dabei spielt typischerweise auch eine Rolle, daß das «gefährliche Vorhaben» seinem Initiator **Vorteile** bringt; er soll **deshalb auch** die damit **verbundenen** Nachteile tragen.[4] Dies ist um so eher gerechtfertigt, als Dritte typischerweise den geschaffenen Risiken nicht ausweichen können. 1145

Die Haftung wird bereits dadurch ausgelöst, daß sich die geschaf- 1146

---

1 Zur «Zweispurigkeit» des Haftungsrechts s. Esser JZ 1953, 129ff.

2 Dazu oben Kap. 9 unter 2.3.3.3 (Rn 1040ff.)

3 S. Deutsch Rn 355: Schadensabnahme durch Risikoüberwälzung

4 Larenz-Canaris § 84 I 2 a

fene Gefahr verwirklicht; ob irgendwelche Sorgfaltspflichten verletzt werden, spielt keine Rolle.

Werden diese allerdings im Bereich der «Verschuldenshaftung» so hoch angesetzt, daß sie praktisch niemand mehr erfüllen kann[5], liegt eine verdeckte Form von Gefährdungshaftung vor.

Das ausschließliche Abstellen auf das «Risiko» erleichtert im übrigen die praktische Handhabung. So spielt etwa die «**Adäquanz**» einer Verletzung **keine Rolle mehr**, wenn sich genau die Gefahr realisiert, vor der die in Frage stehende Bestimmung schützen wollte.[6]

1.1.2 Enumerationsprinzip

1147 Die Gefährdungshaftung kennt eine Reihe von gesetzlichen Einzelregelungen, die sich – abgesehen von der Tierhalterhaftung nach § 833 Satz 1 – außerhalb des BGB befinden. Dies hängt damit zusammen, daß der Gesetzgeber des Jahres 1896 eine verschuldensunabhängige Haftung als system- und regelwidrig ansah und nur aus historischen Gründen für den gefährlichsten Teil der Landwirtschaft, d. h. für Tiere, eine Ausnahme machen wollte.[7]

1148 Im Jahre 1896 existierte aufgrund des «**Reichshaftpflichtgesetzes**» von 1871 lediglich eine Gefährdungshaftung für «Eisenbahnunternehmen», die auf ein preußisches Gesetz von 1838 zurückging.[8] Die Tatsache, daß es sich dabei im wesentlichen um einen vom Staat beherrschten Bereich handelte, machte eine solche Regelung auch für einen Gesetzgeber akzeptabel, der die expandierende Privatindustrie in weitem Umfang von Haftungsrisiken freistellen wollte.[9]

1149 Den nächsten Schritt brachte das **Kraftverkehrsgesetz**, das ab **1909** für Kraftfahrzeuge eine Gefährdungshaftung einführte[10], die heute in Form der §§ 7 ff. StVG weiter gilt. Auch das **Luftverkehrsgesetz** von 1922, das eine Gefährdungshaftung insbesondere für Flugzeuge einführte, betraf den Verkehrsbereich.[11] Erst 1943 erfolgte eine (be-

5 Dazu oben Kap. 8 (Rn 1050)
6 Deutsch Rn 362
7 Kötz Rn 337; Larenz-Canaris § 84 I 1 a
8 Kötz Rn 336. Zum Einfluß Savignys auf dieses Gesetz v. Baums Savigny-Zeitschrift/Germanistische Abteilung 104 (1987), 277 ff.
9 Dazu oben Kap. 7 unter 3.6 (Rn 911 ff.)
10 Deutsch Rn 380; Kötz Rn 375
11 Larenz-Canaris § 84 III 3 a

schränkte) Ausdehnung auf **Energieträger**; erfaßt wurden Schäden, die durch die Versorgung mit Elektrizität und Gas eintraten.[12] 1977 wurden Leitungen zum Transport von Flüssigkeiten durch § 2 des **Haftpflichtgesetzes** (Schönfelder Nr. 33) einbezogen, das das alte «Reichshaftpflichtgesetz» ablöste. Danaben wurde eine spezielle Haftung für kerntechnische Anlagen entwickelt.[13] Große Bedeutung gewann auch § 22 des 1957 erlassenen **Wasserhaushaltsgesetzes**, wonach insbesondere bei Einleitung von Substanzen in Gewässer eine generelle Gefährdungshaftung vorgesehen ist.

Aus jüngerer Zeit sind inbesondere das **Produkthaftungsgesetz** 1150 von 1989 (Schönfelder Nr. 27) und das **Umwelthaftungsgesetz** vom 10. Dezember 1990 (Schönfelder Nr. 28) zu nennen.

Trotz dieser unbestreitbaren Expansion gilt für die Gefährdungshaf- 1151 tung weiter das Enumerationsprinzip: Nur soweit eine gesetzliche Regelung vorliegt, kann sie effektiv Platz greifen.[14] Die Rechtsprechung hat sich insoweit zurückgehalten und – in durchaus ungewöhnlicher Weise – dem **Gesetzgeber** ein «Rechtsschöpfungsmonopol» gelassen.[15]

Im Ausland ist die Entwicklung zum Teil anders verlaufen.[16] Insbesondere in Frankreich wurden die gesetzlichen Regeln extensiv interpretiert. Auf unser Recht übertragen, würde dies etwa dem Grundsatz entsprechen: «Tier im Sinne des § 833 ist wegen der mindesten vergleichbaren Gefährlichkeit auch das Auto».

Dies bedeutet nicht, daß sich die Rechtsprechung im Schadensrecht insgesamt zurückgehalten hätte – Lücken wurden mit Hilfe des Verkehrspflichtkonzeptes geschlossen.

1.1.3 Uneinheitlichkeit

Gefährdungshaftung ist nicht gleich Gefährdungshaftung. Denkbar 1152 ist, daß sie sich auf alle, eventuell aber auch nur auf einen bestimmten Kreis von Schäden erstreckt. Bisweilen findet sich eine Begrenzung durch den Gedanken der «höheren Gewalt» (§ 1 HPflG) oder des unabwendbaren Ereignisses (§ 7 Abs. 2 Satz 1 StVG); in anderen Fällen existiert keine vergleichbare Grenze (z. B. § 22 Wasserhaushaltsgesetz

12 Fuchs S. 194
13 Dazu Däubler, Haftung, S. 3 ff.
14 So schon RGZ 78, 171, 172 und aus neuerer Zeit BGHZ 55, 229, 234
15 Kötz Rn 336
16 Überblick bei Kötz Rn 335

– WHG). Häufig ist die **Haftung der Höhe nach beschränkt** (so insbesondere nach § 12 StVG), doch gilt dies beispielsweise nicht für so unterschiedliche Dinge wie die Tierhalterhaftung nach § 833 Satz 1 und die Haftung für Nuklearunfälle nach § 25 AtomG. **Schmerzensgeld** ist meist, aber nicht immer ausgeschlossen. In einer Reihe von Fällen muß durch Abschluß von Versicherungen oder auf andere Weise dafür gesorgt werden, daß der Schadensersatzanspruch im Ernstfall nicht an der fehlenden Zahlungsfähigkeit des Schädigers scheitert, doch gilt auch dies keineswegs generell.[17] Schließlich ist der Anwendungsbereich der einzelnen Vorschriften nicht aufeinander abgestimmt, so daß sich bisweilen wenig einleuchtende Resultate ergeben. Entsteht ein Schaden bei der Erzeugung von Energie (Beispiel: Dammbruch), greift das HPflG nicht ein, während es sehr wohl Anwendung findet, wenn eine Strom- oder eine Wasserleitung defekt wird. Auch unterliegt der Schußwaffengebrauch keineswegs einer Gefährdungshaftung, während dies für das Ausgießen von drei Liter Flüssigkeit im Garten durchaus der Fall ist. Juristen können sich anders als Mathematiker nicht immer über ein in sich schlüssiges System freuen...

1.2 Eingriffshaftung

1153 Das geltende Recht erlaubt nicht nur in gewissem Umfang gefährliches Tun, sondern gestattet unter bestimmten Voraussetzungen auch den bewußten Eingriff in fremde Rechte. Zum einen geht es dabei um Fälle der **Durchsetzung eines vermeintlichen Rechts**.

A hat seinen Prozeß gegen B in erster Instanz vor dem Amtsgericht gewonnen. Das Urteil, wonach er 3000 DM zu beanspruchen habe, wurde für «vorläufig vollstreckbar» erklärt. A vollstreckt auch effektiv gegen B, weil er felsenfest davon überzeugt ist, im Recht zu sein. Das Landgericht sieht die Dinge jedoch ganz anders und weist die Klage ab. In diesem Fall muß A nicht nur den kassierten Betrag zurückzahlen, sondern ist dem B auch nach § 717 Abs. 2 ZPO zum Schadensersatz verpflichtet. Er hat «auf eigene Gefahr» gehandelt.

1154 Zum zweiten gibt es Fälle, in denen zum **Schutz höherrangiger Rechtsgüter** in Rechte anderer eingegriffen werden darf.

17 Larenz-Canaris § 84 I 5

Schulbeispiel: Man reißt eine Latte von einem fremden Zaun, um sich damit gegen einen angreifenden Hund zu verteidigen.

Die in § 904 Satz 2 für solche Fälle vorgesehene Haftung ist mit der dritten hier zu erörternden Gruppe verwandt: **Grundstücksnachbarn** sind unter bestimmten Voraussetzungen verpflichtet, Eingriffe durch den anderen zu dulden, können dafür dann aber einen finanziellen Ausgleich verlangen.

Beispiel: A hat leicht fahrlässig sein Gebäude so errichtet, daß es einen Meter in das Nachbargrundstück hineinragt. Nach § 912 muß er nicht etwa den Abbruchunternehmer bestellen, sondern kann sein Haus stehen lassen; er muß jedoch dem Nachbarn für die Nutzung von dessen Grundstück eine «Geldrente» bezahlen.

Verbreitet wird diese Form des Ausgleichs auch als «Aufopferungshaftung» bezeichnet, was die Sicht der Betroffenen zum Ausdruck bringt.

1.3 Überblick über den Gang der Darstellung

Im folgenden sollen zunächst die wichtigsten Fälle der Gefährdungshaf- 1155
tung abgehandelt werden. Unter 2 wird uns die Haftung für Tiere, unter 3 die für Verkehrsmittel (Eisenbahnen, Kraftfahrzeuge, Flugzeuge) beschäftigen. Es folgt eine Darstellung der Haftung für Energieträger (4). Im folgenden sind die einzelnen Fälle der Eingriffshaftung zu behandeln (unten 5).

Zwischen Gefährdungs- und Eingriffshaftung steht die sog. **Billigkeitshaftung** nach § 829, die dann eingreift, wenn ein Minderjähriger oder ein Geistesgestörter einen Dritten schuldlos geschädigt hat und auch der Aufsichtspflichtige nicht in Anspruch genommen werden kann (unten 6).

Eine Reihe von Besonderheiten wirft die (verschuldensunabhängige) Staatshaftung auf (unten 7).

2 Haftung des Tierhalters nach §833 Satz 1

2.1 Tiere und andere Lebewesen

1156 Die Gefährdungshaftung nach § 833 Satz 1 erstreckt sich auf alle Tiere, die keine «Nutztiere» im Sinne des oben[18] Ausgeführten sind.

Fällt der Löwe im Zoo einen Besucher an, so könnte man im ersten Moment daran denken, § 833 Satz 2 anzuwenden, weil der Zoo ggfs. Erwerbszwecken dient. Die Anwendung dieser Vorschrift scheitert aber daran, daß selbst ein im Normalfall höchst friedlicher Löwe niemals ein «Haustier» ist.

1157 Umstritten ist, ob auch **Mikroorganismen** unter den Tierbegriff fallen. Die herrschende Meinung lehnt dies ab[19], der BGH hat sich nicht eindeutig festgelegt.[20] Gegen eine Heranziehung des § 833 könnte sprechen, daß der Gesetzgeber in § 32 GenTG ausdrücklich eine Gefährdungshaftung für **gentechnisch veränderte Organismen** vorgesehen hat, eine Regelung, die überflüssig wäre, könnte man in solchen Fällen auf § 833 Satz 1 zurückgreifen. Allerdings wird man hohe Sorgfaltsanforderungen an den Umgang mit Mikroorganismen stellen;[21] auch sollte man, ähnlich wie bei der Produkthaftung, eine Umkehr der Beweislast ins Auge fassen.

2.2 Wer ist «Halter»?

1158 «Halter» eines Tieres ist nicht notwendig der Eigentümer, sondern derjenige, der über das Tier im eigenen Interesse nicht nur vorübergehend verfügen kann und die Sorge für das Tier übernommen hat.[22] Daran ändert sich auch dann nichts, wenn man das Tier für längere Zeit z. B. auf einem Bauernhof unterbringt.[23] Wer nur vorübergehend

18 Kap. 9 unter 4.1 (Rn 1129f.)
19 Larenz-Canaris § 84 II 1 a; a. A. Deutsch Rn 323, jeweils mwN
20 Im Fall BGH NJW 1989, 2947 ging es um eine Virusinfektion in einem medizinischen Institut; der BGH erwähnte dabei § 833 nicht, sondern stellte ausschließlich auf § 823 Abs. 1 ab
21 Larenz-Canaris § 84 II 1 a
22 Kötz Rn 358
23 BGH NJW 1977, 2158

einen entlaufenen Hund versorgt, wird demgegenüber nicht zum «Halter».[24]

Ist auch ein Minderjähriger Halter, wenn er z. B. eine Katze oder einen Hund von einem Dritten geschenkt erhält und die Eltern davon nichts wissen? Im Grundsatz steht die Minderjährigkeit der Haltereigenschaft nicht entgegen, doch muß sie unter Einschaltung des gesetzlichen Vertreters begründet werden: Andernfalls würde der Minderjährige entgegen den Wertungen der §§ 104ff. mit einem weitgehenden Risiko belastet, ohne dieses durch den Abschluß eines Versicherungsvertrags minimieren zu können. Deshalb kann in einem solchen Fall § 833 nicht angewandt werden.[25]

2.3 Der Schutzzweck der Norm: Haftung bei Verwirklichung der Tiergefahr

Die Haftung erstreckt sich auf jedes «Verhalten» des Tieres; dieses 1159
muß nach menschlichen Maßstäben keineswegs «unberechenbar» sein.[26]

Der A hetzt den Hund des B, der auch ihm gehorcht, auf den X. X wird ins Bein gebissen. B haftet nach § 833 Satz 1, obwohl sich der Hund «programmgemäß» verhalten hat.[27]

Am häufigsten hatten die Gerichte mit **Reitunfällen** zu tun. Wer ein Pferd mietet oder gefälligkeitshalber überlassen erhält, kann nach der Rechtsprechung durchaus Ersatz nach § 833 Satz 1 verlangen, obwohl die Gefahr für ihn keineswegs «unausweichlich» war.[28] Eine Ausnahme gilt nur dann, wenn der Reiter das Pferd zu dem Zweck verlangte, seine bessere Reitkunst demonstrieren zu können.[29]

24 Deutsch Rn 369

25 Larenz-Canaris § 84 I 2 g mN zum Streitstand

26 Vgl. BGHZ 67, 129, 132, wo das Decken einer Chow-Chow-Hündin durch einen Bastard-Rüden alles andere als «unberechenbar» war

27 Vgl. Larenz-Canaris § 84 II 1 c

28 S. BGH NJW 1992, 2474 und BGH NJW 1993, 2611. Kritisch Deutsch Rn 371. Bei der Überlassung eines Kraftfahrzeugs würde nach § 8 a StVG Abweichendes gelten, doch läßt sich angesichts der Eigenständigkeit der einzelnen Fälle der Gefährdungshaftung eine analoge Anwendung schwerlich rechtfertigen.

29 BGH NJW 1974, 234

Der Bereich der Tiergefahr ist verlassen, wenn anstelle des Tieres auch ein anderer Gegenstand treten könnte: Wird eine Katze – so das traditionelle Beispiel – als Wurfgeschoß verwendet, scheidet § 833 aus. Anders, wenn sie nach Ankunft am Ziel zu kratzen beginnt (was man ihr nicht übel nehmen könnte).

2.4 Rechtsfolgen

1160 Der zu ersetzende Schaden bestimmt sich nach denselben Maßstäben wie bei § 823 Abs. 1. Auch ein Schmerzensgeld ist ggfs. geschuldet;[30] zwar kommt mangels Verschulden keine «Genugtuung» für den Geschädigten in Betracht, wohl aber ein Ausgleich für erlittene immaterielle Nachteile.[31]

2.5 Anhang: Schäden bei der Jagd

1161 Der ursprünglich in § 835 geregelte «Wildschaden» ist heute Gegenstand des § 29 BJagdG. Danach ist der «Jagdberechtigte» für alle Schäden verantwortlich, die durch «Schalenwild» (z. B. Rehe), Wildkaninchen oder Fasanen auf einem fremden Grundstück angerichtet werden, ohne daß weitere Voraussetzungen wie etwa Verschulden vorliegen müßten. Entsteht bei der Jagd selbst ein Schaden, so ist der Jagdberechtigte nach § 33 BJagdG dafür verantwortlich, soweit ein «Mißbrauch» des Jagdrechts vorliegt, was wohl im Sinne einer Verschuldenshaftung zu interpretieren ist.[32]

30 BGH NJW 1977, 2158

31 Zur Funktion des Schmerzensgelds nach § 847 BGB s. unten Kap. 12 unter 2.4.1 (Rn 1311)

32 Larenz-Canaris § 84 II 2 b. Der Text des BJagdG findet sich u. a. in der Sammlung «Das Deutsche Bundesrecht», Abschnitt IV c/20

3 Haftung für Fahrzeuge

3.1 Eisenbahn

Nach § 1 Abs. 1 HPflG ist der «Betriebsunternehmer» zum Schadensersatz verpflichtet, wenn «bei dem Betrieb einer Schienenbahn oder einer Schwebebahn» ein Mensch getötet, der Körper oder die Gesundheit eines Menschen verletzt oder eine Sache beschädigt wird. Im einzelnen gilt folgendes: 1162

3.1.1 «Bei dem Betriebe einer Eisenbahn oder Schwebebahn»

Der einst vom Reichsgericht mit enormem Aufwand definierte Begriff der Eisenbahn[33] macht mittlerweile keine Schwierigkeiten mehr. Entscheidend ist die Bindung an Schienen; ob öffentliche oder private Zwecke verfolgt werden, spielt keine Rolle.[34] Zu den Schwebebahnen gehören auch Sessellifte. Nicht einbezogen sind jedoch **Schlepplifte**, was nicht nur der Wortlaut nahelegt, sondern was auch damit zusammenhängt, daß man sich bei dieser jederzeit «ausklinken» kann.[35] 1163

Das Merkmal «bei dem Betriebe» wird weit interpretiert; jeder Vorgang wird einbezogen, der in einem unmittelbaren äußeren örtlichen und zeitlichen Zusammenhang mit dem Zugfahren steht.[36] Wird man im Gedränge verletzt oder stürzt man auf dem vereisten Bahnsteig, reicht auch dies aus. 1164

3.1.2 Verletzte Rechtsgüter

Nach dem Wortlaut des § 1 Abs. 1 HPflG tritt eine Haftung nur bei Tötung, Körperverletzung oder Sachbeschädigung ein. Dies erscheint zu eng; auch andere vermögenswerte Rechte, die dem Eigentum im Rahmen des § 823 Abs. 1 gleichgestellt werden, sind einzubeziehen.[37] Dasselbe gilt für sog. Schockschäden, soweit sie nach allgemeinen 1165

33 RGZ 1, 252
34 Fuchs S. 195
35 Kötz Rn 356
36 Fuchs S. 195; Kötz Rn 362
37 Larenz-Canaris § 84 I 1 c

Grundsätzen zu ersetzen sind.[38] Schließlich ist auch nicht einsehbar, weshalb nicht auch die Freiheit der Fortbewegung in gleicher Weise zu schützen ist, kann sie doch dadurch erheblich beeinträchtigt werden, daß man einen halben Tag in luftiger Höhe in einer Seilbahnkabine zubringt.

3.1.3 Ausschluß der Haftung durch höhere Gewalt

1166 Nach § 1 Abs. 2 Satz 1 HPflG tritt die Haftung dann nicht ein, wenn der Unfall durch höhere Gewalt verursacht ist. Dabei muß es sich um ein betriebsfremdes, von außen kommendes Ereignis handeln, das ganz außergewöhnlich und nicht vorhersehbar ist und das auch nicht mit äußerster Sorgfalt verhindert werden kann.[39] Praktisch sind dies nur bei Naturkatastrophen; Fehlverhalten von Bahnbediensteten oder Versagen technischer Einrichtungen stellen auch dann keine höhere Gewalt dar, wenn sie sich beim besten Willen nicht verhindern lassen. Für Straßenbahnen sieht § 1 Abs. 2 Satz 2 eine Sonderregelung in der Weise vor, daß die Haftung genau wie bei Kraftfahrzeugen bereits dann ausgeschlossen ist, wenn ein «unabwendbares Ereignis» vorliegt.[40]

3.2 Kraftfahrzeuge

3.2.1 Wer ist «Halter»?

1167 Während § 1 Abs. 1 HPflG auf den «Betriebsunternehmer» abstellt und bislang keine besonderen Auslegungsprobleme hervorgerufen hat, stellt § 7 Abs. 1 für die Gefährdungshaftung bei Kraftfahrzeugen auf den «Halter des Fahrzeugs» ab. Dieser Begriff wird nicht anders als bei § 833 bestimmt: Es geht nicht notwendigerweise um den Eigentümer, wohl aber um die Person, die über das Fahrzeug nicht nur vorübergehend im eigenen Interesse verfügen kann.[41] Ohne Bedeutung ist deshalb, daß ein Auto unter Eigentumsvorbehalt gekauft oder einer

38 Larenz-Canaris a. a. O.; zu den Schockschäden s. oben Kap. 8 unter 2.1.2 (Rn 937)
39 S. die Definitionen in RGZ 101, 94 und BGHZ 7, 338, 339
40 Dazu unten 3.2.4 (Rn 1171 ff.)
41 BGHZ 13, 351, 354

Bank zur Sicherheit übereignet wurde; der Käufer ist dennoch Halter geworden.[42] Auch derjenige, der für ein oder zwei Monate einen Mietwagen fährt, ist nicht «Halter».[43]

Anders, wenn der Wagen im Rahmen eines **Finanzierungsleasing** «erworben» wurde: Hier liegt die Verfügungsbefugnis de facto beim Leasingnehmer.[44]

3.2.2 «Bei dem Betriebe» eines Kraftfahrzeugs

Das Merkmal «**bei dem Betriebe**» ist immer dann erfüllt, wenn der 1168
Schaden in Zusammenhang mit der Benutzung des Fahrzeugs als Fortbewegungsmittel entstanden ist. In diesem Sinne ist es auch dann «in Betrieb», wenn es wegen eines Motorschadens auf der Autobahn liegen bleibt[45] oder wenn es am Straßenrand geparkt ist.[46] Nicht erfaßt sind dagegen jene Fälle, in denen das Fahrzeug für andere Zwecke eingesetzt wird: Unter Einsatz des Motors wird Futtermittel in ein Silo[47] oder Öl in einen Tank gepumpt.[48] Man spricht hier von einer **Benutzung als «Arbeitsmaschine»**[49]; dasselbe gilt dann, wenn ein Streifenwagen der Polizei samt Blaulicht als Absperrmittel verwendet wird.[50]

Einen Grenzfall stellt ein sich langsam fortbewegendes Streufahrzeug dar, das automatisch Streugut auf die Straße befördert. Des Fortbewegens wegen hat der BGH[51] § 7 Abs. 1 StVG angewandt.

3.2.3 Begrenzung durch den Schutzzweck

Nicht anders als im Rahmen der Verschuldenshaftung[52] sind nur die- 1169
jenigen Schäden zu ersetzen, die zu verhindern Sinn der haftungsbegründenden Norm ist: Was außerhalb der «Betriebsgefahr» eines Fahrzeugs liegt, soll den Halter nicht belasten. Wird etwa ein Auto wegen starker Geräuschentwicklung und eines defekten Rücklichts

42 Larenz-Canaris § 84 III 1 b
43 BGHZ 116, 200, 206
44 BGHZ 87, 133, 135; Deutsch Rn 381. Zum Leasing s. oben Kap. 2 unter 4 (Rn 305 ff.)
45 BGHZ 29, 163, 169
46 Larenz-Canaris § 84 III 1 c
47 BGH NJW 1975, 1886, 1887
48 BGHZ 71, 212
49 Deutsch Rn 382; Fuchs S. 187
50 Kötz Rn 388
51 BGHZ 107, 65
52 Dazu oben Kap. 8 unter 2.2.3 (Rn 1006 ff.)

von einem Zivilfahrzeug der Polizei verfolgt, kann sein Fahrer dies aber nicht erkennen, und kommt das Polizeifahrzeug bei dieser Aktion zu Schaden, ist ein solcher Fall gegeben: Für das Risiko eines Verfolgers hat man nur dann einzustehen, wenn man ihn in vorwerfbarer Weise zu einer selbstgefährdenden Reaktion herausgefordert hat; dies war hier nicht der Fall.[53]

1170 Außerhalb des durch § 7 StVG geregelten Risikos soll auch der Schaden liegen, der dadurch entsteht, daß durch den bei einem Zusammenstoß erzeugten Knall **Schweine** in einer nahegelegenen Mästerei «verrückt spielen» und sich **in Panik** wechselseitig schwere Verletzungen zufügen.[54] Dies ist nicht recht einsehbar, da auch die Entwicklung von Geräuschen und dadurch bedingte Folgen zu den Gefahren gehören, die nun einmal mit dem Betrieb von Kraftfahrzeugen verbunden sind.[55] Daß die Massentierhaltung spezifische Risiken mit sich bringt, trifft zu, steht jedoch der Haftung ebensowenig entgegen wie z. B. eine besonders schwache gesundheitliche Konstitution eines Opfers. Auch hatte das Reichsgericht in dem ganz ähnlichen Fall, daß durch Fluglärm Silberfüchse in Panik geraten waren, anders entschieden.[56] § 7 Abs. 1 StVG greift demgegenüber jedoch ein, wenn das Auto als Mordwerkzeug benutzt wird.[57]

3.2.4 Ausschluß der Haftung wegen eines unabwendbaren Ereignisses

1171 Nach § 7 Abs. 2 Satz 1 StVG ist die Ersatzpflicht ausgeschlossen, «wenn der Unfall durch ein unabwendbares Ereignis verursacht wird, das weder auf einem Fehler in der Beschaffenheit des Fahrzeugs noch auf einem Versagen seiner Verrichtungen beruht». Als Beispiel für ein unabwendbares Ereignis wird im Gesetz das Verhalten des Verletzten, eines nicht bei dem Betrieb beschäftigten Dritten oder eines Tieres genannt, wenn gleichzeitig sowohl Halter als auch Fahrer «jede nach den Umständen des Falles gebotene Sorgfalt» beobachtet haben.

Beginnen wir mit der Ausnahme: Ein unabwendbares Ereignis liegt **niemals** vor, **wenn das Fahrzeug selbst versagt**, beispielsweise die Bremsen nicht mehr funktionieren oder ein Reifen platzt. In einem

53 BGH NJW 1990, 2885
54 BGHZ 115, 84, 87ff.
55 Kritisch auch Kötz Rn 360b; Larenz-Canaris § 84 III 1 d
56 RGZ 158, 34
57 BGHZ 37, 311, 315ff.

solchen Fall ist auch keine Berufung auf «höhere Gewalt» möglich. Gleichgestellt ist der Fall, daß nicht das Fahrzeug, sondern der Fahrer plötzlich seine Funktion nicht mehr ausüben kann: Wer völlig unerwartet in Ohnmacht fällt oder einen Schlaganfall erleidet, kann sich nicht auf ein unabwendbares Ereignis berufen.[58]

Liegt kein derartiger Fall vor, so kann von einem unabwendbaren 1172
Ereignis nur dann die Rede sein, wenn Fahrer und Halter (nicht nur die normale, sondern die) äußerste Sorgfalt beobachtet haben: Nur wer sich **wie ein «Idealfahrer»** verhält, ist von der Haftung frei.[59] Dazu gehört beispielsweise, daß man sich auf der Autobahn an der empfohlenen Richtgeschwindigkeit orientiert, obwohl diese keinerlei rechtliche Verbindlichkeit besitzt.[60]

Biegt außerhalb geschlossener Ortschaften ein Schulkind mit dem Fahrrad verkehrswidrig auf eine Straße ein, muß auch ein «Idealfahrer» nicht damit rechnen, daß ihm ein zweites folgen und direkt vor sein Auto fahren würde.[61]

In vielen Fällen scheidet ein «unabwendbares Ereignis» schon deshalb aus, weil ein entsprechend übersorgfältiger Fahrer sich überhaupt nicht in die später zum Unfall führende Situation gebracht hätte.

3.2.5 Ausschluß der Haftung gegenüber bestimmten Personen

Nach § 8 a. E. StVG erstreckt sich die Haftung nach § 7 Abs. 1 StVG 1173
nicht auf **Personen, die bei dem Betrieb des Kraftfahrzeugs tätig sind**. Dazu gehören der nicht mit dem Halter identische Fahrer, ein Mieter sowie ein vom Halter angestellter Chauffeur. Nach § 8 a Abs. 1 Satz 1 StVG wird den **Insassen des Fahrzeugs** gegenüber nur gehaftet, wenn es sich um «entgeltliche, geschäftsmäßige Personenbeförderung» handelte. Wer in einen Nahverkehrsbus oder ein Taxi einsteigt, kann sich daher im Ernstfall auf § 7 Abs. 1 StVG berufen, nicht jedoch derjenige, der von einem Freund gefälligkeitshalber mitgenommen wird.

58 BGHZ 23, 90; ebenso Larenz-Canaris § 84 III 1 e
59 BGHZ 117, 337, 340
60 BGHZ 117, 337, 342; Kötz Rn 393
61 BGH NJW 1986, 183

1174 Wie sind **Mitfahrgemeinschaften** zu behandeln? In der Regel beteiligt man sich an den Benzinkosten oder stellt reihum das eigene Fahrzeug zur Verfügung. Der BGH bejaht mangels Entgeltlichkeit das Eingreifen des § 8 a StVG[62], in der Literatur wird darauf verwiesen, es fehle an der Geschäftsmäßigkeit.[63] Geht es – wie üblich – um die Fahrt zum Arbeitsplatz oder zur Ausbildungsstätte, besteht im übrigen Unfallversicherungsschutz nach §§ 550 Abs. 2, 539 Abs. 1 Nr. 14 RVO. Die Betroffenen bleiben also nicht ohne Schutz.

3.2.6 Ausschluß der Haftung bei Schwarzfahrten

1175 Unternimmt jemand ohne Wissen und Willen des Fahrzeughalters eine Fahrt, so ist er nach § 7 Abs. 3 Satz 1 StVG wie ein Halter zum Ersatz verpflichtet. Dies gilt nach § 7 Abs. 3 Satz 2 StVG allerdings dann nicht, wenn er für den Betrieb des Kraftfahrzeugs angestellt war oder ihm das Fahrzeug vom Halter überlassen wurde.

Der angestellte Chauffeur macht eine private Tour mit dem Auto; er haftet deshalb nicht wie ein Halter, sondern nur – sofern er am Steuer saß – nach § 18 StVG.[64]

1176 Auch wenn der «Schwarzfahrer» haftet, bleibt der Halter neben ihm zum Ersatz verpflichtet, wenn er die Benutzung des Fahrzeugs schuldhaft ermöglicht hat.

Der A läßt seinen Wagen samt Zündschlüssel bei angelehnter Tür auf der Straße stehen. Ein zufällig des Weges kommender Autoknacker fühlt sich im Grunde unterfordert, will aber die gute Gelegenheit nicht vorbeigehen lassen und setzt sich ans Steuer. Nach drei Kilometern verursacht er einen Unfall; der A haftet nach § 7 Abs. 1 StVG.

3.2.7 Umfang der Ersatzpflicht

1177 Was den Kreis der gegen eine Verletzung geschützten Rechtsgüter betrifft, so gilt dasselbe wie im Rahmen des § 1 Abs. 1 HPflG.[65] Praktisch wichtig sind die Haftungshöchstbeträge nach § 12 StVG (lesen!). Auch ist kein Schmerzensgeld geschuldet. Beide Einschränkungen entfallen, soweit die Voraussetzungen des § 823 Abs. 1 erfüllt sind.

1178 Zu beachten ist schließlich die **Anzeigepflicht nach § 15 StVG**:

62 BGHZ 80, 303
63 Larenz-Canaris § 84 III 1 f
64 Zu diesem Tatbestand s. oben Kap. 9 untert 6 (Rn 1144)
65 Dazu oben 3.1.2 (Rn 1165)

Der Geschädigte muß den Halter **innerhalb von zwei Monaten** von dem Unfall informieren, wobei diese Frist allerdings erst läuft, nachdem er von dem Schaden und der Person des Ersatzpflichtigen Kenntnis erhalten hat. Die Information ist überflüssig, wenn der Halter schon auf andere Weise Kenntnis von dem Unfall bekam.

3.2.8 Haftpflichtversicherung

3.2.8.1 Pflichtversicherung

Seit 1939 muß jeder Kfz-Halter eine Haftpflichtversicherung abschlie- 1179
ßen; andernfalls erhält er keine Zulassungsnummer. Einzelheiten sind heute im Pflichtversicherungsgesetz vom 5. April 1965 (Schönfelder Nr. 63) geregelt. Daß die einzelne Versicherungsgesellschaft den Vertragsabschluß nur ganz ausnahmsweise verweigern kann, wurde bereits an anderer Stelle hervorgehoben.[66]

Die Versicherung ist «**opferfreundlich**» ausgestaltet: Nach § 3 1180
Nr. 1 PflVG kann der Geschädigte seinen Ersatzanspruch direkt gegen die Versicherung geltend machen.[67] Die Haftung deckt auch das Fehlverhalten des Fahrers ab, und zwar auch dann, wenn er sich auf einer Schwarzfahrt befand.[68] Für den Betroffenen spielt es auch keine Rolle, wenn das Versicherungsverhältnis (wie man sagt) «krank» war, weil der Halter beispielsweise keine Prämie bezahlt oder die Versicherung getäuscht hatte: Dem Geschädigten gegenüber haftet sie nach § 3 Nr. 4–6 PflVG auch in solchen Fällen, kann jedoch in gewissem Umfang beim Halter Rückgriff nehmen.

3.2.8.2 Entschädigungsfonds

Eine sozialpolitisch interessante Vorschrift stellt § 12 PflVG dar. Ist der 1181
Halter des schädigenden Fahrzeugs nicht zu ermitteln (Verkehrsunfallflucht!), oder greift ausnahmsweise die Haftpflichtversicherung nicht ein, so kann sich der Geschädigte an den «Entschädigungsfonds für Schäden aus Kraftfahrzeugunfällen» halten, sofern er nicht von anderer Seite, z. B. durch die Sozialversicherung, Ersatz erhält. Nach § 12

66 Bd. 1 Kap. 12 unter 4.2.2 (Rn 894ff.)

67 Dieser aus dem französischen Recht übernommene Grundsatz gilt seit 1965; Einzelheiten bei Fuchs S. 192

68 Einzelheiten bei Kötz Rn 410

Abs. 2 kann allerdings ein **Schmerzensgeld** nur geltend gemacht werden, «wenn und soweit die Leistung einer Entschädigung wegen der besonderen Schwere der Verletzung zur Vermeidung einer groben Unbilligkeit erforderlich ist». Auch kann im Falle der Verkehrsunfallflucht ein **Sachschaden** am eigenen Fahrzeug nicht geltend gemacht werden. Zumindest in gewissem Umfang wird so das strukturelle Problem bewältigt, das darin liegt, daß die beste Regelung nichts nützt, wenn kein leistungsfähiger Schuldner vorhanden ist.[69]

3.3 Luftfahrzeuge

1182 Nach § 33 Luftverkehrsgesetz (LuftVG) haftet der «Halter» eines Luftfahrzeugs, wenn bei dessen Betrieb durch einen Unfall ein Schaden an Leib, Leben oder Eigentum entsteht. Die damit begründete Gefährdungshaftung tritt auch dann ein, wenn ein Fall der höheren Gewalt oder des unabwendbaren Ereignisses vorliegt.[70]

Wegen einer in keiner Weise zu verhindernden Sabotageaktion kommt es zu einem Flugzeugabsturz.

1183 Eine Grenze ergibt sich allerdings insoweit, als nur Schäden erfaßt sind, die die gesetzliche Regelung verhindern wollte. Dies ist für den Fall bejaht worden, daß der Fahrer eines Autos durch den Lärm eines tieffliegenden Düsenflugzeugs irritiert wurde und dadurch einen Unfall verursacht hatte.[71] Dasselbe gilt dann, wenn der Knall eines Flugzeugs einen Herzinfarkt auslöst.[72] Auch hier besteht eine Pflichtversicherung (§ 43 LuftVG), gleichzeitig jedoch eine Beschränkung auf Höchstbeträge (§ 37 LuftVG).

1184 Die Gefährdungshaftung gilt nicht für **Flugpassagiere**; diese sind nur nach Maßgabe der §§ 44 ff. LuftVG sowie des Warschauer Abkommens von 1929 geschützt.[73] Danach besteht eine Verschuldenshaftung[74], deren Ausgestaltung hier nicht näher problematisiert werden kann.

69 Zu dieser Problematik s. oben Kap. 7 unter 4.2 (Rn 915 f.)
70 BGH NJW 1982, 1046, 1047, Text des LuftVG in BGBl I 1981 S. 61
71 BGH NJW 1982, 1046; zustimmend Kötz 360a
72 OLG Schleswig NJW 1989, 1937
73 Dazu Fuchs S. 200 f.
74 Deutsch Rn 388

Knobelfrage: Der X springt mit dem **Fallschirm** ab, kommt jedoch etwas ins Trudeln und landet mit Karacho mitten auf dem Dach des dem A gehörenden Mercedes. Ist auch der Fallschirm ein «Luftfahrzeug»? § 1 Abs. 2 Luftverkehrsgesetz gibt eine Definition, die auch den Fallschirm umfaßt. Insoweit hilft der Blick ins Gesetz weiter. War die Bundeswehr Halterin des Fallschirms, haftet sie, da die Grundsätze der Gefährdungshaftung auch für militärisch genutzte Flugzeuge gelten (§§ 52, 53 LuftVG). 1185

4 Haftung für bestimmte Energieträger

4.1 Die Fälle des § 2 HPflG

Elektrizität wird normalerweise mit Hilfe von Leitungen, Gase, Dämpfe und Flüssigkeiten werden mit Hilfe von Rohren an einen anderen Ort gebracht. § 2 Abs. 1 HPflG knüpft an diesen Lebenssachverhalt an und sieht dabei zwei Tatbestände der Gefährdungshaftung vor. 1186

4.1.1 Die sog. Wirkungshaftung

«Wird durch die Wirkungen von Elektrizität, Gasen, Dämpfen oder Flüssigkeiten, die von einer Stromleitungs- oder Rohrleitungsanlage oder einer Anlage zur Abgabe der bezeichneten Energien oder Stoffe ausgehen, ein Mensch getötet, der Körper oder die Gesundheit eines Menschen verletzt oder eine Sache beschädigt, so ist der Inhaber der Anlage verpflichtet, den daraus entstehenden Schaden zu ersetzen» (§ 2 Abs. 1 Satz 1 HPflG). Der Schaden muß – um den Satz ein wenig zu vereinfachen – dadurch entstanden sein, daß **aus den Leitungen** die gefährliche **Energie freigesetzt** wurde. Beispiele sind etwa herabhängende oder herabfallende Hochspannungsleitungen, leck werdende Pipelines oder platzende Wasserleitungen.[75] Auch das ausströmende Gas sowie eine die Umgebung verschmutzende undichte **Abwasseranlage** gehören dazu. Die Freisetzung wird normalerweise durch Defekte in den Leitungen, kann aber auch in der Weise erfolgen, daß die Anlage zur Abgabe der Energie nicht wie vorgesehen funktioniert. 1187

75 Vgl. Deutsch Rn 389

Der das Heizöl bringende Tankwagen hat einen undichten Einfüllschlauch.[76]

Nicht erfaßt ist der Fall, daß wegen einer Verstopfung Wasser nicht in die Leitungen einströmen kann.[77] Auch ist die Erzeugung von Energie nicht einbezogen.

4.1.2 Die sog. Zustandshaftung

1188 Nach § 2 Abs. 1 Satz 2 HPflG besteht eine Gefährdungshaftung auch dann, wenn der Schaden nicht auf die Wirkungen der in Frage stehenden Energien beruht, sondern auf das Vorhandensein der Anlagen zurückzuführen ist, es sei denn, diese hätten sich in einem ordnungsgemäßen Zustand befunden; diesen definiert § 1 Abs. 2 Satz 3 in der Weise, daß die Anlage anerkannten Regeln der Technik entspricht und unversehrt ist.

Beispiel für Haftung: Ein Hochspannungsmast fällt um und tötet einen Menschen.

Inhaltlich gehört die Zustandshaftung in den Bereich des § 836; in der Literatur ist mit Recht gerügt worden, daß insoweit für eine volle Gefährdungshaftung kein Anlaß bestehe.[78]

4.1.3 Haftungsausschluß

1189 Nach § 2 Abs. 3 HPflG ist die Haftung insbesondere bei höherer Gewalt sowie dann ausgeschlossen, wenn sich die Anlage innerhalb eines Gebäudes befindet.

Immer erfaßt sind allerdings Schäden, die durch das Herabfallen von Leitungsdrähten eintreten (§ 2 Abs. 3 Nr. 3).

---

76 Vgl. BGH NJW 1993, 2740, 2741, wonach auch ein Tankwagen zu den Anlagen im Sinne des § 2 Abs. 1 Satz 1 HPflG gehört

77 Fuchs S. 198; Larenz-Canaris § 84 IV 1 d

78 Larenz-Canaris § 84 IV 1 e

4.2 Atomhaftung

Das geltende deutsche Nuklearhaftungsrecht weist eine «**Zweigleisigkeit**» auf[79]: Es findet sich sowohl in dem sog. Pariser Übereinkommen[80] wie in den Vorschriften des Atomgesetzes (AtomG).[81] Inhaltlich besitzt es eine Reihe von bemerkenswerten Besonderheiten, die hier nur kurz zusammengefaßt werden können.[82] 1190

– Nach § 25 Abs. 1 Satz 1 AtomG in Verbindung mit Art. 3 (a) **Pariser Übereinkommen** (PÜ) trifft den Inhaber einer Kernanlage eine **Gefährdungshaftung**. Voraussetzung ist, daß durch ein «**nukleares Ereignis**» ein Schaden entsteht. Dieses ist im einzelnen in der Anlage 1 zum AtomG definiert und erfaßt im Kern jede Freisetzung von radioaktiver Strahlung. 1191

– Diese Gefährdungshaftung kennt **keine summenmäßige Beschränkung** und wird auch nicht durch «höhere Gewalt» oder ein «unabwendbares Ereignis» ausgeschlossen. Bei Sachschäden wird nach § 31 Abs. 3 Satz 1 AtomG nur der «gemeine Wert» ersetzt; Anspruch auf **Schmerzensgeld** besteht nach § 29 Abs. 2 AtomG nur, wenn das nukleare Ereignis schuldhaft herbeigeführt wurde. 1192

– Nach § 25 Abs. 1 AtomG in Verbindung mit Art. 6 Abs. (b) PÜ haftet neben dem Betreiber «niemand sonst» für einen durch ein nukleares Ereignis verursachten Schaden. Diese «**Kanalisierung**» auf einen **Schädiger** hat zur Folge, daß ein Rückgriff auf allgemeine Haftungsnormen ausgeschlossen ist; im Gegensatz zu allen anderen Tatbeständen der Gefährdungshaftung hat das atomrechtliche System nach § 25 Abs. 1 AtomG in Verbindung mit Art. 3 und Art. 6 Abs. (c) Unterabs. (ii) PÜ exklusiven Charakter. 1193

– Nach § 13 Abs. 1 AtomG hat eine **Deckungsvorsorge** zu erfolgen, die in der Regel durch Abschluß einer Haftpflichtversicherung erfolgt. Bei Kernkraftwerken ist in der Regel eine Summe von 500 Mio DM vorgeschrieben. 1194

– Nach § 34 Abs. 1 AtomG besteht eine **Freistellungsverpflichtung** des Staates in Höhe von (in der Regel) weiteren 500 Mio DM. Damit steht den Opfern im Ernstfall ein Betrag von 1 Mrd DM zur Verfü- 1195

79 So Pelzer, Begrenzte und unbegrenzte Haftung im deutschen Atomrecht, Baden-Baden 1982, S. 10ff.

80 BGBl 1975 II S. 957

81 Sartorius Nr. 835 Dazu Haedrich, Atomgesetz mit Pariser Atomhaftungs-Übereinkommen, Kommentar, Baden-Baden 1986

82 Eingehend Däubler, Haftung, S. 3ff.

gung, was allerdings nur einen kleinen Teil der bei einer Nuklearkatastrophe eintretenden Schäden abdecken würde.

1196 – Reichen die verfügbaren Mittel nicht zur Befriedigung aller Gläubiger aus, muß nach § 35 AtomG ein **Verteilungsverfahren** stattfinden. Wie dieses im einzelnen zu organisieren ist und welche Forderungen in welchem Umfang den Vorrang hätten, ist durch besonderes Gesetz zu regeln. Ohne ein solches würden Opfer im Ernstfall auf Jahre hinaus nichts erhalten, da die Gewährung von Vorschüssen nicht vorgesehen ist.[83]

1197 – Hat das **nukleare Ereignis außerhalb des Geltungsbereichs des Grundgesetzes** stattgefunden, so haben Geschädigte nach § 38 AtomG einen Anspruch gegen den Bund, der seine Haftung allerdings auf 500 Mio DM beschränkt hat.

1198 Die Atomhaftung nimmt die Risiken moderner Großtechnologien ersichtlich zur Kenntnis, geht jedoch insbesondere das Phänomen von **Großschäden nur mit unzureichenden Mitteln** an. Auch ergeben sich im Ernstfall extrem schwierige Fragen der Kausalität. Beides stellt sich in ähnlicher Weise im Zusammenhang mit der Umwelthaftung.[84]

5 Eingriffshaftung

5.1 Rechtsdurchsetzung auf eigene Gefahr

1199 Wie oben bereits skizziert, ist derjenige auch ohne Verschulden nach § 717 Abs. 2 ZPO zum Schadensersatz verpflichtet, der ein vorläufig vollstreckbares Urteil effektiv durchsetzt, im Endergebnis aber den Prozeß verliert.[85] Dieselbe Regelung trifft § 945 ZPO für den Fall, daß der Gläubiger aus einer einstweiligen Verfügung vollstreckt, die später wieder aufgehoben wird.

1200 Einen ähnlichen Fall des unberechtigten Eingriffs in fremde Rechte regelt § 231: Wer die **Voraussetzungen von Selbsthilfemaßnah-**

83 Näher zum Verteilungsverfahren Däubler, Haftung, S. 72 ff.
84 Unten Kap. 16 unter 2.1.2 (Rn 1453 f.) und 4.2 (Rn 1491 f.)
85 Oben 1.2 (Rn 1153)

men irrtümlich annimmt, ist dem dadurch Betroffenen auch ohne Verschulden zum Schadensersatz verpflichtet.[86]

Beispiel:[87] Der Mieter, ein Theaterverein, hatte einen Saal gemietet und Dekorationen in einem Schuppen untergebracht, der im Einvernehmen mit dem Vermieter auf dem Hof errichtet worden war. Nach der Kündigung des Vertrags brach der Vermieter den Schuppen ab und lagerte die Dekorationen ungeschützt im Hof, wo sie alsbald unbrauchbar wurden.

Der (ehemalige) Mieter kann dafür auch dann Schadensersatz verlangen, wenn der Vermieter – etwa aufgrund einer Rechtsauskunft durch einen Rechtsanwalt – der Ansicht war, zu seinem Tun berechtigt zu sein.

5.2 Eingriff zum Schutz höherwertiger Rechtsgüter

Nach § 904 Satz 1 ist der Eigentümer nicht berechtigt, die Einwirkung 1201
eines anderen auf seine Sache zu verbieten, wenn sie «zur Abwendung einer gegenwärtigen Gefahr notwendig und der drohende Schaden gegenüber dem aus der Einwirkung dem Eigentümer entstehenden Schaden unverhältnismäßig groß ist».

Ein Verunglückter läßt sich nur durch schnellen Transport ins Krankenhaus retten. Der Anlieger A muß es hinnehmen, daß sein Fahrzeug für diesen Zweck benutzt wird.

Liegt ein solcher **Notstandsfall** vor[88], so kann der betroffene Eigentümer nach § 904 Satz 2 **Schadensersatz** verlangen. Verpflichtet ist ihm gegenüber gleichermaßen der Eingreifende wie der auf diese Weise Gerettete.[89] Entsprechende Grundsätze gelten beim Eingriff in andere Rechtsgüter.[90]

86 Zum Recht auf Selbsthilfe s. Bd. 1 Kap. 6 unter 2.6.1 (Rn 400 ff.)
87 Nach BGH NJW 1977, 1818
88 Dazu bereits Bd. 1 unter 2.6.1.1 (Rn 406)
89 Deutsch Rn 411 mN zum Streitstand
90 Palandt-Bassenge § 904 Rn 2

5.3 Ausgleichsansprüche zwischen Nachbarn

1202 Eingehende Sonderregeln existieren für den Fall, daß ein Grundeigentümer in die Rechtssphäre seines Nachbarn eingreift. Die wichtigsten Fälle seien genannt.

5.3.1 Überbau nach §912

Wer ohne grobe Fahrlässigkeit über die Grenze in das Nachbargrundstück hineinbaut, ist nach §912 Abs. 2 lediglich verpflichtet, seinem Nachbarn dafür eine Geldrente zu bezahlen, über die Näheres in den §§913, 914 bestimmt ist. Da Gebäude nicht von heute auf morgen entstehen, hätte es der Nachbar ja in der Hand gehabt, sich gegen den Überbau zu wehren; hat er dies nicht getan, geht dies jedenfalls insoweit zu seinen Lasten, als er keine Entfernung des Gebäudeteils verlangen kann.

5.3.2 Notweg nach §917

1203 «Fehlt einem Grundstück die zur ordnungsmäßigen Benutzung notwendige Verbindung mit einem öffentlichen Wege, so kann der Eigentümer von den Nachbarn verlangen, daß sie bis zur Hebung des Mangels die Benutzung ihrer Grundstücke zur Herstellung der erforderlichen Verbindung dulden.» Dem betroffenen Eigentümer soll die Nutzung seines Grundstücks nicht unmöglich gemacht werden. Als Ausgleich sieht jedoch §917 Abs. 2 die Entrichtung einer Geldrente vor, die nach denselben Grundsätzen wie beim Überbau zu bestimmen ist. Einzelheiten können hier nicht dargestellt werden.[91]

5.3.3 Duldung von Immissionen und anderen Einwirkungen

1204 Nach §906 Abs. 1 Satz 1 muß der Eigentümer eines Grundstücks die Zuführung von Gasen, Gerüchen, Rauch usw. und ähnliche, von einem anderen Grundstück ausgehende Einwirkungen dulden, als sie die Benutzung seines Grundstücks nicht oder nur unwesentlich beeinträchtigen.

91 Zum Notwegrecht s. etwa Baur-Stürner §25 III 3 mwV

Harmloses Beispiel: Macht der Nachbar eine lautstarke Gartenparty, die bis nachts um 1 Uhr dauert, muß man dies hinnehmen, wenn es sich um einen einmaligen Vorgang handelt. Passiert es jede Woche, ist die Benutzung des Grundstücks mehr als nur unwesentlich beeinträchtigt.

§ 906 Abs. 2 regelt den Fall «wesentlicher» Beeinträchtigungen, die 1205
durch eine ortsübliche Benutzung des Nachbargrundstücks bewirkt werden.

Die auf dem Nachbargrundstück stehende chemische Fabrik verbreitet unangenehme Gerüche.

In einem solchen Fall ist zunächst zu versuchen, die Einwirkungen durch Schutzvorkehrungen zu verhindern, soweit diese wirtschaftlich zumutbar sind. Läßt sich auf diesem Wege nichts erreichen, hat der beeinträchtigte Eigentümer nach § 906 Abs. 2 Satz 2 Anspruch auf einen «angemessenen Ausgleich in Geld». Wenn er schon den Eingriff in sein Eigentum dulden muß, soll er wenigstens einen wirtschaftlichen Ausgleich bekommen. Einzelheiten sind im Rahmen der Umwelthaftung zu erörtern, wo diese Vorschrift primär Bedeutung hat.[92] Im vorliegenden Zusammenhang reicht die Feststellung, daß der Grundgedanke des § 906 Abs. 2 Satz 2 auch in anderen Zusammenhängen zur Geltung kommt. Dies gilt etwa dann, wenn bewegliche Sachen durch Einwirkungen eines Nachbarn beeinträchtigt oder wenn eine Krankheit wie Asthma verschlimmert wird.[93]

6 Billigkeitshaftung nach § 829

Bei der oben bereits in ihren Voraussetzungen skizzierten Billigkeits- 1206
haftung[94] verlangt das Gesetz keinen vollen Schadensausgleich, sondern nur eine an den Umständen des Einzelfalls orientierte «Schadloshaltung». Da § 829 ausdrücklich verlangt, daß dem Schuldner nicht die Mittel entzogen werden dürfen, deren er zum angemessenen Unterhalte sowie zur Erfüllung seiner gesetzlichen Unterhaltspflichten bedarf, setzt die Haftung nur ein, wenn beim Schädiger ein gewisses Maß an Wohlstand vorhanden ist. Praktisch bedeutsam ist die Frage einer

92 Dazu unten Kap. 16 unter 3 (Rn 1460 ff.)

93 Larenz-Canaris § 85 II 5 a, b

94 Oben 1.3 (Rn 1155)

Versicherung. Stand sie dem Geschädigten zur Seite, entspricht die Inanspruchnahme des (deliktsunfähigen) Schädigers nicht der Billigkeit. War umgekehrt der Schädiger gegen Haftpflicht versichert, erscheint es in der Regel billig, eine Haftung zu bejahen, die ihn nicht persönlich trifft.[95] Die Versicherung als «kollektiven Schadensträger» zu belasten, statt den Schaden beim Opfer zu lassen, entspricht der Tendenz zur sozialstaatlichen Weiterentwicklung des Deliktsrechts.

7 Besonderheiten der Staatshaftung

1207 Auch im Verhältnis Bürger–Staat gibt es Erscheinungen, die sich als Eingriffshaftung wie als Gefährdungshaftung qualifizieren lassen. Beginnen wir mit der ersten.

1208 Wird dem Bürger aufgrund Gesetzes ein vermögenswertes Recht entzogen, liegt eine **Enteignung** im Sinne des Art. 14 Abs. 3 GG vor, die nur gegen angemessene Entschädigung zulässig ist. Wird **in immaterielle Güter eingegriffen**, dem Einzelnen beispielsweise ein Opfer in seiner Freiheit oder seiner Gesundheit auferlegt, so hat er gleichsfalls einen Anspruch auf billige Entschädigung, der auf die gewohnheitsrechtlich fortgeltenden §§ 74, 75 EinlALR gestützt und üblicherweise als «Aufopferungsanspruch» bezeichnet wird.[96] Voraussetzung ist in beiden Fällen, daß der Staat bewußt in Rechte des Bürgers eingreift.

1209 Schwieriger, da nicht ausdrücklich geregelt, wird die Situation, wenn ein rechtmäßiger Eingriff in materielle oder immaterielle Rechte eines Bürgers **unbeabsichtigt** bei ihm oder bei Dritten zu **Schäden** führt. Hier wird der Aufopferungsgedanke gleichfalls herangezogen und dem Einzelnen ein Entschädigungsanspruch gewährt.

1210 **Handelt der Staat rechtswidrig**, so ist erst recht für einen Ausgleich zu sorgen. Dieser wird – wenn auch in angreifbarer Weise – gleichfalls auf den Aufopferungsgedanken gestützt. In Wirklichkeit liegt hier eine Haftung für staatlich begangenes Unrecht vor, die im Kern seit Jahrzehnten gewohnheitsrechtlich anerkannt ist. Dies gilt

95 Vgl. Esser-Weyers § 55 III 2; Larenz-Canaris § 84 VII 1 b; einschränkend BGH NJW 1979, 2096

96 Hierzu und zum folgenden Schmitt-Kammler JuS 1995, 474 ff.

gleichermaßen für Eingriffe in vermögenswerte wie in nichtvermögenswerte Güter.[97] Eine entsprechende Anwendung des Art. 14 Abs. 3 GG wird seit dem sog. Naßauskiesungsbeschluß des BVerfG nicht mehr praktiziert.[98] Bisweilen existieren allerdings Sonderregelungen. So sieht etwa § 7 BDSG für die von der öffentlichen Hand vorgenommene **Datenverarbeitung** eine **Gefährdungshaftung vor**[99], und in den neuen Bundesländern gilt das **Staatshaftungsrecht der DDR** weiter, das eine Haftung schon bei rechtswidrigem (und nicht wie § 839 bei schuldhaftem) staatlichem Verhalten vorsieht.[100]

97 Vgl. aus der Rechtsprechung etwa BGHZ 90, 17

98 BVerfGE 58, 300

99 Dazu Klebe, in: Däubler-Klebe-Wedde, § 7 Rn 3 ff. Bemerkenswert ist auch der in § 7 Abs. 2 vorgesehene Ersatz immaterieller Schäden bei schweren Verletzungen des Persönlichkeitsrechts

100 Dazu eingehend Ossenbühl, Staatshaftungsrecht, 4. Aufl., München 1991, §§ 64, 65; Scholz-Tremml, Staatshaftungs- und Entschädigungsrecht, 5. Aufl., München 1994, S. 240 ff.

KAPITEL 11: Sonderregeln zur Produkthaftung

1 Einführung

1.1 Die Ausgangssituation und die BGH-Rechtsprechung

1211 Wer durch ein gekauftes oder sonstwie erworbenes Produkt einen **Schaden** erleidet, kann sich an seinen **Vertragspartner** – also normalerweise an seinen Verkäufer – halten. Platzt etwa der Reifen des neu gekauften Autos nach 2000 km und kommt es deshalb zu einem Unfall, so muß der Verkäufer für die dabei entstehenden «Mangelfolgeschäden» einstehen.[1] Werden Familienangehörige verletzt, können diese ggfs. unter Berufung auf die Rechtsfigur des Vertrags mit Schutzwirkung zugunsten Dritter Ersatz verlangen.[2]

Damit ist **dem Geschädigten oft wenig gedient**. Die Ansprüche wegen «Mangelfolgeschäden» **verjähren** in entsprechender Anwendung des § 477 in 6 Monaten – wobei die Frist unabhängig davon zu laufen beginnt, ob der Mangel erkennbar war oder nicht.[3] Außerdem kauft man größere Gebrauchsgegenstände typischerweise nicht beim Hersteller, sondern beim **Händler**. Dieser hat seinerseits kaum Möglichkeiten, sich über verdeckte Mängel der ihm gelieferten Sachen zu informieren; verständlicherweise wird er wenig erbaut sein, wenn er nunmehr die Nachteile eines unerwarteten Schadens tragen soll. Geht es um Millionenschäden, wäre überdies seine Existenz ruiniert und

---

1 Dazu näher oben Kap. 1 unter 4.4.3 (Rn 116)
2 Dazu Bd. 1 Kap. 19 unter 2.3 (Rn 1701 ff.)
3 Dazu oben Kap. 1 unter 4.2.4 (Rn 63 ff.)

dem Geschädigten gleichfalls nicht geholfen: Er benötigt einen zahlungsfähigen Schuldner, um einen Ausgleich für die erlittene Einbuße zu erhalten.

Ein direktes Vorgehen gegen den Hersteller aus unerlaubter Handlung erschien zunächst aussichtslos. Wie will der Geschädigte beweisen, daß der Fehler durch ein schuldhaftes Verhalten oder durch mangelhafte Organisation eines Verrichtungsgehilfen entstanden ist? Man hat deshalb den Versuch unternommen, vertragsähnliche Beziehungen zum Hersteller zu konstruieren, was nicht nur zur Anwendung des § 278, sondern auch zur Umkehr der Beweislast nach § 282 geführt hätte.[4] Der **BGH** ist dem nicht gefolgt, paßte jedoch das Deliktsrecht an die spezifische Situation des Geschädigten an: In der sog. **Hühnerpestentscheidung**[5] wurde in Anknüpfung §§ 831 bis 834 und 836 eine **Beweislastumkehr** angenommen: Soweit der Geschädigte den Fehler des Produkts und einen daraus entstehenden Schaden im Sinne des § 823 Abs. 1 nachweisen kann, muß der Hersteller den Beweis führen, daß er die im Verkehr erforderliche Sorgfalt beachtet hat. 1212

Im konkreten Fall ging es darum, daß ein Tierarzt Hühner mit einem Impfstoff geimpft hatte, der jedoch – was er nicht erkennen konnte – fehlerhaft war und zum Ausbruch der Hühnerpest führte, die er gerade verhindern sollte.

Der Sache nach handelt es sich dabei um einen Spezialfall der Verkehrspflichtverletzung.[6]

1.2 ProdHG, AMG, GenTG

Daneben gilt seit 1. 1. 1990 das **Produkthaftungsgesetz** (ProdHG, Schönfelder Nr. 27), das auf eine EG-Richtlinie zurückgeht.[7] Es führt – zumindest dem Anspruch nach – in bezug auf fehlerhafte Produkte eine **Gefährdungshaftung** ein, die nicht nur den Hersteller, sondern auch eine Reihe anderer Beteiligter trifft. Wie § 15 Abs. 2 des Gesetzes deutlich macht, wird ein Rückgriff auf allgemeine haftungsrechtliche Grundsätze nicht ausgeschlossen. 1213

4 Zu § 278 und dem Unterschied zu § 831 s. Bd. 1 Kap. 13 unter 5.1 und 5.2 (Rn 1036 ff.); zu § 282 s. Bd. 1 Kap. 17 unter 2.5 (Rn 1531) und 5.3 (Rn 1573)

5 BGHZ 51, 91 ff.

6 Dazu oben Kap. 8 unter 2.3.3.3 (Rn 1040 ff.)

7 Richtlinie des Rates der EG vom 25. 7. 1985 (ABl vom 7. 8. 1985, Nr. L 210/29)

1214 Der somit bestehenden **Zweispurigkeit der Haftung** bei fehlerhaften Produkten sollte man auch **terminologisch** Rechnung tragen: Der Betriff «Produzentenhaftung» verweist auf eine Person und deren schuldhaftes Verhalten, so daß damit die Fälle einer Verkehrspflichtverletzung nach § 823 Abs. 1 angemessen bezeichnet sind. «Produkthaftung» knüpft demgegenüber schon als Begriff sehr viel stärker an der objektiven Fehlerhaftigkeit an und sollte deshalb für die Haftung aus dem ProdHG Verwendung finden.[8]

1215 Für **Arzneimittel** gilt seit Mitte der 70er Jahre eine Sonderregelung[9], die eine Reaktion auf die sog. Contergan-Katastrophe war.[10]

1216 Für Produkte, die gentechnisch veränderte Organismen enthalten, gilt eine **Gefährdungshaftung nach dem GenTG**, soweit nicht das Arzneimittelgesetz zur Anwendung kommt.[11]

1.3 Rechtspolitische Bedeutung

1217 Eine schärfere oder weniger scharfe Haftung für fehlerhafte Produkte hat auch eine (wenig thematisierte) industriepolitische Dimension: Hohe **Risiken zwingen zu sehr sorgfältigem Vorgehen**, was sich dann auf dem Weltmarkt (jedenfalls bisher) unter dem Schlagwort «deutsche Wertarbeit» positiv niederschlägt. Allerdings ist zu beachten, daß die EG-Richtlinie vergleichbare Standards für alle Mitgliedstaaten der Europäischen Union gebracht hat und daß auch in den USA keineswegs geringere Anforderungen gestellt werden.[12] Ein Effekt der Produzenten- und Produkthaftung kann allerdings auch darin liegen, daß Produkte für Drittlandsmärkte, in denen keine entsprechenden Regeln bestehen, an Ort und Stelle produziert werden, um so der strengen Haftung der Industrieländer zu entgehen.

---

8 Ähnlich Deutsch Rn 277
9 Arzneimittelgesetz vom 24. 8. 1976, BGBl I 2445, seither mehrfach geändert
10 Dazu Derleder-Winter DuR 1976, 260ff.
11 Dazu Deutsch VersR 1992, 551
12 Weitere rechtsvergleichende Informationen bei Zweigert-Kötz S. 676ff.

1.4 Überblick

Im folgenden soll zunächst die Produzentenhaftung nach § 823 Abs. 1, 1218
dann das ProdHG dargestellt werden. Es folgt eine Skizzierung der Gefährdungshaftung nach dem Arzneimittelgesetz (AMG) und nach dem Gentechnikgesetz (GenTG).

2 Produzentenhaftung nach § 823 Abs. 1

2.1 Die verschiedenen Fälle von fehlerhafter Beschaffenheit

In Rechtsprechung und Literatur unterscheidet man im wesentlichen 1219
drei Gruppen von typischen Fehlern, die von den Herstellern ggfs. zu vertreten sind.[13]

2.1.1 Konstruktionsfehler

Ein Produkt kann deshalb mangelhaft sein, weil es nicht nach den Re- 1220
geln der Technik konstruiert ist oder – so bei Flüssigkeiten, Gasen usw. – nicht die Zusammensetzung besitzt, die ein gewöhnlicher Benutzer erwarten kann. Betroffen sind in diesem Fall alle Produkte derselben Serie.

Wieviel «Sicherheit» wird vom Produzenten verlangt? Die An- 1221
forderungen werden letztlich von der Rechtsprechung definiert, die sich dabei einer Reihe von Kriterien bedient.

– Ein wichtiger Gesichtspunkt ist die **Verkehrserwartung**. Ist beispielsweise jedem Benutzer klar, daß mit der Benutzung eines bestimmten Objekts Gefahren verbunden sind, müssen diese nicht beseitigt werden.

13 Überblick bei Kötz Rn 435–437 und Medicus, Bürgerliches Recht, Rn 650

Beispiel:[14] Der Hersteller von Autoscootern weiß ebenso wie die Benutzer, daß man dort gründlich geschüttelt wird und unter Umständen auch mal herausfallen kann.

– Eine **nur theoretische Gefahr**, die sich so gut wie nie realisieren wird, muß nicht berücksichtigt werden. Dies gilt beispielsweise für eine ausgefallene Form der Anwendung.

Beispiel:[15] Der elektrische Rasenmäher wird zum Schneiden einer Hecke verwendet.

1222 Dabei ist jedoch als durchaus «normal» zu berücksichtigen, daß sich **Kinder** um den Inhalt von Flaschen usw. kümmern könnten; der Hersteller giftiger Stoffe muß deshalb sog. Kindersicherungen einbauen, soweit seine Erzeugnisse im Haushalt verwendet werden.[16]

1223 – Das Ausmaß der zu treffenden Vorkehrungen bestimmt sich nach **Wahrscheinlichkeit und Höhe der Risiken**. Drohen schwere Gesundheitsschäden, wird ungleich mehr verlangt als dann, wenn nur Sachschäden zu erwarten sind. Auch bei statistischer Betrachtung sehr selten eintretende Gefahren müssen berücksichtigt und im Rahmen des Möglichen ausgeschaltet werden.[17]

– Von einer teuren Sache wird ein Mehr an Sicherheit erwartet als von einer billigeren Ausführung[18], doch muß eine bestimmte **«Basissicherheit» immer** gewährleistet sein.[19]

Bremsen müssen generell ihre Funktion erfüllen. Ein Anti-Blockier-System (ABS) ist jedoch üblicherweise nur bei teureren Modellen oder gegen Aufpreis vorgesehen; insoweit gehört es nicht zur «Basissicherheit».

– Die Tatsache, daß auch **andere Hersteller** vergleichbar gefährliche Produkte auf den Markt bringen, **entschuldigt nicht**. Nicht die «übliche», sondern die «erforderliche» Sorgfalt ist zu beachten.[20]

1224 Denkbar ist, daß bestimmte Risiken im Zeitpunkt der Herstellung und des In-Verkehr-Bringens noch nicht erkennbar waren oder daß später eine bessere Technik entwickelt wird, die weniger «schadensträchtig» ist. Im Prinzip sind solche **«Entwicklungsgefahren»** vom

---

14 BGH VersR 1977, 334, 335
15 Nach Kötz Rn 449
16 Deutsch Rn 289
17 BGH NJW 1988, 2611; Explosion einer Limonadenflasche
18 BGH NJW 1990, 906, 907
19 BGH NJW 1990, 908, 909
20 BGH NJW 1990, 906, 907

Hersteller **nicht zu tragen**; es fehlt insoweit am Verschulden.[21] Den Hersteller trifft jedoch eine «**Produktbeobachtungspflicht**»; er muß die weitere Entwicklung der Technik wie die Erfahrungen auf dem Markt im Auge behalten. Ergeben sich Erkenntnisse über nicht bedachte Gefahren, sind die Kunden zu warnen; ggfs. ist das Produkt zurückzurufen.[22] Dabei ist auch zu berücksichtigen, ob beispielsweise Zubehörteile auf den Markt kommen, die in Kombination mit dem eigenen Produkt zu einer erhöhten Schadensanfälligkeit führen könnten.

Leitentscheidung ist der sog. **Honda-Fall**.[23] Der Eigentümer eines Honda-Motorrads war bei hoher Geschwindigkeit tödlich verunglückt; Ursache war eine später angebrachte «Lenkerverkleidung», die die Stabilität des Motorrades bei hohen Geschwindigkeiten deutlich herabsetzte. Mit Rücksicht auf verschiedene Reklamationen hatte die deutsche Honda-Vertriebsgesellschaft Versuche angestellt und alle ihr bekannten Honda-Fahrer angeschrieben, insbes. die Verwendung von nichtserienmäßigem Zubehör könne die Bodenhaftung des Vorderrades verringern und dadurch unstabiles Fahrverhalten der Maschine hervorrufen. Das Schreiben hatte den Verunglückten nicht mehr erreicht. Die Schadensersatzpflicht der Honda-Vertriebsgesellschaft wurde bejaht. 1225

2.1.2 Fabrikationsfehler

Ist die Serie als solche in Ordnung, weist sie also keinen Konstruktionsmangel auf, sind jedoch gleichwohl einige Exemplare fehlerhaft, so liegt ein sog. **Ausreißer** vor, der gleichfalls die Produzentenhaftung auslöst. Dies entspricht der Konstellation im o. g. Hühnerpest-Fall[24], wo der Impfstoff als solcher nicht zu beanstanden war, die benutzten Ampullen jedoch aus ungeklärten Gründen verunreinigt waren. 1226

Weiteres Beispiel:[25] Bei einer Nasenscheidewand-Operation wurde ein sog. Septummeißel benutzt, der 7 Monate zuvor vom Hersteller an das Krankenhaus geliefert worden war. Während der Operation brach die Spitze ab und gelangte in die Lunge des Patienten. Von dort konnte sie nur noch operativ und mit erheblichen gesundheitlichen Nachwirkungen entfernt werden. Der Hersteller des Meißels berief sich auf einen unerkennbaren Materialfehler. Der BGH bejahte jedoch die Haf-

---

21 Kötz Rn 448. Von «Entwicklungsgefahren» spricht man deshalb, weil ein suboptimales Gerät entwickelt wurde. Zur Ausklammerung der Entwicklungsgefahren aus dem ProdHG und zur Einbeziehung in das AMG s. unter 3.3 (Rn 1240) und unten 4 (Rn 1250)

22 BGHZ 99, 167 = NJW 1987, 1009 – Honda

23 S. Fn 22

24 S. Fn 5

25 OLG Düsseldorf NJW 1978, 1693

tung; die benutzten Rohlinge hätten vor der Weiterbearbeitung mit Röntgenstrahlen oder Ultraschall überprüft werden müssen.

1227 Werden Produkte mehrfach verwendet, so kann das Problem auftauchen, ob ein später in Erscheinung getretener Mangel bereits beim In-Verkehr-Bringen vorhanden war. Die Rechtsprechung hat insoweit eine «**Befundsicherungspflicht**» in dem Sinne entwickelt, daß der Hersteller den Zustand der Gegenstände überprüfen und das Ergebnis dokumentieren muß, wenn sie zu ihm «zurückgekehrt» sind.[26]

Beispiel: Eine mehrfach verwendete Flasche mit Mineralwasser hat nach der dritten Befüllung einen feinen Haarriß, der zu einer Explosion führt. Die Getränkefirma muß im Ernstfall belegen können, daß auch beim zweiten und beim dritten Abfüllen die Flaschen noch in Ordnung waren.

2.1.3 Instruktionsfehler

1228 Eine Produzentenhaftung kommt schließlich dann in Betracht, wenn der Benutzer nicht ausreichend über Gefahren aufgeklärt wurde, die als solche mit dem Produkt verbunden und nach dem Stand der Technik auch nicht zu vermeiden sind.

Paradefall ist der Kindertee, der Gegenstand dreier BGH-Entscheidungen war:[27] Der als solcher völlig harmlose und als «Einschlafhilfe» gedachte süße Tee führt bei mehrjährigem Gebrauch zu schweren Kariesschäden an den Vorderzähnen.

Der **Hinweis** muß in **drucktechnisch deutlicher Weise** erfolgen[28] und darf sich nicht mit unverständlichem Technikerdeutsch begnügen.[29] Kommt eine Ware allerdings normalerweise nur in die Hand von Fachleuten, können die Warnhinweise anspruchsvoller formuliert und auf solche Risiken beschränkt werden, die auch für fachkundige Personen nicht selbstverständlich sind.[30] Auf der anderen Seite ist gegenüber Nichtexperten auch vor einem **naheliegenden Fehlgebrauch** (wie z. B. einem übermäßigen Konsum) zu warnen.[31]

1229 Ändern sich nachträglich die Umstände, unter denen die Sache eingesetzt wird, und **entstehen** dadurch **neue Gefahren** oder Nachteile, so ist auch darauf hinzuweisen.

26 BGH NJW 1988, 2611; BGH NJW 1993, 528
27 BGH NJW 1992, 560; BGH NJW 1994, 932; BGH NJW 1995, 1286
28 BGHZ 116, 60, 65 ff. = NJW 1992, 560
29 Deutsch Rn 287
30 BGH NJW 1992, 2016
31 BGH NJW 1992, 560, 561 unter Bezugnahme auf Brüggemeier ZIP 1991, 379

Ein gegen Pilzbefall von Obstbäumen schützendes Mittel wird dadurch weithin wirkungslos, daß bei mehrjährigem Gebrauch resistente Pilzsorten entstehen.[32]

Auf allgemein bekannte Alltagsgefahren muß nicht gesondert hingewiesen werden; daß es recht ungesund sein kann, wenn man Brennspiritus aus der Flasche auf glühende Grillkohle gießt, bedarf daher nicht der besonderen Hervorhebung.[33]

2.2 Die Verteilung der Beweislast

Der Geschädigte muß beweisen, daß der Eingriff in seine Rechte auf 1230
einem der genannten Fehler beruhte. Dabei kommt ihm oft ein Anscheinsbeweis zugute.[34]

So wird man davon ausgehen, daß nach der Lebenserfahrung ein Warnhinweis auch Beachtung gefunden hätte. Sind die Bremsen nicht verkehrssicher und landet das Auto an einem Baum, spricht die Lebenserfahrung dafür, daß die Bremsen hierfür verantwortlich waren.

Hat der Geschädigte diese Hürde übersprungen, hat er seinen Prozeß 1231
schon beinahe gewonnen; dem **Hersteller** bleibt lediglich die Möglichkeit, nachzuweisen, **daß ihn keinerlei Verschulden** getroffen hat. Dafür gibt es am ehesten bei den sog. Ausreißerfällen eine Chance.

Beispiel:[35] In der gekauften Wurst findet sich ein halber Schweinezahn. Der Käufer, der dies nicht erwartet, beißt kräftig zu, weshalb sein Zahnersatz zu Bruch geht. Die Wurstfabrik weist nach, daß sie alle nach dem Stande der Technik möglichen und zumutbaren Vorkehrungen getroffen hat, um zu verhindern, daß Fremdkörper in die Wurst gelangen.

Im übrigen unterscheidet sich die Beweislast nicht danach, ob es sich um einen Konstruktions-, einen Fabrikations- oder einen Instruktionsmangel handelt.

Eine gewisse Ausnahme wird dann gemacht, wenn es darum geht, 1232
daß wegen eines **geänderten technischen Erkenntnisstandes** Warnungen notwendig gewesen wären; da die Ursache hier nicht im Einflußbereich des Herstellers liegt, würden die allgemeinen Regeln über

32 BGHZ 80, 186, 196. Der Fall liegt ähnlich wie die aufgrund neuer technischer Möglichkeiten nachträglich erkannten Gefahren – dazu oben 2.1.1 (Rn 1224)

33 OLG Koblenz VersR 1981, 740

34 Deutsch Rn 284; zum Anscheinsbeweis s. näher oben Kap. 8 unter 6.3.4 (Rn 1101 f.)

35 LG Dortmund VersR 1987, 697, zitiert nach Fuchs S. 217

die Beweislast gelten mit der Folge, daß der Geschädigte insoweit beweispflichtig ist.[36]

2.3 Wer haftet als «Hersteller»?

1233 Obwohl die Grundsätze über die Produzentenhaftung an Beispielen aus der industriellen Produktion entwickelt wurden, finden sie auch auf Handwerksbetriebe, **Gaststätten** usw. Anwendung, da der Geschädigte auch dort erhebliche Schwierigkeiten hat, das Verschulden des Schädigers zu beweisen.

Beispiel ist das **Hochzeitsessen**:[37] Der am Ende gereichte Pudding war salmonellenverseucht, weshalb das Paar und zahlreiche Gäste erkrankten. Dem Gastwirt gelang der Entlastungsbeweis nicht.

1234 Auch **Zulieferer** werden erfaßt, soweit der Fehler bei dem von ihnen gelieferten Teil aufgetreten ist.[38]

Platzt der Reifen beim neugekauften Auto, ist hierfür auch der Reifenhersteller verantwortlich.

1235 Wer auf dem Markt lediglich als Hersteller auftritt, indem er beispielsweise die aus dem Ausland bezogene Ware mit seinem Markenzeichen versieht, ist sog. **Quasi-Hersteller**, der mangels Produzenteneigenschaft nicht nach den hier skizzierten Grundsätzen haftet.[39] Eine Ausnahme gilt jedoch für die «**Produktbeobachtungspflicht**», wenn das betreffende Unternehmen die Ware als einziges im Inland vertreibt und daher am ehesten in der Lage ist, vor neu auftauchenden Gefahren zu warnen.[40] **Händler** sind erst recht keine «Hersteller». Persönlich in Anspruch genommen werden jedoch **Geschäftsleiter**[41], die über die Organisation des Produktionsprozesses und auch über das Verhalten des Unternehmens nach außen hin verfügen. Insoweit gelten dieselben Grundsätze wie bei fehlerhafter Organisation.[42] Wer als **Laborleiter**

36 BGHZ 80, 186, 198. Kritisch dazu Fuchs S. 93; Kötz Rn 457
37 BGHZ 116, 104 = NJW 1992, 1039
38 Deutsch Rn 280
39 BGH NJW 1994, 517, 519 mwN. Anders nach dem ProdHG; dazu unten 3.4 (Rn 1244)
40 S. Fn 39
41 BGH NJW 1975, 1827
42 Dazu oben Kap. 9 unter 2.3.2 (Rn 1118)

allerdings nur für Konstruktion und Fabrikation verantwortlich war, kann nicht wegen Instruktionsfehlern in Anspruch genommen werden.[43]

2.4 Umfang der Haftung

Soweit die Voraussetzungen der Produzentenhaftung vorliegen und ein Rechtsgut oder Recht im Sinne des § 823 Abs. 1 verletzt ist, wird für den gesamten daraus entstehenden Schaden gehaftet. Dies gilt auch für ein Schmerzensgeld nach § 847. War lediglich ein selbständiger Teil der Sache fehlerhaft, führte dies jedoch dazu, daß die Sache insgesamt zerstört oder funktionsunfähig wurde, so liegt auch darin ein ersatzfähiger Schaden.[44] 1236

Wegen eines mangelhaften Gaszuges beschleunigte das Auto auch dann noch, wenn der Fahrer den Fuß vom Gaspedal genommen hat. Kommt es deshalb zu einem Unfall, sind die Schäden am Fahrzeug zu ersetzen.[45]

2.5 Haftung nach § 823 Abs. 2

Im Einzelfall kann auch eine Haftung nach § 823 Abs. 2 in Betracht kommen, wenn gegen ein zugunsten des Benutzers geltendes Gesetz verstoßen wurde. Dies ist etwa der Fall, wenn Bestimmungen des Lebensmittelgesetzes, der StVZO oder des Gerätesicherheitsgesetzes nicht beachtet wurden.[46] 1237

43 BGH NJW 1987, 382
44 Zu diesen sog. Weiterfresserschäden s. oben Kap. 1 unter 4.4.4 (Rn 119)
45 BGH NJW 1983, 810; vgl. weiter BGH NJW 1977, 379 – Schwimmschalter, und BGH NJW 1992, 1678 – Motorschaden
46 Näher Palandt-Thomas § 823 Rn 203

3 Produkthaftung nach dem ProdHG

3.1 Was ist ein «Produkt»?

1238 Nach § 2 ProdHG (Schönfelder Nr. 27) sind Produkte **alle beweglichen Sachen** ohne Rücksicht darauf, ob sie in eine andere bewegliche Sache oder ein Gebäude eingefügt wurden.

Eine mangelhafte Wasserleitung bleibt daher «Produkt», auch wenn sie auf dem Grundstück des E verlegt ist.

Einbezogen ist auch die Elektrizität, was allerdings angesichts der Gefährdungshaftung nach § 2 HPflG[47] ohne größere Bedeutung sein dürfte. Ausgenommen sind **landwirtschaftliche Naturprodukte**, die noch keiner Verarbeitung unterzogen worden sind.

Wer Erdbeeren auf dem Feld pflückt, kann sich nicht auf das ProdHG stützen, wenn sich nachträglich herausstellen sollte, daß diese Rückstände eines Schädlingsbekämpfungsmittels enthielten.

3.2 «Fehler» statt Verkehrspflichtverletzung

1239 Zentraler Begriff des ProdHG ist der in § 3 definierte Fehler: Wer eine «fehlerbehaftete» Sache in Verkehr bringt, haftet grundsätzlich **ohne Verschulden**. Allerdings wird die Fehlerhaftigkeit in ähnlicher Weise bestimmt, wie dies mit den Verkehrspflichten geschieht: Mangelhafte Konstruktion, mangelhafte Fabrikation und mangelhafte Instruktion sind auch hier die maßgebenden Gesichtspunkte. § 3 Abs. 1 ProdHG verlangt die Berücksichtigung «aller Umstände», insbes. der «Darbietung des Produkts» z. B. in der Werbung und des Gebrauchs, mit dem der Hersteller «billigerweise» rechnen mußte. Auch ist auf den Zeitpunkt abzustellen, zu dem das Produkt in den Verkehr gebracht wurde. Dies macht es relativ unwahrscheinlich, daß das ProdHG eingreift, obwohl ein Anspruch aus § 823 Abs. 1 nicht in Betracht kommt.

---

47 Dazu oben Kap. 10 unter 4.1 (Rn 1186ff.)

Zu denken ist aber an die Ausreißerfälle, bei denen dem Hersteller der Entlastungsbeweis gelingen kann.[48] Gleichzeitig bleibt jedoch das **ProdHG** insofern hinter der Rechtsprechung zurück, als es **keine «Produktbeobachtungspflicht»** kennt.[49]

3.3 Die grundsätzliche Haftung und ihre Ausnahmen

Nach § 1 ProdHG ist der Hersteller zum Schadensersatz verpflichtet, 1240
wenn «durch den Fehler eines Produkts» jemand getötet, körperlich verletzt oder in seinem Sacheigentum geschädigt wird. Von diesem Grundprinzip macht § 1 Abs. 2 insgesamt fünf **Ausnahmen**. Danach tritt die Haftung nicht ein, wenn

– der **Hersteller** das **Produkt nicht in den Verkehr** gebracht hat;

Ein noch nicht der Schlußabnahme unterzogenes Produkt wird gestohlen und vom Dieb an einen Dritten verkauft.

– nach den Umständen davon auszugehen ist, daß das Produkt den **Fehler noch nicht hatte**, als der Hersteller es in den Verkehr brachte;

Durch Abnutzung der Bremsbeläge ist die Bremse funktionsuntauglich geworden.

– er das Produkt **weder für den Verkauf** oder eine andere Form des Vertriebs mit wirtschaftlichem Zweck hergestellt noch im Rahmen seiner beruflichen Tätigkeit **hergestellt** oder vertrieben hat;

Ein Hobby-Bastler hat ein neuartiges Fahrrad entwickelt und läßt einen Freund damit fahren. Dieser landet ungeschützt auf der Straßenoberfläche.

– der Fehler darauf beruht, daß das Produkt zu dem Zeitpunkt, in dem der Hersteller es in den Verkehr brachte, **zwingenden Rechtsvorschriften entsprochen** hat;

Wer sich am geltenden Recht orientierte, soll nicht haften, auch wenn sich nachträglich herausstellen sollte, daß die Bestimmungen nicht optimal waren.

– der **Fehler nach dem Stand der Wissenschaft und Technik** zu dem Zeitpunkt, in dem der Hersteller das Produkt in den Verkehr brachte, **nicht erkannt** werden konnte.

---

48 Dazu oben 2.1.2 (Rn 1226)

49 Kötz Rn 462: Geburtsfehler

Damit sind insbes. Entwicklungsgefahren aus der Haftung ausgenommen.

1241 Insbes. die zuletzt genannte Einschränkung hat Anlaß zu der Einschätzung gegeben, in Wirklichkeit handle es sich gar nicht um einen Fall der Gefährdungshaftung, weil es entscheidend auf die Erkennbarkeit des Fehlers ankomme.[50] Dem steht entgegen, daß die **EG-Richtlinie** bewußt eine **verschuldensunabhängige Haftung** schaffen wollte und dies auch bei der Interpretation des deutschen Ausführungsgesetzes zu beachten ist.[51] Dies spricht dafür, § 1 Abs. 2 Nr. 5 eng auszulegen und einen Haftungsausschluß nur dann anzunehmen, wenn auch ein **«idealer Hersteller»** den Fehler nicht hätte vermeiden können.[52] Damit wäre ein «Gleichklang» mit der Handhabung des «unabwendbaren Ereignisses» im Sinne des § 7 Abs. 2 StVG erreicht.[53] Konkret würde dies etwa bedeuten, daß bei divergierenden Ansichten der Techniker diejenige Lösung gewählt würde, die den höchsten Sicherheitsstandard gewährt.

Die Rechtsprechung hatte – soweit ersichtlich – noch keine Gelegenheit, sich hierzu zu äußern. Der BGH hat es allerdings mit Recht abgelehnt, § 1 Abs. 2 Nr. 5 ProdHG auf einen unerkennbaren Fabrikationsfehler anzuwenden; es gehe ausschließlich um Entwicklungsrisiken.[54]

3.4 Wer haftet?

1242 Nicht anders als bei der Produzentenhaftung ist auch nach dem ProdHG in erster Linie der Hersteller zum Schadensersatz verpflichtet. § 4 ProdHG gibt allerdings eine sehr weite Definition, die auch Personen einbezieht, die nach § 823 Abs. 1 nicht haften würden.[55]

1243 – § 4 Abs. 1 definiert als **Hersteller** auch denjenigen, der nur einen Grundstoff oder ein Teilprodukt hergestellt hat. Damit sind prinzipiell auch alle **Zulieferer** in die Haftung einbezogen.[56] Allerdings besteht die Möglichkeit zum **Haftungsausschluß** nach § 1 Abs. 3 ProdHG: Ist der Fehler durch die Konstruktion des Gesamtprodukts oder durch die

50 Dazu Kötz Rn 461 mwN
51 Larenz-Canaris § 84 VI 1 a
52 Larenz-Canaris § 84 VI 1 b
53 Dazu oben Kap. 10 unter 3.2.4 (Rn 1171 f.)
54 BGH NJW 1995, 2162 ff.
55 Dazu oben 2.3 (Rn 1233 ff.)
56 Kötz Rn 467

Anleitung des Hauptproduzenten entstanden, kann der «Teilproduktehersteller» nicht auf Ersatz in Anspruch genommen werden. Dasselbe gilt für den Hersteller eines Grundstoffs. Immerhin besteht insoweit eine Erweiterung gegenüber der deliktischen Produzentenhaftung, als es Sache des Zulieferers ist, das Vorliegen des Ausnahmetatbestands nach § 1 Abs. 3 zu beweisen.

– § 4 Abs. 1 Satz 2 ProdHG stellt den **Quasi-Hersteller** dem Hersteller gleich. Da das Gesetz nicht auf die Verletzung von Sorgfaltspflichten abstellt, läuft dies auf eine Garantiehaftung für Fehlerfreiheit hinaus; wer sein eigenes Markenzeichen u. ä. anbringt, schafft damit einen **Vertrauenstatbestand**, mit der Folge, daß er genauso haftet, wie wenn er die Sache selbst hergestellt hätte. 1244

Dies bedeutet natürlich, daß auch dem Quasi-Hersteller die Haftungsausschlußmöglichkeiten nach § 1 Abs. 2 ProdHG zur Verfügung stehen.

– Nach § 4 Abs. 2 gilt als Hersteller auch **derjenige**, der ein Produkt in den «Europäischen Wirtschaftsraum» (EU-Staaten zuzüglich Norwegen, Island und Liechtenstein) **einführt**. Damit soll sichergestellt sein, daß der Geschädigte nicht auf die Rechtsverfolgung gegen einen in einem Drittstaat ansässigen Hersteller verwiesen werden darf. 1245

– Ein ähnlicher Gedanke liegt schließlich § 4 Abs. 3 ProdHG zugrunde: Kann der Hersteller nicht festgestellt werden, so wird **jeder Lieferant als Hersteller** behandelt, **es sei denn**, er mache den **Hersteller** oder seinen Vorlieferanten **namhaft**. Auf diese Weise wird sichergestellt, daß auch bei «anonymen» Artikeln der Geschädigte nicht ohne «Ansprechpartner» bleibt. Dies ist gleichfalls eine Regelung, die bislang im Rahmen des § 823 Abs. 1 noch nicht entwickelt wurde. 1246

3.5 Beschränkungen der Haftung

Was die Rechtsfolgen angeht, so bleibt das ProdHG erheblich hinter den §§ 823 ff. zurück. Dies zeigt sich insbes. in drei Punkten. 1247

– Das ProdHG kennt kein **Schmerzensgeld** nach § 847.

– **Sachschäden** werden nach § 1 Abs. 1 Satz 2 nur dann ersetzt, wenn die beschädigte Sache ihrer Art nach gewöhnlich für den privaten Ge- oder Verbrauch bestimmt ist und hierzu von dem Geschädigten hauptsächlich verwendet wurde. Auch muß der Schaden an einer «anderen» Sache als der vom Hersteller produzierten eingetreten sein; für die sog.

Weiterfresserschäden besteht daher keine Ersatzmöglichkeit. Schließlich besteht nach § 11 ProdHG ein sog. **Selbstbehalt** in Höhe von 1125 DM; nur solche Sachschäden, die darüber hinausgehen, sind zu ersetzen.[57]

– Nach § 10 ProdHG besteht für Personenschäden eine **Haftungshöchstgrenze** in Höhe von 160 Mio. DM. Gedacht ist dabei an sog. Serienschäden; Voraussetzung ist, daß diese durch gleiche Produkte verursacht wurden, die mit demselben Fehler behaftet waren.

– Schließlich gibt es nach den §§ 12 Abs. 1, 13 Abs. 1 ProdHG bestimmte zeitliche Grenzen für die Inanspruchnahme des Herstellers.

1248 In vielen Fällen wird es für den Geschädigten auch in Zukunft sinnvoll sein, sich weiter auf die Produzentenhaftung nach § 823 Abs. 1 zu berufen; § 15 Abs. 2 ProdHG läßt dies ausdrücklich zu.

4 Haftung für fehlerhafte Arzneimittel

1249 Rund 15 Jahre vor Inkrafttreten des ProdHG wurde eine Gefährdungshaftung für Arzneimittel eingeführt. § 84 des Arzneimittelgesetzes vom 24. 8. 1976[58] bestimmt, daß «pharmazeutische Unternehmer», die in Deutschland ein Arzneimittel auf den Markt bringen, Schäden an Leben und Gesundheit zu ersetzen haben, wenn

– entweder das Arzneimittel «bei bestimmungsgemäßem Gebrauch schädliche Wirkungen hat, die über ein nach den Erkenntnissen der medizinischen Wissenschaft vertretbares Maß hinausgehen und ihre Ursache im Bereich der Entwicklung oder der Herstellung haben» (Nr. 1) **oder**

– der Schaden «infolge einer nicht den Erkenntnissen der medizinischen Wissenschaft entsprechenden Kennzeichnung, Fachinformation oder Gebrauchsinformation eingetreten ist». (Nr. 2)

1250 **Nr. 1** deckt **Konstruktions- und Fabrikationsmängel** im oben beschriebenen Sinne ab[59], enthält aber insoweit eine entscheidende Er-

57 Larenz-Canaris: 84 VI 1 c; Medicus, Bürgerliches Recht, Rn 650; Palandt-Thomas § 1 ProdHG Rn 6 mwN

58 BGBl I 2445. Der Wortlaut des § 84 AMG ist auch abgedruckt bei Palandt-Thomas § 15 ProdHG Rn 3

59 Oben 2.1.1. (Rn 1220 ff.) und 2.1.2 (Rn 1226 ff.)

weiterung, als auch **Entwicklungsrisiken** einbezogen sind. Auch wenn niemand auf der Welt erkennen konnte, daß ein Medikament unvertretbare Nebenwirkungen haben würde, tritt die Haftung ein.[60]

Nr. 2 betrifft die Fälle der **Instruktionspflicht**.[61]

Die **Rechtsfolgen** sind ähnlich wie im ProdHG bestimmt. Auch 1251
hier gibt es **kein Schmerzensgeld**; § 88 AMG legt ähnliche Höchstbeträge fest. Ein interessanter Unterschied ist die in § 94 vorgesehene **Deckungsvorsorge**, die – ähnlich wie im Atomrecht[62] – durch Abschluß einer Haftpflichtversicherung erfolgt.[63] Die Verjährungsfrist beträgt 3 Jahre, wobei diese Frist erst zu laufen beginnt, wenn der Betroffene nicht nur einen Verdacht schöpft, sondern konkret die Voraussetzungen eines Anspruchs nach § 84 AMG kennt.[64]

Eine **daneben bestehende Verschuldungshaftung** aus § 823 1252
bleibt nach der ausdrücklichen Bestimmung des § 91 AMG unberührt. Dies ist insbes. im Hinblick auf ein Schmerzensgeld, aber auch deshalb von Bedeutung, weil § 84 AMG möglicherweise den Fall nicht umfaßt, daß ein Patient wegen unvertretbarer Nebenwirkungen einen Dritten schädigt.[65]

Ein Medikament beeinträchtigt in nicht vorhersehbarer Weise die Reaktionsfähigkeit im Straßenverkehr so sehr, daß der Patient einen Fußgänger anfährt.

Über eine menschliche Grenzsituation hatte das LG Kleve[66] zu ent- 1253
scheiden. Zu einer Zeit, als noch nicht bekannt war, wie HIV-Viren in Spenderblut unschädlich gemacht werden können, stellte sich die Frage, auch potentiell verseuchtes Blut zu verwenden, weil andernfalls der Patient gestorben wäre: Das Gericht verneinte einen Ersatzanspruch aus § 84 AMG.

§ 40 Abs. 1 Nr. 8 AMG regelt die sog. **Probandenversicherung**: 1254
Wird ein noch nicht zugelassenes Medikament am Menschen erprobt und kommt es dabei zu einem Gesundheitsschaden, muß eine (obligatorische) Haftpflichtversicherung einspringen; Ansprüche gegen das Pharmazieunternehmen sind in solchen Fällen ausgeschlossen.

60 Kötz Rn 478
61 Dazu oben 2.1.3 (Rn 1228 f.)
62 Dazu Kap. 10 unter 4.2 (Rn 1194)
63 Dazu Fuchs S. 222 mit Fn 148
64 BGH NJW 1991, 2351
65 Deutsch Rn 299
66 NJW 1991, 761

5 Haftung nach dem Gentechnikgesetz (GenTG)

1255 § 32 Abs. 1 GenTG vom 20. 6. 1990[67] enthält einen weiteren Fall von Gefährdungshaftung. Wird jemand «infolge von Eigenschaften eines Organismus, die auf gentechnischen Arbeiten beruhen» getötet, in seinem Körper oder seiner Gesundheit verletzt oder wird eine Sache beschädigt, so ist der Betreiber der gentechnischen Anlage zum Schadensersatz verpflichtet. Ob er den Organismus bewußt in Verkehr gebracht hat oder ob dieser entwichen ist, spielt keine Rolle.[68] Daß der Schaden gerade auf den gentechnisch veränderten Eigenschaften beruht, wird nach § 34 GenTG vermutet.

1256 Das Verhältnis zur Produkthaftung ist in § 37 GenTG geregelt. Nach seinem Abs. 1 geht das AMG vor; im übrigen verweist Abs. 2 auf das ProdHG, bezieht jedoch auch landwirtschaftliche Erzeugnisse mit ein und erstreckt die Haftung auf Entwicklungsrisiken.[69]

67 BGBl I 1080
68 Larenz-Canaris § 84 V 4a
69 Dazu Deutsch Rn 408

KAPITEL 12: Was bedeutet «Schadensersatz»?

1 Grundlage

1.1 Die §§ 249 ff. als allgemeiner Rahmen

Eine Pflicht zur Leistung von Schadensersatz kann in unterschiedlichem Zusammenhang entstehen: Sie tritt nicht nur bei schuldhafter Verletzung von Rechtsgütern und Rechten und in den Fällen der Gefährdungshaftung ein; **auch im Vertragsrecht** ist bei Leistungsstörungen der Schadensersatz die wichtigste Rechtsfolge.[1] Das BGB behandelt im Grundsatz alle diese Fälle gleich und hat in den §§ 249 bis 255 einige grundlegende Normen aufgestellt, die lediglich in den §§ 842 ff. für deliktische Ansprüche ein wenig modifiziert werden. Die «abstrakte» Bestimmung dessen, was Schadensersatz ist, schließt es nicht aus, daß man im Einzelfall auch bei der Bestimmung des Schadens auf den Zweck der die Ersatzpflicht begründenden Norm abstellt. 1257

Beispiel:[2] Der A wird in einen Verkehrsunfall verwickelt, den der B schuldhaft herbeigeführt hat. Da die Polizei nicht gut aufklärt, erhält auch A einen Strafbefehl, gegen den er sich mit Hilfe eines Verteidigers erfolgreich wehrt. Die Kosten des Verteidigers kann er – obwohl durch den Unfall verursacht – nicht von B ersetzt verlangen, weil der Schutz von Leben und Gesundheit in § 823 Abs. 1 nicht solche

---

1 S. Bd. 1 Kap. 17 Rn 1514 ff., 1542 ff. und Rn 1571. Zum Schadensersatz im Kaufrecht s. oben Kap. 1 unter 4.2.3 (Rn 58 f.); zum Schadensersatz im Mietrecht oben Kap. 2 unter 2.4.1 (Rn 219); zum Schadensersatz im Werk- und Reisevertragsrecht s. oben Kap. 4 unter 3.2.4.3 (Rn 641 ff.) und 6.3.2.5 (Rn 743 ff.)

2 Nach BGHZ 27, 137

Schäden erfassen will; vielmehr hat A «Pech» in dem Sinne, daß sich in seiner Person ein allgemeines Lebensrisiko realisierte (jeder Bürger steht in der Gefahr, einmal zu Unrecht einer Straftat beschuldigt zu werden).

1.1.1 Naturalrestitution oder Geldersatz

1258 **§ 249 Satz 1** enthält eine **Grundsatzentscheidung**: Der zum Schadensersatz Verpflichtete «hat den Zustand herzustellen, der bestehen würde, wenn der zum Ersatz verpflichtende Umstand nicht eingetreten wäre». Die Verfasser des BGB haben gegenständlich gedacht: Die zugefügte Einbuße ist wieder rückgängig zu machen, der Geschädigte so zu stellen, als wäre die fragliche Handlung nicht passiert. Man spricht insoweit von **Naturalrestitution**.

Das gebrochene Bein wird von den Ärzten wieder in Ordnung gebracht, der eingedrückte Kotflügel durch einen neuen ersetzt, die ehrenrührige Tatsachenbehauptung durch Widerruf aus der Welt geschafft.

1259 An die Stelle der Naturalrestitution tritt in der Praxis häufig der Geldersatz. Dies kann auf Initiative des Geschädigten (vom Gesetz «Gläubiger» genannt) geschehen, aber auch damit zusammenhängen, daß die Wiederherstellung des ursprünglichen Zustands nicht mehr möglich ist oder daß sie der Schädiger wegen unverhältnismäßigen Aufwands ablehnen kann. Im einzelnen gilt folgendes:

1260 – Nach § 249 Satz 2 kann der **Geschädigte «statt der Herstellung den** dazu **erforderlichen Geldbetrag»** verlangen, wenn es um eine Verletzung einer Person oder die Beschädigung einer Sache geht. In anderen Fällen kann er dem Schädiger nach § 250 eine Frist für die Vornahme der Naturalrestitution setzen, nach deren Ablauf dann gleichfalls Geldersatz möglich ist. In der Praxis spielt § 250 allerdings so gut wie keine Rolle, weil man sich freiwillig über einen Geldersatz verständigt.[3]

– Ist die Wiederherstellung des Zustands, der ohne das zum Ersatz verpflichtende Ereignis bestehen würde, nicht möglich oder zur Entschädigung des Gläubigers nicht genügend, so hat der Ersatzpflichtige **nach § 251 Abs. 1 Ersatz in Geld** zu leisten.

Trotz der Reparatur ist das Auto ein «Unfallwagen», für den man schwerer einen Käufer findet und für den man nur einen geringeren Preis erzielen kann.

---

3 Palandt-Heinrichs § 250 Rn 1

– Nach § 251 Abs. 2 S. 1 hat der Schädiger das Recht, den Gläubiger in Geld zu entschädigen, «wenn die **Herstellung nur mit unverhältnismäßigen Aufwendungen** möglich ist». 1261

Das 10 Jahre alte Auto hat noch einen «Wiederbeschaffungswert» von 1000 DM. Die Reparatur würde 6000 DM kosten. Der Schädiger meint, 1000 DM seien für den Geschädigten genug. Für eine solche «Abrechnung auf Totalschadensbasis» kann er sich in der Tat auf § 251 Abs. 2 S. 1 berufen.

1.1.2 Entgangener Gewinn

Bei Naturalrestitution wie beim Geldersatz geht es darum, den Geschädigten so zu stellen, als wäre nichts passiert. Dazu gehört nicht nur, daß Verletzungen geheilt und Beschädigungen repariert, vielmehr muß auch der **entgangene Gewinn** ersetzt werden. Hierbei können sich, insbes. bei selbständig Tätigen, Schwierigkeiten ergeben. 1262

Der Inhaber eines kleinen Lebensmittelgeschäfts im Dorf D wird bei einem Verkehrsunfall schwer verletzt und muß 3 Monate ins Krankenhaus. Während dieser Zeit wird das Geschäft notdürftig von seiner Frau fortgeführt. Der Umsatz geht um ca. 30% zurück. Der Schädiger meint, dies habe mit dem Unfall gar nichts zu tun, die Kunden würden sowieso mehr und mehr in die 10 km entfernte Kreisstadt fahren, wo sie in einem Supermarkt alles finden könnten, was sie haben wollten.

§ 252 Satz 2 gibt dem Geschädigten deshalb eine **Beweiserleichterung**: Er muß nur belegen, daß der Gewinn «mit Wahrscheinlichkeit» erwartet werden konnte und kann sich dabei entweder auf den **«gewöhnlichen Lauf der Dinge»** oder auf die besonderen Umstände, insbes. die «getroffenen Anstalten und Vorkehrungen» berufen. Das erstere ist in der Regel günstiger, doch kann es im Einzelfall eben auch anders liegen. 1263

Nach dem gewöhnlichen Lauf der Dinge hätte der Lebensmittelhändler in 4 Monaten sicherlich nicht 30% seines Umsatzes verloren. Notfalls wäre auf die Entwicklung vergleichbarer Geschäfte abzustellen. Möglich ist auch, daß der einzige Konkurrent am selben Ort am Tag vor dem Unfall sein Geschäft aufgegeben hat; dies spräche für eine wahrscheinliche Steigerung des Umsatzes und würde zu den «besonderen Umständen» gehören, die in der zweiten Alternative zu berücksichtigen sind.

Die erste Möglichkeit wird üblicherweise als **«abstrakte»**, die zweite als **«konkrete» Schadensberechnung** bezeichnet. Dies darf allerdings nicht zu dem Fehlschluß verleiten, der «abstrakte Schaden» könne immer geltend gemacht werden; dem Schädiger bleibt die 1264

Möglichkeit, zu beweisen, daß der Gewinn im konkreten Fall nicht gemacht worden wäre.[4]

Von «abstraktem Schaden» spricht man dagegen korrekterweise in jenen Fällen, in denen ein solcher «Gegenbeweis» nicht in Betracht kommt. Das BGB kennt sie nur ganz ausnahmsweise. Erinnert sei etwa an § 288, wonach eine Geldschuld im Verzugsfalle mit 4% zu verzinsen ist.[5] Außerhalb des BGB sind solche Fälle häufiger anzutreffen.[6]

1.1.3 Immaterielle Schäden

1265 Keinen Geldersatz soll es nach § 253 grundsätzlich bei immateriellen Schäden geben. Insoweit kommt **lediglich** die **Naturalrestitution** in Betracht.

Wer über einen anderen ehrenrührige Behauptungen aufstellt, ist nach § 249 Satz 1 zum Widerruf verpflichtet. Auch der Geschädigte kann nicht erzwingen, daß statt dessen 5000 DM an ihn oder eine gemeinnützige Organisation bezahlt werden.

Auf die Ausnahmen, insbes. auf das Schmerzensgeld nach § 847, wird zurückzukommen sein.[7]

1.2 Unmittelbar und mittelbar Geschädigte

1266 Eine Schadensersatzpflicht besteht nur gegenüber solchen Personen, in bezug auf die ein haftungsbegründender Tatbestand verwirklicht wurde. Dies klingt abstrakt, doch wird an Beispielen deutlich, daß eigentlich etwas ganz Selbstverständliches gemeint ist.

Besteht ein Schadensersatzanspruch nach § 463, so richtet sich dieser nur gegen den Verkäufer. Auch andere vertragliche Ansprüche können nur von denjenigen geltend gemacht werden, die Vertragspartner sind oder in den Schutzbereich des Vertrages einbezogen sind.

---

4 BGHZ 29, 398; Kötz Rn 494; Palandt-Heinrichs § 252 Rn 5

5 § 291 enthält durch Verweis auf § 288 eine entsprechende Regelung für Prozeßzinsen

6 Etwa in der Unfallversicherung. Zur Anerkennung einer fiktiven Lizenzgebühr als Schaden bei Eingriffen in Immaterialgüterrechte s. unten 4.1 (Rn 1340 ff.)

7 Dazu unten 2.4 (Rn 1310 ff.)

Bei unerlaubten Handlungen nach §§ 823 ff. kommt es darauf an, in wessen Rechtsgüter unter den dort genannten Voraussetzungen eingegriffen wurde. Nur derjenige, in dessen Person die Voraussetzungen z. B. des § 823 Abs. 1 erfüllt sind, kann Schadensersatz verlangen.

Man nennt diesen Personenkreis «unmittelbar Geschädigte». Keinen 1267
Ersatz erhalten die sog. mittelbar Geschädigten, also solche Personen, die nur wegen Eingriffs in die Rechte eines anderen einen Vermögensnachteil erleiden.

Der Geschäftsführer G der GmbH X wird bei einem Verkehrsunfall schwer verletzt und für 6 Monate außer Gefecht gesetzt. Das Geschäft geht zurück, weshalb zwei Arbeitnehmer entlassen werden müssen. Ein anderer Geschäftspartner erleidet einen Schaden, weil die GmbH nicht rechtzeitig liefert. Weder die Arbeitnehmer noch der Geschäftspartner haben einen Ersatzanspruch gegen den Schädiger.

Nur ganz ausnahmsweise werden in den §§ 844, 845 auch die Interessen mittelbar Betroffener berücksichtigt.[8]

Wenig glücklich ist die daneben stehende **terminologische Unter-** 1268
scheidung zwischen «unmittelbarem» und «mittelbarem» Schaden. Der erstere meint Einbußen an dem verletzten Rechtsgut oder Recht, der zweite meint die weiteren Schäden, die an sonstigen Rechtsgütern des Opfers entstehen.

Wird ein Auto beschädigt und anschließend repariert, handelt es sich um einen unmittelbaren Schaden. Anders, wenn durch den Unfall ein Termin versäumt wurde und so dem Geschädigten ein lukrativer Auftrag entging.

Mittelbare Schäden sind genau wie unmittelbare zu behandeln, es sei denn, sie würden aus dem Zweck der Haftungsnorm herausfallen.

1.3 Der Schaden als Differenzproblem

1.3.1 Die «Totalreparation» des konkret entstandenen Schadens

Der Grundgedanke der §§ 249 ff. besteht darin, den Betroffenen 1269
«schadlos» zu stellen. Der «Schaden» besteht in einer Differenz: Man stellt die reale, durch den Eingriff hervorgerufene Situation jener anderen gegenüber, die bestehen würde, wenn das zum Schadensersatz ver-

8 Unten 2.2.3 (Rn 1306 – § 845) und 2.5.2 (Rn 1319 ff. – § 844)

pflichtende Ereignis nicht eingetreten wäre. «Schaden» ist daher nichts anderes als eine Differenz zwischen zwei Zuständen, einem realen und einem gedachten.

1270 Mit dieser Konzeption hat das BGB eine **«Einheitslösung»** getroffen: Der Geschädigte soll nicht weniger, aber auch nicht mehr erhalten, als wenn das schädigende Ereignis gar nicht eingetreten wäre. Gleichzeitig wird nicht danach differenziert, ob die Schadensersatzpflicht auf schwerem Verschulden, auf leichtester Fahrlässigkeit oder auf einem Tatbestand der Gefährdungshaftung beruht. Geschuldet ist in allen Fällen ein **«Ausgleich»**. Allerdings beschränkt sich dieser auf materielle Schäden, soweit eine Naturalrestitution nicht möglich ist.

1271 Die **Rechtsprechung** hat dieses **Grundprinzip** in vielerlei Hinsicht **weiterentwickelt** und durchbrochen.

Beispiel: Führt jemand öffentlich Musikstücke auf, ohne dafür an die GEMA (= Gesellschaft für Musikalische Aufführungsrechte) eine Lizenzgebühr zu bezahlen, so muß er als Schadensersatz das Doppelte dieses Betrages leisten.[9]

Der Sache nach sollte daher besser von einem normalerweise zugrunde gelegten Leitbild, nicht aber von einem verbindlichen Rechtsprinzip die Rede sein.

Welche Vermögenspositionen sind im einzelnen in die Differenzberechnung einzustellen? Dies ist insbes. im Hinblick auf die Bewertung der dem Geschädigten erwachsenen Nachteile in verschiedener Hinsicht problematisch geworden.

1.3.2 Die prekäre Grenze zwischen materiellem und immateriellem Nachteil

1.3.2.1 Marktwert

1272 Ersetzt werden dem Geschädigten grundsätzlich nur diejenigen Nachteile, die sich in Mark und Pfennig ausdrücken lassen.

Ein VW Marke Polo Baujahr 1994, 30000 km gefahren, guter Erhaltungszustand, könnte bei einem Gebrauchtwagenhändler für x DM erworben werden. Wird ein derartiges Fahrzeug vom Schädiger zerstört, muß er diesen Betrag ersetzen.

---

9 BGHZ 59, 286ff. Näher dazu unten 4.1 (Rn 1342)

Keine Rolle spielt das sog. Liebhaber- oder **Affektionsinteresse**, d. h. die Tatsache, daß der Geschädigte einem Gegenstand besondere Bedeutung beimaß. 1273

Der Krückstock und der Zwicker des verstorbenen Urgroßvaters sind für einige Familienmitglieder Erinnerungsstücke von hohem Wert; gleichwohl würden sie nur mit dem Preis entschädigt, den (vielleicht) ein Antiquitätenhändler für sie bezahlen würde. Oder noch extremer: Der passionierte Bergsteiger hat ein Stück Stein von seiner Montblanc-Tour mitgebracht und zeigt ihn stolz allen seinen Freunden. Für den Markt schlicht ein Stück wertlosen Gesteins.

1.3.2.2 Wertvolle Gegenstände ohne Markt?

Was geschieht mit Gegenständen, die zwar nach der Verkehrsanschauung einen «Wert» haben, für die sich jedoch kein Markt gebildet hat? Als Anschauungsmaterial kann die **Torpedoboot-Entscheidung des BGH** dienen.[10] 1274

Ein begeisterter Anhänger der Bundesmarine baut in mehrjähriger Freizeitarbeit das Torpedoboot «Dachs» im Verhältnis 1 : 20 nach. Er nimmt damit an verschiedenen Modellschiff-Wettbewerben teil. Es ist gewissermaßen sein ganzer Stolz. Zu Hause befindet sich das gute Stück, das 2 Meter lang ist und 45 kg wiegt, in einem Standgestell. Eines Tages kommt ein Besucher, der das Ding auf den Arm nehmen will. Er verschätzt sich beim Gewicht und läßt es zu Boden fallen, wo es buchstäblich in tausend Stücke zerspringt. Der Hersteller hatte ingesamt 30000 DM Materialkosten und ca. 1000 Arbeitsstunden investiert. Eine Reparatur war nicht möglich.

Bei dem nach § 251 Abs. 1 allein in Betracht kommenden Geldersatz war entscheidend, daß auch ein solches Objekt einen objektiven Wert besitzt; auch eine nicht marktgängige Ware könne ein in Geld meßbarer Vermögensgegenstand sein.[11] Der Betroffene könne allerdings keinen Ersatz für sein Material und seine nutzlos aufgewendete Zeit verlangen; entscheidend komme es allein auf den Wert des «Ergebnisses» an. Dieser sei durch einen Vergleich mit ähnlichen Objekten, die einen Marktpreis haben, zu ermitteln; das Gericht sei insoweit bei seiner Schätzung nach § 287 ZPO besonders frei.[12] Da es eine Firma gab, die serienmäßig Modellschiffe herstellte, waren wohl deren Preise zuzüglich eines Zuschlags für das besonders gut geglückte Exemplar des Geschädigten zu bezahlen. 1275

10 BGHZ 92, 85 ff.

11 BGHZ 92, 85, 91

12 BGHZ 92, 85, 93. Zur Handhabung des § 287 ZPO s. oben Kap. 8 unter 6.2 (Rn 1092)

Wer das Urteil aufmerksam liest, wird an vielen Stellen die Sympathie des Gerichts für den Bastler heraushören können, dessen Produkt mit einem Kunstwerk verglichen wurde.

1.3.2.3 Vertaner Urlaub als Schaden?

1276 Weniger aufgeschlossen erweist sich die Rechtsprechung heute in den Fällen, in denen aufgrund einer Körperverletzung oder eines Sachschadens der Urlaub nicht angetreten werden kann. Zunächst war zwar ganz allgemein gesagt worden, der Urlaub habe Vermögenswert – bei Arbeitnehmern werde er durch Arbeitsleistung verdient, bei Selbständigen durch besondere Aufwendungen für eine Ersatzkraft oder durch Nacharbeiten ermöglicht.[13] Die Zerstörung dieses «Wirtschaftsgutes» sei daher ein materieller Schaden. Die jüngere Rechtsprechung ist davon jedoch abgerückt und hat diesen Grundsatz nur für das in der Zwischenzeit geregelte Reisevertragsrecht gelten lassen.[14] In anderen Bereichen sei der Urlaubsverlust kein zurechenbarer Vermögensschaden mehr, da sonst unübersehbare Konsequenzen drohen würden.[15]

Wird ein Arzt einen Tag vor Urlaubsantritt durch einen Verkehrsunfall verletzt, so kann er zwar Heilungskosten, jedoch keinen Ersatz für entgangene Urlaubsfreuden verlangen.

1277 Dies mag dann zutreffen, wenn man den Urlaub wie ein Arbeitnehmer nachholen kann.[16] Kommt dies jedoch nicht in Betracht – der Selbständige hat den Vertreter bereits engagiert oder kann kein zweites Mal Betriebsferien machen –, so ist nicht einzusehen, weshalb ein materieller Schaden zwar dann bestehen soll, wenn der Reiseveranstalter durch fehlende Heizung, Wanzen und schlechtes Essen die Reise zu einem Horrortrip macht,[17] während ein Dritter, der den Urlaub genauso kaputtmacht, sich darüber freuen kann, daß die Gerichte zu seinen Gunsten einen nur immateriellen Schaden annehmen.[18]

13 BGHZ 63, 98, 101

14 § 651 f. Abs. 2 sieht einen Ersatzanspruch für «vertanen Urlaub» vor. Dazu oben Kap. 4 unter 6.3.2.5 (Rn 746)

15 BGHZ 86, 212, 216 f.

16 Die Zeit der Arbeitsunfähigkeit wird nach § 9 BUrlG nicht auf den Erholungsurlaub angerechnet, so daß nachträglicher Urlaub gewährt werden muß. Der Arbeitgeber muß die Vergütung nach § 3 Abs. 1 EFZG wegen der Erkrankung für 6 Wochen fortbezahlen, kann jedoch insoweit nach § 6 EFZG vom Schädiger Ersatz verlangen

17 Zu solchen Fällen s. oben Kap. 4 (Rn 746)

18 Anders Palandt-Heinrichs Vorbem. vor § 249 Rn 40

Bei **anderen Genüssen**, die man sich nicht durch besondere wirtschaftliche Aufwendungen erkaufen muß, kann allerdings Abweichendes gelten; wer wegen einer Verletzung nicht auf die Jagd gehen[19] oder am Wochenende nicht Fußball spielen kann, kann insoweit keinen Ersatz verlangen. 1278

1.3.2.4 Nutzungsausfallentschädigung

Das wichtigste Problem in der Grauzone zwischen materiellem und immateriellem Schadensersatz betrifft die Nutzungsausfallentschädigung, die insbes. bei Kraftfahrzeugen zum Problem wird, aber auch bei anderen Vermögensgegenständen auftaucht. 1279

Durch Fremdverschulden ist das Fahrzeug des A beschädigt worden; die Reparatur nimmt 2 Wochen in Anspruch. A ist berechtigt, sich während dieser Zeit einen Mietwagen zu nehmen und die Kosten vom Schädiger ersetzt zu verlangen. Doch was geschieht, wenn er als bescheidener Mensch den Weg zum Arbeitsplatz mit dem Fahrrad zurücklegt und auf die sonst üblichen Wochenendausflüge verzichtet? Ist die «Nichtverfügbarkeit» eines Kraftfahrzeugs ein Vermögensschaden?

Rechtsprechung und Literatur haben sich darüber lange den Kopf zerbrochen, ehe der BGH durch eine Entscheidung des Großen Senats für mehr Klarheit sorgte.[20] 1280

Im konkreten Fall hatte das geschädigte Ehepaar sein auf einer Anhöhe gelegenes Haus verlassen müssen, weil dieses wegen unsorgfältig durchgeführter Grabungsarbeiten auf einem tiefer gelegenen Grundstück abzurutschen drohte. Statt ins Hotel zu gehen (was der Schädiger hätte bezahlen müssen), zogen die beiden in ihren Wohnwagen, der auf einem nicht abrutschgefährdeten Teil ihres Grundstücks stand. Konnten sie trotzdem Ersatz verlangen?

Der BGH stellte zunächst fest, daß der Schaden im allgemeinen durch einen rechnerischen Vergleich zwischen der tatsächlichen Lage und der ohne das schädigende Ereignis bestehenden Lage zu berechnen sei. Die in diese **Differenzbilanz einzusetzenden Posten** seien aber **«wertend zu bestimmen»**.[21] Zum Vermögen gehöre auch die Möglichkeit, dieses zur Verwirklichung der Lebensziele zu nutzen. Dabei könne es keinen entscheidenden Unterschied machen, ob bestimmte Gegenstände kommerziell (z. B. durch Vermietung) oder «eigenwirt- 1281

19 Vgl. BGHZ 55, 146ff.; 112, 392ff.
20 BGHZ 98, 212ff.
21 BGHZ 98, 212, 217. Weiter heißt es, die Differenzmethode sei «normativ eingebunden»

schaftlich», d. h. für den eigenen Verbrauch, genutzt werden. Für den zweiten Fall fehle zwar eine dem § 252 entsprechende Vorschrift, doch könne dies einem Ersatzanspruch nicht entgegenstehen. Eine vermögenswerte Einbuße sei dann anzunehmen, wenn es um **Güter** gehe, **auf deren ständige Verfügbarkeit** die eigenwirtschaftliche Lebenshaltung **typischerweise angewiesen** sei.[22] Außerdem müsse die Beeinträchtigung «fühlbar» sein, woran es dann fehle, wenn der Geschädigte oder seine Familie den Gegenstand in der fraglichen Zeit gar nicht hätten nutzen können oder wollen.[23] Bei der Bestimmung der Schadenshöhe wird von den verkehrsüblichen Mietwagensätzen bzw. sonstigen Gebrauchsentgelten ausgegangen, doch werden der Unternehmergewinn und die ersparten Aufwendungen des Geschädigten abgezogen. Im Ergebnis bleiben so ca. **30 % der Mietkosten**; bei Kraftfahrzeugen lassen sich diese aus Tabellen entnehmen.[24]

1282 Die Rechtsprechung läuft auf einen gewissen **Sonderschutz** der Gegenstände hinaus, auf die der Einzelne bei durchschnittlichem Lebensstandard angewiesen ist. **Luxusobjekte** sind **nicht einbezogen**; dies gilt z. B. für ein privates Schwimmbad[25], für einen Wohnwagen[26] und für ein Motorsportboot[27]. Auch der Nerzmantel ließe sich getrost dazu rechnen.

1283 Der Sonderschutz läßt sich nicht mit der traditionellen Konzeption des Schadensersatzes rechtfertigen. Die «wertende Bestimmung» der Schadensposten ist in Wirklichkeit richterliche Rechtspolitik, nicht anders als die Entwicklung von Verkehrspflichten oder die häufige Annahme eines Vertrags mit Schutzwirkung für Dritte. Man hat insoweit von einem **«normativen Schadensbegriff»** gesprochen,[28] doch besagt diese Wortwahl herzlich wenig, bleibt doch völlig offen, nach welchen normativen Gesichtspunkten bestimmte Posten berücksichtigt oder ignoriert werden.[29] Die rechtspolitische Rechtfertigung liegt darin, daß der Einzelne durch einen zeitweisen Verlust der fraglichen

---

22 BGHZ 98, 212, 222

23 So schon BGH NJW 1968, 1778. Die mögliche Nutzung durch Familienangehörige genügt: BGH NJW 1974, 33

24 S. Palandt-Heinrichs Anhang zu § 249

25 BGHZ 76, 179

26 BGHZ 86, 1128

27 BGHZ 89, 60

28 S. Palandt-Heinrichs Vorbem. vor § 249 Rn 13

29 Der «normative Schadensbegriff» wird auch bemüht, wenn es um die Nichtanrechnung der Leistungen Dritter (unten 1.3.3 – Rn 1284) und um das Entgelt für Arbeit im Haushalt (unten 2.2.3 – Rn 1306) geht

Güter besonders stark betroffen wird und daß die Auseinandersetzung um den Schadensersatz mit Zeitaufwand und oft mit Ärger verbunden ist: Da der Geschädigte die 30% der Mietwagenkosten auf die Hand bekommt, erfüllt die Rechtsprechung im Ergebnis die Funktion eines «sozialen Schmerzensgeldes», das man als korrekter Richter natürlich nicht als solches bezeichnen kann.

1.3.3 Leistungen durch Dritte

An früherer Stelle ist bereits darauf hingewiesen worden, daß insbes. 1284
die Folgen von Verkehrsunfällen weithin durch Versicherungen (und bei Arbeitnehmern auch durch den Arbeitgeber) aufgefangen werden.[30] In allen diesen Fällen ist ein gesetzlicher Forderungsübergang auf die Versicherung bzw. den Arbeitgeber angeordnet[31], was gleichzeitig deutlich macht, daß die Ersatzforderung des Geschädigten nicht etwa durch die Versicherungsleistung bzw. durch die Entgeltfortzahlung seitens des Arbeitgebers zum Erlöschen gebracht werden soll. Anders ausgedrückt: Die **Leistung der Krankenkasse**, der Unfallversicherung, des Arbeitgebers ist **kein den Schaden mindernder Posten**. Derselbe Gedanke findet sich in §843 Abs. 4. Dort ist bestimmt, daß der Anspruch auf Schadensersatz bei Personenschäden nicht dadurch ausgeschlossen wird, daß ein anderer dem Verletzten Unterhalt zu gewähren hat. Beide gesetzlichen Entscheidungen lassen sich generalisieren: Wenden Dritte dem Geschädigten anläßlich des Schadensereignisses etwas zu, hat dies für den Fortbestand des Ersatzanspruchs grundsätzlich keine Bedeutung.

Der Neffe erleidet einen Verkehrsunfall und muß für 2 Monate ins Krankenhaus. Der wohlhabende Onkel O verfährt nach der Devise «Geld macht glücklich» und «spendet» ihm 5000 DM. Damit soll ersichtlich nicht der Schädiger entlastet werden.

1.3.4 Vorteilsausgleich und Abzug «Neu für Alt»

Nicht nur durch die Intervention spendabler Gönner, die sicherlich 1285
keine Massenerscheinung sind, sondern auch auf andere Weise kann der Schaden **zugleich** eine **Vermögensmehrung** beim Geschädigten hervorrufen.

---

30 Oben Kap. 7 unter 5 (Rn 921 ff.)

31 Nachweise oben Kap. 7 unter 5 (Rn 922) Fn 31–33

(Etwas banales) Beispiel: Der Kraftfahrer erwischt mit seinem Auto das Huhn des Bauern F, das diesen Zusammenprall nicht überlebt. Die Bauersfamilie hat am nächsten Tag einen guten Hühnerbraten.

1286 Praktisch wichtiger ist ein «überobligationsmäßiger» Einsatz des Geschädigten, der beispielsweise nach Rückkehr aus dem Krankenhaus 14 Stunden täglich arbeitet, um die liegengebliebenen Aufträge zu erledigen und so im Ergebnis gar keinen Schaden erleidet. Wichtig sind auch ersparte Aufwendungen und Steuervorteile, die sich im Einzelfall ergeben können.

Etwas singulär das Beispiel[32], daß ein unter Denkmalschutz stehendes Gebäude abbrennt, so daß das Grundstück frei bebaut werden kann und deshalb in seinem Wert um ein Mehrfaches steigt.

1287 Nach der Rechtsprechung können nur solche **Vorteile** angerechnet werden, die **adäquat kausal** verursacht sind.[33] Außerdem muß – und dies ist in der Praxis sehr viel wichtiger – die Anrechnung aus der Sicht des Geschädigten zumutbar sein und darf deshalb **den Schädiger nicht unbillig entlasten**.[34] Dies führt dazu, daß «überobligationsmäßiger» Einsatz des Geschädigten den Schädiger nicht entlastet[35] und daß auch Leistungen Dritter nur dann berücksichtigt werden, wenn sie als Zuwendungen an den Schädiger zu verstehen sind. Bei ersparten Aufwendungen wird anders entschieden: Sie mindern effektiv den entstandenen Vermögensnachteil.[36]

1288 Nicht bei der Schadensentstehung, wohl aber bei der Abwicklung kann sich die Situation ergeben, daß sich **der Geschädigte nach Durchführung der Naturalrestitution besser** stellt als vor dem Unfall.

Ein beschädigter Auspufftopf wird durch einen neuen ersetzt, dessen Lebensdauer drei Jahre höher ist.

---

32 Esser-Schmidt § 37 V

33 BGH NJW 1990, 1360

34 BGHZ 91, 210; 91, 361

35 BGHZ 55, 329; sofern nur ein «Normalmaß» erreicht ist, handelt es sich um einen Anwendungsfall der Schadensminderungspflicht nach § 254 Abs. 2 (dazu unten Kap. 13 unter 2.1.2 – Rn 1359), deren Erfüllung vom Geschädigten erwartet wird; sie führt zu keiner Anrechnung. Im Gegenteil: Würde der Geschädigte auch insoweit Zurückhaltung üben, würde sich sein Ersatzanspruch entsprechend mindern.

36 Einzelheiten bei Palandt-Heinrichs Vorbem. vor § 249 Rn 141 – 145

Voraussetzung ist zunächst, daß sich der Geschädigte effektiv besser stellt. Dies ist dann nicht der Fall, wenn das ersetzte Teilstück noch während der ganzen voraussichtlichen Lebensdauer des Gesamtobjekts gehalten hätte.[37] Liegt ein Vorteil vor, so muß seine Berücksichtigung für den Geschädigten zumutbar sein.[38] Dabei ist insbes. zu berücksichtigen, daß dem Geschädigten eine «Bereicherung» aufgedrängt wird, hätte er doch ohne die Schädigung mit einer Ersatzanschaffung gewartet oder auf diese ganz verzichtet.[39] **Nicht zumutbar** wäre es weiter beispielsweise, würde man einen Sozialhilfeempfänger an der «Werterhöhung» beteiligen, die er dadurch erhält, daß die bei einem Unfall beschädigte Kleidung vom Schädiger durch eine neue ersetzt wird.

Ein mit geschickten Fingern begabter Zeitgenosse stiehlt aus der Kasse einer Spielbank 2000 DM. Anschließend tauscht er das Geld in Chips und hofft auf den großen Gewinn. Beim Spielen ist er jedoch sehr viel ungeschickter und verliert das ganze Geld. Als der Diebstahl aufgedeckt wird, macht er «Vorteilsausgleichung» geltend: Ohne den Diebstahl wäre er nie in der Lage gewesen, Roulette zu spielen. BGH:[40] Anrechnung des Gewinns der Spielbank nicht zumutbar. 1289

1.3.5 Aufwendungen des Geschädigten: Vorhaltekosten, Zeitaufwand für Schadensregulierung

Macht der Geschädigte nach Vornahme der schädigenden Handlung Aufwendungen, um den Schaden zu begrenzen oder wiedergutzumachen, so sind ihm diese vom Schädiger zu ersetzen. Dies ist – soweit ersichtlich – völlig unbestritten und hängt damit zusammen, daß andernfalls geradezu ein Anreiz geboten wäre, nichts gegen drohende Schäden zu unternehmen.[41] 1290

Sehr viel umstrittener ist die Frage, wie mit Aufwendungen umzugehen ist, die **vor Eintritt der Verletzungshandlung** gemacht wurden. 1291

Die Städtische Straßenbahn AG hält ein Ersatzfahrzeug vor, das bei Beschädigung eines Straßenbahnwagens eingesetzt wird. Unterstellt, der X hat den Schaden an

37 KG NJW 1971, 142
38 BGHZ 30, 34
39 Richtig Kötz Rn 485
40 BGH NJW 1980, 2183
41 Einzelheiten bei Palandt-Heinrichs Vorbem. vor § 249 Rn 83

dem bisher benutzten Fahrzeug verschuldet – kann er dann für anteilige Vorhaltekosten in Anspruch genommen werden?

1292 Der BGH hat diese Frage verschiedentlich bejaht[42] und eine positive Antwort lediglich davon abhängig gemacht, daß die Vorsorgeaufwendungen gerade im Hinblick auf mögliche fremdverschuldete Ausfälle getätigt wurden.

Die Straßenbahn muß im hier gegebenen Beispiel also beweisen, daß sie deshalb mehr Ersatzfahrzeuge gehalten hat, weil sie nicht nur technische Defekte, sondern eben auch Unfälle mit Fremdbeteiligung eingeplant hatte.

1293 Dies rechtfertigt sich mit der Erwägung, daß der Schädiger nicht durch ein besonders umsichtiges Verhalten des Geschädigten entlastet werden soll. Auch würde die gegenteilige Auffassung dazu führen, geradezu einen Anreiz für die Unterlassung von Vorsorgemaßnahmen zu bieten: Da Schädiger jedenfalls im Straßenverkehr praktisch immer versichert sind, kommt man auch bei einem höheren Grad an Verletzbarkeit immer zu einer vollen finanziellen Kompensation.

Würde sich die Straßenbahn das Vorhalten eines Ersatzfahrzeuges sparen und statt dessen für teures Geld ein solches mieten, müßte dies der Schädiger bezahlen. Ginge die Vorsorge endgültig zu Lasten der Straßenbahn, wäre sie wirtschaftlich gesehen im Grunde schlecht beraten, es nicht auf den «Mietfall» ankommen zu lassen.[43] Allerdings ist zuzugeben, daß sich dieses Ergebnis nicht bruchlos in die allgemeine Differenzrechnung nach § 249 einfügt; vielmehr läßt sich die Einbeziehung der Vorhaltekosten nur mit der hier skizzierten Wertung begründen. Auch ist zu beachten, daß lediglich eine über das allgemein Übliche hinausgehende Maßnahme zu einem Ersatzanspruch führen kann.

1294 Weniger aufgeschlossen erwies sich die Rechtsprechung bei der Frage, ob Selbstbedienungsmärkte erwischten **Ladendieben** anteilige Personalkosten auferlegen können, die im Zusammenhang mit der Abwehr von Diebstählen gemacht wurden. Eine Ersatzfähigkeit dieses Postens wurde abgelehnt[44]; lediglich eine für die Ergreifung des Täters ausgesetzte **«Fangprämie»** kann in angemessenem Umfang dem Schädiger auferlegt werden.[45] Der innere Grund hierfür dürfte darin liegen, daß man sich scheut, ihm zu seiner normalen Ersatzpflicht noch

42 Speziell für den Straßenbahnfall BGHZ 32, 284. S. weiter BGHZ 70, 199, 201

43 Kritisch jedoch Esser-Schmidt § 32 III 2b; Kötz Rn 496

44 BGHZ 75, 230ff.

45 BGHZ 75, 230, 235. Im Jahre 1979 wurden 50 DM als grundsätzlich angemessen betrachtet

eine zusätzliche Belastung aufzuerlegen. Auch wird man derartige Sicherungsmaßnahmen als weithin üblich qualifizieren, so daß schon von daher keine Haftung des Schädigers in Betracht kommt.[46] Der BGH hat sich schließlich auch darauf gestützt, ein Normalbürger habe keine Möglichkeit, den durch die Schadensregulierung entstandenen Zeitaufwand dem Schädiger in Rechnung zu stellen.[47] Dies ist in sich sicherlich schlüssig, allerdings ist der Ausgangspunkt nicht über jeden Zweifel erhaben. So ist nicht einzusehen, weshalb z. B. sogar ein vorsätzlich Geschädigter Freizeit opfern muß, um den Sachverhalt aufzuklären und den Schädiger zur Rechenschaft ziehen zu können. Immerhin sind die durch die Einschaltung eines Rechtsanwalts entstehenden Kosten ein ersatzfähiger Schaden. Auch der Aufwand für eine andere Stelle, die den Unfall für den Geschädigten abwickelt, sind zu ersetzen.[48] Warum dies erst – so die herrschende Auffassung – nach Verzugseintritt der Fall sein soll, ist nicht recht nachvollziehbar.

1.3.6 Das Problem der «Reserveursache» und des rechtmäßigen Alternativverhaltens

Welche Bedeutung hat es, wenn der dem Betroffenen entstandene 1295
Schaden in Kürze sowieso eingetreten wäre?

Die pflichtwidrig nicht vorgenommenen Schönheitsreparaturen werden dadurch gegenstandslos, daß das Haus abgebrochen wird. Oder: Der nicht ausreichend über die Risiken der Operation informierte Patient hätte auch bei gehöriger Aufklärung eingewilligt.

Die recht eingehende Diskussion[49] hat jedenfalls in einigen Punkten Übereinstimmung erbracht.

Ist die «Reserveursache», die den Schaden ohne das Handeln des 1296
Schädigers herbeigeführt hätte, unmittelbar mit dem geschädigten Objekt verknüpft, ist sie zu berücksichtigen.

Wer mit einem LKW einen Schuppen schwer beschädigt, der zwei Tage später sowieso abgebrochen worden wäre, kann allenfalls wegen der entgangenen Nutzung für zwei Tage in Anspruch genommen werden.

---

46 Palandt-Heinrichs Vorbem. vor § 249 Rn 44

47 BGHZ 75, 230, 234. S. auch Palandt-Heinrichs § 349 Rn 23

48 Zur entsprechenden Problematik der Einschaltung eines Inkassobüros OLG München NJW 1975, 832f. Weitere Nachweise bei Palandt-Heinrichs § 286 Rn 9

49 S. etwa die Nachweise bei Lange, Schadensersatz, § 4 III–XI

Man spricht insoweit von «**Anlagefällen**», also Situationen, in denen der Schaden in dem betreffenden Objekt bereits angelegt war.[50] Soweit überhaupt ein Vermögensnachteil entsteht, beschränkt sich dieser auf den sog. **Verfrühungsschaden**, d. h. also darauf, daß der nachteilige Erfolg schon früher eingetreten ist.

1297 Beruht die «sowieso» eintretende Schädigung auf dem **schuldhaften Verhalten eines Dritten**, so wird die Haftung nicht beeinflußt. Andernfalls bliebe der Geschädigte ohne Schutz.

Der vom LKW schwer beschädigte Schuppen wäre drei Tage später von Terroristen in die Luft gesprengt worden.

Die Berufung auf eine die Haftung beseitigende «Reserveursache» stellt einen Ausnahmetatbestand dar, dessen Vorliegen im Streitfall der Schädiger zu belegen hat.[51]

1298 Ähnlichkeit mit diesen Fällen hat das Argument, der Schädiger hätte selbst aufgrund rechtmäßigen Verhaltens den gleichen Effekt herbeiführen können.

Der wegen mangelnder Aufklärung in Anspruch genommene Arzt macht geltend, der Patient hätte auch bei gehöriger Aufklärung eingewilligt.[52]

Die Lösung wird hier unter Rückgriff auf den Zweck der Haftungsnorm gefunden; Schäden, die auch bei rechtmäßigem Verhalten des Schädigers entstanden wären, sind danach grundsätzlich nicht zu ersetzen.[53]

2 Personenschäden

Eine Reihe von Fragen tritt speziell dann auf, wenn die Person als solche geschädigt ist.

---

50 BGH NJW 1985, 676; Versteifung eines Knies durch einen ärztlichen Behandlungsfehler, Arthrose hätte binnen kurzem zum selben Resultat geführt

51 BGH NJW 1983, 1053

52 BGHZ 90, 111

53 Nachweise bei Palandt-Heinrichs Vorbem. vor § 249 Rn 106f.

2.1 Heilungskosten

2.1.1 Umfang

Wer für die Körperverletzung oder Gesundheitsbeschädigung eines anderen einzustehen hat, muß die Kosten für eine angemessene medizinische Behandlung tragen. Nach § 249 Satz 2 kann der Geschädigte den dafür notwendigen Geldbetrag vom Schädiger ersetzt verlangen.[54] Das Maß des Erforderlichen richtet sich ausschließlich nach medizinischen Gesichtspunkten. Dies schließt auch **Therapien** mit ein, die nur **im Ausland** (z. B. in den USA) verfügbar sind[55]. Auch wenn dadurch erhebliche Kosten entstehen, kann der Schädiger diese nicht als «unverhältnismäßig» im Sinne des § 251 ablehnen. Derartiges kommt vielmehr nach der neueren Rechtsprechung nur dann in Betracht, wenn es sich um ein «eigensinniges, an Schikane grenzendes Verhalten» des Verletzten handelt.[56] Dies kann etwa dann angenommen werden, wenn eine teure kosmetische Operation wegen einer winzigen Unschönheit verlangt wird.[57] 1299

Kann der Verletzte verlangen, daß er im Krankenhaus 2. Klasse liegt und vom Chefarzt behandelt wird? Die Rechtsprechung stellt darauf ab, welchen Leistungsstandard er üblicherweise in Anspruch nimmt.[58] Beamte und gut verdienende Selbständige kommen daher auch als Geschädigte in die 2. Klasse, der Rest muß sich mit der für ihn üblichen 3. Klasse begnügen. Eine Ausnahme gilt nur dann, wenn die 2. Klasse medizinisch geboten ist. Das Opfer bekommt hier keine «Sondervorteile» – ein Phänomen, das uns noch häufiger begegnen wird. 1300

2.1.2 Nicht durchgeführte Behandlung

Bei kosmetischen Operationen kann der Fall eintreten, daß das Opfer die notwendigen Geldmittel verlangt, diese aber lieber für andere Zwecke verwenden und statt dessen die Narbe in Kauf nehmen möchte. Nach der Rechtsprechung ist ein solches Vorgehen nicht möglich; nur für tatsächlich vorgenommene medizinische Eingriffe kann Ersatz verlangt werden.[59] Daß bei Reparaturen von Autos anders 1301

54 Esser-Schmidt § 32 I 1 a
55 Einschränkend noch BGH NJW 1969, 2281
56 BGHZ 63, 295, 300
57 S. Fn 56
58 BGH VersR 1989, 56
59 BGHZ 97, 14

verfahren wird[60], wird damit gerechtfertigt, daß Persönlichkeitsgüter nicht kommerzialisiert werden dürften; letzteres wäre aber der Fall, könnte man ein «**Narbenentgelt**» kassieren. Allerdings ist nicht zu verkennen, daß dies allein die schlechtere Stellung des Opfers bei Körperschäden nicht rechtfertigen könnte.[61]

2.1.3 Besuchskosten

1302

Zu den Heilungskosten gehören auch die **Fahrtkosten von nahen Angehörigen für Krankenhausbesuche**.[62] Dabei ist die wirtschaftlichste Beförderungsart zu wählen[63], doch ist auch nicht vermeidbarer Lohnausfall oder Gewinnentgang zu ersetzen.[64] Auch die Kosten eines
1303 einspringenden Babysitters müssen erstattet werden.[65]

So einig man sich über das Ergebnis ist, so problematisch ist die Begründung. Die Angehörigen sind ersichtlich nur mittelbar Geschädigte, der Verletzte selbst erleidet jedenfalls dann keinen wirtschaftlichen Nachteil, wenn er die Unkosten nicht ersetzt. Eine entsprechende Anwendung des § 843 Abs. 4 erscheint jedenfalls wenig erfolgversprechend, weil dieser nur das Erlöschen bestehender Ansprüche aufgrund der Leistungen Unterhaltspflichtiger verhindert, nicht aber einen zunächst gar nicht entstandenen Anspruch fingieren kann. Der Sache nach geht es um einen aus «normativen Gründen» in die Differenzrechnung eingestellten Schadensposten, der sich auf eine allgemeine Rechtsüberzeugung stützen kann.[66] Daneben noch den Angehörigen einen Anspruch aus GoA zu geben, erscheint wenig überzeugend;[67] viele würden es als schlichte Verhöhnung empfinden, würde ihnen auf der Fahrt ins Krankenhaus ein juristisch vorgebildeter Mitbürger erzählen, sie würden in Wirklichkeit ein Geschäft des Schädigers tätigen und könnten diesen deshalb in Regreß nehmen.

---

60 Dazu unten 3.1.3 (Rn 1331 f.)
61 Näher dazu unten 3.1.3 (Rn 1331)
62 BGH NJW 1989, 766
63 BGH NJW 1991, 2340, 2341
64 S. Fn 63
65 BGH NJW 1990, 1037
66 Zur entsprechenden Vorgehensweise bei der Einbeziehung des Nutzungsentgangs s. oben 1.3.2.4 (Rn 1279 ff.)
67 Kritisch auch Medicus, Bürgerliches Recht, Rn 415

2.2 Verhinderter Einsatz der Arbeitskraft

2.2.1 Grundsatz

Nach § 252 hat der Schädiger dem Geschädigten den ihm entgangenen Gewinn zu ersetzen.[68] Von der Formulierung her verweist dies auf selbständig Tätige, doch gilt für Arbeitnehmer nichts anderes: Zahlt ihnen der Arbeitgeber die Vergütung fort, geht insoweit der Ersatzanspruch auf ihn über (§ 6 EFZG), beziehen sie Krankengeld von der Krankenkasse, kann diese in Höhe der gezahlten Beträge nach § 116 SGB X Rückgriff beim Schädiger nehmen. Die Differenz zum bisherigen Entgelt muß der Schädiger tragen. 1304

2.2.2 Gesetz- und sittenwidriger Erwerb

Einig ist man sich darüber, daß rechtswidriger Erwerb nicht entschädigt wird. 1305

Ein durch Fremdeinwirkung verletzter Drogendealer kann nicht geltend machen, er hätte durch seine Tätigkeit jeden Tag 2000 DM verdient.

Dabei wird allerdings entscheidend auf die zivilrechtliche Wirksamkeit der in Frage stehenden Verträge abgestellt; Verstöße gegen Ordnungsbestimmungen sind unerheblich.[69] Mit dem Erwerb von Prostituierten tat sich der BGH schwer: Er sei zwar sittenwidrig, doch müsse der geschädigten Frau jedenfalls ein existenzdeckendes Einkommen gewährt werden.[70] Dieses liegt z. Z. bei etwa 1700 DM[71].

2.2.3 Tätigkeit im Haushalt

Wie ist die Nichterwerbsarbeit einer Hausfrau oder eines Hausmannes zu bewerten? Die Haushaltsführung durch die Ehefrau wurde früher als «Dienstleistung» im Sinne des § 845 qualifiziert, so daß der Ehemann einen Anspruch wegen der «entgangenen Dienste» hatte. Heute 1306

68 Über die Art und Weise der Berechnung s. oben 1.1.2 (Rn 1262 ff.)
69 BGHZ 75, 366 ff.; 79, 223 ff.
70 BGHZ 67, 119, 128; dazu mit einem hübschen rechtsvergleichenden Hinweis Deutsch Rn 444
71 Palandt-Heinrichs § 252 Rn 4

geht der Gesetzgeber davon aus, daß die Haushaltsführung einen selbständigen Beitrag zum Familienunterhalt darstellt, der schadensrechtlich grundsätzlich nicht anders als eine Erwerbsarbeit zu behandeln ist.[72] Der verletzte Ehegatte hat daher einen eigenen Ersatzanspruch, dessen **Höhe** sich danach bestimmt, wieviel für eine **Ersatzkraft** (Erzieherin, Haushälterin) zu bezahlen wäre. Dieser Anspruch ist unabhängig davon, ob tatsächlich auf fremde Hilfe zurückgegriffen oder ob der Ausfall durch Einsatz anderer Familienangehöriger aufgefangen wird.[73] Auch dies ist ein Anwendungsfall einer **«normativen Umgestaltung» einzelner Posten** in der Differenzberechnung.

2.2.4 Die abstrakte Möglichkeit zur Arbeit

1307 Besteht weder die Möglichkeit zur Erwerbsarbeit noch zur Nutzung der Arbeitskraft im Haushalt, wird kein Schadensersatz gewährt.[74] Dies erscheint nicht unbedingt konsequent. Zwar entsteht etwa bei Arbeitslosen, die mit Sicherheit nicht in eine Arbeitsstelle vermittelt worden wären, kein Gewinnentgang, doch könnte man an eine Parallele zur Nutzungsentschädigung bei Kraftfahrzeugen[75] denken: Wenn dort die fehlende Verfügbarkeit über bestimmte Gegenstände als Schaden qualifiziert wurde, könnte man dies auch in bezug auf die durch Unfall unmöglich gemachte Nutzung der Arbeitskraft erwägen. Auch die abstrakte Möglichkeit, etwas Sinnvolles zu tun, besitzt schon einen Eigenwert, dessen Entzug einen Schadensersatzanspruch rechtfertigt.

1308 Die **Unfallversicherung** geht insoweit anders vor: Bei der Zuerkennung von Renten stellt sie allein auf den objektiven «Grad der Behinderung» ab, ohne nach den konkreten Erwerbsaussichten zu fragen.[76] Dabei wird allerdings nach sehr schematischen Maßstäben verfahren, wonach bestimmten körperlichen Verletzungen ein bestimmter Prozentsatz des «Grades der Behinderung» zugeordnet wird **(«Gliedertaxe»)**.[77]

---

72 BGHZ 38, 55; 50, 304
73 S. Fn 72 sowie Kötz Rn 536
74 Nachweise bei Ebert, Das Recht am Arbeitsplatz, 1990
75 Dazu oben 1.3.2.4 (Rn 1279 ff.)
76 Kötz Rn 533
77 Näher dazu Däubler, Arbeitsrecht 2, S. 260 ff.

2.3 Vermehrte Bedürfnisse

Körperliche Schäden können dazu führen, daß die betroffene Person während der Genesungszeit oder auch auf Dauer bestimmte Hilfsmittel oder die Pflege durch eine andere Person benötigt. § 843 Abs. 1 erwähnt dies ausdrücklich und bestimmt überdies, daß in solchen Fällen genau wie bei einer Minderung der Erwerbsfähigkeit regelmäßig eine Rente bezahlt wird. In der Praxis überwiegt allerdings wohl die Vereinbarung einer Kapitalabfindung, die § 843 Abs. 3 aus «wichtigem Grund» zuläßt.[78] 1309

2.4 Schmerzensgeld

§ 847 Abs. 1 sieht in Fällen der Verletzung des Körpers oder der Gesundheit sowie im Falle der Freiheitsentziehung eine **«billige Entschädigung in Geld»** auch wegen des Schadens vor, der «nicht Vermögensschaden ist». 1310

2.4.1 Funktion

Dieses sog. Schmerzensgeld hat nach traditioneller Auffassung der Rechtsprechung eine doppelte Funktion: Es soll dem Opfer **«Genugtuung»** verschaffen und ihm außerdem einen **Ausgleich** dafür gewähren, daß seine Lebensqualität deutlich gemindert ist.[79] Wer – in Alltagssprache übersetzt – einem anderen das Leben schwermacht, soll durch eine Ausgleichsleistung dafür sorgen, daß dieses wieder leichter wird, weil sich der Betroffene zusätzliche Annehmlichkeiten leisten oder auch die notwendige Umorientierung seiner Interessen besser durchführen kann.[80] Ob die Genugtuungsfunktion noch anzuerkennen ist, erscheint zweifelhaft, stellt sie doch für das auf Ausgleich bedachte Schadensrecht einen Fremdkörper dar. Einschränkend hat deshalb in jüngerer Zeit der BGH bemerkt, «jedenfalls» bei vorsätzlichen Taten spiele die Genugtuung auch weiter eine Rolle.[81] 1311

78 Kötz Rn 534
79 BGHZ 18, 149
80 Vgl. Kötz Rn 520
81 BGHZ 128, 117

2.4.2 Schwerstgeschädigte

1312 Probleme ergeben sich bei Schwerstgeschädigten, deren Wahrnehmungs- und Empfindungsfähigkeit weithin zerstört ist: Hier laufen sowohl Genugtuung wie Ausgleich ins Leere. Die Rechtsprechung hat sich **ursprünglich** mit einem symbolischen Schmerzensgeld als **«zeichenhafte Sühne»** begnügt,[82] ist von diesem Standpunkt inzwischen aber wieder abgerückt.[83] Dies läßt sich nur mit einer gewissermaßen abstrakter gefaßten Ausgleichsfunktion rechtfertigen, die auf eine relative Äquivalenz von Verletzung und Sanktion abstellt, ohne im Einzelfall nach der konkreten Zweckerreichung zu fragen.[84]

2.4.3 Bemessungsfaktoren

1313 Nach welchen Kriterien bestimmt sich im einzelnen die Höhe des Schmerzensgeldes? Das über den Einzelnen gekommene psychische Leid, insbes. die körperlichen Schmerzen, sind ein wesentlicher Bemessungsfaktor. Nicht weniger wichtig ist jedoch insbes. bei nachhaltigeren Verletzungen die erschwerte oder unmöglich gemachte Teilnahme am sozialen Leben: Wer sich nicht mehr bewegen kann oder Sprache und Sehkraft verloren hat, ist selbst bei gutem Willen aller Beteiligten aus der menschlichen Gesellschaft weithin ausgegrenzt. Die **Rechtsprechung** hat ursprünglich höchst bescheidene Beträge gewährt, ist aber in den letzten 10 bis 15 Jahren **opferfreundlicher geworden**. In schweren Fällen von Querschnittslähmung werden etwa Beträge von bis zu 500000 DM zugesprochen.[85] Die Gerichte orientieren sich weitgehend an sog. Schmerzensgeldtabellen.[86], die jedoch nur Richtwerte angeben, die keinerlei Verbindlichkeit beanspruchen (können).

1314 Im Einzelfall können zahlreiche **weitere Gesichtspunkte** eine Rolle spielen. Die viel genannten «geminderten Heiratschancen», die sich etwa aus Körperschäden ergeben können, werden bei Frauen nachhaltiger als bei Männern in Erscheinung treten; darauf bei der Bemessung des Schmerzensgeldes Rücksicht zu nehmen, stellt keine Diskriminierung, sondern einen Ausgleich für reale Nachteile dar. Im übrigen handelt es sich um einen Sonderfall der «Teilnahme am sozialen Leben». Ein weite-

---

82 BGH NJW 1976, 1147

83 BGH NJW 1993, 781 und 1531

84 Auf den Präventionsgedanken will Kötz Rn 521 a abstellen

85 Kötz Rn 527

86 Beispiel bei Palandt-Thomas § 847 Rn 9

rer wichtiger Gesichtspunkt ist eine rücksichtslose, den Geschädigten weiter belastende Prozeßführung: Auch sie kann als erhöhendes Moment Berücksichtigung finden.[87]

2.4.4 Existenz einer Versicherung

Können auch die wirtschaftlichen Verhältnisse des Schädigers, insbes. 1315
die Existenz einer Haftpflichtversicherung, berücksichtigt werden? In der Tat macht es einen Unterschied, ob das Schmerzensgeld den eigenen Lebensstandard des Schädigers drastisch beeinträchtigt oder ob es zu Lasten der Haftpflichtversicherung und der diese finanzierenden Gesamtheit der Autofahrer geht. Letztere muß für einen angemessenen Ausgleich sorgen.[88]

2.4.5 Vererblichkeit

Auch wer an seinen Verletzungen stirbt, erwirbt in der Zeit zwischen 1316
dem Unfall und dem Tod einen Anspruch nach § 847. Bei seiner Höhe ist auch die Verkürzung der Lebenserwartung zu berücksichtigen.[89] Bis 1990 war der Anspruch auf Schmerzensgeld allerdings nur dann vererblich, wenn er rechtshängig gemacht oder vom Schädiger anerkannt wurde. Dies ist nunmehr beseitigt, so daß die Erben ohne weiteres die Rechte des Verstorbenen einklagen können.[90]

2.5 Sonderregeln im Falle der Tötung

Wird ein Mensch aufgrund einer unerlaubten Handlung getötet, so 1317
läßt sich auch nach Auffassung der Väter des BGB die Ausklammerung der mittelbar Geschädigten[91] nicht mehr voll durchhalten. Die §§ 844, 845 treffen daher eine Sonderregelung, die meist auch in den Fällen der Gefährdungshaftung außerhalb des BGB vorgesehen ist. Drei potentielle Ansprüche kommen in Betracht.

---

87 Kötz Rn 524
88 Vgl. BGHZ 18, 149, 165ff.
89 Vgl. BGH NJW 1976, 1147
90 BGH NJW 1995, 783
91 Dazu oben 1.2 (Rn 1266)

2.5.1 Beerdigungskosten

1318 Nach § 844 Abs. 1 hat der Schädiger die Beerdigungskosten demjenigen zu ersetzen, der sie zu tragen hat. Dies sind nach § 1968 typischerweise die Erben.[92] Nicht dazu gehören die Reisekosten eines Angehörigen, der an der Beerdigung teilnehmen will.[93] Ein gewisser Widerspruch zur «Ersatzfähigkeit» der Besuchskosten naher Angehöriger im Krankenhaus[94] ist allerdings nicht zu übersehen.

2.5.2 Unterhaltsansprüche der Hinterbliebenen

1319 Nach § 844 Abs. 2 können Personen, denen gegenüber der Getötete kraft Gesetzes unterhaltspflichtig war oder unterhaltspflichtig werden konnte, ihre Ansprüche dem Geschädigten gegenüber geltend machen. Wenigstens der ihnen erwachsene **«Unterhaltsschaden»** soll ersetzt werden. Voraussetzung ist, daß die Unterhaltspflicht «kraft Gesetzes» und nicht etwa nur auf vertraglicher Grundlage bestand. Außerdem muß das Rechtsverhältnis, das die Unterhaltspflicht auslöste, bereits zum Zeitpunkt der Verletzung existiert haben.

Der A ist bei einem Verkehrsunfall schwer verletzt worden. Im Krankenhaus heiratet er noch seine langjährige Lebenspartnerin; eine Woche später ist er tot. Kein Anspruch nach § 844 Abs. 2, da die Ehe zum Zeitpunkt der Verletzung noch nicht bestand.[95]

1320 Zum Unterhalt gehört nach § 1360 auch die volle oder teilweise Übernahme der **Führung des Haushalts**. Wird ein haushaltsführender Ehegatte getötet, so hat der andere Ehegatte nach § 844 Abs. 2 einen Ersatzanspruch wegen entgangener Unterhaltsleistungen. Anhaltspunkt für seine Höhe ist die **Nettovergütung einer** vergleichbaren **Ersatzkraft**[96]; hatte der Verstorbene den Haushalt nur zur Hälfte erledigt, ist der Anspruch entsprechend geringer.[97]

1321 Eingehend erörtert ist das Problem, inwieweit sich die Hinterbliebenen eine ihnen durch den Tod angefallene **Erbschaft** im Wege der **«Vorteilsausgleichung»** auf ihre Ansprüche anrechnen lassen müssen. Dabei wird differenziert:

92 Zu anderen Fällen s. Palandt-Thomas § 844 Rn 4
93 BGHZ 32, 72
94 Dazu oben 2.1.3 (Rn 1302 f.)
95 Kötz Rn 545, der diese Regelung mit Recht kritisiert
96 BGHZ 86, 372
97 BGHZ 104, 113

– Die Substanz des ererbten Vermögens (auch **«Stammwert» der Erbschaft** genannt) müssen sie sich grundsätzlich nicht anrechnen lassen, sofern sie diese nach dem normalen Lauf der Dinge eines Tages sowieso erhalten hätten.[98] Eine Ausnahme gilt nur dann, wenn der Getötete den Unterhalt der Familie bereits aus dem Stamm des Vermögens bestritt.[99]

– Die **Erträgnisse der Erbschaft** sind gleichfalls nicht zu berücksichtigen, wenn sie der Getötete «auf die hohe Kante gelegt» und von seinem Einkommen gelebt hätte.[100] In diesem Fall ist durch die Tötung die Grundlage des Unterhalts entzogen worden, so daß der Anspruch nach § 844 Abs. 2 erhalten bleibt. Anders jedoch dann, wenn die Vermögenserträge ganz oder teilweise für den Unterhalt des Verstorbenen oder seine Familie verwendet wurden;[101] in diesem Fall würden sich die Hinterbliebenen effektiv besserstellen, könnten sie neben den Zinsen und sonstigen Erträgen auch noch Unterhalt vom Schädiger verlangen.

2.5.3 Anspruch wegen entgangener Dienste

Hatte der Getötete «kraft Gesetzes» einem Dritten Dienste «in dessen Hauswesen oder Gewerbe» zu leisten, so muß der Geschädigte dem Dritten Ersatz gewähren. Früher wurde hier der gesetzliche Anspruch des Ehemannes auf Haushaltsführung durch die Ehefrau eingeordnet; durch die familienrechtliche Entwicklung ist dem inzwischen die Grundlage entzogen.[102] Einziger «Restposten» ist die **Dienstleistungspflicht hausangehöriger Kinder** nach § 1619. 1322

Der Getötete arbeitete auf dem Bauernhof seiner Eltern und erhielt dafür lediglich Unterkunft, Verpflegung und ein Taschengeld. Den Eltern steht ein Ersatzanspruch nach § 845 zu. Wurde ein Arbeitsverhältnis begründet, das einen weitergehenden Inhalt hatte, greift § 845 nicht mehr ein.[103]

---

98 BGHZ 8, 328; BGH NJW 1957, 905

99 MüKo-Grunsky § 249 Rn 109; Palandt-Heinrichs Vorbem. vor § 249 Rn 139

100 BGH NJW 1974, 1236

101 BGH NJW 1979, 760; OLG Frankfurt/Main NJW-RR 1990, 1443

102 Zu dieser s. unten Kap. 18 unter 3.2. (Rn 1552) die Problematik wird heute mit Hilfe des § 844 Abs. 2 erfaßt – s. oben 2.5.2 (Rn 1319)

103 BGH NJW 1991, 1226

2.5.4 Übertragung ins Vertragsrecht?

1323 Wird im Rahmen eines Dienst- oder Arbeitsvertrags ein Mensch getötet, so finden – soweit nicht die Sondervorschriften über die Unfallversicherung eingreifen – die §§ 844, 845 entsprechende Anwendung (§ 618 Abs. 3). Dasselbe ist auch dann anzunehmen, wenn im Rahmen anderer vertraglicher Beziehungen Schutzpflichten verletzt werden. Die Rechtsprechung hat die §§ 844, 845 sogar im Rahmen des Aufwendungsersatzes nach § 670 angewandt.[104]

2.5.5 Schutzlücken

1324 Die bestehende Regelung ist in zweierlei Hinsicht höchst unbefriedigend.

Zum einen sind **Vertragspartner des Getöteten**, die schwerste wirtschaftliche Nachteile davontragen können, vom Extremfall des § 826 abgesehen ohne Anspruch.

Durch den Tod einer Führungskraft erleidet das Unternehmen erhebliche Einbußen. Oder: Der Tod des Architekten führt zur Verzögerung des Baues, so daß Mieteinnahmen erst sehr viel später einsetzen.

1325 – Zum zweiten spielt die **seelische Verletzung**, die der Tod eines nahen Angehörigen mit sich bringt, rechtlich keine Rolle. Die Angehörigen erhalten kein «Schmerzensgeld», obwohl ungleich geringere Eingriffe in die eigene Person nach § 847 entschädigt werden. Nur wenn sog. Schockschäden auftreten, wird – wenn auch mit Einschränkungen – ein Ersatzanspruch gewährt.[105] Ein gewisser Ausgleich erfolgt lediglich dann, wenn der Getötete in eigener Person noch einen Schmerzensgeldanspruch erwarb, den er an seine Familienangehörigen vererbte.[106] Ob ein solcher überhaupt entsteht, wenn der Betroffene sofort beim Unfall verstirbt, ist bisher nicht höchstrichterlich entschieden. Auch hilft den Angehörigen die Vererblichkeit des Schmerzensgeldanspruchs nichts, wenn sie – aus welchen Gründen auch immer – nicht zu Erben berufen sind.

1326 Daß die Tötung eines Menschen für den Schädiger oft ohne nennenswerte Konsequenzen bleibt,

---

104 Dazu oben Kap. 4 unter 4.4 (Rn 672)
105 Dazu oben Kap. 8 unter 2.1.2 (Rn 937)
106 Dazu oben 2.4.5 (Rn 1316)

getötet wurde z. B. ein Kind, oder das Opfer hatte niemandem Unterhalt zu gewähren

wird der Schwere des tatsächlich angerichteten Schadens in keiner Weise gerecht. Dies läßt sich zusätzlich unter Hinweis auf die Präventionsfunktion des Schadensersatzes kritisieren.[107] Auch wird das Zivilrecht insoweit der Höchstrangigkeit des Lebens im Wertsystem des Grundgesetzes nicht gerecht.[108]

3 Sachschäden

Weniger dramatische Probleme ergeben sich dann, wenn ein körperlicher Gegenstand beschädigt oder zerstört wurde. Insbes. das Auto hat allerdings insoweit für eine Reihe von Auseinandersetzungen gesorgt. 1327

3.1 Probleme der Reparaturkosten

Ist eine Sache nur beschädigt, jedoch nicht total zerstört, ist sie nach § 249 Satz 1 zu reparieren. § 249 Satz 2 gibt dem Geschädigten das Recht, die Reparatur selbst in die Hand zu nehmen und den dafür erforderlichen Geldbetrag vom Schädiger zu verlangen. 1328

3.1.1 Reparatur oder «Totalschaden»?

Schwierigkeiten ergeben sich dann, wenn die Reparatur teurer ist als der Wiederbeschaffungswert des beschädigten Fahrzeugs. Die Rechtsprechung kommt hier dem Geschädigten durch eine 130 %-Grenze entgegen: Soweit die Reparaturkosten 130 % des Wiederbeschaffungswerts nicht übersteigen, kann sie der Geschädigte vornehmen lassen.[109] 1329

---

107 Kötz Rn 542

108 Zum Problem s. Odersky, Schmerzensgeld bei Tötung naher Angehöriger. München 1989

109 BGHZ 115, 364 ff.

Ohne dies ausdrücklich zu sagen, akzeptiert hier die Rechtsprechung doch ein Stück «Affektionsinteresse», da man eben nicht automatisch ein Ersatzfahrzeug oder einen anderen Ersatzgegenstand akzeptieren muß, wenn dies wirtschaftlich günstiger wäre.

Wird diese Grenze jedoch überschritten, ist auf «Totalschadensbasis» abzurechnen. Der Geschädigte erhält in diesem Fall nur 100 % des Wiederbeschaffungswerts.

3.1.2 Verletzte Tiere

1330 Bislang entsprach es der Gesetzeslage, genauso zu verfahren, wenn ein Tier verletzt wurde; «lohnte» sich die Operation nicht mehr, war es einzuschläfern und der Schädiger hatte den Zeitwert zu ersetzen. Seit 1990 gilt jedoch § 251 Abs. 2 Satz 2, der auch auf den Fall des § 249 Satz 2 anwendbar ist.

Danach sind die aus der Heilbehandlung eines verletzten Tieres entstandenen Aufwendungen «nicht bereits dann unverhältnismäßig, wenn sie dessen Wert erheblich übersteigen». Der Hund der Rentnerin hat einen Zeitwert von 200 DM, die Operation durch den Tierarzt kostet 1000 DM. Dies hätte der Schädiger zu ersetzen.

Inwieweit bei einem krassen Mißverhältnis eine Ausnahme zu machen ist, scheint bisher nicht höchstrichterlich entschieden zu sein.

3.1.3 Geld für nicht vorgenommene Reparaturen

1331 Von großer praktischer Bedeutung ist die Tatsache, daß der Geschädigte nicht belegen muß, das Geld auch tatsächlich für die Reparatur ausgegeben zu haben.[110] Man kann also auf der Basis eines Sachverständigengutachtens gegenüber der Versicherung abrechnen, das normalerweise die Preise der Vertragshändler zugrunde legt. Dem Einzelnen bleibt es dabei unbenommen, sein Fahrzeug selbst zu reparieren oder es einem anderen sachkundigen Menschen zu überlassen, der einen sehr viel geringeren Preis als eine Vertragswerkstatt verlangt. Ähnlich wie beim «Nutzungsentgang»[111] führt hier die Schädigung zu zusätzlichen Einnahmen, deren Funktion man gleichfalls als «soziales

110 Deutsch Rn 432; allgemeine Meinung
111 Oben 1.3.2.4 (Rn 1279 ff.)

Schmerzensgeld» umschreiben kann. Wie groß die praktische Bedeutung dieser Rechtsprechung ist, wird daran deutlich, daß etwa 40 % aller Geschädigten nicht auf der Basis von Werkstattrechnungen, sondern auf der Grundlage von Sachverständigengutachten abrechnen.[112]

Der Sachverständige hat die Reparaturkosten auf 4000 DM geschätzt; diesen Betrag zahlt die Versicherung an den Geschädigten. Er läßt den Schaden für 1500 DM bei dem ihm befreundeten Tankstelleninhaber T beheben. Die 2500 DM «Gewinn» entschädigen für den Ärger und den Zeitaufwand, der mit der «Schadensregulierung» normalerweise verbunden ist.

Bei kleineren Schäden wie Kratzern und eingebeulten Kotflügeln kommt es in Betracht, das beschädigte Fahrzeug in diesem Zustand weiterzubenutzen; auch dagegen bestehen keine Bedenken. Hat der Sachverständige die Reparaturkosten auf 100 bis 130 % des Wiederbeschaffungswerts geschätzt, kann man den über 100 % hinausgehenden Betrag jedoch nur verlangen, wenn er effektiv für die Reparatur aufgewandt wurde.[113] 1332

3.1.4 Werkstattrisiko

Was geschieht, wenn der Geschädigte eine Werkstatt beauftragt, die mehr Kosten als erforderlich macht? Nach der Rechtsprechung trägt der Schädiger das **«Werkstattrisiko»**, da ihm ja – wenn er sich selbst um die Bereinigung des Schadens kümmern würde – Entsprechendes widerfahren könnte;[114] er soll aber nicht dadurch begünstigt werden, daß der Geschädigte selbst aktiv wird. Ansprüche gegen die übereifrige Werkstatt sind an den Schädiger entsprechend den Grundsätzen über die Vorteilsausgleichung abzutreten.[115] Von «Risiko» kann schließlich nicht die Rede sein, wenn der Geschädigte gewußt hat oder zumindest hätte erkennen können, daß die Werkstatt eine «Geldvernichtungsanlage» ist, die regelmäßig auch solche Leistungen erbringt, die den Umständen nach gar nicht erforderlich sind. 1333

112 Mitgeteilt bei Kötz Rn 482a
113 BGHZ 115, 364, 375; BGH NJW 1992, 1618 (Eigenreparatur)
114 BGHZ 63, 182, 184
115 BGHZ 63, 182, 187

3.2 Bewertungsprobleme in bezug auf die Sache selbst

1334 Wird – wie in der Regel – eine gebrauchte Sache zerstört, so bestimmt sich der Wiederbeschaffungswert nach dem üblicherweise für Gebrauchtwaren bezahlten Preis. Bei Kraftfahrzeugen finden sie sich in der sog. Schwacke-Liste. Bei anderen Sachen kann das Problem auftreten, daß kein «Gebrauchtwarenmarkt» besteht oder daß der Erwerb gebrauchter Sachen nicht zumutbar ist.

Dies gilt beispielsweise für Kleidung.

In solchen Fällen ist der Neuwert zu ersetzen; der dadurch geschaffenen Bereicherung des Geschädigten ist durch einen Abzug Rechnung zu tragen, der den Grundsätzen «Neu für Alt» entsprechen muß.[116]

1335 Auch ein repariertes Auto (oder eine sonstige reparierte Sache) kann dadurch im Wert gemindert sein, daß sie eben eine «reparierte» Sache ist. Insbes. bei Kraftfahrzeugen geht man davon aus, daß ein «Unfallwagen» häufig versteckte Mängel hat und deshalb niedriger als ein anderes Fahrzeug ohne diese «Vorgeschichte» bewertet wird. Die Differenz zwischen dem normalen Preis für eine gebrauchte Sache und dem Preis für einen «Unfallwagen» nennt man **merkantilen Minderwert**; er ist gleichfalls vom Schädiger zu ersetzen.[117] Dies gilt auch dann, wenn der Geschädigte gar nicht beabsichtigt, sein Fahrzeug zu verkaufen.[118] Die Naturalrestitution ist in einem solchen Fall nicht ausreichend, so daß nach § 251 Abs. 1 eine (zusätzliche) Geldentschädigung zu leisten ist. Über die Höhe gibt es Schätzwerte.[119]

Ausnahme: ein 20 Jahre altes Auto wird bei einem Unfall beschädigt. Da sein Wiederbeschaffungswert sowieso nur noch 400 DM beträgt, fällt kein «merkantiler Minderwert» an. Die alte Klapperkiste wird mit oder ohne Unfall gleich niedrig bewertet.

1336 Wie ist – um für einen Augenblick den Straßenverkehr zu verlassen – der **Wert von Strom** zu bestimmen, der von einem Stromdieb durch geschickte Manipulation aus dem Netz entnommen wurde? Muß er sich den ungünstigsten Tarif entgegenhalten lassen, der für Kleinver-

116 Dazu oben 1.3.4 (Rn 1288)
117 BGHZ 35, 396 ff.
118 S. Fn 117
119 Näher Palandt-Heinrichs § 251 Rn 22

braucher bestimmt ist, auch wenn er eine große Menge abgezweigt hat? Die Rechtsprechung hat der Versuchung widerstanden, mit Hilfe der Haftung ein wenig zu «strafen», und hat den Stromtarif für einschlägig erklärt, der bei einer entsprechenden Abnahmemenge maßgebend ist.[120]

3.3 Deliktsrechtliche Sonderbestimmungen wegen Entziehung oder Beschädigung einer Sache

Nach § 848 haftet ein Dieb oder eine andere Person, die aufgrund uner- 1337
laubter Handlung zur Herausgabe einer Sache verpflichtet ist, auch bei zufälligem Untergang oder zufälliger Verschlechterung. Er befindet sich insoweit in derselben Lage wie ein in Verzug geratener Schuldner.[121] Geldersatz muß daher nach § 251 auch dann geleistet werden, wenn die **Sache** aus Gründen **unterging**, die mit der unerlaubten Handlung nicht das Geringste zu tun haben.

§ 849 gibt dem Geschädigten ein Recht auf 4 % Zinsen als «abstrak- 1338
ten Nutzungsersatz»; macht er konkreten Nutzungsausfall nach den oben[122] dargestellten Grundsätzen geltend, so kann er die Zinsen allerdings nur verlangen, wenn die gesetzlichen 4 % dabei nicht erreicht würden.[123]

Während § 850 für den **Ersatz von Verwendungen** auf das Eigen- 1339
tümer-Besitzer-Verhältnis verweist, enthält § 851 eine ähnliche Form von Schuldnerschutz wie § 407: leistet der Schädiger an denjenigen, der die Sache im Zeitpunkt des schädigenden Ereignisses in Besitz hatte, wird er auch dann frei, wenn in **Wahrheit ein anderer Eigentümer** war.

A schädigt das Auto des B, das in Wirklichkeit dem X gehört. Durch die Leistung an B wird A auch dem X gegenüber frei, es sei denn, ihm sei dessen Recht bekannt oder infolge grober Fahrlässigkeit unbekannt gewesen. Ist dem X die Sache abhanden gekommen, wird man allerdings § 935 entsprechend anwenden müssen.[124]

---

120 BGHZ 117, 29, 31

121 Dazu Bd. 1 Kap. 17 unter 3.2 (Rn 1542). Dies entspricht dem römisch-rechtlichen Grundsatz «fur semper in mora» (= der Dieb befindet sich immer im Verzug)

122 1.1.2 (Rn 1262 ff.)

123 Vgl. BGHZ 87, 38; dazu Fuchs S. 171

124 Larenz-Canaris § 83 IV. Zu § 935 s. Bd. 1 Kap. 14 unter 4.6.1.4 (Rn 1262 ff.)

4 Schadensersatz bei Eingriffen in andere Rechtsgüter

4.1 Immaterialgüterrechte

1340 Bei Urheberrechten, Patentrechten, Geschmacksmusterrechten usw.[125] besteht die Schwierigkeit, daß der verletzte Rechtsinhaber in der Regel **nicht beweisen** kann, **daß** ihm durch den Eingriff ein **effektiver Vermögensnachteil** entstanden, etwa eine lukrative Verwertungsmöglichkeit entgangen ist.

Von dem namhaften Sachrechtslehrbuch S wird ein «Raubdruck» erstellt und für 10 DM unter Studenten verkauft. Autor und Verlag sind ersichtlich nicht in der Lage, den Nachweis zu führen, die Studenten hätten auch das Originallehrbuch zum Preis von 130 DM erworben. Die Lebenserfahrung spricht eher für das Gegenteil. Ein anderer Schaden ist nicht ersichtlich, so daß der Eingriff im Ergebnis ohne Sanktion bleibt.

1341 Seit Jahrzehnten gibt man deshalb den Inhabern von Immaterialgüterrechten die Befugnis, ihren «Schaden» anders als nach §§ 249 ff. zu berechnen.[126] Statt des nicht belegbaren entgangenen Gewinns können sie zum einen die **Herausgabe** all **der Gewinne** verlangen, **die der Verletzer gemacht hat**. Z. T. ist dies ausdrücklich geregelt, z. T. ergibt es sich aus Gewohnheitsrecht.[127] Zum zweiten kann der Verletzte auch die Zahlung einer **«angemessenen Lizenzgebühr»** verlangen; dies rechtfertigt sich damit, daß der rechtswidrig Handelnde nicht besser als ein sich korrekt Verhaltender stehen soll.[128] Der Sache nach stellt dies die Zuerkennung eines abstrakten Schadensersatzes dar[129], wie er sich sonst nur ausnahmsweise im geltenden Recht findet.[130] Bei anderen Rechten werden vergleichbare Effekte mit Hilfe der Eingriffskondiktion erreicht.[131]

125 Zum Begriff des Immaterialgüterrechts s. Bd. 1 Kap. 6 unter 2.5.1 (Rn 397)
126 Einzelheiten bei Däubler JuS 1969, 49 ff.
127 Esser-Schmidt § 32 III 2 a mwN
128 Vgl. BGHZ 26, 349, 352
129 Vgl. BGHZ 60, 206, 209
130 Dazu oben 1.1.2 (Rn 1264)
131 Dazu unten Kap. 15 unter 4 (Rn 1423 ff.)

Im Raubdruckfall ist die Gewinnherausgabe wohl relativ uninteressant, doch wäre eine Lizenzgebühr ggfs. vergleichbar hoch wie der Gewinn, den der Verlag im Rahmen seiner eigenen Vertriebstätigkeit machen könnte.

Die §§ 249 ff. werden auch dann beiseite geschoben, wenn Musikaufführungen stattfinden, ohne daß die GEMA-Gebühren bezahlt werden: Hier hat der Veranstalter das Doppelte des «Tarifbetrages» zu bezahlen.[132] Dies wird mit einem **pauschalen Unkostenersatz** für die Verwaltungs- und Überwachungsaufwendungen der **GEMA** begründet, doch überzeugt dies wenig, da die Rechtsprechung in anderen Lebensbereichen die Schädiger auch nicht an den Kosten eines «Sicherheitsapparats» beteiligt.[133] Der Sache nach geht es um einen singulären Fall von **«Strafschadensersatz»**, der der leichten Verletzbarkeit der betroffenen Rechte Rechnung trägt und der «Nachahmer» abschrekken soll. Entsprechende Überlegungen sind etwa dem Deliktrecht in den USA wohl vertraut[134], kollidieren aber bei uns mit dem Grundsatz der «Totalreparation» und werden deshalb nicht offen mit ihrer wirklichen Funktion bezeichnet. 1342

Eine entsprechende Haftung über den eigentlichen Schadensbetrag hinaus findet sich in allen Fällen, wo eine Versicherung beim Schädiger Rückgriff nimmt: Hier hat er durch die Bezahlung der Prämie zum einen seinen Anteil am «Kollektivfonds» geleistet, zum zweiten wird er individuell zur Kasse gebeten. Ein Beispiel ist etwa § 640 Abs. 1 RVO, wonach die Gesetzliche Unfallversicherung bei grob fahrlässig verursachten Arbeitsunfällen Rückgriff beim Arbeitgeber nehmen kann. 1343

4.2 Allgemeines Persönlichkeitsrecht

Bei Eingriffen in das allgemeine Persönlichkeitsrecht kann der Betroffene unter bestimmten Voraussetzungen Schadensersatz verlangen, auch wenn ihm kein nachweisbarer materieller Nachteil entstanden ist. 1344

Dieser wird nur selten vorliegen. Zu denken ist etwa an den Fall, daß ein Freiberufler oder ein Gewerbetreibender weniger Aufträge erhält, weil in der Presse Ehrenrühriges über ihn berichtet oder sein Privatleben «breitgetreten» wurde.

132 BGHZ 59, 286 ff.
133 Oben 1.3.5 (Rn 1294)
134 S. BVerfG NJW 1995, 649

1345 Nach der neuesten Rechtsprechung des BGH stützt sich dieser Anspruch nicht auf eine entsprechende Anwendung des § 847; vielmehr geht es allein darum, dem **Verfassungsauftrag zum Schutz der Persönlichkeit** Rechnung zu tragen und deshalb Eingriffe nicht ohne Sanktion zu lassen.[135] Voraussetzung eines Ersatzanspruchs ist zum einen, daß der dem Einzelnen entstandene Nachteil nicht auf andere Weise beseitigt werden kann. Würde ein Widerruf für vollen Ausgleich sorgen, müßte dies genügen.[136] Zum zweiten muß ein «schwerwiegender» Eingriff vorliegen. Dabei kommt es nicht allein auf die Intensität des Eindringens in die Persönlichkeitssphäre an; maßgebend ist vielmehr auch der Grad des Verschuldens beim Schädiger sowie Anlaß und Beweggründe seines Handelns.[137]

Wer versehentlich in der Presse als Zeuge eines Unfalls genannt wird, kann schwerlich Schadensersatz geltend machen. Anders aber, wenn beispielsweise immer wieder Bilder aus der Privatsphäre veröffentlicht werden und dies auch dann fortgesetzt wird, wenn es sich der Betroffene ausdrücklich verbeten hat.[138] Hat der Schädiger aus Gewinnsucht (z. B. zur Auflagensteigerung) gehandelt, spricht dies gleichfalls für einen «schwerwiegenden» Eingriff.

1346 Bei der **Höhe** des zu gewährenden Betrages hat man lange Zeit – ähnlich wie beim Schmerzensgeld – ausschließlich auf die Ausgleichs- und die Genugtuungsfunktion abgestellt. Nach der neuesten Rechtsprechung genügt dies nicht, da insbes. große Presseunternehmen die dabei anfallenden Beträge «aus der Portokasse» bezahlen könnten.[139] **Maßgebend** ist vielmehr heute in erster Linie der **Präventionsgedanke**; nur dann könne ein wirksamer Schutz des Persönlichkeitsrechts sichergestellt werden.[140] Dies bedeutet, daß «fühlbare» Sanktionen verhängt werden müssen, die sich beispielsweise am Tagesgewinn eines Presseorgans orientieren können.[141] Dies kann Beträge von mehreren 100 000 DM ausmachen.

1347 Die Rechtsprechung zum Schadensersatz bei Persönlichkeitsverletzungen wirkt sich **vorwiegend zugunsten von Personen** aus, **die im öffentlichen Leben** stehen. Dies rechtfertigt keine Kritik. Vielmehr sollte man sein Augenmerk eher darauf richten, inwieweit sich

135 S. zuletzt BGH NJW 1996, 984 und 985
136 BGH NJW 1995, 861
137 BGH NJW 1996, 985
138 S. den Fall Fn 137
139 Dazu und zum Folgenden insbes. Prinz NJW 1996, 954 ff.
140 BGH NJW 1995, 861; BGH NJW 1996, 984
141 Dazu Prinz NJW 1996, 957

nicht auch «Normalmenschen» gegen Eingriffe in ihre Lebensqualität unter Berufung auf ihr allgemeines Persönlichkeitsrecht zur Wehr setzen können.[142]

5 Schadensliquidation im Drittinteresse

In einigen typischen Konstellationen taucht das Phänomen auf, daß bei 1348 formaler Betrachtung Anspruch und Schaden auseinanderfallen: Der verletzte Rechtsträger, der an sich ausschließlich als Anspruchsberechtigter in Betracht kommt, erleidet keinen Schaden, der wirtschaftlich effektiv Benachteiligte hat jedoch keinen Anspruch nach den §§ 823 ff. oder aus Vertrag. Bei konsequenter Anwendung der Beschränkung von Ersatzansprüchen auf unmittelbar Geschädigte[143] wäre die Folge an sich eindeutig: Eine Ersatzpflicht würde nicht entstehen. Verschiedentlich hat man dies als unerträglich angesehen und deshalb den (formal) in seinen Rechten Verletzten als ermächtigt angesehen, den einem anderen erwachsenen Schaden geltend zu machen. Dabei unterscheidet man drei Fälle.[144]

– Hatte der Eigentümer (oder ein anderer Rechtsträger) den Gegen- 1349 stand an einen Dritten zu übertragen, wird er durch die Zerstörung von seiner Leistungspflicht frei.[145]

Der Erbe muß den untergegangenen Gegenstand nicht mehr an den Vermächtnisnehmer herausgeben.

Bei normalen Umsatzgeschäften entsteht zwar dadurch ein Schaden, daß nach § 323 der Anspruch auf die Gegenleistung entfällt, doch gilt dies nicht, wenn die Preisgefahr nach §§ 446, 447 bereits auf den Käufer übergegangen war, dieser also trotz Zerstörung der Sache den Kaufpreis bezahlen mußte.[146] Eine solche **«Schadensverlagerung»**

---

142 Überlegungen dazu für Persönlichkeitsverletzungen am Arbeitsplatz bei Däubler, Arbeitsrecht 2, unter 5.1.1, 5.3 und 5.10

143 Dazu oben 1.2 (Rn 1266 ff.)

144 Überblick bei Esser-Schmidt § 34 IV; Palandt-Heinrichs Vorbem. vor § 249 Rn 112 ff.

145 Dazu Bd. 1 Kap 17 unter 2.1 (Rn 1494 ff.)

146 Dazu oben Kap. 1 unter 2.2.2 (Rn 17 ff.)

betrifft nur das Verhältnis der Vertragspartner, soll aber im Ergebnis nicht den Schädiger entlasten. Der in seinen Rechten Verletzte hat daher einen Ersatzanspruch; der Schaden wird ihm gewissermaßen «zugerechnet».[147] Sein Vertragspartner, dem gegenüber er ja gem. § 275 von seiner Leistungspflicht frei wurde, kann nach § 281 Abtretung dieses Anspruchs an sich verlangen.[148]

1350 – Bei **mittelbarer Stellvertretung**[149] tritt der Schaden beim «Hintermann», nicht bei dem nach außen in Erscheinung Tretenden ein.

Der Kunsthändler hat das Gemälde des Prominenten P in Kommission genommen, tritt aber Interessenten gegenüber wie ein Eigentümer auf. Kommt das Gemälde durch den Gehilfen eines Restaurateurs zu Schaden, steht der vertragliche Ersatzanspruch formal nur dem Kunsthändler zu. Er kann jedoch dabei den Schaden geltend machen, der dem Eigentümer entstanden ist. Der Eigentümer kann auch selbst aktiv werden, indem er nach Auftrags- oder Geschäftsbesorgungsrecht Abtretung des Anspruchs an sich verlangt.

Dasselbe gilt in dem verwandten Fall, daß jemand eine Sache nur treuhänderisch für einen anderen innehat.[150]

1351 – Schließt ein berechtigter Besitzer mit einem Dritten einen Vertrag ab, wonach dieser die **Obhut über die Sache** erhalten soll (Verwahrung, Reparatur), so kann er den Schaden des Eigentümers geltend machen.[151]

A bringt das gemietete Auto zu W in die Werkstätte, um es reparieren zu lassen. Statt dessen wird es dort noch weiter beschädigt. Der Mieter kann auch den Schaden geltend machen, der dem Eigentümer entstanden ist.

1352 Warum gerade in diesen Fällen eine Schadensliquidation im Drittinteresse möglich ist, in anderen jedoch nicht, erscheint nicht immer einsichtig. Wird etwa ein leitender Angestellter verletzt, dessen Ausfall der Firma über die Lohnfortzahlungskosten hinaus (die sie nach § 6 EFZG ersetzt verlangen kann) schweren Schaden zufügt, denkt niemand an einen Rückgriff auf diese Figur. Der Gedanke, Schadensersatzpflichten nicht «ausufern» zu lassen, ist für sich allein viel zu pauschal, um eine solche Grenzziehung zu rechtfertigen.

---

147 BGHZ 40, 100, ständige Rechtsprechung
148 Palandt-Putzo § 447 Rn 13
149 Zu diesem Begriff Bd. 1 Kap 13 unter 2.3.2 (Rn 945)
150 Zum Ganzen BGHZ 25, 258; BGH NJW 1995, 1283
151 BGH NJW 1985, 2412

KAPITEL 13: Mitwirkendes Verschulden, Handeln auf eigene Gefahr, vertragliche Beschränkung der Haftung

1 Einleitung

Die bisherigen Überlegungen sind davon ausgegangen, daß der Schädiger in vollem Umfang Schadensersatz zu leisten hat. Erfüllt er die Voraussetzungen einer Haftungsnorm, verteidigt er sich in der Praxis typischerweise mit dem Argument, der Geschädigte sei an der Entstehung des Schadens zumindest mitverantwortlich: völlig unüberlegt sei er vor das Auto gelaufen, der gesundheitliche Dauerschaden hätte durch eine rechtzeitige Operation verhindert werden können, gegen die er sich gesträubt habe. Die damit zusammenhängenden Probleme werden unter dem Stichwort des **«mitwirkenden Verschuldens»** nach § 254 abgehandelt (dazu unten 2). 1353

Ein weiterer Einwand des Schädigers kann darin liegen, der Geschädigte habe gewußt, was auf ihn zukomme, er habe **auf eigene Gefahr** gehandelt. Wer sich an einem Moto-Cross-Rennen beteilige, müsse blaue Flecken, ggfs. aber auch ein gebrochenes Bein in Kauf nehmen (unten 3). 1354

Schließlich gibt es **ausdrückliche** oder **stillschweigende Haftungsbeschränkungen**: Der Lieferant schließt die Haftung für leicht fahrlässige Schäden aus, oder der Autofahrer vereinbart mit einem Anhalter, «im Ernstfall» nur für grobe Fahrlässigkeit zu haften. Auch damit sind einige Fragen verbunden (unten 4). 1355

In einer Reihe von Fällen hat das Gesetz die **Haftung auf be-** 1356

stimmte Schuldformen (z. B. grobe Fahrlässigkeit und Vorsatz) **beschränkt**. Praktische Schwierigkeiten ergeben sich insoweit nur bei Rückgriffsproblemen: Was geschieht, wenn für den Unfall nicht nur eine derart privilegierte Person, sondern auch ein Dritter verantwortlich ist, der **Rückgriff** nehmen und damit das Privileg zumindest teilweise zunichte machen möchte? Darauf ist bereits an früherer Stelle eingegangen worden.[1]

1357 Hier bleibt lediglich nachzutragen, daß in Einzelfällen auch die Rechtsprechung eine deratige Haftungsbeschränkung entwickelt hat. So war sie ursprünglich der Auffassung, daß **Sachverständige** im Rahmen gerichtlicher Verfahren nur dann in Anspruch genommen werden können, wenn sie ihre Sorgfaltspflichten vorsätzlich verletzt haben. Dies wurde vom BVerfG beanstandet; jedenfalls die Haftung wegen grober Fahrlässigkeit könne nicht ausgeschlossen werden.[2]

Im konkreten Fall hatte ein unrichtiges Sachverständigengutachten dazu geführt, daß der Geschädigte in eine psychiatrische Anstalt eingewiesen wurde. Das BVerfG meinte zu Recht, die in Art. 2 Abs. 2 GG mitgarantierte Freiheit der Person sei auch haftungsrechtlich zu schützen; damit lasse es sich nicht vereinbaren, wenn selbst grobe Verstöße eines Sachverständigen gegen seine Sorgfaltspflichten ohne Sanktion blieben.

Der verbleibende **Ausschluß der Haftung für leichte Fahrlässigkeit** läßt sich damit rechtfertigen, daß andernfalls die Gefahr bestünde, daß zahlreiche rechtskräftig abgeschlossene Verfahren über die Inanspruchnahme eines Sachverständigen fortgeführt würden.

---

1 Bd. 1 Kap. 19 unter 6.2.5 (Rn 1764 ff.)
2 BVerfGE 49, 304 ff.

2 Das «mitwirkende Verschulden»

2.1 § 254 als Ausdruck eines allgemeinen Grundsatzes

2.1.1 Entstehung des Schadens

Denkbar ist zum einen, daß der Geschädigte **bei der Entstehung des Schadens** eine wesentliche Rolle spielte. Diesen Fall regelt § 254 Abs. 1: «Hat» – so heißt es – «bei der Entstehung des Schadens ein Verschulden des Beschädigten mitgewirkt, so hängt die Verpflichtung zum Ersatze sowie der Umfang des zu leistenden Ersatzes von den Umständen, insbes. davon ab, inwieweit der Schaden vorwiegend von dem einen oder dem anderen Teile verursacht worden ist.» § 254 Abs. 2 Satz 1 1. HS stellt den Fall gleich, daß es der Geschädigte unterlassen hat, den Schädiger auf die Gefahr eines ungewöhnlich hohen Schadens aufmerksam zu machen. 1358

2.1.2 Minderung des Schadens

Zum zweiten kommt es vor, daß der Geschädigte nach erfolgtem Eingriff nicht das Erforderliche tut, um den **Schaden** zu verhindern oder **in Grenzen zu halten**. Diesen Fall regelt § 254 Abs. 2 2. HS. Statt die Ausbreitung des Feuers auf die Scheune durch eine gezielte Löschmaßnahme zu verhindern, schaut der Eigentümer untätig zu, statt wegen der Gehirnerschütterung einige Tage das Bett zu hüten, nimmt der Verletzte an einem Fußballspiel teil. 1359

2.1.3 «Verschulden gegen sich selbst»

In beiden Fällen des § 254 stellt sich das Problem, daß von «Verschulden» im eigentlichen Sinn beim Geschädigten nicht die Rede sein kann; wie man mit seinen Rechtsgütern umgeht, ist grundsätzlich jedem Einzelnen selbst überlassen. Im Ergebnis ist man sich daher einig, daß es inhaltlich darum geht, daß der Geschädigte diejenigen Maßnahmen nicht getroffen hat, die ein «vernünftiger Mensch» zur Wahrung eige- 1360 ner Interessen üblicherweise ergreift.[3] Gemeint ist damit – nicht anders als im Bereich der Fahrlässigkeit – eine **objektive Anforderung**; ob die in Frage stehende Person von ihrer subjektiven Situation her zu einem entsprechend vernünftigen Verhalten in der Lage gewesen ist, spielt keine Rolle.[4] Bei minderjährigen Geschädigten ist § 828 entsprechend anzuwenden; nur soweit ein Kind oder Jugendlicher einer bestimmten Altersstufe sich «vernünftiger» verhalten hätte, kommt § 254 in Betracht. Fehlt es daran, kann im Einzelfall allerdings § 829 entsprechende Anwendung finden.[5]

2.1.4 Mitwirkende Betriebsgefahr

1361 Dem mitwirkenden Verschulden wird eine «mitwirkende Betriebsgefahr» gleichgestellt: Wer etwa als Halter eines Kraftfahrzeugs auch ohne Verschulden haften würde, muß gewissermaßen spiegelbildlich dazu auch im Rahmen des § 254 sich eine «Mitverursachung» zurechnen lassen.[6]

Wird ein Kraftfahrzeughalter durch einen anderen Verkehrsteilnehmer geschädigt, kann er daher nur einen nach § 254 Abs. 1 geminderten Schadensersatzanspruch geltend machen.[7]

Dies gilt lediglich dann nicht, wenn bei umgekehrter Rollenverteilung die Gefährdungshaftung nicht zum Zuge käme, weil ein **unabwendbares Ereignis** nach § 7 Abs. 2 StVG oder «höhere Gewalt» im Sinne des § 1 Abs. 2 HPflG vorliegt.

Für den geschädigten Kraftfahrzeughalter war es auch bei idealer Fahrweise nicht voraussehbar, daß ein anderer die Vorfahrt grob mißachten und mit einer Geschwindigkeit von 80 kmh aus einer Seitenstraße «herausschießen» würde.[8]

3 Siehe statt aller Kötz Rn. 555
4 Deutsch Rn. 162
5 BGHZ 37, 102; zustimmend Palandt-Thomas § 829 Rn. 4
6 BGHZ 6, 320; ständige Rechtsprechung
7 BGHZ 20, 262; 26, 75; aus der Literatur siehe Deutsch Rn. 162; Kötz Rn. 560; Palandt-Heinrichs § 254 Rn. 3
8 Kötz Rn. 562

2.1.5 Übertragung auf Gefährdungs- und Eingriffshaftung

Der Grundgedanke des § 254 findet über seinen Wortlaut hinaus auch dann Anwendung, wenn der Schädiger aus Gefährdung oder Eingriff haftet und auf seiten des Geschädigten ein «Verschulden gegen sich selbst» in dem hier beschriebenen Sinne oder eine mitwirkende Betriebsgefahr vorlag. Hintergrund ist letztlich die Erwägung, daß es gegen Treu und Glauben verstoßen würde, wollte derjenige einen vollen Schadensersatzanspruch geltend machen, der den Schaden auch selbst in zurechenbarer Weise herbeigeführt hat.[9] 1362

Bestimmungen wie § 9 StVG und § 4 HPflG, die die entsprechende Anwendung des § 254 für den Fall anordnen, daß in den dort geregelten Fällen der Gefährdungshaftung ein «Verschulden» des Geschädigten mitwirkte, sind daher im Grunde überflüssig, zumal sie zu dem Fehlschluß verleiten könnten, es gebe keine die Haftung reduzierende mitwirkende Betriebsgefahr.

2.2 Rechtsfolgen und Einzelfragen

Welches Maß an Sorgfalt der Einzelne in einer konkreten Situation anzuwenden hat, bestimmt sich – wie der Wortlaut des § 254 selbst sagt – nach den jeweiligen Umständen. 1363

Wer z. B. infolge einer Kriegsverletzung über eine besonders dünne Bauchdecke verfügt, muß vor einem normalen Gaststättenbesuch auch dann kein ihn schützendes Korsett anlegen, wenn er weiß, daß sich dort ein Hund befindet.[10]

Wer mit spezifischen Risiken rechnen muß, ist gehalten, dem Rechnung zu tragen. So würde es einen Ersatzanspruch nach § 254 Abs. 1 mindern, wenn ein Motorradfahrer oder ein Mopedfahrer **keinen Schutzhelm** trägt.[11] Dasselbe gilt für das **Anschnallen im Auto**[12], doch spielt das Unterlassen dieser Vorsichtsmaßnahme keine Rolle, wenn der Schaden auch bei sorgfältigem Verhalten in gleicher Weise eingetreten wäre.[13] Schließlich ist an die in § 254 Abs. 2 Satz 1 1. HS 1364

9 BGH NJW 1982, 168

10 s. Fn. 9

11 BGH NJW 1965, 1075 (Motorrad), BGH NJW 1979, 980 (Moped). Anders für Fahrrad mit Hilfsmotor BGH NJW 1969, 1898

12 BGHZ 119, 268

13 BGH NJW 1980, 2125

ausdrücklich erwähnte **Hinweispflicht** zu denken: Wer einen Mangel im Haus (z. B. erhöhte Feuchtigkeit) dem Eigentümer nicht meldet, kann sich nicht (voll) beklagen, wenn später seine Sachen durch Nässeeinwirkung beschädigt werden.

1365 Die **Schadensminderungspflicht** nach § 254 Abs. 2 Satz 1 2. Halbsatz wird insbes. im Rahmen von Personenschäden problematisch. Der Geschädigte ist gehalten, sich auch auf der Basis einer geminderten Arbeitsfähigkeit um eine neue Tätigkeit zu bemühen; auch eine **zumutbare Umschulung** kann verlangt werden, soweit der Schädiger die Kosten übernimmt.[14] Eindeutig zurückhaltender ist die Rechtsprechung, wenn es um **medizinische Eingriffe** geht: Der Geschädigte muß nur eine solche Operation vornehmen lassen, die «einfach und gefahrlos» sowie nicht mit besonderen Schmerzen verbunden ist. Außerdem muß sie sichere Aussicht auf Heilung oder wesentliche Besserung bieten.[15]

1366 Die Abwägung der beiderseitigen «Anteile» läßt sich **nicht nach standardisierten Maßstäben oder Tabellen** vornehmen. Haben beide Seiten fahrlässig gehandelt, ist im Zweifel eine hälftige Schadensteilung vorzunehmen. Im Bereich des Straßenverkehrs ist die mitwirkende Betriebsgefahr gegenüber schuldhaftem Verhalten von Fußgängern und Radfahrern zu berücksichtigen. Ist der Schädiger ein anderer Kraftfahrer und liegt auf seiner Seite Betriebsgefahr plus Verschulden vor, so dürfte die Betriebsgefahr des Geschädigten kaum mehr ins Gewicht fallen.[16]

2.3 Einstehen für Hilfspersonen

1367 Nach § 254 Abs. 2 Satz 2 findet § 278 entsprechende Anwendung: Der Geschädigte muß sich das Verhalten eines Erfüllungsgehilfen wie eigenes zurechnen lassen.

1368 Fraglich ist, ob dies auch dann noch gilt, wenn – wie häufig vor Entstehung des Schadens – noch keine vertraglichen oder vertragsähnlichen Beziehungen zwischen Schädiger und Geschädigtem bestehen. Die systematische Stellung des § 254 Abs. 2 Satz 2 spricht eher dafür,

14 Nachweise bei Palandt-Heinrichs § 254 Rn. 36, 37; zur Umschulung siehe auch Esser-Schmidt § 35 II

15 BGH NJW 1994, 1592, 1593

16 Einzelheiten und zahlreiche Hinweise zur Praxis bei Palandt-Heinrichs § 254 Rn. 52 ff.

daß es sich lediglich um den Fall handelt, daß nach eingetretenem Schaden (und damit nach Entstehung eines Schuldverhältnisses) eine Hilfsperson nicht die notwendigen Maßnahmen trifft. Nach ganz einheitlicher Auffassung wird § 278 jedoch **auch auf die Situation vor Eintritt des Schadens erstreckt** – allerdings nur, soweit zwischen Schädiger und Geschädigtem bereits in diesem Zeitpunkt eine vertragliche oder vertragsähnliche Sonderverbindung bestand. Ist dies nicht der Fall, so findet lediglich § 831 entsprechende Anwendung.[17] Der Geschädigte kann der Anwendung des § 278 im übrigen auch nicht dadurch entgehen, daß er seinen Anspruch nicht auf Vertrag, sondern ausschließlich auf Delikt oder Gefährdungshaftung stützt.[18]

Keine vertragsähnliche Beziehung wird begründet, wenn man einen öffentlichen Kinderspielplatz betritt[19] oder wenn man ein öffentliches Reitertraining als Zuschauer beobachtet.[20] Vertragsverhandlungen gehören andererseits eindeutig in diesen Bereich.

2.4 Einstehen für gesetzliche Vertreter

§ 278 stellt den gesetzlichen Vertreter für seinen Anwendungsbereich 1369
dem Erfüllungsgehilfen gleich. Dies bedeutet im vorliegenden Fall, daß überall dort, wo eine vertragliche oder vertragsähnliche Beziehung mit einem Minderjährigen besteht, sich dieser das Fehlverhalten seiner Eltern zurechnen lassen muß. Existieren keine solchen Beziehungen, fehlt für eine entsprechende Zurechnung jede Grundlage. Auch **§ 831** kann **nicht entsprechend** angewandt werden, da der gesetzliche Vertreter niemals (weisungsabhängiger) Verrichtungsgehilfe ist.[21]

17 BGHZ 1, 249; 73, 192; 103, 342
18 BGH NJW 1964, 1670
19 BGHZ 103, 338, 342 – Kinderspielplatz
20 BGH VersR 1975, 134
21 siehe den Fall Fn. 19

2.5 Ersatzansprüche mittelbar Geschädigter

1370 Soweit mittelbar Geschädigte nach den §§ 844, 845 einen Ersatzanspruch gegen den Schädiger besitzen[22], müssen sie sich das Verschulden des unmittelbar Verletzten nach § 846 anrechnen lassen. Auch selbst sind sie nach § 254 Abs. 2 Satz 1 zur Schadensminderung verpflichtet. Dasselbe gilt, wenn bei der **Schadensliquidation im Drittinteresse**[23] (zwar nicht der Verletzte, wohl aber) der Geschädigte einen nach § 254 relevanten Beitrag zum Schadenseintritt geleistet hatte.[24] Wenn sich der Schädiger entgegen der gesetzlichen Regel damit abfinden muß, daß auf der Gegenseite zwei Personen stehen, muß das Fehlverhalten jeder von ihnen den Ersatzanspruch mindern können.

2.6 Beweislast

1371 Der Schädiger muß im Streitfall die Voraussetzungen für eine Haftungsminderung nach § 254 beweisen.[25] Er leitet insoweit Rechte aus einem Ausnahmetatbestand her, dessen Vorliegen er notfalls zu beweisen hat.

2.7 Rechtspolitische Einschätzung

1372 § 254 ist Ausgangspunkt für zahlreiche Auseinandersetzungen in Fällen, in denen die Haftung des Schädigers vom Grundsatz her keinem Zweifel unterliegt. Dies wäre unvermeidlich, würde auf beiden Seiten eine Person stehen, die mit den wirtschaftilchen Folgen effektiv belastet wird. So verhält es sich jedoch insbes. im Straßenverkehr nicht: Für die Schäden des Verletzten kommt (jedenfalls) die Haftpflichtversicherung des Schädigers auf. Dies führt zu dem etwas erstaunlichen Ergebnis, daß ein Fehlverhalten des Schädigers – außer einem eventuellen Verlust von Schadensfreiheitsrabatt – für ihn keinerlei wirtschaft-

---

22 Dazu oben Kap. 12 unter 2.5.1 bis 2.5.3 (Rn 1317 ff.)
23 Dazu oben Kap. 12 unter 5 (Rn 1348 ff.)
24 BGH NJW 1972, 289
25 BGH NJW 1994, 3105

liche Folgen hat, während fehlende «Eigenvorsorge» des Geschädigten u. U. einen dauerhaften Rechtsverlust herbeiführt. Dies hat zu dem Vorschlag geführt, in Anlehnung an ausländische Vorbilder nur noch ein grobes Mitverschulden des Geschädigten zu berücksichtigen. Auch nach geltendem Recht könnte ihres offenen Wortlauts wegen («Umstände») die Vorschrift des § 254 so gehandhabt werden, daß dann, wenn der Schädiger haftpflichtversichert ist, nur grobes Mitverschulden des Geschädigten berücksichtigt wird.[26]

3 Handeln auf eigene Gefahr

Einen Sonderfall des § 254 stellt es dar, wenn sich der Geschädigte be- 1373
wußt oder jedenfalls erkennbar einem erheblichen Risiko aussetzt und sich dieses dann in seiner Person verwirklicht.

Beispiel: Der Geschädigte setzt sich zu einem Fahrer ohne Führerschein ins Auto.

Nachdem die Rechtsprechung ursprünglich ein solches Verhalten als Einwilligung in eine entsprechende Verletzung qualifiziert hatte[27], steht sie heute auf dem sehr viel realistischeren Standpunkt, daß sich der Handelnde lediglich mit der Gefahr einverstanden erklärt hat, typischerweise aber damit rechnet, sie werde sich nicht verwirklichen.[28] Kommt es zu einem Schaden, ist dann eine Abwägung zwischen dem Verschulden des Schädigers und dem Verhalten des Geschädigten vorzunehmen.

Hätte etwa der Geschädigte erkennen müssen, daß der Fahrer des Autos wegen Alkoholgenusses nicht mehr fahrtüchtig war, so wäre im Normalfall der Schaden zwischen beiden aufzuteilen.[29]

«Handeln auf eigene Gefahr» liegt in diesem Sinne insbes. dann vor, 1374
wenn man **Warnschilder** vor einem bissigen Hund[30] oder vor den Gefahren einer Baustelle («Betreten auf eigene Gefahr») mißachtet.

26 Ebenso Deutsch Rn. 176
27 BGHZ 2, 162
28 BGHZ 34, 354, 363; 43, 77
29 Vgl. BGH NJW 1988, 2365, 2366
30 OLG Stuttgart VersR 1955, 686

Auch die Teilnahme an Sportarten, bei denen erfahrungsgemäß mit Verletzungen zu rechnen ist, kann als Handeln auf eigene Gefahr qualifiziert werden. Bei schweren Regelverletzungen durch den Schädiger wird allerdings das mitwirkende Verschulden des Geschädigten nicht mehr ins Gewicht fallen.[31]

4 Beschränkung oder Ausschluß der Haftung durch Vertrag

1375 Die vertragliche wie die deliktische Haftung kann durch Vertrag ausgeschlossen oder beschränkt werden. Eine Ausnahme gilt nur für einzelne Formen der Gefährdungshaftung, die ausdrücklich für zwingend erklärt sind.[32] Gleichwohl sind auch im Bereich der Verschuldenshaftung wichtige Grenzen zu beachten.

4.1 Individualverträge

1376 Nach dem Wortlaut des BGB bestehen insoweit beträchtliche Spielräume. § 276 Abs. 2 verbietet es lediglich, die Haftung des Schuldners wegen Vorsatz auszuschließen. Auch in bezug auf gröbste Fahrlässigkeit scheint eine entsprechende Abmachung daher wirksam zu sein. Außerdem beseitigt § 278 Satz 2 in bezug auf Erfüllungsgehilfen sogar die bescheidene Grenze nach § 276 Abs. 2; der Geschäftsherr kann sich also sogar von der Haftung für vorsätzliches Verhalten seiner Erfüllungsgehilfen freizeichnen.

1377 Soweit entsprechende Abmachungen in freier Selbstbestimmung getroffen wurden, ist gegen sie nichts einzuwenden. Ob dies wirklich der Fall war, bedarf aber bei so weitgehenden Haftungsbeschränkungen der genauen Prüfung. Der erste Anschein spricht hier eher dafür,

31 Bei regelgerechtem Spiel läßt BGHZ 63, 140 einen Ersatzanspruch am Verbot des widersprüchlichen Verhaltens (venire contra factum proprium) scheitern. Dieser Umweg ist nicht erforderlich. Auch die Vorstellung, man willige konkludent in Sportverletzungen ein, beruht auf der inzwischen überholten Rechtsprechung (oben Fn. 27) und läßt sich nicht mehr aufrechterhalten.

32 §§ 7 HPflG, 8a Abs. 2 StVG, 49 LuftVG

daß in Wirklichkeit ein strukturelles Machtgefälle bestand, das zu einem unangemessenen Interessenausgleich geführt hat, so daß die Abmachung nichtig wäre[33].

Stillschweigende «Haftungsverzichtsverträge» sind im Zweifel nicht anzunehmen. Dies gilt auch für die sog. Gefälligkeitsfahrt[34]. Weiter sind entsprechende Verträge eng und bei zweifelhaftem Wortlaut gegen denjenigen auszulegen, der seine Haftung beschränken will[35].

4.2 AGB

Soweit ein Vertrag unter Zugrundelegung von AGB geschlossen 1378 wird, gelten sehr viel weitergehende Schranken. § 11 Nr. 7 AGBG erklärt jede Beschränkung der Haftung für grobe Fahrlässigkeit für unzulässig und bezieht dabei auch das Verhalten von Erfüllungsgehilfen ein. Selbst die Freizeichnung von einfacher Fahrlässigkeit ist häufig unzulässig, da sie gegen § 9 AGBG verstößt. Dies gilt etwa dann, wenn es um Leben und Gesundheit geht,

Beispiel: In seinen AGB vereinbart das öffentliche Krankenhaus mit dem Patienten, daß bei Behandlungs- und Aufklärungsfehlern nur für grobe Fahrlässigkeit gehaftet werde[36].

oder wenn der Verwender der AGB für sich in besonderer Weise (z. B. als Fachmann) Vertrauen in Anspruch genommen hat[37]. Ähnliches gilt dann, wenn der seine Haftung Beschränkende gar kein wirtschaftliches Risiko trägt, weil er eine Haftpflichtversicherung besitzt[38].

33 Zu der entsprechenden Grenze der Vertragsfreiheit siehe Bd. 1 Kap. 8 unter 1.3.2 (Rn 511 ff.). Vgl. auch Esser-Schmidt § 26 II 4

34 Palandt-Heinrichs § 254 Rn. 80; näher dazu Bd. 1 Kap. 8 unter 4.2.2 (Rn 554)

35 BGH NJW 1970, 261

36 So der Fall OLG Stuttgart NJW 1975, 2355, wo diese Klausel für unzulässig erklärt wurde

37 BGH NJW – RR 1986, 272

38 Weitere Fälle bei Palandt-Heinrichs § 9 AGBG Rn. 42–44

KAPITEL 14: Verantwortlichkeit mehrerer Schädiger

1 Einleitung

1379 Unerlaubte Handlungen fallen keineswegs immer nur in den Verantwortungsbereich einer Person. Schon bei einem Verkehrsunfall kann unschwer die Situation eintreten, daß das Fehlverhalten von zwei oder mehr Personen für einen Schaden ursächlich ist. Erst recht gilt dies dort, wo die **«Schadensquelle» in einer Organisation** liegt, in der viele Menschen zusammenarbeiten.

Für den Fehler des Produkts ist nicht nur die Hersteller-GmbH, sondern auch ihr leitender Labordirektor verantwortlich.

1380 Dies wirft einmal die Frage auf, wer zu den «Beteiligten» einer zum Ersatz verpflichtenden Handlung zählt: Sind es nur diejenigen, die einen kausalen Tatbeitrag geleistet haben, oder ist der Kreis weiter zu ziehen? Dazu gibt es eine Reihe im Gesetz gelöster wie auch eine Reihe ungelöster Fragen (unten 2).

Steht die Verantwortlichkeit mehrerer fest, stellt sich die Frage einer anteiligen oder gesamtschuldnerischen Haftung. Da sich das Gesetz in § 840 Abs. 1 für die zweite Lösung entschieden hat, ergeben sich Probleme des Rückgriffs, wenn einer der Gesamtschuldner in Anspruch genommen wurde (unten 3).

Schließlich wirft in der hier untersuchten Konstellation das mitwirkende Verschulden des Geschädigten besondere Probleme auf (unten 4).

2 Die einzelnen Formen des Zusammenwirkens

2.1 Mittäterschaft, Anstiftung und Beihilfe

§ 830 Abs. 1 Satz 1 regelt in Anlehnung an das Strafrecht die **Mittäterschaft**: «Haben mehrere» – so heißt es dort – «durch eine gemeinschaftlich begangene unerlaubte Handlung einen Schaden verursacht, so ist jeder für den Schaden verantwortlich.» Nach § 830 Abs. 2 stehen **Anstifter und Gehilfen** den Mittätern gleich. Für den Geschädigten hat dies Beweisvorteile: Anders als nach allgemeinen Grundsätzen muß er nicht beweisen, daß jeder der Beteiligten den zum Schadensersatz verpflichtenden Tatbestand verwirklicht hat[1]. Auch ein Beteiligter, der nur einen untergeordneten Beitrag leistete, ist grundsätzlich mitverantwortlich; aufgrund seiner Beteiligung an der Aktion muß er sich das Verhalten der übrigen wie eigenes zurechnen lassen. Insoweit reicht eine mögliche Kausalität[2]. 1381

A und B brechen in ein Haus ein und plündern dort die Kasse. C steht auf der Straße Schmiere, ohne in das weitere Geschehen einzugreifen. Als Gehilfe ist er gleichfalls verantwortlich.

Das Vorliegen von Mittäterschaft, Anstiftung und Beihilfe wird nach denselben Grundsätzen wie im Strafrecht beurteilt. Dies bedeutet u. a., daß ein Beteiligter nicht für ein Verhalten eines anderen mithaftet, das außerhalb des gemeinsamen Tatplanes liegt; für dessen **«Exzesse»** ist er nicht verantwortlich[3]. 1382

Die Einbrecher sind der Überzeugung, es halte sich niemand im Hause auf. Überraschenderweise treffen sie doch jemand an, den sie niederschlagen. Dafür ist der auf der Straße verbliebene Gehilfe nicht verantwortlich.

Dasselbe gilt dann, wenn man an einer **Demonstration** teilnimmt, bei der **Gewalttätigkeiten** zu erwarten sind, wenn man diese jedoch nicht konkret unterstützt[4]. Wollte man auch die schlichte Anwesenheit 1383

---

1 Deutsch Rn. 145; Fuchs S. 157
2 Larenz-Canaris § 82 I 1a
3 BGHZ 8, 288, 292; 93, 124, 126
4 BGHZ 89, 383 – Fall Grohnde. Zustimmend Larenz-Canaris § 72 I 2e

als «psychische Beihilfe» qualifizieren, könnte das Grundrecht der Versammlungsfreiheit in vielen Fällen nur noch dann ausgeübt werden, wenn man ein enormes vermögensrechtliches Risiko in Kauf nimmt.

1384 Mittäterschaft, Anstiftung und Teilnahme setzen **vorsätzliches Verhalten** voraus. Dieses muß sich allerdings nur auf die Tat als solche, nicht auf ihre Folgen beziehen[5]. In der Literatur wird zum Teil auch die Möglichkeit einer **fahrlässigen Mittäterschaft** bejaht[6]. Eine solche Figur erscheint recht **problematisch**, da keine ausreichende Grundlage ersichtlich ist, die die Zurechnung des Verhaltens anderer rechtfertigen könnte. Auch sind die angeführten Beispiele nicht geeignet, die Notwendigkeit einer solchen Konstruktion zu belegen.

Beispiel[7]: Der eine falsche Diagnose stellende Arzt vergewissert sich bei einem Kollegen, der vergleichbar unsorgfältig arbeitet und ihn in seiner Diagnose bestärkt. Hätte sich der eine oder der andere sorgfältig verhalten, wäre die falsche Behandlung unterblieben. Jeder von beiden ist daher verantwortlich. Es liegt eine sog. **Nebentäterschaft** vor[8].

Beispiel[9]: Arzt und Krankenschwester achten nicht darauf, daß die Spritze nicht in Ordnung ist. Der Patient erleidet einen gesundheitlichen Schaden. Auch hier liegt fahrlässige Nebentäterschaft vor; die Sorgfalt auch nur eines Beteiligten hätte das schädigende Ereignis verhindert.

2.2 Alternativtäterschaft nach § 830 Abs. 1 Satz 2

1385 Wenn keine Mittäterschaft oder Teilnahme vorliegt, kann der Fall eintreten, daß zwar die Zahl der potentiellen Verursacher feststeht, im Einzelfall aber nicht geklärt werden kann, wer die entscheidende Handlung vorgenommen hat.

Historisches Vorbild war der Raufhandel im Wirtshaus[10]: Vier kämpfen gegen zwei, einer von den zweien erleidet eine schwere Verletzung. Mittäterschaft scheidet aus, da keinem von den vieren ein entsprechender Vorsatz nachgewiesen werden kann. Es steht aber fest, daß einer von ihnen den Schlag geführt hat.

---

5 Larenz-Canaris § 82 I 2c
6 Deutsch Rn. 147; Larenz-Canaris § 82 I 2g
7 Larenz-Canaris § 82 I 2g
8 Dazu unten 2.3 (Rn 1390ff.)
9 Deutsch Rn. 147
10 Prot. II 606

Hier kommt dem Geschädigten § 830 Abs. 1 Satz 2 zugute: Jeder Beteiligte ist für den Schaden verantwortlich, «wenn sich nicht ermitteln läßt, wer von mehreren Beteiligten den Schaden durch seine Handlung verursacht hat». Auf diesem Wege wird den **Beweisschwierigkeiten des Geschädigten** Rechnung getragen[11]. Man spricht insoweit von «Alternativtäterschaft».

Nach seinem Sinn will § 830 Abs. 1 Satz 2 dem Geschädigten ledig- 1386
lich den Beweis dafür abnehmen, wer den entscheidenden Kausalbeitrag gesetzt hat. Nach der Rechtsprechung[12] muß jedoch jeder Beteiligte **alle anderen Voraussetzungen einer unerlaubten Handlung erfüllt**, also insbesondere Sorgfaltspflichten verletzt haben.

Beispiel[13]: Bei einer schwangeren Frau sollte durch eine Blutuntersuchung der Rhesus-Faktor bestimmt werden. Das Blut wurde in der Praxis des behandelnden Frauenarztes entnommen und bei einem Labor-Arzt analysiert. Das Ergebnis war – vermutlich wegen einer Verwechslung der Blutprobe – falsch. § 830 Abs. 1 Satz 2 konnte nicht eingreifen, weil nicht feststand, ob der eine oder der andere Arzt (oder seine Hilfskräfte) einen Fehler gemacht hatten. Vom Wortlaut des § 830 Abs. 1 Satz 2 her ist diese Einschränkung nicht geboten, sie läßt sich nur mit dem Argument rechtfertigen, den einzelnen nicht mit einer Haftung zu überziehen, die er nicht voraussehen und verhindern kann.

§ 830 Abs. 1 Satz 2 wird dagegen dann angewandt, wenn nicht die Ver- 1387
ursachung durch den einzelnen Beteiligten, sondern nur sein **Anteil am Gesamtschaden zweifelhaft** ist. Auch hier muß es jedoch möglich sein, daß der einzelne Verursacher den Gesamtschaden zu verantworten hat[14].

Beispiel: Ein gesüßter Kindertee verursacht Karies. Im konkreten Fall blieb ungeklärt, ob die Karies bereits durch das Produkt der beklagten Firma oder erst dadurch entstanden war, daß abwechselnd auch das Produkt einer anderen Firma benutzt wurde. § 830 Abs. 1 Satz 2 griff im Ergebnis nicht ein[15].

Auch bei anderen Fragen wird § 830 Abs. 1 Satz 2 eher eng interpre- 1388
tiert. So soll er etwa dann ausscheiden, wenn ein sicherer Verursacher feststeht und in bezug auf einen weiteren lediglich die Kausalität nicht aufklärbar ist[16]. Auch soll er dann nicht Platz greifen, wenn auch der

11 BGHZ 25, 271, 273; 67, 14, 17
12 BGH NJW 1989, 2943, 2944, bestätigt in BGH NJW 1994, 932, 934
13 BGH NJW 1989, 2943; zustimmend Larenz-Canaris § 82 II 2a
14 BGH NJW 1976, 1934, 1935, bestätigt in BGH NJW 1994, 932, 934
15 BGH NJW 1994, 932, 934
16 BGH NJW 1976, 1934; kritisch Larenz-Canaris § 82 II 2f

Geschädigte selbst als Verursacher in Betracht kommt[17]. Wenigstens wird er dann entsprechend angewandt, wenn mehrere Beteiligte eine Gefährdungshaftung trifft, im konkreten Fall aber nicht aufgeklärt werden kann, wessen Objekt den Schaden verursacht hat[18].

1389 Angesichts der Tatsache, daß jeder Beteiligte alle Voraussetzungen einer unerlaubten Handlung in nachweisbarer Form erfüllt haben muß, droht keine übermäßige Ausweitung der Haftung. Der zunächst zusätzlich geforderte **«räumliche und zeitliche Zusammenhang»** des Verhaltens der Beteiligten ist daher **immer weiter in den Hintergrund** getreten, wenngleich er typischerweise vorliegen wird.

Beispiel[19]: A ist vom Auto des X überfahren worden, der auf der Stelle Fahrerflucht begeht. A bleibt auf der Straße liegen. Vom Auto des Y wird er erneut überfahren. Ob der Tod schon beim ersten oder erst beim zweiten Unfall eingetreten ist, läßt sich nicht klären. Werden X und Y von der Polizei ermittelt, haften sie beide nach § 830 Abs. 1 Satz 2, obwohl sie völlig unabhängig voneinander gehandelt haben.

In der Literatur wird zu Recht eine Haftung auch dann bejaht, wenn eine HIV-Infektion entweder auf einem ungeschützten Geschlechtsverkehr oder auf einer infizierten Blutkonserve beruhte[20].

2.3 Nebentäterschaft

1390 Neben den in § 830 geregelten Fällen kann auch die nicht ausdrücklich erwähnte Situation auftreten, daß mehrere unabhängig voneinander handeln und jeder von ihnen für den schädigenden Erfolg kausal ist. Man spricht insoweit von «Nebentäterschaft». Zwei verschiedene Formen sind denkbar.

1391 – In Betracht kommt einmal, daß jeder Beteiligte nachweisbar für den Erfolg in vorwerfbarer Weise kausal ist. Hätte nur einer korrekt gehandelt, wäre der schädigende Erfolg ausgeblieben.

Siehe das Beispiel oben Rn 1384: Arzt und Krankenschwester bemerken gleichermaßen nicht, daß dem Patienten die falsche Spritze verabreicht wird. Oder[21]: Ein Unfall kommt dadurch zustande, daß ein angetrunkener Fahrer ein an unübersichtlicher Stelle unbeleuchtet geparktes Fahrzeug rammt.

---

17 BGHZ 60, 177; kritisch Deutsch Rn. 155
18 BGHZ 55, 96, 98; zustimmend Deutsch Rn 152; Larenz-Canaris § 82 II 2a
19 BGHZ 33, 286
20 Larenz-Canaris § 82 II 2b
21 BGHZ 12, 213

– Zum zweiten gibt es auch (seltene) Fälle, bei denen das unbeabsichtigte Zusammenwirken zweier Handlungen zu dem schädigenden Erfolg führt[22]. 1392

Beispiel[23]: Drei Unternehmen leiten Schadstoffe in einen Fluß ein. Den Schadstoff eines einzigen Unternehmens hätten die Fische noch ertragen, die Kumulation führte zu ihrem Ende. Oder[24]: Der von einer Firma produzierte Kindertee führt deshalb zu Karies, weil in etwa gleichem Umfang auch der Tee einer anderen Firma getrunken wurde.

Im Zusammenhang damit wird der Ausdruck «**kumulative Kausalität**» verwendet.

3 Die gesamtschuldnerische Haftung

3.1 Der Grundsatz und seine Erstreckung auf konkurrierende Vertragsansprüche

Nach § 840 Abs. 1 tritt gesamtschuldnerische Haftung ein, wenn für den aus einer unerlaubten Handlung entstehenden Schaden «mehrere nebeneinander» verantwortlich sind. Damit ist neben den Fällen des § 830 auch die Nebentäterschaft erfaßt[25]. Dasselbe gilt, wenn beim einen Verschuldens-, beim anderen Gefährdungshaftung vorliegt. Auch zwei (oder mehr) nach den Regeln über die Gefährdungshaftung Verantwortliche haften als Gesamtschuldner. Schließlich wird der Fall einbezogen, daß der eine Verursacher aus Delikt, der andere aus Vertrag haftet[26]. Sinn und Zweck ist in allen Fällen der Schutz des Geschädigten: Sein Ersatzanspruch soll nicht daran scheitern, daß einer der Beteiligten in Zahlungsschwierigkeiten gerät oder sich auf andere Weise der Zahlung entzieht. 1393

---

22 Vgl. auch den Fall oben Kap. 8 unter 2.2.2.1 (Rn 996)

23 Nach Larenz-Canaris § 82 III 1

24 Nach BGH NJW 1994, 932, 934

25 Fuchs S. 163

26 Larenz-Canaris § 82 IV 1

3.2 Rückgriffsregeln

1394 Hat ein Gesamtschuldner geleistet, kann er grundsätzlich gegen den oder die anderen nach § 426 Rückgriff nehmen[27]. Der dort vorgesehene «Ausgleich nach Köpfen» gilt allerdings nur, «soweit nicht ein anderes bestimmt ist». Letzteres ist gerade im Recht der unerlaubten Handlung besonders häufig der Fall.

1395 – Sonderregeln enthalten zum einen die Abs. 2 und 3 des § 840. Danach soll derjenige, der nur aus vermutetem Verschulden oder nach § 833 Satz 1 haftet, den gesamten **Schaden** auf denjenigen **abwälzen** können, der in vollem Umfang aus **nachgewiesenem Verschulden** haftet. Nach § 840 Abs. 2 könnte daher der Geschäftsherr in vollem Umfang beim Verrichtungsgehilfen Rückgriff nehmen. Dasselbe gilt für Eltern, wenn für den vom Kind angerichteten Schaden auch eine andere Person (voll) verantwortlich ist. Trifft das Kind selbst eine Billigkeitshaftung nach § 829, müssen im Innenverhältnis allerdings die Eltern den gesamten Schaden tragen.

1396 – Diese gesetzlichen Regeln werden im Hinblick auf den Verrichtungsgehilfen durch die **arbeitsrechtlichen Regeln über den innerbetrieblichen Schadensausgleich** korrigiert: Danach muß der Arbeitgeber den Arbeitnehmer in vollem Umfang freistellen (also intern den ganzen Schaden tragen), wenn der Arbeitnehmer lediglich leicht fahrlässig gehandelt hat. Bei grober Fahrlässigkeit bleibt es grundsätzlich bei der endgültigen Belastung des Arbeitnehmers, während bei mittlerer Fahrlässigkeit der Schaden aufzuteilen ist[28].

1397 – In Fällen, die nicht von § 840 Abs. 2 und 3 erfaßt werden, wird grundsätzlich **§ 254 entsprechend angewandt**[29]. Danach kommt es darauf an, wer von den mehreren Ersatzpflichtigen in welchem Umfang zu dem Schaden beigetragen hat.

In dem oben gegebenen Beispiel des angetrunkenen Fahrers und des unvorsichtig abgestellten Fahrzeugs überwiegt der Anteil des Fahrers bei weitem. Er kann daher höchstens in Höhe von einem Viertel Regreß nehmen.

---

27 Siehe Bd. 1 Kap. 19 unter 6.2.3.1 (Rn 1752 ff.)

28 Einzelheiten bei Däubler, Arbeitsrecht 2, S. 409. Für Vorrang der arbeitsrechtlichen Normen auch Larenz-Canaris § 82 IV 2a

29 BGH NJW 1980, 2349; Fuchs S. 164, allgem. Meinung. Zu § 254 s. oben Kap. 13 unter 2 (Rn 1358 ff.)

Zwei Schädiger, die für denselben Verursachungsbeitrag verantwortlich sind, werden als **«Haftungseinheit»** behandelt; im Rahmen des Regresses werden sie wie ein Verantwortlicher behandelt[30]. 1398

Für den Unfall des Fußgängers F ist sowohl das Fahrzeug A wie das Fahrzeug B verantwortlich. Saß bei A der Halter am Steuer, während das Fahrzeug B von einem Freund des Halters gefahren wurde, so kann die Haftpflichtversicherung für A nicht etwa den Standpunkt vertreten, es würden ja neben ihr der Fahrer des Fahrzeugs B und dessen Halter haften, sie habe also nach § 426 nur ein Drittel des Schadens zu tragen. Halter und Fahrer stellen vielmehr eine «Haftungseinheit» dar, der Rückgriff ist – gleiche Tatbeteiligung der Fahrzeuge unterstellt – nur in Höhe der Hälfte möglich.

4 Probleme des mitwirkenden Verschuldens

Trifft den Geschädigten ein mitwirkendes Verschulden, so können sich insbesondere im Bereich der Nebentäterschaft zusätzliche Schwierigkeiten ergeben. 1399

Beispiel: Fahrer 1, Fahrer 2 und Geschädigter haben in etwa vergleichbarer Weise die StVO mißachtet. Betrachtet man nur das Verhältnis G-F1, so ist der Verursachungsbeitrag beider Teile gleich, so daß F1 nur für die Hälfte des Schadens haftet. Dasselbe ergibt sich im Verhältnis zu F2.

Eine derartige isolierende Betrachtung hat zur Folge, daß der Geschädigte insgesamt nur die Hälfte erhält, obwohl er lediglich in Höhe eines Drittels für den Unfall verantwortlich gemacht werden kann. Die Rechtsprechung nimmt deshalb in solchen Fällen ergänzend eine **«Gesamtabwägung»** vor: Der Geschädigte kann zwar jeden Schädiger nur bis zu 50% in Anspruch nehmen, kann jedoch insgesamt zwei Drittel des Schadens ersetzt verlangen.[31]

Unterstellt, die Versicherung von F1 hat 50% bezahlt, so kann G von der Versicherung des F2 noch weitere 16⅔% verlangen. Die erste Versicherung kann dann

---

30 Zur Figur der Haftungseinheit s. bereits Bd. 1 Kap. 19 unter 6.2.3.2 (Rn 1757ff.)

31 BGHZ 30, 203, 211f.; zustimmend Larenz-Canaris § 82 III 3a. Siehe auch Kötz Rn 563

von der zweiten verlangen, daß sie ihr die Differenz zu einem Drittel, d. h. 16⅔% erstattet. Für Freunde des Rechnens: Die zweite Versicherung hat dann 16⅔ + 16⅔ = 33⅓% bezahlt; der Anteil der ersten Versicherung beläuft sich auf 50 minus 16⅔ = 33⅓%.

KAPITEL 15: Schutz bei rechtswidrigen Eingriffen: Beseitigungs- und Unterlassungsanspruch, Herausgabe des Erlangten

1 Die Ergänzungsfunktion des § 1004 und der sog. Eingriffskondiktion

1.1 Anspruch auf Beseitigung und Unterlassung nach § 1004

1.1.1 Anwendungsbereich

Wie bereits an früherer Stelle skizziert[1], sind absolute Rechte auch insoweit geschützt, als drohende und fortdauernde Beeinträchtigungen abgewehrt werden können. § 1004 Abs. 1 Satz 1 gibt daher dem «in anderer Weise als durch Entziehung oder Vorenthaltung des Besitzes» beeinträchtigten Eigentümer das Recht, «von dem Störer die Beseitigung der Beeinträchtigung zu verlangen». § 1004 Abs. 1 Satz 2 fügt dem einen Unterlassungsanspruch hinzu: «Sind weitere Beeinträchtigungen zu besorgen, so kann der Eigentümer auf Unterlassung klagen.» Daß beides dann nicht gilt, wenn der Eigentümer zur Duldung der Beeinträchtigung verpflichtet ist, stellt § 1004 Abs. 2 klar. Andere 1400

1 Bd. 1 Kap. 6 unter 2.6.2.1 und 2.6.2.2 (Rn 408 f.)

dingliche Rechte sowie der Besitz sind in vergleichbarer Weise geschützt.[2] Man spricht nach dem Vorbild der römisch-rechtlichen actio negatoria von **«negatorischen Ansprüchen»**.

1401 Seit Jahrzehnten wendet die Rechtsprechung § 1004 auf alle deliktsrechtlich geschützten Rechte und Rechtsgüter an[3], so daß man insoweit wohl von **Gewohnheitsrecht** sprechen kann.

Man kann deshalb auf Unterlassung klagen, wenn der Nachbar sich anschickt, bei seinem Erweiterungsbau den vorgeschriebenen Grenzabstand nicht einzuhalten, da die entsprechenden Normen «Schutzgesetze» im Sinne des § 823 Abs. 2 sind.

Im «juristischen Rotwelsch»[4] spricht man insoweit von **«quasinegatorischen Ansprüchen»**, «quasi» deshalb, weil der ursprüngliche Anwendungsbereich der actio negatoria verlassen ist. Praktische Konsequenzen im Sinne einer unterschiedlichen Behandlung ergeben sich daraus jedoch nicht.[5]

Ansprüche auf Beseitigung von Beeinträchtigungen haben Bedeutung insbesondere im Verhältnis zwischen Nachbarn sowie bei Eingriffen in Persönlichkeitsrechte. Beide Bereiche sollen im folgenden schwerpunktmäßig berücksichtigt werden.

1.1.2 Verhältnis zu Schadensersatzansprüchen

1402 § 1004 setzt kein Verschulden und keinen Gefährdungstatbestand voraus. Dennoch gibt er dem betroffenen Rechtsinhaber Befugnisse, die sich teilweise **mit Schadensersatzansprüchen überschneiden**.

Der Nachbar wirft seinen Abfall in meinen Garten. Da an seinem Verschulden kein Zweifel besteht, kann ich von ihm nach § 249 Satz 1 verlangen, daß er den früheren Zustand wieder herstellt, seinen Abfall also zurücknimmt. Dasselbe kann ich auf der Grundlage von § 1004 fordern: Fremder Unrat auf dem eigenen Grundstück ist eine Beeinträchtigung, die der «Störer» aus der Welt zu schaffen hat.

Theoretisch könnte man daran denken, alle Einbußen an bestehenden Rechten über einen Beseitigungsanspruch auszugleichen; für den Schadensersatz bliebe dann nur noch die Bezahlung des entgangenen Gewinns.

---

2 §§ 1027 (Grunddienstbarkeit), 1065 (Nießbrauch), 1134 (Hypothek), 1227 (Pfandrecht), 11 Abs. 1 Satz 1 ErbbauRVO (Erbbaurecht), 34 Abs. 2 WEG (Dauerwohnrecht), 862 Abs. 1 (Besitz)

3 Siehe etwa RGZ 60, 6; Deutsch Rn. 501; Larenz-Canaris § 86 I 1a

4 Kötz Rn 647

5 Zu der zum Teil auch uneinheitlichen Terminologie und zum Anwendungsbereich des § 1004 siehe die zusammenfassenden Hinweise bei Palandt-Thomas § 1004 Rn 2

A ist durch Verschulden des B bei einem Verkehrsunfall verletzt worden; außerdem trug auch sein Auto erhebliche Beulen davon. Diese faktische «Minderung» von Rechten müßte B nach § 1004 beseitigen, was konkret bedeutet, daß er für die medizinische Versorgung aufzukommen und die Ausbesserung des Fahrzeugs sicherzustellen hätte.

Da auf diese Weise sowohl das Verschuldensprinzip als auch das Enumerationsprinzip bei der Gefährdungshaftung in einem wichtigen Teilbereich aus den Angeln gehoben wären, hat die Rechtsprechung **§ 1004** im Tatbestand wie in den Rechtsfolgen **eng ausgelegt**. Zu seinen **Voraussetzungen** soll gehören, daß die Beeinträchtigung in der Gegenwart noch andauert und die volle Rechtsausübung hindert.[6] Beschränkt ist auch die **Rechtsfolge**: Es kann nur verlangt werden, daß die Beeinträchtigung aus der Welt geschafft, ein etwa schon eingetretener Schaden kann nur nach allgemeinen Haftungsregeln ersetzt verlangt werden.[7] 1403

1.1.3 Legitimation

Die Legitimation für diesen so zurechtgestutzten Anspruch liegt im **Schutz vorhandener subjektiver Rechte**: Es wäre widersprüchlich, würde die Rechtsordnung dem Inhaber nur wegen des fehlenden Verschuldens eines Eingreifenden keinerlei Mittel in die Hand geben, um die ihm zugewiesene Position effektiv wahrnehmen zu können. 1404

1.2 Der Anspruch auf Herausgabe des Erlangten nach § 812 Abs. 1 Satz 1 zweite Alt.

Der Eingriff in ein fremdes Recht muß nicht nur «störend» oder «zerstörend» wirken. Er kann dem Eingreifenden auch zum wirtschaftlichen Vorteil gereichen; das dem Rechtsinhaber Zugedachte oder jedenfalls Zustehende kommt so ihm zugute. Eine solche Vermögensverschiebung soll auch dann nicht bestehen bleiben, wenn der Eingriff unverschuldet erfolgte. Vielmehr liegt eine ungerechtfertigte Be- 1405

6 BGHZ 97, 231; Baur-Stürner § 12 II 1b; MüKo-Medicus § 1004 Rn 22; Palandt-Bassenge § 1004 Rn 22; krit. Wilhelm Rn. 670 ff.

7 Larenz-Canaris § 86 V 3b

reicherung nach § 812 Abs. 1 Satz 1 zweite Alt. vor, die den Eingreifenden zur Herausgabe des Erlangten verpflichtet. Dies ist schon an anderer Stelle skizziert worden.[8]

1.3 Überblick

1406 Sowohl die Ansprüche nach § 1004 wie auch die «Eingriffskondiktion» werfen eine Menge von Einzelfragen auf. Dies mag ein wenig damit zusammenhängen, daß die Verfasser des BGB hier sehr unsystematisch vorgegangen sind: Die Grundsätze über den Schutz subjektiver Rechte sind (leider) nicht «vor die Klammer gezogen» und statt dessen in unterschiedlichsten Zusammenhängen geregelt worden. Dadurch fehlt die nötige systematische Geschlossenheit, was beispielsweise die Gefahr mit sich bringt, daß ein schuldlos Eingreifender durch einen Bereicherungsanspruch stärker belastet werden kann als ein fahrlässig oder vorsätzlich Handelnder, der einem Schadensersatzanspruch ausgesetzt ist.

Beispiel: Wer versehentlich eine fremde Sache nutzt, muß hierfür ein Entgelt bezahlen. Wer schuldhaft einen Arbeitslosen oder einen Rentner in seiner Gesundheit schädigt, muß lediglich die Heilungskosten erstatten, jedoch mangels entgangenen Gewinns keinen «Erwerbsverlust» ersetzen.

Im folgenden soll zunächst der Beseitigungsanspruch nach § 1004 Abs. 1 Satz 1 (unten 2) dann der Unterlassungsanspruch nach § 1004 Abs. 1 Satz 2 behandelt weden (unten 3). Es folgen einige Ausführungen zu Voraussetzungen und Inhalt der Eingriffskondiktion (unten 4).

---

8 Bd. 1 Kap. 6 unter 2.6.2.6 (Rn 413)

2 Der Beseitigungsanspruch

2.1 Das Vorliegen einer «Beeinträchtigung»

Um einen Anspruch nach § 1004 Abs. 1 Satz 1 auszulösen, muß das Eigentum (oder eine andere geschützte Rechtsposition) «eingeschränkt» worden sein, d. h. dem Träger nicht mehr in vollem Umfang und im bisherigen Zustand zur Verfügung stehen. Aufgrund von Sprengungen werden beispielsweise Steinbrocken auf das Grundstück geschleudert,[9] oder es parken nachts vor dem auch zu Wohnzwecken genutzten Grundstück große Lkw, die stundenlang ihren Motor weiterlaufen lassen.[10] Wie die **Eigentumssphären von Grundstücksnachbarn** voneinander abzugrenzen sind, ist in den §§ 905 bis 924 eingehend geregelt. Werden die dort gezogenen Grenzen überschritten, liegt gleichfalls eine Eigentumsbeeinträchtigung vor. 1407

Beispiel: Der vom Nachbargrundstück ausgehende Lärm übersteigt das ortsübliche Maß erheblich (§ 906).

Auf dem Nachbargrundstück wird eine Baugrube ausgehoben, die so weit an die Grenze heranreicht, daß die Standfestigkeit des eigenen Gebäudes gefährdet ist (§ 909).

Zweimal mußte sich der BGH mit dem Fall befassen, daß **Wurzeln in Abwasserrohre eingedrungen** und den Abfluß blockiert hatten: Beide Male wurde ein Beseitigungsanspruch bejaht; das in § 910 vorgesehene Recht des Eigentümers, in sein Grundstück hineinragende Wurzeln oder Zweige im Wege der Selbsthilfe abzuschneiden, schließe einen daneben bestehenden Anspruch nach § 1004 nicht aus.[11] 1408

Daß es immer um fortdauernde Beeinträchtigungen gehen muß, wird an einem anderen vom BGH entschiedenen Fall deutlich: Ein Elektrizitätswerk hatte sich die Aufstellung eines Masten lediglich vom Rechtsvorgänger des Eigentümers gestatten lassen, der Erwerber war daran nicht gebunden und konnte Abbau des Mastes verlangen.[12]

9 BGHZ 28, 225, 227
10 So der Fall BGH NJW 1982, 440
11 BGH NJW 1986, 2640, 2641; BGH NJW 1989, 1032
12 BGH JZ 1976, 369ff. m. Anm. Picker

Wann Persönlichkeitsrechte beeinträchtigt sind und unter welchen Voraussetzungen solche Eingriffe im Hinblick auf kollidierende Rechte des Eingreifenden zu tolerieren sind, ist bereits eingehend dargestellt worden.[13]

2.2 Wer ist «Störer»?

1409 Rechtsprechung und Literatur unterscheiden in Anlehnung an das Polizeirecht zwischen Handlungsstörern und Zustandsstörern.[14]

2.2.1 Handlungsstörer

«Störer», der zur Beseitigung der Beeinträchtigung verpflichtet ist, ist zunächst derjenige, der diese selbst herbeigeführt hat. Der Nachbar, der entgegen § 909 Erde abgraben läßt oder der des Nachts einen Höllenspektakel aufführt, fällt in diese Kategorie. Geht die **Handlung von mehreren** aus, ist § 830 entsprechend anzuwenden.[15] Miterfaßt ist auch derjenige, der als Vermieter die Störung ausdrücklich oder sinngemäß gestattet hat oder jedenfalls nicht gegen sie eingeschritten ist, obwohl ihm dies zumutbar gewesen wäre.[16] Weiter muß man für **Hilfspersonen** einstehen; diese sind selbst aber nicht als Störer anzusehen und deshalb auch nicht zur Beseitigung verpflichtet.

Ein Lkw-Fahrer lädt Schrott auf dem Grundstück des A ab, der in Wirklichkeit für das Grundstück des B bestimmt war. Zur Beseitigung der Störung, d. h. zum Abtransport ist der Arbeitgeber verpflichtet; als weisungsabhängigem Besitzdiener im Sinne des § 855[17] fehlt dem Arbeitnehmer schon die nötige Autonomie, um einem solchen Verlangen Rechnung tragen zu können.[18]

---

13 Oben Kap. 8 unter 2.1.8 (Rn 972ff. – Eingriffe) und 2.3.2 (Rn 1020ff. – Gegenrechte)

14 BGH NJW 1989, 2541, 2542; Baur-Stürner § 12 III; Larenz-Canaris § 86 III 1

15 Larenz-Canaris § 86 III 2b. Zu dieser Bestimmung s. o. Kap. 14 unter 2 (Rn 1381 ff.)

16 Palandt-Bassenge § 1004 Rn 20

17 Dazu Bd. 1 Kap. 14 unter 4.2.1.3 (Rn 1174 f.)

18 Ebenso im Ergebnis Larenz-Canaris § 86 III 1d, der auf die entsprechende Handhabung des Herausgabeanspruchs nach § 985 verweist

2.2.2 Zustandsstörer

Entgegen dem Wortsinn ist nicht jeder Eigentümer Störer, von dessen Grundstück Beeinträchtigungen eines andern Grundstücks ausgehen. Beruhen diese auf **Naturereignissen** 1410

während eines Gewitters lösen sich Felsbrocken und rollen in das darunterliegende Grundstück

so hat sich ein Stück allgemeines Lebensrisiko verwirklicht; § 1004 kann nicht Platz greifen.[19] Anders verhält es sich dann, wenn der Zustand des «störenden» Grundstücks auf menschliche Einwirkung zurückgeht. Einzustehen ist deshalb für Maßnahmen, die der Rechtsvorgänger getroffen hat und die sich nunmehr als Beeinträchtigung (z. B.) des Nachbargrundstücks auswirken.[20]

Damit erklärt sich, daß in den oben genannten[21] Fällen des Hinüberwachsens von Wurzeln § 1004 eingreift: Irgendwann waren die Bäume ja gepflanzt worden.

Die einmal erworbene Eigenschaft als Störer läßt sich nicht dadurch wieder loswerden, daß man das **Eigentum am Grundstück** (oder einer beweglichen Sache) **aufgibt**;[22] die Rechtsprechung hat einem solchen «Sich-davon-Stehlen» dadurch einen Riegel vorgeschoben, daß sie die Verpflichtung nach § 1004 bestehen läßt.[23] 1411

2.3 Duldungspflichten

Der Eigentümer (bzw. der Inhaber einer anderen Rechtsposition) kann kraft Gesetzes verpflichtet sein, die Beeinträchtigung zu dulden. 1412

Im Rahmen des **Notwegrechts** nach § 917 Abs. 1 darf man ein anderes Grundstück benutzen, wenn sonst keine andere Verbindung zu einem öffentlichen Weg herstellbar ist.

Auch Bestimmungen des öffentlichen Rechts können entsprechende Pflichten schaffen. An den Vorschriften des Naturschutzrechts schei-

---

19 BGH NJW 1985, 1773, 1774. Siehe auch BGH NJW 1993, 1855 – Orkan «Wiebke»

20 BGH NJW 1989, 2541, 2542. Ebenso bei Nutzung eines Grundstücks als Steinbruch BGH JuS 1996, 848

21 Siehe Fn. 11

22 Zur Aufgabe des Eigentums an Grundstücken s. § 928; die entsprechende Regelung für bewegliche Sachen findet sich in § 959

23 BGHZ 41, 393, 397

terte daher ein Grundeigentümer, dessen Nachtruhe durch das Quaken der Frösche auf dem Nachbargrundstück erheblich beeinträchtigt war.[24] Schließlich kommen vertragliche Duldungspflichten vor – bisweilen werden sie durch verfassungsrechtliche Wertungen ergänzt, so wenn es darum geht, daß ein ausländischer Mieter eine Parabolantenne anbringen darf, weil er nur auf diese Weise Programme in seiner Muttersprache empfangen kann.[25]

2.4 Was bedeutet «Beseitigung»?

1413 Der Störer ist verpflichtet, die **primäre Störungsquelle** zu beseitigen, also die auf das Nachbargrundstück bei der Sprengung geschleuderten Steine von dort wieder zu entfernen oder das vom Einsturz bedrohte Nachbarhaus entsprechend abzustützen. Sind bereits Schäden entstanden,

die Steinbrocken haben einen Menschen verletzt

so sind diese im Rahmen der allgemeinen Haftungsregeln zu ersetzen; § 1004 greift insoweit nicht ein.

1414 Wurde durch unrichtige Tatsachenbehauptungen in das **allgemeine Persönlichkeitsrecht** eingegriffen, kann der Betroffene einen **Widerruf**, ggf. aber auch eine Richtigstellung oder Ergänzung der abgegebenen Erklärung verlangen. Läßt sich die Unwahrheit der Tatsachenbehauptung nicht aufklären, ist ein sog. **eingeschränkter Widerruf** möglich. Dieser besteht darin, daß der Verpflichtete erklärt, seine Behauptung «nicht mehr aufrechterhalten» zu wollen. Allerdings verlangt der BGH, daß nach dem Ergebnis der Beweisaufnahme keine ernsthaften Anhaltspunkte für die Richtigkeit der Behauptung verblieben sind; bloße Zweifel an der Richtigkeit der gemachten Aussage sollen nicht genügen.[26] War eine Behauptung zunächst durch die Wahrnehmung berechtigter Interessen entsprechend § 193 StGB gedeckt, stellte sich nachträglich aber ihre Unwahrheit heraus, so ist der Erklärende zum Widerruf verpflichtet.[27]

---

24 BGHZ 120, 241 – Froschteichfall. Berechtigte Kritik an der Auslegung der naturschutzrechtlichen Bestimmungen bei Larenz-Canaris § 86 IV 2a

25 BVerfG JZ 1995, 152. Dazu Kap. 2 unter 3.1.1 (Rn 62)

26 BGHZ 69, 171; kritisch Kötz Rn 654

27 BGH JZ 1960, 701

In allen Fällen hat der Störer die Kosten der Beseitigung zu tragen.[28] 1415

2.5 Grenzen des Anspruchs

Anders als viele Tatbestände der Gefährdungshaftung kennt § 1004 keinen Vorbehalt zugunsten «höherer Gewalt». Dieser läßt sich auch nicht im Wege der Analogie schaffen, zumal nicht alle Fälle der Gefährdungshaftung in dieser Weise beschränkt sind. 1416

Entsprechend anwendbar ist jedoch § 251 Abs. 2 Satz 1; wären die Kosten der Beseitigung unverhältnismäßig hoch, muß der Störer lediglich eine angemessene Geldentschädigung bezahlen.[29] 1417

Beispiel: Infolge grober Fahrlässigkeit wurde 30 cm tief in das Nachbargrundstück hineingebaut. Wegen der mangelnden Sorgfalt sind die Voraussetzungen des § 912 (Überbau) nicht gegeben. Die normale Sanktion wäre der Abbruch des ins Nachbargrundstück hineinreichenden Teiles. Dies kann enorme Kosten machen, weshalb ggf. dann doch eine Pflicht zur Duldung gegen entsprechende Entschädigung anzunehmen ist.[30]

Mit Recht haben Larenz-Canaris darüber hinaus für Härtefälle eine Zumutbarkeitsgrenze gefordert und an den Fall erinnert, daß ein Privatmann nichtsahnend ein Grundstück kauft, das durch umweltgefährdenden Giftmüll verseucht ist: Läßt sich der Verkäufer nicht mehr dingfest machen, kann die Beseitigung der Gefahr wirtschaftlich absolut ruinös sein.[31] Für eine solche Grenze spricht in der Tat, daß die mit § 1004 verbundenen Risiken anders als die einer Gefährdungshaftung nur ausnahmsweise zu versichern sind. Im Ernstfall ist die Entsorgung von der öffentlichen Hand vorzunehmen. 1418

28 Palandt-Bassenge § 1004 Rn. 24
29 Siehe Larenz-Canaris § 86 VI 2a
30 BGHZ 62, 388
31 Larenz-Canaris § 86 VI 2b

3 Unterlassungsanspruch

3.1 Drohende Beeinträchtigung

1419 Drohen «weitere» Beeinträchtigungen des Eigentums oder anderer geschützter Rechtsgüter, so muß der Betroffene dies nicht erst hinnehmen, um dann auf Beseitigung zu klagen: § 1004 Abs. 1 Satz 2 gibt ihm vielmehr einen Unterlassungsanspruch. Der Gesetzgeber verfährt insoweit nach dem Grundsatz «Vorbeugen ist besser als heilen». Mit Rücksicht auf diesen Grundgedanken wird § 1004 Abs. 1 Satz 2 nach allgemeiner Auffassung auch dann angewandt, wenn überhaupt noch kein **Eingriff** erfolgt ist, sondern ein solcher **erst droht**.[32] Wie konkret die Gefahr sein muß, hängt von den Umständen, insbesondere davon ab, wie schwerwiegend die Beeinträchtigung sein würde. Ist offen, ob beispielsweise jemand eine ehrverletzende Aussage machen oder wiederholen wird, kann man ihn auffordern zu erklären, er werde nichts Entsprechendes von sich geben und unterwerfe sich notfalls einer Vertragsstrafe für jeden Fall der Zuwiderhandlung. Verweigert er dies, spricht alles für eine (Wiederholungs-)Gefahr.

Von diesem Punkt abgesehen, hängt der Unterlassungsanspruch von denselben Voraussetzungen wie der Beseitigungsanspruch ab.

3.2 Inhalt des Unterlassungsanspruchs

1420 Geht es um eine das Recht eines anderen beeinträchtigende Handlung, ist der Anspruchsinhalt unproblematisch: die fragliche Handlung ist zu unterlassen. Diese muß konkret bezeichnet werden; allgemeine Anträge («Der Beklagte wird verurteilt, öffentlich keine Aussagen zu tun, die das Ansehen des Klägers beeinträchtigen könnten») haben keinen vollstreckungsfähigen Inhalt und sind deshalb unzulässig.[33] Geht es um Gefahren, die aus einem bestimmten Zustand z. B. des Nachbargrundstücks drohen, ist dem Betroffenen allerdings mit einer reinen Unterlassung wenig gedient.

---

32 So schon RGZ 101, 135; BGHZ 2, 294; aus der Literatur siehe Baur-Stürner § 12 IV 2a; Deutsch Rn 501; Kötz Rn. 648; Larenz-Canaris § 87 II 1; Palandt-Bassenge § 1004 Rn 29

33 Deutsch Rn. 502; Kötz Rn 648

Beispiel:[34] Es besteht die Gefahr, daß herbizidhaltiges Wasser vom Grundstück des einen auf das Grundstück des anderen Nachbarn fließt, sofern keine Schutzmaßnahmen ergriffen werden. Bloße Untätigkeit des Nachbarn wäre hier sinnlos.

In solchen Fällen verwandelt sich der Unterlassungs- in einen **Verhinderungsanspruch**: Der Störer kann gezwungen werden, die notwendigen Maßnahmen zu ergreifen, um den Eintritt der Beeinträchtigung zu verhindern.[35] 1421

Geht es um ehrverletzende Werturteile, so kann zwar nach allgemeiner Auffassung kein Widerruf verlangt werden; möglich ist jedoch, dem anderen die weitere Verbreitung entsprechender Aussagen untersagen zu lassen.[36] Ist eine persönlichkeitsverletzende Äußerung bereits erfolgt, kann das Gericht dem Betroffenen die Befugnis zusprechen, das Unterlassungsurteil auf Kosten des Eingreifenden zu veröffentlichen, wenn nur so eine volle «Rehabilitierung» erfolgen kann.[37] 1422

4 Eingriffskondiktion

Nach § 812 Abs. 1 Satz 1 kann die Herausgabe des ohne Grund Erlangten nicht nur dann verlangt werden, wenn eine Leistung erfolgt ist.[38] Zweite nicht weniger wichtige Möglichkeit ist die Bereicherung «in sonstiger Weise», deren Hauptfall die «Eingriffskondiktion» ist.[39] 1423

Die Terminologie ist etwas unglücklich. Erfaßt sind nämlich auch Fälle, in denen gar kein bewußter Eingriff vorliegt. Schulbeispiel ist die Schafherde, die die Wiesen eines anderen Eigentümers abweidet. Auch in solchen Fällen ist eine Rückgängigmachung der Vermögensverschiebung geboten.

In den praktisch allein bedeutsamen Fällen liegt ein «Eingriff» vor, der allerdings nicht notwendigerweise von demjenigen ausgehen muß, der etwas «erlangt» hat.

---

34 Nach BGHZ 90, 255

35 Larenz-Canaris § 87 II 2b; man könnte auch von einem «vorbeugenden Beseitigungsanspruch» sprechen

36 Larenz-Canaris § 88 I 1b

37 BGHZ 99, 133

38 Zur Leistungskondiktion eingehend bereits Bd. 1 Kap. 18 unter 2.2 (Rn 1615 ff.)

39 Zur Differenzierung zwischen Eingriffs- und Leistungskondiktion s. Bd. 1 Kap. 18 unter 2.1 (Rn 1612 ff.)

Beispiel: Der Bauunternehmer verwendet irrtümlich gestohlenes Baumaterial. Bereichert ist dadurch der Bauherr, der durch Einfügung in das Gebäude nach § 946 Eigentum erwirbt.[40]

1424 Neben der Eingriffskondiktion gibt es als «**Bereicherung in sonstiger Weise**» noch die sog. **Verwendungskondiktion**, die dann vorliegt, wenn jemand in der irrtümlichen Annahme, für seine eigenen Sachen zu sorgen, das Vermögen eines anderen mehrt.[41]

Beispiel: In der Ferienhaussiedlung sehen alle Häuser gleich aus. A hat einen Schlüssel nicht nur für sein eigenes Haus, sondern auch für das seines Nachbarn N. Als zerstreuter Professor verwechselt er die beiden Häuser und renoviert das des N. Eine «Leistungskondiktion» liegt nicht vor, weil es ihm nicht um die bewußte zweckgerichtete Mehrung fremden Vermögens ging. Auch von einem Eingriff zu sprechen, wäre absurd. Was bleibt ist lediglich eine Bereicherung in sonstiger Weise, wobei zu berücksichtigen ist, daß N ja möglicherweise gar nicht an der Renovierung seines Hauses interessiert war.[42]

Eine Eingriffskondiktion setzt nach dem Wortlaut des § 812 Abs. 1 Satz 1 drei Dinge voraus: Es muß «auf Kosten» eines anderen (1) und ohne rechtlichen Grund (2) etwas erlangt sein (3). Jeder dieser Punkte wirft eine Reihe von Einzelfragen auf.

4.1 Erwerb «auf Kosten»

1425 Grundvoraussetzung für eine Eingriffskondiktion ist, daß der Bereicherte etwas erlangt hat, was nach der bestehenden Ordnung der Güterverteilung an sich einem anderen zustehen würde. Während das Erfordernis «auf Kosten eines anderen» bei der rechtsgrundlosen Leistung immer erfüllt ist (es «fließt» ja was aus dem Vermögen des einen in das des andern), ist hier danach zu fragen, ob und in welchem Umfang bestimmte wirtschaftliche Werte einem anderen «zugewiesen» sind.

Ein sparsamer schwäbischer Fußballfan fährt auf den Fernsehturm in Stuttgart und beobachtet von dort mit dem Fernglas das Spiel seiner Fußballmannschaft im nahegelegenen Stadion. Hat er etwas auf Kosten des veranstaltenden Vereins oder des Stadioneigentümers erlangt?

---

40 Näher dazu unten 4.2 (Rn 1430 ff.)

41 Zur Verwendungskondiktion s. die instruktive Zusammenfassung bei Wieling, Bereicherungsrecht, § 4 II

42 Zur Behandlung der sog. aufgedrängten Bereicherung s. Larenz-Canaris § 72 IV

Einig ist man sich darüber, daß das Sacheigentum ebenso wie beschränkte dingliche Rechte in diesem Sinne einen **«Zuweisungsgehalt»** besitzen. 1426

Drei Freunde nehmen eine leerstehende Wohnung in Besitz.

Auch **Immaterialgüterrechte** wie Patent- und Urheberrechte sowie auch das Warenzeichenrecht[43] sind erfaßt.[44] Beim Recht zum Besitz wird genauso verfahren, da hier dem Inhaber bestimmte Nutzungsmöglichkeiten zugewiesen sind; anders verhält es sich mit dem unberechtigten Besitz z. B. eines Diebes. 1427

A benutzt ohne Wissen seines Freundes F dessen gemietetes Fahrzeug. Er muß dem F dafür einen (noch zu erörternden) Ausgleich bezahlen. Anders, wenn F verschiedene gestohlene Fahrzeuge in seinem Hof stehen hatte und A sich eines davon nahm: In einem solchen Fall war dem F keine «Nutzung zugewiesen», der Erwerb des A erfolgte vielmehr unmittelbar auf Kosten des Eigentümers.

Das **Recht am** eingerichteten und ausgeübten **Gewerbebetrieb** weist nach zutreffender Rechtsprechung des BGH keinen bestimmten Tätigkeitsbereich zu, sondern schützt nur gegen einzelne Eingriffe.[45] Beim **allgemeinen Persönlichkeitsrecht** verhält es sich anders: Dieses ordnet sehr wohl bestimmte verwertbare Attribute und Informationen einer Person zu. Konsequenterweise wird das **Recht am eigenen Bild** im Rahmen des § 812 Abs. 1 Satz 1 geschützt,[46] ebenso das Recht am Namen.[47] Auch ein Sensationsartikel, der in unlauterer Weise erlangte Informationen aus dem Privatleben eines Stars verwertet, um die Auflagenhöhe zu steigern, stellt sehr wohl einen Erwerb «auf Kosten» eines anderen, d. h. des allgemeinen Persönlichkeitsrechts des Stars dar[48]. 1428

Bei **Forderungen** ist genau wie im Deliktsrecht zu entscheiden; soweit in die «Rechtszuständigkeit» eingegriffen wird, liegt – wie § 816 Abs. 2 beweist – eine Aneignung von Werten vor, die eigentlich jemand anderem zustehen.[49] Bei vertraglich eingeräumten Positionen 1429

43 BGHZ 99, 244, 246f. s. nunmehr das Markengesetz vom 25. 10. 1994 (Schönfelder Nr. 72)

44 Larenz-Canaris § 69 I 2b

45 BGHZ 71, 86, 98. Zum Recht am Gewerbebetrieb s. oben. Kap. 8 unter 2.1.7 (Rn 962 ff.)

46 BGHZ 20, 346 – Dahlke; BGH NJW 1992, 2084 – Fuchsberger

47 BGHZ 81, 75, 78 f. – Carrera

48 Larenz-Canaris § 69 I 2c

49 Dazu schon oben Kap. 8 unter 2.1.6 (Rn 961)

kommt es darauf an, ob lediglich ein Verbietungsrecht bestehen soll oder ob dem einzelnen auch eine bestimmte Nutzungsmöglichkeit zugewiesen ist. Letzteres ist beispielsweise der Fall, wenn Handelsvertreter bestimmte «Bezirke» zu betreuen haben und der eine im Tätigkeitsbereich des anderen «wildert».[50]

Der schwäbische Fan auf dem Fernsehturm hat Glück gehabt: Es gibt kein absolutes Recht auf «Nicht-beobachtet-werden» bei öffentlich veranstalteten Spielen.

4.2 Erwerb «ohne rechtlichen Grund»

1430 Der Eingriff in fremde Rechte führt nur dann zu einem Bereicherungsanspruch, wenn kein rechtlicher Grund für die Vermögensverschiebung besteht. Dieser kann insbesondere in einem Vertrag, aber auch in der Einwilligung liegen, daß der andere den Gegenstand nutzt oder behalten darf.

A vereinbart mit F, daß dieser gefälligkeitshalber das Ferienhaus des A in Spanien 3 Wochen lang bewohnen darf. Wenn man keine Leistung annimmt (bei der ein nachträglicher Wertersatz an § 814 scheitern würde), käme zwar eine Bereicherung in sonstiger Weise in Betracht, doch läge in der Gefälligkeit jedenfalls eine stillschweigende Abrede über das «Behaltendürfen».[51]

1431 Tritt eine Rechtsänderung kraft Gesetzes ein, so ist zu differenzieren[52]

Zur Klarstellung: Der «Eingriff» kann natürlich nicht nur, wie in den bisherigen Beispielen, darin bestehen, daß man ein fremdes Recht nutzt, sondern kann auch in dessen Aneignung liegen.

Was die Vorschriften über den gutgläubigen Erwerb nach §§ 892, 893 und 932 bis 934[53] sowie die Ersitzung nach § 937[54] betrifft, so hat der Gesetzgeber hier selbst die Änderung der Rechtszuständigkeit angeordnet; sie kann daher nicht im Wege der Eingriffskondiktion wieder rückgängig gemacht werden. Der wirksam Verfügende muß jedoch nach § 816 Abs. 1 S. 1 das von ihm Erlangte an den früheren Berechtig-

---

50 Dazu Wieling, Bereicherungsrecht, S. 45. Zu dem Problem, ob Verstöße gegen das UWG eine Eingriffskondiktion auslösen können, s. Larenz-Canaris § 69 I 2f mit sinnvoller Differenzierung

51 Zu Gefälligkeitsverhältnissen s. Bd. 1 Kap. 8 unter 4 (Rn 547 ff.)

52 Überblick bei Wieling, Bereicherungsrecht, S. 46 f.

53 Dazu Bd. 1 Kap. 14 Rn 1274 ff. (Grundstücke), Rn 1238 ff. (bewegliche Sachen)

54 Dazu Bd. 1 Kap. 14 unter 4.6.1.4 (Rn 1265)

ten herausgeben. § 816 regelt insoweit einen Spezialfall der Eingriffskondiktion.

M veräußert das von ihm gemietete Auto unter Vorlage eines raffiniert gefälschten Kraftfahrzeugbriefs an den gutgläubigen G. Gs Erwerb nach § 932 ist auf Kosten des wahren Eigentümers erfolgt, doch wären die Regeln über den gutgläubigen Erwerb praktisch gegenstandslos, könnte der Eigentümer nunmehr mit der Eingriffskondiktion gegen den gutgläubigen Erwerber vorgehen. Mittelbar wird dies auch an der Vorschrift des § 816 Abs. 1 Satz 1 deutlich, die eine wirksame Verfügung eines Nichtberechtigten mit einem Bereicherungsanspruch gegen diesen, nicht gegen den in Wahrheit bereicherten gutgläubigen Erwerber beantwortet.

Anders verhält es sich jedoch beim **Rechtserwerb durch Verbindung, Vermischung und Verarbeitung** nach den §§ 946–950. 1432

Im Detail kann ihr Inhalt hier nicht dargestellt werden. Der Sache nach geht es darum, daß bewegliche Sachen, die (etwa durch Einbau) wesentliche Bestandteile eines Grundstücks werden, automatisch dem Grundstückseigentümer zufallen (§ 946).[55] Bei Verbindung mehrerer Einzelsachen zu einem neuen Gegenstand entsteht nach § 947 Miteigentum entsprechend den Wertanteilen, es sei denn, eine Sache wäre als Hauptsache anzusehen. Entsprechendes gilt, wenn bewegliche Sachen, wie z. B. Geldscheine, untrennbar vermischt oder vermengt werden. Durch Verarbeitung wird nach § 950 Eigentum an der neu hergestellten Sache erworben, sofern nicht der Wert der Verarbeitung erheblich geringer ist als der Wert des Stoffes.[56]

§ 951 Abs. 1 sieht in diesen Fällen für denjenigen, der einen Rechtsverlust erleidet, eine Vergütung in Geld «nach den Vorschriften über die Herausgabe einer ungerechtfertigten Bereicherung» vor, was allgemein so verstanden wird, daß nicht nur die Abwicklung nach Bereicherungsrecht erfolgen soll (das wäre eine **«Rechtsfolgenverweisung»**) sondern daß im Einzelfall auch das Vorliegen der Voraussetzung der §§ 812 ff. geprüft werden muß («Rechtsgrundverweisung»).[57] Im Einzelfall ist also immer zu prüfen, ob ein «rechtlicher Grund» vorhanden ist. Die Frage wird insbesondere beim Einbau von Sachen praktisch relevant. 1433

Verwendet der **Bauunternehmer** entsprechend den vertraglichen Abmachungen sein eigenes **Baumaterial**, steht ihm selbstredend kein Bereicherungsanspruch zu. Dasselbe gilt dann, wenn er diese mit verlängertem Eigentumsvorbehalt von einem Baustofflieferanten bezo- 1434

55 Zum Begriff «wesentlicher Bestandteil» s. o. Kap. 6 unter 2.3.3 (Rn 384 ff.)
56 Eingehende Darstellung der §§ 946 ff. bei Baur-Stürner §§ 53 a, 53 b
57 Siehe nur BGHZ 55, 176 – Jungbullenfall sowie Baur-Stürner § 53 c I; Larenz-Canaris § 67 III 2b; Westermann-Gursky § 51 III 1

gen hatte, dieser also sinngemäß mit dem Einbau einverstanden war, sofern er die Werklohnforderung gegen den Bauherrn in entsprechender Höhe abgetreten erhält.[58] Die Dinge komplizieren sich in zwei Fällen:

1435 **Gehörte das eingebaute Material einem Dritten**, so finden die Vorschriften über den gutgläubigen Erwerb zugunsten des Bauherrn entsprechende Anwendung: Es kann keinen Unterschied machen, ob ihm die Gegenstände vor dem Einbau gewissermaßen erst in die Hand gedrückt oder ob sie direkt eingefügt werden.[59] Dies bedeutet gleichzeitig aber auch, daß bei abhanden gekommenen Sachen im Sinne des § 935 zwar das im Gesetz vorgesehene Eigentum entsteht, der bisherige Eigentümer jedoch einen Bereicherungsanspruch nach § 951 Abs. 1 in Verbindung mit § 812 Abs. 1 Satz 1 geltend machen kann.

Beispiel:[60] Eine Fleischfabrik verarbeitet gestohlene Jungbullen zu Fleischkonserven. Der bestohlene Eigentümer kann Wertersatz verlangen.

1436 Zum zweiten ergeben sich dann Probleme, wenn ein sog. **Dreiecksverhältnis** vorliegt und eines der fraglichen Rechtsverhältnisse unwirksam ist oder dieses gar für beide zutrifft.[61]

Der Baustofflieferant verkauft an den Bauunternehmer, der beim Bauherrn einbaut. Der eine oder der andere Vertrag ist unwirksam.

Da es sich um Leistungsbeziehungen handelt, kommt die Eingriffskondiktion allenfalls dann zum Zuge, wenn **beide Verträge unwirksam** sind.[62]

Würde man die Unwirksamkeit des Vertrages Baustofflieferant / Bauunternehmer als genügend ansehen, um eine Eingriffskondiktion des Lieferanten gegen den Bauherrn nach § 951 Abs. 1 zu rechtfertigen, so wäre dieser unangemessen benachteiligt, wenn er seinen Regreßanspruch gegen den Bauunternehmer deshalb nicht mehr geltend machen könnte, weil dieser z. B. inzwischen in Konkurs gefallen ist.

58 Zum verlängerten Eigentumsvorbehalt oben Kap. 1 unter 5.3.2 (Rn 139ff.)
59 Larenz-Canaris § 70 III 2b
60 Nach BGHZ 55, 176
61 Dazu eingehend Baur-Stürner § 53 c II 2
62 Näher Baur-Stürner § 53 c II 2b cc

4.3 Herausgabe des «Erlangten»

In praktisch allen Fällen der Eingriffskondiktion kommt von vornherein keine Rückgabe, sondern nur Wertersatz nach § 818 Abs. 2 in Betracht. Für die Fälle der §§ 946 ff. ordnet dies § 951 Abs. 1 ausdrücklich an; bei der Nutzung fremder Sachen oder fremder Persönlichkeitsbefugnisse kann nichts anderes gelten. 1437

Herauszugeben ist das **marktübliche Entgelt** für die in Anspruch genommene Leistung. Besteht für die betreffende Ware kein Markt, ist ein angemessenes Entgelt geschuldet.[63] 1438

Bei Eingriffen in höchstpersönliche Rechtsgüter können sich gleichwohl Probleme ergeben: Das Opfer einer Vergewaltigung würde sich mit Recht verhöhnt fühlen, würde man ihm als «marktübliches Entgelt» die Vergütung einer Prostituierten anbieten.[64] In solchen Fällen kann nur das Schmerzensgeld weiterhelfen (vgl. § 847 Abs. 2). Dies gilt bei allen in den Persönlichkeitsbereich fallenden Gütern, die nach Auffassung des Inhabers nicht «entgeltfähig» sind.

Über den Wertersatz hinaus ist **keine Gewinnherausgabe** geschuldet.[65] Würde man dies annehmen, wäre nicht nur die Vorschrift des § 687 Abs. 2 weithin überflüssig, die bei bewußter Behandlung eines fremden Geschäfts als eines eigenen diese Sanktion vorsieht[66]. Auch die spezifischen Formen der Schadensbestimmung bei Eingriffen in Immaterialgüterrechte[67] hätten keinen selbständigen Anwendungsbereich mehr. Doch davon ganz abgesehen: Der schuldlose Eingriff in fremde Rechte würde für den einzelnen insbesondere im Wirtschaftsleben sehr viel stärkere Risiken mit sich bringen als eine schuldhaft begangene unerlaubte Handlung. Dies kann nicht Sinn des Bereicherungsrechts sein, das lediglich Güterverschiebungen rückgängig machen will. 1439

63 Larenz-Canaris § 69 I 1a
64 Beispiel bei Larenz-Canaris § 69 I 1d
65 Larenz-Canaris § 72 III 3c mN zum Streitstand
66 Dazu oben Kap. 6 unter 3.4 (Rn 884)
67 Dazu oben Kap. 12 unter 4.1 (Rn 1340 ff.)

KAPITEL 16: Umwelthaftung

1 Die Problematik

1440 Das schwierigste Problem des gegenwärtigen Haftungsrechts liegt verbreiteter Einschätzung nach in der Bewältigung von Umweltbeeinträchtigungen.[1] Läßt sich überhaupt das zivilrechtliche Instrumentarium einsetzen, wenn es um Schäden an Wasser, Boden, Luft sowie der Tier- und Pflanzenwelt – eben um **Umweltschäden** – geht? Werden wenigstens diejenigen Nachteile ersetzt, die auf dem Weg über diese Umweltmedien an individuellen Rechtsgütern entstanden sind? In der Praxis stellen sich insbesondere drei Probleme.

1441 (1) Die **haftungsbegründende Kausalität** ist **schwer** bis gar nicht **feststellbar**. Zwar mag sich die Einleitung von Schadstoffen in Gewässer noch einigermaßen kontrollieren lassen, doch ist dies ein vergebliches Unterfangen, wenn es um die Luftverschmutzung geht: Wo viele tausend Industriebetriebe im In- und Ausland sowie Millionen Autofahrer und Haushalte ihren jeweiligen Anteil beisteuern, ist das «Herausgreifen» eines einzelnen eine zumindest fragwürdige Angelegenheit. Die rechtlichen Auseinandersetzungen um das «Waldsterben» haben sich deshalb verständlicherweise von Anfang an darauf konzentriert, ein stärkeres staatliches Engagement zu fordern;[2] die Haftung einzelner Schadstoffemittenten blieb dagegen weithin im Hintergrund.[3]

1442 (2) Verletzt ist in erster Linie ein **Rechtsgut**, das **nicht Gegenstand** eines **Individualrechts** im Sinne der §§ 823 ff. ist. Evident erscheint

1 Siehe etwa Brüggemeier Rn. 772
2 BGHZ 102, 350; OLG Köln NJW 1986, 589; OLG München JZ 1987, 88
3 Siehe die kurzen Bemerkungen bei Leisner, Waldsterben, Köln u. a. 1983, S. 6ff.

dies im Falle des fließenden Wassers und der Luft, die mangels Beherrschbarkeit nicht «eigentumsfähig» sind.[4] Jedoch sind auch in freier Natur lebende Tiere nur insoweit in das zivilrechtliche Haftungssystem integrierbar, als sie «jagdbar» sind und ihre Dezimierung daher das Jagdrecht der öffentlichen Hand oder einer Privatperson verletzt. Auf diese Weise wird es zumindest schwierig, von den Mitteln eines vorbeugenden Rechtsschutzes Gebrauch zu machen.[5]

(3) Auch soweit individualisierbare Rechtsgüter wie beispielsweise Grundstücke betroffen und geschädigt sind, stellt sich das Problem der Ersatzleistung. Ist eine Naturalrestitution[6] nicht möglich, steht man vor der Frage, die Möglichkeit im Fluß zu baden, die Existenz einer Tier- und Pflanzenart oder gar die Belastung mit UV-Strahlen in Mark und Pfennig ausdrücken zu müssen. **Ökologische Schäden** in diesem Sinne lassen sich nicht nach der «Differenzhypothese» durch schlichte Rechenoperation bestimmen. 1443

Der Text des BGB ist im Hinblick auf diese Fragen wenig ergiebig. Dies hängt damit zusammen, daß im Jahre 1896 Probleme der Umweltbelastung ungleich weniger als heute ins Gewicht fielen. Außerdem hätte eine über das Verschuldensprinzip hinausgehende Belastung die «Industrialisierungseuphorie» gestört, die sich nicht mit der Auferlegung von umfangreichen Haftungsrisiken verträgt.[7] In der Zwischenzeit hat man immer mehr erkannt, daß sich zwar Umweltprobleme nicht allein mit verschärfter **Haftung** lösen lassen, daß diese aber einen **Beitrag zu mehr Umweltschutz** leisten kann. Insbesondere soweit «planungsfähige Subjekte» wie Industrieunternehmen betroffen sind, kann man damit rechnen, daß Haftungsrisiken zu umweltschonenderem Verhalten führen. Dies bedeutet nicht, daß damit die Schadensprävention mit verwaltungsrechtlichen Mitteln an Bedeutung verlieren würde; beide dienen gleichermaßen derselben Aufgabe, die durch Art. 20a GG mittlerweile ja auch zum Staatsziel geworden ist. 1444

Nach dem Bundesimmissionsschutzgesetz (Sartorius Nr. 296) bedürfen bestimmte «gefährliche Anlagen» wie beispielsweise chemische Fabriken einer vorherigen staatlichen Genehmigung. Diese wird nur erteilt, wenn bestimmte Sicherheitsstandards gewahrt, insbesondere bei Schadstoffen Grenzwerte nicht überschritten sind.

---

4 Siehe Bd. 1 Kap. 7 unter 3.2.1 (Rn 483)
5 Zur Unterlassungsklage siehe oben Kap. 15 unter 3 (Rn 1419 ff.)
6 Zu diesem Begriff siehe oben Kap. 12 unter 1.1.1 (Rn 1258)
7 Brüggemeier Rn. 773. Zur gesellschaftspolitischen Einschätzung des Deliktsrechts des BGB siehe oben Kap. 7 unter 3.6 (Rn 911 f.)

Wird wegen eines Störfalls oder auch durch den Normalbetrieb gleichwohl die Umwelt oder ein Dritter geschädigt, kommen Ersatzansprüche in Betracht.[8]

1445 Der heutige Rechtszustand ist – wie im Umweltrecht generell – durch ein hohes Maß an **Uneinheitlichkeit** und **fehlender Systematik** charakterisiert; von einem nach einheitlichen Gesichtspunkten konzipierten «Umweltschutzgesetzbuch» sind wir weit entfernt.[9] Im einzelnen existieren folgende Normen:

– Nach § 22 Wasserhaushaltsgesetz (**WHG**) besteht seit 1957 eine Gefährdungshaftung in bezug auf alle Schäden, die durch Verschmutzung des Wassers entstehen (unten 2).

– § 906 läßt **Immissionen** von anderen Grundstücken zu, soweit sie nur unwesentliche Beeinträchtigungen des Grundeigentums schaffen oder ortsüblich sind. Führen sie im letzteren Falle zu einer wesentlichen Beeinträchtigung, besteht ein verschuldensunabhängiger Ausgleichsanspruch. Eine ähnliche Regelung findet sich § 14 Bundesimmissionsschutzgesetz (BImSchG). Näheres dazu unten 3.

– Das am 1. 1. 1991 in Kraft getretene Umwelthaftungsgesetz (**UmweltHG** – Schönfelder Nr. 28) sieht eine Gefährdungshaftung für Umwelteinwirkungen vor, die von bestimmten, abschließend aufgezählten Anlagen ausgehen (dazu unten 4).

– Rechtsprechung und Literatur haben sich weiter mit umweltbezogenen **Verkehrspflichten** befaßt, die eine Haftung nach § 823 Abs. 1 auslösen können. Auch dies soll nicht ausgeklammert bleiben (unten 5).

– Wie mit **ökologischen Schäden** zu verfahren ist, die sich nicht in der Wertminderung von Sachen oder in Gesundheitsschäden einzelner Personen niederschlagen, ist Gegenstand einer eingehenden wissenschaftlichen Diskussion. Dazu Näheres unter 6.

---

8 Zum öffentlich-rechtlichen Teil des Umweltrechts siehe Prümm, Umweltschutzrecht, Neuwied/Frankfurt/M. 1989. Zum Problem der «politischen Setzung» von Grenzwerten siehe Winter (Hrsg.), Grenzwerte, Düsseldorf 1986

9 Dazu und zur Interessenbindung umweltrechtlicher Normen siehe Däubler, Umweltrecht, Technologiepolitik und Wirtschaftsordnung in: Schwammborn-Tannen (Hrsg.), Auf dem Weg in die Welt, in der wir leben möchten, Köln 1989, S. 112 ff.

2 Die Gefährdungshaftung nach § 22 WHG

§ 22 WHG enthält **zwei** voneinander unabhängige **Tatbestände** der Gefährdungshaftung.[10] 1446

Nach Abs. 1 ist zum Schadensersatz verpflichtet, «wer in ein Gewässer Stoffe einbringt oder einleitet oder wer auf ein Gewässer derart einwirkt, daß die physikalische, chemische oder biologische Beschaffenheit des Wassers verändert wird». Die Haftung wird hier an ein bestimmtes **Handeln** («einbringen», «einleiten», «einwirken») geknüpft. Daß dieses Handeln in besonderem Maß gefährlich sein müßte, ist nicht erforderlich; insoweit besteht ein wesentlicher Unterschied zu fast allen anderen Formen der Gefährdungshaftung.[11]

Zum zweiten läßt § 22 Abs. 2 WHG den **«Inhaber einer Anlage»** 1447
haften, wenn aus der «Anlage, die bestimmt ist, Stoffe herzustellen, zu verarbeiten, zu lagern, abzulagern, zu befördern oder wegzuleiten, derartige Stoffe in ein Gewässer gelangen», wobei nicht erforderlich ist, daß diese «eingebracht» oder «eingeleitet» werden. Auch das Auslaufen eines in der Erde vergrabenen Öltanks, der durchgerostet ist, ist erfaßt. Diese sog. **Anlagenhaftung** paßt sich in das Übliche ein, weil es letztlich auf die Gefährlichkeit des Gegenstands ankommt.

§ 22 Abs. 3 WHG schließt für beide Fälle eine Haftung aus, wenn 1448
sich der «Einleitende» usw. auf eine **wasserrechtliche Befugnis** berufen kann und er sich in deren Rahmen bewegt. In solchen Fällen haben die Betroffenen dann lediglich einen «Entschädigungsanspruch», wie ihn beispielsweise auch § 906 Abs. 2 Satz 2 für den Fall schädlicher Immissionen aus genehmigten Anlagen vorsieht.[12]

10 BGH NJW 1986, 2312, 2314
11 Dazu oben Kap. 10 (Rn 1145 ff.)
12 Dazu unten 3.3.2.2 (Rn 1476)

2.1 Die Haftung des Handelnden nach § 22 Abs. 1 WHG

2.1.1 Voraussetzungen im einzelnen

1449 Die Haftung setzt zum einen voraus, daß sich die natürliche Beschaffenheit des Wassers verändert hat. Im Streitfall ist dies durch Sachverständigengutachten festzustellen.

1450 Sehr viel problematischer ist das **Merkmal des «Einbringens»** usw. Die Rechtsprechung hat sich bemüht, Minimalbeiträge von Privatpersonen auszuklammern (die Handlung muß objektiv geeignet sein, die «Gewässerverunreinigung» herbeizuführen).[13]

Beispiel:[14] Die Lagerung von Kunststoffteilen, die als solche das Wasser nicht verschmutzen können, ist nicht von § 22 Abs. 1 WHG erfaßt. Dies gilt auch dann, wenn sie verbrennen und dabei vergiftetes Löschwasser entsteht.

Außerdem darf die Einbringung **nicht nur zufällige Nebenfolge** einer Handlung sein, die in ganz anderem Zusammenhang steht.[15]

Beispiel:[16] Wer versehentlich einen Eimer mit giftiger Flüssigkeit umstößt, hat nicht im Sinne des § 22 Abs. 1 WHG «eingeleitet».

1451 Wer Abwasser in die **von der Gemeinde betriebene Kanalisation** einbringt, ist im Normalfall auch nicht von § 22 Abs. 1 erfaßt: Es ist Sache der Gemeinde, für eine ausreichende Reinigung zu sorgen. Anders dann, wenn das Abwasser aufgrund seiner Menge oder seiner schädlichen Zusammensetzung den Charakter des Kanalisationsabwassers prägt.[17] Insoweit spricht man von einem **«mittelbaren Einleiter»**.

1452 Zwischen der Veränderung des Wassers und der Einleitung von Stoffen muß ein **Kausalzusammenhang** bestehen. Läßt sich dieser belegen, sind die Voraussetzungen des § 22 Abs. 1 erfüllt; die Verletzung irgendwelcher Sorgfaltspflichten wird – genau wie bei anderen Formen der Gefährdungshaftung – nicht verlangt.

---

13 BGHZ 57, 257 = NJW 1972, 205; BGH NJW 1983, 2029, 2030

14 Nach BGH NJW 1983, 2029, 2030

15 Larenz-Canaris § 84 V 1c verlangen insoweit sowohl objektive als auch subjektive Finalität. Die Rechtsprechung ist im zweiten Punkt eher zurückhaltend. Siehe BGH NJW 1986, 2312, 2314

16 Nach Larenz-Canaris § 84 V 1c

17 BGH NJW 1981, 2416, bestätigt in BGH JZ 1988, 560, 562

2.1.2 Mitverursacher

Spezielle Probleme ergeben sich, wenn – wie typischerweise in der Praxis – verschiedene «Einleiter» an der Wasserverschmutzung mitwirken. § 22 Abs. 1 Satz 2 bestimmt in relativ allgemeinen Worten, wenn mehrere die Einwirkungen vorgenommen hätten, würden sie als Gesamtschuldner haften. Dies wird von der Rechtsprechung ähnlich wie im Falle des § 830 gehandhabt.[18] Danach gilt folgendes:[19] 1453

– Als **haftender Mitverursacher** kommt nur derjenige in Betracht, dessen eingeleitete Stoffe objektiv **geeignet** sind, die eingetretene **Wasserverschmutzung allein** oder zusammen mit anderen Beiträgen zu bewirken. 1454

– Hat der Geschädigte diese objektive Eignung bewiesen, so wird die **Kausalität** für die schädliche Veränderung des Wassers **vermutet**. Der in Anspruch genommene Einleiter hat die Möglichkeit, die mangelnde Ursächlichkeit seines «Beitrags» zu belegen. 1455

– Kann die Verschmutzung ganz oder teilweise auch daher rühren, daß Schadstoffe zufällig und auf andere Weise als nach § 22 WHG in das Wasser gelangt sind, scheidet die Haftung aus. Allerdings ist nicht erforderlich, daß alle anderen potentiellen Schädiger namhaft gemacht werden. Sie ausfindig zu machen, ist Sache des Inanspruchgenommenen, wenn er Regreßansprüche nach § 426 geltend machen will. 1456

2.2 Die Anlagenhaftung nach § 22 Abs. 2 WHG

Nach Abs. 2 reicht es aus, wenn der Schadstoff aus einer «Anlage» in ein Gewässer gelangt ist; wie dies im einzelnen geschieht, ist ohne Bedeutung. Der für die dadurch eintretenden Schäden Haftende ist der «Inhaber der Anlage», der – **ähnlich wie der «Halter»** nach § 833 oder nach § 7 Abs. 1 StVG – mit der Person identisch ist, die die tatsächliche Gewalt über die Anlage ausübt; dies kann beispielsweise auch ein Pächter sein.[20] Der Begriff der «Anlage» wird weit ausgelegt und 1457

18 Dazu oben Kap. 14 unter 2.2 (Rn 1385 ff.)

19 Grundlegend BGHZ 57, 257 = NJW 1972, 205, 207 f.

20 BGH NJW 1972, 205, 207

erfaßt nicht nur einen Tankwagen,[21] sondern auch einen Misthaufen in der Landwirtschaft.[22]

Beispiel:[23] Kommt es durch eine Überschwemmung dazu, daß Teile des Misthaufens in einen Bach gelangen, der in einen Fischteich mündet, und gehen die Fische an den transportierten Substanzen ein, so haftet der Landwirt nach § 22 Abs. 2 WHG.

2.3 Höhere Gewalt

1458 Nach § 22 Abs. 2 Satz 3 scheidet die Anlagenhaftung aus, wenn der Schaden durch höhere Gewalt verursacht ist. Eine alle paar Jahre eintretende Überschwemmung würde hierfür nicht ausreichen, wohl aber ein Erdbeben oder ein Sabotageakt. In der Literatur wird eine **Erstreckung auf die Handelndenhaftung** nach § 22 Abs. 1 WHG befürwortet.[24] Obwohl die Systematik des § 22 WHG eher für das Gegenteil spricht, ist diese Lösung zu befürworten, da Abs. 2 die potentiell sehr viel gefährlicheren Fälle erfaßt und es wenig einleuchtend wäre, wollte man an einzelne unverschuldete Fehlleistungen von Individuen weitergehende Sanktionen knüpfen.

2.4 Rechtsfolgen

1459 Im Gegensatz zu anderen Tatbeständen der Gefährdungshaftung erfaßt § 22 Abs. 1 und 2 WHG jeden «einem anderen entstehenden Schaden», ohne igendwelche bestimmten Rechtsgüter oder Rechte zu nennen. Zutreffend gehen deshalb Rechtsprechung und Literatur davon aus, daß **auch reine Vermögensschäden** erfaßt sind, die bei einzelnen Personen eintreten.[25]

Aufgrund der Einführung von Schadstoffen in den Rhein sieht sich eine Anlage zur Gewinnung von Trinkwasser veranlaßt, Wasserproben zu entnehmen, um eine etwaige Gefährdung der Bevölkerung auszuschließen.

---

21 BGH NJW 1993, 2740, 2741
22 BGH NJW 1986, 2313
23 Siehe Fn. 22
24 Larenz-Canaris § 84 V 1e
25 BGHZ 47, 1, 12; BGH JZ 1988, 560, 563 mit Anm. Marburger; Esser-Weyers § 64 4c; Larenz-Canaris § 84 V 1f

Ersatzfähig ist allerdings nur ein Schaden, der «einem anderen» entsteht. Die Wasserveränderung als solche wird von § 22 WHG nicht erfaßt.[26]

3 Beschränkter Schutz vor Luftverschmutzung: Abwehr von Immissionen und Ausgleich in Geld

Schädigende Einwirkungen auf die Luft sind nicht in gleicher Weise wie im Bereich des Wassers mit einer Haftungssanktion belegt. Dies liegt einmal daran, daß keine Gesellschaft (und erst recht keine Industriegesellschaft) ohne ein gewisses Maß an Einwirkungen auf andere auskommen kann. 1460

Will man den Straßenverkehr nicht verbieten, sind Lärm- und Schadstoffausstoß unvermeidbar. Ernsthafter Diskussionsgegenstand kann nur sein, wie man beide möglichst gering hält.

Zum zweiten mag noch immer die Erwägung eine Rolle spielen, daß im Konflikt zwischen moderner Technik und schlichtem Wohnen oder überkommener Landwirtschaft dem ersteren der Vorrang eingeräumt wird. Zentrale Vorschrift des geltenden Rechts ist § 906, die in gewissem Umfang durch § 14 BImSchG ergänzt wird. 1461

3.1 Die Grundentscheidungen des § 906

3.1.1 Was wird geregelt?

§ 906 regelt das Verhältnis zwischen den Eigentümern von Grundstükken, gehört also sachlich zum sog. Nachbarrecht. Den modernen Begriff der «Immissionen» gebraucht er nicht; vielmehr spricht er von **«Einwirkungen»**, die von einem anderen Grundstück ausgehen, und 1462

---

26 Lytras S. 221

nennt als Beispiel «Gase, Dämpfe, Gerüche, Rauch, Ruß, Wärme, Geräusch (und) Erschütterungen». Da diese nach dem Wortlaut des § 906 Abs. 1 Satz 1 «zugeführt» werden müssen, werden **«negative Einwirkungen» nicht erfaßt**, die beispielsweise darin liegen, daß der Nachbar durch Bebauung seines Grundstücks die schöne Aussicht zunichte macht.[27] Nicht erfaßt sind auch sog. **ideelle Einwirkungen**, die das ästhetische oder das «sittliche» Empfinden beeinträchtigen. Beispiel für das erste ist eine aus Eisenstangen und Blechen bestehende Wand in einem reinen Wohngebiet,[28] Beispiel für das zweite ist das Nacktbaden[29] und der Betrieb eines Bordells.[30] Die Tatsache, daß § 906 in diesen Fällen nicht eingreift, besagt lediglich, daß sich die Zulässigkeit dieser Art Nutzung jedenfalls nicht auf diese Vorschrift stützen läßt; vielmehr ist sie unter unmittelbarem Rückgriff auf die §§ 903, 1004 zu bestimmen.[31]

1463 Die Einordnung des § 906 in das «Nachbarrecht» darf nicht zu der Fehlvorstellung verleiten, es gehe nur um das Verhältnis benachbarter Grundstückseigentümer. Erfaßt ist vielmehr jede **Einwirkung, die von irgendeinem Grundstück ausgeht** und sich auf ein anderes auswirkt.[32] Je weiter die räumliche Entfernung, um so unwahrscheinlicher und schwerer zu beweisen ist allerdings ein solcher Fall.

Beispiel für eine noch überschaubare Entfernung:[33] Eine private Mülldeponie lockt massenhaft Krähen und Möwen an, die auf den nahegelegenen Feldern sich gleich «mitbedienen» und so die Ernte erheblich beeinträchtigen.[34]

3.1.2 Unwesentliche und wesentliche, nicht ortsübliche und ortsübliche Einwirkungen

1464 Nach § 906 Abs. 1 Satz 1 sind Immissionen im eben beschriebenen Sinne zu dulden, wenn sie die Benutzung des Grundstücks nicht oder **nur unwesentlich beeinträchtigen**. Ein gewisses Maß an Toleranz wird von jedermann erwartet. Die Situation ändert sich grundlegend,

27 Weitere Beispiele bei Palandt-Bassenge § 903 Rn 9
28 BGH NJW 1975, 170
29 RGZ 76, 130
30 BGHZ 95, 307
31 Richtig Baur-Stürner § 25 IV 2b cc
32 RGZ 105, 213, 216; BGH NJW 1980, 770
33 Nach BGH NJW 1980, 770
34 Ob auch Vögel zu den «Immissionen» zu rechnen sind, blieb in der Entscheidung dahinstehen, doch schien der BGH die Frage eher bejahen zu wollen.

wenn eine «wesentliche» Beeinträchtigung auftritt. In diesem Fall ist zu unterscheiden:

– Ist diese **nicht ortsüblich**, so kann sie der Eigentümer nach § 1004 verbieten.[35] Dieser Fall ist in § 906 nicht ausdrücklich erwähnt. 1465

– Ist die wesentliche Beeinträchtigung **«ortsüblich»**, so kann der betroffene Grundstückseigentümer nach § 906 Abs. 2 Satz 1 lediglich verlangen, daß sie durch wirtschaftlich zumutbare **Schutzmaßnahmen** verhindert wird. Ist dies nicht möglich – es gibt gar keine Schutzmaßnahmen oder diese sind extrem teuer –, so hat er auch eine wesentliche Beeinträchtigung zu dulden. 1466

– Die **Duldungspflicht** des Eigentümers wird dadurch akzeptabler gemacht, daß er nach § 906 Abs. 2 Satz 2 von dem Benutzer des anderen Grundstücks einen **«angemessenen Ausgleich in Geld»** verlangen kann, «wenn die Einwirkung eine ortsübliche Benutzung seines Grundstücks oder dessen Ertrag über das zumutbare Maß hinaus beeinträchtigt». Insoweit handelt es sich also um einen Fall der **Eingriffshaftung**.[36] Die Tatsache, daß nicht schon die Duldungspflicht als solche den Anspruch auslöst und daß dieser außerdem nicht auf vollen Schadensersatz gerichtet ist, spricht für die oben vertretene These vom Vorrang industrieller Betätigung. 1467

§ 14 BImSchG erstreckt die Regelung des § 906 Abs. 2 Satz 2 auf Betriebe, die eine Genehmigung nach dem BImSchG erhalten haben: Auch wenn die von ihnen ausgehenden Immissionen nach § 906 an sich nicht zu dulden wären, kann niemals eine Betriebseinstellung verlangt werden; vielmehr können die betroffenen Grundstückseigentümer nur Schutzmaßnahmen und notfalls Schadensersatz verlangen. 1468

Im folgenden sollen zunächst die verschiedenen, von § 906 geregelten Konstellationen dargestellt werden, ehe dann zu § 14 BImSchG übergegangen wird.

35 Zum Beseitigungs- und Unterlassungsanspruch siehe oben Kap. 15 unter 2 und 3 (Rn. 1407 ff.)

36 Dazu oben Kap. 10 unter 5 (Rn. 1199 ff.)

3.2 Die Duldung unwesentlicher Beeinträchtigungen

1469 Bei **«unwesentlichen» Beeinträchtigungen** kommt es nicht darauf an, ob sie ortsüblich sind oder nicht. Auch was in der betreffenden Gegend aus dem Rahmen fällt,[37] muß hingenommen werden.

Der Nachbar übt in seinem Haus regelmäßig gemeinsam mit vier anderen Posaunisten, doch hören die Nachbarn dies nur dann, wenn sie sich im Freien aufhalten und neugierig die Ohren spitzen.

1470 Nach den 1994 eingefügten Sätzen 2 und 3 von § 906 Abs. 1 liegt «in der Regel» nur eine unwesentliche Beeinträchtigung vor, wenn Grenz- oder Richtwerte oder entsprechende Werte in bestimmten Verwaltungsvorschriften eingehalten sind. Der von einem **Tennisplatz** ausgehende **Lärm** wurde des «Impulscharakters» der Geräusche wegen als «wesentliche» Beeinträchtigung qualifiziert.[38] Dasselbe gilt von der **Geruchsbelästigung**, die von einer 380 m entfernten Schweinemästerei ausgeht.[39]

Die Lärche des beklagten Grundstückseigentümers ist voller Wolläuse. Diese finden auch an etlichen Kiefern des Klägers Gefallen, die dadurch geschädigt werden. Wesentliche Grundstücksbeeinträchtigung? Die Frage führt in die Irre: Nach dem oben Gesagten,[40] hat ein Grundeigentümer für den natürlichen Zustand seines Grundstücks nicht einzustehen; eine Klage auf Beseitigung der Läuse scheitert daher schon daran, daß der Beklagte nicht «Störer» im Sinne des § 1004 ist.[41] Die Entscheidung ist nicht über jeden Zweifel erhaben, da die Lärche irgendwann von Menschenhand gesetzt worden war, so daß man den Beklagten durchaus als «Zustandsstörer» hätte qualifizieren können.

1471 Eine ungemein konkrete Regelung enthält § 906 Abs. 3: Werden dem betroffenen Grundstückseigentümer die Gase, Dämpfe usw. **«durch eine besondere Leitung»** zugeführt, ist dies auf alle Fälle unzulässig. Der Verursacher soll die von ihm erzeugten Unannehmlichkeiten zumindest mit ertragen müssen und nicht zu 99 % auf den Nachbarn ableiten dürfen.

---

37 Zum Begriff der Ortsüblichkeit siehe sogleich unter 3.3.2 (Rn 1474)

38 BGH NJW 1983, 751

39 BGH NJW 1977, 146. Schweine haben nun mal kein gutes Image. S. etwa die Schweinepanik-Entscheidung des BGH (oben Kap. 8 unter 3.2.2 – Rn 1170)

40 Kap. 15 unter 2.2.2 (Rn 1410)

41 BGH NJW 1995, 2633

3.3 Die differenzierte Behandlung wesentlicher Beeinträchtigungen

3.3.1 Nicht ortsübliche wesentliche Beeinträchtigungen

Ist der Bereich «Unwesentlichkeit» überschritten, greift § 1004 ein. 1472
Der betroffene Grundstückseigentümer kann Beseitigung und Unterlassung der Störung verlangen. Dem anderen bleibt in der Regel überlassen, wie er das bewerkstelligen will.

Im Fall der Schweinemästerei[42] konnte sogar eine Betriebseinstellung verlangt werden, solange der Betrieb nicht in einer Weise umgestaltet war, daß kein wahrnehmbarer Geruch mehr nach außen drang.

Der benachteiligte Eigentümer muß nicht etwa selbst die Nutzung sei- 1473
nes Grundstücks ändern, beispielsweise sein Schlafzimmer verlegen, um die nächtliche Lärmbelästigung nicht mehr zu hören.[43]

Kann der betroffene Eigentümer die Beeinträchtigung hinnehmen und in entsprechender Anwendung des § 906 Abs. 2 Satz 2 eine Entschädigung verlangen? Nach dem Gesetz ist dies nicht möglich;[44] gegen eine entsprechende freiwillige Einigung ist nichts einzuwenden.

3.3.2 Die ortsüblichen wesentlichen Beeinträchtigungen

Die «Ortsüblichkeit» bestimmt sich danach, ob die Mehrzahl der übri- 1474
gen Grundstücke in derselben Gemeinde in vergleichbarer Weise Beeinträchtigungen verursachen. Diese müssen nicht notwendigerweise gleichartig sein. Auch ist denkbar, daß ein einzelnes großes Grundstück der gesamten Umgebung das Gepräge gibt.[45]

Dies kann beispielsweise für eine große Fabrik, aber auch für Sportanlagen gelten.[46]

In einem Industriegebiet ist daher ungleich mehr Lärm zulässig als in einem Wohngebiet.

42 Oben Fn. 39
43 BGHZ 111, 63
44 Palandt-Bassenge § 906 Rn 21
45 Siehe etwa BGH NJW 1983, 751; Palandt-Bassenge § 906 Rn 25 ff
46 So zum zweiten Fall BGH NJW 1983, 751

3.3.2.1 Schutzmaßnahmen und Duldungspflicht

1475 Nach §906 Abs. 2 Satz 1 sind zunächst wirtschaftlich zumutbare Schutzmaßnahmen zu ergreifen. Sie hängen von der technischen Machbarkeit, aber insbesondere auch von der Finanzkraft des in Frage stehenden Unternehmens ab. Versagt dieses Mittel, hat der betroffene Grundstückseigentümer die Beeinträchtigung zu dulden. Eine Ausnahme gilt nur dann, wenn vertraglich etwas anderes vorgesehen ist oder wenn – so die neuere Rechtsprechung – die Beeinträchtigung auf einem Verstoß gegen nachbarschützende Vorschriften des öffentlichen Rechts beruht.[47]

3.3.2.2 Entschädigung

1476 Besteht eine Duldungspflicht, so hat der die Beeinträchtigung hervorrufende Benutzer des fremden Grundstücks[48] einen **«angemessenen Ausgleich in Geld»** an den betroffenen Grundeigentümer zu bezahlen. Ist das Grundstück verpachtet, steht auch dem Pächter der Anspruch zu, doch dürfte ähnlich wie im Deliktsrecht[49] §432 in einem solchen Fall entsprechende Anwendung finden.[50] Nach dem Wortlaut des Gesetzes ist kein voller Schadensersatz geschuldet;[51] vielmehr wird ähnlich wie bei der Enteignungsentschädigung im öffentlichen Recht verfahren. Dies bedeutet, daß zwar die Substanzeinbuße ausgeglichen, die Vereitelung individueller Nutzungsmöglichkeiten aber weniger berücksichtigt wird.[52] Die aus Art. 14 Abs. 1 GG folgende staatliche Pflicht, das beeinträchtigte Eigentum zu schützen, müßte m. E. zur Gewährung eines vollen Schadensersatzes führen: Wenn Art. 14 Abs. 3 für die Enteignungsentschädigung nur einen «billigen Ausgleich» vorsieht, läßt sich dies mit einem überwiegenden öffentlichen Interesse rechtfertigen, während im Rahmen des §906 Abs. 2 Satz 2 sich zwei **gleichberechtigte Privatinteressen** gegenüberstehen. Weiter erscheint es wenig einsichtig, daß in den verwandten Fällen des §14 Satz 2 BImSchG voller Schadensersatz gewährt wird. Auch das weitere Erfordernis, die Benutzung des betroffenen Grundstücks müsse

47 BGHZ 122, 1 ff.
48 BGHZ 72, 289
49 Siehe oben Kap. 8 unter 2.1.6 (Rn 961)
50 Zu der Problematik siehe auch BGHZ 30, 273; 92, 143
51 BGHZ 85, 375, 386
52 Larenz-Canaris §85 II 1b

«über das zumutbare Maß hinaus» beeinträchtigt sein, schafft eine Zusatzgrenze, deren Berechtigung nicht ersichtlich ist. Auf der anderen Seite spricht nichts dagegen, die besondere **Schadensanfälligkeit** des betroffenen Grundstücks anspruchsmindernd zu berücksichtigen.

Beispiel:[53] Durch das Hinüberwachsen von Wurzeln wurde eine 100 Jahre alte Mauer zum Einsturz gebracht. Diese hatte sich schon 30 Jahre zuvor bedenklich geneigt und war nicht mehr als standfest erschienen.[54]

3.4 Mehrere Emittenten

Nicht anders als im Bereich des § 22 WHG[55] kann auch bei Immissionen die Situation auftreten, daß mehrere Verantwortliche in Betracht kommen. Insoweit gelten dieselben Grundsätze, wobei die Beweisfrage oft noch sehr viel schwerer zu klären ist. Zu ergänzen ist folgendes: 1477

- Stammen Immissionen aus verschiedenen Quellen, die jede für sich das Maß des «Unwesentlichen» nicht übersteigen würde (**«summierte Immissionen»**), so kann der betroffene Grundstückseigentümer jeden Emittenten so lange auf Unterlassung in Anspruch nehmen, bis keine wesentliche Beeinträchtigung mehr vorliegt.[56] 1478
- Ist die Einwirkung jedes Emittenten für sich allein wesentlich, so ist zu fragen, welche Beeinträchtigung ausschließlich ihm zuzuordnen ist. Für sie haftet er allein. Für den **durch Zusammenwirken zweier** oder mehrerer **Emittenten** verursachten Schadensanteil (der 100% betragen kann) haften beide als Gesamtschuldner.[57] 1479
- Kann die ganze Beeinträchtigung sowohl vom einen als auch vom anderen Emittenten verursacht sein, liegt ein Fall **alternativer Kausalität** vor, der entsprechend § 830 Abs. 1 Satz 2 zu behandeln ist[58]. 1480
- Bei Massenimmissionen (Autoabgase!) ist § 830 Abs. 1 Satz 2 nicht anwendbar.[59] 1481

53 Nach BGH NJW 1992, 2884
54 BGH NJW 1992, 2884
55 Oben 2.1.2 (Rn 1453 ff.)
56 Palandt-Bassenge § 906 Rn. 35
57 BGH NJW 1976, 797, 798
58 BGHZ 85, 375
59 Larenz-Canaris § 85 II 1e, die noch weitere Fälle erörtern

3.5 Entsprechende Anwendung des § 906

3.5.1 Grundstücksrecht

1482 Ein Grundstückseigentümer kann ausnahmsweise auch dann zur Duldung wesentlicher Beeinträchtigungen verpflichtet sein, wenn es sich nicht um eine ortsübliche Immission handelt. Die Rechtsprechung nimmt dies etwa bei sog. **gemeinwichtigen Betrieben** an, die nicht mit Hilfe des § 1004 untersagt werden können.[60]

Die Omnibus-Haltestelle vor der Haustüre macht auch nachts erheblichen Lärm. Der betroffene Gundstückseigentümer kann ggf. die Verlegung der Haltestelle, nicht aber die Schließung der betreffenden Linie verlangen.[61]

1483 Eine entsprechende Anwendung des § 906 Abs. 2 Satz 2 kommt weiter dann in Betracht, wenn es etwa um sog. **Grob-Immissionen** wie Steinbrocken usw. geht[62] und wenn die ungeschriebene Rücksichtnahme auf existentielle Bedürfnisse des Nachbarn die Hinnahme einer solchen Maßnahme verlangen.[63]

3.5.2 Erstreckung auf bewegliche Sachen?

1484 An sich würde es naheliegen, in § 906 Abs. 2 den Ausdruck eines allgemeinen Grundsatzes zu sehen, der auch dann Anwendung findet, wenn durch Immissionen Schäden an beweglichen Sachen entstehen.

Eine Schmelzanlage wirft Eisenoxidstaub aus, der auf dem Firmenparkplatz des benachbarten Unternehmens die Autos der Beschäftigten erheblich beschädigt.

Der BGH hat sich in diesem Fall jedoch nicht zu einer solchen Lösung durchringen können; § 906 Abs. 2 Satz 2 sei «durch den Bezug zu dem von den Immissionen betroffenen Grundstück bestimmt und begrenzt».[64] Daran fehle es bei den Kraftfahrzeugen der auf dem Grundstück tätigen Arbeitnehmer.

---

60 Siehe die eingehenden Nachweise bei Palandt-Bassenge § 906 Rn 41

61 BGH NJW 1984, 1242 f.

62 BGHZ 68, 350

63 Vgl. Palandt-Bassenge § 906 Rn. 42 («Nachbarschaftliches Gemeinschaftsverhältnis»)

64 BGHZ 92, 143 = NJW 1985, 47 – Kupolofen

3.6 Beweislast

Will der betroffene Grundstückseigentümer die Beeinträchtigung seines Grundstücks abwehren, so muß er ihre Existenz und die Verursachung durch das andere Grundstück beweisen.[65] Der Beklagte muß dann seinerseits den Beweis führen, daß es sich um eine ortsübliche Immission handelt. Geht es um einen Entschädigungsanspruch, kann der Beklagte einwenden, die Voraussetzungen des § 906 Abs. 2 Satz 2 seien nicht gegeben. 1485

3.7 Die Sonderregelung des § 14 BImSchG

§ 14 BImSchG, der den alten § 26 GewO abgelöst hat,[66] erfaßt ausschließlich Fälle, in denen Immissionen zu dulden sind, weil eine Genehmigung nach dem BImSchG erteilt wurde. Ergibt sich die Duldungspflicht bereits nach § 906 Abs. 2, wird nicht mehr auf § 14 BImSchG zurückgegriffen.[67] Grundgedanke der Vorschrift[68] ist es, eine einmal erteilte Genehmigung im Interesse bestehender Betriebe nicht mehr zur Disposition zu stellen; die betroffenen Anlieger sind darauf verwiesen, sich am Verwaltungsverfahren zu beteiligen und ggf. Klage gegen die Betriebsgenehmigung vor dem Verwaltungsgericht zu erheben. Ist die Anlage genehmigt, besteht auch hier zunächst ein Anspruch auf Vornahme von «Vorkehrungen», die die benachteiligenden Wirkungen ausschließen. Soweit sie nach dem Stand der Technik nicht durchführbar oder wirtschaftlich nicht vertretbar sind, sieht § 14 Satz 2 BImSchG einen Schadensersatzanspruch vor, gibt dem Betroffenen also **nicht nur** eine **«billige Entschädigung»**.[69] 1486

---

65 Zur abweichenden Situation bei einer Mehrzahl von Verursachern siehe oben 3.4 (Rn. 1477 ff.)

66 Brüggemeier Rn. 772

67 Baur-Stürner § 25 IV 2e aa

68 Im Wortlaut abgedruckt auch bei Palandt-Bassenge § 906 Rn 37

69 Larenz-Canaris § 85 II 3

4 Umwelthaftungsgesetz (UmweltHG)

1487 Während die Haftung aus § 22 WHG im Grunde alle Individualschäden erfaßt, läßt § 906 Abs. 2 Satz 2 einige Lücken, da Schäden an beweglichen Sachen und – so muß man aus der Rechtsprechung schließen – an der Gesundheit nicht entschädigt werden. Hier greift das UmweltHG ein, das im übrigen nach seinem § 18 Abs. 1 **Ersatzansprüche aufgrund anderer Vorschriften** (also insbesondere auch nach § 22 WHG und nach § 906 Abs. 2 Satz 2) **unberührt** läßt.

4.1 Gefährdungshaftung für bestimmte Anlagen

1488 § 1 UmweltHG bezieht sich auf eine im Anhang zum Gesetz abgedruckte abschließende Liste von Anlagen; insoweit ist der traditionelle Rahmen der Gefährdungshaftung nicht überschritten.

1489 Zweite Voraussetzung ist, daß durch eine «Umwelteinwirkung», die von einer solchen Anlage ausgeht, ein bestimmter Schaden entsteht. Was dies bedeutet, ist in § 3 Abs. 1 UmweltHG definiert: «Ein Schaden entsteht durch eine Umwelteinwirkung, wenn er durch Stoffe, Erschütterungen, Geräusche, Druck, Strahlen, Gase, Dämpfe, Wärme oder sonstige Erscheinungen verursacht wird, die sich in Boden, Luft oder Wasser ausgebreitet haben.» Der **Schaden** muß sich also **über den «Umweltpfad» realisiert** haben[70] – genau wie bei § 22 WHG ein Gewässer oder bei § 906 Abs. 2 Satz 2 die Luft «zwischengeschaltet» ist.

Gegensbeispiel nach der amtlichen Begründung:[71] Ein Mensch fällt in einen Schadstoffbehälter, hier waren weder Boden, Luft oder Wasser bei der Ausbreitung einer schädlichen Substanz beteiligt.

Durch die Umwelteinwirkung muß ein Schaden an Leben und Gesundheit oder an einer Sache entstanden sein.

1490 Nach § 4 UmweltHG ist die Haftung bei **höherer Gewalt** ausgeschlossen.

70 Hager NJW 1991, 135
71 BT-Drucks. 11/7104 S. 17

4.2 Kausalitätsvermutung

§ 6 UmweltHG enthält in allerdings wenig transparenter Formulierung eine Kausalitätsvermutung. Der Geschädigte muß nach § 6 Abs. 1 lediglich nachweisen, daß die **Anlage** «nach den Gegebenheiten des Einzelfalls» **geeignet** ist, den entstandenen Schaden zu verursachen. Ist dies der Fall, so wird die Kausalität vermutet. Nach § 6 Abs. 2 UmweltHG gilt dies allerdings dann nicht, wenn die Anlage «bestimmungsgemäß betrieben» wurde. Dies bedeutet, daß bei Schäden, die aus dem Normalbetrieb resultieren, die Beweislast weiter beim Geschädigten liegt, während die Vermutungswirkung des § 6 Abs. 1 UmweltHG **lediglich bei Störfällen** eingreift.[72] § 7 Abs. 1 UmweltHG enthält eine weitere Relativierung für den Fall, daß mehrere Anlagen «schadensgeeignet» sind: In einem solchen Fall gilt die Vermutung nicht, wenn ein anderer Umstand nach den Gegebenheiten des Einzelfalls geeignet ist, den Schaden zu verursachen. 1491

Der Pseudokrupp des Kindes K kann zwar durch die Anlagen A und B verursacht, aber auch Folge der allgemeinen Umweltverschmutzung sein. Keine Kausalitätsvermutung.

Die Frage, wie zu verfahren ist, wenn mehrere Anlagen zur Entstehung des Schadens beigetragen haben, ist im Gesetz nicht ausdrücklich angesprochen. Sie stellt sich in gleicher Weise wie nach § 22 WHG[73] und nach § 906 Abs. 2 Satz 2.[74] Hager hat den beifallswerten Vorschlag gemacht, § 830 Abs. 1 Satz 2 in allen Fällen entsprechend anzuwenden, in denen eine Anlage zur Herbeiführung des Schadens geeignet ist und der **Kreis der Verursacher überschaubar** bleibt: Nur dann ist ein Regreß und damit eine gerechte Verteilung des Schadens auf alle Verursacher möglich.[75] 1492

72 Siehe auch Larenz-Canaris § 84 V 2c
73 Oben 2.1.2 (Rn 1453 ff.)
74 Oben 3.4 (Rn 1477 ff.)
75 Hager NJW 1991, 140

4.3 Rechtsfolgen

1493 Die Haftung bezieht sich nur auf Personen- und Sachschäden; allgemeine Vermögensschäden sind anders als bei § 22 WHG nicht erfaßt. § 5 UmweltHG beschränkt überdies die Ersatzpflicht bei Sachschäden, die aufgrund des «Normalbetriebs» entstanden sind.

§ 15 UmweltHG enthält eine **Höchstgrenze** von 160 Millionen DM für Personenschäden und in derselben Höhe daneben auch für Sachschäden, soweit sie aus einer einheitlichen Umwelteinwirkung entstanden sind.

§ 19 sieht, ähnlich wie im Arzneimittel- und im Atomrecht, eine **Deckungsvorsorge** vor.[76]

4.4 Insbesondere: Berücksichtigung ökologischer Schäden

1494 Interesse verdient schließlich die Vorschrift des § 16 UmweltHG. Nach der allgemeinen Regel des § 251 Abs. 2 Satz 1 kann der Schädiger die Naturalrestitution verweigern (und statt dessen Wertersatz leisten), wenn die Herstellung nur mit unverhältnismäßigen Aufwendungen möglich ist. § 16 Abs. 1 UmweltHG macht davon eine Ausnahme: Die Unverhältnismäßigkeit kann nicht allein damit begründet werden, daß die Kosten für die Wiederherstellung einer Sache ihren Wert übersteigen, wenn ihre Beschädigung «auch eine Beeinträchtigung der Natur oder der Landschaft» darstellt.[77] Damit ist ein kleiner Beitrag zur Bewältigung ökologischer Schäden geleistet – allerdings nur ein kleiner, weil der geschädigte Eigentümer nicht verpflichtet ist, die Sache effektiv wiederherstellen zu lassen und weil überdies alle jene ökologischen Schäden ausgeklammert bleiben, die nicht in der Verletzung von Individualrechten bestehen.[78] Eine entsprechende Regelung findet sich im übrigen auch in § 32 Abs. 7 GenTG.[79]

---

76 Zum Arzneimittelrecht siehe oben Kap. 11 unter 4 (Rn 1249ff.); zum Stromrecht s. oben Kap. 10 unter 4.2 (Rn 1190ff.)

77 Zur entsprechenden Regelung in § 251 Abs. 2 Satz 2 zugunsten von Tieren siehe oben Kap. 12 unter 3.1.2 (Rn 1330)

78 Larenz-Canaris § 84 V 2f

79 Larenz-Canaris § 84 V 4. Zu § 32 GenTG siehe bereits oben Kap. 11 unter 5 (Rn. 1255f.)

5 Haftung nach § 823 Abs. 1

Das Versagen des § 906 Abs. 2 Satz 2 bei der Schädigung beweglicher Sachen hat die Rechtsprechung zu Überlegungen veranlaßt, wann eine Haftung aus § 823 Abs. 1 wegen Verletzung von Verkehrspflichten vorliegen könnte. Ausgangspunkt war der schon oben erwähnte **Kupolofen-Fall**.[80] Der BGH vertrat den Standpunkt, eine Verkehrspflicht bestehe grundsätzlich in demselben Umfang wie gegenüber benachbarten Grundstückseigentümern, doch könnten wegen geringerer Schadensanfälligkeit und besserer Möglichkeiten zum Selbstschutz Abstriche möglich sein.[81] Der Emittent müsse daher dafür sorgen, daß sich die Immissionen im Rahmen der ortsüblichen Benutzung halten und daß alle wirtschaftlich zumutbaren Vorkehrungen gegen Schädigungen Dritter ergriffen werden. Daß dem Rechnung getragen sei, **müsse nicht der Geschädigte beweisen**. Vielmehr sei es nicht anders als im Bereich der Produzentenhaftung Sache des emittierenden Unternehmens, die Einhaltung dieser Sorgfaltsstandards zu belegen. Die Einhaltung vorgeschriebener Grenzwerte würde häufig, aber nicht immer das Verschulden ausschließen.[82] 1495

Diese Rechtsprechung hat in der Praxis keine wesentlichen neuen Akzente gesetzt.[83] Dies hängt einmal mit der recht zurückhaltenden «Zuteilung» von Verhaltenspflichten zusammen. So hat der BGH nicht ausreichend berücksichtigt, daß die Pflichten im Rahmen des nachbarschaftlichen «Gemeinschaftsverhältnisses» geringer sein können, weil ja auf alle Fälle der Entschädigungsanspruch nach § 906 Abs. 2 Satz 2 eingreift, während ein beeinträchtigter Dritter bei Wahrung desselben Standards leer ausgeht. Zum anderen beschränkt die Möglichkeit, sich im Regelfall durch Einhaltung der Grenzwerte zu entlasten, die Haftung weitgehend auf **Störfälle**: Sie aber werden in aller Regel schon von § 823 Abs. 2 erfaßt, da die Sicherheitsvorschriften typischerweise auch zugunsten potentiell Geschädigter bestehen. Fast überflüssig ist es schließlich zu erwähnen, daß auch über § 823 Abs. 1 nur Individualschäden liquidiert werden können. 1496

80 Siehe Fn. 64

81 BGH NJW 1985, 47, 48, auch zum folgenden

82 BGH NJW 1985, 47, 49

83 Im konkreten Fall der geschädigten Arbeitnehmer wurde die Klage abgewiesen, da dem Unternehmen der Entlastungsbeweis gelang: OLG Zweibrücken, BB 1986, 2297

6 Die Behandlung ökologischer Schäden

1497 Wie eingangs dieses Kapitels festgestellt,[84] sind ökologische Schäden mit dem bisherigen an Individualrechten orientierten Instrumentarium prinzipiell nicht zu bewältigen. Zwar sind nicht wenige Fälle denkbar, in denen die Beschädigung von Sachen zugleich den Naturhaushalt nachhaltig beeinträchtigt,[85] so daß eine Naturalrestitution zugleich auch das Ökosystem wiederherstellt. Zudem schützen die hier skizzierten Haftungsnormen mittelbar auch die natürlichen Lebensgrundlagen, weil die Gefahr einer weitreichenden Haftung sorgsames Verhalten nahelegt. Dennoch klafft eine breite **Schutzlücke** – Meeresverschmutzung und Waldsterben vermögen dies nachhaltig zu unterstreichen. Was zur Verteidigung und **Wiederherstellung von Gemeinschaftsgütern** fehlt, ist eine für sie handelnde Person sowie ein adäquates Sanktionssystem, das bei irreparablen Einbußen eingreifen müßte. Beides zu schaffen ist nicht unvorstellbar.

1498 In der Literatur wurde zunächst der Versuch unternommen, Gemeinschaftsgüter gewissermaßen zu individualisieren, indem jedem interessierten Individuum ein **Recht auf saubere Luft**, sauberes Wasser usw. eingeräumt wurde.[86] Dies hat jedoch bislang so gut wie keine Zustimmung gefunden.[87] Ohne dies hier im einzelnen diskutieren zu können, erscheint es sinnvoller, **Umweltverbänden Klagerechte** einzuräumen oder einen unabhängigen «Anwalt der Natur» einzurichten.[88] Dabei ist es allerdings nicht mit einer prozessualen Klagebefugnis getan; vielmehr müßte auch klargestellt werden, daß ein durchsetzbares Recht besteht, die Verursacher von Umweltschäden auf «Reparatur» in Anspruch zu nehmen und drohenden Schäden mit der Unterlassungsklage zu begegnen.

1499 **Wichtigste Sanktion** müßte – durchaus in Übereinstimmung mit der zivilrechtlichen Tradition – die «Naturalrestitution» im Sinne des § 249 Satz 1 sein, also die Wiederherstellung des Naturhaushalts im

84 oben 1 (Rn 1443)
85 so die Definition des ökologischen Schadens bei Lytras S. 183
86 Köndgen UPR 1983, 345 ff.
87 Siehe nur Esser-Weyers § 53 5c; Medicus JZ 1986, 779
88 Dazu Bd. 1 Kap. 5 unter 7 (Rn. 352) und Kap. 3 unter 3.3 (Rn 147 ff.)

Rahmen des Möglichen. Wenn dies nicht möglich ist, sollten finanzielle Sanktionen eingreifen, mit deren Hilfe sich kompensatorische Maßnahmen an anderer Stelle realisieren ließen. Eine gewisse «Monetarisierung» der Natur ist daher unabdingbar – eine Lösung, die deshalb sinnvoll ist, weil das Geld einem spezifischen Zweck, d. h. Ausgleichsmaßnahmen zugunsten der Umwelt zugeführt wird und weil die Alternative nur darin läge, den Schaden achselzuckend bestehen zu lassen.

Um es am Beispiel zu verdeutlichen: Führt die Einleitung von Schadstoffen in einen Fluß zum Fischsterben, so muß zunächst alles versucht werden, um den Fluß soweit zu rekultivieren, daß dort erneut Fische leben können. Ist dies in überschaubaren Zeiträumen nicht möglich, muß der Verantwortliche eine Geldsumme bezahlen, mit der z. B. mehrere künstliche Fischteiche angelegt werden.

Die **Quantifizierung ökologischer Schäden** dürfte keine unüberwindlichen Schwierigkeiten machen. Schon nach geltendem Naturschutzrecht muß der erlaubterweise aufgrund einer Genehmigung in die Natur Eingreifende eine Ausgleichsabgabe nach Maßgabe des jeweiligen Landesrechts bezahlen.[89] Auch in anderen Zusammenhängen hat man Wege gefunden, um einen Verlust an «Gemeinschaftsgütern» finanziell auszugleichen. Zwei Entscheidungen des Bundesverfassungsgerichts vermögen dies hinreichend zu illustrieren. 1500

Das erste Urteil bezog sich auf den Staatsvertrag über die Vereinigung Coburgs mit Bayern, der am 14. Februar 1920 geschlossen worden war. In ihm war festgelegt, daß der Ort Neustadt bei Coburg seinen Status als kreisfreie Stadt behalten sollte. Im Rahmen der bayerischen Kommunalreform in den sechziger Jahren wurde dieser beseitigt, obwohl der Vertrag auf unbestimmte Zeit weitergalt. Das BVerfG entschied, daß bei grundlegend veränderten Umständen eine Anpassung des Vertrages erfolgen müsse. Die Regierung des aufnehmenden Landes und die Repräsentanten des untergegangenen Landes (konkret: die kommunalen Vertretungskörperschaften, die auch das Verfahren in Karlsruhe eingeleitet hatten) seien in einem solchen Fall verpflichtet, ernsthafte Verhandlungen über eine Anpassung zu führen.[90] Da diese im konkreten Fall kein Resultat erbracht hatten, wurde die Anpassung der Verwaltungsstrukturen durch den bayerischen Gesetzgeber gebilligt, gleichzeitig jedoch – und dies allein inter- 1501

89 Näher Prümm S. 305. S. weiter den fundierten Gesetzgebungsvorschlag bei Kadner, Der Ersatz ökolog. Schäden, Berlin 1995

90 BVerfGE 34, 216, 236/237

essiert im vorliegenden Zusammenhang – der betroffenen Stadt Neustadt ein Ausgleich in Höhe von 6 Mio DM zugesprochen.[91]

1502 Auch im Streit um das Amtsgericht in Bad Pyrmont ging das BVerfG von diesen Grundsätzen aus. Im Staatsvertrag zwischen Preußen und Waldeck-Pyrmont über die Vereinigung des Gebietsteils Pyrmont mit Preußen vom 29. November 1921 war vereinbart worden, daß das Amtsgericht in Bad Pyrmont erhalten bleibe. Auch diese Vorschrift wurde als bindend und nicht einseitig abänderbar angesehen. Angesichts grundlegend veränderter Umstände ließ das BVerfG jedoch eine Anpassung zu. Da Verhandlungen zu keinem anderen Ergebnis hätten führen können, wurde auch hier eine Art Entschädigung in Höhe von 1 Mio. DM gewährt, die das Land Niedersachsen (als Rechtsnachfolger des Landes Preußen) an die Stadt Bad Pyrmont zu bezahlen hatte.[92] Wenn selbst ein Amtsgericht eine Art «Verkehrswert» hat, warum sollte dies dann nicht auch bei einer intakten Baumallee oder einem sauberen Strand der Fall sein?

---

91 BVerfGE 34, 216, 238

92 BVerfGE 42, 345, 363 f.

Teil III FAMILIENRECHT

KAPITEL 17: Überblick

1 Der Gegenstand «Familienrecht»

Das im 4. Buch des BGB (§§ 1297–1921) enthaltene Familienrecht regelt die Beziehungen, die sich aus **Ehe** und **Abstammung** ergeben. Daneben enthält es Bestimmungen über eine «künstliche Elternschaft» (Vormund, Betreuer). Nicht ausdrücklich erfaßt ist die **nichteheliche Lebensgemeinschaft**, doch ist sie aus der heutigen Realität des Zusammenlebens nicht mehr wegzudenken und muß daher als «quasi-familienrechtliche» Einrichtung mit zu diesem Rechtsgebiet gezählt und hier behandelt werden. 1503

Das Familienrecht regelt Beziehungen zwischen Einzelpersonen (Ehegatten, Eltern–Kind), nicht etwa das Sozialgebilde «Familie» als solches.[1] Bei weitem im Vordergrund stehen die Beziehungen zwischen den Mitgliedern der aus Eltern und Kindern bestehenden sog. **Kleinfamilie**; die in früheren Zeiten dominierende Großfamilie, die auch alle zusammenlebenden Verwandten und Verschwägerten erfaßte, existiert nur noch ausnahmsweise. Dennoch greift das Unterhaltsrecht über die Kleinfamilie hinaus und nimmt alle voneinander abstammenden Personen in die Pflicht. 1504

Der gutverdienende 30jährige Jungunternehmer J hat eine 80jährige Großmutter, die von einer kleinen Rente lebt. Sie braucht dringend eine neue Brille und einen neuen Zahnersatz, doch die Krankenkasse verweist darauf, zu solchen Leistungen sei sie seit der letzten Sparrunde nicht mehr verpflichtet. Muß der J einspringen? Im Prinzip ja; § 1601 verpflichtet alle Verwandten in gerader Linie, einander Unterhalt zu gewähren, also auch den Enkel gegenüber der Großmutter. Auf das Zusammenleben kommt es dabei nicht (mehr) an.

---

1 Müko-Rebmann, Einl. zum Familienrecht, Rn 4f.

1505 Die familienrechtlichen Normen betreffen vorwiegend die Person des einzelnen, doch existieren auch zahlreiche vermögensrechtliche Ansprüche. Die Vorschriften des 4. Buches haben meist zwingenden Charakter und lassen den Beteiligten relativ wenig Spielraum.

Man kann nicht «auf Probe» oder unter der Bedingung heiraten, daß die Frau Kinder bekommt oder der Mann vom Alkohol abläßt.

1506 Gleichzeitig ist jedoch zu beachten, daß das Recht nur in beschränktem Umfang auf den «Innenbereich» der Familie einwirken kann. Dies wird dann deutlich, wenn es um Sanktionen geht.

Nach § 1627 ist die elterliche Sorge «zum Wohle des Kindes» auszuüben. Wird das Kind unfreundlich oder mit Gleichgültigkeit behandelt, dient dies zwar ganz sicherlich nicht seinem Wohl, doch greift der Staat nach § 1666 Abs. 1 nur dann ein, wenn es – pauschal gesagt – zu schweren Mißständen kommt.

1507 Auf diese Grenze der Verrechtlichung ist schon an anderer Stelle hingewiesen worden.[2]

2 Entwicklungstendenzen – einige Markierungspunkte

2.1 Familie als Produktionseinheit

1508 In vorbürgerlicher Zeit war die **(Groß-)Familie** auch **Wirtschaftseinheit**. Arbeitsplatz und Wohnung fielen beim Bauern wie beim Handwerker zusammen; im Rahmen ihrer Möglichkeiten erbrachten alle Beteiligten ihren Beitrag. Daraus konnten sich interessante Konsequenzen für die «innere Ordnung» dieser Einheit ergeben; so lag es nahe, die Arbeitsprodukte allen zuzuordnen oder jedenfalls die freie Verfügung unter Lebenden wie von Todes wegen zum Schutze der (mitarbeitenden) Familienangehörigen zu beschränken.[3]

1509 Das BGB ging von vornherein nicht mehr von einem solchen Familienbild aus – insofern hatte es sich den Realitäten seiner Zeit geöffnet.

2 S. Bd. 1 Kap. 2 unter 4.2 (Rn 97f.)

3 Zur Problematik s. etwa Buchholz FamRZ 1985, 879

Ehe und Kindschaft gehörten (und gehören) zum **«Privatleben»** und sind von der Sphäre der Arbeit getrennt. Dies schafft Freiräume, die das BGB des Jahres 1896 allerdings im Sinne einer extrem patriarchalischen Auffassung auszufüllen versuchte. Kein Teil des BGB hat deshalb in der Zwischenzeit so tiefgreifende Veränderungen erfahren; im Grunde ist kein Stein mehr auf dem anderen geblieben. Trotz aller Unvollkommenheiten in Einzelfragen kann man dies nur nachhaltig begrüßen.

2.2 Das Ehe- und Kindschaftsrecht des BGB von 1896

Das Familienrecht des Jahres 1896 hat eine sehr eindeutige Struktur. 1510
Nach § 1354 Abs. 1 a. F. stand dem **Manne die Entscheidung «in allen** das gemeinschaftliche eheliche Leben betreffenden **Angelegenheiten** zu»; er bestimmte insbesondere Wohnort und Wohnung. Die Frau – man möchte hinzufügen: durchaus als Mensch anerkannt – hatte das Recht, sich Entscheidungen des Mannes zu widersetzen, wenn diese einen Mißbrauch darstellten. Im Rahmen der ehemännlichen Direktiven hatte sie nach § 1356 Abs. 1 das «gemeinschaftliche Hauswesen» zu leiten; Abs. 2 derselben Vorschrift verpflichtete sie zu Arbeiten im Hauswesen und im Geschäfte des Mannes, soweit eine solche Mitarbeit üblich war. Ein eigenes **Arbeitsverhältnis** einzugehen, war der Frau zwar nicht grundsätzlich verboten, doch konnte es der **Ehemann** nach § 1358 Abs. 1 a. F. mit Zustimmung des Vormundschaftsgerichts **fristlos kündigen**, um die Ehefrau nach Hause zurückzuholen. Das Vormundschaftgericht hatte die Zustimmung zu erteilen, wenn die Tätigkeit der Frau «die ehelichen Interessen beeinträchtigte», also z. B. dazu führte, daß die Haushaltsführung nicht mehr den üblichen Standards entsprach.

Auch vermögensrechtlich konnte sich der Ehemann ins Fäustchen 1511
lachen. Nach § 1363 hatte er die **«Verwaltung und Nutznießung» am Vermögen der Frau**, soweit es sich nicht um sog. Vorbehaltsgut wie z. B. Kleider, Schmucksachen und Arbeitsgeräte handelte. Dieser sog. Güterstand der Nutzverwaltung konnte zwar vertraglich abbedungen und z. B. durch Gütertrennung ersetzt werden, doch war dies keineswegs üblich und wäre von vielen Zeitgenossen als «Regelverstoß» verstanden worden.

Ein Züchtigungsrecht gegenüber der Ehefrau war nicht vorgesehen. Darin lag ein gewisser historischer Fortschritt; der bis 1900 geltende Codex Maximilianeus Bavaricus Civilis hatte z. B. dem Manne das Recht gegeben, die Frau «mit Maßen» zu züchtigen.[4]

1512 **Minderjährige Kinder** befanden sich nach § 1626 a. F. unter «elterlicher Gewalt». Diese stand nach § 1627 a. F. allein dem Vater zu. In § 1634 tauchte auch die Mutter auf: Während der Dauer der Ehe hatte auch sie das Recht und die Pflicht, für die Person des Kindes zu sorgen, konnte dieses jedoch nicht nach außen hin vertreten. Doch dieses «auch» war weniger als die Stellung eines Juniorpartners: Nach § 1634 Satz 2 a. F. **ging** bei Meinungsverschiedenheiten zwischen den Eltern die **Meinung des Vaters vor**.

1513 Die Bestimmungen über die **Ehescheidung** (§§ 1564 ff. a. F.) waren an sich egalitär formuliert: Beging ein Ehegatte Ehebruch oder eine andere schwere Pflichtverletzung oder praktizierte er ein «bösliches Verlassen», so konnte der andere auf Scheidung klagen. Der schuldig geschiedene Ehegatte mußte dem anderen Unterhalt gewähren, der sich allerdings nach Billigkeitsgrundsätzen reduzierte, wenn nach Wiederverheiratung auch der zweite Ehegatte zu unterhalten war. Bezieht man diese Regeln jedoch auf den «Normaltyp» der Hausfrauenehe, so wird ihre **Schlagseite** deutlich: Eine Frau, die einen Scheidungsgrund verschuldete, hatte keinen Unterhaltsanspruch; mangels eigener Berufstätigkeit stand sie gewissermaßen vor dem Nichts. Nahm es umgekehrt der Mann mit den ehelichen Pflichten nicht so ganz genau, riskierte er Scheidung mit nachfolgender Unterhaltspflicht, doch blieben ihm nach § 1579 a. F. zwei Drittel seines verfügbaren Einkommens, mindestens jedoch der Betrag erhalten, der zu seinem notdürftigen Unterhalt erforderlich war.

Entsprechende Vorstellungen waren auch in der Gesellschaft weit verbreitet; ein Ehebruch des Mannes war halt ein «Seitensprung», der der Frau eine unerhörte Angelegenheit.

---

4 § 12 Ziff. 2, wonach die Ehegattin dem Mann «zu gewöhnlichen und anständigen Personal- und Hausdiensten verbunden ist, wozu sie von ihrem Mann der Gebühr nach angehalten und nötigenfalls mit Mäßigkeit gezüchtigt werden mag.» – zitiert nach Ramm, Familienrecht, München 1985, S. 67

2.3 Insbesondere: Uneheliche Kinder

Nichteheliche Kinder des Mannes (damals «unehelich» genannt) wurden als eine Art Ehestörung betrachtet. Nach § 1589 Abs. 2 a. F. waren sie mit ihrem Vater nicht verwandt und hatten deshalb auch keinen potentiell lebenslänglichen Unterhaltsanspruch nach § 1601 und kein Erbrecht. Schon die **Feststellung der Vaterschaft** wurde **erschwert**: Wer der Mutter während der Empfängniszeit «beigewohnt» hatte, 1514

dies ist das juristische Fachwort für miteinander ins Bett gehen; die Franzosen sagen präziser und freundlicher «faire l'amour»

hatte nicht nur die Möglichkeit, z. B. durch Blutgruppenuntersuchung nachzuweisen, daß er nicht der Vater sein konnte; vielmehr war er nach § 1717 a. F. aller Vaterpflichten schon dann ledig, wenn die Mutter während dieser Zeit auch mit einem anderen Mann «Verkehr hatte»,

dies ist ein Synonym für «beiwohnen»

und der andere den Umständen nach als Vater nicht ausgeschlossen werden konnte.

War die Vaterschaft festgestellt, mußte dem Kind **lediglich bis zu seinem 16. Lebensjahr Unterhalt** gewährt werden. Nur bei Behinderungen erstreckte sie sich über dieses Alter hinaus. Nichteheliche Kinder hatten so keine Möglichkeit, zu einer qualifizierten Berufsausbildung zu kommen, es sei denn, die Mutter hätte ausnahmsweise über ein ordentliches Einkommen verfügt. Ihr stand im übrigen keine «elterliche Gewalt» zu; für das Kind mußte vielmehr ein Vormund bestellt werden. 1515

Noch radikaler war insoweit der allerdings fast 100 Jahre ältere französische Code civil. Gerichtliche Verfahren zur Feststellung der Vaterschaft waren ausgeschlossen («La recherche de la paternité est interdite»), der Erzeuger konnte frei entscheiden, ob er die Vaterschaft anerkennen wollte oder nicht.

2.4 Veränderungsprozesse

1516 Alle diese BGB-Regeln sind in einem sehr langwierigen Prozeß abgeschafft worden; einzelne Spuren sind auch noch im geltenden Recht vorhanden.

2.4.1 Weimarer Zeit

1517 Trotz des Bekenntnisses zur Gleichberechtigung in der Weimarer Zeit[5] blieb im Prinzip alles beim alten. Im engen Bereich der **religiösen Kindererziehung** kam es zu einer (noch heute geltenden) Regelung[6], die das Selbstbestimmungsrecht des Kindes schützte.[7] Das Reichsjugendwohlfahrtsgesetz vom 9. 7. 1922[8] sah nicht nur Maßnahmen zur Förderung der Jugend, sondern auch die automatische Vormundschaft des Jugendamts gegenüber nichtehelichen Kindern vor.

2.4.2 Drittes Reich

1518 Aus der Zeit des Faschismus sind die Nürnberger Rassengesetze von 1935 zu erwähnen, die insbesondere die Eheschließung zwischen Deutschen und Juden verboten.[9] 1938 wurde das Recht der Eheschließung und der Auflösung der Ehe aus dem BGB herausgenommen und im sog. **Ehegesetz** (EheG) geregelt.[10] Dabei wurden die Möglichkeiten zur Scheidung insofern erweitert, als gemäß § 48 nach dreijähriger Trennung auch ohne nachgewiesenes Verschulden eine Scheidung möglich war, sofern keiner der Ehegatten widersprach.

Nach 1945 wurde das EheG 1938 durch das Kontrollratsgesetz **(KRG) Nr. 16** ersetzt,[11] das spezifisch nationalsozialistische Bestimmungen entfernte.

---

5 Art. 109, 119 WRV

6 Gesetz über die religiöse Kindererziehung vom 15. 7. 1921 (RGBl 939, 1263)

7 Freie Entscheidung über Religionszugehörigkeit mit 14 Jahren, kein aufgezwungener Religionswechsel ab 12 Jahren

8 RGBl I, S. 633

9 Dazu schon Bd. 1 Kap. 4 unter 5 (Rn 185)

10 Gesetz zur Vereinheitlichung des Rechts der Eheschließung und der Ehescheidung im Lande Österreich und im übrigen Reichsgebiet vom 6. 7. 1938, RGBl I, S. 807

11 Vom 20. 2. 1946, ABl des Kontrollrats, S. 77, berichtigt S. 294

2.4.3 Das Grundgesetz

Das Grundgesetz versuchte, mit der Vergangenheit nachhaltig zu brechen. Der in Art. 3 Abs. 2 festgelegte Grundsatz der Gleichberechtigung von Mann und Frau hätte an sich die meisten hier referierten Grundsatzbestimmungen des BGB sofort verfassungswidrig gemacht. Art. 117 Abs. 1 GG sah im Interesse der Rechtssicherheit jedoch eine Übergangsfrist bis 31. 3. 1953 vor. Art. 6 Abs. 1 GG stellt Ehe und Familie unter den besonderen Schutz der staatlichen Ordnung. Nach Art. 6 Abs. 2 sind Pflege und Erziehung der Kinder «das natürliche Recht der Eltern und die zuvörderst ihnen obliegende Pflicht». Damit läßt sich eine rein auf den Vater zugeschnittene Aufgabe nicht mehr vereinbaren, aber wegen der ausdrücklich hervorgehobenen Pflicht auch nicht eine an einem traditionellen Herrschaftsrecht orientierte «elterliche Gewalt». Art. 6 Abs. 5 verpflichtet den Gesetzgeber, den unehelichen Kindern die gleichen Bedingungen für ihre leibliche und seelische Entwicklung und ihre Stellung in der Gesellschaft zu schaffen wie den ehelichen Kindern. 1519

2.4.4 Ablauf der Frist des Art. 117 GG

Der 31. 3. 1953 verging, ohne daß der Gesetzgeber gehandelt hatte. Die Gerichte nahmen die Verfassung ernst und ließen deshalb die gleichheitswidrigen Gesetzesbestimmungen außer Anwendung.[12] Die «Nutzverwaltung» des Mannes am Vermögen der Frau wurde durch eine Gütertrennung ersetzt, bei der jeder Ehegatte selbständig über seine vermögensrechtlichen Angelegenheiten entscheiden konnte.[13] 1520

2.4.5 Gleichberechtigungsgesetz von 1957

Das Gleichberechtigungsgesetz vom 18. 6. 1957[14] blieb hinter dem Anspruch der Verfassung weit zurück. Zwar wurde das Alleinentscheidungsrecht des Ehemannes in allen ehelichen Angelegenheiten abgeschafft, doch blieb beispielsweise die Regel bestehen, daß die Frau bei der Eheschließung den Namen des Mannes annehmen mußte. Noch gravierender war, daß in Fragen der Kindererziehung zwar beide El- 1521

12 Dazu Kropholler, Gleichberechtigung durch Richterrecht, 1975
13 BGHZ 10, 266, 279 f.
14 BGBl I, 609

tern gleichberechtigt waren, daß jedoch bei Meinungsunterschieden der Vater den sog. **Stichentscheid** hatte. Auch konnte nur er das Kind Dritten gegenüber vertreten. Beide Regeln wurden dann vom BVerfG im Jahre 1959 für verfassungswidrig erklärt und aufgehoben.[15]

2.4.6 Nichtehelichengesetz von 1969

1522 Die Gleichstellung der nichtehelichen Kinder ließ erst recht auf sich warten. Erst als das BVerfG entschieden hatte, wenn bis Ende 1969 kein Gesetz vorliege, müsse genauso wie nach dem 31. 3. 1953 verfahren werden,[16] kam der Reformprozeß in Gang: Durch das sog. Nichtehelichengesetz vom 19. 8. 1969[17] wurden die nichtehelichen Kinder in weitem Umfang (wenn auch nicht völlig) den ehelichen gleichgestellt.[18]

2.4.7 Reformgesetz von 1976

1523 Das Erste Gesetz zur Reform des Ehe- und Familienrechts vom 14. 6. 1976[19] brachte eine Reihe weiterer wesentlicher Änderungen. Das immer noch bestehende (wenn auch seit 1957 abdingbare) **Leitbild der Hausfrauenehe** wurde **abgeschafft**; die Ehegatten können seither frei entscheiden, wie sie ihre Aufgaben wahrnehmen wollen. Im Recht der Ehescheidung wurde das **Zerrüttungsprinzip** eingeführt und der nacheheliche Unterhalt völlig neu geregelt und durch den Versorgungsausgleich ergänzt.[20]

---

15 BVerfGE 10, 59 = NJW 1959, 1483
16 BVerfGE 25, 167
17 BGBl I, 1067
18 Zu den verbleibenden Defiziten s. unten Kap. 23 unter 2.1.2 (Rn 1885 ff.)
19 BGBl I, 1421
20 Dazu unten Kap. 18 unter 5 (Rn 1619 ff.)

2.4.8 Weitere Änderungen

Von den zahlreichen folgenden Änderungen[21] sind die Neuregelung der elterlichen Sorge im Jahre 1979[22] und das Betreuungsgesetz vom 12. 9. 1990[23] zu nennen, das die Vormundschaft über Volljährige abschaffte und durch eine an den spezifischen Problemen Behinderter ausgerichtete «Betreuung» ersetzte. 1524

Aktuelle Novellierungsbemühungen beziehen sich auf das Recht der nichtehelichen Lebensgemeinschaft, insbesondere auf die Sorge für gemeinschaftliche Kinder sowie auf zahlreiche Einzelfragen.[24]

3 Literatur zum Familienrecht

Neben den BGB-Kommentaren existieren drei größere Lehrbücher, die sich primär als Nachschlagewerke eignen: 1525

Gernhuber / Coester-Waltjen, Lehrbuch des Familienrechts, 4. Aufl., München 1994

Beitzke-Lüderitz, Familienrecht, 27. Aufl., München 1996

Dölle, Familienrecht. Darstellung des deutschen Familienrechts mit rechtsvergleichenden Hinweisen, 2 Bände, Karlsruhe 1964 / 1965 (nur noch bei Grundsatzfragen heranzuziehen)

An Lehrbüchern mittleren Umfangs, die von Interessierten auch durchgearbeitet werden können, sind zu nennen:

Giesen, Familienrecht, Tübingen 1994

Henrich, Familienrecht, 5. Aufl., Berlin und New York 1995

Schlüter, Familienrecht, 6. Aufl., Heidelberg 1993

Schwab, Familienrecht, 8. Aufl., München 1995

Außerdem existieren zwei familienrechtliche Spezialzeitschriften, in denen auch verwandte Materien mitabgehandelt werden:

FamRZ = «Familienrechtszeitschrift» (offizieller Titel: Zeitschrift für das gesamte Ehe- und Familienrecht)

FuR = Familie und Recht

---

21 Überblick bei MüKo-Rebmann, Einl. zum Familienrecht, Rn 158ff.

22 BGBl I, 1061

23 BGBl I, 2002

24 Unter anderem Abschaffung des § 1300 und des Aufgebots

KAPITEL 18: Eherecht

1 Das Zustandekommen der Ehe

1.1 Verlöbnis

1526 Der Eheschließung geht normalerweise ein «Eheversprechen» voraus, das man als Verlöbnis bezeichnet. § 1297 stellt klar, daß nicht auf die Eingehung einer Ehe geklagt werden kann. Die Entscheidungsfreiheit der Partner darf auch nicht dadurch beeinträchtigt werden, daß für den Fall, daß sich einer wieder davonmacht, eine Vertragsstrafe vorgesehen wird.

1527 Die praktisch wichtigste Folge des Verlöbnisses (neben den gerne entgegengenommenen Verlobungsgeschenken) ist das Zeugnisverweigerungsrecht in gerichtlichen Verfahren. Insoweit werden Verlobte wie andere enge Angehörige behandelt.

In Kürze aufgehoben werden demgegenüber die §§ 1298–1300, die den Verlobten zum Schadensersatz verpflichten, der ohne wichtigen Grund das Verlöbnis aufgelöst hat. Dasselbe gilt für denjenigen, der dem anderen einen wichtigen Grund für einen solchen Schritt gegeben hat, beispielsweise mit Dritten fremdgegangen ist. Eher Schmunzeln erregt § 1300: Hatte die unbescholtene Verlobte ihrem Partner die Beiwohnung gestattet, so konnte sie bei einer von ihrem Verlobten verschuldeten Auflösung auch ein sog. Kranzgeld, d. h. einen zusätzlichen Geldbetrag verlangen, der einen Ausgleich für die geminderten Heiratschancen darstellen sollte.

1528 § 1301 sieht grundsätzlich für alle Fälle die Rückgabe der Geschenke vor, wenn die Verlobten wieder auseinandergehen. Abweichendes ist im Zweifel nur anzunehmen, wenn das Verlöbnis durch Tod aufgelöst wird.

1.2 Die Eheschließung vor dem Standesbeamten

Seit 1873 gilt in Deutschland die sog. **obligatorische Zivilehe**: Die kirchliche Trauung ist für das staatliche Recht ohne Bedeutung. Bisweilen wird dies auch heute noch kritisiert;[1] in der Bevölkerung wird es als selbstverständlich akzeptiert. 1529

Nach § 11 Abs. 1 EheG kommt die Ehe «nur» zustande, wenn die Eheschließung vor einem **Standesbeamten** stattgefunden hat. Dieser muß **zur Mitwirkung bereit** sein.[2]

Haben es die Verlobten ganz besonders eilig, und klingeln sie ihn nachts aus dem Bett, um sich an seiner Glastüre das Jawort zu geben, so sind die Voraussetzungen des § 11 Abs. 1 EheG nicht erfüllt.

Der Eheschließung soll nach dem (noch geltenden) § 12 EheG ein **Aufgebot** vorausgehen. Dabei handelt es sich um eine öffentliche Bekanntmachung, die sicherstellen soll, daß etwaige Eheverbote (einer der Verlobten ist z. B. noch verheiratet) rechtzeitig bekannt werden. In der Anonymität einer Großstadt ist dies eine eher freundlich-naive Vorstellung, weshalb man darauf in Kürze verzichten will. 1530

Das geltende Recht kennt insbesondere zwei wichtige **Eheverbote**:[3] 1531

– Wer schon verheiratet ist, darf nicht noch eine zweite Ehe eingehen (§ 5 EheG). Der **Bigamist** macht sich sogar nach § 171 StGB strafbar.

Dies entspricht abendländischer Tradition; der Koran läßt demgegenüber bis zu vier Frauen (jedoch nicht eine Mehrzahl von Männern) zu.

– Nach näherer Maßgabe des § 4 EheG ist auch eine **Eheschließung zwischen engen Verwandten und Verschwägerten** verboten. Erfaßt sind Verwandte in gerader Linie, 1532

Inzestverbot: Der Vater kann nicht seine Tochter, die Mutter kann nicht ihren Sohn heiraten

aber auch Ehen zwischen Geschwistern und Halbgeschwistern. **«Schwägerschaft»** besteht mit den Verwandten des Ehepartners.

1 Gießen Rn 110
2 Palandt-Diederichsen § 11 EheG Rn 6
3 Zu weiteren Eheverboten s. §§ 7 ff. EheG

So darf man etwa auch nach dem Tod der Frau nicht die Schwiegermutter heiraten, obwohl sie den Haushalt mit derselben Inbrunst versehen würde. Oder realistischer: Der Witwer kann nicht die Tochter seiner verstorbenen Frau aus deren früherer Ehe heiraten.

Nach § 4 Abs. 3 EheG kann vom Eheverbot wegen Schwägerschaft allerdings Befreiung erteilt werden.

1.3 Form- und Willensmängel

1533 Die Ehe ist ein Vertrag. Sie ist **nichtig**, wenn die in § 13 vorgesehenen **Formerfordernisse** nicht gewahrt sind: Danach müssen die Verlobten vor dem Standesbeamten persönlich und bei gleichzeitiger Anwesenheit erklären, die Ehe miteinander eingehen zu wollen und können dies nicht von einer Bedingung oder einer Befristung abhängig machen.

Ist die Ehe gar nicht vor einem Standesbeamten geschlossen oder war dieser nicht zur Mitwirkung bereit, so liegt eine sog. Nichtehe vor, die keinerlei Rechtswirkungen entfaltet.

1534 Die wegen Formverstößen, wegen fehlender Geschäfts- und Urteilsfähigkeit (§ 18 EheG), wegen Bigamie (§ 20 EheG) und wegen Verstoßes gegen das Eheverbot der Verwandtschaft und Schwägerschaft (§ 21 EheG) eintretende Nichtigkeit ist lediglich eine **«Vernichtbarkeit»**; nach § 23 EheG muß sie erst von einem Gericht rechtskräftig festgestellt sein, bevor sich jemand auf sie berufen kann. Die Klagebefugnis steht nach § 24 EheG allerdings nicht nur den Beteiligten, sondern auch dem Staatsanwalt zu.

1535 Die Eheschließung erfordert **«Ehemündigkeit»**, die nach § 1 Abs. 1 EheG mit der Volljährigkeit eintritt. Einem Partner gegenüber kann das Vormundschaftsgericht davon Befreiung erteilen, wenn dieser mindestens 16 Jahre alt ist. Wird diesen Voraussetzungen nicht entsprochen, liegt ein sog. **Aufhebungsgrund** vor; die Ehe kann durch Klage mit Wirkung für die Zukunft «aufgehoben» werden (§ 30 EheG).

Der 17jährige Verlobte hat durch geschickten Umgang mit Papier und Pinsel sein Geburtsdatum im Paß verändert und überzeugt so den Standesbeamten, er sei bereits 19 Jahre alt.

Für die klassischen Fälle der **Willensmängel** (Irrtum, Täuschung, Drohung) ist in den §§ 31–34 EheG eine Sonderregelung getroffen. Soweit der Willensmangel erheblich ist, ist auch hier eine **Aufhebungsklage** möglich. Einzelheiten können nicht dargestellt werden. Kurz erwähnt seien drei Fälle. 1536

– Heiratet jemand den falschen eineiigen Zwilling, liegt ein Irrtum über die Person des anderen Ehegatten vor; nach § 31 Abs. 1 Satz 2 EheG berechtigt dies zur Aufhebung. Fälle dieser Art sind in Klausuren häufiger als in der Realität.

– Ein Irrtum über die persönliche Eigenschaft des anderen Ehegatten 1537 ist nach § 32 Abs. 1 EheG nur dann von Bedeutung, wenn der Irrende bei verständiger Würdigung des Wesens der Ehe sich anders entschieden hätte. Dies wird etwa bei schweren Krankheiten, aber auch bei Unfruchtbarkeit und bei Beiwohnungsunfähigkeit angenommen.[4]

– Täuscht ein Partner den anderen über seine **Vermögensverhältnisse**, 1538 so ist dies nach § 33 Abs. 3 EheG ohne rechtliche Bedeutung. Auch die Geltendmachung eins Irrtums kommt nicht in Betracht.

Der Porschefahrer P spiegelt seiner Verlobten vor, er habe auf seinen Schweizer Konten drei Mio. Franken. Nach der Eheschließung stellt sich heraus, daß der Porsche geliehen war und die Schweizer Konten nicht existieren. Eheaufhebung ausgeschlossen.

Der Gesetzgeber will die Entscheidung über die Eheschließung von marktwirtschaftlichem Gewinnstreben freihalten. Immer wird ihm dies wohl nicht gelingen...

1.4 Die «Aufenthaltsehe»

In der Praxis soll es verschiedentlich zu Eheschließungen kommen, die 1539 nur den Zweck haben, einem ausländischen Partner eine Aufenthaltserlaubnis im Inland zu verschaffen. Die Ehe wird so zu einer Art Scheingeschäft[5], das im Gesetz allerdings keine Erwähnung gefunden hat.[6] Im einzelnen ist zu differenzieren:

Besteht bei den Beteiligten die Absicht, zumindest eine bestimmte 1540 Zeit zusammenzuleben, so liegt **keine «Scheinehe»** vor. Die Motive

4 Eingehende Nachweise bei Palandt-Diederichsen § 32 EheG Rn 3-12

5 Zu diesem s. Bd. 1 Kap. 10 unter 2.3 (Rn 633 ff.)

6 Bis 1976 erklärte § 19 EheG die sog. Namensehe für nichtig, d. h. eine Ehe, die nur zu dem Zweck eingegangen wurde, einen (meist adeligen) Familiennamen zu erlangen

und weitergehende Zwecke, die die Beteiligten mit einer Eheschließung verfolgen, haben den Standesbeamten nicht zu interessieren.

Ob jemand aus Zuneigung, aus Mitleid oder deshalb heiratet, um einen anderen zu ärgern, ist rechtlich ohne Bedeutung.

1541 Ist überhaupt **nicht an ein Zusammenleben gedacht**, so hat der Standesbeamte seine Mitwirkung zu versagen.[7] Allerdings müssen entweder die Beteiligten von bemerkenswerter Ehrlichkeit sein oder aber gewichtige Anhaltspunkte bestehen, daß in Wahrheit keine Ehe gewollt ist.

Beispiel: Ein 30jähriger türkischer Asylbewerber und eine 75jährige Deutsche wollen heiraten. Er kann kein Deutsch, sie kein Türkisch. Eine Verständigung ist nur dadurch möglich, daß man einzelne Wörter im Lexikon nachschaut. OLG Karlsruhe:[8] Dies reicht für sich allein noch nicht, um eine Scheinehe anzunehmen.

2 Ehe unter Gleichgeschlechtlichen?

1542 Homosexuelle Partner und Partnerinnen können keine Ehe im Rechtssinne eingehen; die Gerichte berufen sich insoweit auf die christlich-abendländische Tradition.[9] Findet man gleichwohl einen kooperationsbereiten Standesbeamten, der die Trauung vornimmt, ist eine sog. Nichtehe entstanden.[10] Dies hängt damit zusammen, daß die Ehe als «Fortpflanzungsgemeinschaft» gedacht ist und diese Funktion auch heute noch erfüllen soll. Gleichwohl ist denkbar, daß aufgrund gewandelter Überzeugungen in der Zukunft die Ehe oder ein vergleichbares «Vertragsmodell» auch Gleichgeschlechtlichen geöffnet wird.

7 Rundschreiben des hessischen Justizministeriums vom 6. 4. 1995, StAZ 1995, 293
8 OLG Karlsruhe FamRZ 1982, 1210
9 Vgl. BVerfG NJW 1993, 3058; KG StAZ 1994, 220
10 KG FamRZ 1958, 60; OLG Frankfurt / Main OLGZ 1976, 408

3 Die sog. persönlichen Ehewirkungen

Die Eheschließung schafft Rechte und Pflichten, die unmittelbar die Person betreffen; daneben entstehen vermögensrechtliche Wirkungen, die im nächsten Abschnitt[11] zu besprechen sind. 1543

3.1 Die eheliche Lebensgemeinschaft

Nach § 1353 Abs. 1 wird die Ehe auf Lebenszeit geschlossen. Außerdem sind die Ehegatten «einander zur ehelichen Lebensgemeinschaft verpflichtet». Damit ist eine Formel gewählt, aus der ein außerordentlich **weitreichender Pflichtenkatalog** abgeleitet werden kann. Man muß nicht nur zusammen wohnen, sondern auch zusammen schlafen[12], man muß sich gegenseitig Beistand leisten und ggfs. auch ein wenig bessern, beispielsweise die eigene Alkoholabhängigkeit beseitigen.[13] Macht der andere Ehegatte nicht mit, kann man ihn auf «Herstellung der ehelichen Lebensgemeinschaft» verklagen. 1544

Dies alles war zu Zeiten wichtig, in denen eine schuldhafte Verletzung ehelicher Pflichten den anderen Teil zur Scheidung berechtigte und überdies zur Folge hatte, daß der schuldig Geschiedene dann keinen Unterhalt mehr bekam. **Heute** sind die Pflichten aus § 1353 Abs. 1 **praktisch sanktionslos**: Die Scheidung hängt nicht von einzelnen Pflichtverletzungen, sondern allein davon ab, ob die Ehe «zerrüttet» ist[14], die **Herstellungsklage** kann zwar zu einem entsprechenden Urteil führen, doch ist dieses nach § 888 Abs. 2 ZPO nicht vollstreckbar.[15] Die Verrechtlichung der ehelichen Beziehungen ist so nur eine scheinbare.[16] 1545

Die «Freistellung» ehelicher Entscheidungen von rechtlichem 1546

11 Unten 4 (Rn 1578ff.)

12 Daß man dies in nicht nur geheuchelter Freude tun muß, wurde bereits in Bd. 1 Kap. 2 (Rn 97) festgestellt

13 OLG Frankfurt/Main FamRZ 1982, 484

14 Dazu unten 5.1 (Rn 1619ff.)

15 Dies war auch schon früher so. Allerdings mußte man bis 1938 eine Verurteilung zur Herstellung der ehelichen Lebensgemeinschaft erwirken, bevor man sich wegen «böslichen Verlassens» des anderen scheiden lassen konnte

16 S. Bd. 1 Kap. 2 (Rn 97)

Zwang führt dazu, daß ein betrogener Ehegatte den anderen auch nicht auf Unterlassung weiteren ehebrecherischen Umgangs in Anspruch nehmen kann:[17] Dies wäre nur eine leicht umformulierte Herstellungsklage. Aber auch gegen eine dritte Person kann ein entsprechender Anspruch nicht durchgesetzt werden.[18]

Die F sieht mit Verdruß, wie sich ihr Ehemann mit seiner Sekretärin S vergnügt und gemeinsame Wochenendtouren unternimmt. Will F gegen S mit dem Ziel klagen, der S jeden privaten Umgang mit M untersagen zu lassen, hat sie wenig Aussicht auf Erfolg.

1547 Die Verletzung spezifisch ehelicher Pflichten hat auch keinen Schadensersatzanspruch gegenüber dem anderen Ehegatten (etwa aus pVV) zur Folge; auch ein Schadensersatzanspruch aus § 823 Abs. 1 wegen Verletzung der Gesundheit oder des allgemeinen Persönlichkeitsrechts scheidet sowohl dem anderen Ehegatten wie dem Dritten gegenüber aus.[19]

Der betrogene Ehemann bekommt Depressionen, die sich nur durch eine sehr teure psychiatrische Behandlung wieder beheben lassen. Weder die Ehefrau noch der sich mit ihr vergnügende Dritte ist zum Schadensersatz verpflichtet.

Die Rechtsprechung hat allerdings zwei Ausnahmen gemacht, bei denen dann doch die Rechtsordnung mobilisiert wird.

1548 – Dringt der Ehebrecher bzw. die Ehebrecherin in den **«räumlich-gegenständlichen Bereich» der Ehe** ein, steht dem anderen Ehegatten gerichtliche Gegenwehr offen: Der «Störer» muß die Wohnung verlassen und muß es auch hinnehmen, daß ihm das Betreten der Wohnung für die Zukunft untersagt wird: Die für einen solchen Unterlassungsanspruch notwendige «Wiederholungsgefahr» liegt hier immer vor.[20]

Was geschieht, wenn M und F gemeinsam eine Bäckerei leiten und die F intime Beziehungen zu einem dort tätigen Bäckergesellen aufnimmt? Auch hier ist der «räumlich gegenständliche Bereich» der Ehe betroffen, so daß der Chef ggfs. Hausverbot erteilen kann. Die arbeitsrechtliche Problematik (wie lange muß dem G auch ohne Arbeit der Lohn nach §§ 611, 615 fortbezahlt werden?) braucht uns hier nicht zu interessieren.

---

17 So schon RGZ 151, 159, 162
18 BGHZ 26, 217, 212
19 BGHZ 59, 229, 232; BGH FamRZ 1990, 367, 368
20 Grundlegend BGHZ 6, 361

– Zum zweiten wird ein Ersatzanspruch dann bejaht, wenn eine Ehefrau ihrem Ehemann der Wahrheit zuwider **vorspiegelt, das von ihr geborene Kind stamme von ihm**: Bezahlt er Unterhalt und bekommt er diesen vom wirklichen Erzeuger nicht ersetzt, kann er seine Frau insoweit auf Schadensersatz in Anspruch nehmen.[21] 1549

Beide Ausnahmen lassen sich im Grunde nicht mit rechtssystematischen Erwägungen der Art rechtfertigen, daß nur hier, nicht aber in den anderen Fällen ein schuldhafter Eingriff in ein sonstiges Recht nach § 823 Abs. 1 vorliege. Auch verdienen an sich nicht erst die beiden genannten Sonderfälle das Prädikat «sittenwidrig» im Sinne des § 826. Letztlich steht die Wertung im Hintergrund, wonach bei ganz groben Verstößen gegen eheliche Pflichten eben doch Sanktionen möglich sein müssen. 1550

Wird gegen Allgemeinregeln verstoßen, die keinen spezifischen Bezug zur Ehe haben, bleibt es bei den allgemeinen Vorschriften. 1551

Der M schlägt die F zusammen, was Krankenhauskosten in Höhe von 5000 DM verursacht. Ersatzpflicht gegeben.

Dasselbe gilt, wenn der eine den anderen im Straßenverkehr verletzt, doch kann es hier ein Gebot der ehelichen Solidarität nach § 1353 sein, von dem an sich gegebenen Ersatzanspruch keinen Gebrauch zu machen.[22]

Im Verhältnis zum anderen Ehegatten gilt die Haftungserleichterung nach § 1359, wonach nur für diejenige Sorgfalt einzustehen ist, die man in eigenen Angelegenheiten anzuwenden pflegt. Nach der Rechtsprechung des BGH[23] gilt dies allerdings nicht bei einem Verstoß gegen Verkehrsvorschriften.

3.2 Haushaltsführung und Vertretungsrecht

Nach § 1356 Abs. 1 regeln die Ehegatten die **Haushaltsführung im gegenseitigen Einvernehmen**. Ist sie einem von beiden überlassen, leitet dieser den Haushalt in eigener Verantwortung. Beide sind berechtigt, erwerbstätig zu sein, haben dabei jedoch auf die Belange des anderen Ehegatten und der Familie die gebotene Rücksicht zu nehmen. 1552

21 BGHZ 80, 235, 238
22 BGHZ 61, 105
23 BGHZ 53, 352; 61, 101

Eine Pflicht, im Beruf oder Geschäft des anderen Ehegatten mitzuhelfen, ist nicht mehr vorgesehen, kann sich aber aus § 1353 Abs. 1 BGB ergeben.

Wer auf einen Bauernhof heiratet, ist verpflichtet, bei der landwirtschaftlichen Arbeit mitzuhelfen, es sei denn, es wäre genügend Geld für anderweitige Hilfskräfte da.

1553 Nach § 1357 ist jeder Ehegatte berechtigt, Geschäfte zur angemessenen Deckung des Lebensbedarfs der Familie mit Wirkung auch für den anderen Ehegatten zu besorgen. Aus solchen Geschäften werden grundsätzlich beide Ehegatten berechtigt und verpflichtet. Dieses früher **«Schlüsselgewalt»** genannte Vertretungsrecht ist mit dem Grundgesetz vereinbar.[24]

Was gehört zur «angemessenen Deckung des Lebensbedarfs der Familie»? Dies richtet sich in erster Linie nach dem Lebensstandard der Ehegatten. Im Normalfall ist mit Sicherheit der Einkauf im Supermarkt von § 1357 abgedeckt, aber auch die Repratur des Pkw oder die Zuziehung eines Arztes bei erkrankten Kindern. Gegebenenfalls sind auch recht teure Maßnahmen erfaßt, wie etwa für medizinisch gebotene ärztliche Behandlung eines Ehegatten, die nicht aufschiebbar sind.[25]

1554 Entscheidend ist, ob es sich um ein Geschäft handelt, bei dem eine **vorherige Verständigung** zwischen den Ehegatten **nicht notwendig** ist, weil es als «selbstverständlich» angesehen wird.[26] Nicht erfaßt ist deshalb z. B. ein Architektenvertrag über ein Wohnhaus.[27]

1555 Werden auch Abzahlungskäufe von § 1357 erfaßt? Soweit das VerbrKrG eingreift, fehlt es dem mitverpflichteten Ehegatten gegenüber an einer schriftlichen Widerrufsbelehrung. Aus diesem Grund entsteht keine Verbindlichkeit zu seinen Lasten.[28] Anders dann, wenn das VerbrKrG nach seinem § 3 Abs. 1 gar keine Anwendung findet, weil der Nettokreditbetrag 400,– DM nicht übersteigt oder weil der Zahlungsaufschub nicht mehr als 3 Monate beträgt.

24 BVerfG NJW 1990, 175; Derleder FuR 1990, 104
25 BGHZ 116, 184; KG NJW 1985, 682
26 Palandt-Diederichsen § 1357 Rn 14
27 Vgl. BGH FamRZ 1989, 35
28 Derleder NJW 1993, 2401; Kliffmüller FuR 1992, 138 ff.

3.3 Insbesondere: Namensrecht

Das **ursprüngliche Namensrecht des BGB** war einfach, klar und ungerecht: Bei der Eheschließung erhielt die Frau den Familiennamen des Mannes, den auch die Kinder trugen. Dies war eine Art «Leihgabe»: Wurde die Ehe wegen überwiegenden Verschuldens der Frau geschieden, oder führte sie nach der Scheidung gegen den Willen des Ehemanns einen «ehrlosen oder unsittlichen Lebenswandel», so konnte er ihr nach den §§ 56, 57 EheG die weitere Führung seines Familiennamens untersagen. 1556

Das **Gleichberechtigungsgesetz von 1957** brachte nur eine kleine Korrektur: Nach § 1355 Satz 2 a. F. besaß die Ehefrau das Recht, ihren Geburtsnamen dem Mannesnamen anzufügen. Die Kinder trugen weiterhin den Familiennamen des Mannes; auch das «Namensuntersagungsrecht» blieb erhalten. 1557

Aufgrund der Rechtsprechung des BVerfG[29] wurde **1976** eine **Neuregelung** getroffen. Danach hatten die Ehegatten die **Wahl**, bei der Eheschließung den Geburtsnamen des Mannes oder den Geburtsnamen der Frau zum **«Ehenamen»** zu machen. Dieser war auch für die Kinder maßgebend. Der Ehegatte, dessen Name nicht Ehename wurde, hatte das Recht, seinen Geburtsnamen oder den zur Zeit der Eheschließung geführten Namen dem Ehenamen voranzustellen. 1558

Beispiel: Herr Wolf heiratet Fräulein Macke. Zwischen 1958 und 1976 war «Wolf» obligatorisch, doch konnte sie sich «Wolf-Macke» nennen. Nach 1976 hätten sich beide auch auf «Macke» als Ehenamen verständigen können. Setzte sich bei den vorehelichen Gesprächen Herr Wolf durch, konnte sich seine Frau nunmehr «Macke-Wolf» nennen.

In der Praxis wurde nur ganz ausnahmsweise der Familienname der Frau zum Ehenamen gemacht.[30] Waren sich die Ehegatten nicht einig, wurde nach § 1355 Abs. 2 Satz 2 der Geburtsname des Mannes automatisch zum Ehenamen. Im Ernstfall saß er daher noch immer am längeren Hebel. Nach § 1355 Abs. 4 war der einmal erworbene Ehename **unentziehbar**. 1559

Im Jahre **1991** erklärte das **BVerfG** den Vorrang des Mannesnamens 1560

29 FamRZ 1978, 667

30 Vgl. AK-BGB/Lange-Klein § 1355 Rn 12: ca. 1,5 bis 3 % der Eheschließungen

bei fehlender Einigung für verfassungswidrig.[31] Das einzige Argument, womit man die Regelung rechtfertigen könne, nämlich die Einheitlichkeit des Ehenamens, überzeuge nicht mehr, könne jedenfalls keine Einschränkung des Gleichberechtigungsgrundsatzes nach Art. 3 Abs. 2 GG rechtfertigen.

1561 Die daraufhin erfolgende **Neuregelung** gibt den Ehegatten einen **beträchtlichen Spielraum**. Im einzelnen gilt folgendes:

– Die Ehegatten können den Geburtsnamen des Mannes **oder** den **Geburtsnamen der Frau** zum Ehenamen bestimmen. Dies muß durch Erklärung gegenüber dem Standesbeamten erfolgen. Die Erklärung erfolgt normalerweise bei der Eheschließung, doch kann sie noch fünf Jahre lang nachgeholt werden.

1562 – **Fehlt es an einer Einigung der Ehegatten**, so führen sie ihre bisherigen Namen weiter. Der Familiennamen gemeinsamer Kinder muß innerhalb von einem Monat nach der Geburt des ersten Kindes bestimmt werden. Besteht Uneinigkeit, überträgt das Vormundschaftsgericht das Bestimmungsrecht einem Elternteil (§ 1616 Abs. 2 und 3).

1563 – Wird ein Ehename gewählt, so hat der Ehegatte, dessen Geburtsname nicht Ehename wird, das Recht, seinen Geburtsnamen oder den bei der Bestimmung des Ehenamens geführten Namen «voranzustellen oder anzufügen». Die Wahl eines solchen **«Begleitnamens»** ist nicht an eine bestimmte Frist gebunden.[32]

1564 – **Doppelnamen** haben es schwer. Wird ein solcher zum Ehenamen, entfällt das Recht des anderen Ehegatten auf einen Begleitnamen.

Die Ehegatten wählen «Müller-Vorstopper» als Ehenamen. Heißt der andere Ehegatte ursprünglich «Haase», ist ein «Haase-Müller-Vorstopper» unzulässig. Man will Zungenbrecher vermeiden. Anders übrigens in Spanien, wo man an solchen Bandwürmern keinen Anstoß nimmt; im praktischen Umgang dominiert dann meist ein Namensbestandteil.

Bei «eingliedrigem» Ehenamen kann ein Ehegatte, der bisher einen Doppelnamen geführt hat, nur den einen oder anderen Teil anfügen oder voranstellen.

31 BVerfGE 84, 9 = NJW 1991, 1602
32 Palandt-Diederichsen § 1355 Rn 9

Wird «Haase» zum Ehenamen, kann sich der andere «Müller-Haase», «Haase-Müller», «Haase-Vorstopper» oder «Vorstopper-Haase» nennen.

– Die Ehegatten haben auch **nicht** das Recht, durch **«Zusammenlegung» ihrer Geburtsnamen** einen neuen Doppelnamen zu schaffen.[33] 1565

– Der **verwitwete oder geschiedene Ehegatte** behält den Ehenamen (§ 1355 Abs. 5 Satz 1). Nach Satz 2 derselben Bestimmung kann er lediglich seinen Geburtsnamen oder den Namen wieder annehmen, den er bis zur Bestimmung des Ehenamens geführt hat. Im Grundsatz galt diese Regelung bereits seit 1976. 1566

– Die einmal getroffene **Namenswahl** ist **unwiderruflich**.[34] Eine Ausnahme gilt nach § 1355 Abs. 4 Satz 4 nur insoweit, als die Führung eines Begleitnamens zurückgenommen werden kann. 1567

– Für sog. **Altehen**, die vor dem 1.4.1994 geschlossen wurden, bestand eine Übergangsfrist von einem Jahr, in der von den neuen Möglichkeiten Gebrauch gemacht werden konnte.[35] 1568

3.4 Unterhalt

Die Ehegatten sind einander wechselseitig zum Unterhalt verpflichtet. Sie müssen dafür sorgen, daß auch der andere zu einer angemessenen Lebensführung in der Lage ist. Im einzelnen ist danach zu unterscheiden, ob die Ehegatten – wie im Regelfall – zusammenleben oder ob sie sich getrennt haben, ohne geschieden zu sein. 1569

3.4.1 Unterhalt bei Zusammenleben

Nach § 1360 Satz 1 sind die Ehegatten einander verpflichtet, «durch ihre Arbeit und mit ihrem Vermögen» die Familie angemessen zu unterhalten. Unter «Arbeit» versteht man dabei nicht nur eine Erwerbstätigkeit, sondern – wie § 1360 Satz 2 deutlich macht – auch die Haushaltsführung als solche. Der **Umfang der** zu erbringenden **Leistungen** wird von den Ehegatten selbst bestimmt; soweit keine Einigung besteht, sind «Standardmaßstäbe» anzulegen, 1570

33 Giesen Rn 166
34 BayObLG NJW 1993, 337
35 Einzelheiten bei Palandt-Diederichsen Vorbem. vor § 1355 Rn 4ff.

die insbesondere auf die berufliche Stellung des oder der Ehegatten abstellen.[36]

Die Ehegatten sind sich einig darüber, daß die «Schmutzschwelle» im Haushalt erst relativ spät erreicht ist. Die von einem übernommene Haushaltsführung umfaßt deshalb nur relativ wenige Putz- und Waschleistungen. Umgekehrt kann man auch festlegen, daß alles «blitzeblank» sein muß und Besucher deshalb Pantoffeln zu tragen haben.

Ehegatten mit hohem Einkommen können sich dahin verständigen, statt eines Zweitwagens ein Fahrrad zu benützen und weiter in einer Drei-Zimmer-Wohnung zu bleiben. Entsprechend gering ist der finanzielle Beitrag für den Haushalt und entsprechend hoch die Sparquote. Fehlt eine solche Einigung, bestünde ggfs. eine Pflicht zur Anschaffung eines Zweitwagens, wenn dadurch ein Ehegatte erheblich leichter zum Arbeitsplatz kommt oder die Kinder leichter zur Schule und zur Gymnastikstunde gebracht werden können.

1571 Bei der **Hausfrauen-** oder (seltener!) der Hausmann**ehe** wird die Unterhaltspflicht des einen in der Regel durch die Haushaltsführung erfüllt (§ 1360 Satz 2). Zu einer Erwerbstätigkeit ist sie/er nur in Notsituationen verpflichtet, jedoch nach § 1356 Abs. 2 Satz 1 prinzipiell berechtigt. Der andere Ehegatte wird normalerweise erwerbstätig sein und seine Verpflichtungen durch Geldleistungen erfüllen.

1572 Sind **beide Ehegatten erwerbstätig**, so haben sie entsprechend ihrem Einkommen zum Familienunterhalt beizutragen.

1573 Einzelheiten lassen sich eingehend erörtern[37], doch ist die praktische Bedeutung bei intakter Ehe sehr beschränkt, da so gut wie nie eine gerichtliche Klärung erfolgt.

Nach § 1360a Abs. 1 umfaßt der Unterhalt auch die «persönlichen Bedürfnisse» der Ehegatten. Wird ausreichend verdient, gehört dazu auch eine Ferienreise oder die Kosten für den regelmäßigen Besuch eines Fitneßstudios. Der Haussegen muß allerdings ganz gewaltig schief hängen, wollte ein Ehegatte wirklich den anderen im Mai verklagen, um das Geld für eine Urlaubsreise im August zu erhalten.

Zwei kleine Ausschnitte aus der Unterhaltsproblematik sind jedoch deshalb von Bedeutung, weil auch Dritte mitbetroffen sind.

1574 Der nichtverdienende Ehegatte hat gegen den anderen einen **Anspruch auf «Taschengeld»**. Dieses soll ihm zur freien Verfügung zustehen und beläuft sich in der Regel auf ca. 5 % des dem anderen zuflie-

36 § 1360a Abs. 1 spricht von den «Verhältnissen der Ehegatten»
37 S. den Überblick bei Palandt-Diederichsen § 1360 Rn 8 ff.

ßenden Monatseinkommens.[38] Besitzt der Berechtigte einen kleinen Eigenverdienst, ist nur die Differenz zu 5% als Taschengeld geschuldet.[39] Dies gewinnt praktische Bedeutung, wenn der betreffende Ehegatte über kein Vermögen verfügt und von Gläubigern in Anspruch genommen wird: Diese können den Taschengeldanspruch grundsätzlich pfänden.[40]

Zum zweiten gibt § 1360a Abs. 4 einem Ehegatten, der Prozeßkosten nicht selbst tragen kann, einen Anspruch gegen den anderen auf Gewährung eines **Prozeßkostenvorschusses**. Voraussetzung ist, daß es sich um eine «persönliche Angelegenheit» handelt, was beispielsweise bei Klagen auf Schmerzensgeld oder bei Kündigungsschutzklagen, nicht jedoch bei gerichtlicher Geltendmachung von Sachschäden angenommen wird.[41] Allerdings muß die Vorleistung der Billigkeit entsprechen. Soweit die Voraussetzungen des § 1360a Abs. 4 vorliegen, kann der an sich bedürftige Ehegatte **keine Prozeßkostenhilfe** nach §§ 114ff. ZPO verlangen; je weiter man die «persönlichen Angelegenheiten» ausdehnt, um so entlastender für den Fiskus. 1575

Kann ein einkommens- und vermögensloser Ehegatte einen Prozeßkostenvorschuß auch zu dem Zwecke verlangen, sich vom anderen scheiden zu lassen? Der Wortlaut des § 1360a Abs. 4 kennt insoweit keine Beschränkung, die Entstehungsgeschichte der Vorschrift spricht deutlich für eine Einbeziehung auch dieses Falles.[42]

3.4.2 Unterhalt bei Getrenntleben

Leben die Ehegatten nicht zusammen, richtet sich die Unterhaltspflicht ausschließlich nach § 1361: **Soweit** ein Ehegatte **bedürftig** ist[43], kann er von dem anderen **«angemessenen Unterhalt»** in Form einer Geldrente verlangen (§ 1361 Abs. 4 Satz 1). War ein Ehegatte vor der Trennung nicht erwerbstätig, so kann er nach § 1361 Abs. 2 auf eine eigene Erwerbstätigkeit nur dann verwiesen werden, «wenn dies von ihm nach seinen persönlichen Verhältnissen, insbesondere wegen einer früheren Erwerbstätigkeit unter Berücksichtigung der Dauer der Ehe und nach den wirtschaftlichen Verhältnissen beider Ehegatten er- 1576

38 OLG Hamm NJW-RR 1990, 1224 mwN
39 KG NJW-RR 1992, 707
40 Beitzke-Lüderitz § 12 III 7b mwN
41 Einzelheiten bei Palandt-Diederichsen § 1360a Rn 17–19
42 BT-Drucksache 7/4361, S. 26f.
43 Dies ist im Gesetz als selbstverständlich vorausgesetzt: AK-BGB-Derleder § 1361 Rn 3; Henrich § 9 II 2; Palandt-Diederichsen § 1361 Rn 4

wartet werden kann». Dies ist jedenfalls dann immer der Fall, wenn auch ein geschiedener Ehegatte nicht zu einer Erwerbstätigkeit verpflichtet wäre,[44] doch sind die Fälle nicht darauf beschränkt.

Der leitende Angestellte L hat mit 35 seine fünf Jahre jüngere Sekretärin geheiratet. Nach 15 Jahren ist er zum Generaldirektor aufgestiegen; zwei Jahre nach der Eheschließung hat sie mit der Erwerbstätigkeit aufgehört und sich um den Haushalt sowie sein gestreßtes Seelenleben gekümmert. Trotz (oder wegen) des beruflichen Aufstiegs bricht bei ihm mit 50 die Midlife-Krise aus, und er trennt sich von seiner Frau. Diese müßte mit 45 keine Erwerbstätigkeit mehr aufnehmen, sondern könnte von ihrem Unterhaltsanspruch leben. Nach der Scheidung wäre dies ggfs. anders.

1577 Die Höhe des Unterhaltsanspruchs bestimmt sich gemäß § 1361 Abs. 1 «nach den Lebensverhältnissen und den Erwerbs- und Vermögensverhältnissen der Ehegatten» und muß «angemessen» sein. Faktisch werden diese sehr allgemeinen Formulierungen durch «Richtwerte» ausgefüllt, die die einzelnen Oberlandesgerichte für ihren jeweiligen Bezirk entwickelt haben. «Marktführer» ist insoweit die Düsseldorfer Tabelle, die anderwärts mit geringen Modifikationen übernommen wird.[45] «Faustregel» ist, daß der getrennt lebende Ehegatte drei Siebtel des Nettoeinkommens des anderen erhält. Verdienen beide, kann der wirtschaftlich schlechter Gestellte drei Siebtel der Differenz verlangen.[46]

Verdient M 7000 DM, F 2100 DM, beträgt die Einkommensdifferenz 4900 DM. Davon drei Siebtel macht 2100 DM. Dem M verbleiben daher 4900 DM, die F bekommt zu ihrem eigenen Einkommen 2100 DM hinzu, was im Ergebnis 4200 DM ausmacht.

---

44 BGH NJW 1985, 1695, 1696; zum Unterhalt nach Scheidung s. unten 5.2 (Rn 1634 ff.)
45 Aktuelle Fassung in NJW 1996, 1194
46 Giesen Rn 215 Fn 139

4 Die vermögensrechtlichen Wirkungen der Ehe

Die Eheschließung begründet nicht nur Rechte und Pflichten in bezug auf das persönliche Verhalten; sie hat auch Konsequenzen im Hinblick auf das Vermögen. Das geltende Recht kennt insoweit drei «Grundmodelle» in bezug auf die Zuordnung und die Verwaltung des beiderseitigen Vermögens. Üblicherweise nennt man diese Modelle **«Güterstand»**, die darauf bezogenen Vorschriften **«Ehegüterrecht»**. 1578

Zu unterscheiden ist zwischen dem gesetzlichen Güterstand der Zugewinngemeinschaft, der mangels abweichender Abrede automatisch eintritt. Daneben existieren in Form der «Gütertrennung» und der «Gütergemeinschaft» Wahlgüterstände, für die sich die Ehegatten mit Hilfe eines **Ehevertrags** entscheiden können. 1579

4.1 Der gesetzliche Güterstand der Zugewinngemeinschaft

4.1.1 Grundstruktur

Entgegen dem ersten Anschein ist die «Zugewinngemeinschaft» keine «Vermögensgemeinschaft», sondern eine **modifizierte Form der Gütertrennung**. Die Ehegatten sind in bezug auf ihr Vermögen völlig unabhängig voneinander; auch was während der Ehe erworben wird, steht nur bei entsprechender Vereinbarung beiden gemeinsam zu. 1580

Der Ehemann erwirbt ein Hausgrundstück und wird als Eigentümer ins Grundbuch eingetragen. Die Ehefrau ist auch dann nicht Miteigentümerin oder an der Verwaltung beteiligt, wenn sie einen Teil des Kaufpreises bezahlt hat. Anders nur, wenn – wie dies bei Einfamilienhäusern meist geschieht – die Ehegatten ausdrücklich als Miteigentümer «je zur Hälfte» erwerben.

Diese prinzipielle Gütertrennung kennt zwei wichtige Einschränkungen: Zum einen kann ein Ehegatte nicht ohne Zustimmung des anderen über sein Vermögen als Ganzes und über Haushaltsgegenstände verfügen (§§ 1365, 1369). Auf diese Weise soll verhindert werden, daß die materielle Grundlage des ehelichen Lebens durch einen Partner in Frage gestellt wird. Zum zweiten findet bei Beendigung der Ehe ein 1581 sog. Zugewinnausgleich statt, der dem Güterstand den Namen gegeben hat: Der Vermögenszuwachs, den beide Ehegatten während der Ehe erreicht haben, wird gegenübergestellt und die Differenz wird halbiert, d. h. der Ehegatte mit dem höheren Zugewinn muß dem anderen die Hälfte der Differenz abtreten. Auf diese Weise soll sichergestellt sein, daß auch der Ehegatte, der durch unbezahlte Hausarbeit zum wirtschaftlichen Erfolg des anderen beigetragen hat, zu seinem Recht kommt.

4.1.2 Die sog. Verfügungsbeschränkungen

4.1.2.1 Das Vermögen im ganzen

1582 Nach § 1365 Abs. 1 Satz 1 kann sich ein Ehegatte nur mit Einwilligung des anderen Ehegatten verpflichten, über sein «Vermögen im ganzen» zu verfügen. Fehlt die Zustimmung des anderen, bedarf nach § 1365 Abs. 1 Satz 2 auch die Erfüllung der Verpflichtung seiner Zustimmung. Die Bezeichnung «Verfügungsbeschränkung» ist daher etwas zu eng, da schon die auf Verfügungen gerichteten Verpflichtungsgeschäfte erfaßt sind.

(1) Was bedeutet «Vermögen»?

1583 Das «Vermögen als ganzes» ist auch dann betroffen, wenn sich das Rechtsgeschäft auf einen einzigen Gegenstand bezieht, der **nahezu das gesamte Vermögen** des Ehegatten ausmacht.[47]

E verkauft das ihm gehörende Hausgrundstück mit einem Verkehrswert von 600000 DM; daneben hat er lediglich ein Bankkonto mit einem Guthaben von 70000 DM. Ist «im wesentlichen» das gesamte Vermögen betroffen?

Der BGH hat insoweit «Richtwerte» entwickelt: Verbleiben dem Ehegatten noch mindestens 15% seines Vermögens, greift § 1365 nicht ein.[48] Bei sog. großen Vermögen, die der BGH bei etwa 500000 DM beginnen läßt, liegt ein «wesentlicher Rest» schon dann vor, wenn dem sich verpflichtenden Ehegatten 10% bleiben.[49]

47 BGH NJW 1984, 609; AK-BGB-Fieseler § 1365 Rn 2; Giesen Rn 268; Henrich § 10 IV 1

48 BGHZ 77, 293, 298

49 BGH NJW 1991, 1739

Im eben genannten Beispiel ist § 1365 nicht anwendbar, weil das Bankguthaben mehr als 10 % des Gesamtvermögens ausmacht.

Auch **einzelne wertvolle Vermögensgegenstände** in den Anwendungsbereich des § 1365 einzubeziehen, rechtfertigt sich mit dessen Zweck, die tatsächliche Grundlage der ehelichen Lebensgemeinschaft gegen eine einseitige Entziehung zu schützen. **Nicht** herangezogen werden deshalb Ansprüche auf **künftiges Arbeitseinkommen**[50] und auf künftige Rentenzahlungen[51], da sie nicht das gegenwärtig Vorhandene betreffen. Auch Verbindlichkeiten werden nicht berücksichtigt.[52] Ohne Bedeutung ist schließlich, ob für die versprochene Leistung eine **angemessene Gegenleistung** vorgesehen ist: Selbst ein ausgesprochen gutes Geschäft bedarf der Zustimmung des anderen Ehegatten.[53] Dies wird damit gerechtfertigt, daß § 1365 Abs. 2 die Ersetzung der Zustimmung des sich verweigernden Ehegatten durch das Vormundschaftsgericht vorsieht, wenn das Rechtsgeschäft «den Grundsätzen einer ordnungsmäßigen Verwaltung entspricht», eine Bestimmung, die sinnlos wäre, würden Geschäfte gegen verkehrsübliches Entgelt von vornherein aus dem Anwendungsbereich des § 1365 ausgenommen.[54] 1584

(2) Eingehung von Zahlungsverpflichtungen

Das Abstellen auf den konkreten Vermögensbestand hat zur Folge, daß § 1365 nicht eingreift, wenn eine hohe Verbindlichkeit eingegangen oder eine **Bürgschaft** übernommen wird.[55] Auch der Abschluß eines **langfristigen Pachtvertrages** wird nicht erfaßt, da § 1365 lediglich die Substanz, nicht die Nutzung des Vermögens schütze.[56] Dies führt zu erheblichen **Wertungswidersprüchen**: Während auf der einen Seite ein harmloses, ja sogar ein günstiges Verfügungsgeschäft nur mit Zustimmung des anderen Ehegatten möglich ist, sind Luxuskäufe oder existenzgefährdende Zahlungsverpflichtungen kraft freier Entscheidung eines Ehegatten möglich, obwohl sie im Falle der Zwangsvollstreckung die «materielle Grundlage der ehelichen Lebensgemeinschaft» vollständig zerstören. 1585

50 BGHZ 101, 225, 228 = NJW 1987, 2673, 2674
51 BGH NJW 1990, 112, 113
52 Giesen Rn 270
53 BGHZ 35, 145
54 Henrich § 10 IV 1. Vgl. weiter MüKo-Gernhuber § 1365 Rn 35: Schutz auch gegen Vermögensumschichtungen
55 BGH NJW 1990, 112, 113
56 BGH FamRZ 1989, 1051

M hat eine Eigentumswohnung im Wert von 200000 DM, die er aufgrund besonders glücklicher Umstände für DM 250000 verkaufen könnte. Stellt sie im wesentlichen sein gesamtes Vermögen dar, benötigt er die Zustimmung seines Ehegatten selbst dann, wenn die Wohnung an andere vermietet ist, also nicht unmittelbar dem ehelichen Zusammenleben dient. Geht dieselbe Person eine riskante Bürgschaft über 300000 DM ein, wird der Ehegatte nicht gefragt. Kommt es zur Zahlungspflicht, würde der Gläubiger selbstredend in die Eigentumswohnung vollstrecken können.

Konsequenter wäre es, auf den wirtschaftlichen Wert einer Verpflichtung abzustellen; schöpft diese den Wert des vorhandenen Vermögens im wesentlichen aus, müßte der andere Ehegatte zustimmen.

(3) Schutz gutgläubiger Dritter

1586 Die Tatsache, daß § 1365 auch bei einzelnen Vermögensgegenständen eingreift, kann für Geschäftspartner zu unangenehmen Überraschungen führen. Im Interesse der Sicherheit und Verläßlichkeit des Rechtsverkehrs hat man daher die sog. **subjektive Theorie** entwickelt: § 1365 greift nur dann ein, wenn der Vertragspartner weiß, daß es sich bei dem Objekt um nahezu das ganze Vermögen des Ehegatten handelt oder wenn er zumindest die Verhältnisse kennt, aus denen sich dies ergibt.[57] Daß der sich zu einer Verfügung Verpflichtende verheiratet ist, muß der Dritte nicht wissen.[58]

Wie ist der Fall zu behandeln, daß der Grundstückskäufer bei Abschluß des Kaufvertrages nicht wußte, daß es sich im wesentlichen um das gesamte Vermögen des Verkäufers handelte, vor Eintragung ins Grundbuch jedoch Kenntnis bekam? Die Frage ist nicht gesetzlich geregelt, der BGH hält den Zeitpunkt des Verpflichtungsgeschäfts für maßgebend.[59] Sinnvoll wäre, entsprechend § 892 Abs. 2 auf den Zeitpunkt der Antragstellung beim Grundbuchamt abzustellen.

1587 War dem Dritten bekannt, daß es sich im wesentlichen um das gesamte Vermögen seines Vertragspartners handelte, kannte er aber **dessen Ehe** nicht, so käme an sich ein gutgläubiger Erwerb in Betracht: Nach § 135 Abs. 2 finden bei relativen Veräußerungsverboten die Vorschriften über den guten Glauben entsprechende Anwendung.[60] § 1365 wird jedoch nicht als relatives, sondern als **absolutes Veräußerungsver-**

57 BGHZ 43, 174, 177; BGH NJW 1984, 609; Gernhuber/Coester-Waltjen § 35 II 5, 6
58 Giesen Rn 275; Schwab, Familienrecht, Rn 201. Argument ist § 1366 Abs. 2 Satz 2, der zwischen Vertragspartnern differenziert, die die Ehe kannten, und solchen, die sie nicht kannten
59 BGHZ 106, 253, 258
60 Zu den Gutglaubensvorschriften bei Grundstücken s. Bd. 1 Kap. 14 unter 4.6.2 (Rn 1274ff.)

bot qualifiziert, so daß dem Dritten sein guter Glaube nichts nützt, da § 135 Abs. 2 keine Anwendung findet.[61]

(4) Belastung eines Grundstücks

Stellt ein Grundstück im wesentlichen das gesamte Vermögen eines Ehegatten dar, so wäre vom Wortlaut des § 1365 her gesehen an sich jede, auch die kleinste Belastung z. B. mit einer Grundschuld oder einer Dienstbarkeit von der Zustimmung des anderen Ehegatten abhängig. Um dies zu vermeiden, wird eine wirtschaftliche Betrachtungsweise praktiziert: Belastungen werden nur dann von § 1365 erfaßt, wenn sie den verbleibenden Verkehrswert im wesentlichen ausschöpfen.[62] 1588

Hat ein Grundstück einen Verkehrswert von 300000 DM und wird es mit einer Grundschuld über 100000 DM belastet, greift § 1365 nicht ein. Dasselbe gilt, wenn eine weitere Grundschuld über 100000 DM bestellt wird. Nur wenn auch noch der Rest belastet wird, greift in bezug auf diesen § 1365 ein.

(5) Rechtsfolgen

Greift im konkreten Fall § 1365 ein und hat der andere Ehegatte nicht eingewilligt, so entsteht bei Verträgen nach § 1366 ein **Schwebezustand**: Ob der Vertrag endgültig wirksam oder endgültig unwirksam wird, hängt von der Genehmigung durch den anderen Ehegatten ab. Der Dritte kann den Vertrag grundsätzlich bis zur Genehmigung widerrufen. Außerdem kann er seinen Vertragspartner auffordern, die erforderliche Genehmigung des anderen Ehegatten innerhalb von zwei Wochen beizubringen; geschieht dies nicht, gilt dies als Verweigerung. 1589

Die Regelung stimmt praktisch mit der des § 108 (Vertragsschluß durch einen beschränkt geschäftsfähigen Minderjährigen ohne Einwilligung des gesetzlichen Vertreters)[63] und mit der der §§ 177, 178 (Geschäft durch einen Vertreter ohne Vertretungsmacht)[64] überein. Dies gilt auch für die Unwirksamkeit einseitiger Rechtsgeschäfte nach § 1367, die sich entsprechend in § 111 und § 180 wiederfindet.

Wird die **Genehmigung** durch den anderen Ehegatten **verweigert**, wird sich der Verfügende gleichwohl häufig wenig interessiert zeigen, seinen Vertragspartner zusätzlich vor den Kopf zu stoßen und die gewährte Leistung zurückzuverlangen. § 1368 gewährt daher dem «übergangenen» Ehegatten ein Recht, die Rückgewähr der erhaltenen 1590

61 BGHZ 40, 218 = FamRZ 1964, 25; vgl. auch Olzen Jura 1988, 13 ff.
62 BGH NJW 1993, 2441
63 Dazu Bd. 1 Kap. 11 unter 3.5 (Rn 740 ff.)
64 Dazu Bd. 1 Kap. 13 unter 3.6.1 (Rn 1011 ff.)

Gegenstände zu verlangen. Man spricht insoweit von einem **«Revokationsrecht»**.

M hat die Eigentumswohnung, die im wesentlichen sein ganzes Vermögen ausmacht, für 150000 DM an den D veräußert. Hat die Ehefrau F die Genehmigung verweigert, kann sie Rückauflassung des Grundstücks an M verlangen.[65] D hat F gegenüber kein Zurückbehaltungsrecht, auch nicht wegen des bereits bezahlten Kaufpreises.[66]

4.1.2.2 Haushaltsgegenstände

1591 Eine zweite «Verfügungsbeschränkung» besteht nach § 1369 in bezug auf Haushaltsgegenstände; ein Ehegatte soll für sich allein nicht in der Lage sein, die konkrete «stoffliche» Grundlage des ehelichen Zusammenlebens zu verändern. Obwohl das Gesetz in § 1369 Abs. 1 nur davon spricht, der Ehegatte dürfe nicht ohne Zustimmung des anderen über die «ihm gehörenden» Haushaltsgegenstände verfügen, muß dasselbe auch dann gelten, wenn er über **Sachen** verfügt, **die im Eigentum des anderen stehen**.[67]

Die F fährt alleine in Urlaub, während der M zu Hause bleibt. Da er des häufigen Fernsehguckens überdrüssig ist, nutzt er die Gelegenheit und veräußert das der F gehörende Fernsehgerät an einen gutgläubigen Dritten. Ohne Rücksicht darauf, ob dieser nach §§ 932, 935 gutgläubig erwerben konnte, ist jedenfalls § 1369 entsprechend anwendbar.

Haushaltsgegenstände im Sinne des § 1369 sind neben der Wohnungseinrichtung solche, die **von beiden Ehegatten gemeinsam genutzt** werden. Dies gilt beispielsweise auch für einen Wohnwagen.[68] Bei Autos kommt es darauf an, ob ausschließlich ein Ehegatte mit ihnen fährt (dann greift § 1369 nicht ein), oder ob sie beiden zur Verfügung stehen.

1592 Wird über Haushaltsgegenstände ohne Einwilligung des anderen Ehegatten verfügt, sind die Rechtsfolgen dieselben wie im Falle des § 1365. Die **Ersetzung der Zustimmung** durch das Vormundschaftsgericht ist allerdings nach § 1369 Abs. 2 unter erleichterten Bedingungen möglich.[69]

65 BGH NJW 1984, 609
66 Palandt-Diederichsen § 1368 Rn 3
67 Zum Diskussionsstand s. Giesen Rn 289
68 OLG Koblenz NJW-RR 1994, 516
69 Im Gegensatz zu § 1365 Abs. 2 wird nicht verlangt, daß mit einem Aufschub Gefahr verbunden ist

§ 1369 soll auch dann Anwendung finden, **wenn die Ehegatten getrennt leben**[70] – eine wenig einleuchtende Vorstellung, da dann kein «materielles Substrat» für die eheliche Lebensgemeinschaft mehr vorhanden ist, das einen Sonderschutz beanspruchen könnte. Nicht überzeugend ist weiter, daß die **Kündigung der Mietwohnung** durch einen Ehegatten nicht erfaßt sein soll:[71] Der Eingriff in die Lebensgrundlage ist hier außerordentlich intensiv, die «Verfügung» liegt darin, daß die Ansprüche aus dem Mietvertrag zum Erlöschen gebracht werden. 1593

4.1.3 Der Ausgleich des Zugewinns

4.1.3.1 Die Grundstruktur

Wird die Ehe insbesondere durch Scheidung aufgelöst, so findet – wie bereits erwähnt – ein Ausgleich des Zugewinns statt. 1594

Bei **Auflösung durch Tod** erfolgt nach § 1371 Abs. 1 ein «pauschaler Ausgleich» durch Erhöhung der Erbquote des Überlebenden um ein Viertel, doch ist ein normaler Zugewinnausgleich auf Verlangen des Überlebenden dann vorzunehmen, wenn dieser enterbt wurde oder das ihm Zugewendete ausschlägt.[72]

Nach § 1373 ist «Zugewinn» der Betrag, um den das Endvermögen eines Ehegatten das Anfangsvermögen übersteigt. Was im einzelnen unter «Anfangsvermögen» zu verstehen ist, sagt § 1374; das Endvermögen definiert § 1375. Welcher Zeitpunkt für die Wertbestimmung maßgebend ist, ergibt sich aus § 1376. Die Konsequenz zieht dann § 1378 Abs. 1: **Übersteigt der Zugewinn des einen Ehegatten den Zugewinn des anderen**, so steht die Hälfte des Überschusses dem anderen Ehegatten als **Ausgleichsforderung** zu. Dies sei an einem Beispiel verdeutlicht.

M hat bei Beginn der Ehe ein Vermögen von 20000 DM, die F verfügt über 10000 DM. Als sich beide nach 15 Jahren scheiden lassen, hat es M auf 200000 und F auf schlichte 30000 DM gebracht, da sie nur gelegentlich als geringfügig Beschäftigte erwerbstätig war. 1595

70 OLG Köln NJW 1991, 3224
71 LG Stuttgart FamRZ 1977, 200; Palandt-Diederichsen § 1369 Rn 4
72 Zum Erbrecht des überlebenden Ehegatten s. unten Kap. 23 unter 2.2 (Rn 1892 ff.)

M hat einen Zugewinn von 180000 DM (von 20000 auf 200000), F einen Zugewinn von 20000 DM (von 10000 auf 30000 DM) gemacht. Der Zugewinn des M überstieg den der F um (180000 minus 20000 =) 160000 DM. Die Hälfte dieses Überschusses schuldet M der F nach § 1378 Abs. 1.

Dem M bleiben daher im Ergebnis (200000 minus 80000 =) 120000 DM. Die F kommt auf (30000 plus 80000 =) 110000 DM. Die bei Beginn der Ehe bestehende Vermögensdifferenz von 10000 DM bleibt so erhalten; alles während der Ehe Hinzugekommene ist gleichmäßig unter beiden Ehegatten verteilt.

Dieses Grundmodell erleidet im Einzelfall eine Reihe von **Komplikationen**.

4.1.3.2 Berechnung des Anfangsvermögens

1596 Was die Berechnung des Anfangsvermögens betrifft, so kann dieses nach der ausdrücklichen Vorschrift des § 1374 Abs. 1 **niemals negativ** sein. Hat ein Ehegatte bei Beginn des Güterstands (in der Regel bei der Eheschließung) mehr Schulden als Aktiva, wird sein Anfangsvermögen mit «Null» angesetzt. Bevor man ans Verteilen geht, soll nach der Wertung des Gesetzgebers erst die Überschuldung beseitigt werden; vom anderen Ehegatten wird insoweit ein Opfer verlangt.

Beispiel: M hat im Zeitpunkt der Eheschließung Verbindlichkeiten über 100000 DM; bei Auflösung der Ehe ist er in den schwarzen Zahlen und verfügt über ein Plus von 20000 DM. Die F ist mit 50000 DM in die Ehe gegangen; ihr Endvermögen beträgt 150000 DM. Obwohl der M bei wirtschaftlicher Betrachtung 120000 DM «hinzugewonnen» hat, beträgt sein Zugewinn lediglich 20000 DM. Da der Zugewinn der F 100000 DM beträgt, ist die Differenz in Höhe von 80000 DM zu verteilen; M hat gegen F nach § 1378 Abs. 1 einen Anspruch auf Zahlung von 40000 DM.

1597 Nach § 1374 Abs. 2 wird dem Anfangsvermögen das **hinzugerechnet**, was ein Ehegatte **von Todes wegen**, durch Schenkung oder als Ausstattung erhält. Insoweit soll sich nur seine Situation, nicht die seines Ehegatten bessern.

Die F hatte zu Beginn der Ehe 50000 DM; zwei Jahre später erbt sie 300000 DM. Bei Auflösung der Ehe verfügt sie über 500000 DM. Ihr Zugewinn beträgt lediglich 150000 DM, da das Erbe dem Anfangsvermögen zugeschlagen wird.

4.1.3.3 Berechnung des Endvermögens

Nach § 1375 erfährt auch die Berechnung des Endvermögens einige Modifikationen. Macht ein Ehegatte **unentgeltliche Zuwendungen an Dritte**, so werden diese seinem Endvermögen hinzugerechnet, es sei denn, es habe sich um eine sog. Pflicht- und Anstandsschenkung gehandelt (Weihnachtsgeschenke!). Dasselbe gilt, wenn «Vermögen verschwendet» wird. 1598

Die Rechtsprechung hatte allerdings Verständnis für einen betrogenen Ehemann: Es liege keine «Verschwendung» vor, wenn er aus Enttäuschung, Wut und Verärgerung 15621 DM ausgebe.[73]

Schließlich bleiben bei der Bestimmung des Endvermögens auch solche Dispositionen unberücksichtigt, die zu dem Zweck vorgenommen wurden, den anderen Ehegatten zu benachteiligen.

Alle diese drei in § 1375 Abs. 2 genannten Fälle werden allerdings nur dann berücksichtigt, wenn der Vorgang **nicht länger als 10 Jahre zurückliegt**. Auch werden Schenkungen und verschwenderische Aufwendungen nicht hinzugerechnet, wenn der andere Ehegatte mit ihnen einverstanden war. 1599

Auch das Endvermögen kann grundsätzlich **nicht negativ** sein; im Falle der Überschuldung ist es mit Null anzusetzen. Davon macht § 1375 Abs. 1 Satz 2 eine Ausnahme, wenn ein beschenkter Dritter nach § 1390 in Anspruch genommen werden kann. 1600

4.1.3.4 Bewertungszeitpunkt

§ 1376 bestimmt, welcher Zeitpunkt für die Wertberechnung maßgebend ist. Beim Anfangsvermögen ist dies der Eintritt des Güterstandes, bei späterem Erwerb von Todes wegen usw. der **Zeitpunkt des Erwerbs**. Beim Endvermögen kommt es auf den Zeitpunkt der Auflösung des Güterstands an. Davon macht § 1384 für den Fall der Scheidung eine wichtige Ausnahme: Hier kommt es darauf an, **wann der Scheidungsantrag rechtshängig** geworden ist. Der Gesetzgeber will verhindern, daß während des Scheidungsverfahrens ein Ehegatte Vermögensgegenstände beiseite schafft und so im Zeitpunkt des Scheidungsurteils mit einem recht kleinen Endvermögen dasteht. 1601

73 OLG Schleswig FamRZ 1986, 1208

4.1.3.5 Scheinbarer Zugewinn

1602 Zwischen Beginn und Ende des Güterstands können Jahrzehnte liegen. Während dieser Zeit tritt aller Erfahrung nach ein mehr oder weniger großer **Kaufkraftverlust** der Mark ein. Dies führt dazu, daß der Nominalbetrag des Endvermögens auch dann höher als das Anfangsvermögen liegt, wenn sich wertmäßig gar keine Änderung ergeben hat.

Beispiel: Bei Beginn der Ehe ist das einem Ehegatten gehörende Grundstück 100000 DM wert. Bei Ende der Ehe hat es zwar einen Nominalwert von 120000 DM; da die Kaufkraft der Mark jedoch um 20% gesunken ist, kann man – praktisch gesprochen – für 120000 DM nicht mehr kaufen als ursprünglich für 100000 DM.

Der darin liegende scheinbare Zugewinn ist nach der Rechtsprechung des BGH[74] von vornherein «herauszurechnen»: Das **Anfangsvermögen** wird **auf den für das Endvermögen maßgebenden Zeitpunkt umgerechnet**, nur die sich dann noch ergebende Differenz ist «Zugewinn».[75] Würde man anders vorgehen, würde nicht nur das während der Ehe Hinzugewonnene ausgeglichen, sondern der andere Ehegatte auch an der Substanz des in die Ehe Eingebrachten beteiligt. Mit Rücksicht auf die Zwecksetzung des Zugewinnausgleichs wird so stillschweigend vom Grundsatz «Mark gleich Mark» abgewichen.[76] Die entsprechenden Daten zur Entwicklung des Preisindex werden vom Statistischen Bundesamt veröffentlicht.[77]

Für Interessierte: Die konkrete Berechnung erfolgt in der Weise, daß der Nominalwert des Anfangsvermögens mit dem Index zur Zeit der Beendigung des Güterstands multipliziert und durch den Index bei Beginn des Güterstands geteilt wird.[78] Unterstellt, der M habe bei der Eheschließung im Jahre 1976 ein Anfangsvermögen von 100000 DM gehabt. 1989 wird die Scheidung beantragt. Die 100000 DM sind mit 103,09 zu multiplizieren und das Produkt ist durch 71,5 zu dividieren. Als bereinigtes Anfangsvermögen ergibt sich so 144181,81 DM.

---

74 BGHZ 61, 385, 389 = NJW 1974, 137, bestätigt in BGHZ 101, 65, 67 = NJW 1987, 2814

75 Vgl. Palandt-Diederichsen § 1376 Rn 11, 12 mwN

76 Zu diesem Grundsatz s. Band 1 Kap. 14 unter 3.2.3 (Rn 1146ff.)

77 Zusammenstellung bei Palandt-Diederichsen § 1376 Rn 11

78 BGHZ 61, 385, 393

4.1.3.6 Beweisprobleme

Insbesondere dann, wenn eine Ehe sehr lange gedauert hat, kann es Schwierigkeiten bereiten, das Anfangsvermögen festzustellen. § 1377 Abs. 1 sieht deshalb die Möglichkeit vor, daß beide Ehegatten zu Beginn der Ehe ein **Vermögensverzeichnis** aufstellen, dessen Richtigkeit dann vermutet wird. 1603

Dies ist eine Regel, die allenfalls dann praktisch wird, wenn der familienrechtlich interessierte Gerichtsreferendar M die gleichfalls dieses Gebiet schätzende Gerichtsreferendarin F heiratet. Auch in einem solchen Fall liegt der Vorwurf der Lieblosigkeit nahe: Schließlich hat das Verzeichnis fast nur für den Fall der Scheidung Bedeutung, daran schon jetzt zu denken, setzt eine etwas atypische psychische Struktur voraus.

Verzichtet man auf ein Verzeichnis, wird nach § 1377 Abs. 3 vermutet, daß das Endvermögen gleich dem Zugewinn ist, das Anfangsvermögen also Null beträgt. Jeder Ehegatte muß daher ggfs. die Existenz und Höhe seines Anfangsvermögens beweisen.

Kritische Betrachter bringen dies auf die Formel «Vom Matriarchat übers Patriarchat zum Sekretariat».

In der Praxis der Scheidungsverfahren wird oft eine einvernehmliche Lösung angestrebt, um so allen Zweifelsfragen zu entgehen.

4.1.3.7 Grobe Unbilligkeit

Nach § 1381 kann der Ausgleichsforderung die Einrede der groben Unbilligkeit entgegengehalten werden. Sie greift insbesondere dann ein, wenn der an sich Ausgleichsberechtigte seine Unterhaltspflicht schuldhaft nicht erfüllt hat, beispielsweise das Geldverdienen und die Haushaltsführung allein dem anderen überließ. Fehlverhalten auf nichtwirtschaftlichem Gebiet ist seit dem Übergang vom Verschuldens- zum Zerrüttungsprinzip nicht mehr zu berücksichtigen.[79] 1604

Der Anspruch auf Zugewinnausgleich ist nicht deshalb «grob unbillig», weil der Anspruchsberechtigte aus der Wohnung ausgezogen und sich mit einer anderen Person zusammengetan hat.

---

79 Wie hier Henrich § 11 I 4; MüKo-Gernhuber § 1381 Rn 30; Palandt-Diederichsen § 1381 Rn 6 mwN

4.2 Wahlgüterstände

4.2.1 Begründung durch Ehevertrag

1605 Der gesetzliche Güterstand tritt nur dann ein, wenn die Ehegatten nichts anderes vereinbaren. Wollen sie davon abweichen, bedarf es nach § 1408 eines Ehevertrages, der nach § 1410 nur bei gleichzeitiger Anwesenheit beider Teile **vor einem Notar** geschlossen werden kann.

Die Eheschließung ist zwar ein Vertrag, doch meint der Begriff «Ehevertrag» etwas anderes, nämlich die Regelung der güterrechtlichen Verhältnisse.

1606 Der Ehevertrag ist ins **Güterrechtsregister** einzutragen; andernfalls kann er nach § 1412 Dritten nicht entgegengehalten werden. Das Güterrechtsregister wird beim Amtsgericht geführt, inhaltlich entspricht es weithin dem Vereinsregister.[80]

1607 Durch Ehevertrag können insbesondere die beiden «Wahlgüterstände», Gütertrennung und Gütergemeinschaft vereinbart werden. Möglich sind auch **Veränderungen des gesetzlichen Güterstands**. So können beispielsweise die sog. **Verfügungsverbote** nach §§ 1365, 1369 **abbedungen** werden.[81] Wird der Ausgleich des Zugewinns ausgeschlossen, tritt nach § 1414 Satz 2 automatisch Gütertrennung ein. Dies gilt nicht, wenn man lediglich die Berechnung des Zugewinns abweichend vom gesetzlichen Modell regelt.[82]

1608 Ob man **einen neuen Güterstand «erfinden»** darf, ist höchst zweifelhaft.[83] Unzulässig ist nach § 1409 die pauschale Verweisung auf nicht mehr geltendes oder ausländisches Recht. Eine gewisse **Annäherung an den alten Güterstand** der Nutzverwaltung des Mannes kann dadurch erreicht werden, daß man ihm die Vermögensverwaltung überläßt und das Widerrufsrecht der Frau nach § 1413 ausschließt. Allerdings bleibt das Recht unberührt, gleichwohl aus wichtigem Grund zu widerrufen; auch kann mit Rücksicht auf § 137[84] der Frau nicht die Befugnis genommen werden, über ihr Vermögen nach eigenen Vorstellungen zu verfügen.

80 Zu diesem s. Bd. 1 Kap. 5 unter 3.5.4 (Rn 290)
81 BGH NJW 1964, 1795
82 Palandt-Diederichsen § 1408 Rn 18
83 Dazu Giesen Rn 254 mwN
84 Dazu Bd. 1 Kap. 7 unter 6 (Rn 494)

4.2.2 Gütertrennung

Nach § 1414 tritt Gütertrennung nicht nur dann ein, wenn sie ausdrücklich vereinbart ist. Vielmehr gilt sie als **subsidiärer Güterstand** auch dann, wenn die Ehegatten den gesetzlichen Güterstand ausschließen oder aufheben. Dasselbe gilt, wenn eine vertraglich vereinbarte Gütergemeinschaft wieder aufgehoben wird. Daß der Ausschluß des Zugewinnausgleichs gleichfalls diese Konsequenz hat, ist bereits erwähnt worden. 1609

«Gütertrennung» bedeutet, daß beide Ehegatten in vermögensrechtlicher Hinsicht völlig unabhängig voneinander sind. Es gibt keine Verfügungsbeschränkungen und keinen Ausgleich des Zugewinns. Mit Rücksicht auf § 137 wäre es auch unzulässig, die §§ 1365, 1369 auf die Gütertrennung zu erstrecken.[85] 1610

Wird trotz Gütertrennung eine traditionelle Hausfrauenehe praktiziert, kann sich unter Umständen bei Scheidung ein Ausgleichsanspruch der Ehefrau wegen Wegfalls der Geschäftsgrundlage ergeben.[86] 1611

4.2.3 Gütergemeinschaft

Nur noch **beschränkte praktische Bedeutung** hat die Gütergemeinschaft, bei der das Vermögen beider Ehegatten zu einer Einheit zusammengefaßt wird. Die in den §§ 1415 bis 1518 getroffene Regelung ist kompliziert; außerdem sind mit diesem Güterstand erhebliche Haftungsrisiken verbunden. 1612

Alles das, was die Ehegatten bei Beginn des Güterstands haben oder später erwerben, wird nach § 1416 Abs. 1 gemeinschaftliches Vermögen beider Ehegatten, «**Gesamtgut**» genannt. In bezug auf dieses Gesamtgut besteht eine Gesamthandsgemeinschaft.[87]

Vom Gesamtgut ist nach § 1418 das **Vorbehaltsgut** ausgenommen. Dieses erfaßt (nur) die Gegenstände, die durch Ehevertrag ausdrücklich dem Vorbehaltsgut zugeschlagen werden, sowie solche Vermögenswerte, die ein Ehegatte von Todes wegen oder durch Schenkung mit der Maßgabe erwirbt, daß sie nicht in das Gesamtgut fallen sollen. Um das Vorbehaltsgut vor einer Auszehrung zu bewahren, sieht § 1418 Abs. 2 Nr. 3 vor, daß auch das Entgelt bei Veräußerungen sowie 1613

85 Palandt-Diederichsen § 1408 Rn 20 mwN
86 Vgl. Giesen Rn 359
87 RGZ 129, 1200; zu diesen s. Bd. 1 Kap. 5 unter 3.2 (Rn 255 ff.)

Ersatzansprüche wegen Beschädigung oder Zerstörung von Gegenständen zum Vorbehaltsgut gehören (**Surrogationsprinzip**).

1614 Neben dem Vorbehalts- existiert noch das **Sondergut**, das unübertragbare Rechte erfaßt, die einem Ehegatten zustehen.

Erfaßt sind beispielsweise unpfändbare Lohnforderungen sowie ein Nießbrauch nach § 1059.

1615 Soweit aufgrund dieser Rechte eine Leistung erbracht wird, fällt sie allerdings ins Gesamtgut.

Man muß also fünf Gütermassen unterscheiden: Neben dem Gesamtgut existiert ggf. das Vorbehaltsgut des Mannes und das Vorbehaltsgut der Frau sowie das Sondergut des Mannes und das Sondergut der Frau.

1616 Während Vorbehalts- und Sondergut von dem jeweiligen Ehegatten selbständig verwaltet werden, bestimmt sich die **Verwaltung des Gesamtguts** nach dem im Ehevertrag Festgelegten. Schweigt sich der Ehevertrag hierüber aus, tritt nach § 1421 Satz 2 gemeinschaftliche Verwaltung ein. Beide Ehegatten können dann nur gemeinsam verfügen und andere Einwirkungen auf das Vermögen vornehmen.

1617 Die **Haftung** ist in den §§ 1459 ff. sehr **gläubigerfreundlich** ausgestaltet. Das Gesamtgut haftet nicht nur für Verbindlichkeiten, die im Zusammenhang mit seiner Verwaltung begründet wurden, vielmehr auch für persönliche Verbindlichkeiten der Ehegatten. Umgekehrt muß der einzelne mit seinem Vorbehalts- und seinem Sondergut in weitem Umfang auch für Gesamtgutsverbindlichkeiten einstehen.[88] Korrekterweise müßte man deshalb von einer «Güter- und Haftungsgemeinschaft» sprechen.

1618 Die Gütergemeinschaft endet mit Auflösung der Ehe, durch neuen Ehevertrag oder aufgrund eines rechtskräftigen Aufhebungsurteils. Für den Fall des Todes eines Ehegatten kann eine sog. **fortgesetzte Gütergemeinschaft** vorgesehen werden; sie ist nach § 1483 in der Weise ausgestaltet, daß an die Stelle des Verstorbenen die gemeinschaftlichen Abkömmlinge treten. Eine solche rechtliche Gestaltung mag dort angemessen sein, wo die Familie noch eine Produktionsgemeinschaft ist.

88 Einzelheiten bei Giesen Rn 349 ff.

5 Recht der Ehescheidung

5.1 Der alleinige Scheidungsgrund: Zerrüttung

Wie bereits an anderer Stelle skizziert[89], stellt das geltende Recht seit 1976 nicht mehr auf das Verschulden eines beteiligten Ehegatten, sondern allein auf die objektiv vorliegende Zerrüttung der Ehe ab. 1619

Der **Begriff der «Zerrüttung»** ist in § 1565 in sehr allgemeiner Weise umschrieben. Danach kann die Ehe geschieden werden, wenn sie «gescheitert» ist. Weiter heißt es: «Die Ehe ist gescheitert, wenn die Lebensgemeinschaft der Ehegatten nicht mehr besteht und nicht erwartet werden kann, daß die Ehegatten sie wieder herstellen.» 1620

Eine solche Bestimmung läßt sich ersichtlich nur schwer handhaben, wenn man sie wirklich ernst nehmen will: Da menschliche Entscheidungen und Gefühle keine mathematisch berechenbaren Größen sind, muß man immer ein Stück weit spekulieren, wenn man als Gericht etwa die These vertritt, mit einer Wiederherstellung der Lebensgemeinschaft sei nicht zu rechnen. Der Gesetzgeber hat die Handhabung deshalb dadurch entscheidend erleichtert, daß er auf die Dauer der Trennung abstellt: Unter den in § 1566 genannten Voraussetzungen ergibt sich eine **unwiderlegliche Vermutung für eine Zerrüttung**. Im einzelnen sind vier verschiedene Fälle zu unterscheiden. 1621

5.1.1 Trennung kürzer als ein Jahr

Leben die Ehegatten noch nicht ein Jahr getrennt, so kann die Ehe nach § 1565 Abs. 2 nur geschieden werden, wenn ihre Fortsetzung für den Antragsteller aus Gründen, die in der Person des anderen Ehegatten liegen, eine **unzumutbare Härte** darstellen würde. Die Scheidung soll grundsätzlich nicht wegen einer momentanen Auseinandersetzung möglich sein; erst eine Trennung von mindestens einem Jahr schafft die nötige Voraussetzung für einen überlegten Entschluß. 1622

An den Ausnahmetatbestand der «unzumutbaren Härte» sind strenge Anforderungen zu stellen. Sie liegt insbesondere bei Gewaltt- 1623

89 Oben Kap. 17 unter 2.4.7 (Rn 1523)

tigkeiten[90] sowie dann vor, wenn unmittelbar nach dem Auszug des einen Ehegatten ein anderer Partner in die bisher gemeinsam genutzte Wohnung aufgenommen wird.[91]

Stellt es auch eine unzumutbare Härte dar, wenn die Ehegatten zwar weiter nach außen hin zusammenleben, der eine sich jedoch einem anderen Partner zugewandt hat? Dies reicht nur, wenn weitere Umstände wie Tätlichkeiten usw. hinzukommen;[92] würde man das bloße Fremdgehen genügen lassen, würde der Grundgedanke der Trennungsregeln (Überlegungsfrist!) ausgehöhlt.[93] Auch müßten ggfs. schwierige Beweiserhebungen durchgeführt werden, ob und inwieweit der «betrogene» Ehegatte konkludent zugestimmt hat. Auch ist es nicht sinnvoll, dem geltenden Recht eine Auslegung zu geben, die auf den alten Scheidungsgrund des Ehebruchs nach § 42 EheG hinausläuft.

5.1.2 Trennung von einem Jahr und Einverständnis beider Ehegatten

1624 Leben die Ehegatten seit mindestens einem Jahr getrennt und beantragen sie beide die Scheidung (oder beantragt sie einer und stimmt der andere zu), so wird nach § 1566 Abs. 1 unwiderlegbar vermutet, daß die Ehe gescheitert ist. Insoweit spricht man auch von einer **«Konventionalscheidung»**.[94]

Vor 1976 gab es dies nur in verdeckter Form: War man sich über die Scheidung einig, trug einer der Ehegatten eine (angeblich vorliegende) schwere Eheverfehlung vor, der der andere nicht widersprach.[95]

1625 Das Getrenntleben wird in § 1567 im einzelnen umschrieben: Es darf keine häusliche Gemeinschaft mehr bestehen, und es muß zum zweiten eine Trennungsabsicht nach außen erkennbar sein. Daß nur die Betten getrennt sind, reicht nicht aus; auch das gemeinsame Wirtschaften muß aufgegeben sein.[96] Um Personen nicht zu benachteiligen, die sich wirtschaftlich keinen Auszug aus der Wohnung leisten können, ermöglicht § 1567 Abs. 1 Satz 2 auch das **Getrenntleben innerhalb**

90 OLG Stuttgart FamRZ 1988, 1276

91 OLG Karlsruhe FamRZ 1992, 1305

92 OLG Düsseldorf FamRZ 1986, 998

93 Eine unzumutbare Härte wird vom OLG Düsseldorf (NJW-RR 1992, 1092) zu Recht aber dann angenommen, wenn beide einen anderen Partner haben und die Frau von ihrem Freund ein Kind erwartet.

94 Palandt-Diederichsen § 1566 Rn 3

95 Vgl. Kühn ZRP 1975, 163 ff.

96 Vgl. BGH NJW 1979, 1360

derselben Wohnung, doch ist besonders darauf zu achten, daß keine über das normale Zusammenwohnen hinausgehenden Dienstleistungen erbracht werden.

5.1.3 Dreijährige Trennung

Leben die Ehegatten drei Jahre getrennt, so wird nach § 1566 Abs. 2 unwiderlegbar vermutet, daß die Ehe gescheitert ist. In diesem Fall reicht der **Antrag eines Ehegatten** für die Scheidung aus. Dies ist trotz des besonderen Schutzes von Ehe und Familie in Art. 6 Abs. 1 GG vom BVerfG für verfassungskonform erklärt worden.[97] 1626

5.1.4 Der problematische Fall: Trennung zwischen ein und drei Jahren und Antrag nur eines Ehegatten

Die beiden Zerrüttungsvermutungen des § 1566 greifen nicht, wenn die Ehegatten zwar schon ein Jahr, aber noch nicht drei Jahre getrennt leben und nur einer einen Scheidungsantrag stellt. In diesem Fall ist inhaltlich im einzelnen **zu prüfen, ob die Ehe** im Sinne des § 1565 Abs. 1 **gescheitert** ist. 1627

Vergleichsweise leicht zu klären ist die erste Voraussetzung, wonach die Lebensgemeinschaft der Ehegatten nicht mehr bestehen darf. Sie liegt dann vor, wenn der wechselseitige Umgang dem zwischen nicht näher verbundenen Menschen entspricht. 1628

Wenn diese Standards unterschritten werden, ist erst recht keine Lebensgemeinschaft mehr vorhanden. So etwa dann, wenn man zwar noch in derselben Wohnung wohnt, sich wechselseitig aber wie Luft behandelt und dem anderen nicht einmal Mitteilung macht, wenn gerade in der Küche sein Topf überkocht.

In der Regel wird in solchen Fällen auch ein Getrenntleben im Sinne des § 1567 vorliegen.

Schwieriger ist die zweite Voraussetzung, wonach nicht mit der Wiederherstellung der ehelichen Lebensgemeinschaft zu rechnen sein darf. Eine «überwindbare Ehekrise» reicht nicht aus, wohl aber der von einem Ehegatten bekundete Willen, auf keinen Fall mehr mit dem anderen zusammenzuleben.[98] In der Regel ist der Richter auf Indizien 1629

97 BVerfG NJW 1980, 689
98 Vgl. OLG Stuttgart FamRZ 1978, 690

verwiesen;[99] die Distanzierung vom Zusammenleben muß so nachhaltig sein, daß nach gewöhnlichem Lauf der Dinge nicht mit einer Versöhnung gerechnet werden kann.

Die Ehefrau ist zu ihrem Freund gezogen und erzählt auch noch nach einem halben Jahr überall im Bekanntenkreis, ihr neuer Partner sei ein «um Klassen besserer» Liebhaber.

5.1.5 Härteklausel und Scheidungspraxis

1630 In allen vier Konstellationen darf das Gericht nach § 1568 die Scheidung nicht aussprechen, obwohl ihre Voraussetzungen an sich vorliegen,
– wenn und solange die Aufrechterhaltung der Ehe im Interesse der aus der Ehe hervorgegangenen minderjährigen Kinder aus besonderen Gründen ausnahmsweise notwendig ist oder
– wenn und solange die Scheidung für den Antragsgegner, der sie ablehnt, aufgrund außergewöhnlicher Umstände eine so schwere Härte darstellen würde, daß die Aufrechterhaltung der Ehe auch unter Berücksichtigung der Belange des Antragstellers ausnahmsweise geboten erscheint.

1631 Diese sog. Härteklausel war ursprünglich nur dann anwendbar, wenn die Ehegatten noch nicht fünf Jahre getrennt gelebt hatten; aufgrund einer Entscheidung des BVerfG, das die Ehe als zu wenig geschützt ansah[100], wurde die **Frist** 1986 **beseitigt**.

1632 In der Praxis spielt die Härteklausel gleichwohl eine **minimale Rolle**; so wurden im Jahre 1991 ingesamt 136 317 Scheidungen ausgesprochen, doch wurde nur in ganzen 15 Fällen der Scheidungsantrag unter Berufung auf § 1568 abgewiesen.[101] Auch aus anderen Gründen kam es selten zu einer Abweisung; insgesamt gab es 1991 nur 324 solcher Fälle, was nicht einmal 0,2 % aller Scheidungsanträge ausmacht.[102]

1633 Die **Scheidungsziffern** lagen von den 50er bis zu den 70er Jahren zwischen 30 000 und gut 100 000, bewegten sich jedoch in den 80er Jahren zwischen 109 520 (1981) und 130 744 (1984).[103] In Gesamtdeutschland belief sich die Zahl 1990 auf 154 786 und 1991 auf 136 317.

---

99 Aufzählung bei Palandt-Diederichsen § 1565 Rn 7
100 BVerfGE 55, 134 = NJW 1981, 108
101 S. die statistischen Angaben bei MüKo-Rebmann, Einl. zum Familienrecht, S. 90
102 S. Fn 101
103 Angaben nach MüKo-Rebmann, a. a. O., S. 91, auch zum folgenden

Langfristig ist somit eine (wenn auch nicht dramatische) Steigerung festzustellen, doch ist andererseits zu berücksichtigen, daß auch die Zahl der bestehenden Ehen zurückgegangen ist.

5.2 Unterhaltspflicht nach Scheidung

Wichtigste Scheidungsfolge ist eine ggfs. eintretende Unterhalts- 1634
pflicht. Von der gesetzlichen Regelung kann nach § 1585 durch «Unterhaltsvertrag» abgewichen werden. Darauf ist unter 5.4 (Rn 1660) einzugehen.

5.2.1 Voraussetzungen

Nach der Scheidung hat «im Prinzip» jeder Ehegatte für sich selbst zu 1635
sorgen. Ist er dazu nicht in der Lage, steht ihm unter den Voraussetzungen der §§ 1570 bis 1576 ein Unterhaltsanspruch gegen seinen früheren Partner zu. Dieser ist – anders als nach dem bis 1976 geltenden Recht – **nicht davon abhängig, ob** einer der Ehegatten das **Scheitern** der Ehe **verschuldet** hatte oder nicht.

Das Gesetz kennt insgesamt sechs **Unterhaltstatbestände**.

(1) Der geschiedene Ehegatte kann nach § 1570 vom anderen Unter- 1636
halt verlangen, «solange und soweit von ihm wegen der Pflege oder Erziehung eines gemeinschaftlichen Kindes eine Erwerbstätigkeit nicht erwartet werden kann». Dieser in der Praxis sehr wichtige Tatbestand setzt voraus, daß es sich um ein **«gemeinschaftliches» Kind** handelt. Ob und inwieweit sich Kindererziehung und Erwerbstätigkeit vereinbaren lassen, richtet sich nach der Rechtsprechung primär nach dem **Alter des Kindes**. Ist dieses unter acht Jahren, kann in der Regel keine Erwerbstätigkeit erwartet werden.[104] Ist es zwischen acht und 11 Jahren alt, bestimmt sich alles nach den näheren Umständen; war der geschiedene Ehegatte schon während der Ehe erwerbstätig oder steht eine Betreuungsperson zur Verfügung, kann eine Erwerbstätigkeit zugemutet werden. Bei einem Kind zwischen 11 und 15 Jahren ist eine Teilzeitbeschäftigung angemessen[105], nach Vollendung des 15. Lebensjahres kann eine Vollzeitbeschäftigung erwartet werden.[106]

---

104 BGH NJW 1989, 1083, 1084
105 BGH NJW 1982, 326, 328
106 BGH NJW 1984, 292, 293

1637 Sind **mehrere Kinder** zu betreuen, verschieben sich die Maßstäbe; bei drei schulpflichtigen Kindern ist beispielsweise jede Erwerbstätigkeit unzumutbar.[107] Dasselbe gilt, wenn zwei Kinder im Alter von 11 und 14 Jahren zu betreuen sind.[108]

«Problemkinder» fallen besonders stark ins Gewicht. Bestehen andererseits günstige Betreuungsmöglichkeiten, weil beispielsweise die geschiedene Ehefrau mit ihrer Mutter zusammenlebt, die sich problemlos um die Kinder kümmert, ist eigene Erwerbstätigkeit eher zuzumuten.[109]

1638 Zu beachten ist, daß zumutbare Erwerbstätigkeit nur den Anspruch aus § 1570 ausschließt, jedoch **andere Rechtsgrundlagen** wie z. B. § 1573 (Arbeitslosigkeit) unberührt läßt.

Der Anspruch aus § 1570 endet, sobald die Kinder nicht mehr betreuungsbedürftig sind.

1639 (2) Nach § 1571 kann Unterhalt weiter deshalb verlangt werden, weil von dem geschiedenen Ehegatten **«wegen seines Alters»** eine Erwerbstätigkeit nicht mehr erwartet werden kann. Dabei ist allerdings zu berücksichtigen, daß nicht schon allein das Alter als solches genügt; vielmehr muß es zu bestimmten Zeitpunkten (**«Einsatzzeitpunkte»** genannt) erreicht sein. Erfaßt sind die Scheidung als solche, die Beendigung des Unterhaltsanspruchs wegen der Erziehung eines gemeinschaftlichen Kindes sowie der Wegfall eines Unterhaltsanspruchs wegen Krankheit (§ 1572) oder wegen Arbeitslosigkeit (§ 1573).

Die bei der Scheidung 50 Jahre alte Ehefrau hat nach kurzer Zeit eine Arbeit gefunden, die sie bis zu ihrem 60. Lebensjahr ausübt. In diesem Alter kann ihr zwar eine Weiterführung ihrer Erwerbstätigkeit nicht angesonnen werden, doch hat sie keinen Unterhaltsanspruch nach § 1571, da keiner der dort genannten Einsatzzeitpunkte vorliegt.

Unklar ist, **von welchem Alter** an eine Erwerbstätigkeit nicht mehr erwartet werden kann. Mit Recht wird in der Literatur darauf verwiesen, daß dieser Zeitpunkt kaum je vor Vollendung des 50. Lebensjahres erreicht sein wird.[110] Die Rechtsprechung hat eine entsprechende Obliegenheit auch bei einer 53jährigen Frau bejaht.[111] Ist die gesetz-

107 BGH NJW 1983, 933, 934
108 OLG Frankfurt FamRZ 1982, 818
109 Palandt-Diederichsen § 1570 Rn 16
110 Gernhuber/Coester-Waltjen § 30 II 2
111 OLG Koblenz FamRZ 1992, 950

liche Altersgrenze erreicht, scheidet jede Verweisung auf eine Erwerbstätigkeit aus.

(3) Unterhalt kann weiter dann verlangt werden, wenn von dem geschiedenen Ehegatten **wegen Krankheit** oder anderer Gebrechen oder wegen Schwäche seiner körperlichen oder geistigen Kräfte eine **Erwerbstätigkeit nicht erwartet** werden kann. Auch hier sind wiederum die «Einsatzzeitpunkte» zu berücksichtigen: Erfaßt sind die Scheidung, die Beendigung des Anspruchs nach § 1570, die Beendigung der Ausbildung, Fortbildung oder Umschulung und der Wegfall der Voraussetzungen für einen Unterhaltsanspruch nach § 1573 (Arbeitslosigkeit). 1640

(4) Kann der Ehegatte nach der Scheidung keine **angemessene Erwerbstätigkeit** finden, hat er einen Unterhaltsanspruch nach § 1573 Abs. 1. Dasselbe gilt dann, wenn die Voraussetzungen der zunächst gegebenen Unterhaltsansprüche nach den §§ 1570 bis 1573 und 1575 (Abschluß einer Ausbildung) entfallen sind. 1641

Der Unterhaltsberechtigte muß sich um eine Erwerbstätigkeit bemühen. Nach § 1574 braucht er nur eine «ihm angemessene» Erwerbstätigkeit auszuüben. Soweit es hierfür erforderlich ist, muß er sich ausbilden, fortbilden oder umschulen lassen, wenn ein erfolgreicher Abschluß zu erwarten ist (§ 1574 Abs. 3). 1642

(5) Wer in Erwartung der Ehe oder während der Ehe eine Schul- oder **Berufsausbildung** nicht aufgenommen oder **abgebrochen** hat, kann nach § 1575 Abs. 1 Unterhalt verlangen, wenn er diese oder eine **entsprechende Ausbildung** sobald wie möglich **aufnimmt**, um eine angemessene Erwerbstätigkeit zu erlangen und der erfolgreiche Abschluß der Ausbildung zu erwarten ist. 1643

Jurastudentin J heiratet einen vielbeschäftigten Manager und gibt deshalb das Jurastudium nach dem 4. Semester auf. Sechs Jahre später geht die Ehe in die Brüche; sie kann die Ausbildung fortführen und während dieser Zeit Unterhalt verlangen, auch wenn keine der anderen Vorschriften eingreift.

Inhaltlich geht es um einen Ausgleich ehebedingter Nachteile, so daß es auch keine Rolle spielt, wenn der geschiedene Ehegatte unschwer eine angemessene Erwerbstätigkeit finden würde.

(6) Unterhalt kann schließlich nach § 1576 aus **Billigkeitsgründen** verlangt werden, wenn keine der anderen Vorschriften eingreift. Dies ist etwa dann der Fall, wenn der geschiedene Ehegatte ein behindertes Kind betreut oder sich weiter um ein Pflegekind kümmert, das auch mit Zustimmung des anderen in den Haushalt aufgenommen worden 1644

ist.[112] Die Gründe, die zum Scheitern der Ehe geführt haben, reichen als solche für einen Unterhaltsanspruch aus Billigkeitsgründen nicht aus.

M hat die F nicht nur regelmäßig geschlagen, sondern sich bereits ein halbes Jahr nach der Eheschließung anderen Partnerinnen zugewandt. F hatte sich nichts vorzuwerfen – gleichwohl kann sie nicht allein wegen dieser Umstände Unterhalt verlangen.

5.2.2 Bemessung des Unterhalts

1645 Nach § 1578 Abs. 1 Satz 1 bestimmt sich die **Höhe** des Unterhalts **nach den ehelichen Lebensverhältnissen**; der dort bestehende Lebensstandard soll auch nach der Scheidung aufrechterhalten bleiben. Erfaßt sind dabei neben Nahrung, Kleidung, Wohnung, Ferienreisen usw. auch die Kosten einer angemessenen Versicherung für den Fall der Krankheit, des Alters und der Berufs- oder Erwerbsunfähigkeit (§ 1578 Abs. 2 und 3).

1646 **Geld, das gespart wurde**, floß nicht in die «Lebensverhältnisse» ein; es gehört daher nicht zum Bedarf nach § 1578. Ausnahmen werden allerdings bei besonders karger Lebensweise mit hoher «Sparquote» gemacht. Mit «Ausschlägen nach oben» wird genauso verfahren; zum Lebensbedarf gehören nicht diejenigen Mittel, die für ein besonders luxuriöses Dasein erforderlich sind.[113]

1647 § 1578 Abs. 1 Satz 2 sieht die Möglichkeit vor, das Weiterleben nach den ehelichen Lebensverhältnissen zeitlich zu befristen und danach nur noch die Beträge zuzusprechen, die einen «angemessenen» Lebensbedarf abdecken.[114]

1648 Der unterhaltsberechtigte Ehegatte muß sich nach § 1577 eine **Minderung** seines Anspruchs gefallen lassen, «solange und soweit er sich aus seinen Einkünften und seinem Vermögen selbst unterhalten kann».

1649 Zu den Einkünften zählt der Arbeitsverdienst, aber auch das Arbeitslosengeld, nicht jedoch die Arbeitslosenhilfe. Zinsen aus dem Vermögen sind gleichfalls anzurechnen.[115]

---

112 BGH NJW 1984, 1538

113 Näher Schwab FamRZ 1982, 456ff.

114 Dazu Giesen Rn 416

115 Soergel-Häberle § 1577 Rn 8

Was geschieht, wenn die geschiedene Ehefrau mit einem neuen Partner zusammenlebt und diesem unentgeltlich den Haushalt führt? Hier fingiert die Rechtsprechung[116] einen Vergütungsanspruch in Höhe des Werts der erbrachten Dienstleistungen.

Verdient der unterhaltsberechtigte Ehegatte aufgrund einer **Tätigkeit, die** ihm **an sich gar nicht zuzumuten** ist, so findet eine Anrechnung nur nach Maßgabe des § 1577 Abs. 2 statt.[117]

Die Substanz seines Vermögens (§ 1577 Abs. 3 spricht vom «Stamm 1650
des Vermögens») braucht der geschiedene Ehegatte nicht zu verwerten, soweit die Verwertung unwirtschaftlich oder unter Berücksichtigung der beiderseitigen wirtschaftlichen Verhältnisse unbillig wäre. «Unwirtschaftlichkeit» liegt vor, wenn die Preise gerade besonders niedrig liegen, Unbilligkeit dann, wenn auch eine Rücklage für Fälle eines Sonderbedarfs («Notgroschen») angegriffen werden müßte.[118]

Der zum Unterhalt Verpflichtete braucht **nur nach Billigkeits-** 1651
grundsätzen Unterhalt zu leisten, **sofern** er durch Zahlung des vollen Betrages nach § 1578 seinen **eigenen angemessenen Unterhalt gefährden** würde. Bleibt das Einkommen der Ehegatten nach der Scheidung dasselbe, kann dieser Fall sehr leicht auftreten, da die Führung von zwei Haushalten zusätzliche Aufwendungen macht. Im einzelnen bemißt sich in der Praxis die Höhe des Unterhalts genau wie bei getrennt lebenden Ehegatten nach der **Düsseldorfer Tabelle** und vergleichbaren anderen Leitlinien.[119]

5.2.3 Die Härteklausel nach § 1579

Auch wenn die Voraussetzungen eines Unterhaltsanspruchs an sich 1652
vorliegen, kann die Inanspruchnahme des anderen Ehegatten grob unbillig sein. § 1579 nennt in diesem Zusammenhang insgesamt sieben Fälle, von denen nicht alle einleuchten können.

Keine Bedenken wird man gegen **Nr. 1** haben, wonach es bei einer 1653
Ehe von kurzer Dauer grob unbillig sein kann, in dem ansonsten gebotenen Umfang Unterhalt zu verlangen. Richtigerweise wird zur Ehedauer die Zeit hinzugerechnet, in der ein gemeinschaftliches Kind erzogen wurde.

116 BGH NJW 1989, 1083, 1084
117 Näher Palandt-Diederichsen § 1577 Rn 14 mwN
118 MüKo-Richter § 1577 Rn 35
119 S. oben Fn 45

Wann ist eine Ehe «kurz»? Die Rechtsprechung zieht die Grenze bei etwa drei Jahren.[120]

1654 Auch **Nr. 2** geht in Ordnung: Hat sich der Berechtigte eines **Verbrechens** oder eines schweren vorsätzlichen Vergehens gegen den Verpflichteten oder einen nahen Angehörigen des Verpflichteten schuldig gemacht, ist gleichfalls der Unterhaltsanspruch zu versagen oder zu begrenzen. Dem Verpflichteten ist nicht zuzumuten, einem Menschen Unterhalt zu bezahlen, der ihn beispielsweise umbringen wollte oder erpreßt hat. Auch ein Betrug kann ausreichen.

1655 Die Unterhaltspflicht entfällt nach **Nr. 3** zutreffend auch dann, wenn der Berechtigte seine **Bedürftigkeit mutwillig herbeigeführt** hat oder wenn (Nr. 4) sich der Berechtigte **über schwerwiegende Vermögensinteressen des Verpflichteten mutwillig hinweggesetzt** hat. Auch wer vor der Scheidung längere Zeit seine Unterhaltspflicht nach §§ 1360, 1361 gröblich verletzt hat, kann nicht nachträglich einen solchen Anspruch geltend machen.

1656 Problematisch ist demgegenüber **Nr. 6**. Der Unterhaltsanspruch ist wegen grober Unbilligkeit zu versagen, herabzusetzen oder zeitlich zu begrenzen, wenn dem Berechtigten ein «**offensichtlich schwerwiegendes**, eindeutig bei ihm liegendes **Fehlverhalten** gegen den Verpflichteten zur Last fällt». Damit sind insbesondere schwere Verletzungen ehelicher Pflichten wie z. B. der Ehebruch erfaßt.[121] Erst recht gilt dies für die Aufnahme einer nichtehelichen Lebensgemeinschaft mit einem Dritten aus der Ehe heraus.[122] Durch die unterhaltsrechtliche Hintertüre wird so das Verschuldensprinzip wieder eingeführt. Dies ist nicht nur systemwidrig, sondern belastet in einseitiger Weise den wirtschaftlich schwächeren Partner (in der Regel die Frau): Bricht sie aus der Ehe aus, verliert sie den Unterhaltsanspruch, auf den sie dringend angewiesen ist; praktiziert der andere Ehegatte dasselbe Verhalten, riskiert er gar nichts, da für ihn mangels Bedürftigkeit sowieso kein Unterhaltsanspruch in Betracht kommt. Außerdem muß, was man 1976 gerade abschaffen wollte, wieder «schmutzige Wäsche» gewaschen werden.

1657 Auch die **Generalklausel** nach **Nr. 7** wird in einer Weise gehandhabt, die nicht immer einzuleuchten vermag: Wichtigster Anwendungsfall ist die **Eingehung einer neuen Partnerschaft** ohne Ehe-

120 Nachweise bei Palandt-Diederichsen § 1579 Rn 13
121 BGH FamRZ 1983, 670; BGH NJW 1986, 723
122 BGH NJW 1986, 722

schließung: Trotz fehlenden Verschuldens wird hier die Unterhaltsleistung als «grob unbillig» eingestuft.[123] Die Existenz einer nichtehelichen Lebensgemeinschaft wird hier – wie auch in einigen anderen Fällen[124] – zu Lasten der Beteiligten berücksichtigt und insoweit eine Gleichstellung mit der Ehe vorgenommen.

5.3 Versorgungsausgleich

Ist ein Ehegatte nicht oder weniger erwerbstätig als der andere, so kann 1658 er keine oder nur geringe Anwartschaften auf Altersrente erwerben. Dies ist ungerecht, wenn man berücksichtigt, daß die Haushaltsführung einen gleichwertigen Beitrag zum Familienunterhalt verglichen mit dem aus der Erwerbsarbeit folgende Einkommen darstellt. Der Gesetzgeber hat deshalb im Jahre 1976 einen sog. Versorgungsausgleich geschaffen, der in den §§ 1587 bis 1587p eine eingehende Regelung erfahren hat. Dabei wird **dasselbe Modell wie bei der Zugewinngemeinschaft** zugrundegelegt: Die während der Ehe erworbenen Anwartschaften auf Altersrente werden gegenübergestellt; die Differenz ist zwischen beiden Ehegatten gleichmäßig zu verteilen.

Die konkreten Regelungen darzustellen würde voraussetzen, auch 1659 auf das System der Rentenberechnung einzugehen; dies übersteigt die Möglichkeiten eines Leitfadens.[125]

5.4 Vertragliche Abmachungen

Die in § 1585c ausdrücklich zugelassenen Unterhaltsverträge können 1660 insbesondere einen Unterhaltsverzicht beinhalten. Sie können bereits unter Verlobten abgeschlossen werden.[126]

Wie ist ein derartiger Vertrag zu beurteilen, wenn M die von ihm schwangere F nur unter der Voraussetzung heiraten will, daß sie in einen entsprechenden Unterhaltsverzicht einwilligt? Der BGH sieht hier keinen Verstoß gegen § 138 Abs. 1;[127] die Eheschließungsfreiheit umfaßt so u. a. auch das Recht, den anderen unter Druck zu setzen.

---

123 Überblick bei Palandt-Diederichsen § 1579 Rn 38, 39
124 Dazu unten Kap. 21 unter 2 (Rn 1827)
125 Eingehende Darstellung bei Gernhuber / Coester-Waltjen § 28
126 BGH NJW 1991, 913
127 BGH NJW 1992, 3164, 3165

1661 Zwei Grenzen sind gleichwohl zu beachten. Führt der Unterhaltsverzicht dazu, daß der betroffene Ehegatte in voraussehbarer Weise Sozialhilfe in Anspruch nehmen muß, liegt eine Art «Vertrag zu Lasten Dritter» vor, der grundsätzlich sittenwidrig ist, wenn nicht ausnahmsweise beachtliche Gründe dafür sprechen, auch unterhaltsrechtlich einen Schlußstrich zu ziehen.[128] Zum zweiten kann sich der eine Ehegatte auf den Verzicht dann nicht berufen, «wenn und soweit das Wohl eines gemeinschaftlichen, von dem anderen Ehegatten betreuten Kindes den Bestand der Unterhaltspflicht fordert».[129] Einem solchen Verhalten stünde § 242 entgegen.

1662 Während Unterhaltsverträge formlos gültig sind[130], verlangt § 1587o Abs. 2 notarielle Beurkundung für eine vom Gesetz abweichende Regelung des Versorgungsausgleichs.

1663 Auch die Verteilung des Hausrats sollte einvernehmlich geregelt werden. Gelingt dies nicht, kann der Scheidungsrichter Vermögensgegenstände einseitig einem bestimmten Ehegatten zuweisen.[131]

128 BGH NJW 1983, 1851; BGH NJW 1992, 3164

129 BGH NJW 1992, 3164

130 Nachweise bei Palandt-Diederichsen § 1585c Rn 14

131 Rechtsgrundlage ist die sog. HausratsVO (= 6. DVO zum EheG, Schönfelder Nr. 44)

KAPITEL 19: Kindschaftsrecht

1 Die Abstammung und ihre gerichtliche Klärung

Das (noch) geltende Recht differenziert bei der **Bestimmung der Vaterschaft** zwischen den Kindern einer verheirateten und denen einer nicht verheirateten Frau. Die **Abstammung von der Mutter** wird als unproblematisch angesehen und deshalb keiner besonderen Regelung zugeführt.[1] 1664

1.1 Das Kind einer verheirateten Mutter

1.1.1 Die Vermutung der Ehelichkeit

Ein Kind, das von einer Frau nach ihrer Eheschließung geboren wird, gilt nach § 1591 Abs. 1 automatisch als Kind ihres Ehemannes. Nach Abs. 2 dieser Vorschrift wird vermutet, der Ehemann habe der Mutter innerhalb der Empfängniszeit beigewohnt. 1665

§ 1592 Abs. 1 definiert als Empfängniszeit die Zeit von dem 181. bis 302. Tage vor der Geburt.

Wird die Ehe, insbesondere durch Scheidung, aufgelöst, bleibt für den Zeitraum vor Rechtskraft des Urteils die beschriebene Vermutung er- 1666

---

1 Dies hat sich durch die neuen Reproduktionstechnologien geändert – dazu unten 1.3 (Rn 1694 ff.)

halten: Die Ehelichkeit entfällt daher erst dann, wenn das Kind später als 302 Tage nach der Scheidung geboren wird. Dies geht ersichtlich an der Lebenswirklichkeit vorbei.

Der Entwurf der Bundesregierung für ein Kindschaftsrechtsreformgesetz (KindRG-E) hält deshalb vernünftigerweise die Vaterschaftsvermutung nur noch für den Fall aufrecht, daß der Vater im Zeitpunkt der Geburt mit der Mutter des Kindes verheiratet ist (§ 1592 Nr. 1 n. F.). Eine Ausnahme macht der neue § 1593 Abs. 1 Satz 1, wonach bei Auflösung der Ehe durch Tod auch dann eine eheliche Abstammung angenommen wird, wenn das Kind innerhalb von 300 Tagen nach dem Tod geboren wird – Zerwürfnisse anzunehmen besteht hier kein Anlaß.

1.1.2 Widerlegung der Vermutung durch «offenbare Unmöglichkeit»

1667 Nach § 1591 Abs. 1 Satz 2 ist das Kind gleichwohl nicht ehelich, wenn es den Umständen nach offenbar unmöglich ist, daß die Frau das Kind von ihrem Ehemann empfangen hat.

1668 Die offenbare Unmöglichkeit besteht etwa dann, wenn kein Verkehr stattfinden konnte, weil der Mann während der Empfängniszeit in Übersee war oder **Strafhaft** im sog. geschlossenen Vollzug verbüßte. Denkbar ist auch, daß die Beiwohnung nur für einen Teil der Empfängniszeit ausgeschlossen werden kann, gleichzeitig jedoch ein Gutachten über den Reifegrad des Kindes (sog. **Tragezeitgutachten**) belegt, daß die Empfängnis während dieses Zeitraums stattgefunden haben muß.[2]

1669 Besteht an der Beiwohnung während der (maßgebenden) Empfängniszeit kein Zweifel, kann die Vaterschaft insbesondere durch ein **Blutgruppengutachten** ausgeschlossen werden.

Im Blut des Kindes finden sich Merkmale, die weder die Mutter noch ihr Ehemann besitzt.

1670 Relativ aufwendig ist das sog. **erbbiologische Gutachten**, das auf bestimmte äußerliche Merkmale wie z. B. die Formung von Kopf und Wirbelsäule abstellt. Es setzt voraus, daß das Kind mindestens zwei bis drei Jahre alt ist und versagt, wenn dieses «der Mutter aus dem Gesicht geschnitten» ähnlich ist. In neuerer Zeit wird vermehrt auf **DNA-Analysen** zurückgegriffen.[3]

2 Zum Tragezeitgutachten s. Palandt-Diederichsen Einf. vor § 1591 Rn 11
3 Zum Beweiswert s. BGH NJW 1991, 749, 751; weitere Nachweise bei Palandt-Diederichsen Einf. vor § 1591 Rn 17

1.1.3 Gerichtliche Anfechtung der Ehelichkeit

Nach § 1593 gilt das Kind so lange als ehelich, bis seine Nichtehelichkeit rechtskräftig festgestellt wird. Niemand soll den «Familienfrieden» dadurch stören können, daß die Abstammung von einem Dritten behauptet und gerichtlich geltend gemacht wird. 1671

1.1.3.1 Anfechtung durch den Ehemann der Mutter

Nach (noch) geltendem Recht ist der Ehemann der Mutter nach § 1594 zur Anfechtung der Ehelichkeit befugt. Ihm steht hierfür eine **Frist von zwei Jahren** zur Verfügung, die mit dem Zeitpunkt beginnt, zu dem er Kenntnis von den Umständen erlangt hat, die für die Nichtehelichkeit sprechen. 1672

Der Ehemann der Mutter hat bereits sechs Monate vor der Geburt erfahren, daß die Schwangerschaft offensichtlich auf den intimen Beziehungen zu einem anderen Mann beruht. 1 ¾ Jahre nach der Geburt will er anfechten. An sich ist die Zweijahresfrist verstrichen, doch sieht § 1594 Abs. 2 Satz 2 vor, daß die Frist frühestens mit der Geburt des Kindes beginnt (Nebenbemerkung des den Finger erhebenden Oberlehrers: Immer den ganzen Gesetzestext lesen!). Die Anfechtung greift also durch.

Die Anfechtung kann nach § 1595 Abs. 1 Satz 1 **nicht durch** einen **Vertreter** erfolgen; es soll sichergestellt sein, daß sich der Mann selbst entschieden hat. Beschränkt geschäftsfähige Personen bedürfen deshalb nicht einmal der Zustimmung ihres gesetzlichen Vertreters. 1673

Beschränkte Geschäftsfähigkeit besteht nur bei Minderjährigen zwischen sieben und 18 Jahren. Auch sie können in die Position eines «Scheinvaters» geraten, wenn das Vormundschaftsgericht die Eheschließung nach § 1 Abs. 2 EheG einem 16- oder 17jährigen gestattet hat.[4]

Bei geschäftsunfähigen Männern kann der gesetzliche Vertreter mit Genehmigung des Vormundschaftsgerichts anfechten. Fällt die Geschäftsunfähigkeit weg (die Geisteskrankheit ist beispielsweise geheilt), so kann die Anfechtung binnen zwei Jahren nachgeholt werden. 1674

Einen Sonderfall regelt § 1595 a: Ist der Ehemann der Mutter gestorben, ohne von der Geburt des Kindes zu wissen, oder war das Kind bei seinem Tod noch keine zwei Jahre alt, so können seine **Eltern** die Ehelichkeit anfechten. 1675

4 Dazu oben Kap. 18 unter 1.3 (Rn 1535)

1.1.3.2 Anfechtung durch das Kind

1676 Unter den spezifischen Voraussetzungen des § 1596 ist auch das Kind zur Anfechtung befugt. Dabei sind zwei unterschiedliche Situationen zu unterscheiden.

1677 Zum einen sind Fälle erfaßt, in denen **keine intakte Ehe** der Mutter **mehr** besteht: Ihr Ehemann ist gestorben, ohne sein Anfechtungsrecht durch Zeitablauf verloren zu haben, die Ehe ist geschieden, aufgehoben oder für nichtig erklärt worden, die Ehegatten leben seit drei Jahren getrennt und wollen die eheliche Lebensgemeinschaft nicht wiederherstellen, die Mutter hat den Mann geheiratet, der das Kind gezeugt hat.

Hatte der verstorbene Ehemann der Mutter sein Anfechtungsrecht bereits verloren, ist das Kind nicht zur Anfechtung befugt. Dies ändert sich, wenn die Mutter den Erzeuger heiratet: Hier soll der Begründung einer neuen intakten Familie nichts entgegenstehen.

1678 Auch hier besteht eine **Zweijahresfrist**, die ab Kenntnis von den maßgebenden Umständen läuft. Das Anfechtungsrecht wird nach § 1597 durch den gesetzlichen Vertreter ausgeübt, der jedoch der Zustimmung des Vormundschaftsgerichts bedarf. Nach § 1598 hat das **selbst volljährig** gewordene Kind eine **erneute Möglichkeit** zur Anfechtung, die jedoch ohne Rücksicht auf die Kenntnis der näheren Umstände nach zwei Jahren erlischt.

1679 Zum zweiten ist die Anfechtung nach § 1596 Abs. 1 Nr. 4 und 5 dann möglich, wenn der **Vater** – etwas pauschal gesprochen – für das Kind **zu einer erheblichen «Belastung» wird**. Dies ist dann der Fall, wenn er einen «ehrlosen oder unsittlichen Lebenswandel» praktiziert[5], wenn er eine schwere Verfehlung gegen das Kind begangen hat oder wenn er an einer schweren Erbkrankheit leidet und deshalb die Anfechtung der Ehelichkeit «sittlich gerechtfertigt» ist. In diesen Fällen läuft keine Frist.

5 Zu diesem Begriff, der insbesondere bei der Pflichtteilsentziehung im Erbrecht eine Rolle spielt, s. unten Kap. 25 unter 5 (Rn 2011)

1.1.3.3 Verfassungsrechtliche Bedenken

Die Beschränkung der Anfechtungsmöglichkeiten rechtfertigt sich nach herrschender Auffassung mit dem Familienschutz – man soll den «Fehltritt» der Frau mit Schweigen übergehen und zur Normalität zurückkehren können. Auch ist denkbar, daß der Ehemann mit dem Verhalten der Frau einverstanden war, weil er beispielsweise selbst nicht Vater werden konnte. 1680

Durch die bestehende Regelung wird jedoch in vielen Fällen das **Interesse des Kindes mißachtet**, die Person seines leiblichen Vaters zu erfahren. Nach zutreffender Auffassung des BVerfG umfaßt der in Art. 2 Abs. 1 in Verbindung mit Art. 1 Abs. 1 GG garantierte Persönlichkeitsschutz auch das **Recht auf Kenntnis der eigenen Abstammung**, so daß Eingriffe nur zum Schutze anderer Rechtsgüter und unter Wahrung des Verhältnismäßigkeitsgrundsatzes zulässig sind.[6] Droht im konkreten Fall keine Störung des Familienfriedens, weil beide Ehegatten mit der Anfechtung einverstanden sind, darf sie daher dem Kind nicht verweigert werden; § 1596 Abs. 1 ist wegen seiner engen Anfechtungsvoraussetzungen insoweit verfassungswidrig.[7] Dasselbe gilt für § 1598, der das Anfechtungsrecht des volljährig gewordenen Kindes ohne Rücksicht auf die Kenntnis der gegen die Ehelichkeit sprechenden Umstände zwei Jahre nach Eintritt der Volljährigkeit entfallen läßt.[8] 1681

Verfassungsrechtliche Bedenken bestehen weiter auch dagegen, daß der **Mutter kein Anfechtungsrecht** zusteht; nach geltendem Recht kann sie lediglich in gewissem Umfang das Anfechtungsrecht des Kindes gemäß § 1597 Abs. 3 blockieren. Dies ist allerdings weniger ein Problem der Gleichberechtigung nach Art. 3 Abs. 2 GG als eine Frage des allgemeinen Persönlichkeitsrechts: Auch ihre höchstpersönliche Sphäre wird berührt, wenn das von ihr geborene Kind einem anderen Mann zugerechnet wird und sie dagegen nichts unternehmen kann. 1682

6 BVerfGE 79, 256, 268 ff.
7 BVerfGE 79, 256, 272 ff.
8 BVerfG FamRZ 1994, 881

1.1.3.4 Geplante Neuregelung

1683 Der Gesetzentwurf der Bundesregierung zur Neuregelung des Kindschaftsrechts[9] will diesen Ballast grundsätzlich abwerfen. Nach dem neuen § 1600 sollen der Ehemann, das Kind und die Mutter gleichermaßen zur Anfechtung berechtigt sein. Solange das Kind lebt und noch minderjährig ist, hängt die Anfechtungsbefugnis der Mutter allerdings davon ab, daß die Klärung der Abstammung dem Wohle des Kindes dient. Ist dieses volljährig geworden, kann die Mutter die Ehelichkeit nur noch mit seiner Zustimmung anfechten. Sobald das Kind volljährig ist, erhält es eine zweijährige Überlegungsfrist, die jedoch erst nach Kenntnis der maßgebenden Umstände zu laufen beginnt (§ 1600b Abs. 3 Satz 2 des Entwurfs). Für alle Beteiligten wird die Zweijahresfrist dadurch relativiert, daß nach § 1600b Abs. 5 auch noch zu einem späteren Zeitpunkt eine Anfechtung möglich ist, sofern der Beteiligte Kenntnis von Umständen erlangt, «aufgrund deren die Folgen der Vaterschaft für ihn unzumutbar werden».

Der Ehemann der Mutter versucht das Kind umzubringen oder wird als Träger einer Erbkrankheit erkennbar.

1684 **Kein Anfechtungsrecht** besitzt auch in Zukunft der **Erzeuger**; er soll die «intakte» Familie nicht noch weiter stören können.

In der Regel wird er sich wohl eher über den Nachwuchs freuen, der ihm keinerlei wirtschaftliche Belastungen beschert.

Das Anfechtungsrecht der Eltern des verstorbenen Ehemanns der Mutter soll abgeschafft werden.

1.1.3.5 Form der Anfechtung

1685 Nach § 1599 erfolgt die Anfechtung der Ehelichkeit durch Klage; ist der Mann oder das Kind verstorben, ist ein «Antrag» beim Vormundschaftsgericht zu stellen.

9 BT-Drucksache 13/4899; BR-Drucks. 180/96

1.2 Das Kind einer nichtverheirateten Mutter

Ist die Mutter nicht verheiratet, kann die Vaterschaft durch Anerkennung oder durch gerichtliche Feststellung geklärt werden. Gleichgestellt ist der Fall, daß die Ehelichkeit des Kindes erfolgreich angefochten wurde: Dieses befindet sich dann in der Situation eines nichtehelich Geborenen. 1686

1.2.1 Anerkennung der Vaterschaft

1.2.1.1 Voraussetzungen

Ist der Erzeuger bereit, die Vaterschaft anzuerkennen, so sind eine Reihe von Bedingungen zu erfüllen, ehe er als nichtehelicher Vater im Rechtssinne gilt. 1687

– Es muß eine **Anerkennungserklärung** in dem Sinne vorliegen, daß er sich als Vater des betreffenden Kindes bezeichnet. Die Erklärung muß nach § 1600e Abs. 1 Satz 1 öffentlich beurkundet werden.
– Ist der Vater beschränkt geschäftsfähig, kann er nach § 1600d Abs. 1 nur selbst anerkennen, bedarf jedoch hierzu der Zustimmung seines gesetzlichen Vertreters. Für einen Geschäftsunfähigen handelt der gesetzliche Vertreter mit Genehmigung des Vormundschaftsgerichts.
– Die Anerkennung darf nach § 1600b Abs. 1 **nicht von einer Bedingung** oder einer Zeitbestimmung **abhängen**. Sie ist jedoch nach § 1600b Abs. 2 bereits vor der Geburt des Kindes zulässig.
– In bezug auf ein Kind darf **immer nur eine Person** die Vaterschaft anerkennen. Dabei gilt der Grundsatz «Wer zuerst kommt, mahlt zuerst»: § 1600b Abs. 3 erklärt jede weitere Anerkennung für unwirksam. Ist die Ehelichkeit eines Kindes noch nicht angefochten, ist die Anerkennung unter der Voraussetzung zulässig, daß es zu einer erfolgreichen Anfechtung kommt.[10]
– Nach § 1600c Abs. 1 ist die Anerkennung nur mit **Zustimmung des Kindes** möglich. Dieses muß sich keine Person als Vater aufdrängen lassen, dessen Vaterschaft nicht eindeutig festgestellt ist.

10 BGHZ 99, 236

Schauspieler S wird immer wieder homosexueller Neigungen verdächtigt, was ihn beträchtlich ärgert. Als seine Kollegin K ein nichteheliches Kind zur Welt bringt, das überdies allgemein als «besonders niedlich» kommentiert wird, entschließt er sich zur Anerkennung der Vaterschaft, obwohl er mit K «nichts hatte».

Die Zustimmung des geschäftsunfähigen oder noch nicht 14 Jahre alten Kindes wird durch den gesetzlichen Vertreter ausgesprochen.

Wenn die K mitmacht, kann der Coup glücken, doch ist zu beachten, daß nach (noch) geltendem Recht die Mutter eines nichtehelichen Kindes insoweit nach § 1706 von der Vertretung grundsätzlich ausgeschlossen ist und durch einen Pfleger ersetzt wird.

Auch die Zustimmungserklärung bedarf der öffentlichen Beurkundung.

– Die Anerkennung ist ebenso wie die Zustimmung nach § 1600d Abs. 4 «höchstpersönlich», kann daher **nicht durch einen Vertreter** abgegeben werden.

Wird diesen Voraussetzungen nicht genügt, ist die **Anerkennung** nach § 1600f Abs. 1 **unwirksam**. Dies gilt allerdings dann nicht mehr, wenn die Anerkennung fünf Jahre lang in ein deutsches Personenstandsbuch eingetragen war.

1.2.1.2 Rechtsfolgen und ihre Beseitigung

1688 Eine wirksame Anerkennung führt nach § 1600m dazu, daß der Anerkennende **als Vater vermutet** wird. Insofern befindet er sich nunmehr in derselben Situation wie der Ehemann der Mutter: Die Vermutung kann nur noch im Wege der Anfechtung beseitigt werden.

Ein Unterschied besteht allerdings insoweit, als die Anerkennungserklärung selbst nach den §§ 119 Abs. 1, 123 angefochten werden kann (§ 1600m Satz 2). Ist dies der Fall, entfällt die Vermutungswirkung, und die Situation ist wieder offen.

1689 Die Anfechtungsbefugnis steht – weil es keinen «Ehefrieden» zu wahren gilt – nach § 1600g Abs. 2 dem Anerkennenden wie auch der Mutter und dem Kind zu. Ist der Mann innerhalb eines Jahres seit der Anerkennung gestorben, können seine Eltern an seiner Stelle anfechten (§ 1600g Abs. 2). § 1600h sieht für den Anerkennenden, seine Eltern und die Mutter des Kindes eine **Anfechtungsfrist von einem Jahr** vor. Für den Mann beginnt sie mit dem Zeitpunkt, in dem ihm die Umstände, die gegen die Vaterschaft sprechen, bekannt geworden sind. Für die Mutter läuft die Frist ab dem Zeitpunkt, in dem ihr die wirksame Anerkennung bekannt geworden ist. § 1600i gibt dem Kind eine Überlegungsfrist von zwei Jahren ab Kenntnis der gegen die Vaterschaft sprechenden Umstände. Hat der gesetzliche Vertreter eines minderjährigen Kindes die Anfechtung unterlassen, so kann sie dieses nach Volljährigkeit innerhalb von zwei Jahren nachholen (§ 1600k Abs. 4 Satz 2).

Die geplante Neuregelung behandelt den die Vaterschaft Anerkennenden wie einen Ehemann der Mutter.

1.2.2 Gerichtliche Feststellung

Kommt es zu keiner Anerkennung, so kann die Vaterschaft gerichtlich 1690
festgestellt werden. Eine entsprechende Klage kann sowohl das Kind wie der Erzeuger erheben.

Klagt – wie in der Regel – das Kind, so hat das Gericht zwei Dinge festzustellen:

Zum einen muß bewiesen sein, daß der **Mann der Mutter** während 1691
der Empfängniszeit **beigewohnt** hat. Fehlt es schon daran, wird die Klage abgewiesen.

Im Einzelfall können sich schwierige Probleme der Glaubwürdigkeit ergeben, wenn die Mutter den Verkehr behauptet, der als Vater in Anspruch genommene ihn jedoch bestreitet.

Steht der «Verkehr» fest, so muß eine zweite Bedingung erfüllt sein: 1692
Zwar wird nach § 1600o Satz 1 vermutet, daß das Kind von dem betreffenden Mann abstammt, doch **macht** Satz 2 derselben Bestimmung **allerdings** eine wichtige Ausnahme: Bleiben «nach Würdigung aller Umstände **schwerwiegende Zweifel** an der Vaterschaft», darf diese nicht festgestellt werden. Die «Zweifel» müssen also ausgeräumt sein.

Anders als nach früherem Recht[11] können die «schwerwiegenden 1693
Zweifel» nicht schon daraus hergeleitet werden, daß die Frau während der Empfängniszeit auch mit einem anderen Mann Verkehr hatte. Vielmehr ist in einer solchen Situation unter Ausnutzung aller naturwissenschaftlichen Erkenntnismittel danach zu fragen, wie hoch die Wahrscheinlichkeit der Vaterschaft ist. «Schwerwiegende Zweifel» bleiben allerdings dann, wenn in etwa dieselbe Wahrscheinlichkeit für die Vaterschaft des anderen Mannes spricht.

11 Dazu oben Kap. 17 unter 2.3 (Rn 1514)

Paradebeispiel, das erstaunlicherweise nicht nur in Lehrbüchern vorkommt: Verkehr mit zwei eineiigen Zwillingen. Angesichts der Identität des «genetischen Materials» versagt hier die Wissenschaft.[12]

Nach geltendem Recht ist dieses Ergebnis unvermeidbar, doch wäre auch daran zu denken, beide «Väter» zu je 50 % oder als Gesamtschuldner haften zu lassen.

1.3 Probleme bei der Anwendung von Fortpflanzungstechniken

1694 Die Fortschritte der Medizin eröffnen zahlreiche Möglichkeiten, auf andere als auf natürliche Weise Kinder zur Entstehung zu bringen. Der folgende Überblick muß sich auf die wichtigsten Rechtsfragen beschränken.

1.3.1 Insemination

1695 Relativ geringe Probleme wirft die sog. homologe Insemination auf, d. h. die Einführung von Samen des Ehemannes bei der Frau. Kommt es zu einer Befruchtung, ist das Kind ehelich; anders als die «Beiwohnung» wird eine solche medizinische Assistenz der Zeugung allerdings nicht vermutet und muß daher im Streitfall bewiesen werden.[13] An der abstammungsrechtlichen Situation ändert sich auch dadurch nichts, daß der Samen des Mannes über längere Zeit hinweg in tiefgekühltem Zustand aufbewahrt wurde, und die **künstliche Befruchtung dann erst nach seinem Tode stattfindet**:[14] Ein solches Verhalten ist zwar für Ärzte nach § 4 Abs. 1 Nr. 3 Embryonenschutzgesetz (ESchG) strafbar, doch schließt dies nicht aus, daß Entsprechendes gleichwohl passiert oder im Ausland vorgenommen wird.

1696 Von sog. **heterologer Insemination** spricht man dann, wenn der Samen eines fremden Mannes bei der Frau eingeführt wird. Das ESchG[15] hat diese Vorgehensweise nicht ausgeschlossen, so daß ihre

12 Vgl. BGH FamRZ 1989, 1067; OLG Hamm FamRZ 1995, 245; OLG Celle FamRZ 1994, 650

13 Beitzke-Lüderitz § 22 I 3

14 Sog. Kryokonservierung. Dazu MüKo-Mutschler § 1589 Rn 5

15 Zu dieser s. bereits Bd. 1 Kap. 5 unter 1.3.4 (Rn 225)

Zulässigkeit weiterhin anerkannt ist.[16] Im Regelfall wird der Ehemann zustimmen, doch kann er seine Erklärung ihres höchstpersönlichen Charakters wegen jederzeit widerrufen.[17]

Nach § 1593 **gilt** das **Kind als ehelich**; grundsätzlich steht jedoch 1697
dem Ehemann der Mutter ein Anfechtungsrecht zu. Umstritten ist, ob dies auch dann gilt, wenn er seine Zustimmung gegeben und aufrechterhalten hat: Der BGH bejaht es[18], einige Instanzgerichte lehnen es unter Hinweis auf § 242 ab.[19] Nach der geltenden gesetzlichen Regelung, an der auch die Bundesregierung nichts ändern will, spricht mehr für die Lösung des BGH: Das **Anfechtungsrecht** ist im Interesse des Persönlichkeitsschutzes des Ehemannes **unverzichtbar**.[20] Mittelbar wird dies daran deutlich, daß die Anfechtungsfrist nach § 1594 Abs. 2
frühestens mit der Geburt des Kindes zu laufen beginnt, was eine zwei- 1698
jährige Überlegungsfrist impliziert. Umgekehrt ist etwa die Anerkennung der Vaterschaft gegenüber einem nichtehelichen Kind nach § 1600 b Abs. 2 schon vor der Geburt zulässig. Auf der anderen Seite wird durch die Zustimmung **zugunsten des Kindes** ein **Vertrauensbestand** geschaffen; jedenfalls unterhaltsrechtlich muß dieses deshalb wie ein eheliches Kind behandelt werden.[21] Dies gilt allerdings dann nicht mehr, wenn etwa das Kind von sich aus die Ehelichkeit anficht.[22]

Das Kind muß die Möglichkeit haben, seine Abstammung kennen- 1699
zulernen. Der **Arzt** hat deshalb die **Person des Samenspenders zu dokumentieren** und auf Verlangen dem Kind mitzuteilen.[23] Unterläßt er dies, macht er sich schadensersatzpflichtig.

Worin liegt der Schaden? In Betracht kommt ein Schmerzensgeld entsprechend § 847 wegen Eingriffs in das allgemeine Persönlichkeitsrecht sowie ein Vermögensschaden, der darin liegt, daß nach einer vom Kind erklärten Anfechtung niemand auf Unterhalt in Anspruch genommen werden kann.

Wird dem Samenspender Anonymität zugesichert, dann aber nicht gewahrt, haftet der Arzt aus pVV und muß ggfs. den Betroffenen von seiner Unterhaltspflicht befreien.

---

16 Deutsch NJW 1991, 721, 723
17 BGH NJW 1995, 2028
18 BGHZ 87, 169, 171
19 So insbes. LAG Hamm NJW 1994, 2424, 2425
20 Vgl. BGH NJW 1979, 418
21 LG Duisburg NJW 1987, 1485; ebenso Beitzke-Lüderitz § 22 IV 3; Palandt-Diederichsen § 1593 Rn 11
22 OLG Hamm NJW 1994, 2424, 2425
23 Beitzke-Lüderitz § 22 IV 4; Kollhosser JA 1985, 553, 557

1.3.2 In-vitro-Fertilisation statt Insemination

1700 Im Einzelfall kann der Kinderwunsch eines Paares aus medizinischen Gründen nur dadurch befriedigt werden, daß der Frau eine Eizelle entnommen und diese in einem «Reagenzglas» (= in vitro) befruchtet und anschließend wieder eingesetzt wird. Dabei kann entweder der Samen des Ehepartners oder der eines anderen Mannes verwendet werden.

Die abstammungsrechtlichen Folgen sind keine anderen als bei der Insemination; die Verschiedenheit der Technik ist rechtlich ohne Bedeutung.

1.3.3 Eispende und Embryonenspende

1701 Denkbar ist weiter der Fall, daß die Eizelle einer anderen Frau mit dem Samen des Ehemannes befruchtet und dann der Ehefrau eingesetzt wird, die das Kind austrägt. **Hier fallen genetische und gebärende Mutter auseinander** – eine Konstellation, die das BGB aus verständlichen Gründen nicht vorhersehen konnte und deshalb nicht geregelt hat. Der Gesetzentwurf der Bundesregierung definiert in einem neuen § 1591 die Frau, die das Kind geboren hat, als Mutter und sieht keine Anfechtungsmöglichkeit vor. Auch nach geltendem Recht erscheint dies die sinnvollste Lösung, die insbesondere durch das Interesse des Kindes geboten ist.[24] Auch hier muß man allerdings einen **Anspruch des Kindes auf Kenntnis seiner Abstammung** anerkennen; insoweit liegen die Dinge nicht anders als bei der Befruchtung mit dem Samen eines fremden Mannes.

1702 Von einer **Embryonenspende** spricht man dann, wenn die Eizelle einer fremden Frau mit dem Samen eines fremden Mannes befruchtet und dann der «Wunschmutter» implantiert wird. Bezüglich der Mutterschaft kommt es hier gleichfalls nicht auf die genetische Abstammung an; ob der Ehemann der Mutter die Vaterschaft anfechten kann, ist nicht anders als im Fall der heterologen Insemination zu entscheiden.[25]

---

24 Müko-Mutschler §§ 1591, 1592 Rn 52
25 Vgl. Deutsch MDR 1985, 177, 182

1.3.4 Ersatz- und Leihmutterschaft

Während sich in den bisher skizzierten Fällen die Beteiligten darüber einig waren, daß die das Kind zur Welt bringende Frau es auch behalten solle, ist dies bei «Ersatz-» und «Leihmüttern» anders. 1703

Von einer «Ersatzmutter» spricht man dann, wenn sich eine Frau einer künstlichen oder natürlichen Befruchtung unterzieht, um das Kind nach der Geburt auf Dauer anderen Personen zu überlassen. Von Leihmutterschaft ist demgegenüber dann die Rede, wenn sich eine Frau verpflichtet, einen nicht von ihr stammenden Embryo auf sich übertragen zu lassen oder sonst auszutragen. Beide Techniken verbietet § 1 Abs. 1 Nr. 7 ESchG, wobei jedoch nur der beteiligte Arzt bestraft werden kann. Auch hier stellt sich die Frage nach den **zivilrechtlichen Folgen**, wenn das Verbot übertreten oder die medizinischen Eingriffe im Ausland vorgenommen werden. 1704

Bei der **Ersatzmutterschaft** ist die das Kind zur Welt bringende Frau auch genetisch die Mutter; insoweit ergeben sich keine abstammungsrechtlichen Probleme. Ist sie verheiratet, kann ihr Ehemann anfechten, doch ist eine entsprechende Verpflichtung nicht erzwingbar.[26] Erfolgt die Anfechtung, kann der genetische Vater seine Vaterschaft anerkennen. Die Frau, die das Kind geboren hat, kann jedoch **nicht zur Herausgabe** an die Wunscheltern **gezwungen** werden.[27] Wurde für das Austragen des Kindes ein **Entgelt** vereinbart, kann dieses nach § 817 Satz 1 wegen Gesetzesverstoßes zurückverlangt werden. Das OLG Hamm[28] hat einen Ausschluß der Rückforderung nach § 817 Satz 2 abgelehnt, dabei jedoch in der Literatur erhebliche Kritik erfahren.[29] Schließt man die Rückforderung aus, sind die «Bestelleltern» in einer sehr schlechten rechtlichen Position, was die Ersatzmutterschaft der gesetzgeberischen Wertung entsprechend weiter zurückdrängt: Sie haben nicht nur keinen durchsetzbaren Anspruch auf Herausgabe des Kindes, sondern riskieren auch den Verlust des aufgewendeten Geldbetrages. 1705

Bei der **Leihmutterschaft** taucht lediglich das zusätzliche Problem auf, wer als Mutter anzusehen ist. Nach dem bisher Gesagten (und dem Regierungsentwurf) ist dies auch hier die das Kind gebärende Frau; alle 1706

26 Coester-Waltjen NJW 1982, 2528, 2531
27 KG JZ 1985, 1045
28 JZ 1986, 441
29 Kollhosser JZ 1986, 446; Medicus Jura 1986, 302 ff.

weiteren Probleme beurteilen sich nach denselben Kriterien wie bei der Ersatzmutterschaft. **Rechtspolitisch** ist diese Form der Reproduktion besonders **bedenklich**, könnte sie doch einzelnen wohlhabenden Mitbürgern die Möglichkeit eröffnen, die Belastungen einer Schwangerschaft auf andere Menschen auszulagern und dennoch «eigenen Nachwuchs» zu besitzen. Die Leihmutter würde zu einer Art Brutmaschine...

2 Die Rechtsstellung des Kindes

2.1 Eheliches Kind

2.1.1 Überblick

1707 Ein eheliches Kind erwirbt mit der Geburt die **deutsche Staatsangehörigkeit**, sofern ein Elternteil Deutscher ist.[30] Halten sich die Eltern gewöhnlich im Inland auf, gilt in einem solchen Fall nach Art. 19 Abs. 2 iVm. Art. 14 Abs. 1 Nr. 2 EGBGB auch deutsches Familienrecht. Nach § 11 teilt das Kind den **Wohnsitz** (oder die Wohnsitze) der Eltern

1708 Nach § 1626 Abs. 1 haben der Vater und die Mutter das Recht und die Pflicht, für das minderjährige Kind zu sorgen. Diese **«elterliche Sorge»** betrifft die Person («Personensorge») und das Vermögen des Kindes («Vermögenssorge»). Damit wird ein gesetzliches Rechtsverhältnis zwischen den Eltern und ihrem Kind geschaffen, das bis zum Erreichen der Volljährigkeit andauert. «Bezugspunkt» für die Ausübung der elterlichen Sorge ist ausschließlich das Kindeswohl, nicht die subjektive Vorstellung der Eltern. Insoweit liegt kein «Herrschaftsrecht», sondern ein Phänomen vor, das man eher als «Pflichtenrecht» charakterisieren könnte.

1709 Bestehen Meinungsverschiedenheiten zwischen den Eltern, ist nach § 1627 Satz 2 eine Einigung zu versuchen. Scheitert sie, gibt es keinen «Stichentscheid» mehr. Vielmehr kann das Vormundschaftsgericht in Angelegenheiten, deren Regelung für das Kind von «erheblicher Be-

30 § 4 RuStAG

deutung» ist, das Entscheidungsrecht einem Elternteil übertragen, soweit dies dem Wohle des Kindes entspricht (§ 1628 Abs. 1 Satz 1). Dies bedeutet zugleich, daß nicht etwa das Vormundschaftsgericht seine eigene Vorstellung von richtiger Erziehung zugrundelegen kann.

Der Vater möchte den Sohn in eine Schlosserlehre schicken, die Mutter ist für Kfz-Mechaniker. Das Vormundschaftsgericht kann nicht etwa anordnen, der Sohn müsse Elektromechaniker werden.

Sind Angelegenheiten von geringerer Bedeutung, gibt es keinen Kon- 1710
fliktregelungsmechanismus. Man hofft auf einen Sieg der Vernunft; notfalls geschieht gar nichts.

Der Vater möchte das zehnjährige Kind auf den Sonntagsausflug mitnehmen, die Mutter ist dagegen. Auch wenn der Streit immer wieder aufbricht, kann man damit nicht das Vormundschaftsgericht behelligen.

Einzelfagen der elterlichen Sorge sollen im folgenden eingehend dargestellt werden.

Zunächst ist noch auf das viel diskutierte Namensrecht einzugehen.

2.1.2 Namensrecht

Führen die Eltern einen gemeinsamen Ehenamen, ist dieser auch **Fa-** 1711
milienname des Kindes; andernfalls muß von den Eltern eine Festlegung getroffen werden.[31]

Die **Eltern entscheiden über den Vornamen** des Kindes. Der da- 1712
bei entwickelte Erfindungsreichtum ist beträchtlich und hat die Rechtsprechung in den vergangenen Jahren erheblich beschäftigt.[32]

Ist es beispielsweise zulässig, sein Kind «Philipp Pumuckl» zu nennen?[33] Wie steht es mit «Windsbraut»[34] oder «Verleihnix»?[35] Darf man seinen Sohn den Vornamen «Jesus»[36] oder «Martin-Luther-King»[37] geben? Wie steht es mit einem Phantasienamen, etwa «Tamy Sarelle»?[38]

31 Dazu schon oben Kap. 18 unter 3.3 (Rn 1562)
32 S. den Überblick bei Palandt-Diederichsen § 1616 Rn 15 ff.
33 Dazu OLG Zweibrücken NJW 1984, 1360
34 Dazu LG Ravensburg StAZ 1985, 166
35 Dazu AG Krefeld StAZ 1990, 200
36 LG Mönchengladbach StAZ 1985, 166
37 Dazu LG Oldenburg NJW-RR 1992, 391
38 OLG Zweibrücken NJW-RR 1988, 712

1713 Die Freiheit der Eltern zur Wahl des Vornamens muß in erster Linie die **Persönlichkeit des Kindes** und seine Entwicklung achten: Bezeichnungen, die das Kind der Lächerlichkeit preisgeben und eher in eine Außenseiterstellung drängen, sind unzulässig.

Im **Fall «Pumuckl»** prüfte das OLG Zweibrücken[39] zwar diesen Gesichtspunkt, sah jedoch keine Bedenken. Das Anknüpfen an Eigenschaften anderer Träger desselben Namens sei normal. Was speziell Pumuckls Charaktereigenschaften angehe, «so sind sie keineswegs derart negativ im allgemeinen Bewußtsein verbreitet, daß das Kind befürchten müßte, im allgemeinen Bewußtsein herabgesetzt zu werden, wenn es im Kindergarten oder in der Schule seinen Vornamen ‹Pumuckl› gebrauchen sollte. Der große Erfolg der Kunstfigur nicht nur bei Kindern läßt darauf schließen, daß ‹Pumuckls› sympathische Eigenschaften seine Untugenden vergessen machen. Der Persönlichkeitsentwicklung des Kindes droht auch durch das Äußere der Kunstfigur kein handgreiflicher Schaden. Denn es ist nicht ersichtlich, warum bei vernünftiger Betrachtungsweise die Haarfarbe oder Körpergröße eines Namensvetters ungünstige Schlußfolgerungen auf einen anderen Namensträger auslösen sollte. Insgesamt gesehen begegnet es deswegen keinen Bedenken, daß das Kind damit rechnen muß, daß für seine Person abträgliche Rückschlüsse aus den Eigenschaften der Kunstfigur gezogen werden...»
Der Richter war vermutlich ein begeisteter Zuschauer der Pumuckl-Serie... M. E. sollte man das Kind vor Hänseleien bewahren und den Namen nicht zulassen.

1714 Daneben besteht ein öffentliches Interesse daran, Mißverständnissen, z. B. über das Geschlecht, vorzubeugen und Unklarheiten sowie Verwechslungen zu vermeiden. So darf ein Junge keine weiblichen, ein Mädchen keine männlichen Vornamen erhalten.

Eine Ausnahme gilt für die katholische Tradition, Jungen als zweiten Namen «Maria» zu geben.

1715 Soweit **Vornamen für beide Geschlechter gebräuchlich** sind («Eike», «Helge»), ist ein weiterer, geschlechtsspezifischer Vorname wünschenswert, aber nicht erzwingbar. Anders als in den USA dürfen Nachnamen ebensowenig als Vornamen gewählt werden[40] wie Orts- oder Gegenstandsbezeichnungen.

Man darf also sein Kind nicht «Stuttgart» oder «Coca-Cola» nennen, während in Amerika «Woodstock»[41] oder auch «Cash» keine Bedenken erwecken würden. Die Liebe zum Geld sollte nicht auch noch die Vornamenswahl beeinflussen. Man stelle

39 S. Fn 33
40 So beispielsweise für den aus welchen Gründen auch immer gewählten Vornamen «Schröder» OLG Frankfurt StAZ 1985, 106
41 Beanstandet in Deutschland von AG Ulm StAZ 1990, 74

sich vor, man gehe zusammen mit dem Kind einkaufen und rufe dann, «Cash, come on».

Sind diese Grenzen gewahrt, sind auch ausländische, völlig ungebräuchliche oder **frei erfundene** Vornamen zulässig. Eine Mehrzahl von bis zu sieben wird akzeptiert, zumal man dadurch dem Kind die Möglichkeit eröffnet, sich später den ihm am besten zusagenden auszusuchen.[42] Unzulässig sind allerdings zwei gleichlautende Vornamen[43] oder gar die Wahl eines Titels («Dr. Max») oder ein Bandwurmnamen («Karl-Heinz-Friedrich-Wilhelm») – auch derartiges hat die Praxis beschäftigt. 1716

Zurück zu den obigen Beispielen: «Windsbraut» und «Verleihnix» sind unzulässig, da sie die betreffende Person lächerlich machen. Dasselbe gilt in Deutschland (nicht in Spanien) für «Jesus»; am Verbot der Familiennamen scheitert «Martin Luther King». «Tamy Sarelle» ist ein wohl noch zulässiger Grenzfall eines frei erfundenen Namens.

Eine einmal getroffene Entscheidung läßt sich kaum mehr revidieren. 1717
Die wichtigste Möglichkeit bietet das **Namensänderungsgesetz**, das einen «wichtigen Grund» voraussetzt und eher restriktiv gehandhabt wird.[44] Daneben kann man sich ein **Pseudonym** zulegen, was insbesondere bei Sängern, Schriftstellern und Schauspielern verbreitet ist.

«Caterina Valente» klingt einfach besser als «Helene Müller». Hitler hieß in Wirklichkeit «Schicklgruber»; man stelle sich vor, die Nation hätte sich mit «Heil Schicklgruber» begrüßen müssen.

2.1.3 Personensorge

2.1.3.1 Allgemeines

Die den Eltern zukommende Aufgabe, für die Person des Kindes zu 1718
sorgen, umfaßt nach § 1631 Abs. 1 «insbesondere» das Recht und die Pflicht, das Kind zu pflegen, zu erziehen, zu beaufsichtigen und seinen Aufenthalt zu bestimmen.

---

42 OLG Koblenz (StAZ 1988, 82) will bis zu sieben Vornamen zulassen. Entgegen verbreiteter Auffassung sind alle Vornamen gleichwertig; einen «Rufnamen» gibt es nicht

43 «Tom Tom» – AG Bremen StAZ 1991, 255

44 Überblick bei Palandt-Heinrichs § 12 Rn 7

Die Eltern können beispielsweise das Kind während der Ferienzeit bei den Großeltern unterbringen und entscheiden auch darüber, ob die Tochter Hosen oder Röcke trägt.

1719 Die gesetzliche Aufzählung ist nicht abschließend, das Recht zur Personensorge umfaßt deshalb beispielsweise auch **Maßnahmen zum Schutz der Gesundheit** sowie die (eben skizzierte) Bestimmung des Vornamens. Für bestimmte Sachgebiete bestehen Sonderregeln.

2.1.3.2 Einzelne Problembereiche

1720 – Nach § 1631 a haben die Eltern «in **Angelegenheiten der Ausbildung und des Berufes**» insbesondere auf Eignung und Neigung des Kindes Rücksicht zu nehmen. Dies schließt allerdings nicht aus, daß z. B. bei der Wahl eines Ausbildungsplatzes auch andere Gesichtspunkte, wie die Lage auf dem Arbeitsmarkt, eine wesentliche Rolle spielen.[45]

1721 – Die **Unterbringung** des Kindes **in einer geschlossenen Anstalt** stellt eine Freiheitsbeschränkung dar, die nach Art. 104 Abs. 2 Satz 1 GG nur aufgrund richterlicher Entscheidung zulässig ist. Obwohl das BVerfG die alte Regelung nur insoweit beanstandet hatte, als die «Gewalt» des Vormunds eine solche Maßnahme deckte[46], sieht nunmehr § 1631 b die obligatorische Genehmigung des Vormundschaftsgerichts vor.

1722 – Nach § 1631 c Satz 1 können die Eltern nicht in eine **Sterilisation des Kindes** einwilligen. Satz 2 derselben Bestimmung schließt auch eine Einwilligung durch das Kind aus. Damit ist zu Recht jede Sterilisation Minderjähriger unmöglich gemacht, was insbesondere bei Personen mit geistigen Behinderungen von erheblicher Bedeutung ist.

1723 – Nach § 1632 Abs. 2 umfaßt die Personensorge auch die Befugnisse, den **Umgang des Kindes mit Dritten** zu bestimmen. Die Eltern sollen so insbesondere «verderbliche Einflüsse» durch andere Personen abwehren können. Was als «verderblich» anzusehen ist, hängt sehr stark von den bei den Gerichten herrschenden Moralanschauungen ab.

So kann der Umgang mit einer Person, die zu zwei Jahren Freiheitsstrafe wegen Raubes verurteilt wurde, ebenso untersagt werden[47] wie die Fortsetzung der Beziehung zwischen einer 16jährigen Tochter und einem verheirateten 37jährigen

45 Giesen Rn 621
46 BVerfGE 10, 302; vgl. auch BT-Drucksache 8/2788 S. 52
47 KG MDR 1960, 497

Mann[48]. Nach Auffassung des LG Berlin[49] reicht auch die Gefahr, daß sich eine lesbische Beziehung entwickeln könnte. Ein höherer Bildungsstand scheint allerdings mehr Freiheiten zu geben: Nach Auffassung des OLG Koblenz[50] durfte der Umgang der Tochter mit einem 28jährigen Dr. rer pol. nicht untersagt werden, obwohl das über ihn angefertigte graphologische Gutachten ein negatives Ergebnis erbracht hatte.

Je mehr sich das Kind der Volljährigkeit nähert, um so stärker müssen die Gründe sein, ihm Kontakte zu bestimmten Personen zu untersagen.[51] 1724

Wie wird die «Kontaktsperre» durchgesetzt? Nach § 1632 Abs. 3 kann das Vormundschaftsgericht auch dem in Frage kommenden Dritten den Umgang mit dem Kind untersagen und z. B. für jeden Fall der Zuwiderhandlung ein Zwangsgeld in Höhe von 300 DM androhen.[52]

2.1.3.3 Züchtigungsrecht

Gegenüber dem Kind stehen den Eltern in allen Angelegenheiten der Personensorge «**Zuchtmittel**» zur Verfügung, die nach § 1631 Abs. 2 nicht «entwürdigend» sein dürfen. Der Staat mischt sich also nicht ein, wenn Eltern auf eine zerschlagene Fensterscheibe oder eine Unverschämtheit mit einer Ohrfeige reagieren. Allerdings billigte der BGH in den 50er Jahren Maßnahmen, die heute auf allgemeines Unverständnis stoßen. 1725

Seiner Entscheidung vom 25. 9. 1952 stellte er[53] beispielsweise den Leitsatz voran: «Eltern, die ihre 16jährige sittlich verdorbene Tochter durch Kurzschneiden der Haare und Festbinden an Bett und Stuhl bestrafen, überschreiten nicht das elterliche Züchtigungsrecht.» Besonders nahm das Gericht daran Anstoß, daß die Tochter sich herumtrieb und mit Jungen «Verkehr unterhielt». Ermahnungen, Warnungen und Schläge hätten bisher nichts genutzt. Das Anbinden und das Kurzschneiden des Haares seien geeignet gewesen, diesem verderblichen Hange entgegenzuwirken. «Die durch das Kurzschneiden der Haare veranlaßte Entstellung halte das Mädchen zwangsläufig im Hause, weil sie nicht ohne aufzufallen und den Spott der Leute herauszufordern, die Straße hätte betreten können.» Was Dr. Eisenbart in der Medizin, war damals das BGH in der Jugendpsychologie: (Die Zuchtmittel) «waren aber außerdem geeignet, das Ehrgefühl des Mädchens zu wecken, das Mädchen aus der

48 OLG Frankfurt NJW 1979, 2052, 2053
49 FamRZ 1985, 519
50 NJW 1958, 951
51 Giesen Rn 632; Palandt-Diederichsen § 1632 Rn 32
52 So der Fall LG Berlin FamRZ 1985, 519
53 BGH NJW 1953, 1440

Scham über die erlittene Züchtigung zum Bewußtsein der Verwerflichkeit ihres Verhaltens und zur Scham darüber zu bringen und so Abwehrkräfte gegen jenen Hang zum sittenlosen Lebenswandel zu entwickeln. Auch insoweit waren die Maßnahmen durchaus zweckmäßig.»
Bedauerlich ist, daß in solchen Fällen niemals kontrolliert wird, wie denn die tatsächliche Entwicklung einer derart malträtierten Person später verlaufen ist.

2.1.3.4 Herausgabe des Kindes

1726 Wird das Kind den Eltern von einem Dritten vorenthalten, können sie nach § 1632 Abs. 1 seine Herausgabe verlangen. Da die elterliche Sorge als «sonstiges Recht» im Sinne des § 823 Abs. 1 qualifiziert wird, ist der das Kind in «Besitz» Nehmende den Eltern zum **Schadensersatz** verpflichtet. Konnten sie seinen Aufenthalt (und damit den des Kindes) nur mit Hilfe eines Detektivs ermitteln, sind auch dessen Kosten zu erstatten.[54]

2.1.4 Vermögenssorge

1727 Soweit vorhanden, haben sich die Eltern auch um das Vermögen des Kindes zu kümmern. Vorhandenes Geld haben sie nach § 1642 anzulegen, § 1641 **verbietet** ihnen grundsätzlich **Schenkungen** aus dem Kindesvermögen. Einkünfte sind grundsätzlich für den Unterhalt des Kindes zu verwenden, soweit sie nicht zur ordnungsmäßigen Verwaltung des Vermögens benötigt werden.

Die Mieteinnahmen aus einem dem Kind gehörenden Haus sind zunächst für notwendige Reparaturen, dann für den Unterhalt des Kindes zu verwenden. Bleibt danach noch was übrig, darf das Geld nicht einfach auf dem Girokonto stehen bleiben, sondern muß verzinslich angelegt werden.

1728 Macht das Kind eine **Erbschaft**, kann der Erblasser bestimmen, daß die Eltern das Erworbene nicht verwalten sollen. In diesem Fall ist ein sog. Pfleger zu bestellen.

1729 Wichtig ist schließlich § 1646: Erwerben die Eltern mit Mitteln des Kindes bewegliche Sachen oder Rechte, so wird das Kind automatisch ihr Inhaber (Surrogation). Dies gilt nur dann nicht, wenn die Eltern bewußt auf eigene Rechnung erwerben wollten.

54 BGH NJW 1990, 2060: DM 30000

2.1.5 Vertretungsrecht

2.1.5.1 Das Grundprinzip

Sowohl in Fragen der Personen- wie in Fragen der Vermögenssorge vertreten die Eltern das Kind Dritten gegenüber. 1730

Das Kind wird in der privaten Ballettschule angemeldet; für das ihm gehörende Haus wird ein Handwerker bestellt, der den Wasserrohrbruch beseitigt.

Nur ausnahmsweise muß das Kind selbst handeln; dies gilt etwa für den Abschluß eines Ehevertrages (§ 1411 Abs. 1 Satz 1) oder für die Anerkennung der Vaterschaft (§ 1600d Abs. 1), doch ist in diesen Fällen für eine wirksame Erklärung die Zustimmung der Eltern erforderlich.

Nach § 1629 Abs. 1 Satz 2 vertreten die Eltern das Kind **gemeinschaftlich**. In der Praxis wird dies meist so gehandhabt, daß der eine Ehegatte mit Zustimmung des anderen handelt, was unbedenklich zulässig ist.[55] Die geplante Reform des elterlichen Sorgerechts will in einem neuen § 1629 Abs. 1 Satz 4 ausdrücklich klarstellen, daß bei Gefahr im Verzuge jeder Ehegatte allein für das Kind handeln kann. 1731

Die Vertretungsbefugnis der Eltern ist in zweierlei Hinsicht beschränkt. Dabei verweist der Gesetzgeber auf die Regeln, die für einen Vormund gelten – eine gesetzestechnisch wenig glückliche Lösung, wäre es doch ungleich «benutzerfreundlicher», würde man die einschlägigen Bestimmungen beim Regeltatbestand der elterlichen Sorge und nicht beim seltenen Ausnahmefall der Vormundschaft finden. 1732

2.1.5.2 Selbstkontrahieren und verwandte Fälle

Zum einen können die Eltern nach § 1629 Abs. 2 Satz 1 das Kind insoweit nicht vertreten, als dies auch ein Vormund nach § 1795 nicht könnte. Erfaßt sind damit Fälle des Selbstkontrahierens[56] sowie insbesondere Rechtsgeschäfte namens des Kindes mit dem eigenen Ehegatten oder Verwandten in gerader Linie. 1733

55 Giesen Rn 662

56 § 1795 Abs. 2 verweist auf § 181. Zu dieser Bestimmung s. bereits Bd. 1 Kap. 13 unter 3.2.2 (Rn 974 ff.)

Der erste Fall wird in der hier noch nicht angesprochenen Konstellation praktisch, daß ein Ehegatte das alleinige elterliche Sorgerecht besitzt, weil dieses z. B. dem anderen entzogen wurde oder weil der andere verstorben ist, der Überlebende aber eine zweite Ehe eingegangen ist. Erfaßt sind zum zweiten Fälle, in denen die Eltern namens des Kindes z. B. einen Vertrag mit einem Großelternteil oder einem Bruder des Kindes abschließen.

1734 Ähnlich wie im Rahmen des § 181 [57] macht die Rechtsprechung allerdings dann eine **Ausnahme, wenn** das Rechtsgeschäft dem Kind **ausschließlich einen rechtlichen Vorteil** bringt: Hier ist auch keine abstrakte Gefährdung seines Vermögens zu besorgen.[58]

Beispiel:[59] Die Urgroßmutter will ihren drei Urenkeln je ein Grundstück schenken. Beim Abschluß der erforderlichen Verträge können die Urenkel durch ihre Eltern vertreten werden.

§ 1629 Abs. 2 Satz 1 schließt in den Fällen des § 1795 beide Elternteile von der Vertretung aus.[60]

1735 Soweit die Eltern nicht für ihr Kind handeln können, ist nach § 1909 vom Vormundschaftsgericht ein sog. Ergänzungspfleger zu bestellen, der an ihrer Stelle handelt.

2.1.5.3 Genehmigung des Vormundschaftsgerichts

1736 Zum zweiten bedürfen bestimmte Rechtsgeschäfte, die der Gesetzgeber als besonders gewichtig qualifiziert hat, nach § 1643 Abs. 1 der Genehmigung des Vormundschaftsgerichts. Dazu gehören etwa Grundstücksgeschäfte (§ 1643 Abs. 1 iVm § 1821) sowie Verfügungen über das Vermögen als Ganzes, Kreditaufnahmen und Bürgschaften (§ 1643 Abs. 1 iVm § 1822). Dasselbe gilt nach § 1643 Abs. 2 u. a. auch für die Ausschlagung einer Erbschaft.

1737 Solange die notwendige Genehmigung durch das Vormundschaftsgericht fehlt, sind einseitige Rechtsgeschäfte definitiv unwirksam (§ 1643 Abs. 3 iVm § 1831); bei Verträgen besteht ein Schwebezustand (§ 1643 Abs. 3 iVm § 1829 Abs. 1). Der Vertragspartner hat in diesem Fall – genau wie bei Rechtsgeschäften mit einem beschränkt Geschäftsfähigen oder einem Vertreter ohne Vertretungsmacht – ein Widerrufsrecht (§ 1643 Abs. 3 iVm § 1830) und kann statt dessen die Eltern auf-

57 Bd. 1 Kap. 13 unter 3.2.2.3 (Rn 979 ff.)
58 BGH NJW 1975, 1885
59 Wie Fn 58
60 Ebenso Giesen Rn 649, mwN (Fn 97)

fordern, ihm die vormundschaftsgerichtliche Genehmigung mitzuteilen. Erfolgt dies nicht innerhalb von zwei Wochen, gilt die Genehmigung als verweigert, und das Geschäft ist endgültig unwirksam.

Eine Besonderheit besteht insoweit, als die **Genehmigung nur den Eltern gegenüber** erklärt werden kann (§ 1643 Abs. 3 iVm § 1828). Es liegt in ihrer freien Entscheidung, ob sie dem anderen Teil die Genehmigung mitteilen wollen; insoweit besitzen sie eine zusätzliche Überlegungsfrist. Der Dritte ist lediglich durch die eben skizzierten Rechte geschützt. 1738

2.1.5.4 Unbeschränkte Haftung des Kindes?

Zusätzliche Probleme können sich dadurch ergeben, daß die Eltern für das Kind (oder die Kinder) ein ererbtes Handelsgeschäft fortführen und dadurch in weitestem Umfang Verbindlichkeiten zu seinen Lasten begründen. Gehen die Geschäfte schlecht, wird das Kind mit einem Schuldenberg in die Volljährigkeit entlassen, der u. U. niemals abgebaut werden kann. Mit Recht hat dies das BVerfG in einer Entscheidung vom 13. Mai 1986[61] als Verstoß gegen das Grundrecht aus Art. 2 Abs. 1 GG qualifiziert; im Interesse eines vorbeugenden Schutzes müsse zumindest das Vormundschaftsgericht eingeschaltet werden. In Fällen dieser Art setzen die ordentlichen Gerichte derzeit das Verfahren so lange aus, bis der Gesetzgeber eine Lösung getroffen hat.[62] Damit sind Minderjährige vorläufig in gewissem Umfang geschützt, obwohl auch 10 Jahre nach der Entscheidung des BVerfG noch immer nicht klar ist, wie die Neuregelung aussehen soll. 1739

Derzeit (August 1996) ist der Regierungsentwurf eines «Minderjährigenhaftungsbeschränkungsgesetzes» (welch schöne Worte die deutsche Sprache zustande bringt!) in Vorbereitung, wonach der volljährig gewordene Minderjährige insbesondere das Recht haben soll, seine Haftung auf das vorhandene Vermögen zu beschränken. Die Mühlen der Gerechtigkeit mahlen bisweilen äußerst bedächtig...

61 BVerfGE 72, 155, 173
62 So in dem vom BVerfG entschiedenen Fall BGH NJW-RR 1987, 450

2.1.6 Pflichtverletzungen der Eltern

1740 Verletzen die Eltern ihre Pflicht zur Sorge für die Person und das Vermögen des Kindes, so kann unter bestimmten Voraussetzungen das Vormundschaftsgericht eingreifen und in Extremfällen das **Sorgerecht entziehen**. Dabei wird zwischen einer Gefährdung des Kindes als Person (§§ 1666, 1666a) und der Gefährdung des Vermögens (§ 1667) unterschieden. Bevor das Vormundschaftsgericht das Sorgerecht dem Vater oder der Mutter teilweise oder ganz entzieht, muß es **zuerst weniger einschneidende Maßnahmen** ergreifen, wenn auch diese Aussicht auf Erfolg bieten. Dies ist eine Konsequenz der verfassungsrechtlichen Garantie des elterlichen Erziehungsrechts nach Art. 6 Abs. 2 GG, in das nur mit Rücksicht auf höherwertige Interessen des Kindes eingegriffen werden darf.

Im obengenannten Beispiel des Festbindens und Kurzscherens würde man heute vermutlich einen Mißbrauch des Sorgerechts annehmen und den Eltern entsprechende Maßnahmen untersagen. Erst wenn dies nicht fruchtet, würde ein Entzug des Sorgerechts ausgesprochen.

1741 Soweit beiden Elternteilen das Sorgerecht entzogen wird, muß ein **Vormund** bestellt werden[63]. Wird den Eltern nur eine einzelne Angelegenheit entzogen, ist ein Ergänzungspfleger zu bestellen.

1742 Entsteht dem Kind durch das Verhalten der Eltern ein **Schaden**, sind diese zum Ersatz verpflichtet. § 1664 privilegiert sie allerdings insoweit, als sie nur für diejenige Sorgfalt einzustehen haben, die sie in eigenen Angelegenheiten üblicherweise anwenden.

Sind sie bei der Verwaltung ihres eigenen Vermögens nicht besonders sorgfältig, haften sie insoweit auch nicht ihrem Kind gegenüber.

1743 Diese Besonderheit gilt allerdings nicht bei Verletzungen der Aufsichtspflicht und auch nicht bei unsorgfältigem **Verhalten im Straßenverkehr**.[64] Wird das Kind fremden Personen anvertraut, z. B. in ein Internat gegeben, haften die Eltern für das Fehlverhalten dieser «Hilfspersonen»; **§ 278** ist **entsprechend** anzuwenden, da die Aufgaben der Eltern hier von Dritten wahrgenommen werden.[65] Anders dann, wenn Experten wie Ärzte und Rechtsanwälte eingeschaltet wer-

63 Dazu unten Kap. 20 unter 2 (Rn 1783 ff.)

64 Giesen Rn 624 mwN

65 Zu dieser Bestimmung s. Bd. 1 Kap. 13 unter 5.1.1 (Rn 1037)

den: Hier haften die Eltern nur für eine sorgfältige Auswahl, da sie die Tätigkeit selbst mangels eigener Fachkunde im Regelfall nicht schulden.

2.1.7 Verhinderung und Wegfall eines Elternteils

Ist ein Elternteil infolge tatsächlicher Umstände, wie z. B. einer länge- 1744
ren Auslandsreise, an der Ausübung der elterlichen Sorge gehindert, so übt sie der andere Teil allein aus (§ 1678 Abs. 1). Bei längerer Abwesenheit kann das Vormundschaftsgericht nach § 1674 das «Ruhen» anordnen, was zur Folge hat, daß die elterliche Sorge erst nach einem erneuten vormundschaftsgerichtlichen Beschluß wieder auflebt. Stirbt ein Ehegatte, steht die elterliche Sorge nach § 1681 Abs. 1 Satz 1 dem anderen zu.

2.1.8 Elterliche Sorge nach Scheidung und bei Getrenntleben

Wird die Ehe der Eltern geschieden, ist nach bisherigem Recht auto- 1745
matisch auch über das Sorgerecht zu befinden. Das Gericht trifft dabei nach § 1671 Abs. 2 die Regelung, «die dem Wohle des Kindes am besten entspricht». Hierbei sind die «Bindungen des Kindes, insbesondere an seine Eltern und Geschwister, zu berücksichtigen». Machen die **Eltern** einen **übereinstimmenden Vorschlag**, so soll das Gericht davon nach § 1671 Abs. 3 Satz 1 nur dann abweichen, wenn dies zum Wohle des Kindes erforderlich ist. Insoweit besteht also eine prinzipielle Bindung. Diese wird allerdings nach § 1671 Abs. 3 Satz 2 dadurch hinfällig, daß ein mindestens 14 Jahre altes Kind einen abweichenden Vorschlag macht.

Die Eltern verständigen sich darauf, daß der 15jährige Sohn bei der Mutter bleiben und ihr das Sorgerecht zustehen soll. Dieser erklärt vor Gericht, er wolle lieber mit dem Vater zusammenleben.

In einem solchen Fall ist die Situation wieder offen; das Gericht hat nach § 1671 Abs. 2 zu entscheiden.

Typischerweise wird das Sorgerecht dem einen oder dem anderen El- 1746
ternteil allein zugesprochen. Bis zu einer Entscheidung des BVerfG[66]

66 NJW 1983, 101

im Jahre 1982 war das Gericht nach § 1671 Abs. 4 Satz 1 ausdrücklich auf eine solche Alternative (oder die Einsetzung eines Vormunds oder Pflegers) beschränkt. Nunmehr besteht auch die **Möglichkeit**, in geeigneten Fällen, insbesondere dann, wenn die in Scheidung lebenden Eltern dies wollen, **ein gemeinsames Sorgerecht zuzusprechen**.[67] Aufrechterhalten blieb dagegen bislang die sog. **Unteilbarkeit des Personensorgerechts**; man kann also nicht bestimmte Angelegenheiten dem einen und andere dem anderen Elternteil zuweisen. Ausgeschlossen ist es auch, eine Aufteilung in zeitlicher Hinsicht vorzunehmen.[68]

1747 Nach § 1672 gelten dieselben Grundsätze auch dann, wenn die Eltern **nicht nur vorübergehend** getrennt leben.

Die geplante **Neuregelung** läßt das gemeinsame Sorgerecht aus der Zeit vor der Scheidung grundsätzlich bestehen, gibt jedoch im Fall nicht nur vorübergehender Trennung jedem Elternteil das Recht, die Übertragung der elterlichen Sorge auf sich zu beantragen: Dem ist Rechnung zu tragen, wenn der andere Elternteil zustimmt oder wenn zu erwarten ist, daß eine solche Lösung dem Wohl des Kindes am besten entspricht (§ 1671 E).

1748 Der Elternteil, dem kein Sorgerecht zusteht, behält nach § 1634 die **Befugnis zum persönlichen Umgang mit dem Kind**. Diese umfaßt das Recht, etwa ein Wochenende pro Monat mit diesem zu verbringen.[69] Besteht Streit über den Umfang, kann eine gerichtliche Entscheidung herbeigeführt werden.

Was geschieht, wenn das Sorgerecht beiden Ehegatten zusteht, das Kind sich jedoch immer bei einem aufhält? In solchen Fällen soll § 1634 entsprechende Anwendung finden[70] – was nicht recht einzusehen ist, da das Mit-Sorgerecht in Form von sehr viel weitergehenden Kontakten aktiviert werden kann.

---

67 Vgl. OLG Celle FamRZ 1985, 527
68 Gernhuber/Coester-Waltjen § 65 III 3
69 Zur Rechtsprechung s. den Überblick bei Palandt-Diederichsen § 1634 Rn 22
70 BGH FamRZ 1980, 131

2.2 Nichteheliches Kind

2.2.1 Allgemeine Grundsätze

Sind die Eltern eines Kindes nicht verheiratet, erwirbt dieses nur dann automatisch die deutsche **Staatsangehörigkeit**, wenn die Mutter diese besitzt (§ 4 Abs. 1 Nr. 2 RuStAG). Ist lediglich der Vater Deutscher, besteht ein Recht auf Einbürgerung, wenn die Vaterschaft festgestellt ist und das Kind sich seit drei Jahren im Inland aufhält (§§ 4, 10 RuStAG). 1749

Nach § 1617 Abs. 1 erhält das nichteheliche Kind den **Familiennamen**, den die Mutter zur Zeit seiner Geburt führt. § 1618 ermöglicht eine sog. **Einbenennung**. Die Mutter und ihr Ehemann (von dem das Kind nicht abstammt) können dem Kind ihren Ehenamen geben, doch ist dafür die Zustimmung des Kindes bzw. seines gesetzlichen Vertreters erforderlich. Auch der (leibliche) Vater kann eine entsprechende Erklärung abgeben; das Kind erhält seinen Familiennamen jedoch nur dann, wenn außerdem auch die Mutter einwilligt. 1750

2.2.2 Sorgerecht

Der nichtehelichen Mutter steht nach § 1705 das ausschließliche Sorgerecht zu. Insoweit gelten die Vorschriften über eheliche Kinder entsprechend. Eine Besonderheit besteht allerdings insoweit, als § 1706 iVm § 1709 eine sog. **Amtspflegschaft** für das Jugendamt vorsieht, die sich auf die in § 1706 genannten Angelegenheiten bezieht: Dazu zählen die Feststellung der Vaterschaft, die Geltendmachung von Unterhaltsansprüchen sowie die Regelung von Erb- und Pflichtteilsrechten. Die Mutter kann allerdings nach § 1707 den Antrag stellen, daß diese Einschränkung ihres Sorgerechts ganz oder teilweise aufgehoben wird; das Vormundschaftsgericht wird dem Antrag entsprechen, wenn die alleinige Sorge durch die Mutter dem Wohle des Kindes nicht widerspricht. 1751

2.2.3 Stellung des nichtehelichen Vaters

1752 Der nichteheliche Vater ist dem Kind zu Unterhaltsleistungen verpflichtet.[71] Nach § 1615 l schuldet er außerdem der Mutter einen sog. Betreuungsunterhalt. Er umfaßt die Zeit sechs Wochen vor und acht Wochen nach der Geburt, kann jedoch – was sehr viel wichtiger ist – bis zu drei Jahre nach der Entbindung verlangt werden, wenn die Mutter wegen der Pflege oder Erziehung des Kindes oder wegen einer schwangerschaftsbedingten Krankheit einer Erwerbstätigkeit nicht nachgehen kann.

1753 Diesen Pflichten stehen allerdings kaum Rechte gegenüber. Der Vater besitzt kein Sorgerecht und nach § 1711 nur eine **beschränkte Befugnis zum Umgang**: Diese ist von der Zustimmung der Mutter abhängig. Ausnahmsweise kann das Vormundschaftsgericht den persönlichen Umgang auch gegen den Willen der Mutter ermöglichen, wenn er dem Wohle des Kindes dient.

2.2.4 Legitimation

1754 Diese sehr disparitätische Ausgestaltung des Sorgerechts kann durch Legitimation (= Ehelichkeitserklärung) verändert werden.

Wenig Probleme wirft dabei der in den §§ 1719 ff. geregelte Fall auf, daß die **Eltern heiraten**: Das Kind hat von diesem Augenblick an die Stellung eines ehelichen Kindes.

1755 Die **Legitimation auf Antrag des Vaters** (§§ 1723 ff.) ist vom Vormundschaftsgericht auszusprechen, wenn sie dem Wohle des Kindes entspricht und ihr keine schwerwiegenden Gründe entgegenstehen. Neben einem Antrag des Vaters ist dabei die Einwilligung des Kindes und die der Mutter (sowie der eventuellen Ehefrau des Vaters) erforderlich. Unter bestimmten (engen) Voraussetzungen kann u. a. die Zustimmung der Mutter ersetzt werden. Nach § 1736 erlangt das Kind durch die Legitimation die **rechtliche Stellung eines ehelichen Kindes**; nach § 1738 Abs. 1 verliert die Mutter das Sorgerecht.

1756 Diese Regelung treibt gewissermaßen den Teufel mit Beelzebub aus: Die einseitige Begünstigung der Mutter wird durch eine **genauso einseitige Begünstigung des Vaters** ersetzt. Mit Recht hat das BVerfG festgestellt, daß hierin wegen übermäßiger Beschränkung der Entscheidungsfreiheit der Eltern ein verfassungswidriger Eingriff in

71 Dazu unten 3.3 (Rn 1777 ff.)

das Erziehungsrecht nach Art. 6 Abs. 2 GG liege.[72] Der Gesetzentwurf der Bundesregierung gibt deshalb in einem neuen § 1626 a den nichtverheirateten Eltern eines Kindes das Recht, eine «Sorgeerklärung» abzugeben, wonach sie die Sorge gemeinsam übernehmen wollen. Nur dann, wenn es nicht dazu kommt, soll die Mutter weiter das alleinige Sorgerecht besitzen. Dies ist insbesondere für nichteheliche Lebensgemeinschaften eine angemessene Regelung.[73]

3 Unterhaltsansprüche

3.1 Die Unterhaltspflicht zwischen Verwandten in gerade Linie – allgemeine Grundsätze

Nach § 1601 sind Verwandte in gerader Linie verpflichtet, einander 1757
Unterhalt zu gewähren. Voraussetzung ist, daß der Unterhaltsberechtigte «bedürftig» und der Unterhaltsverpflichtete «leistungsfähig» ist (§§ 1602 Abs. 1, 1603 Abs. 1).

Der behinderte Sohn kann sich nicht selbst unterhalten; für ihn müssen seine Eltern aufkommen.

Umgekehrt muß ein Enkel auch einer bedürftigen Großmutter Unterhalt gewähren.

Nach § 1606 sind die **Abkömmlinge vor den Verwandten der auf-** 1758
steigenden Linie unterhaltspflichtig.

Die in Not geratene Mutter muß sich zunächst an ihre erwachsenen Kinder halten; nur wenn sie nicht leistungsfähig sind, kann sie sich an ihre eigenen Eltern wenden.

Im übrigen haften die näheren vor den entfernteren Verwandten. Man kann also die Großeltern nur dann in Anspruch nehmen, wenn die Eltern gestorben sind oder wenn sie selbst nicht über genügend Mittel verfügen.

---

72 BVerfG NJW 1991, 1944

73 Zu diesen unten Kap. 21 unter 2 (Rn 1826ff.)

1759 Mehrere **gleichnahe Verwandte** haben nach § 1606 Abs. 3 **«anteilig»** (nicht etwa gesamtschuldnerisch!) zum Unterhalt beizutragen.

1760 **Keine Unterhaltspflicht** besteht **zwischen Geschwistern**; sie sind nicht in gerader Linie, sondern in der Seitenlinie verwandt.

1761 Ist ein Unterhaltsberechtigter verheiratet, muß er nach § 1608 zunächst seinen Ehegatten in Anspruch nehmen. Erst wenn dort nichts zu holen ist, kann er sich an seine Verwandten halten.

1762 **Die Höhe des Unterhalts** bemißt sich nach der «Lebensstellung des Bedürftigen» (§ 1610 Abs. 1). § 1612 Abs. 1 Satz 1 sieht die Zahlung eines monatlichen Geldbetrages vor. Nicht anders als beim Ehegattenunterhalt orientiert sich die Praxis insoweit an Tabellen[74].

1763 Unterhalt kann grundsätzlich **nur für die Zukunft** verlangt werden.[75] Eine Ausnahme gilt nach § 1613 dann, wenn der Unterhaltsverpflichtete in Verzug gesetzt oder der Anspruch eingeklagt wurde. Hintergrund ist die Überlegung, daß der Verpflichtete vor überraschend hohen Ansprüchen bewahrt bleiben soll; auf der anderen Seite hat sich der Berechtigte ja irgendwie durchgeschlagen, so daß der Bedarf weniger dringend ist.

1764 Was geschieht, wenn der Unterhaltsverpflichtete nicht zahlt und der andere deshalb **Sozialhilfe** in Anspruch nehmen muß? Nach § 91 BSHG geht der Unterhaltsanspruch auf den Sozialhilfeträger über, der ihn dem Verpflichteten gegenüber geltend macht.

Die Eltern sind «sauer», weil die Tochter ein nichteheliches Kind hat, das sechs Monate alt ist, und verweigern deshalb jede Unterstützung. Nimmt die Tochter für sich Sozialhilfe in Anspruch, geht ihr Unterhaltsanspruch automatisch auf das Sozialamt über, das bei den Eltern anklopfen und diese ggfs. auch verklagen wird.

1765 Der **Anspruchsübergang** erfolgt **nicht**, wenn der Unterhaltsanspruch gegenüber Großeltern oder Enkeln besteht.

Im eben genannten Beispiel erhält auch das sechs Monate alte Kind Sozialhilfe; sein Unterhaltsanspruch gegen die Großeltern geht nicht mit über.

Gesetzeskundige Großeltern und Enkel stellen sich daher stur und lassen dem Sozialamt den Vortritt.[76]

74 S. insbes. die Düsseldorfer Tabelle NJW 1996, 1194
75 Häufig sagt man dies auf Lateinisch: In praeteritum non vivitur
76 Adlerstein-Wagenitz FamRZ 1990, 1169, 1172

3.2 Eheliche Kinder als Unterhaltsberechtigte im besonderen

Die hier nur in Umrissen skizzierte «Unterhaltsordnung» soll zunächst am Beispiel ehelicher Kinder konkretisiert werden; dabei sind einige Besonderheiten zu beachten. 1766

3.2.1 «Bedürftigkeit» des Kindes

«Bedürftigkeit» liegt schon dann vor, wenn ein minderjähriges unverheiratetes Kind nicht in der Lage ist, aus den Einkünften seines eventuellen Vermögens und dem Ertrag seiner Arbeit den Unterhalt zu bestreiten. Nach § 1602 Abs. 2 ist es **nicht** gehalten, den **«Stamm seines Vermögens» zu verwerten**. 1767

Der achtjährige K hat ein Grundstück mit Obstbäumen geerbt, das eine monatliche Pacht von 50 DM erbringt und etwa 20000 DM wert ist. Die 50 DM muß K verbrauchen, nicht aber das Grundstück verkaufen.

Das Kind kann insbesondere dann Unterhalt verlangen, **wenn** es sich **in Ausbildung** befindet und dabei nichts oder nur einen nicht ausreichenden Betrag verdient. Es kann nicht darauf verwiesen werden, als Schüler und Student nebenbei zu jobben.[77] 1768

Der 16jährige J könnte zwar durch Austragen von Zeitungen und durch Einsatz als Balljunge beim Tennis monatlich 500 DM verdienen, doch ist er dazu nicht verpflichtet.

Ist das Kind volljährig, gilt der Vorbehalt zugunsten des «Stammes» des Vermögens nicht. Auch können die Eltern nach § 1612 Abs. 2 bestimmen, auf welche Art der Unterhalt zu gewähren ist. Entscheiden sie, daß der Sohn oder die Tochter bei ihnen wohnen und Unterhalt in Natura erhalten soll, kann dies «aus besonderen Gründen» auf Antrag des Kindes vom Vormundschaftsgericht abgeändert werden. Soweit das Kind dem Haushalt angehört, hat es nach § 1619 in angemessenem Umfang Dienste im «Hauswesen und Geschäft» der Eltern zu leisten. 1769

77 KG FamRZ 1982, 516

3.2.1.1 Insbesondere: Ausbildung

1770 Ist kein «ausreichendes» Vermögen vorhanden, so stellt sich häufig die Frage, **in welchem Umfang** die Eltern eine **Ausbildung finanzieren** müssen.

Tochter T war nach einer Ausbildung als Arzthelferin fünf Jahre in ihrem Beruf tätig. Nunmehr will sie Medizin studieren.

Unproblematisch ist der Normalfall des sich ans Abitur (und ggfs. an Wehr- oder Zivildienst) anschließenden **Studiums**: Insoweit sind die Eltern grundsätzlich verpflichtet. Dies gilt auch dann, wenn nach dem Abitur **zunächst** eine **praktische Ausbildung** mit berufsqualifizierendem Abschluß durchlaufen und anschließend in engem sachlichem und zeitlichem Zusammenhang ein Hochschulstudium begonnen wird.[78]

Im eben genannten Fall der Arzthelferin ist zwar der sachliche, nicht aber der zeitliche Zusammenhang gegeben.[79]

Das Studium ist grundsätzlich bis zur Erreichung des Regelabschlusses zu finanzieren. Wird nach zwei bis drei Semestern das **Fach gewechselt**, ist auch dies von den Unterhaltspflichtigen hinzunehmen.[80]

1771 Ein **Zweitstudium** ist grundsätzlich von den Eltern nicht zu finanzieren.[81]

Nach Abschluß des Theologiestudiums möchte der Sohn Jura studieren in der Hoffnung, die bei der Bibelinterpretation gewonnenen methodischen Kenntnisse auf das BGB übertragen zu können.

Daß die **Promotion** auch dann nicht mehr zu fördern sei, wenn das Kind die akademische Laufbahn anstrebt[82], ist nicht recht einzusehen, da auch sie zum beruflichen Qualifizierungsprozeß gehört.

Erhält der Auszubildende bzw. der Student Leistungen nach dem BaFöG oder ein **Stipendium**, muß er sich dies grundsätzlich anrech-

78 BGHZ 107, 376; BGH NJW-RR 1991, 1156

79 Vgl. BGH FamRZ 1981, 346 und BGH NJW 1989, 2253

80 LG Mönchengladbach NJW 1981, 178: Jurastudium von 9 Semestern nach 2 Semester eines anderweitigen Studiums

81 BGHZ 69, 190

82 AG Königstein FamRZ 1992, 594

nen lassen. Dies gilt nach der Rechtsprechung sogar dann, wenn die Leistung nur darlehensweise gewährt wird.[83]

3.2.1.2 Insbesondere: Erwerbstätigkeit

Wer sich nicht mehr in Ausbildung befindet, muß versuchen, sich 1772
durch Erwerbstätigkeit die nötigen Einnahmen zu verschaffen. Dabei hat er sich auch um Tätigkeiten zu bemühen, die ihm die Arbeitsverwaltung nicht ansinnen würde.[84]

Der Diplom-Volkswirt, der keine Stelle findet, muß notfalls als Taxifahrer arbeiten.

3.2.2 «Leistungsfähigkeit» der Eltern

Die Eltern sind nur insoweit unterhaltspflichtig, als sie «leistungsfä- 1773
hig» sind. Daran fehlt es, wenn sie durch die Zahlung **ihren eigenen angemessenen Unterhalt gefährden** würden. Gegenüber minderjährigen unverheirateten Kindern gilt nach § 1603 Abs. 2 allerdings eine Ausnahme: In diesem Fall sind alle verfügbaren Mittel mit den Kindern zu teilen. Diese sind ihrerseits verpflichtet, ggfs. auch die Substanz ihres Vermögens zu veräußern.

Ist **ein Elternteil für den Haushalt zuständig**, während der an- 1774
dere erwerbstätig ist, so erfüllt der erstere seine Unterhaltspflicht dadurch, daß er sich um die «Pflege und Erziehung des Kindes» kümmert. § 1606 Abs. 3 Satz 2 legt dies nur in bezug auf die Mutter fest, doch ist die Vorschrift auf den betreuenden Vater analog anzuwenden.[85]

Man könnte dies auch so ausdrücken: Mutter im Sinne des Gesetzes ist auch der Vater.

Ist das Kind volljährig, so können die Eltern nicht gezwungen werden, ihren eigenen angemessenen Unterhalt in Gefahr zu bringen; ihnen steht ein sog. **Selbstbehalt** zu.[86] Dieser ist im einzelnen in den Unterhaltstabellen berücksichtigt.[87]

83 BGH NJW 1985, 2331
84 BGH FamRZ 1985, 273
85 BGH NJW 1985, 1460
86 Einzelheiten bei Palandt-Diederichsen § 1603 Rn 8
87 Zu diesen s. oben Fn 74

Sind die Eltern leistungsfähig in diesem Sinne, hat ein am Hochschulort wohnender Student im Jahre 1996 in der Regel Anspruch auf einen Betrag von DM 1050 monatlich.[88]

1775 Der Unterhaltsverpflichtete muß sich leistungsfähig halten und darf nicht einfach, «weil er keine Lust mehr hat», auf eine weitere Erwerbstätigkeit verzichten.[89] Tut er es dennoch, macht er sich u. U. nach § 170b StGB wegen Verletzung der Unterhaltspflicht strafbar; außerdem werden ihm diejenigen Einkünfte zugerechnet, die er hätte erzielen können.[90]

1776 Schließt der **Unterhaltsschuldner eine neue Ehe** und übernimmt er dabei die Haushaltsführung, so rechtfertigt dies grundsätzlich nicht die Aufgabe einer Erwerbstätigkeit.[91] Eine Ausnahme besteht dann, wenn in der neuen Ehe ein Kleinkind zu betreuen ist und der andere Elternteil ohne weiteres den ganzen Unterhalt übernehmen kann.[92] Nach Auffassung des BVerfG[93] verstoßen diese Grundsätze nicht gegen den Schutz der Ehe und Familie nach Art. 6 Abs. 1 GG und gegen das elterliche Erziehungsrecht nach Art. 6 Abs. 2 Satz 1 GG.

3.3 Nichteheliche Kinder als Unterhaltsberechtigte

3.3.1 Regelunterhalt als Minimum

1777 Nichteheliche Kinder genießen einen zusätzlichen unterhaltsrechtlichen Schutz gegenüber ihrem Vater, der vom Gesetzgeber als «eher schwieriger Schuldner» qualifiziert wird. Das nichteheliche Kind muß sich nicht in Auseinandersetzungen über die eigene Bedürftigkeit und insbesondere die Leistungsfähigkeit des Vaters einlassen; nach § 1615f Abs. 1 Satz 2 kann es vielmehr den sog. Regelunterhalt verlangen, der durch Verordnung der Bundesregierung festgelegt wird.[94] Dabei ist die Höhe des Unterhalts nach dem Alter des Kindes gestaffelt.

---

88 NJW 1995, 2973
89 BGH NJW 1985, 732: Leichtfertiges Verhalten
90 BGHZ 75, 272, 277
91 LG Krefeld NJW 1977, 1349; OLG Schleswig FamRZ 1994, 1404
92 OLG Stuttgart FamRZ 1980, 393
93 NJW 1985, 1211; zustimmend Giesen Rn 574
94 Die Regelunterhalt-VO ist abgedruckt in Schönfelder unter 49a

Ab 1. Januar 1996 beträgt der monatliche Regelunterhalt für ein Kind bis zu sechs Jahren 349 DM; vom siebten bis zum 12. Lebensjahr sind es 424, vom 13. bis 18. Lebensjahr 502 DM.

Auf den Regelunterhalt sind allerdings nach § 1615 g Kindergeld und ähnliche Leistungen anzurechnen, die die Mutter erhält.

3.3.2 Unterhalt für die Vergangenheit

Der Unterhaltsanspruch kann auch für die Vergangenheit, und zwar für den Zeitraum geltend gemacht werden, in dem die Vaterschaft noch nicht anerkannt oder gerichtlich festgestellt war (§ 1615 d). Der nichteheliche Vater soll dadurch keinen Vorteil erlangen, daß er sich als besonders «widerborstig» erwiesen hat. 1778

3.3.3 Rückgriff durch den Scheinvater

Hat der **Ehemann der Mutter** dem nichtehelichen Kind für die Zeit bis zur rechtskräftigen Anfechtung der Ehelichkeit Unterhalt gewährt, so geht der Anspruch gegen den Vater nach § 1615 b auf ihn über. Außerdem kann er die Kosten der Ehelichkeitsanfechtung ersetzt verlangen.[95] 1779

Schwieriger ist die Situation, wenn **ein zu Unrecht als nichtehelicher Vater Behandelter** Unterhalt gewährt und anschließend das Nichtbestehen der Vaterschaft rechtskräftig festgestellt wird: Ein Rückgriff gegen den wirklichen Vater ist nach der Rechtsprechung nur dann zulässig, wenn dessen Vaterschaft anerkannt oder gerichtlich festgestellt ist: § 1600 a Satz 2 verbietet, jemanden als nichtehelichen Vater zu behandeln, der weder eine Anerkennung abgegeben hat noch in einem gerichtlichen Verfahren als Vater festgestellt wurde.[96] Da das Kind nicht gezwungen werden kann, eine Abstammungsklage gegen seinen Erzeuger zu erheben (und dieser sich hüten wird, die Vaterschaft anzuerkennen), ergibt sich das wenig erfreuliche Ergebnis, daß der «Zahlvater» keinen Ersatz erhält. Die Rechtsprechung läßt nur dann eine Ausnahme zu, wenn eine **vorsätzliche sittenwidrige Schädigung** vorliegt, der Scheinvater beispielsweise durch Täuschung zu einer Anerkennung veranlaßt wurde.[97] 1780

95 BGHZ 57, 229
96 BGHZ 121, 299, 302
97 Dazu auch Küppers NJW 1993, 2918

KAPITEL 20: «Ersatzeltern»

1 Einführung

1781 Die normalen Regeln des Kindschaftsrechts werden durch spezifische Regeln für den Fall ergänzt, daß kein Elternteil vorhanden oder zur Ausübung des Sorgerechts in der Lage ist: In diesem Fall wird «an Eltern Statt» ein Vormund eingesetzt (unten 2). Das Gesetz regelt weiter den Fall der Adoption, also der Annahme «an Kindes Statt», die ein elternähnliches Band zum Annehmenden schafft (unten 3). Für einzelne Angelegenheiten, bei denen Eltern, Vormund oder Annehmender nicht für das Kind handeln können, wird ein Pfleger bestellt (unten 4).

1782 Bis zum Inkrafttreten des **Betreuungsgesetzes** am 1. 1. 1992 konnten Volljährige entmündigt werden und einen Vormund erhalten. Sie verloren dadurch ihre (volle) Geschäftsfähigkeit. Nunmehr ist lediglich die Bestellung eines Betreuers möglich, dessen Aufgaben sehr viel stärker an die Erfordernisse des Einzelfalls angepaßt werden können (unten 5). Gleichwohl ist seine Stellung in mancher Hinsicht der eines Vormunds ähnlich, so daß die Behandlung im vorliegenden Zusammenhang naheliegt.

2 Vormundschaft

2.1 Voraussetzungen

Nach § 1773 Abs. 1 erhält ein Minderjähriger einen Vormund, wenn er **nicht unter elterlicher Sorge** steht 1783

Beispiel: Waisenkind

oder wenn die Eltern nicht zur Vertretung des Kindes berechtigt sind.

Beispiel: Das elterliche Sorgerecht ist beiden Eltern nach §§ 1666, 1667 entzogen worden.

Oder: Im Rahmen des Scheidungsverfahrens kommt das Gericht zu dem Ergebnis, keiner der Ehegatten sei zur Übernahme der elterlichen Sorge geeignet, und bestellt deshalb nach § 1671 Abs. 5 einen Vormund.

Gleichgestellt ist nach § 1773 Abs. 2 der Fall, daß der «Familienstand 1784
eines Minderjährigen nicht zu ermitteln ist» – die juristisch korrekte Umschreibung für ein **Findelkind**.

Praktisch am wichtigsten ist bislang der Fall, daß eine **minderjährige Frau** ein **nichteheliches Kind** zur Welt bringt: Ihr an sich nach 1785
§ 1705 eintretendes Sorgerecht ruht gemäß § 1673 Abs. 2 insoweit, als es um die Vertretung ihres Kindes geht. Da bislang auch dem Vater kein Sorgerecht zusteht, bleibt als Ausweg nur die Vormundschaft.

2.2 Bestellung des Vormunds

Die Vormundschaft wird grundsätzlich nach § 1774 **von Amts wegen** 1786
angeordnet; im eben genannten Fall eines nichtehelichen Kindes wird das **Jugendamt** nach § 1791 c Abs. 1 allerdings Vormund kraft Gesetzes.

Wer Vormund wird, bestimmt das Vormundschaftsgericht. Es ist 1787
dabei allerdings an die Vorgaben nach §§ 1775 ff. gebunden. Wichtig ist, daß Eltern bestimmen können, wer nach ihrem Tode Vormund wird; nur unter den besonderen Voraussetzungen des § 1778 kann die benannte Person abgelehnt werden. Liegt keine Benennung vor oder entfiel das elterliche Sorgerecht aus anderen Gründen, so sind nach

§ 1779 Abs. 2 Satz 3 **Verwandte und Verschwägerte des** Minderjährigen (**«Mündel»** genannt) zunächst zu berücksichtigen. Auf den Grad der Verwandtschaft kommt es nicht an, doch ist nicht recht einzusehen, weshalb entfernte Verwandte einem engen Freund der Familie vorgehen sollen.[1]

1788 Nach § 1785 **muß** grundsätzlich **jeder Deutsche** die **Berufung** zum Vormund **annehmen**. Die Ablehnungsgründe sind in § 1786 abschließend aufgeführt (z. B. Vollendung des 60. Lebensjahres oder zwei eigene noch nicht schulpflichtige Kinder); in vielen Fällen greifen sie nicht ein. Wer ohne einen der genannten Gründe ablehnt, macht sich schadensersatzpflichtig und kann nach § 1788 dreimal mit einem Bußgeld belegt werden. Große praktische Bedeutung kommt dem nicht zu; in der Regel lassen sich Freiwillige finden.

2.3 Rechtsstellung des Vormunds

1789 Die Befugnisse des Vormunds sind denen der Eltern nachgebildet; § 1800 verweist ausdrücklich auf die Vorschriften über die **Personensorge** nach §§ 1631–1633. Bei der Vermögensverwaltung werden etwas stärkere Einschränkungen gemacht. Dies gilt u. a. für den Katalog der Geschäfte, die der Genehmigung des Vormundschaftsgerichts bedürfen.[2]

1790 Der Vormund muß das Kind **nicht selbst erziehen**, sondern kann es nach pflichtgemäßem Ermessen bei einer Pflegefamilie oder in einer offenen Erziehungseinrichtung unterbringen. Soweit die Eltern leben, steht ihnen grundsätzlich das Umgangsrecht nach § 1634 zu.[3]

1791 Nach § 1836 Abs. 1 Satz 1 wird die Vormundschaft unentgeltlich geführt. Nach Satz 2 derselben Bestimmung kann jedoch das Vormundschaftsgericht eine angemessene **Vergütung** bewilligen.

Soweit Kinder mit erheblichem Vermögen einen Vormund erhalten, kann dieser z. B. 1 % des Vermögens pro Jahr als Vergütung bekommen. Bei 3 Mio. ergibt dies erkleckliche 30000 DM. Bisweilen verfolgen Gerichte die Strategie, dieselbe Person für reiche wie für arme Mündel einzusetzen und so eine «Mischkalkulation» zu ermöglichen.

1 Giesen Rn 815
2 § 1822. Die Vorschrift des § 1643 Abs. 1 verweist für die Eltern nur auf einen Teil des Katalogs nach § 1822
3 Dazu oben Kap. 19 unter 2.1.8 (Rn 1748)

Auch ohne besondere Bewilligung erhält der Vormund nach § 1835 Abs. 1 einen Aufwendungsersatz, was insbesondere dann von Bedeutung ist, wenn er im Rahmen seiner beruflichen Tätigkeit z. B. als Rechtsanwalt oder Steuerberater tätig ist.[4]

Der Vormund **haftet** nach § 1833 für jede schuldhafte Pflichtverletzung; eine privilegierende Vorschrift wie § 1664 existiert nicht. Der Abschluß einer Haftpflichtversicherung ist daher empfehlenswert.[5]

3 Adoption

3.1 Historische Entwicklung

Die Annahme an Kindes Statt hatte nach der ursprünglichen Fassung des BGB die Funktion, einer Person ohne Nachkommen die Fortführung ihres Namens zu ermöglichen und einen Nachfolger für ihr Vermögen zu finden. Konsequenterweise konnte nach den §§ 1741 ff. a. F. Annehmender nur sein, wer kinderlos und nicht jünger als 50 Jahre war. Außerdem mußte der Altersunterschied zum Adoptierten mindestens 18 Jahre betragen. 1792

Nach dem Zweiten Weltkrieg gewann die Adoption eine ganz andere – nämlich sozialpolitische – Bedeutung: Es ging weniger darum, den Interessen des Annehmenden entgegenzukommen; Ziel wurde vielmehr, für elternlose Kinder ein neues Zuhause zu finden und ihnen so das Aufwachsen in einem Heim zu ersparen.[6] Allerdings dauerte es recht lange, bis der Gesetzgeber daraus Konsequenzen zog: Erst 1961 wurde das Mindestalter für den Annehmenden auf 35 Jahre herabgesetzt. 1793

Seit 1976 gilt eine grundlegende Neuregelung. Dabei ist zwischen der Adoption Minderjähriger und der Adoption Volljähriger zu unterscheiden. Auch in der rechtlichen Konstruktion ergab sich ein Wandel: Nunmehr stellt die Entscheidung des Vormundschaftsgerichts die entscheidende Rechtsgrundlage dar (**«Dekretsystem»** genannt), wäh- 1794

4 § 1835 Abs. 3 sieht ausdrücklich auch für einen solchen Fall einen Anspruch auf Aufwendungsersatz vor

5 Giesen Rn 829

6 Giesen Rn 695

rend die Adoption früher ein mit Genehmigung des Vormundschaftsgerichts zu schließender **Vertrag** war.

3.2 Die Adoption Minderjähriger

3.2.1 Voraussetzungen

1795 Erste Bedingung für eine Adoption ist ein **Antrag** des Annehmenden an das Vormundschaftsgericht (§ 1752 Abs. 1). Ein **Ehepaar** kann ein Kind nur gemeinschaftlich annehmen (§ 1741 Abs. 2 Satz 1), doch gilt eine Ausnahme u. a. dann, wenn ein Ehegatte sein nichteheliches Kind oder ein Kind seines Ehegatten annehmen will.

Beispiel für diese zuletzt genannte Stiefkindadoption: Die Ehefrau hat ein Kind aus einer früheren Ehe mitgebracht, das ihr jetziger Ehemann adoptiert, um auf diese Weise eine «vollständige Familie» zu schaffen.

1796 Wer nicht verheiratet ist, kann ein Kind nach § 1741 Abs. 3 nur allein annehmen. **Nichteheliche Lebensgemeinschaften** sind dadurch benachteiligt; die an sich naheliegende Möglichkeit, daß zunächst der eine, dann der andere Partner die Adoption beantragt, ist durch § 1742 ausgeschlossen: Solange der Annehmende lebt, kann der Adoptierte nur von dessen Ehegatten, nicht von anderen Personen adoptiert werden.[7]

1797 Der Annehmende muß bestimmte Voraussetzungen erfüllen (z. B. grundsätzlich 25 Jahre alt und in der Lage sein, ein Kind großzuziehen), die detailliert im Gesetz geregelt sind. Außerdem bedarf es einer Reihe von **Zustimmungen**: Das Kind muß nach § 1746 Abs. 1 einwilligen (ab dem 14. Lebensjahr selbst, sonst durch den gesetzlichen Vertreter), dasselbe müssen nach § 1747 Abs. 1 die Eltern tun. Mit Rücksicht auf die Aufnahme des Adoptierten in die Familie des Annehmenden muß auch dessen Ehepartner zustimmen (§ 1749 Abs. 1).[8]

Der nichteheliche Vater hat bislang ein sog. konstruktives Vetorecht: Nach § 1747 Abs. 2 Satz 2 kann er der Annahme widersprechen, wenn er das Kind selbst adoptieren oder ihm im Wege der Legitimation die Stellung eines ehelichen Kindes verschaffen will und wenn er einen entsprechenden Antrag gestellt hat.

---

7 Zur geplanten Neuregelung s. unten Kap. 21 unter 2.2 (Rn 1831)

8 Von praktischer Bedeutung nur dann, wenn ein Ehegatte ausnahmsweise allein adoptieren kann

Unter bestimmten, hier nicht darzustellenden Voraussetzungen kann die Zustimmung eines Beteiligten vom Vormundschaftsgericht ersetzt werden.

1798 Zulässig ist auch die sog. **Inkognito-Adoption**, bei der der Annehmende die leiblichen Eltern des Kindes und diese den Annehmenden nicht kennen. In der Praxis spielt sie eine beträchtliche Rolle. Man will auf diese Weise Konflikte zwischen den leiblichen und den Adoptiveltern verhindern. Zu diesem Zweck besteht nach § 1758 ein «Adoptionsgeheimnis»; Dritte dürfen keinen Einblick in die Unterlagen nehmen. Der Adoptierte selbst darf jedoch nach § 61 Abs. 1 PStG ab Vollendung des 16. Lebensjahrs den die tatsächliche Abstammung ausweisenden Geburtseintrag einsehen; insoweit wird seinem Persönlichkeitsrecht auf Kenntnis seiner Abstammung Rechnung getragen.

Unzulässig ist dagegen eine sog. Blanko-Adoption, bei der die Eltern ihre Zustimmung erteilen, ohne daß die Person des Annehmenden bereits feststeht.[9]

1799 In rund der Hälfte der Fälle kennt der Annehmende das zu adoptierende Kind zunächst nicht, sondern bedient sich der Hilfe einer Adoptionsvermittlungsstelle.[10] Diese ist eine staatliche Instanz; nach dem **Adoptionsvermittlungsgesetz**[11] ist Privaten diese Tätigkeit untersagt, da andernfalls die Entstehung von «Kinderhandel» befürchtet wird.

3.2.2 Rechtsfolgen

1800 Die Adoption führt nach § 1754 dazu, daß der Adoptierte die Stellung eines ehelichen Kindes des oder der Annehmenden erwirbt. Gleichzeitig erlöschen nach § 1755 die Verwandtschaftsverhältnisse zu den bisherigen Verwandten: Das Kind soll voll in die neue Familie überwechseln.

Diese **«Volladoption»** genannte Rechtsfolge war dem ursprünglichen BGB fremd: Für die damals verfolgten Zwecke[12] reichte es völlig aus, daß der Adoptierte nur der Person des Annehmenden gegenüber die Stellung eines ehelichen Kindes erwarb und auf seiten der leiblichen Familie lediglich die «elterliche Gewalt» erlosch (§§ 1757, 1763, 1764 a. F.).

9 Giesen Rn 716; Palandt-Diederichsen § 1747 Rn 10
10 MüKo-Lüderitz Anhang zu § 1752 Rn 1
11 idF vom 27. 11. 1989, BGBl I, 2014
12 S. oben 3.1 (Rn 1792)

1801 Hat der Annehmende die deutsche **Staatsangehörigkeit**, erwirbt diese auch das adoptierte Kind.[13] Außerdem erhält es den **Familiennamen** des Annehmenden (§ 1757 Abs. 1).

1802 Die einmal vollzogene Adoption kann nur noch unter höchst selten vorkommenden Voraussetzungen rückgängig gemacht werden. Einzelheiten finden sich in § 1760 Abs. 2. Insbesondere berechtigt ein **Irrtum über persönliche Eigenschaften des Adoptivkindes** nicht zur Anfechtung;[14] dasselbe gilt für eine Täuschung über die Vermögensverhältnisse des Annehmenden und des Adoptierten. Ausnahmsweise kann die Adoption nach § 1763 Abs. 1 von Amts wegen aufgehoben werden, «wenn dies aus schwerwiegenden Gründen zum Wohl des Kindes erforderlich ist». Die Anforderungen sind ungleich höher als etwa bei einer Ehescheidung.[15]

3.3 Adoption Volljähriger

1803 Volljährige können nach § 1767 Abs. 1 nur dann adoptiert werden, wenn die Annahme an Kindes Statt «sittlich gerechtfertigt» ist. Dies ist insbesondere dann anzunehmen, wenn sich bereits eine Beziehung herausgebildet hat, die der zwischen Eltern und Kindern entspricht. Das bloße Bedürfnis nach Fortführung eines Adelsnamens genügt nicht[16], obwohl das Vormundschaftsgericht nur geringe Möglichkeiten hat, die Natur der in Frage stehenden menschlichen Beziehung zu erforschen. Soll ein Ausländer adoptiert werden, sei besonders sorgfältig zu prüfen, ob etwa nur die Sicherung des Inlandsaufenthalts gewollt ist.[17]

1804 § 1767 Abs. 2 verweist grundsätzlich auf die Vorschriften zur Adoption Minderjähriger, doch ergeben sich gewichtige Abweichungen:
– § 1742, wonach jemand nur einmal durch eine Einzelperson oder ein Ehepaar adoptiert werden kann, gilt nicht. Dies bedeutet, daß insbesondere eine **«Rückadoption»** eines volljährig gewordenen Adoptivkinds durch die leiblichen Eltern möglich ist.
– Die Adoption stellt – wie in der ursprünglichen Fassung des BGB –

13 § 6 RuStAG
14 Palandt-Diederichsen § 1760 Rn 5
15 Zu Einzelfällen s. Palandt-Diederichsen § 1763 Rn 4
16 BayObLG NJW-RR 1993, 456
17 OLG Zweibrücken FamRZ 1989, 537; OLG Karlsruhe FamRZ 1991, 226

ein Verwandtschaftsverhältnis nur zum Annehmenden, nicht zu seinen Verwandten her. Dies hat Auswirkungen u. a. auch auf das gesetzliche Erbrecht.[18]

– Das **Band zur bisherigen Familie** wird nach § 1770 Abs. 2 nicht zerschnitten; der Adoptierte gehört deshalb zu zwei Familien.

– Die Aufhebung ist nach § 1771 aus jedem «wichtigen Grund» durch das Vormundschaftsgericht möglich.

Weitere Einzelheiten können hier nicht dargestellt werden.

4 Pflegschaft

Die Einsetzung eines Pflegers ist ein **subsidiär** eingreifendes Mittel, 1805
wenn bestimmte Angelegenheiten nicht von den eigentlich dafür berufenen Personen erledigt werden können.

Bereits erwähnt wurde die **«Ergänzungspflegschaft»**. Sie wird 1806
dann angeordnet, wenn die Eltern oder der Vormund aus tatsächlichen oder rechtlichen Gründen nicht in der Lage sind, bestimmte Angelegenheiten des Minderjährigen zu regeln.

Beispiel: Die Eltern wollen ihrem Kind ein Grundstück übertragen und sich dafür eine Gegenleistung ausbedingen. Nach §§ 1629 Abs. 2 Satz 1, 1795 Abs. 2, 181 (nachlesen!) können sie insoweit nicht für das Kind handeln. Es muß daher nach § 1909 ein Ergänzungspfleger bestellt werden.

Nicht in den vorliegenden Sachzusammenhang gehört die sog. **Ab-** 1807
wesenheitspflegschaft: Ist ein Volljähriger unbekannten Aufenthalts, bedürfen jedoch seine Vermögensangelegenheiten der Fürsorge, so kann nach § 1911 ein «Abwesenheitspfleger» bestellt werden.

Der A ist nach Australien ausgewandert, doch weiß niemand, wo er sich genau aufhält. In dem ihm gehörenden Mietshaus sind Reparaturen vorzunehmen, da sonst größere Schäden sowie der Auszug der Mieter zu besorgen sind.

Der Sache nach wäre diese Vorschrift besser im Allgemeinen Teil untergebracht; mit dem Familienrecht hat sie unmittelbar nichts zu tun.

Eher mit der Vormundschaft vergleichbar ist dagegen die Einset- 1808
zung eines **Pflegers für einen Embryo**, vom Gesetz «Leibesfrucht»

18 Dazu unten Kap. 23 unter 2.1.3 (Rn 1891)

genannt (§ 1912). Seine potentiellen Aufgaben sind schon an anderer Stelle geschildert worden.[19]

1809 § 1913 läßt die Anordnung einer Pflegschaft zu, wenn es um die Interessen noch unbekannter Personen geht. Völlig systemwidrig im Familienrecht verankert ist die **Pflegschaft für ein Sammelvermögen** nach § 1914, die dann angeordnet wird, «wenn die zu der Verwaltung und Verwendung berufenen Personen weggefallen sind».

Drei Personen haben eine große Sammlung zugunsten der Opfer von Tschernobyl veranstaltet; bei einem Flugzeugabsturz kommen sie alle ums Leben. Ein Pfleger hat sich um das gesammelte Vermögen zu kümmern.

Der Sache nach liegt hier eine Parallele zur Einsetzung eines Notvorstands bei einem Verein vor, dessen Vorstandsmitglieder ihr Amt niedergelegt haben oder die aus anderen Gründen «abhandengekommen» sind.

5 Betreuung

5.1 Die Abschaffung der Entmündigung

1810 Bis 1. 1. 1992 konnten Volljährige unter Vormundschaft gestellt werden. Erfolgte dies wegen Geisteskrankheit, wurden sie automatisch **geschäftsunfähig**; war Geistesschwäche, Verschwendung oder Trunksucht die Ursache, trat **beschränkte Geschäftsfähigkeit** ein. Insbesondere bei körperlich Behinderten war die Anordnung einer «Gebrechlichkeitspflegschaft» möglich. In vielen Fällen war die Entmündigung ein unverhältnismäßiges Mittel, weil sie weit über das hinausging, was zum Schutze des Betroffenen erforderlich war.[20] Auch gab es keine regelmäßige Überprüfung, ob die Voraussetzungen der einmal angeordneten Entmündigung immer noch vorlagen.

1811 Das Betreuungsgesetz, das die §§ 1896ff. neugefaßt hat[21], schaffte die Entmündigung ab. Als Ersatz wurde die Einrichtung eines «Be-

19 S. Bd. 1 Kap. 5 unter 1.3.1 (Rn 214)

20 Vgl. Gernhuber/Coester-Waltjen § 76 I 1

21 Gesetz zur Reform des Rechts der Vormundschaft und Pflegschaft für Volljährige

treuers» vorgesehen, dessen Existenz die Geschäftsfähigkeit im Einzelfall grundsätzlich nicht berührt.[22]

5.2 Voraussetzungen für die Bestellung eines Betreuers

Nach § 1896 Abs. 1 kann ein Betreuer für einen Volljährigen bestellt 1812
werden, wenn dieser aufgrund einer psychischen Krankheit oder einer körperlichen, geistigen oder seelischen Behinderung seine Angelegenheiten ganz oder teilweise nicht selbst besorgen kann. Die Bestellung erfolgt auf Antrag des Behinderten oder von Amts wegen durch das Vormundschaftsgericht. Liegt lediglich eine körperliche Behinderung vor, kann eine Anordnung nur auf Antrag des Betroffenen erfolgen, es sei denn, dieser könne seinen Willen nicht kundtun.

Ein Betreuer darf nur für Aufgabenkreise bestellt werden, in denen 1813
die Betreuung erforderlich ist (§ 1896 Abs. 2 Satz 1). Daran fehlt es, soweit die Angelegenheit des Betroffenen durch einen Bevollmächtigten oder durch andere Hilfen ebensogut besorgt werden können.

Verbreitet ist die «**Altersvorsorgevollmacht**», die ein älter werdender Mensch einer Vertrauensperson erteilt. Sie macht in der Regel die Bestellung eines Betreuers auch dann überflüssig, wenn sich der körperliche oder geistige Zustand der betroffenen Person erheblich verschlechtert. Ist sie nicht mehr in der Lage, den Bevollmächtigten zu kontrollieren, kann die Gefahr mißbräuchlicher Geschäfte bestehen; § 1896 Abs. 3 sieht deshalb die Möglichkeit vor, einen Betreuer zur Geltendmachung eventueller Rechte gegenüber dem Bevollmächtigten zu bestellen.

5.3 Rechtsstellung

Der Betreuer wird grundsätzlich nur für diejenigen Lebensbereiche be- 1814
stellt, in denen der Betreute nicht mehr zurechtkommt. Dies kann im Extremfall den Gesamtbereich der Sorge für die Person wie für das Vermögen umfassen.

Nach § 1902 ist der Betreuer befugt, im Rahmen seines Aufgabenbe- 1815

(Betreuungsgesetz – BtG) vom 12. September 1990, BGBl I 2002. Überblick bei Taupitz JuS 1992, 9ff.

22 Zur Einschränkung durch den Einwilligungsvorbehalt nach § 1903 s. bereits Bd. 1 Kap. 11 unter 3.6 (Rn 748)

reichs **den Betreuten zu vertreten**. Da dieser seine Geschäftsfähigkeit behält, können sich ggfs. einander widersprechende Rechtsgeschäfte ergeben.

Beispiel: Die betreute Person verkauft ein Schmuckstück für 1500 DM an einen Bekannten, der Betreuer verkauft es für 2000 DM an einen Juwelier.

1816 Besteht eine «erhebliche Gefahr» für die Person oder das Vermögen des Betreuten, ordnet das Vormundschaftsgericht nach § 1903 einen sog. **Einwilligungsvorbehalt** an. Danach sind Rechtsgeschäfte nur noch mit Zustimmung des gesetzlichen Vertreters wirksam; insoweit gelten die Grundsätze über die beschränkte Geschäftsfähigkeit entsprechend.[23]

1817 Der Betreuer hat bei der Erfüllung seiner Aufgabe ausschließlich das **Wohl des Betreuten** zu beachten. Dazu gehört insbesondere, daß dieser im Rahmen seiner Fähigkeiten sein Leben nach eigenen Wünschen und Vorstellungen gestalten kann (§ 1901 Abs. 1). Den Wünschen des Betreuten ist daher zu entsprechen, soweit sie dessen Wohl nicht zuwiderlaufen und dem Betreuer zuzumuten sind.

Verletzt der Betreuer seine Pflichten, so haftet er wie ein Vormund auf Schadensersatz.[24]

5.4 Sonderfälle

1818 Bei einer Reihe besonders wichtiger Entscheidungen muß außer dem Betreuer auch das Vormundschaftsgericht eingeschaltet werden.

– Bei **ärztlichen Maßnahmen** muß zur Einwilligung des Betreuers die Genehmigung des Vormundschaftsgerichts hinzukommen, «wenn die begründete Gefahr besteht, daß der Betreute aufgrund der Maßnahme stirbt oder einen schweren und länger dauernden gesundheitlichen Schaden erleidet» (§ 1904 Satz 1). Dies setzt allerdings voraus, daß der Betreuer überhaupt einwilligen muß; daran fehlt es, wenn der Betreute selbst über die nötige Einsichtsfähigkeit verfügt.[25] Ist dies zweifelhaft, muß allerdings § 1904 angewandt werden.

1819 – Geht es um die **Sterilisation** eines Behinderten, muß nach § 1899 Abs. 2 ein spezieller Betreuer bestellt werden. Soweit dem Betreuten

23 S. Fn 22

24 § 1908i Abs. 1 verweist auf § 1833. Zu diesem s. oben 2.3 (Rn 1791)

25 Palandt-Diederichsen § 1904 Rn 1

die Einsichtsfähigkeit fehlt, ist die Sterilisation nur unter den engen Voraussetzungen des § 1905 Abs. 1 möglich.[26]

Nicht erfaßt ist beispielsweise der Fall, daß die Eltern einer behinderten Frau durch deren Schwangerschaft in ihren Interessen nachhaltig beeinträchtigt wären.

Nicht unbedingt einleuchtend ist allerdings die gesetzliche Erwägung, daß als «schwerwiegende Gefahr für den seelischen Gesundheitszustand einer Schwangeren» auch die «Gefahr eines schweren und nachhaltigen Leides» gilt, das ihr drohen würde, weil vormundschaftsgerichtliche Maßnahmen zu einer Trennung von ihrem Kind führen würden – die Unmöglichkeit, in Zukunft Kinder zu bekommen, kann durchaus das größere Leid darstellen.

§ 1905 Abs. 2 sieht die Genehmigung des Vormundschaftsgerichts vor. Um Rechtsmittel nicht gegenstandslos zu machen, darf die Sterilisation erst zwei Wochen nach Wirksamkeit der Entscheidung durchgeführt werden.

– Jede **Unterbringung** des Betreuten, die mit Freiheitsentziehung 1820
verbunden ist, ist nur unter den in § 1906 Abs. 1 genannten Voraussetzungen sowie mit Genehmigung des Vormundschaftsgerichts zulässig. Gleichgestellt wird nach § 1906 Abs. 4 der Fall, daß der Betreute sich freiwillig in einer Anstalt, einem Heim oder einer sonstigen Einrichtung aufhält und «durch mechanische Vorrichtungen» (Festbinden am Bett!), «Medikamente oder auf andere Weise» (Einschließen!) über einen längeren Zeitraum oder regelmäßig in seiner Freiheit eingeschränkt werden soll. Nicht erfaßt sind allerdings Personen, die in der Familie leben[27] (wo dies alles ohne Einschaltung des Gerichts möglich ist), was angesichts des durch Art. 104 GG garantierten Schutzes gegen Freiheitsentziehung höchst bedenklich ist.[28]

– Nach § 1907 darf der Betreuer das **Mietverhältnis des Betreuten** 1821
nur mit Zustimmung des Vormundschaftsgerichts aufheben oder kündigen.

26 Giesen Rn 782 (§ 1905 betrifft nur einwilligungsunfähige Personen)
27 Holzhauser FuR 1992, 252; Palandt-Diederichsen § 1906 Rn 19
28 Ebenso Schumacher FamRZ 1991, 282; vgl. auch § 1631 b, der die Unterbringung eines Kindes in einer geschlossenen Anstalt von vormundschaftsgerichtlicher Genehmigung abhängig macht

KAPITEL 21: Die faktische Familie

1 Vorkommen und Regelungsprobleme

1822 Daß Mann und Frau in einer Ehe zusammenleben, ist zwar immer noch der Normalfall, doch haben **nichteheliche Lebensgemeinschaften** in den vergangenen 25 Jahren deutlich zugenommen. Während sich ihre Zahl in den alten Bundesländern 1972 noch auf bescheidene 137000 belief, betrug sie 10 Jahre später bereits 516000; im Jahre 1994 waren 1,282 Mio. erreicht, zu denen 377000 Gemeinschaften in den neuen Bundesländern hinzukamen.[1] Zu dauerhaften Formen des Zusammenlebens von homosexuellen Partnerinnen und Partnern sind verläßliche Angaben nicht ersichtlich.

1823 Auch die Eltern-Kind-Beziehung hat ihre Ausschließlichkeit verloren. Außerhalb der rechtlich abgesicherten «Ersatzeltern», die im vorigen Kapitel besprochen wurden, haben sich andere Formen des Zusammenlebens mit Kindern ergeben. Im Einzelfall werden diese von Großeltern oder anderen Verwandten, bisweilen auch von Erzieherinnen großgezogen. Oder: Während die Eltern ihrer Erwerbstätigkeit nachgehen, hält sich das Kind bei einer «Tagesmutter» auf. Schließlich existieren zahlreiche **Pflegekindverhältnisse**, die sich stark an die traditionelle Eltern-Kind-Beziehung annähern können, ohne jedoch deren rechtlichen Schutz zu genießen.

1824 Zur Charakterisierung dieser größtenteils neuen Formen des Zusammenlebens wurde hier der **Ausdruck «faktische Familie»** ge-

1 Angaben aus der amtlichen Begründung des Regierungsentwurfs zum Kindschaftsrechtsreformgesetz, S. 144

wählt - was andeuten soll, daß Ähnlichkeiten mit traditionellen Familienstrukturen nur in der sozialen Realität, nicht jedoch auf rechtlicher Ebene existieren.

Die Tatsache, daß das **geltende Familienrecht** für diese Phäno- 1825
mene **keine «Modelle»** bereit hält, führt notwendigerweise dazu, daß man auf allgemeine rechtliche Gestaltungsformen zurückgreift. Dabei entstehen zahlreiche Probleme. Was geschieht beispielsweise, wenn in einer nichtehelichen Lebensgemeinschaft die Hausfrauenehe «kopiert» wurde, bei der Auflösung jedoch weder ein Unterhaltsanspruch noch ein Zugewinn-, noch ein Versorgungsausgleich in Betracht kommt? Wie ist zu verfahren, wenn Eltern ihre Kinder zu sich nehmen wollen, obwohl diese die sehr viel engeren Bindungen zu der sie bisher betreuenden Großmutter oder zu Pflegeeltern haben? Im folgenden soll ein knapper Überblick gegeben werden.

2 Die nichteheliche Lebensgemeinschaft[2]

Die Rechtsordnung hat das Zusammenleben Unverheirateter lange 1826
Zeit bekämpft; noch nach 1945 gab es landesrechtliche Normen, die das «öffentlich wahrnehmbare Konkubinat» mit Strafe bedrohten.[3] Das Zusammenleben einer verheirateten mit einer anderen Person war mit Strafe bedrohter Ehebruch, homosexueller Umgang unter Männern nach § 175 StGB strafbar.

Diese **Epoche der massiven Repression** ist seit den 70er Jahren endgültig überwunden. Gleichwohl nahm die Rechtsordnung die nichteheliche Lebensgemeinschaft bis vor kurzem fast nur dann zur Kenntnis, wenn es um den Ausschluß oder die Einschränkung von Sozialleistungen oder anderen Ansprüchen ging. So wurde (und wird) etwa nach § 137 Abs. 2a AFG Einkommen und Vermögen des nichtehelichen Partners bei der Bemessung der Arbeitslosenhilfe genauso berücksichtigt, wie wenn beide verheiratet wären. Eine entsprechende

2 Eingehende Darstellung des Rechts der nichtehelichen Lebensgemeinschaft bei de Witt-Huffmann; Hausmann und Christian Schreiber

3 Überblick bei Strätz FamRZ 1980, 301 ff.

Regelung findet sich in § 122 BSHG. Weiter verweigert die Rechtsprechung unter Rückgriff auf § 1579 Nr. 7 dem geschiedenen Ehegatten in der Regel den Unterhalt, wenn er mit einem nichtehelichen Partner zusammenlebt.[4] Im Strafrecht wird auf der einen Seite eine Garantenstellung angenommen, auf der anderen Seite ein Zeugnisverweigerungsrecht abgelehnt.[5]

Diese Art des Umgangs mit einem «unerwünschten Phänomen» erinnert an die Behandlung nichtrechtsfähiger Vereine, denen durch § 54 die Nachteile des Gesellschaftsrechts «verpaßt», denen jedoch vom Gesetzgeber selbst so gut wie alle Rechte verweigert wurden.[6]

1827 Ein gewisser **Wandel** hat sich **im Mietrecht** ergeben: Nach § 549 Abs. 2 darf man den nichtehelichen Lebenspartner in die Wohnung aufnehmen, und zwar nach allerdings noch nicht einheitlicher Rechtsprechung auch dann, wenn es sich um einen gleichgeschlechtlichen Partner handelt.[7] Auch § 569a wird angewandt: Stirbt ein Partner, kann der andere in den vom Verstorbenen abgeschlossenen Mietvertrag eintreten.[8] In anderen Teilen des Zivilrechts ist man sehr viel zurückhaltender – doch wird sich voraussichtlich in den nächsten Jahrzehnten dort gleichfalls ein Wandel vollziehen.

2.1 Die Beziehungen der Partner während bestehender Lebensgemeinschaft

1828 Einigkeit besteht zunächst darüber, daß die nichtehelichen Partner **nicht** einfach **nach Eherecht** behandelt werden können: Dies würde nicht nur den «besonderen Schutz», den Ehe und Familie nach Art. 6 Abs. 1 GG genießen, hinfällig machen, sondern in der Regel auch den Willen der Beteiligten verfehlen, die ja gerade nicht zum Standesamt gehen wollten.[9] Dies schließt allerdings nicht aus, im Einzelfall doch gewisse «Anleihen» beim Eherecht vorzunehmen. So ist man sich bei-

4 Dazu oben Kap. 18 unter 5.2.3 (Rn 1657)
5 BayObLG NJW 1986, 202
6 Dazu Bd. 1 Kap. 5 unter 3.7.1 (Rn 307)
7 Dazu oben Kap. 2 unter 2.2.5 (Rn 189ff.)
8 Dazu unten Kap. 23 unter 2.3 (Rn 1900)
9 S. statt aller Derleder NJW 1980, 545, 547; Giesen Rn 459f.; de Witt-Huffmann Rn 143

spielsweise einig, das Haftungsprivileg des § 1359 auch auf die nichteheliche Lebensgemeinschaft zu erstrecken[10], während umgekehrt das Vertretungsrecht nach § 1357 seines singulären Charakters wegen auf Eheleute beschränkt bleibt.[11] Am gravierendsten ist das **Fehlen eines Unterhaltsanspruchs**;[12] lediglich bei der Geburt eines Kindes besteht nach § 1615 l eine (zeitlich beschränkte) Ausnahme.[13]

Schaffen sich die **Partner** während der Dauer der Lebensgemeinschaft **bestimmte Gegenstände** an, hängt es von ihrem Willen ab, wer das Eigentum erwirbt. Treten sie beim Kauf gemeinsam auf, wird im Regelfall Miteigentum entstehen;[14] handelt einer allein, dürfte er auch ausschließlicher Rechtsinhaber werden. Bei Bargeschäften liegt von seiten des Verkäufers typischerweise eine Übereignung «an den, den es angeht»[15] vor; entscheidend sind also die Abmachungen der nichtehelichen Partner. Haben sie sich darüber keine näheren Gedanken gemacht, dürfte es darauf ankommen, wer die Mittel bereitgestellt hat.[16] 1829

Den Partnern steht es frei, einen sog. **Partnerschaftsvertrag** zu schließen, in dem sie die wirtschaftliche Seite ihres Zusammenlebens regeln. Eine solche Abmachung ist formlos möglich und verstößt auch nicht gegen § 138 Abs. 1.[17] Dabei kann auch eine Unterhaltspflicht begründet werden.[18] Die **personale Seite** läßt sich genausowenig wie in der Ehe mit rechtlicher Verbindlichkeit regeln. 1830

Unverbindlich ist deshalb eine Abmachung, empfängnisverhütende Mittel zu nehmen[19] oder auf den Kontakt mit einer früheren Freundin / einem früheren Freund zu verzichten. Auch Martin Luthers Spruch «Der Wochen zwier, der Weiber Gebühr» läßt sich nicht in die Form einer Rechtspflichten begründenden Einigung gießen.

10 OLG Oldenburg NJW 1986, 2259; Palandt-Diederichsen Einl. vor § 1297 Rn 13
11 OLG Hamm MDR 1989, 271; MüKo-Wacke Anhang nach § 1302 Rn 23 mwN (Fn 68)
12 BGH NJW 1980, 124
13 Da das Kind ein nichteheliches ist, findet § 1615 l Anwendung. Zu dieser Vorschrift s. oben Kap. 19 unter 2.2.3 (Rn 1752)
14 OLG Düsseldorf NJW 1992, 1706
15 Dazu Bd. 1 Kap. 13 unter 2.5.1 (Rn 952)
16 Vgl. OLG Hamm NJW 1989, 909
17 BGH FamRZ 1980, 664; Beitzke-Lüderitz § 5 II 4; Hausmann, S. 45 ff.; de Witt-Huffmann Rn 63
18 BGH NJW 1986, 374
19 S. bereits Bd. 1 Kap. 15 unter 3.2.5 (Rn 1380)

Auch ein mittelbarer rechtlicher Zwang ist insoweit ausgeschlossen; die Vereinbarung einer **Vertragsstrafe** für den Fall der Trennung kommt daher nicht in Betracht.[20]

2.2 Das Sorgerecht über gemeinsame Kinder

1831 Wird in einer nichtehelichen Lebensgemeinschaft ein Kind geboren, hat es den Status eines nichtehelichen Kindes. Die elterliche Sorge steht nach § 1705 ausschließlich der Mutter zu. Der Vater kann das Sorgerecht nur in der Weise erwerben, daß er das Kind legitimiert oder adoptiert; dies hat die genauso unerwünschte Konsequenz, daß nunmehr die Mutter ihr Sorgerecht verliert. Die **Verfassungswidrigkeit** dieses Zustands ist vom BVerfG festgestellt worden;[21] die Möglichkeit eines gemeinsamen Sorgerechts ist daher von Verfassungs wegen geboten.[22] Der Gesetzentwurf der Bundesregierung für ein Kindschaftsrechtsreformgesetz sieht deshalb die Möglichkeit einer sog. **Sorgeerklärung** vor, wonach die nicht miteinander verheirateten Eltern die Sorge für das Kind gemeinsam übernehmen wollen. Kommt eine solche Übereinstimmung nicht zustande, soll es bei der alleinigen elterlichen Sorge der Mutter bleiben.[23] Die Sorgeerklärung ist im übrigen nicht an das Vorliegen einer nichtehelichen Lebensgemeinschaft geknüpft, wird allerdings vorwiegend in einem solchen Fall Bedeutung erlangen.

2.3 Auflösung der nichtehelichen Lebensgemeinschaft

1832 Anders als eine Ehe kann man eine nichteheliche Lebensgemeinschaft von heute auf morgen auflösen; hierfür genügt die schlichte Erklärung, nicht mehr «weitermachen» zu wollen. In dieser fehlenden Bindung liegt aus der Sicht vieler Betroffener gerade der entscheidende Vorzug gegenüber der Ehe. Probleme ergeben sich allerdings dann, wenn **der eine mehr** (wirtschaftliche) **Opfer als der andere** erbracht hat.

20 OLG Hamm JZ 1988, 249; zustimmend Giesen Rn 466
21 S. oben Kap. 19 unter 2.2.4 (Rn 1756)
22 Palandt-Diederichsen Einl. vor § 1297 Rn 14
23 § 1626a idF des Entwurfs

Ein Partner hat beispielsweise auf eigenen Verdienst verzichtet und statt dessen den Haushalt gemacht und dem anderen im Betrieb oder in der Arztpraxis geholfen. Der wirtschaftliche Ertrag floß ausschließlich dem anderen zu.

Außer bei Dienstleistungen ergeben sich Schwierigkeiten weiter dann, 1833 wenn einzelne Gegenstände angeschafft und dem einen Partner zugeordnet wurden, während der andere einen erheblichen wirtschaftlichen Beitrag erbracht, vielleicht sogar den gesamten Kaufpreis bezahlt hat.

Die F löst ihr Sparbuch über 20000 DM auf, damit sich M ein Auto kaufen kann. Dieses benutzt vorwiegend M bei Fahrten zum Arbeitsplatz; die F hat keinen Führerschein. Unterstellt, die Beziehung geht nach einem Jahr auseinander: Kann die F dann wenigstens teilweise Rückzahlung verlangen?

Einig ist man sich zunächst darüber, daß man auch bei der «Abwick- 1834 lung» einer nichtehelichen Lebensgemeinschaft nicht einfach eherechtliche Vorschriften heranziehen kann. Kein Partner hat daher Anspruch auf Zugewinnausgleich.[24] Auch ein Aufwendungsersatz entsprechend dem für ein aufgelöstes Verlöbnis geltenden § 1298 kommt nicht in Betracht, da die Aufwendungen eben gerade nicht «in Erwartung der Ehe» gemacht wurden.[25]

Die geringsten Probleme ergeben sich dann, wenn ein Partner- 1835 schaftsvertrag abgeschlossen wurde: Dieser kann auch vorsehen, daß eine Ausgleichszahlung entsprechend § 1378 erfolgt oder daß der eine Partner dem anderen nach Trennung Unterhalt zu gewähren hat. Eine solche vorausschauende Planung ist dringend zu empfehlen.[26]

Hat man von dieser Möglichkeit keinen Gebrauch gemacht, 1836

man mißtraut rechtlichen Regelungen und will auch nicht daran denken, daß die Beziehung in die Brüche gehen könnte

so kann grundsätzlich **kein Ersatz für Dienstleistungen** und Geldzahlungen verlangt werden, die zum Zwecke der gemeinsamen Lebensführung erbracht wurden: Eine solche totale «Rückabwicklung» würde nicht nur schwierige Beweis- und Bewertungsprobleme aufwerfen,

24 S. statt aller Hausmann, S. 41; zum Zugewinnausgleich s. oben Kap. 18 unter 4.1.3 (Rn 1594ff.)
25 OLG Celle NJW 1983, 1065; Giesen Rn 462
26 Beitzke-Lüderitz § 5 II 4

wer hat wann wieviel geputzt? Wie ist diese Leistung in Mark und Pfennig auszudrücken?

sondern würde auch den Willen der Beteiligten verfehlen, die ja eben gerade keine entgeltlichen Leistungen erbringen wollten. Aus diesem Grund wird von der Rechtsprechung auch eine entsprechende Heranziehung des Rechts der GbR abgelehnt, die dem einzelnen ja einen Anteil am vorhandenen Gesellschaftsvermögen in Höhe seines Beitrags sichern würde.[27]

1837 Ernsthaft in Betracht kommt bei Dienstleistungen lediglich ein **Anspruch aus ungerechtfertigter Bereicherung**: Der mit der Leistung verfolgte Zweck ist nicht eingetreten (§ 812 Abs. 1 Satz 2 2. Alt.)[28], die Bereicherung des anderen Partners ist auch nicht etwa nach § 818 Abs. 3 weggefallen, da er in der Regel Aufwendungen erspart hat. Im einzelnen ist zu unterscheiden:

1838 Ein Anspruch aus § 812 Abs. 1 Satz 2 2. Alt. setzt voraus, daß der Leistungsempfänger positive Kenntnis von der Zweckvorstellung des Leistenden hatte.[29] Einseitige Erwartungen genügen nicht.

Die F macht dem M den Haushalt, weil sie erwartet, in einiger Zeit als Mitgesellschafterin in seine Firma aufgenommen zu werden. Ihm ist dies nicht bekannt.

Auch wenn Klarheit darüber besteht, wie die Erwartungen des Leistenden beschaffen sind, ist ein Bereicherungsanspruch nur dann gegeben, wenn der zugrunde gelegte Zweck sich nicht in der für jedes Zusammenleben typischen Problembewältigung erschöpft: Erbringt einer der Partner für einige Zeit höhere Beiträge, weil der andere sich z. B. auf ein Examen vorbereitet, so kann nach Auflösung der Gemeinschaft nicht etwa ein Ausgleich verlangt werden. Der **«Zweck»** muß vielmehr dahin gehen, die **Voraussetzungen für ein dauerhaftes Zusammenleben** und seinen Fortbestand zu schaffen, wofür die Ausrichtung der Lebensplanung des Leistenden wichtigstes Indiz ist: Hier wird ein «eheähnlicher» Zweck verfolgt, bei dessen Verfehlung § 812 Abs. 1 Satz 2 2. Alt. eingreift.[30] Damit werden die **Probleme der «Hausfrauenpartnerschaft»** adäquat bewältigt. Allerdings dürfte

27 BGHZ 77, 55, 57; ebenso Derleder NJW 1980, 545, 547; Gernhuber / Coester-Waltjen § 44 IV 1

28 Zu dieser Art Bereicherungsanspruch s. Bd. 1 Kap. 18 unter 1.1.3 (Rn 1603)

29 BGH NJW 1992, 427, 428

30 S. Lipp AcP 180 (1980), 537, 586; Schlüter-Belling FamRZ 1986, 405, 414. Vgl. auch Giesen Rn 480, wonach die Leistung insoweit zurückgefordert werden kann, als sie nicht für die nichteheliche Lebensführung verwandt wurde

der Ausgleichsanspruch seine Obergrenze in dem Betrag finden, der nach Scheidung als Ausgleich des Zugewinns verlangt werden könnte: Andernfalls wäre der innerhalb einer nichtehelichen Lebensgemeinschaft Leistende bevorzugt.

Fehlt es an einer ausdrücklichen oder konkludenten Zweckabrede, so 1839
kann ein Ausgleichsanspruch auch **nicht** unter Berufung auf die Lehre vom **Wegfall der Geschäftsgrundlage** geltend gemacht werden.[31]

Inwieweit die Beteiligung an der **Anschaffung bestimmter Ge-** 1840
genstände zu einem Rückforderungsanspruch führt, ist umstritten. Der BGH ist eher zurückhaltend und setzt voraus, daß die Partner mit dem Erwerb des Vermögensgegenstandes – wenn auch nur wirtschaftlich – einen gemeinschaftlichen Wert schaffen wollten.[32] Dies wird sich im Einzelfall nur schwer belegen lassen. Das OLG Karlsruhe[33] stellt in etwas anderer Formulierung darauf ab, daß die Beteiligung an der Anschaffung eines Gegenstands über Zuwendungen im Rahmen der gemeinsamen Lebensführung hinausging – was nicht nur der Bewältigung von Alltagsfragen dienen sollte, sondern Dauercharakter trug, ist nach Auflösung der nichtehelichen Lebensgemeinschaft rückabzuwickeln. Auch hier dürfte im Regelfall § 812 Abs. 1 Satz 2 2. Alt. eingreifen. Erst recht ist der Normalrahmen überschritten, wenn nach der Trennung noch Raten für ein Darlehen bezahlt werden müssen, mit dessen Hilfe der andere einen Vermögensgegenstand erwarb: Hier besteht ein Aufwendungsersatzanspruch des weiter zur Zahlung Verpflichteten.[34]

Kann man die erbrachte Sach- oder Geldleistung auch als Schenkung behandeln und nunmehr wegen «groben Undanks» widerrufen? Nein; in der Regel fehlt schon die Einigung über die Unentgeltlichkeit, außerdem stellt die Trennung keinen «groben Undank» dar.[35]

Bei ausgesprochen bösartigem Verhalten eines Partners kommt nach 1841
allgemeiner Auffassung ein **Schadensersatzanspruch nach § 826** in Betracht. Ein solcher Fall wird etwa dann angenommen, wenn der eine durch falsche Versprechungen über die Fortführung der Gemeinschaft den anderen zu Vermögensverfügungen verleitet.[36]

31 Krause JuS 1989, 455, 458
32 BGH NJW-RR 1993, 774, 775
33 NJW 1994, 948
34 BGH NJW 1981, 1502, 1503 – Rechtsgrundlage ist § 670 (Auftrag) oder § 683 iVm § 670 (Geschäftsführung ohne Auftrag)
35 Krause JuS 1989, 454, 458; de Witt-Hufmann Rn 357
36 OLG Celle NJW 1983, 1065, 1066; Giesen Rn 476

M lebt zwar noch bei seiner Partnerin F, hat aber seit drei Monaten eine andere Freundin, mit der er zusammenziehen will, sobald sie sich von ihrem Ehemann hat scheiden lassen. Dennoch läßt er sich von F den Haushalt führen und außerdem ein neues Auto kaufen.

Im Regelfall wird daher nur ein Bereicherungsanspruch in Betracht kommen.

3 «Kindschaft» kraft engen sozialen Kontakts

3.1 Einführung

1842 Wie oben unter 1 deutlich gemacht, wachsen Kinder nicht nur bei ihren Eltern oder anderen sorgeberechtigten Personen auf. Dadurch werden u. U. intensive persönliche Bindungen geschaffen, deren Zerstörung für das Kind einen schweren Schock bedeuten kann.

1843 Das **Recht** hat diese Phänomene **lange Zeit kaum zur Kenntnis genommen**. In seiner ursprünglichen Fassung garantierte etwa § 1632 dem Vater das unbeschränkte Recht, das Kind von jedem Dritten herauszuverlangen. Auch gab es keinerlei Vorschriften, die die Pflege innerhalb oder außerhalb der eigenen Familie geregelt hätten.

1844 In neuerer Zeit sind Gesetzgebung und Rechtsprechung verstärkt bereit, die soziale Realität zur Kenntnis zu nehmen und daraus auch rechtliche Konsequenzen zu ziehen. Die dabei zu durchbrechenden Tabus sind schwächer als im Bereich des nichtehelichen Zusammenlebens. So hat etwa das BVerfG anerkannt, daß **Art. 6 Abs. 1 GG auch die Pflegefamilie schützt**.[37] Bei einem Konflikt mit dem elterlichen Sorgerecht ist diejenige Lösung zu wählen, die dem Kindeswohl am ehesten entspricht.[38]

1845 Mittlerweile haben sich eine Reihe von Regeln entwickelt, die die Stellung eines in einer Familie lebenden Pflegekindes betreffen. Daneben will der Gesetzentwurf der Bundesregierung zur Reform des Kindschaftsrechts auch anderen Bindungen des Kindes Rechnung tragen.

---

37 BVerfG NJW 1985, 423

38 BayObLG NJW 1988, 2381

3.2 Pflegekinder

3.2.1 Vorkommen in der Praxis

Die Aufnahme eines Pflegekindes durch einen Erwachsenen oder eine Familie kann aufgrund eines Vertrages[39], aber auch aus «Gefälligkeit» erfolgen, die typischerweise auf familiärer Solidarität beruht. 1846

Beide Eltern sind durch ihre berufliche Tätigkeit sehr in Anspruch genommen. Ein noch rüstiges Großelternpaar übernimmt die beiden Kinder unmittelbar nach der Geburt im Einvernehmen mit den Eltern, um ihnen die Fortsetzung ihrer beruflichen Karriere zu ermöglichen.

Praktisch wichtig ist die 1976 eingeführte sog. **Adoptionspflege** nach § 1744: Der Annehmende nimmt das Kind zunächst für ein bis drei Jahre in Pflege, um so für sich wie auch für das Vormundschaftsgericht deutlich zu machen, daß aller Voraussicht nach eine echte Eltern-Kind-Beziehung entstehen wird. Sobald die Eltern ihre Zustimmung zur Adoption erteilt haben (diese aber vom Vormundschaftsgericht noch nicht ausgesprochen ist[40]), ist der Annehmende nach § 1751 Abs. 4 dem Kind sowieso zum Unterhalt verpflichtet. Auch ruht von diesem Zeitpunkt an das elterliche Sorgerecht. 1847

Die Adoptionspflege, die praktisch einer Art «Probezeit» entspricht, ist jedoch kein zwingendes Erfordernis; insbesondere bei der Inkognito-Adoption kurze Zeit nach der Geburt kommt sie schwerlich in Betracht.

3.2.2 Staatliche Genehmigung

Nach § 44 Abs. 1 SGB VIII (Schönfelder Nr. 46) bedarf die Pflegeperson grundsätzlich der staatlichen Erlaubnis. Dies gilt nicht, wenn es sich um Verwandte oder Verschwägerte bis zum dritten Grad handelt oder wenn es sich um eine Betreuung (nur) während des Tages handelt und nicht mehr als zwei weitere Kinder in **Tagespflege** betreut werden. 1848

Die Großeltern bedürfen daher ebensowenig einer Erlaubnis wie die Nachbarin, die das Kind tagsüber betreut.

39 Muster einer Pflegevereinbarung in ZfJ (= Zentralblatt für Jugendrecht) 1979, 409
40 Dazu oben Kap. 20 unter 3.1 (Rn 1794)

Die Genehmigungspflicht soll verhindern, daß Pflegekinder von wenig verantwortungsbewußten Personen als Erwerbsquelle benutzt werden.

3.2.3 Vertretung

1849 Befindet sich ein Kind bei einer anderen Familie in Pflege, können sich Probleme beim Abschluß von Verträgen ergeben.

Die Pflegeeltern wollen die Tochter in der Tanzschule anmelden, die sorgeberechtigten leiblichen Eltern sind dagegen. Was tun?

Für einen Teilbereich (seelisch behinderte Kinder und Jugendliche) sieht § 38 SGB VIII vor, daß die Pflegeperson in Vertretung des Personensorgeberechtigten insbesondere Rechtsgeschäfte des täglichen Lebens abschließen kann. § 1630 Abs. 3 eröffnet die Möglichkeit, daß das Vormundschaftsgericht auf Antrag der Eltern einzelne Befugnisse auf die Pflegeperson überträgt. Von Amts wegen könnte das Vormundschaftsgericht dies nur dann tun, wenn ein Mißbrauch des Sorgerechts im Sinne des § 1666 vorliegt. Fehlt es daran, bleiben die Eltern auch nach einer Entscheidung gemäß § 1630 Abs. 3 «Herr des Verfahrens»; ihrem Antrag auf Rückübertragung der der Pflegeperson überlassenen Befugnisse ist jederzeit stattzugeben.[41]

Sinnvoll ist, die Ausübung des Sorgerechts in solchen Fällen vertraglich zu regeln. Im obigen Beispiel müßte die Anmeldung zur Tanzschule selbstredend unterbleiben.

3.2.4 Verbleiben in der Pflegefamilie

1850 Das gravierendste Problem taucht auf, wenn die Eltern das Kind aus der Pflegefamilie nach längerer Zeit zurückholen wollen und dieses damit aus seiner gewohnten Umgebung herausgerissen würde. § 1632 Abs. 4 sieht für solche Fälle eine sog. **Verbleibeanordnung** durch das Vormundschaftsgericht vor: Dieses kann von Amts wegen oder auf Antrag der Pflegeperson anordnen, daß das Kind bei der Pflegeperson verbleibt, «wenn und solange für eine solche Anordnung die Voraussetzungen des § 1666 Abs. 1 Satz 1 insbesondere im Hinblick auf Anlaß oder Dauer der Familienpflege gegeben sind». Im Einzelfall ist durch kinderpsychologisches Gutachten zu klären, ob die Wegnahme von

41 Palandt-Diederichsen § 1630 Rn 3

der Pflegeperson die Gefahr nicht unerheblicher körperlicher oder seelischer Schäden beim Kind schafft. Im Ergebnis läuft eine Verbleibeanordnung darauf hinaus, daß das Sorgerecht der Eltern zurückstehen muß; dies läßt sich mit dem Grundgesetz vereinbaren.[42] Verlangen die Eltern das Kind **nur zu dem Zweck** heraus, **um es an anderer Stelle in Pflege zu geben**, so dürfen sie damit nur dann Erfolg haben, «wenn mit hinreichender Sicherheit eine Gefährdung des körperlichen, geistigen oder seelischen Wohls des Kindes ausgeschlossen werden kann.»[43] § 1632 Abs. 4 ist insoweit verfassungskonform auszulegen; anders als es seinem Wortlaut entspricht, müssen in einer solchen Konstellation nicht die Voraussetzungen eines Mißbrauchs nach § 1666 Abs. 1 Satz 1 vorliegen. Die geplante Neuregelung will § 1632 Abs. 4 in der Weise fassen, daß das Kind bei der Pflegeperson verbleibt, «wenn und solange das Kindeswohl durch die Wegnahme gefährdet würde».

Was geschieht, wenn die leiblichen Eltern der Pflegeperson das Kind wegnehmen 1851
und vor ihr verstecken? Das Vormundschaftsgericht kann die Rückführung anordnen, sobald der Aufenthaltsort des Kindes ermittelt ist. War dies nur mit Hilfe eines (teuren) Detektivs möglich, sind dessen Kosten von den Eltern zu ersetzen, da das nach § 1632 Abs. 4 nicht entziehbare «Pflegerecht» in gleicher Weise wie das elterliche Sorgerecht als sonstiges Recht nach § 823 Abs. 1 geschützt ist.[44]

Das Recht, bei der Pflegeperson zu verbleiben, besteht nur **so lange**, 1852
wie die **Rückkehr** zu den Eltern **zu Schäden führen** würde. § 1632 Abs. 4 darf keine Auslegung erfahren, daß Eltern regelmäßig befürchten müssen, ihr Kind aus einer Pflegestelle nicht mehr zurückzuerhalten.[45] Im übrigen gelten diese Grundsätze nur für die Pflege in einer Familie, nicht bei einer Unterbringung in einem Kinderheim.[46]

---

42 BVerfG NJW 1985, 423

43 BVerfG NJW 1988, 125

44 Nach BVerfG NJW 1994, 1645 verstößt dies nicht gegen das Grundgesetz

45 BVerfG NJW 1988, 126

46 LG Frankfurt FamRZ 1984, 729

3.3 Sonstige intensivierte soziale Kontakte des Kindes

1853 Nach (noch) geltendem Recht ist es Sache der Eltern, darüber zu entscheiden, mit wem das Kind im einzelnen Umgang pflegt;[47] nur in Extremfällen einer «Kontaktsperre» dürfte ein Mißbrauch des Sorgerechts nach § 1666 Abs. 1 mit der Folge einer Korrektur durch das Vormundschaftsgericht angenommen werden.

1854 Der Gesetzentwurf der Bundesregierung will insoweit einen Wandel schaffen. Nach § 1685 Abs. 1 n. F. sollen Großeltern und Geschwister ein Recht auf Umgang mit dem Kind haben, wenn dieser dem Wohl des Kindes dient. Dasselbe gilt für einen Stiefvater und eine Stiefmutter, mit denen das Kind längere Zeit in häuslicher Gemeinschaft gelebt hat, sowie für Personen, bei denen das Kind längere Zeit in Familienpflege war. Insoweit muß den tatsächlichen Bindungen Rechnung getragen werden – ein sinnvolles Zusammenführen von Realität und Recht.

47 Dazu oben Kap. 19 unter 2.1.3.2 (Rn 1723)

TEIL IV ERBRECHT

KAPITEL 22: Gegenstand und Grundprinzipien des Erbrechts

1 Einleitung

Das im 5. Buch des BGB in den §§ 1922–2385 geregelte Erbrecht kann hier aus Raumgründen nur kursorisch behandelt werden. Dies ist bedauerlich. Einmal handelt es sich um ein sehr geschlossenes Rechtsgebiet mit klaren Strukturen; für den einzelnen ergeben sich so weniger Unsicherheiten und Orientierungsprobleme als etwa beim Bereicherungsrecht oder beim Recht der unerlaubten Handlung. Zum zweiten ist die **praktische Bedeutung** des Erbrechts **im Steigen** begriffen: Die Generation jener Mitbürger, die in den ersten Jahrzehnten nach dem Zweiten Weltkrieg ein mehr oder weniger großes Vermögen erworben hat, ist im Begriff, dieses an die nachfolgende Generation zu vererben. Dennoch: Bei jedem Buch gibt es auch quantitativ äußerste Grenzen für die Geduld des Lesers. 1855

Der **Überblick** zwingt zur Beschränkung auf das Wesentliche. Im folgenden soll es zunächst um Gegenstand (unten 2) und Funktion des Erbrechts (unten 3) gehen. Nach der Erläuterung einiger Grundbegriffe (unten 4) sollen die wesentlichsten Strukturprinzipien betrachtet werden, durch die sich das Erbrecht in das Gesamtsystem des BGB einfügt (unten 5). Die Verfassungsgarantie des Erbrechts in Art. 14 Abs. 1 GG bedarf gleichfalls der Hervorhebung (unten 6), ebenso die Frage, nach welchem Recht Ausländer beerbt werden und wie mit dem Auslandsvermögen deutscher Staatsbürger verfahren wird (unten 7). Den Abschluß bildet ein Überblick über die vorhandene Literatur (unten 8). 1856

2 Gegenstand

1857 Das 5. Buch des BGB regelt, was mit den privaten Vermögensrechten eines Menschen nach seinem Tod geschieht. Darin liegt eine zweifache Beschränkung:

– **Nicht erfaßt** sind die **nicht-vermögensrechtlichen Folgen**, die der Tod eines Menschen hat. Sie wurden – etwa unter dem Stichwort des «nachwirkenden Persönlichkeitsschutzes» – bereits im Zusammenhang mit dem Ende der Rechtsfähigkeit des Menschen erörtert.[1]

– Nicht einbezogen ist weiter die Rechtsnachfolge in **öffentlich-rechtliche Ansprüche** und Verpflichtungen. In bezug auf Sozialleistungen findet sich eine vom BGB stark abweichende Regelung in den §§ 56–59 SGB I, während in anderen Fällen in nicht immer ganz befriedigender Weise je nach dem Zweck der Einzelvorschrift entschieden wird.[2]

Auch in bezug auf private Vermögensrechte finden sich nur ca. 98 % der einschlägigen Regeln im 5. Buch; daß einzelne Rechte wie z. B. der Nießbrauch nach § 1061 Satz 1 unvererblich sind, ist im jeweiligen Sachzusammenhang geregelt.

3 Funktion

1858 «Mit dem Tode einer Person geht deren Vermögen als Ganzes auf eine oder mehrere Personen über» – mit diesen Worten umschreibt § 1922 Abs. 1 die Grundentscheidung zugunsten der Beerbung natürlicher Personen durch andere Privatrechtssubjekte. Privates Gut soll in Privathand bleiben. Bei den Vorarbeiten zum BGB war die grundsätzliche Anerkennung des Privaterbrechts so selbstverständlich, daß eine nähere Begründung entbehrlich schien.[3]

1859 Mit der Vorschrift des § 1922 hat der Gesetzgeber eine aus der Existenz des Privateigentums folgende notwendige Konsequenz gezogen:

---

1 Bd. 1 Kap. 5 unter 1.4.1 und 1.4.2 (Rn 228 ff.)

2 Überblick über das «öffentlich-rechtliche Erbrecht» bei AK-BGB-Däubler, Einl. zum Erbrecht, Rn 136–163

3 Rainer Schröder, Abschaffung oder Reform, S. 17 ff.

Ohne Erbrecht wäre nicht nur das Recht des einzelnen zu einem «lebenslänglichen Nießbrauch» degradiert, sondern auch die **Selbstaufhebung der Privateigentumsordnung** insgesamt mitvorprogrammiert: Nach einer Generation bestünde automatisch ein staatliches Eigentumsmonopol. Es ist daher nicht verwunderlich, daß Privateigentum und Erbrecht auch historisch gemeinsam entstanden[4]; dieses war (und ist) nie etwas anderes als eine automatische Ergänzung, eine **«Konnexgarantie»** des Privateigentums natürlicher Personen,[5] eine «Konsequenz der bürgerlichen Eigentumsordnung»[6].

Als notwendiges Hilfsinstitut des Privateigentums bedarf das Erbrecht **keiner selbständigen Rechtfertigung**; es ist ebenso legitim oder illegitim wie das Privateigentum selbst.[7] Schon aus diesem Grund ist es wenig sinnvoll, seine Existenz unter Hinweis auf die nicht wünschenswerte Vererbung von Machtstellungen oder mit dem Argument in Frage zu stellen, dem Staat komme ein beträchtlicher Anteil an der Bildung und Erhaltung landwirtschaftlichen oder gewerblichen Vermögens zu. Der Sache nach gelten diese Einwände dem Privateigentum selbst und sollten deshalb auch dort diskutiert werden.[8] 1860

4 Grundbegriffe

Das Wort «Erbrecht» bezeichnet einmal die Vorschriften des 5. Buches des BGB. Neben diesem «Erbrecht im objektiven Sinne» gibt es auch ein grundrechtlich geschütztes subjektives Erbrecht, d. h. eine Reihe von Befugnissen, die das Grundgesetz dem einzelnen zumißt.[9] 1861

Die versterbende Person nennt man **«Erblasser»** (von manchen Anfängern wie «Er-blasser» ausgesprochen), den Übergang des Vermögens nennt man **«Erbfall»**. Das übergehende Vermögen wird «Erbschaft» oder **«Nachlaß»** genannt. 1862

4 Von Lübtow, Bd. 1, S. 1–22; Staudinger-Boehmer Einl., § 14
5 Menger, S. 229
6 Leipold Rn 50
7 Renner, S. 167
8 Nachweise zur Diskussion um die Abschaffung des Erbrechts bei AK-BGB-Däubler, Einl. zum Erbrecht Rn 3
9 Zur Differenzierung zwischen Recht im objektiven und Recht im subjektiven Sinn s. bereits Bd. 1 Kap. 6 unter 2.1 (Rn 364); zur Verfassungsgarantie des Erbrechts s. unten 6 (Rn 1874)

1863 Wer rechtsfähig ist, kann auch erben und besitzt deshalb die **«Erbfähigkeit»**.

Wer aus Enttäuschung über alle Mitmenschen seinen Hund zum Erben einsetzt, hat ein Protestsignal losgelassen, jedoch aus dem Hund keinen Eigentümer gemacht. Manchmal läßt sich das Testament in der Weise aufrechterhalten, daß man den örtlichen Tierschutzverein als Erben ansieht, verbunden mit der Aufgabe, dem Hund des Erblassers eine lebenslange Vorzugsbehandlung zuteil werden zu lassen.

1864 Ein bereits erzeugter, aber noch nicht geborener Mensch wird nach § 1923 Abs. 2 als erbfähig behandelt, sofern er lebend geboren wird.[10]

5 Strukturprinzipien

5.1 Testierfreiheit und gesetzliche Erbfolge

1865 Der einzelne hat das Recht, durch Testament oder Erbvertrag zu bestimmen, was mit seinem Vermögen nach seinem Tode geschehen soll. Dieses «Testierfreiheit» genannte Recht wird nur durch allgemeine Grenzen jeder rechtsgeschäftlichen Betätigung (insbesondere §§ 134, 138) eingeschränkt; außerdem besitzen bestimmte nahe Angehörige einen wertmäßigen Mindestanteil am Nachlaß, den das Gesetz **«Pflichtteil»** nennt und der nur unter ganz engen Voraussetzungen entzogen werden kann.

1866 Liegt kein Testament (und kein Erbvertrag) vor, tritt die sog. gesetzliche Erbfolge ein. Pauschal gesprochen, wird der Nachlaß zwischen dem überlebenden Ehegatten und den nächsten Verwandten aufgeteilt. Die Regeln über die gesetzliche Erbfolge sind somit in ähnlicher Weise dispositiv wie z. B. die §§ 459 ff.; bei den nächsten Angehörigen sind sie allerdings Grundlage für die Berechnung des Pflichtteils.

Was geschieht, wenn der Erblasser in seinem Testament nur über einen bestimmten Gegenstand verfügt, sich im übrigen jedoch ausgeschwiegen hat? In einem solchen Fall tritt bezüglich des nichterfaßten Vermögens gesetzliche Erbfolge ein.

---

10 Zur Rechtsstellung des Embryos s. Bd. 1 Kap. 5 unter 1.3 (Rn 208 ff.)

5.2 Gesamtrechtsnachfolge

Mit dem Erbfall geht der gesamte **Nachlaß automatisch auf den** 1867
oder die **Erben über**. Nach deutschem Recht gibt es kein Zwischenstadium zwischen dem Tod des Erblassers und dem «Antritt der Erbschaft». Wer nicht Erbe bleiben will, hat die Möglichkeit, auszuschlagen. Anders ausgedrückt: Durch den Erbfall geht das gesamte Vermögen des Erblassers über, ohne daß es noch irgendeines zusätzlichen Übertragungsakts bedarf.

Das Grundbuch wird also unrichtig, weil dort ja immer noch der Erblasser verzeichnet ist, das Eigentum nunmehr aber dem Erben zusteht. Dieser kann die Grundbuchberichtigung erwirken.

Dahinter steht der Gedanke des **Gläubigerschutzes**; auch zeitweilig 1868
darf der Verpflichtete nicht «abhanden kommen».

Ausländische Rechtsordnungen verhalten sich hier oft anders. So kennt etwa das österreichische Recht die sog. hängende Erbschaft (hereditas iacens), deren endgültige Zuordnung zu einer bestimmten Person erst in einem förmlichen Verfahren geklärt werden muß.[11]

Im Erbrecht der Einzelstaaten der USA geht der Nachlaß zunächst auf eine Art Treuhänder über, der die Gläubiger befriedigt und die verbleibenden Vermögenswerte den Erben herausgibt.[12]

5.3 Formenstrenge und Typenzwang

Im Erbrecht ist, anders als bei vertraglichen Beziehungen, die Form- 1869
freiheit die Ausnahme. Testamente und Erbverträge müssen bestimmten Formen entsprechen, doch gilt dasselbe auch dann, wenn man eine Erbschaft ausschlagen oder einen Erbanteil übertragen möchte. Damit wird ein hohes Maß an **Rechtssicherheit** geschaffen, was sinnvoll ist, weil möglicherweise existentiell wichtige Fragen zu entscheiden sind und weil der Erblasser als «Schöpfer» einer bestimmten Ordnung nicht mehr befragt werden kann.

Dem Bedürfnis nach Rechtssicherheit wird weiter dadurch Rech- 1870
nung getragen, daß nur die im Gesetz vorgesehenen Gestaltungsfor-

11 Ferid-Firsching, Internationales Erbrecht, Bd. IV, Österreich, Grundzüge, Rn 5 ff.
12 Ferid-Firsching. a.a.O., Bd. VI, USA, Grundzüge, Rn 85 ff.

men zulässig sind. Genau wie im Sachenrecht besteht ein **Numerus clausus**; anders als im Gemeinen Recht ist z. B. ein dinglich wirkendes Vermächtnis nicht mehr möglich.

Will der Erblasser sein Klavier dem Freund F hinterlassen, im übrigen jedoch seine Ehefrau zur Alleinerbin einsetzen, so kann er dem F ein «Vermächtnis» zuwenden. Dieses gewährt nach § 2174 einen Anspruch gegen die Witwe auf Übereignung des Klaviers. Eine Anordnung des Inhalts, daß der F mit dem Tode des Erblassers sofort Eigentümer wird, ist nicht möglich. Dies wäre ein im Gesetz nicht vorgesehenes sog. **Vindikationslegat** (= dinglich wirkendes Vermächtnis).

5.4 Fehlen eines Umgehungsschutzes

1871 Das Erbrecht verbietet es grundsätzlich nicht, daß durch Rechtsgeschäfte unter Lebenden ein wirtschaftlich identischer Erfolg herbeigeführt wird. Statt jemandem im Testament ein Vermächtnis zu gewähren («auszusetzen» sagen die Erbrechtler), kann man auch eine Lebensversicherung abschließen und die begünstigte Person zum «Bezugsberechtigten» machen. Insoweit gilt weder die Formenstrenge noch der Numerus clausus der Gestaltungsformen.

Man kann deshalb dem Freund das Klavier in der Weise zuwenden, daß man es ihm «aufschiebend bedingt auf den Todesfall» schenkt. Er wird dann automatisch Eigentümer, wenn die aufschiebende Bedingung, d. h. der Tod des Erblassers, eintritt.

1872 Dies erscheint **wenig konsequent**. Das Erbschaftsteuerrecht schaut mit Recht allein auf den wirtschaftlichen Effekt des unentgeltlichen Erwerbs; in anderen Zusammenhängen bedarf es bisweilen einer Harmonisierung mit erbrechtlichen Wertungen.

Würde der Erblasser seine Ehefrau zur Alleinerbin einsetzen, würde diese auch für alle seine Schulden haften. Dabei kann sie allerdings ihre Haftung unter bestimmten Voraussetzungen auf den Nachlaß beschränken. Doch was geschieht, wenn der Erblasser den größten Teil seines Vermögens in eine Lebensversicherung steckt und seine Frau zur Bezugsberechtigten macht? In diesem Fall ist sie nicht seine Rechtsnachfolgerin, sondern erwirbt einen eigenständigen Anspruch gegen die Versicherungsgesellschaft. Müssen die Gläubiger in einem solchen Fall mehr oder weniger leer ausgehen? Eine Antwort wird in Kap. 26 (Rn 2016 ff.) versucht.

5.5 Freiwilligkeit

Nicht anders als bei der Schenkung ist auch der Erwerb von Todes wegen freiwillig. Innerhalb einer bestimmten Frist kann der Erbe oder der durch ein Vermächtnis Bedachte («Vermächtnisnehmer» genannt) sein **Recht ausschlagen**. Niemand braucht sich einen Erwerb aufdrängen zu lassen, eine Freiheit, die sich unschwer garantieren läßt, die praktische Bedeutung aber nur dann gewinnt, wenn der Nachlaß überschuldet ist. 1873

Was geschieht, wenn alle in Betracht kommenden Erben ausschlagen, weil sie keine Lust haben, sich mit den Gläubigern herumzustreiten? In diesem Falle erbt nach § 1936 der Fiskus, und diesem steht nach § 1942 Abs. 2 kein Ausschlagungsrecht zu.

6 Verfassungsgarantie des Erbrechts

Art. 14 Abs. 1 Satz 1 GG garantiert zusammen mit dem Eigentum «das Erbrecht». Dies ist in dreierlei Hinsicht von praktischer Bedeutung. 1874

– Von Verfassungs wegen kommt dem Vermögensinhaber das Recht zu, eine Verfügung von Todes wegen zu errichten. Die **Testierfreiheit** ist «bestimmendes Element der Erbrechtsgarantie»[13], sie sichert die persönliche Freiheit des einzelnen, über seinen Tod hinaus über sein Vermögen zu verfügen.[14]

– Der Erwerb von Todes wegen darf durch den Staat grundsätzlich nicht beeinträchtigt werden. Der einzelne hat ein subjektives Recht darauf, erbfähig zu sein und könnte sich daher dagegen wehren, daß der Gesetzgeber den Erwerb von Todes wegen unmöglich macht oder mit übermäßigen Sanktionen, z. B. mit einer Erbschaftsteuer von 80% belegt (**«Erwerbsfreiheit»**).

– Schließlich garantiert Art. 14 Abs. 1 Satz 1 den **Familienangehörigen** im Sinne des Art. 6 Abs. 1 GG eine **Beteiligung am Nachlaß**.[15]

13 BVerfGE 67, 329, 341

14 Boehmer, in: Neumann-Nipperdey-Scheuner, S. 418; Bryde, in: von Münch (Hrsg.), Art. 14 Rn 45; Husmann NJW 1971, 404; Leipold Rn 54; Leisner, S. 50f.; Papier, in: Maunz-Dürig-Herzog-Scholz Art. 14 Rn 241

15 Boehmer, S. 417, Bryde, in: von Münch (Hrsg.), Art. 14 Rn 45, 46; Jung FamRZ 1976, 135; Leipold, Rn 54; Papier, in: Maunz-Dürig-Herzog-Scholz Art. 14 Rn 244

Wie weit diese reicht, ist nicht von Verfassungs wegen vorgegeben, sondern vom Gesetzgeber zu entscheiden.[16]

7 Kollisionsrecht

1875 Nach Art. 25 Abs. 1 EGBGB richtet sich die Erbfolge nach dem **Recht des Staates, dem der Erblasser im Todeszeitpunkt angehörte**.

Deutsche werden deshalb nach deutschem Erbrecht, Türken nach türkischem, Iraner nach iranischem Erbrecht beerbt.

Dies gilt auch für Vermögenswerte, die sich nicht im Heimatstaat befinden.

Deutsches Erbrecht findet also auch dann Anwendung, wenn der Erblasser ein Bankkonto in der Schweiz oder eine Eigentumswohnung in Italien hatte.

1876 Die Dinge komplizieren sich, wenn das Recht des Staates, in dem das Vermögen «belegen» ist, andere Anknüpfungskriterien verwendet, also beispielsweise auf das Recht des letzten Wohnsitzes abstellt oder – was recht häufig vorkommt – für Grundstücke und Eigentumswohnungen allein das Recht der Belegenheit der Sache (= lex rei sitae) für maßgebend hält. Nach Art. 4 Abs. 1 EGBGB wird eine solche Entscheidung respektiert. Dies kann dazu führen, daß auf einzelne Teile des Nachlasses unterschiedliche Rechtsordnungen Anwendung finden. Man spricht insoweit von einer sog. **Nachlaßspaltung**.

Der Erblasser E hinterläßt seinen Erben in Deutschland Grundvermögen und ein Wertpapierdepot im Wert von 1,5 Mio. DM. Wer Erbe wird und nach welchen Regeln der Nachlaß zu behandeln ist, bestimmt sich insoweit unzweifelhaft nach deutschem Recht. Anders für die Ferienwohnung an der Côte d'Azur: Hier mißt sich das französische Recht exklusive Geltung bei. Liegt kein Testament vor, so werden in bezug auf die Ferienwohnung diejenigen Personen gesetzliche Erben, die dies nach französischem code civil sind. Man hat deshalb u. U. zwei verschieden zusammengesetzte Erbengemeinschaften, unterschiedliche Pflichtteilsansprüche usw., was für

16 Zur unterschiedlichen Haltung der beiden Senate des BVerfG zur verfassungsrechtlichen Garantie des Verwandtenerbrechts s. Leipold JZ 1996, 287f.

Juristen viele Nüsse zu knacken gibt und die anwaltliche Beratung besonders wichtig macht.

Einzelheiten können hier nicht dargestellt werden.[17]

8 Literatur zum Erbrecht

Außer in den gängigen BGB-Kommentaren ist das Erbrecht in einer Reihe von Lehrbüchern dargestellt. Sie sind recht zahlreich. 1877

Zum Nachschlagen geeignet sind die drei Großlehrbücher von
Kipp Coing (14. Bearbeitung 1990),
Lange-Kuchinke (4. Aufl. 1995) und
von Lübtow (2 Bände, 1972).
Einen mittleren Umfang zwischen 500 und 1200 Seiten haben die Lehrbücher von
Brox (16. Aufl. 1996)
Ebenroth (1. Aufl. 1992) und
Schlüter (12. Aufl. 1986).
Für Studienzwecke besonders gut geeignet
Leipold, Erbrecht, 11. Aufl. 1996.
Seit 1994 existiert eine Spezialzeitschrift «ZEV» (= Zeitschrift für Erbrecht und Vermögensübertragung).

Soweit es um die praktische Beratung geht, muß häufig auch das Erbschaftsteuerrecht zu Rate gezogen werden. Dieses ist vor kurzem wegen der zu niedrigen Werte für Grundstücke aufgrund einer Entscheidung des BVerfG[18] neu gefaßt worden.

---

17 Überblick bei AK-BGB-Däubler, Einl. zum Erbrecht, Rn 244 ff. Eingehende Darstellung bei MüKo-Birk, Erl. zu Art. 25, 26 EGBGB

18 BVerfGE 93, 121 ff. = NJW 1995, 2615

KAPITEL 23: Gesetzliche Erbfolge und Rechtsstellung des Erben

1 Einleitung

1878 Die gesetzliche Erbfolge stellt allein auf Ehe und Verwandtschaft ab. Nichteheliche Lebenspartner, Pflegekinder oder andere Personen, mit denen der Erblasser ggfs. Jahrzehnte zusammengelebt hat, werden im Gesetz nicht berücksichtigt. **Nur die «rechtliche», nicht die «faktische» Familie** ist von Bedeutung. Inhaltlich besteht ein Erbrecht der (im konkreten Fall vorhandenen) nächsten Verwandten, soweit nicht die Rechte des überlebenden Ehegatten den Vorrang haben. Näheres unter 2.

Die Aussicht, gesetzlicher Erbe zu werden, ist mit Rücksicht auf die Testierfreiheit eine sehr unsichere Position. Gleichwohl sind in gewissem Umfang insoweit Rechtsgeschäfte möglich (unten 3).

Ist der Erbfall eingetreten, entscheidet der Erbe, ob er annehmen oder ausschlagen will. Die dafür maßgebenden Regeln sind unter 4 skizziert.

Wer als Erbe über Nachlaßgegenstände verfügen will, benötigt einen Erbschein. Dieser hat eine ähnliche Funktion wie das Grundbuch im Grundstücksverkehr (unten 5).

Wer Erbe ist, haftet grundsätzlich für die Verbindlichkeiten des Erblassers, doch besteht die Möglichkeit, die Haftung auf den Nachlaß zu beschränken (unten 6).

Sonderprobleme ergeben sich, wenn mehrere Personen Erben sind: Die Erbengemeinschaft ist ein Unterfall der Gesamthandsgemeinschaft[1]; sie hat in den §§ 2032 ff. eine eingehende Regelung erfahren (unten 7).

2 Das Erbrecht der Verwandten und des überlebenden Ehegatten

2.1 Das Erbrecht der Verwandten

2.1.1 Die Einteilung in Ordnungen und Stämme

Nach § 1924 Abs. 1 sind «gesetzliche **Erben der ersten Ordnung**» die Abkömmlinge des Erblassers. 1879

Gesetzliche **Erben der zweiten Ordnung** sind nach § 1925 Abs. 1 die Eltern des Erblassers und deren Abkömmlinge.

Der kinderlose und unverheiratete E stirbt in mittlerem Alter und wird von seinen noch lebenden Eltern beerbt.

Gesetzliche **Erben der dritten Ordnung** sind nach § 1926 Abs. 1 die Großeltern des Erblassers und deren Abkömmlinge.

Leben im eben genannten Fall die Eltern nicht mehr und gibt es auch keine Geschwister des Erblassers (= «Abkömmlinge der Eltern»), so geht man eine Generation zurück und fragt, ob die Großeltern noch leben oder ob sie zwar verstorben sind, aber Abkömmlinge hinterlassen haben.

Wird man auch hier nicht fündig, geht man im Stammbaum einen weiteren Schritt nach oben; nach § 1928 Abs. 1 sind gesetzliche **Erben der vierten Ordnung** die Urgroßeltern des Erblassers und deren Abkömmlinge. § 1929 setzt dies fort, und zwar ohne Begrenzung; theoretisch könnten also bei lückenloser Dokumentation der Abstammungsverhältnisse auch Personen erben, die mit dem Erblasser einen Ur-Ur-Ur-Großvater vor 300 Jahren gemeinsam hatten.

1 Dazu Bd. 1 Kap. 5 unter 3.2 (Rn 255 ff.)

Damit wollte man einem besonderen Bedürfnis des Adels entgegenkommen, bei dem derartiges noch am ehesten realistisch war.

1880 Nach § 1930 **gehen** die **Erben der niedrigeren denen der höheren Ordnungen vor**. Hinterläßt z. B. der Erblasser Kinder und Eltern, so haben die Kinder als Erben der ersten Ordnung den Vorrang vor den Eltern als Erben der zweiten Ordnung.

1881 Wie wird die Erbschaft auf **mehrere Personen derselben Ordnung** aufgeteilt? Betrachtet man den Normalfall der Erben erster Ordnung, so gilt folgendes:

– Nach § 1924 Abs. 4 erben **Kinder zu gleichen Teilen**.

Der verwitwete Erblasser hinterläßt einen Sohn und zwei Töchter. Sie bekommen jeweils ein Drittel des Nachlasses.

– Haben **einzelne Kinder ihrerseits Kinder**, so erben nur sie, nicht die Enkel oder, wie § 1924 Abs. 2 sagt: «Ein zur Zeit des Erbfalls lebender Abkömmling schließt die durch ihn mit dem Erblasser verwandten Abkömmlinge von der Erbfolge aus.»

Haben die beiden Töchter jeweils zwei Kinder, so sind diese nicht erbberechtigt.

– Ist ein **Abkömmling vor dem Erblasser verstorben**, treten nach § 1924 Abs. 3 an seine Stelle «die durch ihn mit dem Erblasser verwandten Abkömmlinge». Dies definiert § 1924 Abs. 3 ausdrücklich als **«Erbfolge nach Stämmen»**.

Ist Tochter T 1 vor dem Erblasser gestorben, treten ihre beiden Kinder an ihre Stelle. Ihr Drittel wird daher zwischen ihren beiden Kindern aufgeteilt; jedes erhält ein Sechstel.

1882 Jede unmittelbar mit dem Erblasser verwandte Person begründet somit einen «Stamm»; innerhalb eines Stammes erhalten wiederum die direkt mit dem «Stammvater» oder der «Stammutter» verwandten Personen denselben Anteil.

Unterstellt, der Erblasser hatte drei Kinder und war sehr alt; vorverstorben war nicht nur die eine Tochter, sondern auch ein Enkelkind, das jedoch drei Abkömmlinge (vom Erblasser her gesehen Urenkel) hinterlassen hatte. Das Drittel der vorverstorbenen Tochter teilt sich auf in ein Sechstel für das noch lebende und ein Sechstel für das vorverstorbene Enkelkind. Die drei Urenkel teilen sich das Sechstel des vorverstorbenen Enkelkindes und erhalten deshalb je ein Achtzehntel.

Durch eine Skizze läßt sich dies leichter nachvollziehen.

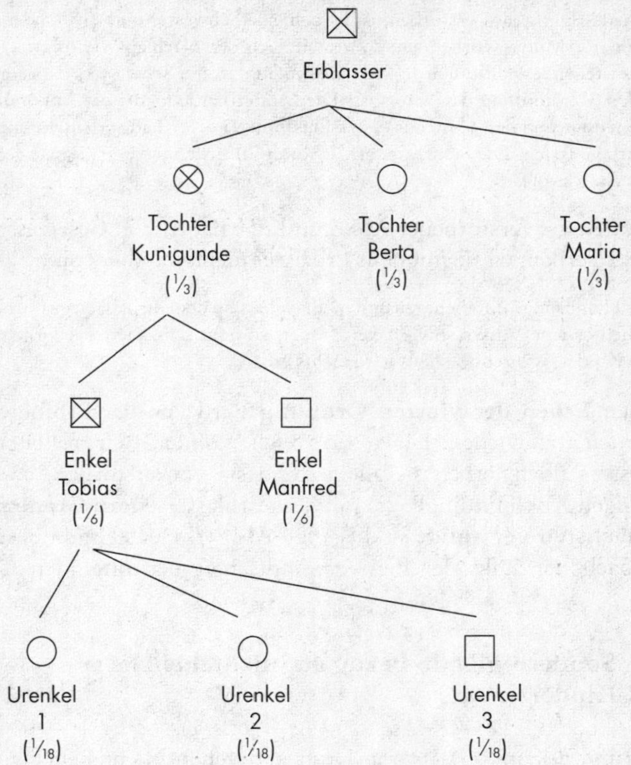

Auf dieselbe Weise wird innerhalb der Erben der zweiten und dritten Ordnung vorgegangen. 1883

Beispiel: Der unverheiratete und kinderlose Erblasser E hinterläßt eine Mutter und zwei Geschwister. Hätten beide Elternteile im Zeitpunkt des Erbfalls gelebt, hätten sie nach § 1925 Abs. 2 jeweils die Hälfte erhalten. Lebt einer nicht mehr, so treten seine Abkömmlinge an seine Stelle (§ 1925 Abs. 3). Dies bedeutet, daß die Mutter die Hälfte des Nachlasses erbt, während die andere Hälfte an die Geschwister geht; diese bekommen je ein Viertel.

Unterstellt, beide Elternteile sind vorverstorben, wie ist dann die Stellung eines Halbbruders? Auch innerhalb der Erben der zweiten Ordnung wird zunächst so getan, als würden die unmittelbarsten Verwandten (hier: die Eltern) noch leben. Sie würden – wie gesagt – jeweils die Hälfte erben. **Jeder Elternteil wird** nun seinerseits **durch seine Abkömmlinge «ersetzt»**.

Sind beide Elternteile verstorben, ist jedoch eine Schwester und ein Bruder aus erster Ehe der Mutter vorhanden, so verteilt sich der Nachlaß wie folgt: Die dem Vater zustehende Hälfte fällt in vollem Umfang an die Schwester, da sie einziger lebender Abkömmling des Vaters ist. Die Mutter hat jedoch zwei Abkömmlinge, die Schwester und den Sohn aus erster Ehe hinterlassen. Beide erhalten ihre Hälfte zu gleichen Teilen. Die Schwester erhält somit im Ergebnis drei Viertel, der Halbbruder ein Viertel.

Ehegatten vorverstorbener Abkömmlinge haben von Gesetzes wegen nichts zu erben, da sie mit dem Erblasser nicht verwandt sind.

Ist der Halbbruder im eben genannten Beispiel vor dem Erblasser gestorben und hinterließ er eine Witwe sowie zwei Kinder, so geht sein Viertel lediglich an die beiden Kinder, während seine Witwe nichts erhält.

1884 Bei den **Erben der vierten Ordnung** wird von der Erbfolge nach Stämmen abgewichen. Leben – o welch Wunder – Urgroßeltern des Erblassers noch, erben sie allein. Sind sie vorverstorben, so erben diejenigen Abkömmlinge, die mit dem Erblasser **«dem Grade nach» am nächsten verwandt** sind (§ 1928 Abs. 3). Der «Grad» bestimmt sich nach der Zahl der die Verwandtschaft vermittelnden Geburten.

2.1.2 Sonderregeln in bezug auf nichteheliche Kinder

1885 Aufgrund des am 1. 7. 1970 in Kraft getretenen Nichtehelichengesetzes[2] zählen grundsätzlich auch nichteheliche Kinder zu den Erben der ersten Ordnung. Im Verhältnis zur Mutter war dies schon immer so, im Verhältnis zum Vater ist dies erst (und mit gleich zu besprechenden Ausnahmen) seit 1. 7. 1970 der Fall. Auch dem Vater ist im übrigen ein gesetzliches Erbrecht beim Tod des nichtehelichen Kindes eingeräumt.

1886 Eine erste wichtige **Einschränkung** enthält **§ 1934a** in bezug auf die Erbfolge nach dem Vater. Würde der nichteheliche Abkömmling zusammen mit ehelichen Abkömmlingen und / oder dem überlebenden Ehegatten Miterbe, so steht ihm lediglich ein sog. **Erbersatzanspruch** zu. Dieser ist ein Geldanspruch, dessen Höhe dem gesetzlichen Erbteil entspricht.

2 Dazu oben Kap. 17 unter 2.4.6 (Rn 1522)

Der verwitwete Erblasser hinterläßt drei eheliche Söhne und eine nichteheliche Tochter. Die drei Söhne werden Miterben zu je einem Drittel. Der Tochter steht nach § 1934a ein Erbersatzanspruch auf Zahlung in Höhe von einem Viertel des Nachlaßwerts zu, da sie bei «normaler» gesetzlicher Erbfolge ein Viertel erhalten hätte.

Hintergrund ist die heute immer schwerer nachvollziehbare Erwägung, es sei den ehelichen Kindern und dem überlebenden Ehegatten nicht zuzumuten, zusammen mit dem nichtehelichen Kind in derselben Erbengemeinschaft zu sein. Da diese jedoch nicht auf Dauer berechnet ist (jeder Miterbe kann jederzeit die Auseinandersetzung verlangen – § 2042 Abs. 1), sind auch vermutete «Abneigungen» gegenüber dem «Familienfremden» hinzunehmen. 1887

Die Beschränkung auf einen Zahlungsanspruch kann auch zu einer **materiellen Benachteiligung** führen, wenn die Miterben bestimmte Wertgegenstände wie Schmuck u. ä. «auf die Seite schaffen», so daß sie bei der Bestimmung des Nachlaßwerts nicht berücksichtigt werden.[3]

Eine weitere Besonderheit besteht insoweit, als **Personen, die vor dem 1.7.1949 geboren** sind, weiter nach altem Recht behandelt werden. An den Segnungen der Verfassung, die in Art. 6 Abs. 5 die Gleichberechtigung der nichtehelichen Kinder vorschreibt, soll nur teilhaben, wer unter ihr geboren wurde. 1888

Der im Jahre 1920 geborene und 1996 verstorbene Erblasser hinterließ zwei nichteheliche Töchter, von denen die eine 1946, die andere 1950 geboren wurde. Andere Abkömmlinge sind nicht vorhanden. Die 1950 geborene erhält den ganzen Nachlaß, die 1946 geborene steht der Verfassung sehr viel ferner und erhält deshalb nichts.

Das BVerfG hat diese Regelung aus Gründen der Rechtssicherheit (erstaunlicherweise) für verfassungskonform erklärt.[4] Einsehbar ist dagegen, daß sich das **Nichtehelichengesetz keine Rückwirkung** beilegte und nur Erbfälle seit dem 1. 7. 1970 erfaßt: Es wäre mißlich, hätte man für die ganze zurückliegende Zeit die Nachlaßabwicklung neu aufrollen und unter Beteiligung der nichtehelichen Abkömmlinge durchführen müssen. 1889

In der früheren DDR waren die nichtehelichen Kinder seit 1966 den ehelichen gleichgestellt, ohne daß nach dem Geburtsdatum unter- 1890

---

3 Insoweit gilt dasselbe wie bei der Stellung von Pflichtteilsberechtigten – dazu unten Kap. 25 (Rn 1989ff.)

4 BVerfGE 44, 1ff.

schieden worden wäre. Nach Art. 235 § 1 Abs. 2 EGBGB gilt diese Gleichstellung weiter, sofern das Kind vor dem 3. 10. 1990 geboren ist. Insoweit findet § 1934 a keine Anwendung.

Erfaßt werden alle Erbfälle, bei denen der Erblasser am 3. 10. 1990 seinen Wohnsitz im Beitrittsgebiet hatte.[5]

Die unbefriedigende Rechtszersplitterung sowie die noch immer bestehende Benachteiligung nichtehelicher Kinder haben die Bundesregierung veranlaßt, einen Gesetzentwurf einzubringen, der die volle Gleichbehandlung mit ehelichen Kindern vorsieht.[6]

2.1.3 Adoptivkinder

1891 Werden Minderjährige adoptiert, erlangen sie grundsätzlich die volle rechtliche Stellung eines ehelichen Kindes des Annehmenden; sie gehören daher zu den **Erben der ersten Ordnung**.[7] Bei der sog. Volljährigenadoption tritt dieser Effekt nur im unmittelbaren Verhältnis zum Annehmenden ein, doch bleiben anders als bei der Adoption Minderjähriger die erbrechtlichen Beziehungen zu den leiblichen Verwandten bestehen.[8]

2.2 Erbrecht des überlebenden Ehegatten

2.2.1 Die Entscheidung des § 1931 und ihre Modifizierung durch das eheliche Güterrecht

1892 Nach § 1931 Abs. 1 ist der überlebende Ehegatte neben Verwandten der ersten Ordnung nur zu einem Viertel erbberechtigt. Lebt er – wie in aller Regel – im gesetzlichen Güterstand der **Zugewinngemeinschaft**[9], so erhält er nach § 1371 Abs. 1 ein **zusätzliches Viertel**.[10] Für

5 Zu Einzelfragen s. Palandt-Edenhofer Art. 235 § 1 Rn 2 ff.
6 BT-Drucksache 13/4899
7 Palandt-Edenhofer § 1924 Rn 14 ff.
8 Vgl. § 1754 einerseits, § 1770 andererseits
9 Dazu oben Kap. 18 unter 4.1 (Rn 1580 ff.)
10 § 1931 Abs. 3 bestimmt ausdrücklich, daß § 1371 unberührt bleibt

die Verwandten bleibt nur übrig, was nicht der Ehegatte zu beanspruchen hat.

Der Erblasser hinterläßt eine Ehefrau und zwei Kinder. Die Witwe erhält die Hälfte des Nachlasses (ein Viertel nach § 1931 Abs. 1, ein Viertel nach § 1371 Abs. 1), die beiden Kinder bekommen je ein Viertel nach § 1924.

Lebten die Eheleute im Güterstand der **Gütergemeinschaft**[11], bleibt 1893
es bei dem Viertel des § 1931 Abs. 1, doch ist in einem solchen Fall der Überlebende ja sowieso zur Hälfte am Gemeinschaftsvermögen beteiligt. Bei **Gütertrennung**[12] gilt grundsätzlich dasselbe, doch enthält § 1931 Abs. 4 eine wichtige Modifikation: Sind neben dem überlebenden Ehegatten ein oder zwei Kinder des Erblassers als gesetzliche Erben berufen, so erben der überlebende Ehegatte und jedes Kind zu gleichen Teilen.

Unterstellt, im eben genannten Fall lebte der Erblasser in Gütertrennung: Die Witwe und die beiden Kinder erhalten jeweils ein Drittel.

Grundgedanke ist, daß der überlebende Ehegatte nicht schlechter als ein Kind stehen soll. Deshalb ist auch der Fall, daß drei Kinder vorhanden sind, nicht besonders geregelt: Hier ergibt sich schon aus allgemeinen Grundsätzen, daß der überlebende Ehegatte ein Viertel und jedes der Kinder gleichfalls je ein Viertel erhalten.

Trifft der überlebende Ehegatte mit Erben der zweiten Ord- 1894
nung zusammen, so erhält er bereits nach § 1931 Abs. 1 die Hälfte des Nachlasses. Im Güterstand der Zugewinngemeinschaft tritt noch das Viertel des § 1371 Abs. 1 hinzu, so daß den Eltern lediglich zusammen ein Viertel bleibt.

Beispiel: Der kinderlose Erblasser hinterläßt eine Witwe; außerdem leben noch seine Mutter und sein Bruder. Die Witwe erhält drei Viertel. Das restliche Viertel fällt zu gleichen Teilen an die Eltern. Da der eine Elternteil noch lebt, erhält er ein Achtel; an die Stelle des anderen Elternteils tritt der Bruder, der das andere Achtel erhält.

Konkurriert der überlebende Ehegatte ausschließlich mit Erben 1895
der dritten Ordnung (also Großeltern und deren Abkömmlinge), so erhält er den ganzen Nachlaß, es sei denn, einzelne Großelternteile würden noch leben. § 1931 Abs. 1 Satz 2 drückt dies in der Weise aus, daß der überlebende Ehegatte den Anteil erhält, der den Abkömmlingen der vorverstorbenen Großeltern zukommen würde.

11 Dazu oben Kap. 18 unter 4.2.3 (Rn 1612 ff.)
12 Zu diesem Güterstand s. oben Kap. 18 unter 4.2.2 (Rn 1609 ff.)

1896 **Knobelfrage:** Der kinderlose Erblasser hinterläßt seine Ehefrau. Außerdem lebt noch ein Großelternpaar, während das andere verstorben ist. Ein Sohn des anderen Paares (also ein Onkel des Erblassers) lebt aber noch. Nun machen wir uns ans Rechnen: Nach § 1931 Abs. 1 erhält der überlebende Ehegatte neben Großeltern die Hälfte. Hätten beide Großelternpaare noch gelebt, hätten sie die andere Hälfte bekommen (also ein Achtel für jeden). Nun erhält aber nach § 1931 Abs. 1 Satz 2 der überlebende Ehegatte den Anteil, der auf Abkömmlinge entfallen würde; das an das vorverstorbene Großelternpaar gehende Viertel steht daher nicht dem Onkel, sondern ihm zu. Er bekommt also drei Viertel. So weit, so klar. Bestand Zugewinngemeinschaft, kommt jedoch noch das Viertel nach § 1371 Abs. 1 hinzu, so daß der überlebende Ehegatte die ganze Erbschaft bekommen müßte. Gleichzeitig sind aber die noch lebenden Großeltern eindeutig erbberechtigt, so daß der Gesetzgeber offensichtlich mehr als 100% verteilt hat. Am plausibelsten ist eine Lösung, die das Viertel nach § 1371 der Hälfte nach § 1931 sofort hinzuzählt und das übrige Viertel dann auf die Großeltern aufteilt. Das noch lebende Paar bekommt also zusammen ein Achtel, während der überlebende Ehegatte das Achtel des vorverstorbenen Paares erhält.[13] Das Rechnen ist nicht die allerstärkste Seite der Juristen...

2.2.2 Der Voraus nach § 1932

1897 Eine Sonderregelung hat § 1932 für **Haushaltsgegenstände** und Hochzeitsgeschenke getroffen. Sie stehen dem überlebenden Ehegatten neben Verwandten der zweiten Ordnung und neben Großeltern automatisch als sog. Voraus zu; im Verhältnis zu Verwandten der ersten Ordnung hat er Anspruch auf diese Gegenstände, «soweit er sie zur Führung eines angemessenen Haushalts benötigt». Dem überlebenden Ehegatten soll im Rahmen des Möglichen sein bisheriger Lebenskreis erhalten bleiben, wäre eine Umstellung auf eine neue Umwelt doch in aller Regel nur noch sehr schwer möglich. Bei wenig begüterten Familien läuft § 1932 praktisch auf ein Alleinerbrecht des überlebenden Ehegatten hinaus.

Dies war insbesondere bei Inkrafttreten des BGB die typische Situation bei der Mehrzahl der Bevölkerung.

2.2.3 Scheidung und Scheidungsklage

1898 Nicht mehr «Ehegatte» im Sinne der §§ 1931, 1932 ist, wer vom Erblasser rechtskräftig geschieden ist. Ist ein Scheidungsverfahren anhängig, so ist nach § 1933 zu differenzieren:
– Hatte der **Erblasser** vor seinem Tod einen **Scheidungsantrag** ge-

13 So auch Palandt-Edenhofer § 1931 Rn 9

stellt oder sein Einverständnis mit dem Scheidungsantrag des Überlebenden erklärt, so ist letzterer nicht mehr erbberechtigt, sofern die Voraussetzungen für eine Scheidung auch objektiv vorlagen.

– Hatte der **Erblasser weder selbst einen Antrag** gestellt noch dem Antrag des anderen zugestimmt, bleibt das Erbrecht des Überlebenden bestehen. Da sich der Erblasser in einem solchen Fall nicht von der Ehe «distanziert» hat, soll sich am gesetzlichen Erbrecht nichts ändern.[14]

2.3 Das Problem der Mietwohnung

Nach § 569a Abs. 1 kann der überlebende Ehegatte in den Mietvertrag 1899
des Verstorbenen eintreten, sofern er mit dem Erblasser in der betreffenden Wohnung einen gemeinsamen Hausstand geführt hat. Dasselbe Recht steht nach § 569a Abs. 2 anderen Familienangehörigen zu, sofern der Erblasser nicht verheiratet war oder getrennt von seinem Ehegatten lebte.

Nach der neuesten Rechtsprechung[15] ist der **nichteheliche Le-** 1900
benspartner gleichgestellt. Damit ist ein erster Schritt zur Anerkennung der «faktischen Familie» getan, die ansonsten erbrechtlich (fast) immer als nichtexistent betrachtet wird.

Ein weiterer Ansatz findet sich in § 1969, wonach der Erbe verpflichtet ist, den «Familienangehörigen» des Erblassers, die zur Zeit des Todes zu dessen Hausstand gehörten und von ihm Unterhalt bezogen, in den ersten 30 Tagen nach dem Eintritte des Erbfalls in demselben Umfange wie der Erblasser Unterhalt zu gewähren und die Benutzung der Wohnung zu gestatten.[16]

Bestand der Mietvertrag von vornherein mit beiden Ehegatten bzw. 1901
Partnern, folgt die Fortführung durch den Überlebenden aus § 569b.

14 Verfassungsrechtliche Bedenken jedoch bei Zopfs ZEV 1995, 309

15 BGH NJW 1993, 999

16 Für Erstreckung dieses sog. Dreißigsten auf nichteheliche Lebenspartner OLG Düsseldorf NJW 1983, 1566; weitere Nachweise bei Palandt-Edenhofer § 1969 Rn 1

3 Die Rechtsstellung der «Erbanwärter»

1902 Vor Eintritt des Erbfalls besitzen die Erben kein wie auch immer geartetes Anwartschaftsrecht; solange der Erblasser noch eine Verfügung von Todes wegen treffen kann, haben sie nur eine jederzeit vernichtbare «Erwerbsaussicht»[17]. Eine **vertragliche Bindung des Erblassers**, eine letztwillige Verfügung zu unterlassen, ist nach § 2302 **unwirksam**.

1903 Nach § 312 Abs. 1 sind Verträge über den Nachlaß eines noch lebenden Dritten nichtig; man soll nicht mit dem Tod anderer Leute «spekulieren». Davon macht jedoch § 312 Abs. 2 eine wichtige Ausnahme: Künftige gesetzliche Erben können einen sog. **Erbschaftsvertrag** schließen, durch den sie festlegen, wem nach dem Tode des Erblassers welche Gegenstände zustehen sollen.[18] Ein solcher Vertrag hat rein schuldrechtliche Wirkung; seine praktische Umsetzung kann erst nach dem Erbfall erfolgen. Auch kann der Erblasser die getroffene Abmachung jederzeit durchkreuzen, indem er ein Testament errichtet.

1904 Klare Verhältnisse werden durch einen sog. **Erbverzicht** geschaffen. Nach § 2346 Abs. 1 kann der einzelne durch Vertrag mit dem Erblasser auf sein gesetzliches Erbrecht verzichten. Dies wird normalerweise nur dann geschehen, wenn er eine erhebliche Gegenleistung (z. B. zur **Existenzgründung**) erhält. Der Verzichtende ist dann im Zeitpunkt des Erbfalls von der gesetzlichen Erbfolge so ausgeschlossen, wie wenn er nicht mehr leben würde.

E hat drei Söhne und ein Vermögen von ca. 500000 DM. Als der erste Sohn sich als Rechtsanwalt niederlassen will, vereinbart er mit ihm einen Erbverzicht gegen Zahlung von 120000 DM. Als E zwei Jahre später ohne Hinterlassung einer Witwe stirbt, wird er ausschließlich von den beiden anderen Söhnen beerbt. Auch die Kinder des ersten Sohnes gehen leer aus, da § 2349 den Erbverzicht auch auf sie erstreckt.

1905 **Nichteheliche Kinder** haben nach § 1934d einen Anspruch auf sog. **vorzeitigen Erbausgleich**. Er kann zwischen dem 21. und dem 27. Lebensjahr geltend gemacht werden und beläuft sich auf das Dreifache des Jahresunterhalts, den der Vater im Durchschnitt der letzten

17 BVerfGE 67, 329, 341
18 S. zuletzt BGH NJW 1995, 448

fünf Jahre bezahlt hat. Besonders schwierigen und besonders günstigen Vermögensverhältnissen des Vaters kann dadurch Rechnung getragen werden, daß der Betrag bis zum einfachen Jahresunterhalt reduziert oder auf das Zwölffache erhöht wird. Grundgedanke ist, dem nichtehelichen Kind eine Starthilfe zu gewähren, was einen Ausgleich dafür darstellen soll, daß das nichteheliche Kind in den meisten Fällen auf einen Erbersatzanspruch beschränkt ist.[19]

4 Annahme und Ausschlagung der Erbschaft

Mit dem Tod des Erblassers fällt der Nachlaß automatisch an den Erben. Dieser hat nach §§ 1942 Abs. 1, 1944 Abs. 1 die Möglichkeit, die Erbschaft **innerhalb von sechs Wochen auszuschlagen**. Die Frist beginnt mit der Kenntnis des Erbfalls und verlängert sich auf sechs Monate, wenn der Erblasser seinen letzten Wohnsitz im Ausland gehabt oder wenn sich der Erbe bei dem Beginn der Frist im Ausland aufgehalten hatte (§ 1944 Abs. 2 und 3). Die Ausschlagung muß nach § 1945 Abs. 1 durch Erklärung gegenüber dem **Nachlaßgericht** erfolgen; dies ist die für Erbschaftssachen zuständige «Abteilung» des Amtsgerichts. 1906

Läuft die Frist ab, ohne daß die Ausschlagung erklärt wird, so wird aus dem vorläufigen ein endgültiger Erbe. Dasselbe gilt dann, wenn dieser während des Laufes der Frist die Annahme der Erbschaft erklärt, wofür keine Form vorgeschrieben ist. 1907

Der Erbe sagt verschiedenen Leuten, die Erbschaft sei für ihn der größte Glücksfall seines Lebens. Oder: Der Erbe verfügt über Nachlaßgegenstände nach Art eines Eigentümers und bestellt z. B. Handwerker, die die Eigentumswohnung renovieren. Dies genügt, weil die Annahme wie jede andere Willenserklärung auch konkludent abgegeben werden kann.

Ist wirksam ausgeschlagen, fällt die Erbschaft nach § 1953 Abs. 2 demjenigen an, der berufen sein würde, wenn der Ausschlagende zur Zeit des Erbfalls nicht gelebt hätte. 1908

19 Näher AK-BGB-Derleder § 1934d Rn 1

Der Erblasser hinterläßt lediglich einen Sohn und einen Bruder. Wenn der Sohn ausschlägt, ist kein Erbe erster Ordnung mehr vorhanden. Der Nachlaß fällt an die Erben der zweiten Ordnung, d. h. im konkreten Fall an den Bruder.

Hat der Ausschlagende bestimmte Geschäfte in bezug auf den Nachlaß vorgenommen, sind in seinem Verhältnis zum endgültigen Erben die Vorschriften über die Geschäftsführung ohne Auftrag entsprechend anzuwenden (§ 1959 Abs. 1).

1909 Die **Ausschlagungsfrist** von sechs Wochen ist **recht kurz**. Unschwer kann daher der Fall eintreten, daß die Annahme oder die Ausschlagung auf einer Fehlvorstellung beruhte. In diesem Fall kann nach den §§ 119, 123 angefochten werden.[20] § 1954 weicht davon insoweit ab, als die **Anfechtungsfrist** grundsätzlich **sechs Wochen** beträgt.

Nach der Annahme entdeckt der Erbe, daß der Nachlaß überschuldet ist. Er kann wegen Irrtums über eine «verkehrswesentliche Eigenschaft» des Nachlasses anfechten[21]; der in § 119 Abs. 2 gebrauchte Begriff «Sache» wird insoweit zu Recht weit ausgelegt.

1910 Die Anfechtung muß nach § 1955 genau wie die Ausschlagung durch **Erklärung gegenüber dem Nachlaßgericht** erfolgen: Nur dann bestehen einigermaßen klare Verhältnisse.

Was geschieht, wenn die Annahme nicht erklärt wurde, sondern dadurch zustandekam, daß die Ausschlagungsfrist ablief? In einem solchen Fall fehlt ggfs. eine ausdrückliche oder konkludente Willenserklärung. Hier hilft § 1956, wonach die «Versäumung der Ausschlagungsfrist» in gleicher Weise wie die Annahme angefochten werden kann.

5 Erteilung eines Erbscheins

1911 Nach § 2353 hat das Nachlaßgericht dem Erben auf Antrag ein «Zeugnis über sein Erbrecht» zu erteilen, das man als «Erbschein» bezeichnet. Nach § 2365 wird vermutet, daß der im Erbschein Bezeichnete auch wirklich der Erbe ist. Dies hat ähnliche Wirkungen wie die Eintragung im Grundbuch: Nach § 2366 gilt die Richtigkeitsvermutung auch gegenüber Dritten, es sei denn, diese hätten positive Kenntnis davon, daß in Wirklichkeit ein anderer Erbe ist.

---

20 Dazu Bd. 1 Kap. 10 unter 3–5 (Rn 636ff.)
21 So schon RGZ 158, 50

Beispiel: Der verwitwete Erblasser hinterläßt eine Tochter T. Diese bekommt auch den beantragten Erbschein, der sie als Alleinerbin ausweist. Sie veräußert daraufhin ein dem Erblasser gehörendes Gemälde an einen Kunsthändler, der sie auch für die Erbin hält. Wird später ein Testament aufgefunden, in dem der Freund F zum Alleinerben eingesetzt wurde, so ändert dies nichts an der Wirksamkeit der getroffenen Verfügung. Ausnahme: K wußte positiv, daß F zum Alleinerben eingesetzt war.

§ 2367 behandelt die Fälle gleich, in denen eine Leistung an den Erbscheininhaber erbracht wurde.

Die T hebt unter Vorlage des Erbscheins 10000 DM von einem Girokonto des Erblassers ab. Nach § 2367 ist die Bank damit auch dem wahren Erben gegenüber von ihrer Verbindlichkeit freigeworden.

Soweit kein Erbschein erteilt ist, handeln Geschäftspartner auf eigenes Risiko, wenn sie mit dem «nicht-zertifizierten» Erben Verträge abschließen. Bei beweglichen Sachen hilft ihnen nicht einmal ihr guter Glaube an das Eigentum des (scheinbaren) Erben. 1912

Die T veräußert das Gemälde an den X und erklärt diesem, sie sei seit langem Eigentümerin. X hat keinen Anlaß, daran irgendwie zu zweifeln. Ein gutgläubiger Erwerb scheitert jedoch daran, daß die Sache abhanden gekommen ist:[22] Nach § 857 BGB geht der Besitz des Erblassers auf den Erben, und das heißt: den wahren Erben über. Dieser hat durch die Veräußerung seitens des scheinbaren Erben den unmittelbaren Besitz ohne sein Zutun verloren; damit sind die Voraussetzungen des «Abhandenkommens» erfüllt.

Da geschäftserfahrene Personen von diesen Risiken in aller Regel wissen, ist ein Zugriff auf Bankkonten, Grundstücke usw. des Erblassers vor Erteilung eines Erbscheins faktisch nicht möglich. Dies kann für den Erben sehr unangenehm sein, wenn das Verfahren einige Zeit in Anspruch nimmt. Wer dies vermeiden will, ist gut beraten, den Erben eine Vollmacht zu erteilen oder ihnen von vornherein Verfügungsbefugnis über das Bankkonto einzuräumen.[23] 1913

Sobald das Nachlaßgericht die Rückgabe des Erbscheins verlangt, weil sich der (möglicherweise) richtige Erbe gemeldet hat, endet nach § 2366 der Schutz gutgläubiger Geschäftspartner. 1914

22 Zum Ausschluß des gutgläubigen Erwerbs bei abhandengekommenen Sachen s. Bd. 1 Kap. 14 unter 4.6.1.4 (Rn 1262 ff.)

23 Zur Vollmacht über den Tod hinaus s. unten Kap. 26 unter 5 (Rn 2033)

6 Haftung für Nachlaßverbindlichkeiten

1915 Nach § 1967 Abs. 1 haftet der Erbe für die Nachlaßverbindlichkeiten. § 1967 Abs. 2 zählt dazu alle Verbindlichkeiten, die der Erblasser eingegangen war, sowie solche, die durch den Erbfall selbst entstanden.[24]

1916 Der Erbe hat die **Möglichkeit**, die **Haftung auf den Nachlaß zu beschränken**, doch läßt er sich dabei am besten juristisch beraten. Drei Möglichkeiten stehen ihm zur Verfügung:

– Auf seinen Antrag (oder auf den eines Gläubigers) kann sog. **Nachlaßverwaltung** eröffnet werden. Diese ist ein Sonderfall der Pflegschaft; das Nachlaßgericht setzt einen Verwalter ein, der die Gläubiger befriedigt und dem Erben die verbleibenden Vermögensgegenstände aushändigt. Der Nachlaßverwalter ist nach § 1984 Abs. 1 zur Verfügung über alle Nachlaßgegenstände befugt; der Erbe verliert demgegenüber sein entsprechendes Recht. Wichtig ist die Vorschrift des § 1984 Abs. 2 bei einem überschuldeten Erben: Seine persönlichen Gläubiger können nach Anordnung der Nachlaßverwaltung nicht mehr in den Nachlaß vollstrecken, so daß die Nachlaßgläubiger insoweit keine «Konkurrenz» zu befürchten haben.

Der Erblasser hatte ein Hausgrundstück im Wert von 800000 DM; einem Freund schuldete er als Darlehen 400000 DM. Der Alleinerbe E hat seinerseits Schulden in Höhe von 1 Mio. Beantragt der Freund Nachlaßverwaltung, kann er sein Darlehen zurückerhalten, ohne befürchten zu müssen, daß sich die Gläubiger des Erben wie die Geier auf den Nachlaß stürzen.

– Ist der Nachlaß überschuldet, kann zum zweiten **Nachlaßkonkurs** eröffnet werden. Dieser folgt grundsätzlich den Regeln sonstiger Konkursverfahren.

– Reicht das im Nachlaß vorhandene Vermögen weder zur Durchführung einer Nachlaßverwaltung noch zur Durchführung eines Nachlaßkonkurses aus, so steht dem Erben die sog. **Dürftigkeitseinrede** nach § 1990 Abs. 1 zu: Er kann die Nachlaßgläubiger auf die noch vorhandenen Nachlaßgegenstände verweisen und jeden Zugriff auf sein Privatvermögen abwehren.

---

24 Dazu zählen Pflichtteilsansprüche (unten Kap. 25 unter 2 – Rn 1992), Vermächtnisse und Auflagen (unten Kap. 24 unter 2.3.3 und 2.3.4 – Rn 1940ff.) sowie nach § 1968 die Beerdigungskosten

Dies alles gilt freilich dann nicht, wenn ein Gläubiger beim Nachlaß- 1917
gericht erwirkt, daß dem Erben eine Frist zur Errichtung eines **Verzeichnisses aller Nachlaßgegenstände** («Inventar» genannt) gesetzt wird: Läßt der Erbe diese Frist verstreichen, oder «vergißt» er bewußt einzelne Gegenstände, so haftet er nach §§ 1994 Abs. 1 Satz 2, 2005 Abs. 1 Satz 1 ohne die Möglichkeit der Beschränkung. Vorsicht ist also geboten.

Hat der Erbe vor der Anordnung von Nachlaßverwaltung oder 1918
Nachlaßkonkurs bestimmte Maßnahmen in bezug auf den Nachlaß getroffen, so liegt normalerweise eine sog. **Nachlaßerbenschuld** vor: Er haftet wie jeder rechtsgeschäftlich Tätige persönlich, jedoch ist gleichzeitig auch der Nachlaß verpflichtet.

Im obengenannten Fall hat der überschuldete Erbe Handwerker bestellt, die das ererbte Hausgrundstück in Ordnung bringen sollen. Für ihre Rechnungen in Höhe von insgesamt 30000 DM haftet nicht nur der Erbe persönlich, sondern (was hier sehr viel interessanter ist) auch der nicht überschuldete Nachlaß.

7 Die Erbengemeinschaft

Hinterläßt der Erblasser mehrere Erben, so entsteht eine Erbenge- 1919
meinschaft nach §§ 2032 ff. Sie ist eine Gesamthandsgemeinschaft[25] für die einige Besonderheiten gelten.

– Nach § 2033 Abs. 1 kann jeder **Miterbe über seinen Anteil** am Nachlaß[26] **verfügen**, doch bedarf ein solcher Vertrag der notariellen Beurkundung. Den Miterben steht nach § 2034 ein Vorkaufsrecht zu.

– Über **einzelne Nachlaßgegenstände** können die Erben nach § 2040 Abs. 1 nur gemeinschaftlich verfügen. In bezug auf andere Geschäfte finden nach § 2038 die Grundsätze über die Bruchteilsgemeinschaft in weitem Umfang entsprechende Anwendung.[27]

– Nach § 2039 Satz 1 kann bei Ansprüchen, die dem Nachlaß zustehen, jeder Miterbe **Leistung an alle** fordern.

– Nach § 2042 Abs. 1 kann jeder Miterbe jederzeit die Auseinandersetzung verlangen, es sei denn, der Erblasser hätte dies ausdrücklich in einem Testament ausgeschlossen (§ 2044). «Auseinandersetzung» be-

25 Zum Begriff s. Bd. 1 Kap. 5 unter 3.2 (Rn 255 ff.)
26 Nicht an den einzelnen Nachlaßgegenständen! – s. § 2033 Abs. 2
27 Zur Bruchteilsgemeinschaft s. Bd. 1 Kap. 5 unter 3.2.5 (Rn 263 ff.)

deutet, daß die Gläubiger befriedigt werden und der verbleibende Überschuß den einzelnen Erben entsprechend ihrem Anteil am Nachlaß ausbezahlt wird.

Im Nachlaß befinden sich ein Hausgrundstück im Wert von 600000 DM, Wertpapiere über 200000 DM, Familienschmuck im Wert von 80000 DM sowie ein Guthaben auf dem Girokonto in Höhe von 40000 DM. Diesen «Aktiva» in Höhe von 920000 DM stehen Darlehensverpflichtungen in Höhe von 200000 DM gegenüber. A sei Miterbe zur Hälfte, B und C jeweils zu einem Viertel.

Zunächst würden die Nachlaßverbindlichkeiten befriedigt, so daß 720000 DM zur Verteilung offenstehen. Davon erhalten A 360000 und B und C jeweils 180000 DM. Dies läßt sich in der Weise bewerkstelligen, daß man alles zu Geld macht und dieses dann in der angegebenen Weise verteilt. Möglich ist aber auch, daß beispielsweise C den Familienschmuck übernimmt und dafür dann nur 100000 DM aus den Verkaufserlösen zu beanspruchen hat. In Betracht kommt auch, daß A das Hausgrundstück samt Schulden übernimmt; da dies einem Nettobetrag von 400000 DM entspricht, er aber nur 360000 DM zu beanspruchen hat, müßte er zum Ausgleich an seine beiden Miterben je 20000 DM bezahlen.

1920 Einigt man sich nicht über die Art und Weise der Auseinandersetzung, so werden die Nachlaßgegenstände **öffentlich versteigert**; das Entgelt wird dann zunächst zur Befriedigung der Gläubiger verwendet und der Rest an die Miterben entsprechend ihren Anteilen «ausgekehrt». In der Regel ist dies allerdings sehr viel weniger zweckmäßig als die Übernahme einzelner Gegenstände durch einen Miterben.

1921 Ist ein Miterbe vom Erblasser durch Zuwendungen unter Lebenden begünstigt worden, sind die erhaltenen Beträge nach § 2050 **«zur Ausgleichung»** zu bringen. «Ausgleichung» bedeutet, daß sämtliche Zuwendungen dem Nachlaß hinzugerechnet und dann der erhaltene Betrag dem einzelnen Miterben auf seinen Erbteil angerechnet wird (§ 2055).

Beispiel: Im Nachlaß sind 300000 DM vorhanden, A, B und C erben jeweils zu ein Drittel. Anläßlich der Eröffnung seiner Arztpraxis hat A vom Erblasser 100000 DM erhalten. B erhielt zur Hochzeit 50000 DM, C war noch nicht bedacht worden. Hier ist wie folgt vorzugehen:

Die beiden Zuwendungen in Höhe von zusammen 150000 DM sind dem Nachlaß hinzuzurechnen, so daß sich ein Wert von 450000 DM ergibt. Davon hat nun jeder Miterbe ein Drittel, d. h. 150000 DM zu beanspruchen. Dies bedeutet, daß A noch (150000 minus 100000 =) 50000 DM, B noch (150000 minus 50000 =) 100000 und C 150000 DM zu beanspruchen hat.

Gäbe es die Ausgleichungspflicht nicht, hätten A, B und C jeweils 100000 DM bekommen. Aufwendungen für eine Berufsausbildung sind nur dann zur Ausgleichung zu bringen, wenn sie «das den Vermögensverhältnissen des Erblassers entsprechende Maß überstiegen haben».

Ist auch zu berücksichtigen, daß eine Tochter den Erblasser 10 Jahre hindurch gepflegt hat, ohne dafür ein angemessenes Entgelt zu bekommen? § 2057a Abs. 1: Ja. Der Wert der Dienstleistungen ist «nach Billigkeit» zu bestimmen.

Für **Nachlaßverbindlichkeiten** haften die Erben nach § 2058 als Ge- 1922
samtschuldner.[28] Bis zur Auseinandersetzung können sie nach § 2059 allerdings nicht persönlich in Anspruch genommen werden. Später bestimmt sich die Möglichkeit zur Beschränkung der Haftung auf das aus dem Nachlaß Erworbene nach allgemeinen Grundsätzen.[29]

Jeder Miterbe kann für sich einen Erbschein beantragen, der dann auch den Bruchteil ausweist, zu dem er am Nachlaß beteiligt ist. § 2357 läßt auch die Erteilung eines gemeinschaftlichen Erbscheins zu.

8 Erbschaftsanspruch

Hat ein scheinbarer Erbe den Nachlaß in Besitz genommen, so kann 1923
der wahre Erbe ihm gegenüber einen sog. Erbschaftsanspruch nach den §§ 2018 ff. geltend machen. Er ist auf Herausgabe der Nachlaßgegenstände gerichtet und erstreckt sich nach § 2019 auch auf die Gegenstände, die mit Mitteln der Erbschaft erworben worden sind (sog. Surrogation). Die §§ 2020 ff. enthalten eine «Rückabwicklungsordnung», die nach § 2029 auch dann gilt, wenn der wahre Berechtigte aufgrund von Einzelansprüchen (etwa nach den §§ 985 ff.) vorgeht.[30]

Auch der wieder auftauchende Verschollene und für tot Erklärte hat gegen den scheinbaren Erben Ansprüche nach §§ 2018 ff. (§ 2031).

28 Zum Begriff «Gesamtschuld» s. Bd. 1 Kap. 19 unter 6 (Rn 1741 ff.)
29 Ausnahme: § 2060
30 Zu anderen Ordnungen dieser Art s. Bd. 1 Kap 18 unter 1 (Rn 1593 ff.)

KAPITEL 24: Testament und Erbvertrag

1 Begriffe

1924 Will der Erblasser von seiner Testierfreiheit Gebrauch machen, so stehen ihm zwei Möglichkeiten zur Verfügung.

Er kann zum einen ein **Testament** errichten, durch das er anordnet, was mit seinem Vermögen oder Teilen davon nach seinem Tod geschehen soll. Das Gesetz spricht auch von «letztwilliger Verfügung», wobei der Begriff **«Verfügung»** ähnlich wie im öffentlichen Recht als Synonym für «verbindliche Anordnung» verwendet wird.

Zum zweiten kann der Erblasser mit einer anderen Person einen sog. **Erbvertrag** schließen. In diesem werden gleichfalls letztwillige Verfügungen getroffen, wobei sowohl der Vertragspartner als auch ein Dritter begünstigt werden kann (§ 1941).

Testament und Erbvertrag sind beide an die Erfüllung recht hoher Formerfordernisse gebunden.[1]

1 Zum Sinn erbrechtlicher Formerfordernisse s. oben Kap. 22 unter 5.3 (Rn 1869)

2 Das Testament

2.1 Das ordentliche Testament

Nach dem Gesetz läßt sich ein Testament in zwei verschiedenen Formen errichten.

Ein sog. **öffentliches Testament** wird nach § 2232 «zur Niederschrift eines Notars» errichtet. Dies bedeutet, daß der Testierende dem Notar ein offenes oder ein verschlossenes Schriftstück übergibt oder ihm mündlich erklärt, welche Anordnungen er treffen will. Der **Notar** nimmt hierüber ein Protokoll auf, dessen Einzelheiten sich aus dem BeurkG ergeben. 1925

Möglich ist zum zweiten ein **privatschriftliches Testament**. Dieses muß nach § 2247 Abs. 1 «eigenhändig geschrieben und unterschrieben» sein. Um Fälschungen zu erschweren, reicht die bloße Unterschrift unter einen maschinengeschriebenen Text nicht aus; der Erblasser muß vielmehr alles selbst von Hand schreiben. Die Angabe von Zeit und Ort ist nach § 2247 Abs. 2 erwünscht, jedoch keine Wirksamkeitsvoraussetzung. Dasselbe gilt nach § 2247 Abs. 3 für die Verwendung von Vornamen und Familiennamen bei der Unterschrift. 1926

Der in seiner Familie «Wendelin» genannte Anton Becker kann deshalb auch mit «Wendelin» unterschreiben, sofern an seiner Identität kein Zweifel besteht. Auch Kosenamen («Schnuckiputz» eher im Norden, «Schnauzerle» eher im Süden) reichen aus.

Die **Angabe des Datums** ist gleichwohl empfehlenswert; geht es nämlich um die Frage, welches Testament das spätere (und deshalb wirksame) ist, muß das undatierte zurückstehen, es sei denn, aus anderen Umständen ließe sich der Zeitpunkt der Errichtung rekonstruieren (§ 2247 Abs. 5).

Darf man auch in einer ausländischen Sprache testieren? Da das Gesetz den Gebrauch der deutschen Sprache nicht vorschreibt, ist dies zulässig.[2]

Nachträge sind zwar möglich, müssen jedoch grundsätzlich noch einmal unterschrieben werden. In diesem Punkt neigt die herrschende Meinung zu einer sehr strengen Handhabung der Formvorschriften.[3] 1927

---

2 OLG Zweibrücken FamRZ 1992, 608; Palandt-Edenhofer § 2247 Rn 5

3 Nachweise bei Palandt-Edenhofer § 2247 Rn 18

Auf der anderen Seite kann das Testament auch **in Form eines Briefes**, ja sogar einer Postkarte errichtet sein, sofern nur die Absicht deutlich wird, eine letztwillige Verfügung zu treffen.

1928 Nach § 2064 kann ein Testament **nur persönlich** errichtet werden; die Einschaltung eines Stellvertreters ist ausgeschlossen. In Abweichung von den §§ 315 ff. ist es nach § 2065 auch nicht möglich, einem Dritten die Bestimmung des Begünstigten oder eines zugewendeten Gegenstandes zu überlassen.

Minderjährige können ein Testament errichten, wenn sie das 16. Lebensjahr vollendet haben.[4]

2.2 Das außerordentliche Testament

1929 Besteht nicht die Möglichkeit, ein öffentliches Testament zu errichten, kann ausnahmsweise eine andere Form gewählt werden. Man spricht insoweit auch von «**Nottestament**». Das Gesetz unterscheidet verschiedene Fälle.

1930 – Statt vor einem Notar kann ein Testament vor dem **Bürgermeister** der Gemeinde errichtet werden, in der sich der Testierende aufhält, sofern zu besorgen ist, «daß der Erblasser früher sterben werde, als die Errichtung eines Testaments vor einem Notar möglich ist» (§ 2249 Abs. 1). Der Bürgermeister hat die Erklärung zu beurkunden und dafür zwei Zeugen zuzuziehen. Praktische Bedeutung hat die Vorschrift insbesondere im ländlichen Bereich. Gleichgestellt ist nach § 2250 Abs. 1 der Fall, daß sich der Erblasser an einem Ort aufhält, der infolge außerordentlicher Umstände dergestalt abgesperrt ist, daß die Errichtung eines Testaments vor einem Notar nicht möglich oder erheblich erschwert ist.[5]

Das Gebirgsdorf ist monatelang von der Außenwelt abgeschnitten; kein Notar verirrt sich dorthin.

1931 – Bei naher Todesgefahr, bei der auch die Errichtung vor einem Bürgermeister voraussichtlich nicht mehr möglich ist, ist ein sog. **Drei-Zeugen-Testament** möglich (§ 2250 Abs. 2). Dasselbe gilt bei «Absperrung» von der Zivilisation. In diesen Fällen wird das Testament

4 Zu diesem Fall partieller Geschäftsfähigkeit s. Bd. 1 Kap. 11 unter 4.2 (Rn 754). Zum Fall der Geisteskrankheit s. § 2229 Abs. 4

5 Palandt-Edenhofer § 2247 Rn 18

durch mündliche Erklärung vor drei Zeugen errichtet; hierüber muß eine Niederschrift angefertigt werden. Sie muß dem Erblasser vorgelesen, von ihm genehmigt und unterschrieben werden.

Wer sich in einem Pkw auf der Autobahn bei Tempo 230 befindet und den juristisch vorgebildeten Fahrer zu langsamerem Tempo veranlassen möchte, kann die Errichtung eines Drei-Zeugen-Testaments ankündigen.

– Das in § 2251 erwähnte sog. **Seetestament** entspricht dem Testament am abgesperrten Ort: Wer sich während einer Seereise an Bord eines deutschen Schiffes außerhalb eines inländischen Hafens befindet, kann ein Drei-Zeugen-Testament errichten. 1932

Bisweilen entwickeln sich die Dinge besser als erwartet: Weilt der Erblasser drei Monate nach Errichtung der genannten außerordentlichen Testamente noch unter den Lebenden, so verlieren die getroffenen Anordnungen nach § 2252 ihre Gültigkeit. 1933

2.3 Mögliche Anordnungen

In einem Testament können nur solche Dinge bestimmt werden, die im Gesetz vorgesehen sind.[6] 1934

2.3.1 Erbeinsetzung

Nach § 1937 kann der Erblasser im Testament den oder die Erben bestimmen. Dabei ist es ihm unbenommen, nur über einen Teil des Nachlasses zu testieren; bezüglich des nichterfaßten Teiles gilt dann die gesetzliche Erbfolge.

Der Erblasser kann für den Fall vorsorgen, daß der eingesetzte Erbe vor ihm stirbt und für diesen Fall einen sog. **Ersatzerben** bestimmen (§ 2096). 1935

Sollte meine Tochter vor mir versterben, sollen an ihrer Stelle ihre Kinder Achim und Bettina erben.

Wichtig ist weiter die Möglichkeit, Erben in der Weise einzusetzen, daß zunächst der A, nach einer bestimmten Zeit oder nach Eintritt eines bestimmten Ereignisses jedoch der B Erbe sein soll. Dies nennt man **Vor- und Nacherbschaft** (§§ 2100 ff.). 1936

6 Zum Typenzwang im Erbrecht s. Kap. 22 unter 5.3 (Rn 1870)

Der Erblasser bestimmt: Nach meinem Tod soll meine Ehefrau Alleinerbin werden. Im Falle ihres Todes oder ihrer Wiederverheiratung sollen unsere gemeinsamen Kinder Nacherben sein.

Der «Vorerbe» kann zwar grundsätzlich über den Nachlaß verfügen, doch bedarf er für Verfügungen über Grundstücke sowie für unentgeltliche Verfügungen nach § 2113 der Zustimmung des Nacherben.

Weiß ein Dritter nichts von dieser Beschränkung, finden die Gutglaubensvorschriften nach § 2113 Abs. 3 zu seinen Gunsten entsprechende Anwendung.

Inwieweit der Vorerbe dem Nacherben bei Verschlechterung des Nachlasses zum Ersatz verpflichtet ist, ob er Nutzungen herausgeben und für Verwendungen Ersatz verlangen kann, ist im einzelnen in den §§ 2124 ff. geregelt. Nach § 2136 kann der Erblasser den **Vorerben** von bestimmten Beschränkungen, insbesondere davon **befreien**, daß er nur mit Zustimmung des Nacherben über Grundstücke verfügen kann.

1937 Die **Erbeinsetzung** kann schließlich aufschiebend oder auflösend **bedingt** sein.[7] Dabei taucht das Problem auf, inwieweit der Erblasser durch die Ausgestaltung derartiger Bedingungen höchstpersönliche Entscheidungen oder die Lebensführung des Bedachten determinieren darf.

Der Erbe soll die Erbschaft nur behalten, wenn er seinerseits den X in einem Testament zum Erben einsetzt.

Der Erbe soll seiner Rechtsstellung verlustig gehen, wenn er eine Ausländerin heiratet oder aus der Kirche austritt.

Entscheidungen, die nach § 138 Abs. 1 nicht kommerzialisiert werden dürfen, können auch nicht zur Bedingung für die Erbenstellung gemacht werden.[8]

Die genannten Bedingungen sind daher entgegen der wohl herrschenden Meinung unwirksam.[9]

---

7 Zu bedingten Rechtsgeschäften im allgemeinen s. Bd. 1 Kap. 14 unter 5.1 (Rn 1292 ff.)

8 Zum Verbot der Kommerzialisierung höchstpersönlicher Entscheidungen s. Bd. 1 Kap. 7 unter 2 (Rn 467 ff.)

9 S. Palandt-Edenhofer § 2074 Rn 4 mwN

2.3.2 Enterbung

Nach § 1938 ist auch ein sog. **negatives Testament** möglich, das sich darauf beschränkt, eine bestimmte Person von der Erbfolge auszuschließen. Dies führt dazu, daß es bei der gesetzlichen Erbfolge bleibt, die ausgeschlossene Person dabei jedoch nicht berücksichtigt wird. 1938

Der Erblasser hinterläßt drei Töchter; in seinem Testament ist bestimmt, daß die jüngste nichts erhalten soll. Der Nachlaß fällt den beiden älteren zu gleichen Teilen zu.

Der Ausschluß einer Person erstreckt sich mangels anderer Anhaltspunkte im Testament nicht auf deren Abkömmlinge; ihnen gegenüber müssen ja nicht dieselben Überlegungen maßgebend sein. 1939

Hat die jüngste Tochter zwei Kinder, treten diese daher grundsätzlich an ihre Stelle. Sie erhalten je ein Sechstel, während die beiden älteren Schwestern je ein Drittel bekommen.

Auf den in solchen Fällen bestehenden Pflichtteilsanspruch ist später einzugehen.[10]

2.3.3 Vermächtnis

Nach § 1939 kann der Erblasser durch Testament einem anderen einen Vermögensvorteil einräumen, ohne ihn als Erben einzusetzen. Typischer Fall ist die Zuwendung eines bestimmten Gegenstandes. Dabei spricht man von Vermächtnis, der Begünstigte wird als «Vermächtnisnehmer» bezeichnet. 1940

Im Testament wird angeordnet, daß das Klavier dem Musikfreund F zustehen soll.

Das Vermächtnis gibt nach § 2174 lediglich einen schuldrechtlichen Anspruch gegen den Erben. Ein dinglich wirkendes Vermächtnis

dem F steht das Klavier automatisch mit dem Erbfall zu

10 Unten Kap. 25 (Rn 1989ff.)

war bis 1900 möglich, wurde jedoch im Interesse der Gläubiger abgeschafft, die durch eine solche Zersplitterung des Nachlasses in eine schwierige Situation kommen könnten.

Die §§ 2147 ff. enthalten eine detaillierte Regelung des Vermächtnisrechts, die hier nicht im einzelnen dargestellt werden kann.

2.3.4 Auflage

1941 Nach § 1940 kann der Erbe oder ein Vermächtnisnehmer im Testament zu einer Leistung verpflichtet werden, ohne daß dadurch einem anderen ein Anspruch eingeräumt wird. Dies kann sich gewissermaßen aus der Natur der Sache ergeben,

der Erbe wird verpflichtet, 30 Jahre lang für das Grab des Erblassers zu sorgen oder sich um die Haustiere des Verstorbenen zu kümmern

doch ist auch denkbar, daß – ähnlich wie beim unechten Vertrag zugunsten Dritter[11] – der Begünstigte keinen eigenen Anspruch erhalten soll.

Durch Auflage wird der Erbe verpflichtet, einem Neffen das Jurastudium zu ermöglichen, ohne daß dieser deshalb das Recht haben solle, eine monatliche Zahlung zu verlangen.

1942 Einzelfragen zur Auflage sind in den §§ 2192–2196 geregelt. Von Bedeutung ist insbesondere § 2194: Die Vollziehung kann der Erbe, jeder Miterbe, aber auch derjenige verlangen, welchem der Wegfall des mit der Auflage zunächst Beschwerten unmittelbar zustatten kommen würde.

Ist der Alleinerbe beschwert, so können diejenigen die Einhaltung der Auflage verlangen, die geerbt hätten, wenn der Alleinerbe vorverstorben wäre oder ausgeschlagen hätte. Offensichtlich wird die Enttäuschung als ausreichendes Motiv angesehen, um ggfs. den Erben zur Einhaltung der Auflage zu zwingen.

2.3.5 Testamentsvollstreckung

1943 Nach § 2197 kann der Erblasser durch Testament einen (oder mehrere) Testamentsvollstrecker ernennen. Dieser hat das Recht, nach § 2205 den Nachlaß zu verwalten und auch über Nachlaßgegenstände zu verfügen. Weiter kann er nach näherer Maßgabe der §§ 2206, 2207 den

11 Dazu Bd. 1 Kap. 19 unter 2.2 (Rn 1699 f.)

Nachlaß verpflichten. Dem Erben steht nach § 2211 keine Verfügungsbefugnis zu.

Die Einsetzung eines Testamentsvollstreckers erfolgt im wesentlichen aus zwei verschiedenen Gründen.

Zum einen kann es darum gehen, daß eine große Anzahl von Nachlaßbeteiligten und von Anordnungen des Erblassers vorhanden ist. 1944

Der kinderlose E hat zehn verschiedene Personen mit unterschiedlichen Bruchteilen zu Miterben eingesetzt und außerdem 15 Mitglieder seines Freundeskreises mit Vermächtnissen bedacht. Zahlreiche Grundstücke und Wertpapiere müssen veräußert werden; hierfür die nach § 2040 erforderliche Zustimmung aller Miterben zu bekommen, könnte im Einzelfall sehr schwierig sein. Außerdem ist hier Sachkunde gefragt.

In solchen Fällen spricht man von «Abwicklungs-» oder «**Auseinandersetzungstestamentsvollstreckung**»; es geht um eine möglichst reibungslose Form, wie der vom Erblasser gewollte wirtschaftliche Erfolg erreicht werden kann.

Zum zweiten gibt es Fälle, in denen der Erblasser zwar bestimmte Personen zu Erben einsetzen, ihnen jedoch vorübergehend oder auch auf Dauer die Verfügungsbefugnis über das Ererbte nicht einräumen möchte. 1945

Der Erbe soll erst über den Nachlaß verfügen können, wenn er 26 Jahre alt ist. Oder: Der Erbe hat großes Talent im Geldausgeben, jedoch keinerlei Neigung zum Gelderwerb. Er würde das ererbte Unternehmen innerhalb kürzester Zeit ruinieren. Der Erblasser setzt deshalb einen Testamentsvollstrecker ein, der den Nachlaß verwalten soll, «solange der Erbe lebt».

In solchen Fällen spricht man von **Verwaltungstestamentsvollstreckung**. Nach § 2210 kann sie höchstens 30 Jahre oder so lange dauern, wie der Begünstigte lebt.

Der fürsorgliche Unternehmer kann also nur eine Generation «überspringen». Trügt seine Hoffnung in die Enkelgeneration und hat auch diese ein wenig marktwirtschaftliches Verhältnis zum Geld, so ist dagegen kein Kraut gewachsen.

Wer ganz sicher gehen will, kann auch einen «Ersatztestamentsvollstrecker» bestimmen, oder anordnen, daß der örtliche Sparkassendirektor den Testamentsvollstrecker ernennt. Niemand ist im übrigen zur Annahme eines solchen Amtes verpflichtet, doch macht die in § 2221 vorgesehene «angemessene Vergütung» die Verweigerungsfälle relativ selten. 1946

Veräußert der Erbe Nachlaßgegenstände, so sind gutgläubige Ge- 1947 schäftspartner nach § 2211 Abs. 2 geschützt. Allerdings wird der gute Glaube dadurch zerstört, daß bei vererbten Grundstücken ein «Testamentsvollstreckungsvermerk» ins Grundbuch eingetragen wird oder daß der Testamentsvollstrecker bewegliche Sachen nach § 2205 in Besitz nimmt.

1948 War die Testamentsvollstreckung nicht in Ordnung,

das den Testamentsvollstrecker einsetzende Testament war nichtig oder widerrufen

so ist dies für gutgläubige Dritte ohne Bedeutung, wenn ein (dem Erbschein vergleichbares) **Testamentsvollstreckerzeugnis** nach § 2368 erteilt wurde.[12]

2.3.6 Teilungsanordnungen

1949 Nach § 2048 kann der Erblasser Anordnungen treffen, wie die Auseinandersetzung zwischen verschiedenen Miterben zu erfolgen hat.

Von den drei Töchtern soll die A die Briefmarkensammlung, die B das Gemälde «Hühner im Mondenschein» und C die drei chinesischen Vasen unter Anrechnung auf ihr jeweiliges Drittel erhalten.

1950 Soll ein Miterbe auf diesem Wege mehr erhalten, als ihm bruchteilsmäßig zusteht, so liegt ein sog. **Vorausvermächtnis** vor. Denkbar, wenn auch im Regelfall nicht anzunehmen ist, daß er die Differenz zu seinem Anteil an die Miterben bezahlen soll.[13]

Der Nachlaß in Höhe von 1 Mio. steht dem A und dem B jeweils zur Hälfte zu. Im Testament hat der Erblasser bestimmt, A solle das Hausgrundstück erhalten, dem ein Wert von 600000 DM zukommt. Dies wird in der Regel als Begünstigung des A gemeint sein; denkbar ist aber auch, daß er die Differenz zu seiner Hälfte in Höhe von 100000 DM an B bezahlen muß.

2.3.7 Weitere Anordnungen

1951 In einem Testament können sich weitere Anordnungen finden, die hier nicht im einzelnen erläutert werden können. Unter bestimmten Voraussetzungen ist es beispielsweise möglich, durch Testament den Pflichtteil zu entziehen (§ 2336 Abs. 1)[14] oder ein früher errichtetes Te-

12 Zum Erbschein s. oben Kap. 23 unter 5 (Rn 1911 ff.)

13 Nachweise zum Diskussionsstand bei Palandt-Edenhofer § 2048 Rn 5 ff.

14 Dazu unten Kap. 25 unter 5 (Rn 2009)

stament zu widerrufen.[15] Außerhalb des 5. Buches ist die Möglichkeit geregelt, durch Testament eine Stiftung zu errichten (§ 83).

2.4 Auslegungsprobleme

2.4.1 Grundsätzliches

Testamente sind sehr oft auslegungsbedürftig. Dies hängt damit zusammen, daß die Erblasser normalerweise keine Juristen sind und außerdem zwischen der Testamentserrichtung und dem Tode bisweilen Jahrzehnte liegen, in denen sich vieles verändert hat. 1952

Die eingesetzte Person ist vor dem Erblasser gestorben, der vermachte Gegenstand hat enorm an Wert gewonnen oder verloren, der Erblasser hat zum zweiten Mal geheiratet usw.

Für eine Reihe von typischen Konstellationen hat der Gesetzgeber **Auslegungsregeln** aufgestellt, die sich insbesondere in den §§ 2087 ff. finden. Soweit sie nicht einschlägig sind, ist auf § 133 zurückzugreifen, wonach der wirkliche Wille des Erblassers zu erforschen und nicht am Buchstaben seiner Erklärung zu haften ist. Da Testamente jederzeit widerruflich sind, spielt der Gedanke des **Verkehrsschutzes keine Rolle**; dem wahren Willen des Erblassers ist also auch dann zur Durchsetzung zu verhelfen, wenn ein «redlicher Dritter» das Testament in anderer Weise aufgefaßt hätte.[16] 1953

Viel zitiertes Beispiel: Der Erblasser bezeichnet seinen Weinkeller als «Bibliothek», obwohl er auch über zahlreiche Bücher verfügt. Vermacht er seinem Neffen N «meine Bibliothek», so soll dieser ersichtlich die guten Weinflaschen bekommen; ein objektiver Betrachter würde selbstredend an die Bücher denken.

Sind verschiedene Auslegungen möglich, so muß nach § 2084 diejenige gewählt werden, bei der das Testament wirksam bleibt. 1954

Beispiel[17]: Ein nicht rechtsfähiger Verein wird eingesetzt. Das Testament ist nicht etwa unwirksam, sondern als Begünstigung der Mitglieder aufzufassen.

15 Dazu unten 2.6 (Rn 1964 ff.)
16 Leipold, Erbrecht, Rn 269. Zur Auslegung von Willenserklärungen im allgemeinen s. Bd. 1 Kap. 9 unter 3.1 (Rn 602 ff.)
17 Nach Leipold Rn 289

2.4.2 Gesetzliche Auslegungsregeln

1955 § 2087 betrifft das häufig auftauchende Problem, ob eine Erbeinsetzung oder die Gewährung eines Vermächtnisses gewollt ist. Nach Abs. 1 liegt eine Erbeinsetzung vor, wenn **«das Vermögen»** oder ein Teil desselben **zugewandt** wird, während nach Abs. 2 bei einzelnen Gegenständen nur ein Vermächtnis anzunehmen ist. Gleichwohl bleiben Zweifelsfälle.

Im Testament ist bestimmt, daß die beiden Enkel das Hausgrundstück, der Sohn das gesamte übrige Vermögen sowie einen Nießbrauch am Hausgrundstück erhalten soll. Unterstellt, das Haus hat einen Wert von 800000 DM, und das übrige Vermögen beläuft sich auf dieselbe Summe: Sind die Enkel dann Miterben oder haben sie lediglich einen Anspruch als Vermächtnisnehmer auf Übertragung eines mit einem Nießbrauch belasteten Grundstücks? Unterstellt, der Nießbrauch (dessen Wert man nach der potentiellen Lebenszeit des Sohnes bestimmt) würde die Hälfte des Grundstückswerts ausmachen, so spricht wohl mehr für die Vermächtnislösung. Auch eine gegenteilige Auffassung ist aber vertretbar.

1956 Wichtig ist weiter die Vorschrift des **§ 2069**. Hat der Erblasser einen Abkömmling eingesetzt, stirbt dieser jedoch vor ihm, so gelten im Zweifel dessen Abkömmlinge als bedacht.

Der E hat seinen Sohn S zum Alleinerben eingesetzt. Als er 40 Jahre später mit 98 Jahren stirbt, ist S längst tot. Auch von dessen Kindern lebt nur noch der eine Enkel; der andere ist unter Hinterlassung zweier Urenkel gestorben. Nach § 2069 wird der S durch die beiden Enkel bzw. die an deren Stelle tretenden Personen «ersetzt». Danach erhält der noch lebende Enkel die eine Hälfte, während die andere zu gleichen Teilen zwischen den Urenkeln aufgeteilt wird.

Ein Testament wird unwirksam, wenn der Ehegatte bedacht war, die Ehe jedoch geschieden wurde oder der Erblasser jedenfalls einen Scheidungsantrag gestellt hatte, dem zu entsprechen gewesen wäre.[18]

2.4.3 Anwendung der allgemeinen Auslegungsregeln

1957 Soweit keine gesetzlichen Auslegungsregeln eingreifen, ist direkt auf § 133 zurückzugreifen. Danach gilt beispielsweise der entsprechende Gegenwert als vermacht, wenn der eigentlich dem Begünstigten zuge-

18 Zu der entsprechenden Regelung bei der gesetzlichen Erbfolge s. § 1933 und oben Kap. 23 unter 2.2.3 (Rn 1898)

dachte Gegenstand mittlerweile veräußert wurde. Wichtig ist insbesondere die **ergänzende Auslegung**, wenn Situationen eintreten, an die der Erblasser in keiner Weise gedacht hatte.

Der testamentarisch bedachte junge Freund kommt längst vor dem Erblasser bei einem Verkehrsunfall zu Tode.

In solchen Fällen versucht man das Testament in der Weise zu «retten», 1958
daß man danach fragt, was der Erblasser bei Kenntnis der veränderten Umstände wohl bestimmt hätte. Um nicht in reines Spekulieren zu verfallen, müssen entsprechende **Andeutungen** jedoch im **Testament** vorhanden sein.

Der junge Freund F wurde eingesetzt, weil der Erblasser enge Beziehungen zu dessen Familie unterhielt, die sich eingehend um ihn kümmerte und ihn nicht nur an Weihnachten besuchte. Hier dürften Frau und Kinder des F als eingesetzt gelten.[19]

2.5 Unwirksames Testament

Ein Testament kann nichtig oder unwirksam sein, wenn es beispiels- 1959
weise die vorgeschriebene Form nicht wahrt oder von einem testierunfähigen Minderjährigen errichtet wurde. In drei Fällen ergeben sich besondere Probleme.

– Grundsätzlich gültig ist die **Erbeinsetzung des nichtehelichen** 1960
Lebenspartners durch Testament. Die Zeit, in der das «Mätressentestament» im Regelfall sittenwidrig war, sind vorbei. § 138 Abs. 1 wird nur noch angewandt, wenn die Erbeinsetzung ausschließlich Belohnung für sexuelle Dienste war, was in aller Regel nicht vorliegen oder zumindest nicht beweisbar sein wird.[20] Dies ist um so wichtiger, als nichteheliche Lebenspartner weder ein gesetzliches Erbrecht noch Anspruch auf Hinterbliebenenrente aus der Sozialversicherung besitzen, so daß hier die einzige Versorgungsmöglichkeit liegt. Das gilt im übrigen entgegen der früheren Rechtsprechung auch dann, wenn auf diese Weise ein Ehegatte übergangen wird; er ist durch das Pflichtteilsrecht geschützt.[21]

---

19 Zur ergänzenden Testamentsauslegung s. Leipold Rn 290ff.
20 Grundlegend BGHZ 53, 369, 375ff.
21 Nachweise bei Palandt-Heinrichs § 138 Rn 50

Gilt dasselbe auch, wenn ein homosexueller Partner den anderen oder eine lesbische Partnerin die andere einsetzt? Das OLG Frankfurt[22] bejaht dies mit Recht; früher bestehende Unwerturteile sind so weit zurückgedrängt, daß sie im Rahmen des § 138 keine Bedeutung mehr besitzen.

1961 – Die Testierfreiheit wird auch im Zusammenhang mit dem sog. **Behindertentestament** respektiert. So ist es möglich, einem behinderten Kind nur die laufenden Einnahmen aus dem Nachlaß zu verschaffen, diesen aber dem Zugriff des Trägers der Sozialhilfe zu entziehen.[23] Auch gibt es keine allgemeine Rechtsüberzeugung, daß Eltern ihrem behinderten Kind mehr als den Pflichtteil hinterlassen müßten, um so die Kosten für den Sozialhilfeträger und damit für die Allgemeinheit zu verringern.[24]

1962 – Wer in einem **Seniorenwohnheim** lebt, kann den Träger und dessen Beschäftigte nach § 14 des Heimgesetzes nicht mit einer letztwilligen Zuwendung bedenken, sofern diese den Begünstigten vor dem Tode des Bewohners bekannt wird.[25]

1963 Ist **nur ein Teil eines Testaments nichtig**, so bleibt grundsätzlich der übrige Inhalt unberührt. § 2085 weicht insoweit ausdrücklich von der Regel des § 139 ab.[26]

2.6 Widerruf

1964 Der Erblasser kann nach § 2253 das Testament jederzeit ganz oder teilweise widerrufen, ohne dabei an irgendwelche inhaltlichen Gründe gebunden sein. Auch dies ist ein Ausdruck der **Testierfreiheit**; § 2302 erklärt sogar ausdrücklich eine Vereinbarung für unwirksam, wonach sich der Erblasser verpflichtet, ein einmal errichtetes Testament nicht mehr zu widerrufen.

1965 Der Widerruf erfolgt grundsätzlich durch ein **neues Testament** und kann auch sinngemäß in der Weise zum Ausdruck gebracht werden, daß eine «gegenläufige» Verfügung getroffen wird.

22 NJW-RR 1995, 265
23 BGHZ 111, 39; 123, 368
24 Überblick über die reichhaltige Diskussion bei Palandt-Heinrichs § 138 Rn 50a
25 Einzelheiten bei Dubischar DNotZ 1993, 419
26 Zu dieser s. Bd. 1 Kap. 15 unter 2.5 (Rn 1332)

In seinem Testament hat der Erblasser den F zum Alleinerben eingesetzt. Drei Jahre später errichtet er ein neues Testament, in dem A und B je zur Hälfte eingesetzt werden. Damit ist das alte Testament hinfällig geworden (§ 2258).

Der Widerruf kann auch dadurch geschehen, daß der Erblasser die **Testamentsurkunde vernichtet** oder an ihr Veränderungen vornimmt, die einen Rückschluß auf den Widerrufswillen zulassen. Öffentliche Testamente sowie Bürgermeistertestamente nach § 2249 können schließlich dadurch widerrufen werden, daß man sie aus **amtlicher Verwahrung zurückholt**. 1966

Nicht immer sind Testierende sehr entschlossene Leute. Der Gesetz- 1967
geber hat deshalb auch den Fall geregelt, daß ein **Widerruf seinerseits widerrufen** wird: Nach § 2257 gilt in diesem Fall wieder die ursprüngliche Anordnung.

Der E setzt im Dezember 1984 in einem öffentlichen Testament seinen Freund X zum Alleinerben ein. Auf Anregung der Ehefrau widerruft er kurz nach Weihnachten dieses durch privatschriftliches Testament nach § 2247. Als er zwei Wochen später dem X auf der Straße begegnet, bekommt er ein schlechtes Gewissen. Nach längerem Gespräch sagt er dem X zu, es doch bei der alten Entscheidung zu belassen. Zu Hause nimmt er das Widerrufstestament aus dem Wäscheschrank, streicht es durch, zerknüllt es und wirft es in den Papierkorb. Bis dahin ist der Fall unproblematisch: Ein privatschriftliches Testament ist nicht weniger wert als ein öffentliches, so daß der Widerruf zunächst wirksam war. In der Form des § 2255 wurde dann der Widerruf seinerseits widerrufen, so daß nach § 2257 das alte Testament wieder galt.

Doch was geschieht, wenn die Ehefrau das durchgestrichene und zerknüllte Testament findet und an sich nimmt, der Erblasser zwei Wochen später stirbt und sie nun geltend macht, der sechsjährige Enkel hätte die Veränderungen am Testament vorgenommen? Ob man ihr glaubt, ist eine Frage der Beweiswürdigung; ggfs. wird auch der Enkel durch einen Kinderpsychologen befragt. Auch muß sie einen halbwegs plausiblen Grund anführen können, weshalb der Enkel an das Testament kommen konnte.

2.7 Anfechtung

Angesichts der freien Widerruflichkeit von Testamenten benötigt der 1968
Erblasser kein Anfechtungsrecht. Denkbar ist jedoch, daß er Fehlvorstellungen hatte, die vor seinem Tod nicht mehr aufgeklärt wurden. In solchen Fällen ist nach § 2080 eine Anfechtung des Testaments oder der einzelnen durch den Willensmangel beeinflußten Anordnung durch

denjenigen möglich, dem der teilweise oder völlige Wegfall des Testaments zugute kommen würde.

Der 60jährige Hagestolz verfügt über ein dickes Bankkonto und setzt seine 17jährige, arme Cousine zur Alleinerbin ein. Freunden gegenüber äußert er sich in der Richtung, ihm gefalle ihr sehr bescheidenes Auftreten; als «graue Maus» würde sie in unserer Ellenbogen- und Selbstdarstellungsgesellschaft nie auf einen grünen Zweig kommen, wenn sie nicht wenigstens Geld im Hintergrund hätte. Als er zehn Jahre später stirbt, hat sie sich gründlich verändert. Durch Besuche von Spielbanken hat sie nicht nur ein ansehnliches Vermögen gewonnen; dank Schönheitspflege und veränderter Frisur ist sie sogar als Model tätig. Kann derjenige, der als gesetzlicher Erbe in Betracht käme, das Testament anfechten?

1969 Anders als nach den §§ 119ff. reicht für die Anfechtung eines Testaments auch ein sog. **Motivirrtum** (§ 2078 Abs. 2). Dies hängt damit zusammen, daß anders als bei Rechtsgeschäften unter Lebenden der Vertrauensschutz von Geschäftspartnern keine Rolle spielt; dem Willen des Testierenden kann daher in vollem Umfang Rechnung getragen werden.

Der gesetzliche Erbe des H wird sich deshalb über die Karriere der Cousine sehr freuen und ihr weiterhin viel Erfolg wünschen: Er kann das Testament erfolgreich anfechten.

1970 Praktisch wichtig ist die Vorschrift des § 2079, wonach ein Testament anfechtbar ist, wenn der Erblasser einen ihm **unbekannten Pflichtteilsberechtigten übergangen** hat oder später Pflichtteilsberechtigte hinzukamen.

Der Erblasser wußte nichts von seinem nichtehelichen Kind. Der zunächst ledige Erblasser heiratete später; Ehegatten sind jedoch pflichtteilsberechtigt.

Nach § 2081 wird die Anfechtung grundsätzlich gegenüber dem Nachlaßgericht erklärt; dabei ist nach näherer Maßgabe des § 2082 eine Frist von einem Jahr ab Kenntnis des Anfechtungsgrundes zu beachten.

3 Der Erbvertrag

In manchen Situationen entspricht es den Interessen der Beteiligten, 1971
eine stärkere Bindung als durch ein Testament herbeizuführen. Eine bestimmte Person versorgt beispielsweise den Erblasser und möchte sichergehen, daß sie nach dessen Tod eine angemessene Summe aus dem Nachlaß erhält. Ein als «Unternehmensnachfolger» Vorgesehener will im Hinblick darauf Betriebswirtschaft studieren und auf das eigentlich geplante Studium der Kunstgeschichte verzichten. Er würde es für unangemessen halten, könnte der Erblasser 14 Tage nach Abschluß seines Studiums «April, April» rufen und einen anderen zum Erben einsetzen. Der Gesetzgeber hat deshalb in den §§ 2274 ff. die Möglichkeit zum Abschluß eines Erbvertrags eröffnet.

3.1 Form

Der Erbvertrag muß nach § 2276 Abs. 1 vor einem **Notar** bei gleich- 1972
zeitiger Anwesenheit beider Teile geschlossen werden, der darüber ein Protokoll anfertigt. Auf seiten des Erblassers ist keine Stellvertretung möglich; auch muß dieser unbeschränkt geschäftsfähig sein.

A schließt mit B, vertreten durch V, einen Erbvertrag, durch den der X zum Alleinerben eingesetzt wird. Zulässig: Wer selbst keine letztwillige Verfügung trifft, muß nicht in eigener Person handeln. Auch ist nicht notwendig, daß der Vertragspartner bedacht wird (obwohl dies natürlich in der Praxis die Regel ist).

3.2 Möglicher Inhalt

Nach § 2278 kann jeder der beiden Vertragspartner letztwillige Verfü- 1973
gungen treffen. An der vertraglichen Bindung nehmen jedoch nur Erbeinsetzungen, Vermächtnisse und Auflagen teil. Andere Verfügungen (wie z. B. die Einsetzung eines Testamentsvollstreckers) sind nach § 2299 möglich, doch können sie wie eine testamentarische Anordnung widerrufen werden.

3.3 Spätere Abweichungen vom Erbvertrag?

1974 Wer einen Erbvertrag geschlossen hat, kann – soweit die vertragliche Bindung reicht – keine damit in Widerspruch stehende testamentarische Anordnung treffen. Gleichwohl ist die Bindung schwächer, als es der Ausdruck «Vertrag» nahelegt.

– Der Erblasser kann sich den **Rücktritt** vorbehalten. Er kann außerdem dann zurücktreten, wenn er dem Begünstigten den Pflichtteil entziehen könnte (§ 2294) oder wenn eine vereinbarte Gegenleistung des Bedachten ausbleibt (§ 2295).

– Wichtiger ist die Vorschrift des § 2281 Abs. 1; danach kann der Erblasser den **Erbvertrag** aus denselben Gründen **anfechten**, die beim Testament vorgesehen sind. Insoweit reicht also ein Motivirrtum. Die Anfechtungserklärung bedarf der notariellen Beurkundung; nach § 2283 ist eine Jahresfrist zu beachten.

3.4 Beeinträchtigende Verfügungen unter Lebenden

1975 Die Einsetzung zum Alleinerben ist relativ wenig wert, wenn der Erblasser den größten Teil seines Vermögens vor seinem Tode verschenkt oder sich auf andere Weise von ihm trennt.

Der Erblasser macht regelmäßig Weltreisen oder wird zu einem regelmäßigen Las-Vegas-Touristen.

1976 Nach § 2286 bleibt der Erblasser trotz des Erbvertrags **frei, unter Lebenden über sein Vermögen zu verfügen**. § 2287 zieht ihm nur insoweit eine Grenze, als er nicht in der Absicht Schenkungen machen darf, «den Vertragserben zu beeinträchtigen». Nimmt man diese Formulierung ernst, ist ihm praktisch alles erlaubt, da nur in seltenen Glücksfällen der Beweis gelingen wird, er hätte den Vertragserben beeinträchtigen wollen. Die Rechtsprechung hat deshalb die «Absicht» uminterpretiert; sie soll immer dann vorliegen, wenn der Erblasser kein **lebzeitiges Eigeninteresse an einer Schenkung** hatte.[27] Dieses wird nicht schon dann bejaht, wenn er durch eine Schenkung lediglich

27 BGH NJW 1992, 564, 566

seiner Zuneigung Ausdruck verleihen möchte.[28] Der im Erbvertrag Bedachte kann in solchen Fällen zustimmen, doch läuft dies auf einen partiellen Erbverzicht hinaus, so daß die Rechtsprechung die Einhaltung der notariellen Form entsprechend § 2348 verlangt.[29]

Diese Rechtsprechung ist zu billigen, steht allerdings in einem gewissen Widerspruch zu der vergleichsweise einfachen Anfechtung des Erbvertrags durch den Erblasser (Motivirrtum!). Diese kann allerdings dadurch eingeschränkt werden, daß man im Vertrag Umstände nennt, deren Änderung ohne Bedeutung bleiben soll.

4 Die Zwischenform: Das gemeinschaftliche Testament

Ehegatten (und nur sie – § 2265) haben das Recht, ein sog. gemeinschaftliches Testament zu errichten, das nach dem Tod eines Ehegatten erbvertragsähnliche Wirkungen hat. 1977

4.1 Form und möglicher Inhalt

Ein gemeinschaftliches Testament kann wie ein individuelles vor einem Notar errichtet werden. Wird die privatschriftliche Form nach § 2247 gewählt, genügt es, wenn ein Ehegatte den Text schreibt und unterschreibt, während der andere sich mit einer eigenhändigen **Mitunterzeichnung** begnügt (§ 2267). Für die Errichtung eines Nottestaments nach §§ 2249, 2250 reicht es aus, daß sich einer der Ehegatten in der dort beschriebenen Situation befindet.[30] 1978

In einem gemeinschaftlichen Testament kann jeder Ehegatte alle die (zulässigen) Anordnungen treffen, die er wünscht. Eine entscheidende Besonderheit liegt darin, daß sog. **wechselbezügliche Verfügungen** getroffen werden können, die in ihrem Bestand voneinander abhängig sind: Ist die eine nichtig, gilt dies auch für die andere. 1979

---

28 OLG Köln FamRZ 1992, 607
29 BGHZ 108, 252
30 Zu den Nottestamenten s. oben 2.2 (Rn 1929 ff.)

Beispiel: Die Ehegatten setzen sich wechselseitig zu Alleinerben ein. In einem solchen Fall wird nach § 2270 Abs. 2 die Wechselbezüglichkeit sogar vermutet. Widerruft ein Ehegatte die Einsetzung des anderen, so wird auch seine eigene Einsetzung unwirksam.

1980 Der Widerruf wechselbezüglicher Verfügungen muß durch notariell beurkundete Erklärung erfolgen und dem anderen Ehegatten zugehen (§ 2271 Abs. 1 Satz 1 i. V. m. § 2296 Abs. 2). Maßgebend hierfür ist der Gedanke, daß der andere Ehegatte in die Lage versetzt werden soll, seinerseits neue Dispositionen zu treffen: Würde schon ein Testament genügen, würde er davon nicht notwendigerweise Kenntnis bekommen.

1981 Ist ein Ehegatte gestorben, so kann der andere nach § 2271 seine wechselseitige Verfügung nicht mehr widerrufen. Insoweit tritt eine ähnliche Wirkung wie beim Erbvertrag ein. Nach § 2271 Abs. 2 Satz 1 hat er lediglich das Recht, das ihm Zugewendete auszuschlagen und dann seine eigene Verfügung wieder rückgängig zu machen.

4.2 Der wichtigste Anwendungsfall: Das Berliner Testament

1982 Die Versorgung der überlebenden Ehegatten kann auf verschiedenem Wege erfolgen:

– Möglich ist einmal, ihn in bezug auf den gesamten Nachlaß zum **Vorerben** einzusetzen und die gemeinsamen Kinder (oder andere Personen) zu Nacherben zu machen.[31] Damit ist eine relativ starke Bindung erreicht, können doch ohne Zustimmung der Nacherben keine Verfügungen über Grundstücke getroffen oder Schenkungen aus dem Nachlaß gemacht werden. Tritt der Nacherbfall ein, stirbt also der überlebende Ehegatte, so erhalten die Nacherben zwei Vermögensmassen: Zum einen den vom Erstversterbenden stammenden Nachlaß, zum anderen das Vermögen des Letztversterbenden als dessen unmittelbare Erben. Von daher spricht man auch von der sog. Trennungslösung.

1983 – Zum zweiten kann der überlebende Ehegatte zum **Vollerben** eingesetzt werden. Er ist frei, über das ererbte Vermögen allein nach eigenen Vorstellungen zu verfügen. Bei seinem Tod geht sein gesamtes Ver-

31 Zur Vor- und Nacherbschaft s. oben 2.3.1 (Rn 1936)

mögen – egal ob ererbt oder selbst erworben – auf die gemeinsamen Kinder (oder andere Personen) über, die man als «**Schlußerben**» bezeichnet. Eine solche Gestaltung verschafft dem überlebenden Ehegatten ein hohes Maß an Gestaltungsfreiheit und reduziert die Rechtsstellung der nach dem Tode des letztversterbenden Erbenden entsprechend. Man spricht hier auch von einer sog. **Einheitslösung**, weil der zuletzt Erbende eine einheitliche Vermögensmasse erhält. Für ein Testament dieses Inhalts hat sich die Bezeichnung «Berliner Testament» eingebürgert.

Soweit sich im Wege der Auslegung kein anderer Wille der Ehegatten ermitteln läßt, ist nach § 2269 Abs. 1 ein Berliner Testament anzunehmen; die Begründung von **Vor- und Nacherbschaft** ist daher eher die **Ausnahme**. 1984

Die Einsetzung des überlebenden Ehegatten kann durch eine sog. **Wiederverheiratungsklausel** ergänzt werden. Danach soll der Nachlaß ganz oder teilweise auf die Schlußerben übergehen, wenn der Überlebende eine neue Ehe eingeht. 1985

Dies führt dazu, daß er zugleich auflösend bedingter Vollerbe und aufschiebend bedingter Vorerbe ist: Heiratet er, wird er wie ein Vorerbe behandelt. Die damit verbundenen Einzelfragen können hier nicht dargestellt werden.[32]

– Schließlich ist es zum dritten auch möglich, die Abkömmlinge (oder andere Personen) sofort zu Erben zu machen und dem überlebenden Ehegatten den **Nießbrauch am Nachlaß** einzuräumen. Damit ist er von vornherein auf die Nutzungen beschränkt, kann jedoch wegen des dinglichen Charakters seines Rechts die Weiterveräußerung von Nachlaßgegenständen faktisch unmöglich machen. 1986

Die hier skizzierten testamentarischen Gestaltungen lassen das Pflichtteilsrecht unberührt. Auf dieses ist im nächsten Kapitel einzugehen.[33] 1987

E und F machen ein gemeinschaftliches Testament, worin sie sich wechselseitig zu Alleinerben einsetzen. Nach dem Tode des Längerlebenden soll der gemeinsame Sohn S Erbe werden. Stirbt E, kann S einen Pflichtteilsanspruch geltend machen; er braucht nicht zu warten, bis der Längerlebende stirbt.

---

32 Dazu etwa Palandt-Edenhofer § 2269 Rn 16ff. mwN

33 Unten Kap. 25 (Rn 1989ff.)

4.3 Entsprechende Anwendung von Vorschriften über den Erbvertrag

1988 Können wechselseitige Verfügungen entsprechend § 2281 angefochten werden, wenn sie nach Versterben des einen Ehegatten bindend geworden sind, so daß ein Widerruf ausscheidet? Die Frage ist **zu bejahen**, da die Situation keine andere als beim Erbvertrag ist und das Gesetz nirgends zu erkennen gibt, daß mit Hilfe eines gemeinschaftlichen Testaments eine stärkere Bindung als durch einen Erbvertrag erreicht werden kann.

F ist von ihrem vorverstorbenen Ehemann zur Alleinerbin eingesetzt worden. Sie kann ihre Verfügung wegen Irrtums usw., aber auch deshalb anfechten, weil sie wieder geheiratet hat und deshalb nach § 2079 (i. V. m. § 2281) ein neuer Pflichtteilsberechtigter hinzugekommen ist. Wird die Anfechtung erklärt, ist damit allerdings auch ihre eigene Einsetzung zur Erbin des E hinfällig geworden; insoweit tritt in der Regel gesetzliche Erbfolge ein. Sie kann also lediglich über das eigene, nicht ererbte Vermögen frei verfügen und ein neues Testament machen.

Trotz bindender Wirkung des Testaments behält der überlebende Ehegatte das Recht, über Nachlaßgegenstände unter Lebenden frei zu verfügen. Die bei Erbverträgen bestehenden Schranken (keine Schenkungen ohne lebzeitiges Eigeninteresse des Schenkers) werden jedoch analog angewandt;[34] insoweit wird der Schlußerbe ein kleines Stückchen dem Nacherben angenähert.

34 Leipold Rn 354

KAPITEL 25: Pflichtteilsrecht

I Der Grundsatz

Nach § 2303 haben Abkömmlinge, der Ehegatte und die Eltern ein «Pflichtteilsrecht», sofern sie durch Verfügung von Todes wegen von der Erbfolge ausgeschlossen sind. Pflichtteilsberechtigt ist also nur, **wer ohne das Testament** oder den Erbvertrag **Erbe geworden wäre**. 1989

Der Erblasser hat ein Berliner Testament gemacht. Der Tochter T steht ein Pflichtteilsanspruch zu, da sie ohne dieses Testament neben der überlebenden Ehefrau Miterbin geworden wäre. Anders die Eltern: Sie können keinen Pflichtteil verlangen, da sie als Erben der zweiten Ordnung auch bei gesetzlicher Erbfolge hinter den Abkömmlingen als Erben der ersten Ordnung zurückstehen müssen. Hinterließ der Erblasser keine Abkömmlinge, hätten die Eltern neben dem überlebenden Ehegatten nach § 1931 geerbt, so daß ihnen in einem solchen Fall ein Pflichtteilsanspruch zusteht.

Ist ein Kind vorverstorben, so würde es bei gesetzlicher Erbfolge von seinen Kindern «ersetzt». In einem solchen Fall steht auch diesen Enkeln ein Pflichtteilsrecht zu, da § 2303 generell von «Abkömmlingen» spricht.

Der Erblasser hat einen Freund zum Alleinerben eingesetzt. Von seinen beiden Söhnen ist der eine vor ihm gestorben, hinterließ aber eine Tochter. Diese ist neben dem noch lebenden Sohn pflichtteilsberechtigt.

1990 Der «Pflichtteil» sichert den in § 2303 genannten nächsten Angehörigen einen Mindestanteil am Nachlaß. Anders als z. B. in Frankreich oder in der Schweiz besteht dieser jedoch nicht in einer unentziehbaren Miterbenstellung; vielmehr steht den Pflichtteilsberechtigten lediglich ein **Geldanspruch** zu. Man spricht insoweit von einem «formellen Noterbrecht», während die französische und schweizerische Lösung als «materielles Noterbrecht» bezeichnet wird.

1991 Pflichtteilsansprüche sind von erheblicher praktischer Bedeutung, da die Auflockerung des Familienzusammenhangs leicht dazu führt, daß die nächsten Angehörigen im Testament enterbt oder – was auf dasselbe hinausläuft – übergangen werden. Um Pflichtteilsansprüche wird häufig prozessiert; auch dies rechtfertigt eine etwas eingehendere Darstellung.

2 Die Höhe des Pflichtteilsanspruchs

1992 Ist ein Angehöriger im Sinne des § 2303 durch Verfügung von Todes wegen von der gesetzlichen Erbfolge ausgeschlossen, so kann er einen Pflichtteilsanspruch in Höhe der **Hälfte des Wertes des gesetzlichen Erbteils** geltend machen.

Der überlebende Ehegatte ist zum Alleinerben eingesetzt; der Nachlaßwert beläuft sich auf 800000 DM. Der einzige Sohn S hätte bei gesetzlicher Erbfolge die Hälfte des Nachlasses erhalten. Sein Pflichtteilsanspruch geht auf Zahlung von 200000 DM, da er die Hälfte des gesetzlichen Erbteils ausmacht (§ 2303 Abs. 1 Satz 2).

1993 Der Pflichtteilsanspruch entsteht nach § 2317 Abs. 1 mit dem Erbfall. Nach § 2332 Abs. 1 **verjährt** er **in drei Jahren** von dem Zeitpunkt an, in welchem der Pflichtteilsberechtigte von dem Eintritt des Erbfalls und von der ihn beeinträchtigenden Verfügung Kenntnis erlangt hat.

Bei der Beerdigung wird dem Bruder des kinderlos verstorbenen Erblassers mitgeteilt, dieser hätte seine Witwe zur Alleinerbin eingesetzt.

Hält der Pflichtteilsberechtigte aus vertretbaren Gründen das Testament für unwirksam, so schließt dies die Kenntnis von der eigenen Enterbung jedenfalls so lange aus, bis der Testamentserbe einen Erbschein erhalten hat.[1]

1 BGH NJW 1964, 297; vgl. auch BGH NJW 1995, 1157

Da die Höhe des Pflichtteilsanspruchs einen Bruchteil des **Nachlaßwerts** ausmacht, ist dessen Bestimmung von ganz entscheidender Bedeutung. Verschiedene Gesichtspunkte sind zu berücksichtigen. 1994
– Maßgebend ist der **Wert** des Nachlasses **zur Zeit des Erbfalls**. Spätere Veränderungen wirken sich zugunsten wie zu Lasten des Erben aus.

Der Nachlaß besteht im wesentlichen aus Aktien, die im Todeszeitpunkt 300000 DM wert sind. Die einzige Tochter des verwitweten Erblassers ist nicht Erbin geworden; da sie bei gesetzlicher Erbfolge den ganzen Nachlaß erhalten hätte, beträgt ihr Pflichtteilsanspruch ½ = 150000 DM. Dies kann sie verlangen, auch wenn die Aktien in der Zwischenzeit auf 200000 DM gesunken oder auf 400000 DM gestiegen sind.

– Maßgebend ist der **objektive Wert** des Nachlasses. Etwaige Wertbestimmungen des Erblassers müssen nach § 2311 Abs. 2 Satz 2 außer Betracht bleiben. Andernfalls hätte er die Möglichkeit, durch entsprechend niedrige Wertbestimmung den Pflichtteilsanspruch zu schmälern.
– «Wert» ist bei marktgängigen Sachen der **Verkehrswert**, also der Betrag, den man bei einem Verkauf erzielen würde. Fehlt es daran, ist – wie dies § 2312 für landwirtschaftliche Anwesen vorschreibt – vom sog. **Ertragswert** auszugehen, der in der Regel niedriger liegt.[2] Bei Unternehmen kommt auch der sog. **Liquidationswert** in Betracht, d. h. die Summe, die bei einem Verkauf aller Gegenstände zu erzielen wäre. Dies gilt jedenfalls dann, wenn innerhalb von drei Jahren nach dem Erbfall das Unternehmen auch effektiv liquidiert wird.[3]
– Von dem so ermittelten Wert sind die ganzen Verbindlichkeiten abzuziehen, wozu auch die sog. Erbfallschulden wie z. B. die Beerdigungskosten zählen.
– Bei **Auslandsvermögen** ist in gleicher Weise vorzugehen, soweit es sich nach deutschem Recht vererbt.[4]

Der Erbe könnte bestrebt sein, einige Nachlaßgegenstände unter den Tisch fallen zu lassen, um so den Wert des Nachlasses und damit auch die Höhe des Pflichtteilsanspruches zu reduzieren. § 2314 sieht deshalb eine **Auskunftspflicht gegenüber dem Pflichtteilsberechtigten** vor. Dieser kann überdies verlangen, daß er bei der Aufstellung 1995

2 Vgl. AK-BGB-Däubler § 2311 Rn 13
3 BGH NJW 1982, 2497
4 Dazu AK-BGB-Däubler § 2311 Rn 45. Zur Nachlaßspaltung s. oben Kap. 22 unter 7 (Rn 1876)

des Verzeichnisses der Nachlaßgegenstände hinzugezogen wird oder daß das Verzeichnis durch die zuständige Behörde oder einen Notar aufgestellt wird. Besteht Grund zu der Annahme, daß das (vom Erben allein oder unter Zuziehung des Pflichtteilsberechtigten erstellte) Verzeichnis nicht mit der erforderlichen Sorgfalt aufgestellt wurde, ist der Erbe zu einer eidesstattlichen Versicherung nach § 260 Abs. 2 verpflichtet.[5]

1996 Der Anspruch auf Auskunftserteilung und der Pflichtteilsanspruch können im Wege der sog. **Stufenklage** nach § 254 ZPO zusammen geltend gemacht werden. Dies ist deshalb wichtig, weil der Pflichtteilsberechtigte sonst in Schwierigkeiten geraten würde: Da er die Höhe seines Anspruchs erst in Kenntnis des gesamten Nachlasses beziffern kann, wäre er dazu unter Umständen erst nach Ablauf der Verjährungsfrist in der Lage; ohne Bezifferung kann aber ein Anspruch normalerweise nicht wirksam geltend gemacht werden.

1997 Ist der Erbe selbst pflichtteilsberechtigt, kann er nach näherer Maßgabe des § 2331a eine **Stundung** des Pflichtteilsanspruchs verlangen, sofern eine sofortige Erfüllung ihn «ungewöhnlich hart» treffen würde.

3 Der bedachte Pflichtteilsberechtigte

1998 Denkbar ist, daß der Pflichtteilsberechtigte nicht völlig enterbt wurde, sondern daß er bestimmte Zuwendungen erhielt. In diesem Fall ist zu unterscheiden:

– Ist der zugewendete **Erbteil geringer als die Hälfte des gesetzlichen Erbteils**, so kann der Pflichtteilsberechtigte die Differenz als sog. Pflichtteilsrestanspruch geltend machen (§ 2305). Er kann also **«Aufstockung»** verlangen.

1999 – Ist dem Pflichtteilsberechtigten ein **Erbteil** hinterlassen, **das die Hälfte** des gesetzlichen Erbteils **nicht übersteigt**, das jedoch gleichzeitig durch Einsetzung eines Nacherben, durch Ernennung eines Testamentsvollstreckers, durch Belastung mit einem Vermächtnis usw. eingeschränkt ist, so gelten nach § 2306 Abs. 1 Satz 1 die Beschrän-

5 BGHZ 33, 373, 378

kungen als nicht geschrieben. Wird die Hälfte des gesetzlichen Erbteils nicht erreicht, besteht der Anspruch nach § 2305.

– Hat der Pflichtteilsberechtigte **mehr als die Hälfte** seines gesetz- 2000
lichen Erbteils bekommen, ist er jedoch in der angegebenen Weise beschränkt, so hat er die Wahl: Er kann entweder das Hinterlassene samt der Beschränkungen akzeptieren oder aber die Zuwendung ausschlagen und statt dessen den Pflichtteilsanspruch geltend machen (§ 2306 Abs. 1 Satz 2).

– Hat der Pflichtteilsberechtigte lediglich ein **Vermächtnis** erhalten, 2001
so kann er dieses immer ausschlagen und den Pflichtteil verlangen. Schlägt er nicht aus, muß er sich den Wert des Vermächtnisses auf seinen Pflichtteilsanspruch anrechnen lassen (§ 2307 Abs. 1).

– Hat der Pflichtteilsberechtigte vom Erblasser durch Rechtsgeschäfte 2002
unter Lebenden eine **Zuwendung** erhalten, **die auf den Pflichtteil angerechnet** werden sollte, so ist gemäß § 2315 ähnlich wie bei der Ausgleichung unter Miterben[6] vorzugehen. Der Wert der Zuwendung wird zunächst dem Nachlaß hinzugerechnet, dann wird auf dieser erhöhten Basis der Pflichtteilsanspruch bestimmt und auf diesen dann die Zuwendung angerechnet. Wichtig ist, daß nach § 2315 Abs. 2 Satz 2 der Wert nach der Zeit bestimmt wird, zu welcher die Zuwendung erfolgt ist.

Unterstellt, der Nachlaß habe einen Wert von 600000 DM und der Abkömmling A einen Pflichtteilsanspruch in Höhe von einem Zwölftel, d. h. 50000 DM. Hat A 30000 DM unter Anrechnung auf seinen Pflichtteil erhalten, so ist wie folgt vorzugehen: Nachlaß 600000 DM plus 30000 DM = 630000 DM. Davon ein Zwölftel = 52.500 DM. Von diesem Betrag sind die erhaltenen 30000 DM in Abzug zu bringen, so daß sich ein Pflichtteilsanspruch in Höhe von 22500 DM ergibt.

Bei der Bestimmung des Wertes der Zuwendung ist zu beachten, daß 2003
zwar der gesetzlichen Regelung entsprechend der Augenblick der Zuwendung maßgebend ist, daß der entsprechende Geldbetrag jedoch an den Kaufkraftschwund anzupassen ist.[7]

Beispiel: Der Pflichtteilsberechtigte hat ein Grundstück zum Zeitwert von 100000 DM erhalten. Unter Berücksichtigung des im Statistischen Jahrbuch ausgewiesenen Kaufkraftverlustes der Mark kommt dieses mit 120000 DM in Ansatz. Die Tatsache, daß der reale Grundstückswert auf 70 % gesunken ist oder sich auf das Zehnfache erhöht hat, bleibt außer Betracht. Dies will nicht unbedingt einleuchten.

---

6 Dazu oben Kap. 23 unter 7 (Rn 1921)

7 BGHZ 65, 75; kritisch AK-BGB-Däubler § 2315 Rn 13 f.; Soergel-Dieckmann § 2315 Rn 6

4 Pflichtteilsergänzung

2004 Der Pflichtteil kann auch dadurch entwertet werden, daß der Erblasser zu Lebzeiten kleinere oder größere Teile seines Vermögens verschenkt. Dem trägt der sog. Pflichtteilsergänzungsanspruch nach den §§ 2325 ff. Rechnung: Bei der Bestimmung des Pflichtteilsanspruchs wird die **Schenkung dem Nachlaß hinzugerechnet**.

Der Erblasser verfügt bei seinem Tod über ein Vermögen von 400000 DM. Drei Jahre zuvor hatte er ein Grundstück im Wert von 500000 DM an einen Freund geschenkt. Unterstellt, der Pflichtteilsanspruch seines einzigen Kindes S beläuft sich auf ½, so beträgt er zunächst nur 200000 DM. Da die Schenkung dem Nachlaß hinzugerechnet wird, beläuft sich sein Wert auf 900000 DM; im Wege der Pflichtteilsergänzung kann der S seinen Anspruch um 250000 auf 450000 aufstocken.

2005 Berücksichtigt werden nur Schenkungen, die in einem Zeitraum von **10 Jahren vor dem Erbfall** gemacht wurden. Bei Ehegatten läuft diese Frist erst ab Auflösung der Ehe, d. h. im Normalfall überhaupt nicht (§ 2325 Abs. 3).

Der Pflichtteilsergänzungsanspruch steht selbständig neben dem ordentlichen Pflichtteil, wird jedoch nach denselben Grundsätzen behandelt.[8]

2006 Ist im Nachlaß nicht genügend Vermögen vorhanden, um den Anspruch auf Pflichtteilsergänzung zu befriedigen, oder würde der Erbe dadurch seinen eigenen Pflichtteil unterschreiten (§ 2328), so kann der Pflichtteilsberechtigte nach § 2329 Abs. 1 **den Beschenkten** selbst **in Anspruch nehmen**. Dieser haftet allerdings nur nach den Grundsätzen über die ungerechtfertigte Bereicherung.

Beispiel: Sohn S1, als Alleinerbe eingesetzt, findet im Nachlaß 200000 DM vor. Der Erblasser hat sein Hausgrundstück im Wert von 800000 DM drei Jahre vor seinem Tod seiner Haushälterin geschenkt. S1 hat noch einen Bruder S2, der im Testament nicht bedacht ist. S2 hat einen Pflichtteilsanspruch in Höhe von einem Viertel des Nachlaßwerts, d. h. 50000 DM. Daneben besteht ein Pflichtteilsergänzungsanspruch in Höhe von 200000 DM. Dessen Erfüllung kann S1 verweigern, da er selbst einen Pflichtteils- und Pflichtteilsergänzungsanspruch in Höhe von 250000 DM besitzt. S2 kann sich deshalb nach § 2329 an die H halten.

2007 Der Pflichtteilsergänzungsanspruch steht nicht nur demjenigen zu, der durch Verfügung von Todes wegen vom Nachlaß ausgeschlossen ist. Vielmehr sind nach § 2326 **auch die Erben einbezogen**.

8 BGH NJW 1973, 995

Im eben genannten Fall erhält S1 aus dem Nachlaß nur 200000 DM, von denen noch 50000 DM für den Pflichtteil seines Bruders abgehen. Zählt man die Schenkung zum Nachlaß hinzu, kann er jedoch 250000 DM beanspruchen. In Höhe von 100000 DM besitzt er einen Pflichtteilergänzungsanspruch, den er direkt der Beschenkten gegenüber geltend machen kann.

Bei sog. **gemischten Schenkungen**[9] wird lediglich der unentgeltliche Teil für die Pflichtteilsergänzung herangezogen. 2008

Der Erblasser hat zwei Jahre vor seinem Tod das Hausgrundstück im Wert von 800000 DM für 200000 DM an einen Freund «verkauft». In Höhe von 600000 DM liegt insoweit eine unentgeltliche Zuwendung vor, die bei der Pflichtteilsergänzung zu berücksichtigen ist.[10]

5 Entziehung des Pflichtteilsrechts

Nach näherer Maßgabe der §§2333–2335 kann der Pflichtteil unter ganz engen Voraussetzungen entzogen werden. Die Entziehung muß nach §2326 durch letztwillige Verfügung (Testament, Erbvertrag) erfolgen. Gegenüber Abkömmlingen bestehen nach §2333 die am weitesten gehenden Möglichkeiten. 2009

Eine **Entziehung** ist **zulässig**, wenn 2010

– der Abkömmling dem Erblasser, dem Ehegatten oder einem anderen Abkömmling des Erblassers **nach dem Leben trachtet**;

Der Sohn schüttet ein wenig Gift in den Tee seiner Stiefmutter, um sie so alsbald ins Jenseits zu befördern.

(Dabei reichen auch straflose Vorbereitungshandlungen, es muß sich nicht um einen versuchten Mord oder einen versuchten Totschlag handeln.)

– der Abkömmling sich einer **vorsätzlichen körperlichen Mißhandlung des Erblassers** schuldig macht; gleichgestellt ist ein entsprechendes Verhalten gegenüber dem Ehegatten des Erblassers, soweit der Abkömmling von diesem abstammt;

9 Zum Begriff s. oben Kap. 6 unter 2.7 (Rn 855ff.)

10 Zur Behandlung der gemischten Schenkung s. die Nachweise bei AK-BGB-Däubler §2325 Rn 7ff.; Palandt-Edenhofer §2325 Rn 8

Wer die Stiefmutter verprügelt, hat insoweit nichts zu befürchten. Der Gesetzgeber kennt ersichtlich eine Abstufung in der familialen Solidarität.

– der Abkömmling ein **Verbrechen** oder ein schweres vorsätzliches Vergehen gegen den Erblasser oder dessen Ehegatten begeht (dabei reicht eine einzelne grobe Beleidigung nicht aus);[11]
– der Abkömmling die ihm dem Erblasser gegenüber bestehende gesetzliche **Unterhaltspflicht böswillig verletzt**;

Obwohl der Sohn im Monat 15000 DM verdient, zahlt er dem bedürftigen Vater keinen Pfennig.

2011 – der Abkömmling einen **«ehrlosen oder unsittlichen Lebenswandel»** gegen den Willen des Erblassers führt. Nach der Rechtsprechung[12] geht es dabei um den Schutz der «Familienehre», so daß die Vorschrift keine Anwendung findet, wenn das Verhalten des Pflichtteilsberechtigten – da z. B. in der Anonymität einer Großstadt praktiziert – gar nicht in den Interessenbereich des Erblassers hineinwirkt.

Unter «Lebenswandel» wird eine persönlichkeitstypische Verhaltensweise verstanden; einmalige Verfehlungen reichen nicht aus. Die Beispiele für ehrlosen und unsittlichen Lebenswandel sind zahlreich,[13] jedoch nicht immer überzeugend.

Erfaßt sein dürfte eine jahrelange Tätigkeit als **Rauschgiftdealer**, als «Menschenhändler» bei illegaler Arbeitnehmerüberlassung und als Mitglied terroristischer Vereinigungen. Die **«gewerbsmäßige Unzucht»** wird meist als Spitzenbeispiel verwandt,[14] doch ist diese Aussage nicht mehr über jeden Zweifel erhaben: Was für den Zuhälter sicherlich gilt, wird angesichts gewandelter Wertanschauungen für die einzelne Prostituierte keineswegs zutreffen. Häufig wird überdies jeder Bezug zur Lebenswelt des Erblassers fehlen.

Ob der «fortgesetzte Ehebruch» weiterhin als «unsittlich» zu qualifizieren ist[15], wird man heute verneinen müssen: Nachdem der Ehebruch nicht mehr strafbar ist und für sich allein keinen Scheidungsgrund mehr darstellt, ist nicht einsehbar, weshalb er über die ja jederzeit mögliche Enterbung hinaus auch die Pflichtteilsentziehung recht-

11 RG JW 1929, 2707
12 BGHZ 76, 118
13 S. die Übersicht bei Müko-Frank § 2333 Rn15
14 Palandt-Edenhofer § 2333 Rn 7; Soergel-Dieckmann § 2333 Rn 7
15 OLG Hamm NJW 1983, 1067; grundsätzlich zustimmend Palandt-Edenhofer § 2333 Rn7

fertigen soll. Das **eheähnliche Zusammenleben** wird in der Literatur mit Recht für den Regelfall aus dem Anwendungsbereich des § 2333 Nr. 5 ausgenommen,[16] ebenso das Leben in einer gleichgeschlechtlichen Dauerbeziehung[17]. Warum in Ausnahmefällen Abweichendes gelten soll, ist nicht ersichtlich. Bei Alkohol- und Drogenabhängigkeit fehlt es häufig an einem belegbaren Verschulden[18], so daß Nr. 5 schon deshalb ausscheidet. Auch das **Leben als «Landstreicher»** berechtigt nicht mehr zur Pflichtteilsentziehung.[19]

Gegenüber Eltern kann der **Pflichtteil nur unter den engeren Voraussetzungen** des § 2334 entzogen werden; insbesondere reicht der «ehrlose oder unsittliche Lebenswandel» nicht aus. Letzteres gilt nach § 2335 auch im Verhältnis zum Ehegatten, wo allerdings die Möglichkeit hinzugedacht werden muß, durch Scheidungsantrag jedem Erbrecht und damit auch jedem Pflichtteilsanspruch die Grundlage zu entziehen. 2012

Die Pflichtteilsentziehung wird nach § 2337 durch **«Verzeihung»** ausgeschlossen. Diese wird nicht als Rechtsgeschäft, sondern als tatsächlicher Vorgang betrachtet.[20] 2013

6 Pflichtteilsbeschränkung

Ist **der Pflichtteilsberechtigte** «der Verschwendung ergeben» oder so verschuldet, daß sein späterer Erwerb erheblich gefährdet wird, so kann der Pflichtteil nach § 2338 durch Anordnung einer Testamentsvollstreckung beschränkt werden. Außerdem ist es zulässig, für die Zeit nach dem Tode des Abkömmlings einen Nacherben (oder einen Nachvermächtnisnehmer) einzusetzen. Damit soll sichergestellt sein, daß die Vermögenswerte nicht durch den Pflichtteilsberechtigten «verschleudert» werden. 2014

---

16 MüKo-Frank § 2333 Rn 15; Palandt-Edenhofer § 2333 Rn 7
17 OLG Hamburg NJW 1988, 977
18 Vgl. OLG Düsseldorf NJW 1968, 944
19 AK-BGB-Däubler § 2333 Rn 27; MüKo-Frank § 2333 Rn 15
20 Einzelheiten bei AK-BGB-Däubler § 2337 Rn 5

Kann sich der Erblasser auf § 2338 berufen, wenn der pflichtteilsberechtigte Abkömmling drogenabhängig ist und den ihm zustehenden Pflichtteilsanspruch ausschließlich dafür verwenden würde, sich neuen «Stoff» zu verschaffen? Die Frage ist nicht höchstrichterlich entschieden, doch kann man durchaus auch einen solchen Fall unter den Begriff «Verschwendung» im Sinne des § 2338 subsumieren.

7 Exkurs: Erbunwürdigkeit

2015 In Extremfällen, die sich zum Teil mit den Gründen für die Pflichtteilsentziehung überschneiden, kann ein Erbe für «erbunwürdig» erklärt werden. Außer Mord, Totschlag und einem entsprechenden Versuch sind insbesondere Fälle erfaßt, in denen der Erblasser zu bestimmten letztwilligen Verfügungen durch Täuschung oder Drohung veranlaßt wurde (§ 2339). Die Erbunwürdigkeit kann nur durch Anfechtungsklage nach Anfall des Nachlasses geltend gemacht werden. Die praktische Bedeutung ist relativ gering; «Erbschleicherei» wird meist mit subtileren Mitteln betrieben.

KAPITEL 26: Rechtsgeschäfte unter Lebenden mit quasi-erbrechtlichen Wirkungen

1 Einleitung

Wie oben[1] bereits festgestellt, kennt das Erbrecht keinen «Umgehungsschutz» in dem Sinne, daß es verboten wäre, gleiche oder identische Wirkungen wie durch Testament und Erbvertrag mit Hilfe von Rechtsgeschäften unter Lebenden zu erreichen. 2016

Große praktische Bedeutung hat einmal der sog. Übergabevertrag, bei dem der Hauptgegenstand eines künftigen Nachlasses (Bauernhof, Unternehmen) schon längst vor dem Erbfall einem «Nachfolger» übertragen wird (dazu unten 2).

Verbreitet ist weiter die Schenkung unter Lebenden auf den Todesfall. Sie ist in § 2301 nur lückenhaft geregelt. Auch kann sie in der Form erfolgen, daß dem Begünstigten im Wege des Vertrags zugunsten Dritter ein Recht eingeräumt wird. Beispiel ist das Sparkonto, über das eine andere Person spätestens im Zeitpunkt des Erbfalls soll verfügen können. Näheres dazu unten 3.

Insbesondere bei OHG, KG und GmbH enthält der Gesellschaftsvertrag häufig «Nachfolgeklauseln», die bestimmen, was beim Tod eines Gesellschafters geschehen soll. Dies soll unter 4 behandelt werden.

Gewisse Anklänge an die Testamentsvollstreckung ergeben sich dann, wenn eine Vollmacht über den Tod hinaus wirken soll. Auch ist es möglich, jemanden damit zu betrauen, sich um die persönlichkeitsrechtlichen Befugnisse des Verstorbenen zu kümmern (dazu unten 5).

---

1 Kap. 22 unter 5.4 (Rn 1871 f.)

Schließlich muß in diesem Zusammenhang noch das sog. Patiententestament erwähnt werden, das nur dem Namen nach eine letztwillige Verfügung darstellt (unten 6).

2 Der Übergabevertrag

2017 Angesichts der gestiegenen Lebenserwartung taucht heute sehr viel häufiger als im Jahre 1896 der Wunsch auf, vorzeitig aus dem Erwerbsleben auszuscheiden und den potentiellen Erben nicht erst mit 45 oder 50 Jahren Eigentümer werden zu lassen und mit Leitungsfunktionen zu betrauen.[2] Die Übertragung des «Hauptvermögensgegenstands» erfolgt **unentgeltlich oder gegen** Gewährung einer **«Leibrente»**, die dem «Seniorchef» oder dem aufs «Altenteil» gehenden Bauern einen angemessenen Lebensunterhalt sichert.[3] An der Zulässigkeit einer solchen Abmachung bestehen keine Zweifel. Für die Beteiligten ist sie deshalb besonders attraktiv, weil sie als Rechtsgeschäft unter Lebenden eine höhere Verbindlichkeit als selbst ein Erbvertrag hat: Alle Beteiligten können ihre Lebensplanung auf eine sichere Basis stellen, das Risiko, der Erblasser könne anderen Sinnes werden und z. B. den Erbvertrag wegen Motivirrtums anfechten[4], besteht nicht.[5] Daß sich Übergabeverträge unter diesen Umständen immer weiter verbreiten, wird sogar an der Steuerstatistik deutlich, wonach das Aufkommen wegen unentgeltlichen Erwerbs unter Lebenden erheblich stärker als in bezug auf den Erwerb von Todes wegen gestiegen ist.[6]

2018 Ausdrückliche Regeln über den Übergabevertrag finden sich ausschließlich in den Sondervorschriften über das **Erbrecht in der Landwirtschaft**.[7] Dabei handelt es sich um Landesrecht, das nach Art. 64 EGBGB weiter zulässig ist. Am wichtigsten ist die Höfeordnung für die ehemalige britische Zone in der Fassung von 1976[8], wo sich in § 17

2 Ebenso Eccher, Antizipierte Erbfolge, Berlin 1980, S. 50; Olzen, Die vorweggenommene Erbfolge in historischer Sicht, Berlin, 1984, S. 18
3 Zur Leibrente s. § 759 und oben Kap. 5 unter 4 (Rn 804)
4 Dazu oben Kap. 24 unter 3.3. (Rn 1974)
5 Olzen, a. a. O., S. 19
6 Zahlenangaben bei Eccher, S. 54
7 Dazu Lange / Wulff / Lüdtke-Handjery, Höfeordnung, 9. Aufl., München 1991
8 BGBl I, S. 881

eine entsprechende Regelung findet. Danach gilt die Hofübergabe als Erbfall und löst Abfindungsansprüche zugunsten der sog. **weichenden Erben** aus. Eine Übernahme dieser Regelung in andere Bereiche wird jedoch nicht ernsthaft erwogen[9]; insoweit findet grundsätzlich Schenkungsrecht Anwendung.[10]

Die Praktizierung von Übergabeverträgen bringt die Gefahr mit sich, daß den Erbrechtsnormen gewissermaßen das materielle Substrat vorzeitig entzogen wird. Das geltende Recht hat dagegen nur in beschränktem Ausmaß Vorkehrungen getroffen. 2019

Wird einem Abkömmling eine Ausstattung gewährt[11], so besteht nach § 2050 Abs. 1 im Zweifel eine **Ausgleichspflicht** gegenüber den Miterben.[12] Erhält er die Schenkung aus anderem Anlaß, besteht diese Pflicht nur kraft ausdrücklicher Anordnung des Erblassers. Schenkungen, die in den letzten 10 Jahren vor dem Erbfall gemacht wurden, führen nach § 2325 zu einem **Pflichtteilergänzungsanspruch**, dessen Erfüllung freilich primär Sache des Erben ist, da der Beschenkte nur unter den Voraussetzungen des § 2329 in Anspruch genommen werden kann. Wird eine Leibrente oder eine andere vergleichbare Gegenleistung vereinbart, versagt auch die Pflichtteilsergänzung, soweit der Wert der Zuwendung nicht deutlich über dem Wert der Rente liegt.[13] 2020

Leidtragende sind insbesondere **die Pflichtteilsberechtigten**, da sich die 10-Jahres-Frist des § 2325 Abs. 3 mit Rücksicht auf die gestiegene Lebenserwartung immer häufiger als unzureichend erweist. Nach geltendem Recht läßt sich daran nichts ändern; offensichtlich schätzten die Verfasser des BGB den menschlichen Eigennutz so hoch ein, daß sie nicht mit einer Weggabe nennenswerter Vermögensgegenstände in größerer zeitlicher Distanz zum Erbfall rechneten. 2021

9 Olzen, a. a. O., S. 16 mit Fn 22
10 Olzen, a. a. O., S. 301
11 Dazu oben Kap. 6 unter 2.2 (Rn 837)
12 Zur Ausgleichspflicht s. oben Kap. 23 unter 7 (Rn 1921)
13 Ist dies der Fall, liegt eine sog. gemischte Schenkung vor; der unentgeltliche Teil wird bei der Berechnung der Pflichtteilsergänzung berücksichtigt

3 Die Schenkung unter Lebenden auf den Todesfall

2022 «Näher» am Erbrecht stehen Rechtsgeschäfte unter Lebenden, deren Wirkung erst mit dem Tod des Erblassers eintreten soll. Die Schenkung unter Lebenden auf den Todesfall hat als einziges Rechtsgeschäft dieser Art in § 2301 eine ausdrückliche gesetzliche Regelung gefunden, die den Anwendungsbereich des Erbrechts ausdrücklich von dem der sonstigen zivilrechtlichen Vorschriften abgrenzt. Nach Abs. 1 der Vorschrift findet auf ein Schenkungsversprechen, «welches unter der Bedingung erteilt wird, daß der Beschenkte den Schenker überlebt», die Vorschriften über Verfügungen von Todes wegen Anwendung. Abs. 2 macht jedoch eine entscheidende Ausnahme: **Vollzieht der Schenker die Schenkung** durch Leistung des zugewendeten Gegenstandes, so finden die Vorschriften über Schenkungen unter Lebenden Anwendung. Entscheidender Grund für diese Ausnahme ist, daß hier der Erblasser zu Lebzeiten ein Opfer erbringt, das bei normalen Verfügungen von Todes wegen nicht eintritt.

2023 Im Anschluß an die Motive[14] nimmt die weit überwiegende Meinung[15] eine solche Vollziehung bereits dann an, wenn die **Übertragung** des verschenkten Gegenstands **aufschiebend bedingt** erfolgt, d. h. nur dann wirksam werden soll, wenn der Beschenkte den Schenker überlebt. Das «Opfer», das der Erblasser in solchen Fällen erbringt, besteht ausschließlich darin, daß dem Erwerber ein unentziehbares Anwartschaftsrecht eingeräumt wird, das den Erblasser in der Nutzung des Gegenstands in keiner Weise beschränkt, jedoch der Veräußerung an Dritte im Regelfall entgegensteht. Im Ergebnis läuft diese Konstruktion nicht nur auf eine – verglichen mit der Verfügung von Todes wegen – stärkere Bindung hinaus; vielmehr wird ähnlich wie beim gemeinrechtlichen Vindikationslegat[16] ein einzelner Vermögensgegenstand mit dinglicher Wirkung einem Dritten zugewandt und so am eigentlichen Nachlaß vorbeigesteuert.

2024 Soll der Bedachte kein dingliches Recht, sondern eine Forderung wie z. B. ein **Sparguthaben** erhalten, so bietet sich als weiteres Mittel

---

14 Bd. 5, S. 352

15 BGHZ 8, 28, 31, ständige Rechtsprechung; MüKo-Musielak § 2301 Rn 21; Palandt-Edenhofer § 2301 Rn 10

16 Dazu oben Kap. 22 unter 5.3 (Rn 1870)

der in § 331 pauschal zugelassene **Vertrag zugunsten Dritter auf den Todesfall** an. So ist etwa ein zwischen der Bank und einem Depotkunden geschlossener Vertrag auch ohne Wahrung der erbrechtlichen Formvorschriften gültig, wonach ein Dritter im Augenblick des Todes des Kunden ein Recht auf Übereignung der **Wertpapiere** erhalten soll.[17] Wird in einem **Bausparvertrag** ein Dritter für bezugsberechtigt erklärt, so liegt hierin eine unentgeltliche Zuwendung.[18] Weit verbreitet ist schließlich der **Lebensversicherungsvertrag** zugunsten Dritter, der den Anspruch des Begünstigten auf die Versicherungssumme gleichfalls nicht in den Nachlaß fallen läßt.[19]

Die **Zulassung dieser Art Zuwendungen verstößt gegen nahezu alle leitenden Prinzipien des geltenden Erbrechts**. Der Numerus clausus erbrechtlicher Gestaltungsformen wird dadurch überspielt, daß einzelne Gegenstände bestimmten Personen zufallen, was im Ergebnis einem dinglichen Vermächtnis gleichkommt. Die strengen Formvorschriften finden keine Beachtung, da die vollzogene Schenkung ebenso formlos gültig ist wie der Vertrag zugunsten Dritter. Die als Grundsatz so umfassend geschützte Willensfreiheit des Erblassers, die nach § 2302 nicht einmal obligatorische Bindungen verträgt, erfährt die normalen, bei Rechtsgeschäften unter Lebenden üblichen Einschränkungen, da anders als nach den Vorschriften über den Erbvertrag beispielsweise der Motivirrtum keine Anfechtung gestattet. Weiter ist der Ausschluß Erbunwürdiger allenfalls über die Hilfskonstruktion des Widerrufs der Schenkung wegen groben Undanks möglich. 2025

Gravierender ist die **Beeinträchtigung der Interessen von Nachlaßgläubigern und Pflichtteilsberechtigten**. Erstere besitzen zwar bei Leistungsunfähigkeit des Erben nach § 32 KO bzw. § 3 Abs. 1 Nr. 3 AnfG ein Anfechtungsrecht (d. h. ein Recht auf Rückgewähr an den Erben – dies hat nichts mit der Anfechtung wegen Willensmängeln zu tun), doch stellen sie sich im Ergebnis erheblich schlechter, als wenn der betreffende Gegenstand in den Nachlaß gefallen wäre: Zum einen versagt das Anfechtungsrecht, wenn die aufschiebend bedingte Verfügung mehr als ein Jahr vor dem Tod des Erblassers erfolgte. Zum anderen ergreift es bei Versicherungsverträgen nach herrschender Meinung nur die Prämien des letzten oder des vorletzten Jahres, nicht jedoch die Versicherungssumme selbst.[20] 2026

17 BGHZ 41, 95
18 BGH NJW 1965, 1913
19 S. §§ 166–168 VVG
20 Nachweise bei MüKo-Musielak § 2301 Rn 43

2027 Auch die Pflichtteilsberechtigten sind durch die Ansprüche nach den §§ 2325 ff. nicht ausreichend geschützt, da zweifelhaft ist, ob überhaupt in allen hier angeführten Fällen eine (die Einigung über die Unentgeltlichkeit voraussetzende) Schenkung und damit die Grundbedingung für einen Anspruch aus § 2325 Abs. 1 vorliegt.[21] Selbst wenn man dies einmal unterstellt, ergibt sich weiter das Problem der 10-Jahres-Frist nach § 2325 Abs. 3, die mit der Vornahme des «Vollzugsgeschäfts», d. h. der aufschiebend bedingten Verfügung, zu laufen beginnt.[22]

2028 Der scheinbar unumgängliche Schluß auf die Unzulässigkeit der hier behandelten Rechtsgeschäfte würde gegen **eine seit vielen Jahrzehnten bestehende Praxis** verstoßen, die schwerlich mit dem bloßen Argument rechtsdogmatischer Systemwidrigkeit vom Tisch gewischt werden kann.[23] Bei etwaigen Reformarbeiten wird man insbesondere durch empirische Untersuchungen klären müssen, warum es zu diesem «Massenungehorsam» gegenüber erbrechtlichen Wertungen kam. Vieles spricht dafür, daß die Formstrenge des Erbrechts und die beschränkte Zahl der Gestaltungsformen sowie die fehlende Bindung des Erblassers den Bedürfnissen der Beteiligten nicht immer gerecht werden.

2029 Die grundsätzliche Hinnahme dieser «Umgehungsgeschäfte» bedeutet **nicht**, daß damit **jede Abweichung von erbrechtlichen Prinzipien**, jede Verletzung von Interessen, die das Erbrecht schützt, zulässig wäre. Schon nach geltendem Recht sollten jedenfalls die Interessen der Nachlaßgläubiger und der Pflichtteilsberechtigten volle Anerkennung erfahren. Dies bedeutet insbesondere, den für die Anfechtungsfrist und den Pflichtteilsergänzungsanspruch maßgebenden Schenkungsvollzug an den tatsächlichen wirtschaftlichen Vorgang anzupassen und deshalb auf den Zeitpunkt des Erbfalls abzustellen. Desgleichen müssen Versicherungssummen als «dinglich wirkende» Zuwendungen des Erblassers behandelt werden, die in vollem Umfang dem Nachlaß hinzuzurechnen sind bzw. der Anfechtung durch die Nachlaßgläubiger unterliegen.[24] Auch die erbrechtlichen Formvorschriften anzuwenden, würde allerdings die bisherige Praxis mehr

21 Vgl. MüKo-Frank § 2325 Rn 11 mwN. Zu unbenannten Zuwendungen unter Ehegatten, die wie eine Schenkung behandelt werden, s. Palandt-Edenhofer § 2325 Rn 15

22 Vgl. BGH NJW 1970, 1638

23 BGHZ 66, 8; vgl. auch AK-BGB-Dubischar § 331 Rn 1

24 Ebenso schon Hoffmann AcP 158 (1958), 178; Zehner AcP 153 (1953), 424; für eine Rückholung ins Erbrecht auch Leipold AcP 180 (1980), 209

oder weniger gegenstandslos machen und ist deshalb abzulehnen; zudem besteht wegen der Beteiligung zumindest einer weiteren Person nicht jenes Maß an Beweisschwierigkeiten, das zur Formenstrenge im Erbrecht geführt hat.[25]

4 Nachfolgeklauseln

Ob und nach welchen Grundsätzen sich die Gesellschafterstellung bei OHG und KG vererbt, war und ist Gegenstand außerordentlich zahlreicher wissenschaftlicher Untersuchungen[26]. Die ungleich geringere Aufmerksamkeit, die das vergleichbare Problem bei Kapitalgesellschaften erfahren hat, verweist auf den wirtschaftlichen Hintergrund: Es geht um die Auswahl des geeigneten, auch für die Mitgesellschafter akzeptablen Nachfolgers, um die Beschränkung der Gesellschafterzahl sowie um die Vermeidung von Abfindungsansprüchen, die die Weiterexistenz des Unternehmens gefährden könnten. Fragen dieser Art spielen vorwiegend bei OHG und KG, allenfalls noch bei der personalistischen (d. h. auf die Person der Gesellschafter abstellenden) GmbH, nicht jedoch bei sonstigen Kapitalgesellschaften eine Rolle. 2030

Der BGH hat es abgelehnt, Nachfolgeklauseln im Gesellschaftsvertrag einer OHG oder einer KG ausschließlich als Rechtsgeschäfte unter Lebenden auf den Todesfall zu behandeln.[27] Entsprechende Klauseln öffnen die Mitgliedschaft im Zweifel lediglich für einen Übergang auf den oder die Erben, deren Berufung durch Verfügung von Todes wegen erfolgen muß. Weiter hat der BGH entgegen seiner früheren Rechtsprechung eine **Einzelrechtsnachfolge in den** gesamten **Gesellschaftsanteil** angenommen, auch wenn im konkreten Fall mehrere Miterben vorhanden waren, nur einer von ihnen jedoch nach dem Gesellschaftsvertrag Nachfolger werden sollte.[28] Damit wird in rechtsschöpferischer Weise dem Gesellschaftsvertrag die Funktion zugesprochen, über die «Erbfähigkeit» bestimmter Personen zu entscheiden. Weiter ermöglicht die Rechtsprechung einen Fall der Son- 2031

25 Etwas abweichend Leipold AcP 180 (1980), 209
26 Neuester Überblick bei Palandt-Edenhofer § 1922 Rn 15 ff.
27 BGHZ 68, 225, 229
28 BGHZ 68, 225, 236 ff.

dererbfolge (neben dem landwirtschaftlichen Höferecht), deren Einfügung in das erbrechtliche Gesamtsystem mangels ausreichender normativer Anhaltspunkte noch nicht voll bewältigt ist. So sollen etwa alle Miterben auf Rückzahlung von Entnahmen des Erblassers aus dem Vermögen der Gesellschaft in Anspruch genommen werden können,[29] auch wenn sie in keiner Weise in den Genuß des Anteils kommen. Konsequenter ist insoweit § 57 Abs. 2 Satz 1 SGB I, der ausschließlich den Sonderrechtsnachfolger in rückständige Rentenansprüche mit der Haftung gegenüber dem Sozialleistungsträger belastet.

2032 **GmbH-Anteile** sollen nicht Gegenstand einer Sondererbfolge sein können.[30] Der Ausschluß der Vererblichkeit ist in der Weise möglich, daß der Geschäftsanteil nach dem Tod des bisherigen Inhabers «eingezogen» wird.[31]

5 Vollmacht auf den Todesfall und Einsetzung eines Treuhänders

2033 Unbestritten zulässig ist es, eine bestehende **Vollmacht über den Todeszeitpunkt hinaus** andauern zu lassen, so daß der Bevollmächtigte bis zu einem etwaigen Widerruf mit Wirkung für den Erben handeln kann. Möglich ist weiter die Erteilung einer **Vollmacht auf den Todesfall**, die erst nach Ableben des Vollmachtgebers wirksam wird und die dem Bevollmächtigten eine testamentsvollstreckerähnliche Rechtsstellung verschafft. In beiden Fällen kann die betr. Person ohne Erbschein oder Testamentsvollstreckerzeugnis über einzelne Nachlaßgegenstände verfügen.[32] Die Vollmacht kann auch als unwiderrufliche erteilt werden, mit der Folge, daß die Erben nur aus wichtigem Grund widerrufen können.[33] Ansonsten ist der Widerruf nach allgemeinen Grundsätzen möglich.[34]

29 BGHZ 68, 225, 239
30 Palandt-Edenhofer § 1922 Rn 24
31 Einzelheiten bei Däubler, Die Vererbung des Geschäftsanteils bei der GmbH, Köln 1965
32 BGHZ 87, 19
33 Palandt-Edenhofer, Einf. vor § 2197 Rn 20
34 Dazu Bd. 1 Kap. 13 unter 3.4.1.2 (Rn 991 ff.)

Ist über den Tod hinaus eine **unwiderrufliche Generalvollmacht** erteilt, stellt dies eine sittenwidrige Knebelung der Erben und überdies eine Umgehung der Regeln über die Testamentsvollstreckung dar. Je nach den Umständen ist eine Umdeutung in eine widerrufliche Vollmacht oder in eine Erbeinsetzung möglich.[35] 2034

Mit der Vollmacht verwandt ist die Einsetzung eines **«Wahrnehmungsberechtigten»** oder «Treuhänders», der die persönlichkeitsrechtlichen Befugnisse des Verstorbenen ausüben soll.[36] Wie in anderen Fällen persönlichkeitsbezogener Willensbekundungen reicht eine formlose Entscheidung. Inhaltlich geht es z. B. um die Wahrnehmung urheberrechtlicher Befugnisse sowie um die Verteidigung des Ansehens gegen entstellende Angriffe. 2035

6 Patiententestament

Der einzelne kann seinen Ärzten untersagen, in aussichtsloser Lage lebensverlängernde Maßnahmen vorzunehmen. Obwohl es sich nicht um eine Verfügung von Todes wegen handelt (es geht ja um den Umgang mit dem noch lebenden Menschen), hat sich dafür der Ausdruck «Patiententestament» eingebürgert. Seine Gültigkeit ist mittlerweile anerkannt.[37] Solange der Patient noch bei Sinnen ist, kann er die einmal getroffene Entscheidung allerdings jederzeit widerrufen.[38] 2036

35 Nachweise bei Palandt-Edenhofer, Einf. vor § 2197 Rn 20
36 Zum nachwirkenden Persönlichkeitsschutz s. bereits Bd. 1 Kap. 5 unter 1.4.1 und 1.4.2 (Rn 228 ff.)
37 BGH NJW 1995, 204
38 Überblick über den Diskussionsstand bei Palandt-Edenhofer, Einf. vor 1922 Rn 18

Stichwortverzeichnis

(Die Ziffern verweisen auf die Randnummern)